吉林省党史资料丛书

JILINSHENG DANGSHI ZILIAO CONGSHU

洮南根据地

柴廉洁◎主编

东北师范大学出版社·长春

图书在版编目（CIP）数据

洮南根据地/柴廉洁主编. —长春：东北师范大学
出版社，2024. 5
（吉林省党史资料丛书）
ISBN 978 - 7 - 5771 - 0744 - 8

I.①洮… II.①柴… III.①革命根据地—史料—
洮南 IV.①K293.44

中国国家版本馆 CIP 数据核字（2024）第 001927 号

□策划编辑：许革晨
□责任编辑：冀爱莉　　　□封面设计：尚书堂
□责任校对：施　涛　　　□责任印制：侯建军

东北师范大学出版社出版发行
长春净月经济开发区金宝街 118 号（邮政编码：130117）
电话：0431-84568020
东北师范大学音像出版社制版
吉林省优视印务有限公司印装
长春市净月小合台工业区银湖路 1188 号（邮政编码：130031）
2024 年 5 月第 1 版　　2024 年 5 月第 1 版第 1 次印刷
幅面尺寸：170mm×240mm　　印张：38. 75　字数：667 千

定价：89. 00 元

"吉林省党史资料丛书"由中共吉林省委党史研究室、东北师范大学、东北野战军后代联谊总会合作编写

辽北嫩南初开创
反奸清算兮地忙
剿匪建政又建党
人民大众庆解放

郭述申　一九八九年
十月于北京

发扬光的

光荣传统

刘震

解放战争中的洮南根据地，作为西满屏障、辽吉地区对敌斗争的后方，发挥了重要作用，为东北人民的解放事业作出了历史性的贡献。望后来人发扬洮南根据地的革命传统，努力开创社会主义建设和改革开放事业的新局面。 邓朴 1990年3月

温故知新

张策

二〇〇八年九月廿二日于北京

总结历史经验

发扬革命传统

喻屏

一九八九年十二月

前事不忘,後事之師

總結經驗,以利再戰

为《淮南根据地》题

索篷华 一九八九年
九月

中共辽吉军区部分领导干部合影。前排中为陶铸(1946年6月至1948年7月任辽吉省委书记兼辽吉军区政委),前排右为邓华(1946年6月至1947年8月任辽吉军区司令员),前排左为夏尚志(1947年8月至1948年7月任辽吉军区副参谋长)

辽北省第四行政督察专员公署之县长联席会欢迎阎主席留影。前排中为阎宝航,1947年2月至1949年5月任辽北省政府主席

郭述申,1946年1月至5月,任吉江省委(驻洮南)书记、嫩南区党委书记兼吉江军区、嫩南军区政委

刘震,1946年3月至6月,任吉江省委(驻郭前)书记兼吉江军区司令员

顾卓新,1946年1月至5月,任吉江省委(驻洮南)副书记、嫩南区党委副书记兼嫩南行署主任

粟又文,1946年1月至3月,任吉江行署主任

郭峰,1946年1月至1948年10月,任吉黑纵队副政委,吉江行署主任,辽吉三地委副书记、书记,辽吉二地委书记,吉辽省委民运部部长、秘书长、副书记

张策,1945年11月至1946年3月,任嫩江省白城子地委书记兼白城子专署专员、白城子军分区政委

喻屏,1946年3月至1948年11月,任吉江省委组织部长,辽吉四地委书记兼辽吉四军分区政委,辽吉省委民运部长、后工委书记,嫩江省委白城子分委书记

朱理治,1946年1月至3月,任中共洮南地委书记

洮安县委送别县委书记胡亦民（前排左二）前去辽吉一地委工作

乾安县委送别县委书记张建（右后）、县长王晓天（右前）去通辽工作

洮安县县长郑芥舟(前排左二)等同志与驻白城子苏联红军卫戍司令部
指挥员合影

洮安县第二届农工代表大会纪念(1946年10月)

洮安县三合区雇贫农联合斗争大会

洮安县土改斗争果实展览

洮南县第一区第二期模范担架队员合影(1947 年 7 月)

洮南县第一届生产模范大会颁奖典礼盛况(1947 年 6 月)

大赉县委组织辽北省立三中学生向群众宣传参军支前

辽北省立第三中学在大赉县的街头宣传画

乾安县人民在镇中心修筑的翻身纪念塔(1946年9月摄)

乾安县春耕播种全县一等模范得奖者合影(1948年6月)

目 录
CONTENTS

回忆资料

英烈人物

烈士名录

综述

洮南根据地综述

刘国梁　柴廉洁

　　洮南根据地是东北解放战争时期西满根据地的一部分，位于松嫩平原西部、科尔沁草原北部，素称"八百里瀚海"的广大地区，北起松嫩两江，南临西辽河，西近大兴安岭东麓，东至中长铁路，相当于今吉林省白城、松原地区和内蒙古自治区兴安盟部分地区。当时包括洮南、洮安、洮北、镇东、赉北、大赉、安广、乾安、郭前①、扶余、开通、瞻榆、长岭、突泉等县（旗）和曾由镇东与赉北合并的镇赉、由大赉与安广合并的赉广及临时划出存在时间较短的醴北、洮广县。区内农牧产品丰盛，有平（四平）齐（齐齐哈尔）、长（长春）白（白城）铁路贯通南北和东西，是连接东满、北满的纽带，是进出关内外的交通要道，战略地位十分重要。在东北解放战争中，洮南地区各级党组织遵照中共中央、东北局②的指示，发动和组织各族人民群众，齐心协力，艰苦奋斗，把洮南地区建设成为巩固的革命根据地，为解放战争的胜利做出了重大的贡献。

---

① 1956 年建为前郭尔罗斯蒙古族自治县，简称前郭县。
② 东北局是中共中央的一个历史机构，其全称是中共中央东北局。

接收敌伪政权的激烈斗争

（1945 年 8 月至 1946 年 2 月）

1945 年 8 月抗日战争胜利后，洮南地区出现了敌、我、友三方交错的复杂形势。

1945 年 8 月 8 日，苏联政府对日宣战，8 月 13 日，苏联后贝加尔方面军经阿尔山、五岔沟东进，驱逐日军，进占洮南；随后进占铁路沿线的白城子、开通、大赉、前郭等重要城镇，各县城镇和铁路沿线由苏联红军实行军事管制。在白城子，苏军驻有铁道司令部、城防司令部和宪兵司令部。苏军依据 1945 年 8 月 14 日国民党政府和苏联政府签订的《中苏友好同盟条约》的有关规定，不干涉中国内政。洮南地区在日伪垮台后社会秩序是一片混乱状态，各县的敌伪残余便趁机组建"维持会""保安队"等。洮南县成立了以伪县长董毓基为会长的"地方临时维持会"和以伪警宪为主体的"保安队"；扶余县（今扶余市，下同）成立了以伪县长杨桂滋为委员长，豪绅杜国华为副委员长的"治安维持会"，并用伪警宪组成"警备大队"和"自卫团"两支武装，名义上是维持地方治安，实质是维护敌伪反动统治。这时，同敌伪残余相勾结的土匪也乘乱蜂起，奸淫烧杀，抢掠民财，作恶多端。洮南县土匪进城把 2/3 的商店洗劫一空；长岭县境的一个坨子屯被土匪先后袭扰 13 次，耕畜被宰杀殆尽，衣物被抢掠净光。就在敌伪残余和土匪横行霸道之际，驻长春的国民党东北党务办事处、吉林省党部和东北行营先后派员潜入，在各县（旗）成立国民党县党部，并挂出牌子，公开进行反共宣传、勾结敌伪残余、收编反动武装等活动。这几股反动势力是一丘之貉，他们相互勾结，妄图以收编和委任的"光复军"①来维护伪官吏和地主阶级的利益，准备和迎接国民党政府的接收。

1945 年 8 月中旬，中国共产党派在郭前旗的地下党员刘健民串联成立了蒙古族青年进步组织大同会，随后组建起革命武装蒙古（族）人民革命军；派在扶余县的地下工作者杨文翔利用"维持会"治安保卫组长的合法身份，控制了农村武装自卫团。新诞生的革命力量，为我党接收两旗县和建立人民政权创造了有利条件。

---

① 指国民党反动势力在嫩江地区网罗敌伪残余和土匪组建的反动武装。

1945 年 10 月中旬，由冀热辽区党委任命的北满地区第一行政督察专员公署专员夏尚志率 1 个连部队和 50 余名干部由沈阳抵达白城子，在苏联红军的协助下，采取边接收、边扩军、边建政的办法，到 11 月初，先后接收了洮安、洮南、大赉、安广、突泉、郭前、扶余等县（旗，下同），在一些县宣布解散"维持会"和国民党县党部，收编了"维持会"的武装，在部分县组建了民主政府和保安团。同期，由长春地下党组建的吉长部队派出 500 余人进驻长岭县城，解散"维持会"，成立临时县政府；随后又进驻乾安县城，并留一个连驻守。对上述各县的进驻和接收，给了敌伪残余和国民党先遣分子一次沉重的打击，为我党彻底接收这些县起了重要作用。

11 月中旬，嫩江地区工委书记刘锡五、嫩江省政府主席于毅夫到白城子视察，并宣布组建以张策为书记兼专员的嫩江省白城子地委、专署和以夏尚志为司令员的军分区及其武装嫩江第一纵队。在嫩江地区工委和白城子地委的领导下，洮南、洮安、大赉、安广、扶余等县先后组建了县委（或县工委）、县民主政府和县大队（或独立团）。

正当白城子地委开始组建县区政权并着手整顿地方武装的时候，随着东北形势的变化，洮南地区发生了新的情况和新的斗争。

在党中央派出 11 万余人的部队和 2 万余名干部先期进入东北的过程中，国民党反动派为抢占人民抗战的胜利果实，由美国提供海、空运输工具，把远在大后方的精锐部队运到东北，于 1945 年 11 月 16 日侵占山海关，随即沿北宁铁路东进和北犯。同时，苏军以《中苏友好同盟条约》为由，要求我党政军干部、战士撤出中长路沿线及周围大中城市，移交国民党政府接收。在这种形势下，洮南地区已在形式上被解散的各县"维持会"、潜于地下的国民党县党部、溃散在农村的"光复军"以及土匪等反动武装一时又嚣张起来，被收编的敌伪武装纷纷叛变策应，把进攻矛头直接指向刚刚诞生的人民民主政权及其革命武装力量。

1945 年 12 月 5 日，乾安县采取收编形式组成的县保安大队叛变，勾结"光复军"占领县城，驻守县城的吉长部队的一个连被缴械，18 人牺牲，16 人受伤，61 人被俘。同日，由嫩江第一纵队收编的突泉县公安大队叛变，勾结"光复军"占领突泉县城。12 月 13 日，长岭县城被国民党地下先遣军司令张洪武纠集的地主武装 2000 余人围攻，驻城吉长部队奋力反击，但寡不敌众，19 日县城失守，吉长部队营长罗勇标等 20 余名指战员牺牲。其间，吉长部队两次派援军解围，均遭土匪阻截，政委傅根深牺牲。12 月 14 日，洮南县城遭到国民党县党部骨干分子朱瑞指挥的"光复军"600 余人的袭击，被我守城部队击退。21 日，"光复军"又纠集 2000 余人围攻县城，我守城部队奋起抵抗，激战四昼夜，因寡不敌众，洮南县党政军干部、战士不得不在 24 日突围撤到白城子。12 月 21 日，安广县收编成立的独立团被国民党县党部书记长陈继哲等人策动叛变，城外有"光复军"围攻，县城失守，县委书记、独立团政委王超牺牲。12 月 23 日，大赉县被"光复军"和叛变的县独立团占领，县党政军干部、战士在突围中牺牲 29 人，转移到扶余县 10 余人。这时，开通、镇东两县城也被"光复军"占领，白城子地委和军分区派去开辟工作的干部相继撤回白城子。12 月 31 日，"光复军"头目王奎武纠集镇东、洮南、安广、大赉等 7 县"光复军"约 1 万人，策划收编骑兵独立团、护路队叛变，联合攻打白城子，驻白城子党政军干部、战士奋力抵抗三昼夜，因寡不敌众撤至五家户。在突围中，骑兵独立团政委刘海明牺牲。在短短一个月时间里，除扶余、郭前两县（旗）外，其他各县城均被敌伪残余"光复军"占领。匪徒惨无人道，奸淫烧杀，横征抢掠，刚刚获得解放的人民群众又陷入苦难的深渊。

当时敌强我弱，但是为了夺回人民政权和拯救人民群众，白城子地委领导军分区和各县武装骨干同"光复军"进行了反复的武装较量：1945 年 12 月 18 日，在东蒙自治军的配合下收复突泉县城；1946 年 1 月 4 日，在苏联红军的支持下收复白城子；1946 年 1 月 5 日和 9 日，我军两次收复镇东县城，均因武装力量小而未能站住脚。这时，先期挺进东北的一部分干部和主力部队按照党中央和东北局的部署，分别撤出中长路沿线及周围各大中城市，奉命开往东、西两厢创建根据地和整训部队。1946 年 1 月下旬，新四军第三师第八旅经通辽挺进到洮南地区，在地方武装的配合下，22 日攻占开通，29 日收复洮南，同年 2 月上旬又先后收复镇东、安广、瞻榆、乾安等县城。与此同时，由吉林军区曹里怀部改编的吉黑纵队收复伏龙泉后，于 1946 年 2 月上旬进驻扶余县、郭前旗，随后收复大赉，进驻乾安。2 月中旬，辽北军区一四七团和教导二旅独十团收复长岭县城。至此，在争夺洮南地区的斗争中，革命和民主的力量取得了胜利，为建设革命根据地创造了前提条件。

加强政权建设，初创革命根据地

（1946 年 2 月至 1946 年 6 月）

创建洮南根据地，是党中央和东北局根据东北军事、政治形势的发展变化审时度势，及时提出的战略方针。1945 年 11 月 20 日，中共中央给东北局发出指示，指出在让开大城市后，我党的中心任务是"迅速在东满、北满、西满建立巩固的基础，并加强热河、冀东的工作。应在洮南、赤峰建立后方，作长久打算。在业已建立秩序的地方，要发动群众控诉汉奸及开展减租运动。国民党是不能满足东北人民的要求的，只要我能争取广大农村及许多中小城市，紧靠着人民，我们就能取得胜利"。1945 年 12 月 21 日，中共中央再次就创建东满、西满根据地问题给东北局发出指示，要求对延吉、洮南等地区"必须派必要的老部队和干部去开辟工作，建立后方，建立工业，组织与训练军队，开办学校，以便能源源供给前线，有如汉高祖之汉中"。1945 年 12 月 28 日，中共中央对建立巩固的东北根据地问题进行了全面部署，既指明了创建根据地的意义和重点，又确定了创建根据地的方针和政策。党中央的上述指示，是创建和巩固洮南根据地的基本指导思想和具体工作路线。

在洮南地区经过斗争"业已建立秩序"的情况下，东北局按照党中央关于"派必要的老部队和干部去开辟工作"的指示精神，于 1946 年 1 月决定，将嫩江省南部的洮南和松江省的"三肇"① 地区及吉林省中长路以西各县计 14 县（旗）从原辖区划出，组成吉江行政区，由刚撤销的辽北省委、省政府和辽北军区领导成员到洮南组建吉江省委，省委书记为郭述申；组建吉江行政公署，主任为栗又文；组建吉江军区，司令员为倪志亮。这时，洮南地区除洮安、镇东继续归白城子专署隶属嫩江省以外，其他各县（旗）均划入吉江行政区。

吉江省委成立后，从创建根据地的需要出发，在开展剿匪、没收敌伪财产等斗争的同时，重点加强了地、县级的政权建设。1946 年 1 月下旬，组建了以朱理治为书记的洮南地委、魏兆麟为专员的洮南专署和李英武为司令员的洮南军分区。1946 年 2 月，在新四军第三师第八旅和吉黑纵队的

---

① 指今黑龙江省肇东、肇源、肇州 3 县。

协助下，洮南地区组建和充实了县级党政领导机构：组建瞻榆县委、县政府，由冯安国任县委书记，孙达生任县长；组建乾安县委、县政府，由张建任县委书记，唐昭东任代县长；组建郭前旗委、旗政府，由王央公任旗委书记，乌勒吉布彦任旗主席；充实洮南县委、县政府，由易吉光任县委书记，魏兆麟兼县长；充实大赉县委、县政府，由张学文任县委书记兼县长；充实安广县委，由张志明任县委书记；将扶余县工委改为县委，由陈兴任县委书记；将开通县工委改为县委，由李引菊任县委书记，原县工委书记唐宏光任县长。同期还由白城子地委组建起镇东县委、县政府，由王大钧任县委书记，袁立忠任县长；不久又组建赉北县政府，由赵振干任县长；将镇东县委改称镇赉县委，负责镇东、赉北两县领导工作。随后充实洮安县委，由胡亦民任县委书记。与此同时，吉江军区直接领导组建了郭前旗蒙古骑兵独立团①，在洮南、大赉、安广、开通、乾安等县重新组建了县大队。洮南地委、专署和军分区的建立，特别是各县（旗）党政军机构的组建、调整和充实，为创建洮南根据地提供了组织保证。

1946年3月，东北局和西满分局为集中力量收复被国民党政府接收的齐齐哈尔，决定撤销嫩江省白城子地委、专署和军分区，将吉江省委、吉江行署和吉江军区分别改为嫩南区党委、嫩南行署和嫩南军区，辖区为原吉江区西部4县、嫩江省齐齐哈尔市以南6县和东蒙的突泉县共11县（旗）。与此同时，在郭前旗组建以刘震为书记兼司令员的新的吉江省委、吉江军区，以郭峰为主任的新的吉江行署，辖区为原吉江区东部10县（旗）。

嫩南区党委建立后，在进一步开展剿匪、反奸和分地运动的同时，主要是集中扩充和训练部队，与驻嫩江北部的武装力量相配合，形成对齐齐哈尔南北的夹攻态势。1946年4月24日，嫩江军区和嫩南军区武装解放齐齐哈尔，歼灭守敌土匪武装3000余人，使嫩江省南北连成一片，嫩南区党政军领导机构随部队进驻齐齐哈尔。5月中旬，西满分局决定撤销嫩南行政区。

1946年3月26日，新组建的吉江省委发出了《关于目前工作方针和群众运动》《关于剿匪防匪和武装建设》两项指示，提出"以有效发动群众和组织群众团结在党的周围为首要任务"，"以组织群众的诉苦复仇清算斗争为运动的主流"，同时提出了党政军民全力剿匪和发动人民武装自卫

---

① 蒙古骑兵独立团，历史称谓。1946年3月，根据上级指示，吉江军区将郭前旗蒙古人民革命军与旗治安队合编，组建了蒙古骑兵独立团，简称"蒙古骑兵团"。

的任务。在吉江省委的领导和部署下，各县委组织干部和地方武装深入群众，积极开展反奸清算、减租减息和分地运动，在斗争中扩大武装，剿匪防匪，以消灭敌伪残余势力。1946 年 3 月，扶余县清算了伪县长杨桂滋、豪绅杜国华、特务冯国玺，并将反奸除霸斗争由县城引向农村，步步深入发展。在广大群众政治觉悟迅速提高的基础上，扶余县成立了保安团，随后将县政府警卫连、县公安队编入，达 1000 余人，同时组建了 9 个区中队，兵力 450 余人。县、区两级武装成为剿匪和防匪的重要力量。乾安县于 4 月初清算了 27 家敌伪残余，县委又派出第一批工作队到农村，边建区级机构，边开展农村清算斗争。郭前旗在城区成立了铁工、油酒、缝纫等工会，率领职工开展清算斗争。在清算伪警察科长高士英的大会上，到会群众达 5000 余人；同时，根据东北局关于分配敌伪土地的指示，由旗委派出 4 个工作队，领导和发动群众将伪满时期的开拓地分配给无地和少地的农民。

正当各县深入开展清算、分地斗争的时候，东北战局发生了重大变化。1946 年 4 月 18 日，东北民主联军组织四平保卫战，狙击北犯之敌一个多月；5 月 18 日，我军主力主动撤出四平，并进行战略转移，国民党主力部队侵占长春、吉林、农安等地。这时，那些未被消灭的敌伪残余势力又乘机东山再起：乾安县在 6 月上旬发生了千余土匪围城事件，郭前旗蒙古骑兵团团长陈达利策划叛变投敌。吉江省委和军区在部署坚持敌后武装斗争的同时，组织地方武装将乾安县围城土匪击溃，并协助郭前旗蒙古骑兵独立团内部的进步力量迫使叛乱分子缴械，将陈达利等骨干分子处决，在乾安县、郭前旗消除了隐患，从而稳定了边沿区，使乾安、郭前成为洮南地区的东、南部防线。

以土改为中心，建设巩固的根据地

（1946 年 6 月至 1948 年 7 月）

为了适应战局的变化，加强西满根据地的建设和边沿区的工作，东北局和西满分局于 1946 年 6 月决定，将吉江区 5 县（旗）、嫩江省南部 9 县与辽西省 22 县（旗）合并，成立辽吉行政区，在洮南（9 月迁白城子）建立以陶铸为书记的辽吉省委，以朱其文为主任的辽吉行署（1947 年 2 月改为以阎宝航为主席的辽北省政府），以邓华为司令员的辽吉军区。洮南地区除扶余县仍隶属嫩江省之外，其他各县（旗）均划入辽吉行政区辖区，并由辽吉省委、行署、军区决定，在长岭将辽西二地委、二专署和二军分区改为以杨易辰为书记的辽吉二地委、以刘瑞森为专员的辽吉二专署和以马骥为司令员的辽吉二军分区，其辖区除长岭县以外，其他各县皆沦为敌占区；在郭前旗组建以刘彬为书记的辽吉三地委、以郭峰为专员兼司令员的辽吉三专署和辽吉三军分区，辖区为郭前、大赉、安广、乾安和沦为敌占区的长春、农安 6 县（旗）；在洮南组建以喻屏为书记的辽吉四地委、以魏兆麟为专员的辽吉四专署和以钟明锋为司令员的辽吉四军分区，辖区为洮南、洮安、洮北、镇东、赉北、开通、瞻榆 7 县；另外，突泉县划为辽吉行署直属县。

省、地两级机构成立后，都积极传达贯彻中央的"五四指示"，发动群众，领导分地。不久，东北局召开扩大会议，通过了《东北的形势和任务》的决议（即"七七决议"）。辽吉省委于 7 月 22 日发出《关于分地进一步发动群众的指示》；7 月 28 日召开县以上领导干部会议，由西满分局书记李富春传达东北局扩大会议决议和关于土改的指示精神，陶铸在会议上向辽吉省广大干部战士发出了走出城市、下乡发动群众的号召，决定从党政军机关抽调 3000 余名干部，组织 4 个工作团，分别由陶铸、曾固、张维桢、喻屏带队，集中分赴洮南地区农村；同时，各地、县也抽调大批干部组成工作队（组），由县委书记、县长带队，深入区、村、屯发动群众。于是，洮南地区的土改运动便在清算、减租、分开拓地的基础上轰轰烈烈地开展起来了。

开展土地改革必须有安定的社会秩序为条件。当时，消除匪患成为巩固新生政权、稳定民心、顺利进行土改的急迫任务。洮南地区历来土匪就多，据不完全统计，从 1945 年 8 月到 1947 年 8 月，全区约有大小匪绺 450 余股，1.2 万余人。尽管在争夺洮南地区和初创根据地时期，我军主力部队和地方武装已把"光复军"打垮，但这伙匪徒化整为零，勾结土匪，把矛头指向县、区政权，危害百姓，是开展土改运动的最大障碍。辽吉省委和二、三、四地委遵照东北局于 6 月 4 日发出的《关于剿匪与发动群众工作的指示》，部署军区、军分区和各县武装，集中力量剿匪，尽快肃清匪患，以发动群众进行土改。辽吉三地委组织军分区部队配合各县武装，在郭前旗剿灭"大五洋""大生字""过江好""花蝴蝶"等匪绺 2000 余人。在赉广县（1946 年 8 月由大赉、安广两县合并为赉广县）围剿了"天照应""占北""两点""七点"等几股匪徒，还击垮了从开通县窜入的"金山""金海""杀穷人"等股匪 200 余人。在乾安县击溃围城土匪后，军分区武装协助县大队乘胜追剿，很快肃清匪患，稳定了局势。辽吉四地委组织军分区部队在 1946 年第四季度进行剿匪战斗 20 余次，毙伤俘匪 1300 余人；同时采取区中队集中到县、县与县联防等措施，在开通县鸿兴区击垮"打三省"等股匪 300 余人，在赉北县击散"十八省""双江""大家好""三点"等匪绺 200 人，毙伤匪徒 40 余人，击毙"救中国""五点"等绺子的匪首 10 余人。突泉县县大队在辽吉军区独一旅骑兵团的支援下，于 1946 年 9 月至 1947 年 1 月，清剿了"青山"等匪绺 300 余人。到 1947 年上半年，在洮南地区基本上完成军事围剿股匪的任务之后，各县便在土改运动中采取群众检举揭发、挖土匪底线、查窝主、办训练班、号召坦白等办法，对溃逃和隐藏起来的散匪进行清理，达到了最后肃清土匪的目的，使土改运动得到顺利和深入开展。

　　洮南地区的土改运动是在嫩南区党委和吉江省委领导以消灭敌伪残余为目的的清算、减租、分开拓地的斗争的基础上开展起来的，核心是解决农村的土地所有权问题，消灭封建剥削制度。

　　在日伪统治时期，洮南地区各县的土地占有状况是很不合理的，农村阶级关系严重两极分化。当时洮安县有居民 20153 户，其中有地主、富农 1158 户，占总户数的 5.7%，却占有全县耕地的 58.7%，仅地方军阀张海鹏、万福麟、徐景隆所霸占的土地就约占全县耕地的 10%；而贫雇农有 14404 户，占总户数的 71.5%，只占有全县耕地的 7.4%。镇东县共有耕地 3.83 万垧①，其中日伪占有的开拓地达 3.4 万垧，占全县耕地的 89%，这些耕地在"光复"初期均被伪官吏和地主侵吞。乾安县贫雇农人口为

---

① 旧时土地面积单位。各地不同，东北地区多数地方每垧合 15 亩。

52640人，占农村人口的72%，所占耕地只有全县耕地的3.3%；地主人口为4189人，占农村人口的5.7%，却占有全县耕地的88%。其他各县土地分布的情况也大致相同。土地的高度集中使广大无地和少地的农民纷纷沦为佃农和长工，饱受地主、富农阶级极为残酷的经济剥削和政治压迫，过着衣不蔽体、食不果腹的悲惨生活。实行土地改革，改变封建主义土地制度，实现耕者有其田，是广大无地和少地农民的迫切愿望。

辽吉二、三、四地委成立后，分别领导洮南地区所属县继续开展分地斗争。洮南、洮北县在1946年5月把2.7万垧敌伪占有的土地分配给无地、少地农民之后，县委根据中共中央"五四指示"的精神，按照辽吉省委和四地委的部署，进一步发动群众，全面进行除奸反霸和分田分地运动，清算洮南县伪警察署长许越衡、洮北县宝利区恶霸地主谢殿清等，有力地推动了两县土改运动的开展，再次为无地、少地农民分地几万垧。郭前旗在辽吉三地委的领导下，认真贯彻党的民族政策，始终将斗争矛头集中在地主、二地主和富农户上，到1946年秋，全旗斗争2772户，清出土地9.4万余垧、房屋2.9万余间、马7915匹、牛419头、马车2650辆，有1.6万余户贫苦农民分得了胜利果实。在分地斗争中，郭前旗还成立了旗、区和基层翻身会，全旗拥有会员5万余人，其中斗争积极分子1628人。

清算、分地斗争，沉重地打击了农村封建势力，削弱了地主阶级的优势。但是，这个地区受日伪统治14年，"光复"后又有国民党特务和敌伪残余势力进行反动宣传，加之国民党主力部队从1946年10月开始推行"先南后北，南攻北守"的作战方针，在大举进攻南满的同时，对西满的边沿区进行蚕食，占领了长岭县城，使辽吉二地委辖区几乎全部沦为敌占区，并直接威胁着开通、乾安、扶余、郭前等县（旗），所以使群众产生了怕变天的顾虑。另外，我们的一些同志缺乏工作经验，工作方法不当，工作中求成求快，发动群众不全面、不彻底，致使分地斗争中出现了明分暗不分、分远不分近，甚至昼分夜退等现象，即东北局指出的"半生不熟"的问题。

辽吉省委为适应战局变化的需要，于1946年9月决定，撤销辽吉三地委、三专署和三军分区，其机关和辖区并入二地委、二专署和二军分区（实际是12月合并的）。随后，二地委根据东北局的指示，一方面部署"准备情况变化"，组织部队坚守阵地，开展边沿、敌后武装斗争；一方面部署深入土改运动，开展"煮夹生饭"的斗争。

当时土改运动的开展情况可分为三类：一是比较好的地区，即"熟透"区；二是"半生不熟"的地区，即"夹生"区；三是未开辟工作的地区，即"空白"区。三类地区的特点是两头小中间大。1947年3月5日，辽吉省委在给各地、县委的一封信中指出："辽吉的'夹生饭'是严重的，洮安算是在辽吉全区较好的一个县，熟透的占不到20%，'夹生'的占60%（因还有20%空白区）。"消灭"夹生"和"空白"，成为深入土改运动的关键。于是，各县按照省委、地委部署，从解决干部思想和领导作风问题入手，派出工作队深入农村，通过调查访问、算账挖根、忆苦控诉等办法，全面放手发动群众，再次掀起了撕破脸皮斗地主、彻底翻身分土地的高潮，并取得了很大成绩。据开通、瞻榆、赉广、乾安、洮安、洮北6县统计，斗争恶霸、地主2934户，分地324339垧，分房屋51884间，分粮食53112石①，分牲畜19580头，无地和少地农民3万余户、22万余人分得土地或增加了土地。运动中提拔新干部1570人，涌现出积极分子近2000人。

1947年5月，东北民主联军发动夏季攻势，并取得重大胜利，使洮南地区由西满的前沿变成了巩固的后方。随后，辽吉省委决定：辽吉二地委、辽北二专署和辽吉二军分区恢复原辖区，重点是开辟新收复区域的工作；撤销辽吉四地委、辽北四专署和辽吉四军分区，洮南地区除扶余县仍隶属嫩江省、长岭县仍隶属辽北二专署之外，其他各县（旗）均划为省直属县，称辽吉腹心地区。各县根据辽吉省委扩大会议通过的《关于腹心地区群众工作问题的决议》，把土改运动推向"斗地挖财宝，夺权查翻身"的新高潮，即以"砍大树""挖财宝"为中心内容的"第三次攻势"，目标是"划清阶级明敌我，大小地主一扫光"，彻底消灭封建地主阶级。经过砍挖分浮和平分土地，贫雇农的优势真正确立。

1947年10月，中共中央颁布《中国土地法大纲》。在11月东北局召开北满各省委书记联席会议之后，辽吉省委于11月末至12月中旬召开了各地委书记和直属县委书记会议，以贯彻《中国土地法大纲》为中心，部署在新形势下的群众工作和彻底平分土地问题。会后，辽吉省委决定，将省委、省政府和省军区从白城子迁到郑家屯，组建以喻屏为书记的省委后方工作委员会（以下简称"后工委"）和以王思华为主任的省府后方办事处，以领导洮南地区各县的工作。根据省委的部署，在后工委的领导下，自1948年1月开始，各县展开了平分土地运动。在运动中，一切问题由贫雇农说了算，他们统一丈量土地，搞先"光"后"平"，实现了耕者有其

① 容量单位，当地用来计算粮食，每石为10斗。

田，并定界发照，确定了地权。但在运动中搞"砍挖分浮""交权审干""扫堂子"时出现了打击面过宽、侵犯中农利益的偏差，经过反"左"纠偏和补偿中农，才把打击面控制在党中央规定的范围之内。到 1948 年 6 月，洮南地区胜利完成了土改任务，全区农村人口约 100 万，分得土地 100 余万垧，平均每人分地 1 垧多，广大农村实现了土地制度的根本变革。

在洮南根据地巩固和发展的过程中，各级党委一直把土改运动与发展农业生产结合起来，在变革生产关系中发展生产力，以发展生产力推动生产关系的变革。从土改运动一开始，分得土地的翻身农民就迫切要求发展生产，改善生活，这是开展农业生产运动的客观依据。为了巩固洮南根据地，支援前线，保证军需民用，各级党委及时把农民群众在土改中焕发出来的极大的政治热情引导到发展农业生产上来。1947 年春天，广大群众积极响应辽吉省委发出的"紧急动员，突击春耕生产"和辽北省政府发出的"尽全力参加生产"的号召，克服了洪水、鼠疫等天灾病害造成的种种困难，在春耕、夏锄、秋收几个主要季节，连续掀起生产高潮，秋后获得了好收成。洮安、洮南、突泉、大赉等县克服气温低、无霜期短等自然条件的困难，试种棉花获得成效。1948 年春天，全区党政军民按照省委提出的"生产第一、种上第一，实行全民总动员，全面开展大生产运动，为完成增产 12% 而奋斗"的方针，在党和政府发放贷款、物资支援、减轻群众负担等措施的支持和鼓励下，各县经过农民代表大会的动员，采取集体筹资、换工插犋、代耕互助等办法，全面掀起了快种地、多开荒、增产量的大生产高潮。瞻榆县召开了有 500 人参加的农民代表大会，进行春耕生产总动员，当年扩大耕地面积 6 万垧。洮南县的黑水、向阳、大通等 3 个区平均每人增开 1 亩荒地。夏季，省委后工委发出了"抢救撂荒，克服灾害"的号召，全区男女老幼齐动手，间苗拔草，多铲多耥，为秋季的好收成而努力奋斗。

在农村开展土改和大生产运动的同时，城镇也在积极响应保护发展私人工商业的政策，以自力更生精神发展经济，广开财源，保证军需民用。洮南地区没有大中城市，各县城也不过是二三万人口的小镇，由于日伪的残酷剥削和掠夺，工商业生产落后，民不聊生，经济奄奄一息。从 1946 年 6 月开始，各县工作重点转向农村，但在城镇开展了反奸清算和没收敌伪逆财的斗争，打击了伪官吏和军警宪特以及与日伪勾结的官僚企业主。此后，按照辽吉省委和辽北省政府的指示和部署，一方面利用没收的敌伪逆产创办国有工厂、贸易公司，为发展经济发挥主导作用；一方面对私人工商业采取禁止清算和投资贷款、减免税收、提供场地以及开展职工劳动竞赛等措施，扶持私人工商业的发展。白城子的工商企业经过两年多时间，就由 25 户发展到 580 户，其中国营 7 户、私营 569 户，还有合营和合作企业 4 户。洮南县的工商企业在 1946 年下半年得到迅速发展，工业作坊和商业店铺由上半年的 857 家增加到 1522 家。1946 年 12 月，辽吉行署贷款 5000 万元①，拨发棉花 7500 公斤，支援洮南、洮安、洮北、赉广、突泉等县，掀起了群众性的纺织热潮。城镇工商业的发展，不仅为支援前线提供了大批人力、物力和财力，而且对活跃城乡关系、繁荣市场和改善人民生活发挥了重要作用。

城乡经济的发展推动了文化、艺术、教育、卫生等事业的发展。文化艺术界出版了《草原》杂志，办起了书店、剧院、文工团等；教育界接收和聘请了大批教职员工，在县城办起了中学，在区、乡办起了小学，学生人数成倍增加，洮南联中、扶余中学等为革命和建设事业输送了大批骨干力量；刚刚组建起来的医疗卫生队伍积极响应省委号召，在各级防疫委员会的组织领导下，采取宣传教育、疫苗预防、隔离抢救、清理环境等措施，控制了霍乱、鼠疫等烈性传染病的蔓延，送走了"瘟神"，保护了广大人民群众的生命财产安全。

在土地改革和发展城乡各项事业的过程中，广大群众普遍提高了阶级觉悟，涌现出一批又一批坚定跟党走、翻身闹革命的积极分子，为各级政权建设和党组织建设奠定了群众基础。从 1946 年 3 月各县成立县委、县政府以后，就采取自上而下、一级抓一级的办法，逐渐建立和健全了区、乡、村的政权机构，基层组建了农会（翻身会）和民兵（自卫队）组织，并不断吸收新成员，各级组织都得到了充实和巩固。发展党的组织，从有党员活动就开始了，但"光复"初期只是个别发展，为数很少；土改开始之后，各县根据《中共辽吉省委关于建党问题的指示》，按照"三敢"（敢斗争、敢要地、敢武装）和"三不怕"（不怕地主、不怕国民党、不怕死）的入党条件，大量发展了新党员。扶余县 1946 年有党员 500 名，到 1948 年已发展到 3113 名。郭前旗在 1946 年、1947 年两年发展党员 489 名，其中蒙古族党员 84 名。在发展的过程中也在不断进行整顿，清除坏人和不可靠分子，纯洁了党的组织。1948 年春天，洮南地区按照省委有关公开建党的指示，采取自报、公议、党批准的原则，公开发展一批新党员，使全区党员达到 7000 余人，各区、乡、村普遍建立了党支部或党小组。在区党委的领导下，各级党组织已成为根据地建设的领导核心和战斗堡垒，

---

① 指辽东东北银行于 1946 年 3 月发行的东北银行地方流通券，通称东北币。

广大党员充分发挥了先锋模范作用。

经过土地改革和党的政治思想教育，广大翻身群众焕发出高度的政治热情，强化了积极参加爱国自卫战争的自觉性。那时，尽管战火纷飞，随时有生命危险，生活艰苦，缺吃少穿，但全区约150万人齐心响应党的"一切为了战争胜利"的号召，有力出力，有物出物，有钱出钱，全力支援解放战争。许多青壮年争先恐后地报名参军，许多地方都出现过父母送儿子、妻子送丈夫、兄弟争相参军的感人局面。1947年春天，土改运动刚刚取得反奸、分地斗争的胜利后，分得土地的农民青年立即掀起参军热潮，在短短10天里，扶余、郭前、乾安、赉广4县（旗）就有3400人应征加入主力部队。同年7月，洮南、洮安、镇东、开通、突泉等12县，半月时间参军9000余人，组建了5个主力骑兵团。到土改胜利结束时，全地区在两年多时间里先后有5万余青壮年参军上前线。他们在扭转东北战局和战略反攻的诸战役以及巩固政权的剿匪战斗中做出了无私无畏的奉献。

洮南地区人民除了把数以万计的优秀儿女送到解放战争第一线，还立足后方，放眼前线，集中人、财、物全力支援解放战争。1946年"三下江南"战役期间，地处前沿的郭前旗，扶余、大赉、乾安等县，全党全民总动员，全力以赴地支援解放战争，直到取得胜利。前后两年多时间内，全区派出运送伤病员担架4.5万余副，出动战勤运输大车近6万台，出动筑路、架桥、修壕民工约40万余人（次）。同时，为人民子弟兵筹粮1.5亿公斤，捐款5亿多元，做军鞋5万余双，送柴、草、肉、蛋等物资不计其数。他们以自己的实际行动支援东北解放战争，直至走向胜利。

发展生产，支援辽沈战役和全国解放

（1948年7月至1949年9月）

随着东北解放战争的不断胜利，1948年7月，东北局和东北行政委员会决定调整区划，将洮南地区除突泉县划归内蒙古自治区、长岭县划归辽北省之外，其他各县均划归嫩江省。为了加强对这个地区的领导，1948年10月在白城子成立了嫩江省委分委会和嫩江省政府办事处；同年11月撤销，分别成立白城子、洮南和扶余3个中心县委；不久，3个中心县委撤销，各县恢复为嫩江省直属县。1949年5月，根据东北局和东北行政委员会调整机构和区划的决定，嫩江省合入黑龙江省，原属嫩江省的洮安、洮南、开通、瞻榆、镇赉、安广、大赉7县划归黑龙江省；原属嫩江省的扶余、郭前、乾安3县（旗）及原属辽北省的长岭县划归吉林省。这个时期，尽管各县的隶属关系变动比较频繁，但在上级党委的领导下，各项工作都有很大的进展，进一步发挥了革命根据地的作用。

这一时期，农民成为土地主人所焕发出的生产积极性得到进一步发挥，集中体现是组织起来恢复和发展农、副业生产。虽然土改实现了"耕者有其田"，但农具存在着有多、有少和没有的差别，繁重的参军支前任务又造成了劳力强弱的不同，于是，组织起来搞生产成为多数农民的强烈愿望。在土改过程中出现的换工插犋形式的互助组很快发展为以自愿互利、等价交换为原则的互助合作运动。大赉县政府因势利导，总结推广了苗家围子区生产互助的经验，在全县农村搞起了换工插犋和互助代耕，保证了春耕、夏锄和秋收生产任务的完成，获得了土改后到新中国成立前两年的好收成，年产量达六七万吨，自给有余，保质保量地完成了征购粮任务，受到嫩江省政府的表扬。镇赉县委于1949年3月在总结本地经验的基础上，提出了牲口插犋、人换工、合作种地等三种组织形式，向全县农民发出了"普遍组织起来"的号召，不到一个月，就有70%—80%的农户走上了互助合作的道路。各县在恢复和发展农业生产的同时，还利用本地的草原、湖泡发展放牧、捕鱼等副业生产，洮南、洮安等县牛羊成群，大赉县年捕鱼量达3000吨之多。

特别是1948年11月东北全境解放之后，根据东北局《关于全东北解放后的形势与任务决议》，各县都把经济建设任务放在压倒一切的地位，

同时以文化建设和阶级斗争相配合，加强了人民政权的建设工作。在抓紧城乡生产的同时，开展了公开建党整党工作，村级政权的选举工作，各级工会、妇女、青年组织的建立和健全工作，对反动党团和伪军警宪特的登记工作，打击反动会道门的工作等。1949年夏季，各县传达学习了中共中央七届二中全会和东北局四月干部会议精神，逐步实现工作重点由农村向城市转移。各县结合本地情况，贯彻"城乡兼顾，农业为主"的方针，进一步推动了上述各项工作的开展。到新中国成立前，公开建党工作取得显著成绩，党员发展到1.3万余人，村选任务完成，基层政权得到进一步巩固。

洮南地区城乡生产的发展和政权的巩固，为支援辽沈战役和全国解放创造了有利的条件。长岭县于1948年秋派出民工777人，编成120副担架和5辆大车的队伍，在辽沈战役中随军服务10余天，胜利完成了战勤任务。镇赉县在辽沈战役期间为部队捐献现金2.2万余元、米面2500余公斤、肥猪1120头、猪肉3500公斤、柴草32万公斤、军鞋1000双。同期，扶余县为部队捐献米面5000余公斤、干菜6.35万余公斤、猪肉1.75万公斤、军鞋3.5万双，还有毛巾、肥皂等日用品30余种。嫩江省委抽调大批新老干部随军进关支援新区工作；郭前旗在几年来分批抽调800余名蒙古族干部支援内蒙古自治区的工作。各县还开展了拥军优属活动，鼓励参军的优秀儿女奋力作战，英勇杀敌。嫩江省委发动各行各业，特别是青年、学生，给部队发去大量慰问袋和慰问信，鼓励前方指战员解放全东北、解放全中国。安广县有3000户军属给部队写信，鼓励子弟兵"打到南京去"。3年间应征到主力部队的英雄儿女有相当一部分参加了辽沈战役，又随第四野战军进关作战，参加了平津战役和淮海战役，一直打到海南岛，许多人流血牺牲、荣立战功。扶余县三岔河镇入伍的战士梁士英，在解放锦州战役中舍身炸碉堡，被追誉为特等功臣。开通县二区入伍的战士赵树满在辽沈、平津战役中奋勇杀敌，荣立大功4次。镇赉县东屏区入伍的蒙古族战士邰文彬从东北战场一直打到友谊关，参加重要战斗13次，荣立大功4次，3次出席军级英模会。在洮南，梁士英式的英烈和邰文彬式的功臣举不胜举，他们用鲜血谱写出解放战争的壮丽诗篇，迎来了人民共和国的诞生。

文献资料

中共中央关于让出大城市后党的中心任务问题
给东北局的指示（摘录）①

（1945 年 11 月 20 日）

你们应迅速在东满、北满、西满建立巩固的基础，并加强热河、冀东的工作。应在洮南、赤峰建立后方，作长久打算。在业已建立秩序的地方，要发动群众控诉汉奸及开展减租运动。国民党是不能满足东北人民的要求的。只要我能争取到广大农村及许多中小城市，紧靠着人民，我们就能取得胜利。

（选自《刘少奇选集》上卷，人民出版社 1981 年版，第 373—374 页）

---

① 这是刘少奇为中共中央起草的指示，标题为编者所加。

中共中央关于准备撤出大城市
控制乡村给东北局的指示（摘录）

（1945 年 11 月 28 日）

近两个月来我在东北虽有极大发展，但我主力初到，且甚疲劳，不能进行决战。而国民党已乘虚突入，占领锦州，且将进占沈阳等地。又东北问题引起中、美、苏严重的外交纠纷，苏联由于条约①限制，长春铁路沿线各大城市将交蒋介石接收。我企图独占东北，无此可能，但应力争我在东北之一定地位。长春路沿线及东北各大城市我应力求插足之外，东满、南满、北满、西满之广大乡村及中小城市与次要铁路，我应力求控制。目前你们应以控制长春路以外之中小城市、次要铁路及广大乡村为工作重心。在长春路沿线各大城市以及营口、锦州、吉林、龙江②、安东③等城市，则需准备被国民党军队占驻，我需作撤退准备，目前尽可能抓一把并布置秘密工作及群众工作的基础。但工作重心不要放在这些城市中。

（选自《辽沈决战》上卷，人民出版社 1988 年版，第 12—13 页）

---

① 指中华民国政府与苏联政府签订的《中苏友好同盟条约》。

② 今齐齐哈尔市。

③ 今丹东市。

中共中央关于建立东北长期
永久根据地给东北局的指示

（1945 年 12 月 21 日）

东北局：

十二月八日、十二月十五日电悉。同意你们的部署，但请你们注意东北长期永久根据地之建立。即在通化、延吉、宁安、东宁、密山、穆棱、佳木斯、嫩江、黑河、洮〔儿〕河、开鲁等地区，必须派必要的老部队和干部去开辟工作，建立后方，建立工业，组织与训练军队，开办学校，以便能够源源供给前线，有如汉高祖之汉中。只有这一计划的成功，我在东北的斗争才能立于不败之地，并能迟早争取胜利。望即指定部队和负责干部并规定办法去进行这些地区的工作，作长期打算。目前你们部队和干部集中在南满长春路附近工作是对的，因为顽军未到，我尚可在这些地区抓一把，但必须同时加强长春路两边深远后方的工作，建立巩固的根据地，准备在平原情况严重时有巩固的后方可以进退回旋，否则是危险的，如我在锦州在第一线被击破后，即因无巩固后方而不得不陷于混乱。将来我之主力如不能在长春路附近消灭敌人，而必须诱敌深入来消灭敌人时，则我现在必须在深远后方去开展工作，准备战场。这点你们现在必须看到，并根据这点来部署你们现在的工作、干部和部队。你们部队和干部应该更高度的分散到内地去建立工作。看到现在，还要看到将来，看到顺利的情况，还要看到困难的情况。你们应抓住现在有利的时机以发展力量，同时建立巩固的后方根据地以准备将来。国民党军队大批到达东北后对于你们的困难，应充分估计到。

中　央

［选自《中共中央文件选集》第 13 册（1945—1947），中共中央党校出版社 1987 年版，第 251 页］

中共中央关于力量部署问题
给东北局的指示（摘录）①

（1945 年 12 月 24 日）

（一）…………

（二）东北情况我不会比你更清楚，但我对你们的部署总有些不放心，觉得是有危险性的。你们主力部署在沈阳、长春、哈尔滨三大城市周围及南满，似乎仍有夺取三大城市的态势，而在东满、北满、西满的许多战略要地（如通化、延吉、密山、佳木斯、嫩江、洮南等），并无坚强部队和有工作能力的党的领导机关去建立可靠的根据地。你们屁股坐在大城市附近，背靠有很多土匪的乡村，如果顽军一旦控制大城市，你们在城市附近不能立足时，主力以至全局就不得不陷于被动。你们今天必须放弃争取东北大城市的任何企图。在东北今天的情况下，没有大城市即没有优势。但你们不要在自己立足未稳之前，去企图建立在东北的优势。你们今天的中心任务，是建立可靠的根据地，站稳脚跟。然后依情况的允许去逐渐争取在东北的优势，这应作为下一阶段的任务。你们只有这样做才是稳当的、没有危险的、不会陷于被动的，否则恐有一时陷入被动之危险。

（三）我提议你们把屁股坐在东满、北满、西满等可靠地区，去建立根据地，而不使全局陷入被动。现到东北的主力部队和干部，必须分散部署，应以大半分到东满、北满、西满各战略要地去建立根据地，只留一小半在三大城市附近发展，并准备随时能撤走。你应了解，主力从四周向城市集中是容易的，士气是高涨的，而主力在紧张情况下从城市撤走是困难的，必将引起混乱。你们应趁顽军尚未到达时，将主力从容移至安全地带，在冬季好好进行发动群众建立根据地的工作，这样明春才有办法应付。黄克诚及梁、罗②等部亦须迅速分散到全西满各地，才能过活，否则严冬一到，分散与剿匪均难进行，冬季工作将不能获得很好结果。

…………

（选自《刘少奇选集》上卷，人民出版社 1981 年版，第 374—375 页）

---

① 这是刘少奇为中共中央起草的指示，标题为编者所加。
② 梁即梁兴初，罗即罗华生。

建立巩固的东北根据地①

（1945 年 12 月 28 日）

（一）我党现时在东北的任务，是建立根据地，是在东满、北满、西满建立巩固的军事政治的根据地。建立这种根据地，不是轻而易举的事，必须经过艰苦奋斗。建立这种根据地的时间，需要三四年。但是在一九四六年一年内，必须完成初步的可靠的创建工作。否则，我们就有可能站不住脚。

（二）建立这种根据地的地区，现在应当确定不是在国民党已占或将占的大城市和交通干线，这是在现时条件下所作不到的。也不是在国民党占领的大城市和交通干线的附近地区内。这是因为国民党既然得了大城市和交通干线，就不会容许我们在其靠得很近的地区内建立巩固的根据地。这种地区，我党应当作充分的工作，在军事上建立第一道防线，决不可轻易放弃。但是，这种地区将是两党的游击区，而不是我们的巩固根据地。因此，建立巩固根据地的地区，是距离国民党占领中心较远的城市和广大乡村。目前，应当确定这种地区，以便部署力量，引导全党向此目标前进。

（三）在确定建立巩固根据地的地区和部署力量之后，又在我军数量上已有广大发展之后，我党在东北的工作重心是群众工作。必须使一切干部明白，国民党在东北一个时期内将强过我党，如果我们不从发动群众斗争、替群众解决问题、一切依靠群众这一点出发，并动员一切力量从事细心的群众工作，在一年之内，特别是在最近几个月的紧急时机内，打下初步的可靠的基础，那末，我们在东北就将陷于孤立，不能建立巩固根据地，不能战胜国民党的进攻，而有遭遇极大困难甚至失败的可能；反之，如果我们紧紧依靠群众，我们就将战胜一切困难，一步一步地达到自己的目的。群众工作的内容，是发动人民进行清算汉奸的斗争，是减租和增加工资运动，是生产运动。应当在这些斗争中，组织各种群众团体，建立党的核心，建立群众的武装和人民的政权，把群众斗争从经济斗争迅速提高

---

① 这是毛泽东为中共中央起草的给东北局的指示。

到政治斗争，参加根据地的建设。最近热河省委的发动群众斗争的指示，可以应用于东北。我党必须给东北人民以看得见的物质利益，群众才会拥护我们，反对国民党的进攻。否则，群众分不清国民党和共产党的优劣，可能一时接受国民党的欺骗宣传，甚至反对我党，造成我们在东北非常不利的形势。

（四）我党现时在东北有一项主观上的困难。这就是大批干部和军队初到东北，地理民情不熟。干部对于不能占领大城市表示不满，对于发动群众建立根据地的艰苦工作表示不耐心。这些情况，都是同当前形势和党的任务相矛盾的。必须反复教育一切外来干部，注重调查研究，熟悉地理民情，并下决心和东北人民打成一片，从人民群众中培养出大批积极分子和干部。应向干部说明，即使大城市和交通线归于国民党，东北形势对于我们仍然是有利的。只要我们能够将发动群众、建立根据地的思想普及到一切干部和战士中去，动员一切力量，迅速从事建立根据地的伟大斗争，我们就能在东北和热河立住脚跟，并取得确定的胜利。必须告诉干部，对于国民党势力切不可估计太低，也不可以为国民党将向东满和北满进攻，因而产生不耐心作艰苦工作的情绪。这样说明时，当然不要使干部觉得国民党势力大得了不得，国民党的进攻是不能粉碎的。应当指出，国民党在东北没有深厚的有组织的基础，它的进攻是可以粉碎的，这就给我党以建立根据地的可能性。但是，国民党军队现在正向热辽边境进攻，如果没有受到打击，他们不久即将向东满和北满进攻。因此，我党必须人人下决心，从事最艰苦的工作，迅速发动群众，建立根据地，在西满和热河，坚决地有计划地粉碎国民党的进攻。在东满和北满，则是迅速准备粉碎国民党进攻的条件。干部中一切不经过自己艰苦奋斗、流血流汗，而依靠意外便利、侥幸取胜的心理，必须扫除干净。

（五）迅速在西满、东满、北满划分军区和军分区，将军队划分为野战军和地方军。将正规军队的相当部分，分散到各军分区去，从事发动群众，消灭土匪，建立政权，组织游击队、民兵和自卫军，以便稳固地方，配合野战军，粉碎国民党的进攻。一切军队，均须有确定的地区和任务，才能迅速和人民结合起来，建立巩固的根据地。

（六）此次我军十余万人进入东北和热河，新扩大者又达二十余万人，还有继续扩大的趋势。加上党政工作人员，估计在一年内，将达四十万人以上。如此大量的脱离生产人员，专靠东北人民供给，是决不能持久的，是很危险的。因此，除集中行动负有重大作战任务的野战兵团外，一切部队和机关，必须在战斗和工作之暇从事生产。一九四六年决不可空过，全东北必须立即计划此事。

（七）在东北，工人和知识分子的动向，对于我们建立根据地，同争取将来的胜利关系极大。因此，我党对于大城市和交通干线的工作，特别是争取工人和知识分子，应当充分注意。鉴于抗战初期我党争取工人和知识分子进入根据地注意不够，此次东北党组织除注意国民党占领区的地下工作外，还应尽可能吸引工人和知识分子参加军队和根据地的各项建设工作。

〔选自《毛泽东选集》（第四卷），人民出版社1991年版，第1179—1182页〕

中共中央东北局关于发动群众是各项工作的决定一环的指示①

(1945 年 12 月 24 日)

(一) 为了在东北建立我党巩固的根据地,确立我对国民党之优势,以便与国民党进行持久的斗争,各级党与军队必须不失时机、雷厉风行地进行发动群众、肃清土匪、整训部队、改造政权、组织生产、建设后方等六项工作。

(二) 在目前东北情况下,发动群众与整军剿匪,已成彼此不可分离的连带任务。凡是群众尚未发动、股匪尚未肃清、而军队纪律又不好的地方,则群众阶级意识仍极模糊,正统观念仍极浓厚,甚至对于我军与反动股匪之斗争,亦采取观望态度。反之,则群众的正统观念即逐渐打破,并逐渐亲共疏顽,各种困难亦因而较易解决。故争取群众,发动群众,乃各项工作中决定的一环。它作得不好,其他一切工作便都不可能作好,我党在东北便不可能取得优势。

(三) 现在各地发动群众的初步经验证明:反对汉奸、特务、警探的控告与清账运动,仍然是最容易发动群众的口号 (有土匪的地方,必须打土匪,并组织人民防匪)。有的地方一两个星期即可把群众初步发动起来。在工人中,有的是以反贪污、索欠薪、要求救济金退职金等开始,有的是以反对把头剥削、反对克扣储金等开始;在乡村中则多半是以控告或反贪污算账开始。只要工作人员一到群众中去,选定一、二个群众痛恨之汉奸、特务分子,发动群众控告,召开群众会议,揭发其罪恶,清算其账目 (伪组织头子不贪污者甚少),往往立即引起群众的愤恨。只要一处群众惩治汉奸、特务,退出赃款,得到实际的经济或政治利益之后,一传十,十传百,运动即会很快地开展起来。

(四) 控告、算账、反贪污运动中,不仅劳苦人民是积极的,连富农与伪满时代在野的地主士绅亦多参加。所反对的仅系少数最凶恶的汉奸、特务分子或警察 (这些是今天国民党在东北与我进行斗争的主要依靠),往往可以很快地结成广泛的统一战线,很快地可以发展进步势力,争取中

---

① 这是时任东北局书记彭真主持起草的指示,标题为编者所加。

间势力，孤立反动势力，间接给国民党以严重打击。这一运动能够充分地利用并发扬东北人民十四年来所蓄积的怨气怒火、民族义愤，能够寓阶级斗争于反汉奸的民族斗争之中，使二者密切结合起来，很适合于目前东北人民的政治状况和我之斗争需要。

（五）农民控告（伸冤报仇）算账运动一开展，很快即转向土地问题，如没收汉奸土地（有的农民问汉奸土地分不分），收回强占土地，改先缴租为后缴租，反对增租，要求减租等（个别地方因为地主要增租或强收租，减租问题一开始即成为发动群众之有力口号）。各地情况复杂，应根据具体情况处理之。但总的原则，是坚决地站在农民方面，赞助农民的要求，放胆地援助农民大翻身，让群众有冤的伸冤，有仇的报仇，有气的出气。不要恩赐，不要代替农民斗争，要农民自己起来斗争。同时必须注意利用矛盾，争取多数，反对少数，不要不必要地过多树立敌人，使自己陷于孤立。因此运动开始的一个时期，先进行反对敌伪残余势力的控告、算账运动，把群众发动起来，反对汉奸、特务，打击敌、伪残余势力，先解决汉奸土地及敌、伪强占土地的问题，然后再适时地转为普遍减租运动，是有利的（也要按各地具体情况决定）。也只有普遍实行了减租（已缴的退回），才能使农民真正认识并拥护我们。至于日本人，现在已不是东北的统治者，但他们在某些部队与地区中，仍有着传统的优越地位，群众一起来之后，应该附带地让群众自己动手来彻底打倒它，使中国人民从被压迫地位翻上来，成为主人。同时应坚持联合日本人民，反对法西斯分子的方针，不要不分青红皂白地打倒一切。

（六）在东北，敌伪有一套完整的法西斯国家机器。现在除日、伪军已被缴械外，这副机器的其他部分并未彻底粉碎。敌人法西斯的统治与奴化教育，曾把东北人民制服成奴隶，并造成了敌、伪的旧秩序。顽敌正用一切手段企图继承这副旧机器，维持这种旧秩序。我们必须发动群众彻底粉碎它，才能另建立人民的民主新秩序，即建设民主政权，不然东北人民是不可能真正翻身的。因此在我军所辖之区（红军驻扎区应服从其行政），必须放手地大胆地发动群众起来造反，使人民群众为所欲为，有领导地有目的地对那些罪大恶极的窃国汉奸、特务，实行报复。打掉一切压迫者的威风，这样人民才能大翻身，并成为自觉的主人翁。

（七）在干部、部队不够分配的情况下，尤其不应平均使用自己的力量，应采取重点主义。在一个区域，应选择可以作为巩固后方的地区或容易影响其他县、区、乡的县、区或村屯，首先集中干部与力量突破一点，先建立后方或取得经验，并推动其他县、区、乡的工作。由于基本群众在

尚未发动起来之前，多半畏缩怕事，而游民分子则顾虑较少，在开始发动群众的时候，在地方工作中，除抓紧培养群众中之积极分子外，应大胆地使用那些敢于向汉奸、特务挑战，敢于向土豪、恶霸发难的游民分子。这在开始发动群众的阶段有很大的作用。但同时要注意防止其为非作恶扰害群众的消极作用，及时给以纠正与教育。

（八）在群众运动中，特别是工人农民生活改善的斗争中，应注意吸收积极分子，个别地、慎重地介绍其入党，并注意健全群众组织，使真正的群众中积极分子成为这些组织的骨干，并不断地培植教育他们。

（选自《辽沈决战》上卷，人民出版社1988年版，第21—24页）

中共中央东北局关于形势和任务的决议①

（1946 年 7 月 7 日）

（一）去年八月，英勇的苏联红军来到中国，进攻日本侵略者，我东北民主联军和东北人民配合红军作战，消灭日寇和伪满，替东北人民开辟了自由生活的道路。我党在东北，从日寇侵入之日起，即领导人民组织抗日义勇军，反对了蒋介石的不抵抗主义，进行了长期的艰苦斗争。对日反攻以后，我党更从关内派遣大批军队和大批干部至东北，帮助东北人民创造了广大的东北解放区。但是，丧失东北有罪、收复东北无功的蒋介石，在美国反动派援助之下，违背和平约言，大举进攻东北解放区。我东北民主联军和东北人民，从去年十一月山海关战役起，至今年六月七日两军停战，这一时期内，举行了英勇坚决的自卫战争。目前双方虽尚在停战状态，但国民党仍在积极准备再进攻。东北广大地区的群众工作和土地问题的解决尚在开始阶段。我农村根据地尚不巩固。我干部中有许多人不认识深入农村从事长期艰苦斗争以建立根据地的必要性和重要性。目前国际国内形势有利于我党建立东北根据地，粉碎蒋军的再进攻。但是，必须承认自己的弱点，克服这些弱点，方能达到目的。

（二）根据上述情况，东北局规定下列各点作为当前任务。

（甲）克服和战问题上的混乱思想，准备以长期艰苦斗争取得和平。目前英美矛盾增长，美国内部矛盾又极严重，蒋介石在全国范围说来仍感兵力不够分配，且人心不顺，经济困难，尤其重要的是我党我军的力量强大和坚决斗争，因此，迫使蒋介石不得不于十五天及八天停战期满后，又宣布无限期停战。在某些蒋军力量不足地区，停战对于蒋军亦属有利；在蒋军力量充足地区，例如中原区、胶济路，蒋介石已经发动大打，苏皖亦有很快大打的可能。对于目前东北，蒋军兵力不足，利于停战，但如增兵到来，便有极大可能向我再进攻。蒋介石在此次南京谈判中，除允许给我兴安省、新黑龙江省及嫩江省一部和延吉地区外，其余均要接收，不但要占点，而且要占面，此为我方所绝不能接受者。与其不战而失如此广大地

---

① 这是陈云为东北局起草的决议，1946 年 7 月 11 日中共中央批准了这个决议，并做了部分修改。

方，将来不能收复，不如战而失地，将来还可收复。况且战的结果，除某些城市要道还可能失去外，我亦有粉碎蒋军进攻，收回许多失地之极大可能。因此，全党必须下最大决心，努力准备一切条件，粉碎蒋军进攻，以战争的胜利去取得和平。一切游移不定及侥幸取得和平的想法，都应扫除干净。在这个一心一意准备以长期艰苦斗争去取得和平的总方针下，我们的方法，就是从战争，从群众工作，从解决土地问题改善人民生活，从其他一切努力，去增加革命力量，减少反动力量，使双方力量对比发生于我有利的变化。其中最重要的是充分发动群众，使我党与人民密切结合起来，只要广大人民的力量增加到我们方面，就会使敌我力量发生于我有利的变化，从而建立巩固的根据地，使敌人无法战胜我们。总之，和平是必须取得和能够取得的，但主要应依靠自力而不应依赖外力。只有自力更生，自立自强，自己有办法，自己立于不败之地，国际和国内各方助我之力量才能发生作用，才能取得可靠的和平，否则就是不可靠的，是危险的。

（乙）坚持中央关于建立巩固的东北根据地的正确方针。大城市是我们所需要的，但大城市暂时一般地不易确保，如果偏重大城市，轻视建立根据地，我们将有既无大城市又无根据地的危险。因此，必须规定，无论目前或今后一个时期内，创造根据地是我们工作的第一位。这种规定不能解释为不要大城市，轻易放弃大城市，或者可以破坏大城市，相反地，不论我军已占或未占的大城市，都须依照不同情况进行工作。而且，建立根据地，正是便利争取大城市。我们所要创造的根据地，是包括中小城市和次要铁路在内的，但必须认识，创造根据地的主要内容是发动农民群众。因此，强调城市轻视农村的观点，是与事实和要求不相符的，必须加以肃清。发动农民的方法，是发动反奸清算、减租减息、分粮分地的斗争，并使中央关于土地问题的"五四指示"迅速普遍执行。在农民翻身斗争中，提高农民的觉悟，武装积极的农民，改造村屯政权，使乡村的政权确实掌握在农民手里，并随之建立农会，组织各种各式的人民武装，吸引农民参加战争的各种工作，使东北自卫战争成为广大人民参加的战争。随着群众运动的发展，必须吸收在斗争中的积极分子加入我党，并在农村中建立党的堡垒——支部。只要广大的农民发动起来了，并积极参加自卫战争，我们就能建立不可战胜的阵地。为了迅速有效地创造地区广大的根据地，应以主力兵团的一部，配合当地的地方武装，采取积极行动，肃清政治土匪，调集干部组织地方工作团，首先集中工作于根据地的要点，逐渐推广，联系成面，力求在半年之内把群众发动起来。

（丙）应向全党全军明确指出现时的斗争和战争的目的，这正是目前党内所含糊不清的问题。我们是为保卫解放区而斗争。东北人民已经从日伪统治下解放出来，建立了自己的自由生活的解放区。但是，中国反动派在外国反动派的援助之下，向我解放区进攻，我东北民主联军和东北人民不能不举行自卫战，因为不自卫就灭亡，所以自卫战是完全正当和必需的。并须指出，自卫战的目的，是为实现经济上政治上军事上的民主而斗争。在经济上，是为劳苦人民争得土地、房屋，以及分粮、减租、减息、增加工资、免除失业、发展生产的民主而斗争；在政治上，是为推翻敌伪残余和特务、警察的统治，反对大地主大资产阶级的独裁，由人民自己掌握政权的民主而斗争；在军事上，是为反抗大地主大资产阶级的军队、警察和政治土匪的压迫，为组织人民武装的民主而斗争。这些是我们斗争和战争的目的，也是为民主而斗争的具体内容。因此，我们不能不估计到各个阶级在这一斗争中的地位，比之抗战时期会有若干变化。同时，我们也应该指出，反内战反独裁，要求和平民主，仍然是我们和全国人民的迫切需要。应估计到，美帝国主义对中国的侵略企图及蒋介石的卖国行动，已引起了中国人民反美帝国主义反蒋介石卖国的运动，在这些斗争中民族的性质将逐渐加重，因此我们应该而且必须在保障基本群众利益的前提下，尽量结成广泛的反内战反独裁反卖国、争取和平民主独立的统一战线，这是极其重要毫不可轻视的。但又必须清醒估计到，今日的东北已非抗战时期的敌后，不要被地主阶级所蒙蔽，不要委任和发展地主武装，必须紧紧依靠广大劳动人民。

（丁）在敌强我弱的条件下，我军作战的原则，不在于城市和要点一时的得失，而是力求消灭敌人。为此，应采取诱敌深入，待敌分散，以优势兵力各个消灭敌人的方针。消灭敌人，就达到保卫根据地的目的。一般地不作阵地战，广泛地使用运动战和游击战。所有军队人员必须有充分的群众观点，军队必须协同地方武装进行群众工作，严格遵守三大纪律八项注意，严格注意纪律的检查，任何破坏群众纪律的行为都是等于在军事上打了败仗，应充分发扬我军既善于打仗又善于发动群众的光荣传统。

（戊）适应长期战争和创造根据地的方针，必须在军事、剿匪、民运、土地、财经、后勤、兵工、交通、城市工作、文化和建党、建政等等方面，根据具体情况，规定各种政策，时时注视工作进度，根据工作的经验，作出扼要的总结，并使各地经验迅速交流，提高工作效率，提高干部能力。

（己）造成干部下乡的热潮，克服干部中的错误思想。许多到达东北

的干部，对于长期战争和艰苦工作没有认识，没有精神准备，不少人迷恋城市生活，缺乏下乡的决心，缺乏群众观点，干部中享乐腐化厌战的情绪在增长着，这是党内最危险的现象。干部中这些不良倾向的来源，一方面由于为人民服务的精神不足，另一方面主要的由于不认识东北斗争的形势。目前应在干部中反复说明东北斗争形势，使干部认识东北斗争的尖锐性和长期性，认识能否发动农民是东北斗争成败的关键，农民不起来，我们在东北有失败的可能。强调共产党员为人民服务的责任，号召他们走出城市，丢掉汽车，脱下皮鞋，换上农民衣服，不分文武，不分男女，不分资格，一切可能下乡的干部要统统到农村中去，并确定以能否深入农民群众为考察共产党员品格的尺度。凡能深入农村者给以鼓励，不愿到农村去的给以批评，造成共产党员面向农村，深入农民的热潮。这就既可以完成发动农民的中心任务，又可以彻底改正干部的不良倾向。

（三）东北是处在长期艰苦斗争的环境中，但东北斗争的前途是光明的。我们在东北已占先机之利，党领导了强大的军队，有几万外来和本地的干部，广大劳动人民又迫切需要在政治上经济上翻身。相反，国民党反动派不可能给东北人民以任何利益，他们勾结敌伪残杀人民，排除异己，贪污腐化的结果，必丧失人心。国民党反动派可能增加它在东北的武装力量，但无法占领全东北。它占地分兵的结果，将遭受各个击破。目前在军事上仍敌强我弱，但力量对比相差的程度并非内战和抗战时期的悬殊。内战和抗战的时候我可战胜，现在更有战胜的把握，在敌我所站的地位上，不论他们如何进攻，像内战时期的"围剿"和抗战时期的四面围来的"扫荡"，这种情势是不存在的。同时，东北的斗争不是孤立的，我们有全国解放区一万万几千万军民的配合，有全国人民反内战反独裁反卖国、要求和平民主独立运动的配合。国民党反动派勾结美国坚持内战的结果，高树勋、潘朔端将军的继起者一定会出现的。从全国范围革命力量与反动势力的斗争的发展过程看来，革命力量在上升，反动势力在下降，中国共产党的力量空前强大，国民党从未像今天这样丧失人心。在这样有利条件之下，只要我们全东北的干部认清东北的形势，团结一致，紧紧地与群众在一起，兢兢业业，一步一步地向着奋斗目标前进，一定可以改变敌强我弱的形势，一定可以建立起巩固不拔的阵地，粉碎反动派的进攻，使东北和全国一起走上和平民主的新阶段。

（四）东北局决定：这一决议必须在各级党部中讨论，澄清干部的思想，并将检讨的结果报告东北局。

（选自《辽沈决战》上册，人民出版社1988年版，第43—49页）

中共吉江省委关于目前工作方针和群众运动的指示

（1946 年 3 月 26 日）

甲．东北局势仍存在着两个前途、两种可能：一种是国共双方实行停战谈判和走向和平民主合作的可能；一种是仍须经过一个时期的战争，用斗争的胜利取得和平的可能。党在东北的方针是力争东北的和平民主的建设。在这一形势和方针下，我党努力的方向是争取时间，迅速猛烈地发展人民的民主力量。只有人民优势力量的确立以及党与人民力量的巩固结合，党才有雄厚的基础和坚实阵地，以期在局势好转时，有广泛的群众基础和根据地，以进行人民事业的建设，并与国民党立于同等地位进行合作和政治上的竞赛；而在局势恶转下，党能首先取得时间，组织和准备了自己的力量（军事的力量，特别是群众的力量），才能用力量的优势坚持阵地，使自己立于不败之地，并用军事和政治斗争的胜利，迫使国民党不得不承认我党在东北的地位而转向和平。

我吉江地区位于长春路之腰侧，随局势之发展，今后与国民党的军事的政治的斗争将日益紧张。但目前尚有一段空隙时间，允许我们组织和准备自己的力量。我们今日多一份力量的准备，则在今后的斗争中必然多一份胜利。因此，我吉江全党全军应宝贵这种空隙时间，不惜疲劳，加倍工作，以对党与人民的事业的高度忠诚，猛烈而有效地开展工作和发动群众。我们获得群众，才能获得一切。我们赢得时间，才能赢得群众，赢得胜利，赢得和平。

乙．当前工作以放手发动和组织群众团结在党的周围为首要任务。省委工作布置以发动群众与组织群众，剿匪、防匪、武装建设，财经工作为三大主要工作，而以发动群众为中心环节。一切工作和党政军民各个组织，均应把自己的工作和思想围绕和服从有利于群众的发动，善于把自己的工作和干部有效地与组织群众运动协同上，以期在富有生气蓬勃开展的群众运动中来建设党，建设武装，改造政权和消除土匪。省委号召全党全军的同志们以艰苦工作，以为人民服务的群众思想和作长远打算的根据地观念，迅速有效地打开吉江局面，争取逐步确立工农小资产阶级的优势，以彻底摧毁敌伪残余，削弱封建势力，并在这种基础上发展城乡统一战线，以削弱国民党反动派的社会基础。

为完成打开吉江局面的任务，省委及军区决定第一步骤为实行全面剿匪（包括军事剿灭与政治瓦解）一月计划并使剿匪与组织人民武装、防匪自卫和开展群众清算运动相结合（剿匪工作详见省委剿匪指示及八旅旅部剿匪命令动员训令）。

丙. 关于目前群众运动和党的建设方针与内容，省委提出以下注意事项：

（一）斗争的性质和内容，仍以组织群众的诉苦复仇清算斗争为运动的主流，其中心内容包括反贪污、反恶霸、反窝主、反伪满警察特务及伪满时代恶劣的行政人员等敌伪残余势力。在群众运动的前期阶段，煽动起群众的复仇情绪，把打击的主要目标集中在这些伪满时代最顽固的封建恶势力的堡垒上，这些恶势力在今后将成为国民党反动派主要社会基础的对象方面，打击他们无论在政策上和策略上都是必要的。而这种性质的斗争（包括经济的清算和政治的清算）是以突出的民族形式表现出来，而其实质包括有民主的和阶级的内容，是打击封建的和恶势力的最主要的一部分，而不是打击封建阶级的全部分。它的意义是由于这一性质的斗争较易突破，并能动员最广泛的各阶层群众参加。经验证明，伪满时期在野地主亦能同情和参加这种性质的斗争，其斗争的成果不仅能摧毁日伪法西斯政治的基础和下层机构，并能广泛打垮封建势力的中心部分，以削弱封建阶级，造成群众的初步优势，以期引导运动发展为纯阶级性的全面斗争（如减租、增资）。因此，这种性质的斗争，在策略上应以城市贫民工人和农村的中农雇农为基本动力，并注意团结一切非敌伪残余的其他阶层力量的参加。并争取一般地主中的某些开明和中间部分的同情、中立，以及支持和参加。

斗争是以清算运动为主，但非取消非清算范围的其他斗争。相反地，清算斗争应与其他斗争相结合，而不是机械地划分界限。群众运动必须从群众迫切需要出发，群众所需要的也就是我们所应当立即去做的。运动的规律往往是不平衡和犬牙交错的，党的领导应根据群众需要，善于使运动从这一个斗争转化为另一个斗争。因此，把清算和减租相结合，把清算和评租（城市房租）相结合，把清算和反窝主斗争（土匪窝主）相结合，把清算和防匪自卫斗争相结合，把清算和某些可能的增资斗争相结合，把清算和反无理摊派斗争的合理负担的斗争相结合，都是运动发展的具体道路。至于先从哪一点着手，则应当根据一般群众的实际需要而定。

（二）在斗争领导掌握上，应使我们的群众运动成为真正群众性的自觉的运动，应使斗争成为多数群众的斗争，而非极少数群众的斗争或单纯积极分子的孤立活动，尤非少数外来干部的包办代替和强迫命令。斗争的目的在于启发和提高群众的政治自觉性，而非使群众缺乏思想准备地盲目进入和结束斗争。斗争的意义在于从经济斗争引导到政治斗争并和政治斗争相结合，使政治要求和组织要求相结合，而非脱离一定的政治目的和组织目的的单纯经济斗争。必须用艰苦工作引导群众亲自斗争，培养其自主性，而非采取单纯的行政路线的自上而下而不自下而上相结合的代替、恩赐办法，亦非我主观制造固定模型的斗争目标式或毫无领导的自流主义。因此，我们要求今天的群众运动健康发展，我们提倡各级干部创造新鲜活泼的大胆放手发动群众的典型经验，同时也要提倡各级干部用深入工作、面向群众的艰苦踏实的工作作风，获得这种经验。

（三）目前以群众运动为全盘工作的中心，干部力量的使用，应服从于这一中心，而非平均使用。群众运动的布置亦应采取中心突破的方法，以获得经验和扩大影响与推动运动的全盘发展。这就是在地区上从点到面的中心突破，在干部力量配置上作必要和可能的集中使用，而非平均分散地使用力量。

群众运动的骨干，应着重以农村贫农、雇工、佃农、中农和城市的工人与贫民作为中心力量，然后去影响与团结其他阶层的群众进入斗争。在斗争对象上，打击目标一般先大后小，首先打击最主要的为人民痛恨的中心对象，从中心斗争的各个突破发展为群众自动的全面零碎清算。但在主客观条件不太成熟的情况下，则只能从小到大，从个别小的突破，以刺激群众情绪，然后发展为中心斗争。

为达成运动的中心突破，而又不死守中心，以期造成蓬勃生长的大规模的群众运动，各级党政负责干部必须亲自动手，具体指导突破一点，取得经验。各级党与群众工作干部必须使自己从事务主义的圈子里摆脱出来，抓紧当前工作的中心环节（群众运动），以实现领导任务。

（四）财经工作和群众工作是目前行政部门的两大重要任务（财经工作另有指示）。政府财经工作的着眼点必须走群众路线，今后群众清算出的物资、钱、粮，应大部或全部发给群众。已逃亡的重大敌伪残余分子，其财产应发动群众斗争予以没收，发给群众。行政系统中的党员干部，应把群众运动作为自己的中心任务之一，政府的有力协同和配合，对于运动的开展将起重大作用。政府今天所应做的，是突出自己的民族立场，对于支持群众反敌伪残余的清算斗争和减租斗争，表现明显的尖锐的而不是暧昧的立场。政府人员应力求深入和联系基本群众，鼓励他们的斗争情绪，支持他们的斗争行动。在斗争中政府应避免过早出面调解和行政处理，以

免影响群众的畅快、真正发动，形成斗争腰斩的情况。在群众运动中，党所应做的是发动群众支持和拥护政府，推动政府工作，扩大政府威信。在运动前后，改造旧的政权，输送积极分子掌握政权，以打下民主政权的群众基础。

（五）在群众运动中发展党和建设支部是基本的经常工作。采取大胆发展和个别吸收的方针，向城市工人、贫民和农村贫农、雇农的成分大胆开门，并注意和审慎地发展进步的中农和纯洁的知识分子、小资产阶级的成分。在发展前后，应抓紧阶级教育和具体的工作指导。

发展党员和培养基层的工作干部（党与非党的），应是开展工作的领导关键。这方面的经验我们的外来干部是缺乏的，远不适应工作发展的需要。没有成千上万的新生干部的培养，根据地是无法生根的。因此，确定各县各区必须创办经常的农民工人干部短期训练班（党与非党），并大量动员进步的知识分子，到省委创办之干部学校受训。这种工农基层干部的训练，一种是已经发现的积极分子的训练，一种是用行政的或动员的办法吸收城镇失业工人、贫民和抽调农村的年轻力壮、成分良好、历史清白的农民，创办短期的各种专门性质的训练班（如清算斗争、减租斗争的训练班），经过政治上和思想上、工作上的初步启发，培养为积极分子和行政基层干部，组织本地大小工作组，突击工作，实践经验，便于培养。每一位外来干部都应向他们虚心学习，并教导他们，把带徒弟的工作认真进行下去。

丁. 省委因对各地情况的生疏，难于具体布置工作，望各级党政军民组织对这一指示作深入讨论，以期贯彻。各级应根据指示精神作出一月或两月的工作计划，并把计划和工作总结及典型经验，按月送达省委，以便省委对工作作具体指导和各地经验的交流。同时责成各县于一月内汇集一个村的社会、经济、土地、政治调查材料送省委研究。

（原件存于扶余市档案局）

中共吉江省委关于剿匪防匪和武装建设的指示

（1946 年 3 月 26 日）

一、为巩固斗争成果，打开吉江局面，我吉江地区的党政组织和主力军地方军必须密切协同，利用目前空隙时间举全力剿匪，并从剿匪防匪运动中，达到发动人民武装自卫和群众斗争的目的。只有当土匪剿灭、群众发动起来时，我党我军才算在这一地区立住脚跟，才能遂行以军事的和群众的优势力量应付今后长春路沿线的情况，以阻击和粉碎国民党军事的和政治的攻击，才能使主力能机动主动作战而无后顾之忧。否则，土匪不除，群众亦难发动，后患将无穷尽。为此，军区及八旅特决定第一步骤之一月剿匪计划，各级党政和主力军、地方军必须坚决贯彻这一计划，以高度的不疲倦的精神完成这一计划。同时，省委对此次剿匪之政治意义及其要求作如下之指示：

1. 剿灭以军事打击军事扑灭为主，同时开展对匪的政治攻势。以军事扑灭军事威胁为手段，辅之以政治争取、分化与瓦解，其目的均为求得有效地和最终地消灭土匪。

2. 剿匪非单纯的军事观点的剿灭，而应把剿匪与组织人民武装防匪自卫、发动群众清算斗争、反窝主斗争及春耕救济密切结合，求得在剿匪防匪中发动群众、开展地方工作。

3. 剿匪期内，我主力军应深入农村、为民除害，为党建功，经常与群众保持接触，必须建立优良的剿匪政治工作秩序和保持模范的群众纪律，广泛散播政治影响和传达党的政策于广大农村群众之中。故每个剿匪部队不仅为战斗单位，亦应同时为动员群众和土匪进行政治斗争的工作单位。

4. 因此，无论地方工作，无论作战部队，省委均提倡剿匪防匪中的群众观点与群众路线，只有当剿匪与争取群众的政治工作相结合，只有当剿匪防匪走群众路线的时候，才能组织群众有力地进入武装防匪自卫运动和清算斗争、反窝主斗争与春耕的热潮中来，才能使剿匪有效地进行并达到最终消灭土匪的目的。

二、我八旅部队为坚持吉江斗争的地方化的主力军，亦为创造吉江根据地的中坚力量，响应本党的任务和军区及旅的军事意图，全体指战员和共产党员以为人民服务为党建功的热忱和顽强坚持不怕疲劳的作战意志与灵活、机动、分散、游击的战术原则，采取穷追猛打、包抄袭击、声东击西、夜袭堵截诸手段，达成以革命部队的游击战术制服土匪反动武装的游击主义之目的。为此，我主力军、地方军在思想领导上必须用深入普遍的政治动员打通干部战士思想，彻底打碎目前部队中存在和生长着的要求享乐安适和脱离群众的思想。这种思想主要表现为畏惧疲劳，要求安适与休息，留恋城市不愿下乡，对群众痛苦与要求漠不关心等等。这类不良思想倾向的存在，对于革命武装和根据地的创造，都是十分有害的。当前必须确立全军的安家立业的思想，加强群众意识和建立根据地的长远观点，应教导部队和我党我军干部，没有根据地和群众的拥护，则今后将为孤立作战，部队的物质生活亦将处于困境，也不可能有部队的发展壮大与巩固提高。因为没有群众的兴旺情绪是不可能有革命部队的兴旺情绪的。

三、我党兴仁义之师为民服务，政策与纪律关系重大，切不可因损坏政策和不良之纪律而冲破群众对我之信赖。军队与政府所至之地，应以普遍热忱关怀民间疾苦隐痛，以同情获取同情，以政策赢得群众。对地方工作及其干部，应取积极主动的支持、协助与掩护，保护安全，以利党的工作。对群众争取予以鼓励支持和掩护，取间接协助或直接参加（但非代替群众斗争）。对群众痛恶之敌伪残余分子及土匪窝主，本除暴安民问罪之命，支持群众的复仇清算行动。对地方武装与群众防匪自卫的武装运动，应取积极发动、协助和组织的扶植政策，非反动之民间枪支马匹不得收缴，打匪缴获之资材粮食，应以慷慨不吝啬的方针，大量发还群众，并作春耕救济，缴获枪支应发给可靠群众组织防匪（好枪允许调换），逮捕罪大之匪首得交由群众公审公决，对于地方防匪积极人士及曾经为匪摧害之群众，鼓动与利用其复仇情绪，号召组织民枪民马，协同部队参加剿匪复仇行动，对其武装取积极支持、配合，而不应取欺骗与吞并政策。党的剿匪政策围绕与服务于群众的利益、群众的解放。因此，剿匪的单纯军事观点和脱离群众不顾政策与影响的发洋财观点，应当严加反对，特别在我边缘地区长春路侧活动的部队，更应注意党的政策。

目前对于土匪政策以军事剿灭为主，辅之以招抚、收编、分化与瓦解的政策。镇压与宽大并进，但必须有镇压才能使匪接受宽大，重新悔过回头，匪之诚意自新归良者应保证其身家性命，其交公交民之枪支马匹，应规定价格，由公由民予以钱粮尝格。对成股之受招收编者得允其要求，暂留其建制，并供给给养生活。但必须服从指挥调动和停止抢劫之条件，争取派入干部并混编入我之一批战士，经常跟随主力，有某种叛变特征时候，即予解除武装（地方收编之土匪应交当地主力部队，但部队应以同等数量之枪支发还地方）。

对土匪政策之从宽从严，应根据匪之政治、历史及群众情绪而定，大体应是一般从宽，个别从严，小者从宽，大者从严，被迫为匪者从宽，顽匪、惯匪及为人民痛恶者从严；处理原则一般按情节轻重和群众意志，或交保释放，或判处徒刑，向人民悔过自新，或向人民赔偿一部损失，或处死刑，其罪大恶极而不回头者，得发动群众没收与分发其财产。剿匪精神在于以军事打击歼灭其主要力量，一面激发群众的打匪复仇情绪，组织防匪斗争，造成群众与土匪的尖锐对抗关系；一面则以政治手段促成在军队打击下的土匪内部的分化与瓦解。至于方式，则可采取对匪的政治宣传攻势和通过地方人士及迫使土匪家属以进行打拉并行之方针。

四、关于武装建设，省委方针和工作要求有四：

1. 吉江地区地方群众武装的发展方向，必须使剿匪防匪斗争、清算斗争、反窝主斗争及减租等斗争，紧密地和武装建设相结合，而以剿匪防匪自卫保家为中心口号，今日从剿匪防匪及清算的群众运动中来创造武装，是正确的和具体的道路。谁疏忽这一点，必然会铸成大错。

2. 为有效普遍地使军事剿匪和人民防匪结合，为群众武装斗争及群众清算斗争服务，则应使防匪与清算斗争以基本群众作骨干，发展组成为统一战线性的包括更广大阶层的群众运动（除敌伪残余分子及顽匪分子外，一般地主富农包括在内）。如果不使防匪清算形成为统一战线的运动，则防匪清算的力量将大为削弱，但如果不以基本群众作骨干而又团结其他阶层去进行打击顽匪及敌伪残余分子的猛烈的清算斗争，则不可能有基本群众优势力量的组成和表现，以作为过渡和掌握武装的基本动力，并有效有力地争取地主和富农卷入防匪与清算斗争。同时，党的方针是在剿匪防匪与清算潮流中，以群众斗争和扩大全民防匪武装自卫的统一战线的口号和活动中，达到过渡地主与土匪的枪支到基本群众的手里来和用有力出力、有枪出枪、有马出马、有钱出钱的口号，以动员和购得枪支。但这种过渡是有步骤的，而不是操之过急的，是根据主要客观条件的，而不是单凭个人愿望的，是使用合理说理的策略，并协同以群众的压力，并应注意减少不必要的暴露刺激和幼稚办法。

3. 在多匪地区应发动斗争和迅速组织群众的防匪武装，有群众工作的地区的武装应使基本群众领导掌握，在缺乏工作经验的地区，可根据情况由行政号召，组织地主与农民联合性的以坚决防匪的地主（无政治背景，非敌伪残余）为领导的武装，但这种武装应以接受行政命令、坚决打匪和保证无匪顽及敌伪残余成分在内为条件。

为使防匪武装成为统一战线潮流，如匪多地区可建立防匪联防，村以民兵形式出现，联防区以联防自卫队形式出现。各级可组织防匪自卫委员会，吸收坚决防匪对我同情并有号召力的地主绅士参加或主持其事。

4. 县区应在今后三个月内建立起自己精干的武装；要求各县在两个月或三个月内，至少能达到在防匪斗争上能独立坚决地完成任务；地方武装今后为发展任务，但必须符合于个别发展之精干原则，不应有敌伪残余分子和土匪成分及其不可靠之部分编入主力。现有的或发展的县区武装，必须加强教育，大大整顿纪律，建立与群众的良好关系，经常不怕疲劳地在剿匪斗争中提高战斗力，反对领导上的自流放任与姑息。

省委具体要求各界在今后二至三个月内，县能达到建立五个连的小团；基本区能达到建立 30—50 人的区队；长春路侧的区能建立 50—80 人的游击武装。县区队统称为保安队。

五、为使剿匪期间军队与地方紧密协同，在工作上地方应配合剿匪行动，根据中心突破的工作计划，分配干部或工作组去开展工作，军队亦应组织工作组在无地方工作地区开展工作，建立政权，在有地方工作的地区则军队工作组临时归当地党的领导。军队应利用分散与休息的空隙以掩护地方工作的开展，当地政府应为军队准备粮草，但军队不要把供给任务分配给党和群众工作干部，以免妨碍中心任务，可自己派出人员协同地方进行之。

剿匪期内省及旅负责人应多赴各区领导剿匪，旅团亦应按级自上而下分配干部深入营连，以便从政治上军事上加强剿匪的领导。在工作领导关系上，县及团均接受省及旅负责代表的领导，营与区和团与县的关系亦同此，县与团之间一般以主力团的政治委员为主（个别例外，由省指定之），组织部队与地方的临时剿匪工作委员会（不要固定组织形式，但须注意协同）。

六、本指示在主力地方兵团及地方应深入传达，普遍组织讨论，部队亦应组织剿匪竞赛，奖励模范兵团及干部，地方部队一月后均应有总结，按级上达。

（常委会通过）

（原件存于扶余市档案局）

吉江军区司令部、吉江行政主任公署布告

（1946 年 4 月 27 日）

（一）为布告事：江河解冻，春耕期到，各地人民均盼望能得以安居乐业，从事春耕下种或自由贸易经营商业。不意直到今天，仍有执迷不悟、顽抗不散之胡匪，到处抢掠人民之牲口、财物，破坏春耕，到处拦道劫车破坏交通运输，违（危）害人民至大。本署（部）有鉴及此，遂决定予彻底剿灭，以安民生，而利生产建设。

（二）本署（部）近查为非作歹的胡匪，均系本区同胞，或有出于不得已者。为挽救失足为匪的人，本署（部）持以宽大政策，除顽抗不悟者，或投诚后不改正者，定当予严惩外，对其他一切愿改邪归正悔过自新者，决予以生命安全之保障，并给予生活上、政治上出路。因此本署（部）特号召为匪者，尽早回头，并颁布自新条例如下：

第一，希望迫为匪者，要明白当胡子害百姓无好下场，给祖宗丢人，留骂名于后世，发横财不得长远的道理，赶紧回头，改邪归正，向政府投案，政府当保障其生命与正当财产之安全。如愿回家为民者，并可给予路费；如愿从事生产，得以谋生，而生活极度困难者，政府当设法安置，使之就业。

第二，凡是带枪带马向政府及军队投诚者，政府除保障其生命与正当财产之安全外，并可依照武器之数量及种类，给以适当之奖励。

第三，凡是过去为非作歹、人民仇恨的匪首，如能毅然觉悟，带领部属携械投诚，交出武器，听候编遣，从此改邪归正者，政府军队绝对保障其生命与正当财产之安全，愿回家从事服务于正业，可发给路费；愿参军者，当给予报效人民之机会。

第四，凡属各界同胞或胡匪之亲友，如能利用各种信说、口劝等等办法，说劝为非作歹的人回头，携械投诚，则政府对此等劝说有功的人，定当给予奖励。如召回一人一枪，奖金千元，如能更多奖金累加。因此政府望各界同胞，大家出头，变坏人为良民。这是利己利人、积功积德的事。

第五，凡系胡匪之家属户族，亦希望你们能体会政府军队爱民以德的精神，召回自己的子弟家人，当红人不当黑人，一家团圆，阖族安宁，上可以对得起祖先，下可以对得起子孙，如在这方面有特殊成绩者，政府当

予以表扬奖励。

第六，凡系过去为胡匪"铺局"或当"窝主"做"底线"的人，如肯毅然悔过，向政府坦白，将所铺之"局底""人枪"收回交公，将窝藏的赃物枪款交公，或者停止为匪或"拉线"，政府当可宽大处理；如能更积极进行瓦解胡匪并有成绩者，政府还可予以适当奖励；如仍执迷不悟，坐山分肥，则一经查出，定当没收其财产之一部或全部，给予严重惩治。如有人向政府告发"窝主"或"铺局"，有奖。

第七，凡曾经为匪而今改邪归正，并已向政府投诚交出人枪，再无有其他窝藏者，政府可发给安业证书，而既经取得安业证书，则凡属军民人等，均不得无故"挖土豆"，实行逮捕捆绑或杀害，如果民户对其有所诉讼，政府则应酌情适当予以解释调解或处理之。如取得安业证后，又为非作歹，或发现仍藏有武器图谋不轨者，则当别论。

（三）最后，尚望军民各界同胞必须明瞭，欲期胡匪之早日肃清，坏人得以赶早回头，人民得以安居乐业，春耕生产贸易得以自由，确保无虑，尤必须我全体人民，一致积极组织起来、武装起来，特别在匪多地区，大家更要"有枪出枪""有人出人"，无枪设法买枪，请政府备案，在政府领导下，组织春耕保卫队、联防自卫队等，保卫自己和平民主安居乐业的生活，保卫春耕生产，同时站岗放哨，清查村里村外的坏人窝主，帮助军队带路送消息，配合军队剿匪打仗。只要全体军民团结起来，进行防匪的武装自卫，匪患必然肃清。只有广大军民一致努力剿匪防匪，全区人民才能安居乐业。

此布

军区司令 兼政委 刘 震

行政主任公署主任 郭 峰

副主任 宋乃德

中华民国三十五年四月二十七日

（原件存于白城市博物馆）

中共洮南地委书记朱理治给李富春、黄克诚的信

（1946 年 2 月 20 日）

到洮南 20 天了，现在地委只我一人，余均在下面工作。洮南干部少，情况又复杂，所有干部及我自己均缺经验。我大部时间忙于应付洮南城的工作。当我随八旅旅部进入洮南城时的情况是土匪虽已退出洮南，但其主力并无损伤，大部仍是散处四乡。城内潜在的土匪据云有四五百之多，老百姓一夕数惊，不是说胡匪即要攻城，即是说我军又要他移。因为胡匪两次攻城，人民饱尝苦痛。这时城内的基本群众不出来，深恐出头露面之后，敌人再来，又受报复。城内资产阶级过去听信了国民党的宣传说我们来了之后，即要共产，所以在胡匪两次攻城之中，资产阶级多采取赞助同情的态度；但及至土匪进城之后，又遭受了城外封建地主所领导之土匪的摧残，转而觉得我们军队无论如何，总要比胡匪好。尤其是八旅的模范纪律，更给全体人民以良好印象，所以愿帮助我们来摧毁胡匪力量；但又怕我们来"共产"和清算敌伪资产，因大部分上层资产阶级均吞没、隐藏有大批敌伪物资。城外胡匪首领，因受国民党挑唆，进攻县城；退出之后，深恐我军报复，故负隅顽抗，企图永与我军为敌。

在这样的时候，如以清算敌伪物资为发动群众的中心，似乎是不甚妥当的，因为这样并不能动员基本群众。有个别同志到下面做了这种动员，群众则淡淡地回答：现在性命均不能保，还谈得上清算敌伪资财？同时，如这样做，则城内的资产阶级将和城外的封建势力更加勾结起来，虽不一定能再演第三次的攻城，但至少会使我孤立，使我们动员基本群众更加遭到阻碍。

所以，我们当时决定了以下政策：暂以清匪为动员群众的中心口号，在清匪中建立各阶级反匪的统一战线；在这个统一战线中，建立人民群众的团体及自卫队，强调没有人民的发动，即没有有效的清匪；在这个运动中，准备自己的力量。同时，在清匪中，采取剿抚兼施的政策，发了一个号召自新的布告。因为，对胡匪单是靠打，是打不完的。

我们在这个运动中得到的收获：

第一，组织了 3000 人的自卫队，每个中队长均经各个小队长选举，并提出不许当过警察、胡匪的充当队长。故在选举中亦发生斗争，人们见到

坏人即提出来，现在各个区的自卫队已接收了各地的公安局派出所。10个中队长中，有1个是店员及平民。有1个分队长是坏人，现准备撤换之。因为军力薄弱，八门开（本城共有八个门）无人守卫，故土匪仍有潜来城中的。现在自卫队已在每一个区成立了一个基干班，正准备成立基干排，自卫队已经成为我们在南城内所依靠的一个重要力量，检举坏人依靠他们，即使防疫工作现亦开始依靠他们，他们可使防疫做得彻底有效。所以，控制一个城市可以采取苏区的赤卫军和抗日根据地的自卫军及民兵的办法。

第二，在城外和城内已经开展了一个坦白自新的运动。洮南城外共有16个村，南部4个村所有大粮户几乎全部是胡匪首领。布告发出之后，经过各方面的联络，他们纷纷向司令部缴枪、缴马，已经收到的有百余人枪。城北另有12个村，原受了朱继先同志的委任，但洮南失守后他们又打出光复军的旗，唯没有参加打白城子，同时亦未抢老百姓。隔了两天见到白城子红军打死胡匪500名，他们又动摇起来。尤其洮南一收复，他们更加恐慌，怕我报复，情愿交出200人枪马，交给我组织队伍。城内胡匪经过抽查户口和民众告发，逮捕了60人，自动坦白的有30人。昨天三区有4个胡匪坦白，在300人的群众大会上悔过自新，3个坦白得很彻底，1个不肯承认。民众对前者没意见，对后者极为愤怒，纷纷责问，将他捆送公安局。两次土匪进城，均是里应外合，不把内应肃清，城防是不易巩固的。

第三，基本群众开始有了组织、有了斗争。我们强调，要根本消灭匪患，必须将全体民众组织起来，故即着手组织妇女，特别是工人。群众一组织即有斗争，特别是工人，斗争的情绪极为高涨。全城计5000多工人，连他们家属在一起计算，将占全部人口之半数。首先爆发的是木匠工人。他们因为木业组劳工队长克扣他们的工资7万元，80多木工将劳工队长的兄弟二人监视起来，拥赴县政府，请县长评判。当时县长即判定7万元退回工人，并要在两天之内交出2万元。现在钱已交出，分给了工人，木业工会的会员大大发展。总工会的威信经领导斗争后，已在群众中树立起来，每天川流不息的群众要求总工会领导他们组织工会。瓦匠300多人见到木匠胜利了，亦酝酿斗争。可惜的是总工会刚只工作十一二天，城内"百斯笃"流行，什么会都禁止开，城内各街全部封锁起来，鸦雀无声，街上断绝行人，工人斗争自然只有暂时停顿一下。最可惜的是鉴于许多地方的清算，因首要分子逃走，只能斗些小头目，争不出劲儿来。所以，我们一到这里，便将两次阴谋勾引起土匪攻城的粮食组合长、日本的和土匪的顾问宋殿阁扣留了，准备在下月15日召开群众大会。计划可到二三万人，一面庆祝胜利，公审匪首，一面提出清算宋殿阁，将防匪阶段告一结束，将清算斗争全面地开展起来，但亦因防疫关系，只能停止开会。

第四，开始组织了部队。分区司令部原是个"空军"司令部。去年10月左右，朱继先同志来了，组织了好几千人的武装。[后发生]洮南白城子事变，结果只落得200多人，与夏尚志部队合编为一个团。我来之后，因北面需要发展，故将白城子及所有武装开到北面分区，要他们以白城子为基地向北发展。所以到洮南后，分区司令部没有一个兵，门哨也没人放，更说不上派兵到乡间掩护群众工作了。经过清匪工作，由土匪"送"来了近百枪马，我们在洮南编了两个骑兵连架子，约90人枪，同时编了3个排的基干自卫队。公安局和护路队各有七八十人，多系旧人，亦无一支枪，现决定成为两个训练队。经过政治教训、反省大会以及考试，将其中的坏分子开除，好的保留。现在基干自卫队在城内担负警戒，骑兵已下乡开始活动，做掩护群众工作。同时，在洮南北部的12个村子，我们原有40人（一说80人）的武装，现因当地地主愿意交出200人枪马给我们，任我编队，用以表示他们对过去挂了"光复军"旗子的悔悟。现我们派了几十个干部，会同原有的40人枪，编为一个团，亦开始行动出发打匪。现在开通及瞻榆二地亦已有了一些基础。估计6月底前，成立一个旅的骑兵是可以做到的。这个武装的创建，一面是为着替党创立一个骑兵旅，一面也是为着解除地主的武装，以便利我之工作。

清匪阶段原定半月，事实上到了上月20日左右即可基本上告一个段落，正式开展清算斗争。清匪阶段未完成的任务，在清算运动中去完成，我们组织了清算动员会，发布了布告。

关于防疫情形，去年红胡子攻城时，由王爷庙①一带，带来了"百斯笃"。我们进城时，有四五处发生"百斯笃"。当时由公安局担负隔离工作，防疫委员会要求我们武装担负隔离。唯公安队没有一支枪，时队员质量又很坏，当时分区无兵，八旅行动频繁，也抽不出枪来。因故拖延，"百斯笃"即蔓延了十多处，死亡人数已达140人。当时感到对这样的问题如不立即用全力来防疫，则再过几天，全城均可蔓延到。土匪虽不能赶我出城，"百斯笃"将驱逐我出城。到了那时，全城将有几千甚至几万人的死亡，整个西满将传染到，这将不只是洮南一县的问题，而关系到整个西满根据地存亡的问题。所以，最后下了决心，由部队来担负隔离，由自卫队来配合，全城实行防疫戒严，所有道路除有防疫会肩章者外，一概不

① 今乌兰浩特市。

许通行。开始还是时松时紧，结果效力不大。这十天来，一天紧似一天，才生了效力。在七天前，每天均要死十人左右。三四天前，一天只死一二人，区域没有发展。相信再这样搞十几天，就可告结束了。现在的问题是城外仍有"百斯笃"，如城内结束，城外不结束，城里仍会传染的，人和猪狗均可隔绝，老鼠则不能隔绝。城内戒严之后，老百姓的柴火及贫民的生活均感困难，特别是老百姓对"百斯笃"的知识了解得少，有病不报，死了自埋，增加了传染的危险性。这些问题都是极端复杂的组织工作，现在县委区委均分散在下面进行布置。

中共洮南地委书记朱理治在
洮南干部大会上的报告提纲

（1946 年 3 月）

一、我们的总任务及总方针

我们的总任务是创立洮南根据地。创立根据地是全体党员的任务，因为没有根据地我们就不能取得可能到来的战争胜利，也就无法争取和平。没有根据地一切均将无法谈起。

为着要创立一块巩固的根据地，需要有三年的时间，但目前时局迫得我们要在 1946 年的上半年完成初步可靠的创建工作，否则我们就可能站不住脚。现在已到 3 月 1 日了，只有加倍努力，才能完成光荣的使命。洮南是西满的最大城市，是西满的主要后方，所以担负的责任就要比其他任何县都大。

为要创立一个根据地，就必须要：（一）肃清土匪及敌伪残余；（二）创立民兵及地方兵团；（三）改造政权；（四）组织生产及建设后方；（五）正确处理蒙古民族问题；（六）消灭"百斯笃"；（七）组织群众及建立党支部。只有把以上这七项工作做好，才能使根据地初具规模。但是所有这一切工作，均要靠发动群众。没有群众工作的发动，则任何一个工作都作不好。但只要群众发动起来了，则一切自能迎刃而解。大胆放手地发动工、农、城市贫民，打倒敌伪残余及土匪，为创立洮南根据地而斗争，这便是我们的总任务及总方针。

二、过去一个半月工作之总结

三种地区三种工作。一切应从本地环境出发，加以分析。洮南有它的特点，在一县之中亦分为三种不同地区，亦各有其特点。因此，在这三个地区的工作中心即有不同。在洮南，第一步是清匪，第二步是防疫，在这两者之间作几天清算，但整个清算要在防疫结束之后才能开展。在洮北 12 个村，清算是个中心，防匪只是在开始时的口号。在洮南南部 4 个村，今天尚未走出清匪的阶段。

吉江区行政主任公署布告

（1946 年 5 月）

为保证人民财权地权，改善人民生活，发展农村生产，繁荣农村经济，特颁布"开拓地"、"满拓地"等敌伪地产被没收之汉奸地产与"浮多地"、"抛弃地"等公有地产处理办法如下：

一、凡本区人民的财权地权一律加以保护。除敌伪地产与被没收之汉奸地产外，任何人不得非法侵占。

二、凡本区境内一切敌伪地产："开拓地"、"满拓地"、"兴农合作社"土地、"兴农金库"土地、"银行"土地、"公司"土地与"军用"土地（飞机场、操场等）等等逆产被没收之汉奸土地；一切公有地产："浮多地"、"抛弃地"、"苗圃"土地、"农场"土地、"牧羊场"土地、"牧牛场"土地与铁路两侧铁路用多余土地等等，除保留一小部分作为部队、机关、学校生产与经济贫苦的革命烈士家属、革命军人家属、革命工作人员家属之土地外，其余土地均须分配。贫困无法生活者，有同样分得土地的权利，凡移住他乡而现在愿迁回和他乡移来定住的贫苦人民，亦有同样分得土地的权利。

三、凡"庙地"、"学地"，一般仍归该庙与学校所有，不得分配，但在广大人民要求分配而又不妨碍发展教育与不违反宗教信仰自由的条件下，得酌量分一部分。

四、凡被敌伪没收的流亡抗日人士的土地，由政府暂给贫苦人民失业工人使用（暂时由区政府管理，租与贫苦人民耕种），铁路用多余土地分配给铁路员工耕耘（政府保持所有权）外，一律立即无偿分配给无地少地的农民（包括赤贫农——"打闲的榜青的"贫农、贫苦的佃农——种地户与贫苦中农）及其他生活困难的人民（包括失业工人、城镇贫民、贫苦的知识分子……），以利民耕，以增民食，免致饥饿。

凡原有土地因土地被敌伪强制收买而现在陷于暂代管，由原佃户租种或分租给贫苦农民耕种，其租额应低于实行减租后的租额。

五、凡被没收土地之汉奸家属中未助敌为恶者，或曾做汉奸而确已悔过自新者，为保障其最低限度生活，应在人民同意下根据具体情形，酌量给其留下或分给其一部分土地，但不超过本地一般贫困人民平均所分数量。

六、凡上述土地之分配，如数量不足时，贫苦的革命烈士家属有第一优先权，贫苦的革命军人家属有第二优先权，贫苦的革命工作人员家属有第三优先权。

七、各县分配该项土地时，在路程上能直接自行耕种的，原则上应力求广泛普及，使多数贫苦人民分得土地，力避苦乐不均。

八、凡该项土地中的一切建筑（如机器、厂房、水渠、堤坝）均须妥为保护，不得破坏。不便分配者，由政府经营管理。凡系住房，一般应分配给现住户附近贫苦人民，无房住者，得与现住户房多者适当调剂之。

九、凡原系稻田，一律不得改为旱地，现在仍由朝鲜（族）人耕种者，一般仍应保持其租种权，所有权属于政府，其租额不得高于一般地租，但有特殊情形者，则可依上述原则分配给人民，若分得此项土地者，不会种稻，仍可租与朝鲜（族）人耕种，租佃合同由双方自行商订。

十、凡分得此项土地者，由政府发给地照，以保证分得土地者的所有权，但游民分子暂可不发给地照，俟其真正改邪归农后再确定其分得土地的所有权，否则政府可随时收回其分得的土地。

十一、凡分得此项土地者，一般在二年内不得出卖、典当和出租，但有特殊原因者，如鳏寡孤独老弱残废与其他无劳动能力者，遇有婚丧或意外灾难等正当用途需款甚急者，以及距住处过远不便耕种者，须商得群众团体同意出卖、典当或出租。

十二、目前正值春耕，原土地所有者未经政府允许，私自收回且已耕种者，颇不乏人，此种目无法纪之行为殊为不合，一律须依本处理办法重新处理，但为照顾现实情况，凡自行收回之土地未超过其应分得的数量者，得归其所有，其超过部分须退出分配，如已耕种，须由分得此土地者偿还其耕种费，或作为租佃关系向分得此土地者缴租，俟秋后由分得此土地者收回自耕。

十三、前后郭旗处理此项土地因有特殊情形，须酌量由旗政府颁布单行办法。其他各县必要时亦须根据本办法的原则和具体情况由县政府颁布单行办法。

主　任　郭　峰
副主任　宋乃德
中华民国三十五年五月
（原件存于白城市博物馆）

嫩南行政公署关于行署行政委员的通令①

民字第一一〇号

（1946 年 4 月 17 日）

为令知事

兹经嫩南区临时参议会大会选举顾卓新、倪志亮、赵北克、张昭、夏尚志、郭恩波、胡秉权、罗峰、杨希祥、胡德兰、许云等十一人为嫩南行政公署行政委员，除各委员已在临时参议会大会宣誓就职外特此通令一体周知。

此令

主任　顾卓新

中华民国三十五年四月十七日

（原件存于洮南市档案馆）

_____

① 标题为编者所加。

嫩南行政公署关于行署各处（局）长的任命通令[①]

民字第一〇九号

（1946 年 4 月 18 日）

为令知事

兹经本署行政委员会第一次会议讨论决定任命：

一、赵北克为行署秘书长。

二、张昭为行署民政处处长。

三、韩永赞为行署财政处长兼粮食总局局长。

四、朱劲天为行署财政处副处长。

五、郭恩波为行署教育处处长。

六、赵飞克为行署实业处处长。

七、杨希祥为行署公安处处长。

八、王石清为行署税务总局局长。

九、胡德兰为行署粮食总局副局长。

十、曹根全为东北银行吉江分行行长。

以上各任秘书长、处长、局长除必分别任命外特此通令一体知照。

此 命

主任 顾卓新

中华民国三十五年四月十八日

（原件存于洮南市档案馆）

---

① 标题为编者所加。

嫩南行政公署、嫩南军区司令部联合布告①

联字第一号

（1946 年 4 月 28 日）

为安定人民生活，恢复社会秩序，本署（部）业已调集兵力清剿土匪。为予土匪以自新悔过之路，不忍不教而诛，特宣布：

（一）所有土匪无论匪首匪徒，在一个月内将枪支马匹缴交政府向政府悔过自新者，决不究既往并保证生命财产之安全。被胁从匪之农民除缴交枪支外，其马匹可发还本人作生产之用。

（二）在一个月之后不向政府悔过自新缴出枪、马，甘心作恶为害人民者，经捕获即予严惩直至枪决。

（三）凡土匪家属应于一个月内劝教土匪脱离匪队回家生产，将枪支马匹缴交政府。不能劝归者，应于期满之日向政府报告匪徒所在地区、队号，宣布脱离亲属关系，否则受纵匪之株连处理。

（四）凡窝藏土匪、勾结土匪、为匪通风报信者，限一个月内向政府报告登记，准予悔过，否则一经查获，与土匪同罪。

（五）民间枪支应于一个月内向各县区政府举行登记，领取执照，作防匪自卫之用。隐匿不报一经查出作匪枪论，除没收枪支外并受惩处。

（六）凡报告土匪行踪及捕匪杀匪缴枪有功者，给予重赏。

上列六项自布告之日起实施，仰全区人民一体周知。

此　布

主　任　顾卓新

司令员　倪志亮

政治委员　郭述申

副政委兼政治部主任　邵式平

中华民国三十五年四月二十八日

（原件存于白城市博物馆）

---

① 本布告标题为抄录者所加。

嫩江省政府关于嫩南嫩北合并的通令①

秘字第三一〇号

（1946 年 5 月 18 日）

令洮南县长

为通令嫩南嫩北合并由

查我嫩江省自去年十二月以来，即划分嫩南嫩北两行政单位，以便进行工作。齐市解放以后，嫩南嫩北已经打成一片，故两行政单位极应合一，以期集中力量，努力建设。现两行政单位已于五月十五日正式合并，嫩南行政主任公署业经撤销，全省行政今后完全统一在省政府领导之下，仰各厅处各县政府一体遵照为要。

此　令

主席　于毅夫

中华民国三十五年五月十八日

（原件存于洮南市档案馆）

---

① 标题为编者所加。

中共辽吉省委关于分地进一步发动群众的指示

（1946 年 7 月 22 日）

　　一、我们在东北八个月来的斗争，时间不为太短，条件不为不利，但到今天为止，我们还不能很好地站住脚，我们还处在大城市既困难站住，而中小城市与广大乡村没有把工作搞起来，"两头失踏"的严重局势面前。在辽吉虽很早就作出决定：依靠广大乡村与中小城市，建立根据地，以便与国民党作长期斗争。事实上也朝着这方面在作。但今天来检查，辽吉根据地建设收到的成绩是小的，这主要表现在：群众——主要是农民没有很好地发动起来，不够热烈地拥护我们；拥护国民党的社会基础摧毁很不够；许多反对我们的反动地主与土匪武装未能消灭。这样，当然谈不上根据地已经建设起来。省委认为这不能要下面同志负责，省委应负完全责任。因为：过去省委对东北的斗争形势估计是不够的。从而对斗争的性质认识不明确，因之缺乏坚定的阶级斗争路线的思想。在一些政策上，特别在减租与分地问题上，仍是民族统一战线的老一套，这就使得我们虽在发动群众上天天喊"放手"、"大胆"、"必须使群众翻身"，实际就不能不是斯斯文文的、温温和和的，不敢让群众真正翻过身来。省委现要求各地、县委切实研究中央关于解决土地问题的指示，在全体党员干部中进行很好的阶级教育，彻底纠正一切右的思想（这种思想经过八年抗战①有其历史根源），以新的精神坚决执行中央的指示。目前应以全力进行分地，进一步把群众发动起来，在辽吉可作为中心区的地区，应在今年年底内，彻底解决土地问题，即基本上要做到推平土地，消灭封建剥削，只有在此任务完成后，我们根据地建设才算打下了较巩固的基础。

　　二、在辽吉怎样来执行中央关于解决土地问题的指示？根据两个月来各地分地的经验，特别是在康平，以不到两个月的短时期，在全县八个区的六个区中，基本实现了推平土地，消灭了封建剥削，农民是真正翻身了，现在康平的农会已成为乡村的实际统治者，根据地确是打下了基础。这一宝贵的经验，已证明中央关于土地问题的指示，在辽吉是完全可以立即实施的。虽然我们今天在辽吉工作不久，群众运动发展的规模与程度远

---

　　①　应为十四年抗战。

不如关内各解放区，但在辽吉今天解决土地问题，自有其有利的条件：其一是辽吉土地非常集中，地主占人数不到 5%，占有土地 60%，而许多大地主从前是大军阀（现在国民党方面的军官拥有很多土地，群众要求分配其土地，应发动群众去分配，但要说明：如他不参加打内战，将由政府负责补偿其损失）、大官僚，后来当了大汉奸；再就是在伪满时期做过坏事，和现在勾结胡匪当窝主并公开反对我们的地主（这就不仅是大地主，将包括一部分的中小地主在内）。对付这些地主，应以清算、剿匪、反窝主、反恶霸等方式，将其土地没收，即解决很大一部分土地问题。其二，满拓地、开拓地及敌伪使用的其他公地，我们已决定，以清理敌伪资财全部予以没收。还有隐瞒不报的黑地和逃亡地主的土地，与少数人把持的公地为数也不少，亦应发动群众清查出来没收分配。利用上述这些群众很容易接受的有利条件，彻底把这些土地没收，分配给无地少地的农民（如一区或几个区全为开拓地，则按人口平均分配，但原地主富农，应分坏一些的地，对中富如愿保持原所有地，不愿重新平均分配，则不应动）。这样一来，按辽吉各县情形即可解决 70% 左右的地主土地。那么，剩下的地主占有土地为数就不多了。且这些地主多半为安分的中小地主。对于此类较安分的中小地主，原则上应采取没收的方针，应以减租减息、倒租、借粮、增资及加重负担等办法，使群众与之作日常斗争，逼其把多余的土地交出来，造成一个形式上自愿送地的运动，来解决这一部分土地问题，这在康平也已证明了是完全可以做到的。不过要指出：如群众未斗起来，地主送地则不应接受，接受送地只限于没有什么名义实行没收其土地的那些较安分的中小地主。至于解决这些较安分的中小地主的土地，也可以在群众斗争把要清算没收的地主搞了之后进行，也可以同时进行，要看当时群众斗争来决定；但有一点可以确定：应当集中群众的火力，对付那些应当清算、必须没收其土地的地主斗争上去。只有彻底展开农村的阶级斗争，以后才有文章好做。

三、必须使所有干部懂得：今天我们对于分地所采取的方针，虽与苏维埃时期的土地革命没有本质上的不同，但仍有很大的差别。因为：今天我们必须应用广泛的民主统一战线，与比较和缓迂回的斗争策略。土地改革斗争的对象，只限定为地主阶级。同时对地主不仅不采取肉体消灭的办法，且不应一般地提出打倒地主分田地的口号。因为：过"左"的土地改革政策会使我党陷于可怕的孤立。今天辽吉实际的情况，如前面所指出的，我们以清理敌伪资财、清算敌伪残余、剿除胡匪窝主、反对恶霸等口号，可以解决 70% 的地主土地，这样就不仅可以得到广大社会舆论的同情，而且整个地主阶级也不会感到怎样的恐怖，结成死党来反对我们。如果我们的政策再宽大些，对上述那些汉奸敌伪残余分子及胡匪恶霸，在其土地财产被没收之后，仍留给其一部分，够维持其家属生活，虽然这些家伙很坏，也可以减少其反对我们的积极性的，虽然其中最坏的必须干掉。至于对付不采取上述方法去没收其土地，而只由群众以日常斗争去逼其留下自己应有的数目的土地，将多余的部分土地交出来的地主，只要政府以调处的态度，引导群众适可而止，并给这种"自愿"将多余土地交出的地主以奖励，切实保障其财产所有权，以后不再被侵犯，并在尔后政策上多予以照顾，使其能成为富裕的中农，向富农经济发展，这样，这些地主虽然丧失了一部分土地，会反对我们，但在一个时期后，是不会怎样反对我们的。对富农不应过分侵犯其利益，并吸收参加减租斗争，使其还可得些好处，所以对富农的政治斗争不能搞得太凶（如铁岭）。至于将富农的土地全部拿来分配，那更是不对的，分配富农的土地，只应限于其实行封建剥削的部分。最后是对于中农的政策，应确定不能丝毫侵犯其利益，反之，应多给中农以利益，紧密地团结中农与贫雇农在一起，是决定我们整个斗争胜利的最大保证。

四、目前继续进行分地，应确定采取分青的办法（因未分的地，群众最迫切要求分的，是已种上的地）。不采取分青而采取"收点租子就算"的办法，实际上是减弱群众的斗争，特别是以前分了的地，如还在地主富农手里，表面上是租种关系，答应秋后交租，实际是明分暗不分，应以查地深入斗争，使群众切实掌握分得的土地。关于分青地原种上的一切投资，如系地主的，也一概没收，分属所得该地之群众。如系富农的，酌量补偿其损失。如系中农贫农所种，应退还其所投资的全部。还有以斗争被没收了土地的地主，应确定其房屋、牲口、农具、被服、家具等等均予以没收分配（酌量留一点，如分了房子后给他一个能居住之处就行）。至于分配土地的原则：凡应该分得土地的，按人口平均分配（地主富农照前面第三项原则处理）。城市贫民与工人，应尽量吸引参加分地斗争，除把近邻一切可能分配的土地尽量分给他们外，愿来农村分得土地的，应表示欢迎。当土地一经分配后，应确定所有权（开庆祝大会，烧旧照换新照很重要）。所有权确定之后，无力耕种的，可以出租也可以出卖，特别是军人家属还应取得代耕的优待。至于有许多农民分得了土地，因无劳力今后未种上，这是很大的损失。这实际上等于没有得到土地。在秋收后，就应积极准备明春的大生产运动，彻底解决生产工具与劳动力缺乏问题。但现在就必须在分得土地的农民中灌输生产的思想，反对"二流子"，宣传吴满有①，号召大家多锄草，就在这里来注意发现与培养作为辽吉区明春展开吴满有运动的对象（注：吴满有1950年被开除党籍）。应当指出：只有既分得了土地，又组织了生产，那群众得到的利益才是真实的。群众从经济上翻了身，才是彻底的翻身。

五、在这次分地斗争中，须采取一切有效办法，如引导群众起来自己动手，任何代替包办都将使分地实际上得不到结果。在辽吉区据不完全统计，已分之地，当在三十万天②左右，但被分的这些土地，只有少数是经过群众斗争，群众自己动手，而确实算是把群众发动起来，群众真正得到了这些地，并不惜以流血来保障这种自己斗争得来的土地。其余土地虽也分了，群众并不积极领情，因为群众并未与地主撕破脸皮，还准备将地送还给被分的人家的。所以，使群众斗争愈加尖锐，愈加直接与地主撕破脸就愈好。要想不代替包办，真正引导群众起来自己动手，有以下几点经验是值得指出的：

第一，应有决心满足群众的要求，群众要什么，就应引导他们去获得什么，因群众走向革命与能鼓起勇气，不是靠大道理，而主要是靠能得到实际利益。而这种利益之取得，必须使群众自己作主与动手。在这里不应有任何束缚群众的做法与打算（如过去的清算运动，往往作财政收入的打算，是很错误的），群众伸手要东西，就应鼓励他去动手，当斗争开始，不要太注意所谓秩序，因为要使群众"翻身""造反"，首先乱一下不要紧。所以在分地斗争中，不应限于群众得了土地就算，应以分地为中心，配合其他倒租、借粮、增资、借牲口等斗争。在这里尤不应主观固定哪个先搞，要一步一步来，稍错杂点就不行。这要看当时当地群众的需要来决定。可以从上述任何一种要求斗起，也可以在这个地区搞这个斗争，那个地区另搞一个斗争，也可以在一个地区内，把上述的斗争要求联在一起搞。例如在某些地区群众先要求借粮倒租后分地；某些地区群众分土地无法耕种，需要与借牲口、农具、种子一道解决；另一地区没有开拓地和大汉奸占有的土地，群众要以借粮、倒租，逼那些较安分的中小地主将土地交些出来，这都应该积极加以领导。不要怕群众贪多得，只怕群众不敢要，群众求欲愈高，就愈能与地主撕破脸，地主的传统尊严就会被打得粉

---

① 吴满有（1893—1959），陕西横山人，贫雇农出身。1935年参加游击队。在大生产运动中，因开荒种粮成绩显著，1941年加入中国共产党。1946年国民党军队进攻延安时被俘。1950年被开除党籍。

② 天，群众计量土地单位，每天为10亩。

碎。所以斗争的积极性与斗争中的积极分子，决不是凭空产生的，而是在群众真正得到足够的利益，觉得只有斗争才有出路所形成的。而这种群众的斗争积极性与斗争中的积极分子，是应成为领导群众斗争极端重要与值得特别珍视的。所以说，阶级斗争不能制造，但阶级斗争应当挑动，我们领导群众斗争的艺术就在于是否善于进行这个挑动，也就是说，是否能把群众的斗争积极性与群众斗争的积极分子充分地激发起来，形成坚强的力量。

第二，要使群众敢于动手，首先不要希望每个群众都这样敢干，应当在基本群众中（我军家属往往表现得很积极）找出积极分子，首先进行充分的阶级教育，启发其斗争觉悟，并用各种方法使他感到现在受重视了，相信斗争有胜利把握，跃跃欲试，然后才起来斗争。这样，带头的人有了，群众就会跟着来。斗争开始须要热闹紧张，吃大锅饭，到地主家杀猪宰羊，大摆筵宴很能打气。因为吃了猪肉就算入了伙，于是，带头的与被带的就都有了劲；还可以召开胜利庆祝大会和农民代表大会，这对于鼓励积极分子与培养积极分子很有效（为着刺激一般群众敢斗敢要，多分点胜利果实给积极分子也可以，但要注意不要因此而脱离群众），积极分子有了，就应成立农会，极力提高农会的威信与作用，以农会现有组织来展开斗争。如果当哪个村子地主统治很厉害，群众总有些顾忌，积极分子也不敢出头，可以酌量采用行政和军队力量，先打掉他一点威风（仅此而已）或者以东村到西村的办法（最好是两村联合作战），借用点外援，帮助打开局面。但以上这种办法，目的都在培养本村群众斗争的积极性，使积极分子敢于出头。因为没有积极分子带头，是斗不起来的。这里须要指出：流氓在斗争开始，往往比一般群众积极，利用一下有必要，切不可作为积极分子培养，使之取得斗争的领导权，因为这种分子在群众中影响是不好的，而且不容易改造。最好在开始就慎重，花点功夫从基本群众中选择品质好的，用各种方法把他培养成为真正可靠的积积分子，以后能在群众中成为有威信的领袖。

第三，要做到不代替包办，必须使群众有自己的组织，今天农会应成为统一的群众组织（如康平不另立农会，工人加入农会叫工农会，这方式很好，现决定青妇也不单独组织，并改农字在前面，统一组织农工会）。在乡村应一切经过农工会，使农工会在乡村代替一个时期政权作用（在群众没有真正发动起来之前，改造村政权是不可能的，我们今天只要区政府能起作用，村乡就用农会代替，但原有的村乡政府亦不取消，让他们做点应付支差的工作），成为乡村实际统治者。只有这样，农会的声威提高了，才能走向健全与扩大。所以在开始组织农会发动斗争（或发动斗争组织农会是一样的），主要是吸收雇农贫农。他们坚决斗起来，农会就有了力量，这时中农要求入农会，才大量吸收他们，并开始加强农会内部的组织工作，进行很好的对会员的教育。同时建立农会自己掌握的武装（组织农工自卫队与农工会），内设立武装部，可以设立法庭（但杀人还应得到政府批准），可以办学校，可以领导生产。总之，我们的工作都应通过农会来做，特别是今天，分地的斗争必须农会来领导，任何有损农会威信和妨碍农会出头的做法，都应绝对纠正。为在农会中保证党的领导，应在分地斗争中大量发展党员，要做到每个行政村有一个坚强的党支部。

六、集中力量，突破一点，取得经验，培养典型，推动全面的方法，各地至今仍没有很好地采取，其原因主要由于领导干部总想一下把全面都搞起来的思想在作怪。殊不知今天你想这里摆一两个人，那里掺一两个人，自己坐在上面发号施令，指导指导，是无论如何做不出成绩的。凡是有成绩的地方，都是由于较好集中了力量，和各级领导干部亲自动手去搞工作。这道理是很明白的，正犹如打仗，集中力量，突破一点，可以全部击溃敌人，如到处分散或全线出击，结果对敌人阵地哪一点都搞不下的道理一样，何况今天我们干部少而弱，地区大而硬（土匪反动派势力很大，不易打开局面），依靠一两个干部到一个地区，把工作很好地搞起来，当然是很困难的。特别今天要抓紧时间分地，把斗争搞起来，不结结实实组织力量有重点来搞，一定搞不出多大结果来。现除从省级各机关及主力部队与民主学院军政学校，组织800人下乡，加强通辽、开鲁、东科中旗、西科中旗、瞻榆、突泉、瓦房等地区工作，各地委、县委更应根据东北局决定的精神尽量抽调干部下乡，加强自己地区的发动群众工作。兹规定：在工作基础很弱、干部很少的县份，应集中力量先搞一两个点。在工作已较有基础的县，则在一区之中先搞一个村（县上干部加进去），以期短期内轰轰烈烈把群众发动起来。但必须指出：表面的轰轰烈烈要避免，应切实做到，群众真翻了身，工作生了根，做好一点算一点，因为没有结实的工作，尽想快是不行的，这就叫作"欲速则不达"。一次搞不好再来，是更费时费力的。如果在这地区真搞起来了，真正能成为这个运动的典型，这就不仅这个地区从此解决了问题，而且，影响所及，未起来的各村也容易起来。这样把工作搞起来以后，不仅原集中起来的干部这时更有经验，有信心，马上可以派出去"另打天下"，且在这个斗争中涌现出来的积极分子，也可以派出作干部用的。在康平他们则更有计划地在决定搞一个村子之前，不仅集中全区干部，而且把周围的农会积极分子也集中起来，当这个村子搞开之后，就总结经验对这些积极分子进行一番教育，马上派他

回自己村子，他有了经验，对本村情况熟悉，很快就会把那个村子的群众也发动起来。康平分地斗争之所以搞得这样快，不到两个月造成一个全县规模分配土地的轰轰烈烈的群众运动，一是由于真正"大胆"、"放手"，采取了充分的群众路线，另一个就是采取了上述突破一点、推动全面的办法。

七、分地这个斗争，我们虽然运用较和缓迂回的形式与分化麻痹地主阶级的策略，但地主在国民党组织下，与我们斗争将仍是严重的。而且，这些失去土地的地主仍住在我们的地区，会响应国民党的进攻的（平时至少可送情报）。所以为着使基本群众真正翻身，而不再被人打翻；为着保护已得利益，不被地主夺回去；更为着保卫根据地，粉碎国民党的进攻，必须使分地的斗争与建立群众自己的武装斗争结合起来，普遍地组织农工自卫队（这一点比内战时搞赤卫队还来得重要，因为那时苏区内部是清一色的，今天则不可能那样做），在群众真正起来取得土地的地区，群众是迫切需要武装的，问题是在我们如何设法去武装他们，并如何领导他们坚决对于反动地主、土匪、恶霸破坏的镇压与严密监视。取得武装最好的办法，也应是引导群众在分地运动中自己动手去缴获地主恶霸的武装，以之来武装自己（军队、政府无论如何不要贪图这几条枪）。只有把全部地主武装解除了，收缴得一干二净，分地斗争才能进行得彻底，与保证这个斗争不会受到摧残。现决定以凡斗争起来的村（行政村）的农工会为单位，将所有年满十八岁至四十五岁的会员组织农工会自卫队。村、区、县各级农工会并得成立脱离生产和半脱离生产的基干小队、中队、大队，农工会内设武装部，以之代替武委会。在此种武装普遍建立起来之后，即以现在的区县武装全部（县只留一个中队作警卫之用）编给分区，以农工自卫队基干队来代替县区武装。这样，群众既切实掌握了武装，而今后的县区武装就更加与群众密切结合。

八、接近敌占城镇与交通要道的这些地区，多数成为游击状态，或者我们工作很弱，敌人也刚开始在该处开展工作，或者我们过去工作已垮了，有些开始恢复，有些尚无法恢复。在上述地区，今天暂不宜分地发动群众。因为我们没有工作基础，地主有国民党直接依靠，群众既不会起来，又会触怒地主与我们形成尖锐的对立，尔后，工作就不好开展了。应当广泛建立统一战线，抓住国民党军队抓兵、筹款、纵匪、苛捐杂税、强奸妇女、打人骂人等触犯群众利益的事实，掀起反对国民党的斗争。对于勾结国民党压迫人民的坏家伙，则坚决给以镇压。我们去活动的军队与坚持工作的武工队，应特别注意纪律，要十分讲理待人，与国民党军队作直接争取群众的竞赛，在国民党势力排除之后，我们的工作有了基础，这时，可根据群众需要逐步发动搞分地斗争。也可以采取一方面由我已搞起的中心地区以蚕食的方式向游击区挤进，一方面在游击区内钉钉子的方式建立点来配合，以达到使我们的根据地不致被敌人压缩而变成点的孤立。因此，目前对接敌游击区主要是做好开辟与建立工作。

九、辽吉区包括广大的蒙古（族）地区，而蒙古（族）地区汉人又为数不少，同时蒙古（族）地区虽土地为公有，实际则已为少数人所私有（能耕的地），所以土地问题在蒙古（族）地区仍是存在的。今天要发动蒙古（族）人民为争取独立而斗争，必须使广大蒙古（族）农民起来斗争，并使蒙汉广大人民团结一起。这除了以清算运动掀起反蒙奸的群众斗争和以减租减息、借粮、借牲口、借农具反对王公喇嘛与新官僚地主的封建统治外，应进行分配开拓地与酌量从蒙古（族）地主手里匀出一部土地，分配给蒙汉农民［汉人可向蒙古（族）地区政府纳租，但享有永远的使用权，也可以将土地卖出］。不过，在蒙古（族）地区分地的斗争中，应特别讲求方式与适当的口号，譬如多依靠蒙古（族）地区政府的力量，强调所有权，强调发展生产，解释匀地合理，这样，蒙古（族）农民容易起来斗争，蒙古（族）地主不容易利用蒙汉隔膜制造矛盾。

十、今天发动群众，客观条件已很具备，到底能否把广大的农民真正发动起来，还有赖于我们干部大家下乡，并能真正深入到群众中去。我们所有的党员干部在这里应该认识到：必须更好地坚持群众观点，更好地发扬群众作风，下乡才能取得胜利。我们现在党内已有一种"官气"的表现，这是腐蚀我党与脱离群众最严重的敌人，必须坚决反对。自省委起，现应很好地检查每个人自己的思想与作风表现，小汽车必须丢掉，漂亮的衣服必须脱下，高头大马、警卫员大队，必须彻底取缔，坐在办公室命令行事，必须立即禁止。应该装扮得与群众差不多，应该与群众一道动手，应该学会群众的语言，应该把自己当作群众中的一员，而不是群众之上或之外的人。现规定自县委以下，党务民运工作人员，一律穿便衣，不要叫官名和称首长，有警卫员的，亦须便衣打扮（夏衣已发无法再换，冬衣应做便衣），县委以下的党委机关与农工会合住一起，县委书记可兼农工会主任（必须经过群众选举），以求彻底改变个人官僚化、机关衙门化，使我们的党真正能与群众血肉相连，气息相连。最后省委号召：铁岭县委书记孙良才同志是我们很好的榜样，大家应向他学习。

(选自《辽吉历史文件汇编》第一册①)

---

① 中共辽吉省委 1948 年 8 月编。

中共辽吉省委关于建党问题的指示

（1946 年 7 月 25 日）

我们必须在今后充分发动群众、实行土地改革大运动中建设一个比现在有战斗力的党，作为核心力量，才能领导根据地的建设及支持长期战争。

八个月来辽吉区已发展党员四千名左右，提拔本地干部一千多人，使党从无到有，完成了建党的初基。但这个数目，距离我们党在此地区实现当前及今后政治任务上所需要的党员与本地干部为数相差甚远。故今后半年内建党的基本方针仍是大量发展，使党从小到大。其次，已发展的四千名党员，至今未被组织起来及加以教育和巩固；已被提拔及尚未被提拔的本地干部一般未受到有计划的培养，关内来的干部在思想上发生了混乱现象与不良倾向。这些也是建党问题上当前存在的重要情况。据此，今后半年内建设党的任务，除大量发展（基本任务）外，是把已有的党员组织在支部内加强教育和巩固，是有计划有意识地大量培养本地干部，是对关内干部进行思想整顿。如此，使辽吉党员提高一步，从弱到强，成为更有战斗力的党。

（一）辽吉地区南北近千里，东西五百里，人口四百多万，现有的四千党员所占比数甚少（占人口千分之一），以这样数少的党员，对建设根据地、支持长期战争及在各个地区与各种工作中起核心堡垒作用，是很难办到的。今后，首先必须更大胆放手地吸收工人、雇农、贫农、贫民及我军士兵入党；其次，对中农、知识青年、妇女，亦应放手吸收。到年底，在我占领地区，一般增加党员五倍（以县为单位）；其中群众发动比较好的地区、党员少的地区、准备将来作中心据点的地区及有工作团员负责开展工作的地区，半年内须增加党员五倍至八倍以上，作为大量发展党员的重点地区。敌占区之农村，在敌人势力未下乡时，亦可大量发展，半年内发展标准，约与我占领一般地区相同。敌占区城市、沿交通要道及游击区，发展党员须谨慎，标准不规定。照此计划，今年底辽吉区党员可发展到二万五千至三万人，那时大量发展阶段即可告一段落。

今后敌人新进攻开始，内战扩大，我区城镇及人口可能部分缩小，对大量发展党员将略受影响。但今后群众斗争之主要形式为土地改革（分地分粮、减租减息、增资等），斗争中之积极分子为工农基本群众，不同于过去清算运动中之积极分子，成分不纯，这提供了大量发展党员的有利条件。同时，今天我已有相当数量本地党员，他们与群众有密切联系，不同于过去开始时以外地人发展党员那样困难。再则，尤其重要的是最近工作团纷纷下乡，各地群众必能迅速发动起来，大批积极分子将不断出现，为大量发展党员开辟了广阔的天地。

发展党员的前提条件是发动群众，在领导斗争及经过斗争为群众兴利除弊后才能提高群众对我党的拥戴及向往，发动起来的群众是党员来源的丰富源泉，从斗争中发展的党员一般是经过初步考验的。故大量发展党员，主要须从群众的发动与斗争中和从广泛的组织农会中去找办法。其次，组办各种青年训练班，在其中经过思想改造从而吸收党员，亦为大量发展之一个门径，特别是对于知识青年。现在普遍下乡的工作团负担着充分发动群众的主要责任，因之通过工作团从发动群众中去吸收党员，成为目前大量发展党员的主要方式。各地工作团应重视此工作，这是衡量工作团成绩好坏的标准之一。不然，尽管工作团在时群众发动得如何轰轰烈烈，而工作团走后就不免一无所有，那无论如何是算失败的。

入党条件，仍照省委以前规定的三条办理：即被介绍入党的人须为成分好者、在伪满时未作坏事且被压迫者、斗争中或工作学习中表现积极进步能起带头作用者。在群众斗争深入、群众勇气与觉悟有较显著增长的地区，入党条件可提高为"三敢"和"三不怕"，即敢斗争、敢要地、敢武装；不怕地主、不怕国民党、不怕死。入党手续，现统一规定如下：

第一项，工人、苦力、雇农、贫农、贫民、革命士兵入党，经党员二人（其中一人可为候补党员）介绍，支部或小组讨论决定，区委或相当区级党委批准，候补期一个月。

第二项，中农、职员、知识分子、自由职业者入党，介绍人及讨论决定与批准手续，同上项规定，候补期三个月。

第三项，上列两项所列成分外之其他社会成分及过去伪政权机关中贫苦小职员与伪满时期下级军官入党，经正式党员二人介绍，支部讨论决定，县委或相当县级党委批准，候补期半年。

第四项，其他政党党员脱离原来政党而入本党者，须经正式党员二人介绍（其中一人须三年以上党龄），支部讨论决定，县委或相当县级党委批准，地委审核，候补期一年。在敌占区城市、交通要道及游击区中，入党介绍人及候补期应较严格，如：上述第一项所列成分入党，须正式党员二人介绍，候补期三个月；第二项，正式党员二人介绍，候补期半年；第三项，正式党员二人介绍（其中一人须三年以上党龄），候补期一年；第四项，正式党员二人介绍（其中一人须三年以上党龄），候补期一年半。除介绍人及候补期外，其余手续与上述规定相同。

在大量发展党员的方针下，首先须最大量地吸收第一项所列成分者入党，其次大量吸收第二项所列成分者入党，第三、四项所列者当谨慎发展。吸收党员时着重发展青壮年，应个别吸收，不宜集体入党，避免我党内战时在白区及抗战初在华北发展党员的一些错误，不可现在滥拉夫而将来又成批清洗。

（二）现有的四千党员是我党在辽吉生根的第一批"资本"，应十分重视。过去由于初期发展党员难于避免的一些主客观因素，这批党员一般尚未被组织起来（编入支部）及加以教育和巩固。八个月来新党员在群众斗争中所发挥的作用是以一个一个的党员而起的个体作用，不是以支部为核心而起的组织作用。一般说，今天是有党员，而无组织。散处在农村中的党员尚未组织起来形成骨干力量，这是今天我党权力政令难贯彻到村屯的重要原因之一，也是村屯政权未能改造的重要原因之一。若能把农村的党员组织起来，并加以教育巩固使形成核心力量，再加上有群众发动（主要因素）及有力的农会组织，则村屯形势将大改观。现有党员之组织状况及思想状况，均甚紊乱，个别的政治上有问题及成分上不合格。组织上，各地党对党员之数量、质量、思想、政治皆不甚了解，而党员与党则没有经常联系，没有党内生活，入党后感觉不到与入党前有差别，长此以往，会在新党员中养成散漫、无组织、无纪律等不良习惯及观点，丧失党的战斗力、革命性。思想上，新党员在入党动机、政治认识及对党认识等方面，有不少是不纯正、模糊、无知的，一部分新党员入党后且有"新贵感"及"入党是当特务"等脱离群众的糊涂观念。政治上，各地已经个别发现混入党内的特务分子与敌伪残余分子，数量虽少而危害性将是严重的。同时，过去大量发展的新党员中也有一小部分属于流氓、地痞、社会油子等成分，这些人一般难改造成为党员。

综上情况，故各地现在必须把党员组织起来编入支部，通过支部加以教育，对政治嫌疑分子及流氓分子进行审查。若对现有党员在组织上、思想上、政治上的紊乱状态不加整理，那么，即令数量再多也是一盘散沙，不成力量，实际上算不了党员，战争情况一到或反动派一来，就会瓦解离散，经不起考验的。

支部组织以行政村为单位，一个行政村一个支部，行政村下设小组、大村设分支。有老党员之处，适当配合，新老合编。没有正式党员之处，由候补党员组成临时支部。在我占领较稳地区及相类似地区，支部可以对内公开，支部与农会结合及与武装结合，使支部成为发动群众领导群众斗争的堡垒，成为村中党政军民的领导核心。这是支部的主要作用与任务。同时，教育党员与发展党员，亦是支部经常的重要任务。应逐渐办到使乡村中一切重要工作均通过支部进行，使支部有权，使支部中党员及围绕支部周围的农会会员成为支配农村的主人。这样，支部生活即能充实、丰富而有生气。支部干事由支书、村长、村农会主任、自卫队长等组成。在游击区、接敌区及类似地区，支部不公开，支部与武装结合而成为坚持游击战的核心。在敌占区城市、交通要道及类似地区，支部秘密隐蔽而与广大群众相结合，支部任务暂以开展宣传及调查情报工作为主。从没有支部到建起支部并使之健全，是一个困难的过程，必然会遇到障碍与挫折，各级党委应从工作上、组织上、观念上各方面帮助支部建立威信。各地担任支书支干者一般必系新党员，他们没有经验，开始时县委对他们施以短期训练。在建立及健全支部的过程中，除作一般号召部署外，领导上特别应选择几个重点加以突击指导，建立起几个较好的支部（或模范支部），然后用以推广普及。工作组所到之处，经过发动群众与发展党员后，亦须把支部建立起来，并使之能进行工作。初建支部时，干部及党员在习惯上、观念上可能不适应，及产生"有了支部反使工作推行迟缓"之感，但这只是开头难的暂时现象，不能因此而对建立支部工作发生动摇。须知，有了一个较健全的支部后，全村工作将会大进一步。

对新党员教育主要通过支部进行，以工作教育为主，辅之以党性教育及时事教育。工作教育是把每个时期的重要政策、任务、斗争、工作等作为教育内容，并把当前工作执行的情形、优缺、结果等在支部中进行检讨与总结。党性教育是教以党员须知、党内常识，时事教育以读报或时事问答为主。阶级教育与群众观点教育，可以（必须）贯穿在工作教育、党性教育及时事教育中。上述各项教育，因时因地因人而有所着重、有所先后，不能平均排列、千篇一律。

关于审查党员（及党政军民组织中人员），今天还不是普遍审查，而是对可疑分子及成分不好者进行审查。在此问题上，我们应当认识到，反动派必然会（且已发现）派遣特务、坏人、敌伪残余分子混入我党，特别在将来内战扩大斗争残酷的时候。我们不能麻木，有可疑分子，须严加审查，审查而有政治问题者须清洗，同时又当慎重。今天混入党内的坏蛋还是个别的，对国民党与特务必有区别，对国民党党员中之死心踏地效忠国民党的顽固反动分子与本来纯洁热情而因幼稚无知误入国民党的青年应有区别，对敌伪残余分子与敌伪政权机关中贫苦小职员及伪满军下级军官等应有区别。在审查后，若确系特务分子、反动顽固分子，或敌伪残余分子，则必清洗；若为误入国民党的纯洁青年而加入我党又非被国特派遣且现在表现积极进步者，可照入党手续第三项规定准其入党。总之，在审查及清洗时不能坏蛋如麻，要分辨是非轻重，具体处理。此外，对新党员中之流氓、地痞、社会油子一类人，除表现确有进步可能改造成党员者外，其不可救药者亦须洗查出党。

（三）目前各地（特别是县区）党政军民在各方面工作中尚缺很多干部，有许多地区及工作因之始终无法开辟与着手。我们必须力谋多多增添干部。此后干部来源，仰赖外来已成无望，唯一办法是就地取材，大量培养，完全自给。在辽吉，现今已大体有此条件。过去对已被提拔及未被提拔的本地干部之培养，大多数地区是放任自流的，今后必须有意识有方针有计划地进行此事，使新干部质量不断提高、数量源源增加。

今后两三个月或半年内培养新干部的主要方式是经过工作团进行教育；两三个月或半年后以办训练班及党校为主；在工作岗位上"带徒弟"，则是随时随地经常进行培养干部的重要方式。

各地组织工作团须吸收当地新干部参加，这些人及群众斗争中涌现的积极分子、群众领袖，就成为工作团培养干部的对象。老干部负责带新干部，边做边教，定期开会检讨工作，适时进行工作总结，用以教育干部。工作团在一地工作将结束离开前可办一个短期训练班，集合准备在该地坚持工作的新干部施以短期训练，时间一星期到半月；训练内容为"如何坚持及深入今后工作"（即当地以后一定时期内的工作计划），"如何团结群众及领导群众斗争""如何进行支部工作""如何进行农会工作及建立农工自卫队""党员须知"等；讲课须从当地实际情况及工作出发，总结经验办法，不得背诵教条；工作团各负责人及有经验有能力的干部参加讲课。培养新干部之多少及质量如何，是工作团成绩考核最重要标准之一。要求办到工作团离开一地后当地工作能基本上或大部分由新干部着手工作下去。

培养干部的主要方式之一为办训练班与党校。两三个月后或半年后各地工作团工作告一段落，新干部大量涌现，各级党委能抽出部分精力兼顾，那时，再决定举办县的训练班、地委的训练班及省党校训练班，有计划地抽调各级本地干部轮流受训。有些地方，现在需要及可能办训练班者，即着手组办，不必等待。县的训练班以训练党小组长及积极分子为主，附带训练一部分支干；训练时间一星期到半月；训练目的为初步启发阶级觉悟、群众观点及教以团结群众的一些具体办法；具体课目及教材暂由各县委、地委自己解决。地委的训练班以训练村级干部（支书、支干、村长、村农会主任、村自卫队长、区助理员等）为主，附训一部分区级干部（区委委员、区农会主任等）；时间最长两个月；训练目的在使受训者初步认识建设党的重要性，概略领会与其切身有关的工作办法及政策，简单了解当时时局概况；具体课目及教材暂由各地委自己解决。省党校培养区书记、区长、区委及与之相当的干部；时间两月至三月；训练目的在于使受训者初步了解下列问题：中国革命基本问题与中共党史、游击战争与根据地、群众工作与土地问题、党建问题、领导方法及作风；具体课目教材待决。除上述训练班外，各地军事干部的培养由辽吉军政干校负责。知识青年的训练由各地按需要设办各种训练班以解决之，并抽调青年送入辽吉民主学院学习。知识青年比农民容易培养成干部，同时，敌伪十四年统治及国民党的欺骗使东北青年思想上较落后，我们争取他们必须采取训练一类方式，统一思想改造过程。过去我们对培养选拔知识分子干部重视不够，应当纠正。

依上述计划，至明年春季后，全辽吉区经过培养的积极分子可达三四千人，村级干部可达二三千人，区级干部可达千人左右。他们将是一个大力量，将成为县以下各方面工作的骨干。各级党的训练班及党校必须实行首长负责制，由各级党委委员之一任主任或校长，各级党委委员参加讲课，方能办好。训练干部的方法，着重启发，避免灌输；对症下药，有的放矢，力戒空论；总结具体思想、总结工作经验以作为材料。总之，以实际与群众集中起来又回到实际与群众中去的方法办。

除工作团方式与训练班方式外，在工作岗位上带徒弟也是培养干部的重要方法。无论在党政军民各组织中，均可实行。如果说干部在工作团或训练班的培养只能是一时期的，在岗位上的培养则是经常的。关内干部有责任每个人在一定时间内带出一个或几个徒弟。对区级或区级以下关内干部，还可规定在一定时间内培养出自己的替手或副手。

选拔积极分子及新干部的条件是斗争中积极、成分好、社会关系好及为群众所拥护（主要条件）。过去提拔起来的积极分子及新干部，其中有一小部分是假积极分子，是流氓、社会油子，或只会说奉承话而不做实际事的人，甚至有借势欺压百姓的人，他们今天成了干部已自己觉得是站在群众的头上、是"新贵"了，这些人群众是讨厌的。对于这类人，应加强教育使其进步，若有确难进步者则须培拔新的分子来接替他们。今后选拔新干部当注意此经验。

（四）八个月来，关内干部在发动群众、参加战争、建党、建政、建军等工作上，皆作出了伟大的努力与贡献，也有不少全心为党为民、公而忘私、艰苦奋斗、埋头苦干、深得群众爱戴的模范干部，但干部中思想混乱现象已普遍存在。我们的队伍不整是构成今天东北敌强我弱形势的因素之一，而队伍不整主要是由于干部思想混乱。现在干部思想（及作风）有哪些问题？一是对东北形势认识上的混乱观点与苟安心理，表现为在和战问题上的幻想和平，等待和平，缺乏长期战争意志；对城乡认识上的过于重视城市、缺乏根据地思想，对斗争前途认识上的悲观失望情绪，缺乏胜利信心。二是脱离群众、官僚军阀主义思想抬头：工作不下乡，官气十足，毫无民气，不关心群众的要求与呼声，不相信群众力量，漠视人民利益，不爱惜民力，甚至对群众不讲道理，蛮横打骂。三是发动群众上的右倾现象：以抗战统一战线观点来处理目前斗争中的阶级关系而"照顾"地主阶级，障碍了阶级斗争的发展，过分听信上层士绅的"过火"呼声，过少倾听基本群众的要求与意见，分配土地时单纯恩赐，不发动群众自己动手，发动群众必不可少的一些麻烦工作不耐心去做，只想经过单纯行政命令解决问题以图省事，在斗争中用自己主观上的"计划"、"步骤"、"阶段"等桎梏了群众斗争的生动活泼气象。四是个人主义思想蔓延、党的意识淡漠：享乐、腐化、贪污、恋爱、迷恋城市，丧失了艰苦奋斗的优良传统精神；分配工作时多番挑选讲价，过分重视个人前途及地位，喜东厌西、好北恶南、重城轻乡、趋汉避蒙等；党政军民之间关系不协调，军政不服从党委领导，把军队几乎视为私产；下级不遵行上级决定，对上级分配的任务多番推诿、不顾大局；等等。这些皆为个人主义发展、党的意识淡漠以至闹独立性的现象。五是盲目的山头宗派倾向：来自不同地区的干部互相猜疑与挑剔，只见自己的地区干部中及领导上的优点和只见别地区干部中及领导上的缺点，强调只有原来领导自己的上级及地区才了解自己，以及军队中主力与地方军关系不协调等，皆为其表现。

对于上述思想或倾向，即须进行整顿。大量组织干部参加工作团下乡发动群众是目前整顿思想的主要方式。群众是很好的先生，深入群众是很好的学习，群众发动起来后一切问题皆可解决。到农村去，从实践中可以锻炼长期艰苦斗争的意志，可以理解农村根据地的重要性而纠正大城市观点，可以体会群众力量的增长而消除悲观失望情绪。这是澄清对东北形势认识上混乱思想的有效方法。经过此次下乡后，我们一定要扫除干部中一切脱离群众的作风，做到和群众血肉相连，息息相通。发动起来的广大群众是监督及改正官僚主义的伟大力量，群众斗争发展的趋势与规模，将会使各种右倾观点受到教训，将会显示出个人主义及盲目山头倾向的渺小，而使这些思想被克服。总之，干部大量下乡充分发动群众是解决一切问题的关键，亦是现时整顿干部思想的主要方式。我们应明确地认清此点，有意识地运用这个方式，以解决干部思想问题。

未参加工作团下乡的同志，应采取学习文件反省思想的方式，以进行一个小规模的整风。开始前须先动员，开始后须有计划、有组织、有检查、有总结。整风中，要充分发扬民主，贯彻自我批评与互相批评精神，适度表扬好典型，批评坏典型，肃清歪风，伸张正气。必须首长负责，亲自领导，并以身作则。这是整风成败的主要因素，整风须读以下几个文件：《中央七七宣言》①《东北局七七决议》②《关于土地问题的指示》《湖南农民运动考察报告》《增强党性决定》③。

从现在起，加强组织生活，纠正自到东北后干部中存在的组织生活涣散、纪律废弛、奖惩不明的现象。任何党员皆须编入支部，在支部内大量实行民主，以纠正存在的坏思想、坏倾向，并防止将来再发生。

（五）上述建党问题，除部分具体问题外，一般原则均可适用于军队中的党。在建设根据地坚持长期战争中，军队是我党一个最重要的力量（基本力量）。东北我军，至现在纪律上及军民关系上，皆不甚好。其重要原因之一是军队中党员的数少、质差，军队中没有一个较大较强的党组织以作骨干。今后应在军队中（包括地方武装与主力）大量发展党员，并由地方调剂一部分质量较好的党员送入军队，然后在作战、整训、拥政爱民等方面有一支能起模范作用、能作骨干的保证力量，这对于提高军队质量将有相当决定作用。军队中的思想教育应着重反对军阀主义，加强群众观点，贯彻三大纪律、八项注意，拥政爱民，以整顿军民关系、军政关系；着重尊干爱兵教育（主要是爱兵）及新老战士增进团结教育（主要是老战士对新战士），以整顿军队内部关系；尚须着重对战士的阶级教育（特别是对新战士）。此外，军队中支部的整顿、党员及干部教育的加强、新干部的培养等，皆可按上述基本精神，并照顾军队具体情形，斟酌实行。

（六）东蒙地区（主要系兴安南省）是辽吉区后方依托地带，又是关内解放区与东北之间的连接地带，若我党在蒙区工作做得不好，将来内战扩大，辽吉难免腹背受敌，东北难免与关内解放区联系隔绝。蒙区工作有

---

① 全称为《中国共产党中央委员会为"七七"九周年纪念宣言》。
② 全称为《中共中央东北局关于形势和任务的决议》。
③ 全称为《中共中央关于增强党性的决定》。

头等重要性，必须迅速加强。蒙区工作与汉人区工作有所不同，多了一个民族问题，在蒙古（族）人中深入发动群众及开展一切工作须顾到此特点，有蒙古（族）人出面来干，工作才容易进行。故必须从蒙人内部建立我党组织，以作其自求解放的核心，目前从外派汉人干部是开辟工作初期不得已的办法。我党在东蒙一般尚未发展党员，因此，现时建党方针同样是大量发展方针（在蒙古（族）军队中则是谨慎发展）。大量发展的主要对象是蒙古（族）耪青户中之贫雇农，蒙古（族）牧民及蒙古（族）青年知识分子。蒙古（族）青年团是有广泛群众基础与有威信的一个组织，我们应帮助青年团最大量发展，把广大进步青年吸收入团，在其中进行工作与教育，然后从该团中大量吸收我党党员，事实上做到把青年团成为我党外团组织及预备入党的学校。蒙区汉人亦可大量吸收入党。蒙区发展的计划、入党条件与入党手续，可暂由各地参照本指示第（一）条中原则自酌规定。蒙区我党组织采取秘密方式。兴安省委、五地委及各蒙区党应有计划采用训练班、工作团等方式迅速培养大批蒙古（族）干部（党的、非党的）。到蒙区开辟工作团，应以培拔蒙古（族）青年为最重要任务之一。现在蒙区工作的外来干部，有责任在工作岗位上带徒弟，有计划地在一定时期内培拔出自己的替手或副手。

（七）过去，我在辽吉处于开辟工作初期，党是从无到有，建党任务只单纯在于大量发展党员。今后，辽吉党需要从小到大，从弱到强，故建党任务已较以往复杂。除仍大量发展党员外，尚须在支部、教育、干部、思想等问题上开展新的工作。各级党之组织部须明确认识到建设党的此种发展趋势，从而建立及加强组织部门的工作。建党问题是各级党委的重要业务之一，组织部门应对此业务多加着重，对有关建党的各项问题经常了解、研究、总结、指导及向上级党反映。这样，组织部门的工作才是政策性的，才能有丰富生动的工作内容而不断开展，才能使组织部门工作在建设根据地总任务中发挥更大作用。习惯于只在调动分配干部、填表、转关系、收缴党费等事情上终日忙碌，那是组织工作中的事务主义。这些工作是应做的，但不是组织工作的重点。各级党委组织部（特别是地委组织部）在工作业务的认识及精力时间的分配上应即实行明确的转变。也只有如此，上述各项建党问题的指示方能很好贯彻。

（选自《辽吉历史文件汇编》第一册）

一九四七年的任务——坚持辽吉

——中共辽吉省委书记陶铸在县干会上的报告（摘录）

（1947 年 1 月 2 日）

一九四七年的任务是坚持辽吉。

去年一年虽也坚持，但没有坚持好，我们退出了许多地方，从法库退到白城子，以后不能再退了，要坚持下去。这还不够，去年我们退出的地方，还要收复回来。坚持已不是理论问题，而是实践问题了。组织服从，坚持的决心是有了，但信心还不够，今天的报告是解决这一问题。

（一）坚持的把握

整个时局形势与辽吉是分不开的：整个中国革命形势空前有利，已不是失败或胜利的问题，而是何时胜利的问题。中央的文告，信心非常高，指出战局已在变动中，胜利已经不远。国民党内部的不巩固，从刘善本反正可以证明，其他军官的反正缴械更多了。我们从最坏处估计，蒋介石本身没有什么不得了，美国的帮助讨厌些。但一定要把美国的帮助加进去，美国援蒋是一定的。在美国帮助之下，蒋虽脆弱，还能够打下去，还能大打一下；蒋虽不能调更多的军队来东北，但还能调一些来，我们还会碰到更大的困难，在国民党增兵东北之后，估计白城子或会失守。但国民党决不可能调几十个军来东北，把我们搞成东北义勇军那样。我们能够保存大块根据地，敌后游击战争开展起来，给我们以时间，就能取得胜利。时间对我们是有利的，对国民党是不利的，时间愈久，国民党的坏处暴露愈多，我们的缺点愈会克服。国民党在东北再增加四个军，才不过九十个团，他们两个团在一起，到处都会被消灭，我们保存主力，就一定胜利。

辽吉有八个困难，会形成困难局面：（1）王爷庙、白城子不守，完全处于敌后；（2）反动地主武装、土匪到处打我们；（3）蒙古（族）同胞可能会一时反对我们；（4）财政无收入，票子吃不开，衣食成问题；（5）队伍发生叛变，大量减员；（6）群众工作不巩固，一经打击即垮台；（7）百斯笃；（8）干部更加泄气。这些困难要估计到，有些已经存在，其严重程度要看我们的工作和敌人进攻的情况而定。但这些困难是可以克服的，有些已在克服。只要全国战场支持我们，正面战场配合我们，我们工

作努力，困难是可以克服的。

一年来我们的力量增加了，军区武装消灭敌一个主力营不成问题，两个营也可以。分区武装可消灭敌主力一个连（等于降队五个连）。这比冀南好多了，比退出沈阳时好多了。干部增加了，培养了两千多新干部。发展党员两万多（垮了很多，尚余五六千）。群众力量发动了，四分区扩兵一下就是两千名；动员担架队，很有组织。最重要的，经验增加了。

敌人的主要力量就是七十一军，但大体还是一个上升的力量；对付我们的主要是敌新六师，杂七杂八的队伍，敌人压在辽吉身上的力量不算大。

蒙古（族）问题，因敌兵力不足，是渐进的，不能一下自南而北直夺王爷庙，因此震动不会太大，乱子不会出得太大。国民党的大汉族主义，无论如何不能与蒙古（族）人合作到底，他们还不给蒙古（族）人自治的权利，如果说我们同志中还有点大汉族主义残余，国民党则是十足的大汉族主义。其次，蒙古（族）人对外蒙有高度的信仰，这对我们也有利。第三，我们争取了一批蒙古（族）青年，他们纯洁勇敢，很可靠。

地广人稀，对我们固不好，但对国民党大兵团作战更不好。我们已建设了一支骑兵，很有用。骑兵的建设并不是容易的。

辽吉一年的回顾与前瞻。我们的根据地没有建设好，只是有了个样了，有其客观困难，即：经常接触敌人，敌占绝对优势，环境不安定，影响根据地的建设；主力少胜仗打得不多，不能鼓舞群众。但主要的是领导上有毛病，虽然我们建设根据地的路线是正确的，发动群众，深入农村也比较早，但具体指导不够。武装斗争是辽吉根据地自始至终的主要斗争形式，这与其他根据地不相同。辽吉根据地的建设已经过与将要经过一些变化：开始我们是有优势的，敌人没有来，但这种优势是不真实的，不是真正的优势（敌未来，群众未发动）；敌人一来，成了另一种形势，根据地打烂了，许多地方退出了。辽吉许多地方都要有些准备，有准备方不至打得太烂，再一个阶段是恢复力量，在敌人的进攻下站住，在乡村争取优势。然后，革命高涨形势下收复大城市。这个阶段必须经过，时间长短不一定。

（二）坚持的方针，具体政策

指导方针：以全力组织与发展游击战争。游击战争的方针就是壮大自己，消耗敌人，拖住敌人。白城子失守以后，我们即进行了敌后独立的游击战争。游击战与过去不同，不是不要县城，也不是完全不要运动战。要真能拖住敌人（主力），不是单纯地保存自己，因为正面是我们自己。要积极活动，多打仗，多拖敌人。今天与抗战时期不同，不是敌后为主，而是正面战场为主，敌后战场应服从正面战场。根据此方针，军区划两个分区，做个眼。另抽出一些武装，成立保二旅。军事方针：目前仍以一部主力，配合正面作战，保卫西满的大门。另以主要的兵力向南发展，恢复被占区。

第一，军事建设方针：首先，适应目前的战争特点，国民党有社会基础，不能像抗战时期一样完全搞小武工队，必须有武装力量配合；其次，国民党兵力不强，我们有条件建设强有力的武装，因此武装建设应分三部分——军区武装、分区武装、县区武装（即武工队）。分区武装要积极作战，不准离开分区。县区武装暂不规定，因敌情严重，离开一下又回去，也是可以的，分区武装则绝不许离开分区。前一时期，我们集中力量搞军区、分区武装，这方面的建设是有成绩的，今后要加强县区武装的建设。要把县区武装建设好，其经验：（1）一定要从群众斗争中产生。开始招兵买马搞来的人员编入主力是对的。要经过洗刷，重新建设。（2）建设武装要有一定的时间，因此要抓紧时间搞，不然时间太短，搞不好。（3）要精干，多了无用。（4）实行"猫儿"政策，要多打仗，打土匪打降队，打来打去就壮大了。（5）县委要有权力掌握，这一条很重要，县委同志要多做工作。

县区武装的编制：大县两个中队，一百个人的干部队，小县一个中队，一个干部队。武装，小县两挺机枪，两个掷弹筒，大县三挺机枪，三个掷弹筒。全是骑兵，办不到时武工队上马，县大队上车。到土匪搞光、敌人不轻易下乡时再下马（骑兵适于游击，不适于生根）。

武装发展的规律：首先发展些武装掩护群众工作，群众发动起来以后再大规模建设新的武装。

纪律问题很严重，不是战士问题，是干部的群众观点问题，今后任何部队犯纪律，都由其主管干部负责，看其采取什么态度。

第二，继续深入群众运动中，扎下拔不掉的根。

这次四分区汇报，一般干部感觉失望，没有七月开始发动群运时那样有信心，这种情形是不好的、不客观的。应确定：我们比七月前的群众基础是差一些，做得不够好是有客观原因的，一个月的时间太短，不能一下要求搞好，问题是要继续深入下去。我们的错误与缺点，主要是在打击面太广，使我们处于孤立的地位。侵犯了中农的利益，对地主没有区别大中小，打得不策略。在作风上粗糙、包办，开始是老干部包办，以后是少数积极分子包办。粗糙、包办的原因是要求太急，目前我们的状况是成了"夹生饭"，这是群众初步发动中的一些现象。如弄乱政策、积极分子觉悟不高等。前一种是可以避免的，后一种则是难以避免的。我们要具体检查，政策有毛病的纠正政策毛病，领导作风有毛病的纠正领导作风，工作不成熟的继续深入下去。我们的方针是，继续放手发动群众，要把地主打下去，使农民得到土地。增加力量，训练干部。领导亲自检查，对症下药。总口号：清匪保地大生产。具体办法：（1）消灭明分暗不分；（2）审查教育积极分子；（3）审查斗争果实，重新分配，纠正积极分子分地多现象；（4）检查被侵犯的中农利益，应做到全部赔偿，富农被搞掉的补助一部分；（5）应打击而未打倒者继续给以打击；（6）建立民兵，清除坏人；（7）减轻民负，除公粮外，不要增加负担，发动爱民运动，整顿纪律；（8）建立几个可靠的点，组织武工队，准备生根；（9）宣传与组织今年的大生产；（10）在城市与铁道附近建立秘密的工作关系，建立反匪反蒋的统一战线。附带提一下：城市工作应做的是建立好的影响，把工商业繁荣起来。

方式：整风班、反省坦白、交心会等继续用。取消工作团，划小区，区委、区政府保留下来，干部生根。不采取烧野火的方法。

干部思想：（1）纠正"左"的思想、"左"的情绪，"左"会使我们孤立，也要反对正在增长中的右的情绪。（2）纠正对东北农民不正确的看法，不错，东北群众经过十四年的亡国生活，觉悟不够，有些"滑稽"，但这只能要求我们多加一把油。（3）快与慢的问题，怎样才能快？政策正确，干部积极性提高，党委会集中主要力量搞群众工作，这样快是对的。（4）群众路线问题，一定包括：提高群众觉悟，给群众利益，给以领导。（5）阶段问题。阶段是有的，开始粗糙些，以后细微些，但绝不能主观上在初期阶段就有意使之粗糙。（6）经济利益与政治觉悟问题，不给群众以经济利益就不能启发其觉悟，但必须注意提高其政治觉悟。

第三，怎样消灭土匪？土匪不消灭，必成辽吉大患。（1）要求分区武装集中力量打匪，分区司令兼剿匪司令。要不怕辛苦，穷追。（2）部队要摆在土匪窝里清剿，配合发动群众，与土匪争根据地。骑兵与步兵（坐火车）配合打，修地炮台，修响窑。（3）党政军民齐动员，造成群众运动。多进行瓦解工作，剿抚兼施。开剿匪会议，有功者奖，无功者罚。

第四，武工队与坚持敌后问题

这主要是一分区的问题。（略）

第五，蒙古（族）问题。

过去两个问题搞坏了，一是像汉人区一样分土地，一是外边去的力量代替包办。蒙古（族）工作应是建立民族统一战线，但立场也应放在基本群众身上。中旗的互助运动搞得好，但对基本群众照顾不够（蒙区的基本群众也是容易发动的），蒙人整个很穷，首先应帮助他们互助搞生产，这个很重要；内部斗争酌量进行。其次，培养蒙干，信任他们自己去搞，我们只是积极帮助。

汉人区的蒙人不分地，只搞减租减息。蒙人在伪满做事的，不当敌人残余看待，不搞清算，多调解（防止敌人利用蒙人政策）。

第六，财经问题。

要精简：巩固区只有一百万人，脱离生产的就有四万人，马一万五千匹，比老根据地比例高。粮食差半年，穿更成问题。兵不能少，因地区大，要打仗。分区合成三个，减掉一千多人。家属送大后方，去掉千把人。机关学校也精简，规定编制。

除公粮外，不准向老百姓要东西。统筹大生产，群众、机关、部队都大生产。去年的生产是投机式生产，今年要多生产自己的用品，如养猪、种菜、做鞋、做肥皂。群众生产是种棉花，搞纺织。机关、部队不准做买卖，这是腐化个人、损害公家的事。

供给标准：除主力武工队外，每月一斤肉，每天四钱油、四钱盐。一套衣服。主力武工队增加一斤牛肉，一套衣服。机关、部队自己生产菜蔬，杂支。

（三）思想问题

党内牺牲的精神、斗争的意志削弱了，这一问题不解决，坚持成问题。其原因：一是到东北来存在和平思想，对游击战争思想准备不够，加以八年抗战（注：应为十四年抗战），有点疲了。二是现在有巩固的大后方，有大城市，不愿到前面去，都想到后面去。三是对长期战争估计不足。但除了牺牲争取胜利外，则无他途。须知，现在坐在比较安全位子上的，绝大多数是经过危险环境锻炼的，每个同志都应该经过严峻的环境考验锻炼一下，"疾风知劲草"。

（四）领导问题

一年来省委领导有两大缺点：（1）深入检查、具体指导不够。应要求下面同志发扬民主，积极向省委提意见。（2）干部使用分配不当，因此还引起了某些不团结。今后要更加团结，消灭各种不团结的"山头"现象。

（选自《辽吉历史文件汇编》第一册）

目前改造"夹生"工作中存在着的几个问题

——中共辽吉省委给各地、县委的一封信

（1947 年 3 月 5 日）

改造"夹生"，各地组织新的战役已开始，唯尚无好多经验可以总结、介绍。仅就最近一些材料省委提出几点意见，以做各地在新的斗争中参考注意。

一、症结到底何在

首先应当统一对"夹生"的看法。高岗指出很对："半生不熟"，是由干部求成过急、贪快、只顾点火、领导上有毛病（政策上有较大的偏差，工作方法上有缺点）造成的。换句话说，假如不是由于上述原因，而是因为时间短、干部少、战争影响、土匪破坏等，地主虽倒了仍然又起来了，群众虽起来了但又沉静下去，这就不能说是"夹生饭"，而应当认为是正常的现象，这些现象是容易克服的，也就是长期的工作任务。不这样指出，有些地方有些干部，政策掌握得很稳，工作很努力，作风也是群众路线，只是工作的深度还不够，便会泄气。

如果同意上述看法，我们应当很好地进行思想反省，检查自己的工作方法，看看自己的工作地区是属于哪种情况。据省委最近初步检查：辽吉"夹生饭"是严重的，洮安算是在辽吉全区较好的一个县，透的不到 20%，不透的达 60%（因还有 20%空白区），其中大多数是属于领导主观原因造成的"夹生饭"。这种现象之严重，决不应该像有些人一样，归咎于客观困难。我们自然不该否认各种困难的存在，而且永远会存在，工作的进度在一定期内是有限度的。只是说在同一困难条件下，为什么一个做得较透而一个又很"夹生"呢？这就须要从领导上、作风上来寻求原因，才能真正解决问题。

去年七月的洮南会议，从思想上解决了不放手的问题，大批干部下乡，信心极高，精力正旺，在广大乡村中掀起了空前未有、火力相当大的土地改革运动。这是对的，绝不应因现在的出现"夹生饭"而减低其意义。但政策上有偏差（不应提出推平的口号），对打通干部思想、群众路线灌输得不够，这就使得辽吉本来可以做得更好的（因群众的清算运动已搞了几个月，有些地区进行了减租减息，且有干部较多等好条件，坏的条件是整个辽吉处于战争环境），但结果做得并不好。加之在十月从分局汇报工作回来时，过早提出巩固深入的任务，过分强调纠正政策，影响继续发动群众，集中火力向前冲击，无形中使斗争中断好几个月（自然，战争动员、扩兵等也有很大关系），也吃了不少的亏，这是省委领导应负的责任，不然，"夹生"不会如此之普遍和严重，这是一方面。另一方面，不少地区，特别是不少做群众工作的干部，缺乏群众观点，所执行的不是群众路线，不做调查，不做研究，走马观花，到处点火，高高在上，个人包办，更甚者是享乐腐化，根本谈不上做群众工作，而是在做违反群众利益的工作。这次再度下乡，虽经过严格的检查，并指出了过去的错误缺点，强调只有走群众路线才能解决问题，但还有少数干部仍是老一套，结果是"夹生"又加"夹生"。

二、如何走群众路线

今年辽吉"夹生饭"的现象是严重的，但改造"夹生饭"，比去年初下乡搞工作有许多有利条件。如群众经过去年的斗争，一般确有些觉悟，对我们能站得住、"天变不了"的信心增强了，特别是最近的军事胜利与土匪的大股打掉，信心更显著增加。加之春耕将届，政府号召保地大生产，宣布发放农贷，以及最近粮价提高，种地获利很大，使农民要地的热情比去年增高了，更重要的是，我们在去年的斗争中产生了一批本地干部，老干部的经验也多了，对情况比较了解，不像初到东北时漆黑一团。这些如都为我们所理解，很好掌握，再度把群众发动起来，改造"夹生"，确不困难，问题在于我们能否真正以充分的群众路线贯彻到全部工作中去。

一年来，我们许多同志为什么不能以群众路线来进行工作？无他，只因为这种做法是很艰苦的，没有真正为人民服务的精神，没有严肃的工作态度，没有刻苦、耐心、细致的工作作风，是无法执行群众路线的，那只能是命令主义、官僚主义、形式主义的路线。要走群众路线、做到自己能到群众中去与群众切实打成一片，不只是服装上的一样、生活上的一样，更重要的是达到精神上完全一致：不是群众的上司，而是群众的勤务员，不是群众的先生，而是群众的学生。具体来讲，是要学《李有才板话》中的老杨同志到槐树底下，与贫苦群众打成一片的精神，而要反对章工作员那种对"开明士绅"颇有兴趣的上层路线。这是必须首先在思想上解决的问题。

其次，走群众路线，就是深入了解群众的痛苦和要求，耐心启发教育群众，使其具有革命认识、斗争决心，而且不应当只以几个少数积极分子为标准，应以多数群众为标准。所谓斗争起来，最热烈、最紧张的表现，就是绝大多数群众头胀（觉悟）手痒（决心）自己直接干起来。从斗争本身上来讲，群众直接干起来是最精彩的一幕，从我们在群众路线上来讲，了解群众、启发教育群众工作做得好，是斗争起来的关键。一年来我们许多失败的经验，正如洮北李老太太总结种棉失败经验那两句话："有心采花，无心侍（侍是艰苦工作的意思）花。"由于急于求成，就不够耐心工作，就必然是强迫命令，代替包办。人为的虽然也会出现一时的"轰轰烈烈"，结果无例外总是"空空洞洞"。纠正上述毛病，这次省委翻印财神岗的材料，确是一副对症良药，望各地同志好好研究，教育干部。在这里想特别提一提下列三个问题：

（一）深入调查与发现问题。过去简单一套已吃了亏，现在就更不行。须要对情况再调查、再了解，须要我们抱着高度的怀疑态度，深入群众中去，确实检查一番。检查的方法，财神岗的经验是：（1）把全区干部先集合到一个行政屯去，由主要负责同志亲自率领，深入群众中了解问题，或是由现有的干部适当集中，分工搞一个屯子，谁做的工作由谁负责检查，再参照其他区干部的意见，以免偏见。（2）开村干部会及当地群众交心会、民主坦白会，或在训练班中经过一度阶级教育与启发后，集中他们讲出的材料然后再下去搞。（3）私访，此村了解彼村，运用侧面了解等方法。以上方法以一、二两种为主要的方法，三者都可以合用。这点做得好，我们可以发现许多新的问题，可以了解干部，也可以认识每个群众。这样，情况弄明了，组织斗争，在口号、步骤、打击对象、策略、队伍的组织中进行具体的领导，就能使群众动起来。

（二）启发教育思想酝酿。启发教育群众应通过思想酝酿、斗争、觉悟的过程，酝酿的好需要一定的时间，但不一定拖长时间就可酝酿成熟。主要是方法。酝酿，是引导群众自己做思想斗争，要求群众的思想斗争不间断。只有这样，才能使农民思想觉悟特别快。在酝酿期间，应进行一些小斗争，取得胜利，提高信心，以之加速群众斗争思想的成熟。群众的思想斗争内容怎样？主要是使农民在未行动起来之前先把存在于脑子里的地主打倒，消除各种顾虑。当农民在自己的思想上战胜了地主，其他顾虑也没有了，行动才会坚决。所以，酝酿实际是最尖锐的斗争。不理解这点，酝酿便无目的，也不会有结果。

（三）培养核心组织斗争。真正能成为上面的酝酿，新的干部一定会大批出现，原来的老积极分子干部中不能改进的坏分子便自然被群众抛弃。为群众所抛弃者，应不要以为可惜，而不经过群众用行政命令方式罢免则不能解决问题。各地经验都如此。要改造"夹生"村屯工作，必须先改造其干部，群众才能起来（因为"夹生"的村屯干部一般都表现不好）。如果只是简单地撤销或调动，群众也不容易起来。其中原因，因为这些"夹生"村屯的干部往往已为地主收买或与地主勾结而成为群众前进的绊脚石，一切有害于群众的作为均与之相牵连，因之又成为群众直接仇视的对象。在酝酿过程中，在群众初步觉醒后，往往先自发斗争这些人，而在斗争这些人的过程中，又往往能进一步揭开地主阴谋以激发群众的斗志。新积极分子的出现及斗争核心的形成，也往往是在这种扫除外围据点或在小斗争中产生的。当然，对这些人的斗争方式及目的，应与斗争地主不同，如并非死心塌地或成分坏的地主走狗，可以运用群众力量促其坦白反省，成分好而转变彻底者，则可仍作积极分子或干部使用。

有了群众的觉悟敢斗，又有了真正的群众自己的带头人，这就是酝酿成熟，这是发动群众起来斗争，组织斗争的群众路线的关键。

三、口号与要求

在西满，总的口号是"贯彻分地，真心翻身"。根据辽吉的具体情况，过去辽吉分地大体都经过斗争，献地少，同时斗争火力较猛，农民与地主对立一般较尖锐，因之，农民地权观念在思想上是烙上了一些痕迹。由于战争情况，地主反攻，斗争中断，辽吉表现的"夹生"多为先分后送和地主不交地农民也不敢要的明分暗未分，以及地主夺地（假分也有，不多）。这次省委提出"保地、挖根、大生产"的口号，就是针对这些情况提出的。事实证明：农民对于保地的口号是能接受的，并不会使农民模糊，产生错觉，认为现在的斗争不是为着取得土地的认识。相反可以刺激农民对土地的要求迫切，因保地等口号可以赋予农民合法地位，更使之理直气壮敢于同地主斗，可以给农民以更进一步的认识。就是说，"过去分的地就是你的，现在斗地主不是再分他的地，而是要回自己的地"。同时使被斗的地主容易理屈，其他这次不应斗的地主也不至惊慌。所以"保地、挖根、大生产"的口号，其中心是使农民为挖封建根而斗争，真正获得土地，确定地权，积极进入大生产。关于今天对生产的提法与认识，还须说明一下。第一，必须把"大生产"和今天改造"夹生"密切结合，决不可能认为今天的改造"夹生"与"大生产"是两回事，现在提出"大生产"不过是附带提出，宣传宣传而已。实际上，今天改造"夹生"与"大生产"是一个问题的两个方面，虽在时间与工作要求的重点上应当区别开，也就是说三、四两月重点是克服"夹生"，四月以后则以生产为中心，但两个工作是相互渗透的决不应截然分开，应当把"大生产"看作改造"夹生"很重要的动员口号，改造了"夹生"也就是完成了"大生产"的重大准备工作。因此，今天有些地区有些同志，把改造"夹生"与"大生产"不结合在一起搞，是不妥的，这势必减弱农民对土地要求的热情。我们应知道，农民之所以要土地，就是为了生产，而农民分得土地得到真正长远的利益，更在于生产。所以今天农民急于要确定地权，也就是为着达到这个目的。第二，今天在辽吉各地，农民无一例外地生产情绪比去年高，原因就是由于前述的战争形势好转，匪患大体平息，政府号召"保地、挖根、大生产"。如果我们更有计划有组织地马上动员，一边进行改造"夹生"的斗争，一边开始进行搞大生产的准备工作，解决一些横在农民心上的今年能分到多少地、怎样进行生产的疑虑，并做出一些具体实例，这对于推动农民起来同地主斗争，急于确定地权有莫大的帮助。兰西的经验及白城子、镇东的经验，都证明了这一点。因为重要，故重复说明：在"保地、挖根、大生产"的总口号下，根据具体情况灵活运用，在一下斗不起来的村屯，也可以从组织生产着手，工作干部可以采取帮助春耕的形式参加工作，从放农贷，调剂牲口、种子，组织插犋过程中，发现问题，酝酿思想斗争，培养积极分子，然后再引导至土地改革斗争。如果这样做，可以肯定，改造"夹生"，既会增加速度，又做好了春耕的准备工作。

要求，也就是指今天改造"夹生"的标准，也就是所谓"透"，透也有各种不同的程度，现在我们的要求是对"夹生"的地区应集中火力搞（其他地区可暂时搁着有时间再搞），主要是运用充分的群众路线所形成的群众经过酝酿的激烈斗争，切实解决土地问题。做到这点，积极分子得到改造，武装、政权、党的组织、生产高潮等要求也就大体上可以实现。不严格地强调真正的群众斗争，那是无法解决问题的。这种大道理在此可以不讲，去年的经验教训应当重视，所以现在有个别地区用评议方式来解决土地问题，在今天是不恰当的。今天是需要群众起来与地主斗，撕破脸，把地主的威风打垮，建立群众的优势。不然，土地问题的解决仍是形式的，还是一锅"夹生饭"。所谓"夹生饭"，就是缺乏真正的群众斗争，或斗争的火力非常微弱的结果。

与实现上述要求相矛盾，是"夹生"严重，时间短促，干部数量有限，如果又是到处点火，不去实事求是刻苦耐心地发动群众，我们就是对群众对党不负责任，成为革命的罪人。省委确定，采取不图快只求透的方针，在极紧张的工作下，搞好一个算一个（消极、不紧张的慢慢来是坚决反对的），方法上还是使用个别与一般相结合的方法，也就是采取点的深入、面的推广的方法，不要平均使用力量。首先集中力量每区选择"夹生"最严重的一两个村子，认真细搞，搞出结果，留下能巩固深入工作的力量再继续细搞，而主力转移他村，各个击破，而不是全面出击。其他更多的村子呢？主要依靠广大新起来的干部，随时把重点村屯的经验总结起来，把非重点村的干部找来开会，或短期训练，深入检查他们的工作，告以重点村的经验，放手让新干部去发动，这样比分散主力，处处都搞而一处也突不破的情况要好得多。这样，如果在春耕期前，还有少数的"夹生"村屯，只好留在春耕中再来改，但必须不荒芜土地。最近东北行政委员会颁布的生产运动指示，有强制生产的规定，要好好研究执行。地权虽没有解决，但地也没荒芜，以后文章还好作，不然就要糟糕。关于发动大生产问题，因省委、省政府将另有指示，在这里只这样简单提一下好了。

四、几个主要政策的具体规定

为着使工作干部这次执行政策不致有偏差，在几个主要政策上，特作如下的规定：

（一）对地主阶级：

（1）须继续轰击，彻底打垮的恶霸、窝主、劣绅、大地主的土地必须彻底分，其房屋、牲畜、粮食、农具亦须分，衣物亦可分一部分，但须留下相当于一般农民之土地、房屋、牲畜、农具、粮食的分配，不得采取"抄家"方式，除罪大恶极群众要求非杀不可者外，一律不准杀人，要杀人亦须经专署批准。至属于一般大地主之工商业、羊群，亦不应分。森林归村公有。

（2）一般中地主（指非恶霸、劣绅、窝主而言），土地亦须分，不分中地主的土地，农民就得不到必需数量的土地，但应多留些地，保持其有富农地位。耕畜、房屋、农具、粮食亦须分一部分，以其留多少为标准，与其留一部分。

（3）一般小地主（指非恶霸、劣绅、窝主而言），未分者暂不分，实行退租减息，已真分者不退还，生活困难者酌情救济，明分暗不分及先分又退还者，如系开明自动献出的则由农会给奖励，表示地仍为他所有不再分，如系被斗争分的土地，则给以教育，表示宽大为怀，令其向农会写悔过书，应大部不分只交出一小部分。至于有些地区，土地少，人口多，非动小地主土地不可，亦必须采取和平讲理、自愿互助的方式酌量从小地主所有土地中抽出若干分配给无地的农民（必须使小地主有富农的地位），分得地的农民应帮助这种出地的小地主以劳力，因今年一般不易招到榜青。

（4）中等经营地主，分一部分农具、牲畜，依东北局指示处理。

关于大、中、小地主界限，辽吉各地情况尽有不同，很难划一，现大体可做这样的区分：二百垧以上者为大地主，四十垧以上者为中地主，四十垧以下者为小地主（就是这样，也还得按其土地好坏、人口多少与土地的比例具体确定）。

（5）不在的地主，依上述大、中、小原则处理后，其所有土地，有亲友者由其亲友代管，无者政府代管。

（二）对富农，土地不动（出租部分亦暂不动）。过去送地者退还，另设法给分得该地的农民以补偿，或直接补偿富农，被斗者则须承认错误后退还，但不一定退原地，出租部分可不退。

（三）对教职员、技术人员、工商者、鳏寡孤独，因无劳动力出租地，已被分者，应说服群众退回，或另设法调剂以同等数量的土地。但其土地很多，系地主性质，依照对地主原则处理。

以上对地主的政策调剂，应以斗争为主，且在群众起来坏蛋垮之后，进行为有利。

（四）对中农，只要在经济上是中农，不管怎样，其经济利益不能侵犯（如当土匪、国特，以一般犯人及锄奸原则处理），严守对中农只许进不许出的原则，已分者，无条件做到退还（必须很好地说服群众并通过农会），或设法以另外土地补偿，多一点更好。

（五）关于开拓地与黑地的处理：

（1）开拓地，土地阶级关系依现在不依过去，大、中、小地主，富农的地均须依人口、远近、好坏平均分配，烈属、军属则须优待。中农的地原则上不动，但自愿（必须对中农有利）打乱平均分配者可以分，过去真分了的开拓地，中农受损失者，可以补偿。

（2）黑地先号召自报，然后发动群众检查，应宣布中农以下的黑地确认其所有权。富农在超过十垧以上的部分拿出分配，如系自报，可多留几垧，地主的黑地须拿出分配，自报亦应多留几垧以示奖励。分配黑地，仍须以组织斗争来达到分配的目的。在分配时，应注意留出若干作调剂政策，特别是对中富农利益损害的赔偿之用。

（六）关于土地分配的标准：

1. 贫苦烈属，应比一般农民多1倍，地多，还可增加。

2. 贫苦军属，多1/2至1倍。

3. 赤贫，增1/4。

（七）对坏的积极分子坏的新干部：

先分清敌我，即分清两条心与半条心，即死心塌地当走狗与一时动摇和地主勾搭分开，对两条心者，以斗垮其主子为基本原则，对其本人，可采取分化政策，但亦发动群众与之作必要斗争，使其独立，然后争取。半条心者，以教育改造为主，不应处理过火，打击新干部的积极性，以致上地主的当，更促其为地主所用。半条心情节严重者，即应从农会中清洗出去，次者保留教育。

（八）对在汉人区的蒙人：

1、地主的土地已分者不退回，其家庭困难者由当地政府设法予以补救，未分者不再分，先分汉人地主土地，如属于明分暗不分，现广大蒙汉农民特别是蒙古（族）农民又坚决要求确定地权，亦须采取调解互助方式，要蒙古（族）地主自动拿些地出来，帮助缺地少地农民，分该地的农民可帮助该地主劳动力（因今年不易招到耪青之故）。

2、中农被分地须全部退出，原得地者亦须照数补偿。

3、蒙人的牲畜一律不分，如汉人耕畜不足，得以允许，可租用或借用。

（选自《辽吉历史文件汇编》第一册）

中共辽吉省委关于放手发展力量的指示

（1947 年 5 月 1 日）

一、省委讨论了"中央政治局二一指示"以及根据最近东北和辽吉的全盘形势的分析，认为：掌握目前形势的特点，把中央和东北局西满分局指示精神贯彻到实际工作中去，关键是大胆地放手发展力量。

一月省委会议以坚持敌后游击战争为主的工作方针和部署，在当时是正确的，在现在是不完全适合的了。由于近几月来我各地主力不断地取得胜利，大量地歼灭了敌人，整个东北战局已发生了很大变化，我已从被动走向主动，由敌强我弱，走向敌我平衡。虽然在平衡的形势下，要经过剧烈的拉锯似的作战时期，才能把两军的形势根本改变过来，但可以确定：这样拉锯的时期不会很久、很长，更不会出现如有些同志认为的"内战的相持阶段"。根据是：东北敌人现有力量已大大被削弱，我们的力量则大大增强，拉锯对我们则越拉越有劲，对敌人则越拉越倒霉。自然也应充分估计到：敌人还可能从关内抽调增援部队来，但为数有限也是定了的，这只能填空补缺，增加拉锯的次数，而拉锯次数的多少与久暂，又主要决定于我们放手发展力量的程度如何。力量大，消灭敌人多、干脆，敌人就会拉不下去。不管咋样，敌人要再恢复我在四平撤退时的优势是不可能的了。基此认识：在辽吉某些地区得而后失，某些县份还有可能暂时被敌进占，有时主力远离，各分区，特别是一二分区坚持地区打游击的任务，仍是严重存在的，但这是一时的和部分的要求，从整个的辽吉任务来说，应当是积极组织力量，以运动战为主，打大仗，向敌人进攻，消灭敌人，扩大地区，创造真正能起威胁北宁路与沈长路西侧作用，有力配合东南满主力作战的重要战场。

二、放手发展力量在辽吉虽有不少困难，亟待解决，如财政困难、地区人口少、兵员补充困难以及干部缺乏等困难。主要的还在于工作各方面，必须明确采取放手发展力量的方针，并在全体干部中坚固地树立放手发展力量的思想。必须指出：目前在辽吉党内存在的保守思想与游击战思想，是妨碍发展力量方针的实施的。

保守思想主要表现为：顾虑太多，消极的设想多于积极的打算，排除困难大踏步前进的精神差。如对建军问题因财政困难点，就怕多搞部队；

在财政问题上，怕开支大，怕发票子，而不愿以足够的财力适应今后工作开展的需要；在干部问题上要求过高，对一些有些毛病但有能力的老干部，不敢分配其能够担负起的工作，对新干部则更怕出毛病，不敢放手使用，而天天叫没有干部工作搞不开；此外，在扩兵问题上总担心扩多了，将来劳动力缺乏会影响生产；在开展敌占区工作上，怕地区扩大了敌来收不拢；等等。这些确应做足够估计，但仅看到这方面的困难，而不把解决这些困难放在争取胜利的前提下，无疑是错误的。不能设想，不能取得胜利还能把目前工作中的困难获得解决？反之，胜利可以解决一切。所以，保守思想与胜利思想是对立的。在目前的有利形势下，在革命新潮行将到来之前，放手发展力量的方针是正确的，决不能误解为孤注一掷！

游击战思想则主要表现为：慢慢来、分散搞、各有一套，小家第一、大家第二。这在今天已成为很严重的妨碍工作的现象。应使大家深刻认识：今天是运动战为主，是尽快地大量歼灭敌人，现在敌人已是摇摇欲坠了，为什么不予之最后击溃呢？集中可能集中的力量到主力，集中可能集中的力量到前线，集中可能集中的力量于战争，就能击溃敌人，解决问题。中央号召全国为解放区争取于数月内再消灭敌人四五十个旅就正是这个意思。在我们辽吉，有些地区有些同志还在想：从无到有，从小到大，慢慢来，搞个"小麻雀"，这些想法实在是不必要的，这种想法现在来说是过时的了。时代不同，敌人不同，我们自身更是不同，过去对付日寇的一套现在来用当很不适合。拿武装来说，过去抗日战争根据地犬牙交错，每个地区必须有武装才能坚持工作。现在我们后方地区和各县都把土匪肃清了，多留武装就无意义。为什么不把后方武装多送到前面去打仗，把敌人打得远远的，而硬要留着专等敌人来好打游击呢？须知，过去打游击是没有办法的事情，今天能打运动战表示我们已很有办法。当兵贩子、割韭菜是实现运动战很重要的内容。所以今天应提倡当兵贩子、割韭菜，要反对抗日时代游击战的思想。

只有在党内进行上述思想教育，放手发展力量才能获得基本的保证。

三、目前在几个主要的工作上，如何放手与抓紧？

第一，放手打仗，放手扩兵，现在西满野战军成立，在辽吉地区已有相当的主力来对付敌人，但这个主力还不够强大，同时为使这个主力不怕损失敢于放手与敌人打，积极动员补充该主力应成为辽吉党光荣与主要的任务，省委决定各县区队任何时候都不放松对自己的扩大，越把县区队扩大越有成绩，并预定在挂锄后与秋收后来两次大的参军运动。要做到各县队区队应经常保证到 500 人，并负责保证两个主力师每个师 8000 人的经常

满员。各分区部队亦应扩大，并准备今年内，辽吉再成立一个独立步兵师与一个骑兵师，如能完成上述要求，在辽吉的战场必获得更伟大的胜利。

应当指出，这个任务是艰巨的。要求每个分区部队积极活动壮大自己，要求所有后方的县份把扩兵补充主力当作主要的任务来重视，要求各县区队干部把多支援主力部队兵源认为是自己最大的成绩。此外必须切实把优待军人家属和抚恤残废退伍军人和烈属工作做好。为了取得较广泛的兵源，必须加强农村妇女工作，动员农村妇女下地劳动。

第二，从现在起毫不放松地把生产运动推进到秋收结束为止。只有把生产运动搞好，今年才能有丰厚的秋收，才能从生产中把土地改革贯彻下去，完全消灭"夹生"，也只有把这两个要求完成，放手发展力量才有基础。

现在生产运动才刚开始，问题还多，最中心的为：（1）要不撂荒，尽量扩大种地面积增加收获量，现种旱田有些地区已过农时，不可能再扩大，应抓紧多种晚庄稼，多种就有多收的希望。如从扩大面积增加收成亦为不可能，则必须从多铲草等方面来增加收成。总之，今年如农民不能比去年多打粮食，我们则要进行大规模的动员支持战争，将发生极大的困难。（2）团结中农，这是今天翻身的农民第一次能否在分得的土地上搞起生产的极其重要的问题。因在插犋问题上只有当中农很愿意与贫雇农一道才是最有力的帮助。（3）组织插犋，互助变工是贯穿生产运动全部过程的工作，不能丝毫放松最深入的组织群众工作。现在各地的工作还是初步组织起来，必须明确意识到：现在的工作组织必须在今后的实际生产行动中不断检查改进，按实际情况更使之合理化，这不仅使它本身能发展坚持，并可从这不断改进中大规模地展开英模竞赛，提高劳动热情，改造干部，挖掉"三根"，打下整顿组织的基础。（4）从生产劳动中使农民与他所得到的土地密切结合，加强提高与改造积极分子教育工作，使其真正有初步政治觉悟，敢于与地主斗争，最后打垮地主势力，建立农民的优势。发展党员，建立农村支部，健全农会，改造区乡政权，建设真正为农民所掌握的武装，这些工作应在秋收前的生产运动中打下初步的基础，以期秋收后今年内做到更进一步的建设和巩固。

第三，我接敌区及敌后各县武工队，应全面地向敌占区挤进与渗入，缩小敌之占领区，扩大我之工作地区，发动群众归向我们。这对我在人力、财力上将得到很大补充，对敌之补兵筹款则又予以很大的破坏。在今天主力积极进攻敌人的行动下，敌人空隙必多，敌人一般会紧缩兵力，我们对敌斗争应具有新的进攻精神，采取极力向敌占区扩张的方针，应反对借口巩固前进而站着不动，而要鼓励一边巩固一边前进，并从前进中更好地求得巩固，为此必须：（1）实行包括只要是反对美帝国主义、反对蒋介石的各阶层人士在内的广泛的统一战线。这个统一战线具体应体现为对敌斗争反对"二满洲"的口号与行动组织。因此在没有实行土地改革的新地区，现在一般不应提出分土地的口号，而只适当作减租减息的斗争来发动、组织基本群众。应当指出：今天反美蒋的统一战线在我们解放区应建立在彻底实行土地改革的基础上。当已为我们收复的新地区的工作已有基础而群众又有土地要求时，仍应实行土地改革的方针。但斗争方式尽量避免过分尖锐。至于原已分了地的新收复的地区，只要我们一站住，群众是要再从地主手中拿回土地的。根据长岭的经验，对这种地区，我们的态度应是明确主张群众要回土地，同时要争取地主不再躲逃，采取经过适当斗争的调节方式（给地主多留点地，即所谓"张三先生方式"，该材料当会整理出来参考）从而重新解决土地问题是正确的。（2）在锄奸问题上应尽量少杀人，有个别地区曾多杀了人，造成群众中有这种舆论："八路军什么都好，就是杀人不好。"应当确定：当进到新收复地区时逮捕坏人是完全必要的（这次在康平把抓着的国民党人员和警察都很快放了是走到另一极端的表现）。但首先应注意部队纪律，宣传我之政策，安定人心是第一要着。当社会秩序稍恢复，即以发动群众来清算坏人，要处置反动分子时亦必须经过群众斗争的形式，这就不会造成恐怖，可予反革命活动以有力打击。最有力的打击还应是使用宽大办法发动坦白群众运动，争取可以向善的分子，并瓦解其组织。（3）在财政问题上必须反对乱抓一把的行为，应在稍为站住之后有政策地统一于政府来搞。在已收复地区一定要扩大我货币市场，禁止伪钞与九省流通券的流通，黑货必须禁止卖，应用之向敌区套取物资，总之当我还在争夺之地区应少作财政打算，当已变敌区为我区时，应很好地树立把政策建立制度提高到正规财政任务的要求。（4）在武工队建设问题上，应以反对派款，反对抓壮丁，反对蒋军与中央胡子奸淫抢杀，实行武装保家自卫的口号来扩大武工队。所有担任对敌斗争之武工队应积极壮大自身，做到至少能应付降队大批警察，能胜任向敌区扩张的任务。这种武工队必须注意成分，加强队员的政治教育，加强有武装斗争经验干部的配备。省委再次重申：武工队的生活待遇应与主力待遇一样。

四、关于新的革命高潮的正确认识。中央已指出：现在是处在新的革命高潮到来的前夜。这已不是属于推论的问题，而已为事实所证明。但必须指出：革命高潮决不能坐待，现在蒋管区人民的斗争尽管如火如荼，而

决定革命高潮之到来还靠解放区的胜利。因此：今后几个月将成为斗争很重要的关头，辽吉党委应在党中央的号召下高度发挥每个人的工作热情，在军事、土地改革、生产各个战线上都取得更大的胜利，这才是革命高潮快来到的保证。至于革命高潮到来将是怎样伟大的情景现在还很难说，但有一点可以肯定：敌人力量消灭得越彻底，我们的胜利越彻底，则革命高潮到来所能解决的问题亦愈彻底。不管怎样，蒋介石的卖国独裁专制的反动统治是一定要打垮的，不打垮这个反动统治就不算是革命高潮的到来。我们放手发展力量，其目的就在于此。

（选自《辽吉历史文件汇编》第一册）

中共辽吉省委关于目前形势下干部问题的决定

（1947 年 5 月 25 日）

辽吉关内干部（老干部）过去数量较多，特别是去年冬季地区缩小后某些县份甚至有干部"拥挤"的现象。但去冬今春大批干部先后北调，今年二月，一、五、二分区局部收复失地，即开始感到干部不够。省委原拟秋后大量提拔新干部以谋调剂，但最近双山、怀德、康平、通辽、梨树、辽源先后收复，其他许多失地将指日可下，辽吉形势正在急转中。今后形势的发展，不管中途或可能遇到曲折，但总的趋势是向前发展的。形势发展的意外迅速，顿使干部力量接应不上，不少地区在叫苦——"收复失地，干部缺气"。同时，中心地区及各级机关，亦因工作逐步发展与深入而甚感干部不够用。因此，在干部问题上，必须立即采取新的步骤，以适应形势发展与工作发展的需要。各地如不深刻体会认识到此一问题的重要性，稍有忽怠，必然会使我之主观力量（干部）还落在形势发展与工作发展之后，使重建收复区工作及开展中心区工作受到影响，使我争取大胜利的势力将因之而遭迟滞。"组织力量争取大胜利"是我们今天的总任务，而解决干部供应问题，乃是在此总任务下的一项最重要工作，也是"组织力量"的一个重要内容。因此，省委将提出如下几个意见，各级党委须切实讨论、布置、执行。

一、放手抽调与适当调剂干部。一地委及二地委收复区缺少的干部，决定由地委从干部较多的县份抽调、调剂。区级县级老干部多的地方多抽，抽后选拔新干部任区级工作，选拔好的区级干部任县级工作。这样，不仅解决了干部缺乏问题，并且对干部作适当的调整选拔，又能提高工作情绪及进取心。凡过去干部配备不恰当者（职位高低摆得不恰当者），须在此次抽调调整中求得平正。一地委与二地委应立即有计划地从干部多的县份抽调一批干部，由地委掌握，作为机动力量，供应收复区之需要。特别是二地委应迅速坚决实行抽调。按一、二地委的干部情况，不应再仰赖上级调给老干部，仰赖是无望的。原五地委各县新老干部及一、二地委各县新老干部，现分散在四地委各县及省级各机关者，其在四地委各县的，目前应即抽调大部回原地工作，至八月份继续全部抽完，其在省级各机关的，抽调一部回原地工作。通辽、辽源、怀德、梨树的干部月内即尽先抽调。四地委亦应仿照上述办法有计划地选拔新干部、提升区级老干部，从干部多之县调剂干部少之县。

二、大胆选抽干部。经过抽调干部之后，各县老干部势必减少，补救的基本方法在于大胆选拔新干部。辽吉根据地已有一年半历史，经过清算、减租、分地、改造"夹生"、春耕生产等运动，已培植出一批受过斗争锻炼与考验的本地新干部。今天在辽吉大胆选拔新干部，并非苛求，是有其基础的。乾安、双长辽（今双辽，下同）、洮安、洮北等县，在选拔新干部上成绩很大，这几县已有大批区级新干部，值得各县学习。事实证明，这些区级新干部经过短期引导后是能胜任工作，且进步很快的。必须纠正对新干部估计过低、视线只在老干部中转圈子的倾向。这种倾向，今天是落在形势大发展之后的保守思想。凡成分纯洁、略晓政策、能走群众路线且为群众拥护、初具工作经验与能力之新干部，均可选拔为区级干部。在开始提升时不能对新干部要求过苛，应当着重对他们循循善诱，引导帮助，使其在短期内达到能胜任工作。现规定：在今年，工作较好的区，一般须做到区级干部全由新干部升任，不留一个老干部，工作较弱或开辟较迟的区，一般须做到每区只留一个老干部任区书记，其余区级干部皆选拔使用新干部。从现在起，即开始多设副职，选择好的新干部充任，作有步骤的锻炼、提升。明年春季，省委将考查各地县区干部情况，至时如尚保留有多于上述规定的老干部，将被抽调到省委另行调剂给缺少干部的地区。

三、大力培养新干部。今后对新干部的数量要求与质量要求将与日俱增，故不能只让干部在工作中自然生长，必须着重培养，使新干部不断增多与提高。这是今年辽吉各地组织工作的中心任务。培养干部的方式有多种，但能收速成与大量培养之效的是办培训班。省委党校即将恢复，应提高质量，以培养区级干部为主；一、二地委亦须办党校；一地委党校为省委党校第一分校，二地委党校为第二分校（四地委与省委合办省党校），皆以培养乡村级干部、支部书记等为主；各县办短期训练班以训练新党员及积极分子。芒种后即可开始举办；挂锄后，较大量地办；秋收后，最大量地办。地委党校与各县训练班的课程内容、教育方法等，暂不强求统一，可各就自己地区之经验、需要与环境等各自规定，俟办一两期后再把各地经验交流，渐达统一。今后在《组织导报》上则将介绍各地党校及训练班之经验，并介绍用其他各种方式培养干部之经验。

以上问题，望各地委县委将讨论及布置情形报告省委。

（选自《辽吉历史文件汇编》第一册）

中共辽吉省委秘书长郭峰在
辽吉省委群工会议上的总结（摘录）

（1947 年 6 月 11 日）

此一总结中关于对待地主富农问题的意见已经过分局审查同意。分局并指出："目前在老地区发动斗争煮夹生饭，应强调打倒地主阶级，发动百分之九十的农民起来放手斗争，完全摧毁地主的经济政治（武装、社会地位）势力。至于谁应先打谁应后打谁应狠打谁应照顾则由各地党委按照大多数农民意见与具体情况决定。其中应当照顾之军属、干属，以及小地主，在进行斗争时亦不必事先规定，斗倒之后再来给予照顾。许多恶霸地主，已将财产带入城市，应发动群众（乡村）追捕回乡处理，但须与城市党委取得配合，所得果实，则城市与乡村群众合理分配之（不动产归城市，浮物归乡村，由乡村追出者大部归乡村，由城市追出者大部归城市）。至于原来的工商业则不动。"

另外，这一总结与原在会上报告时有某些补充，特别是"方针"与"领导问题"，望注意研究掌握其精神实质，而在具体问题上，则应大胆地以百分之九十的群众意见是听。

一、目前腹心地区群众工作情况及今后任务

在不断打胜仗收复失地的形势下，我区群众工作情况表现为以下三点：

（一）大部地区已种上地（除南部地区因天旱有部分未种上），这一情况使得我们辽吉区支援当前战争的物资基础有了初步保证，使得农村各阶层的关系和群众的思想有了很大变化，提高了农民保地爱苗的斗争热情及胜利信心，也打击了地主坏蛋的谣言破坏，提高了我党的政治威信，同时这一情况也向我们提出今后应积极组织铲地与组织遭旱地区的铲种并行的群众运动，以便最后完成今年的生产任务。

（二）春耕以来农村间阶级力量对比有了新的变化：一方面，在春耕期间继续消灭"夹生"的结果使得地主阶级继续被摧毁，少数坏富农被惩治，土地、牲口、农具被分掉，群众取得了土地、牲口、农具，解决了生产困难，并在这样的斗争中，培养了一批骨干掌握政权，甚至有的地方建

立了支部。如洮安、赉北两县在春耕期间大斗地主 158 户，小斗数十户，群众共得牲口 125 头、大车 141 辆、粮 2500 多石，其他各县均有类似情况。这种情形就更加改变着农村中阶级力量的对比，而且在很多地区，农民取得了政治上经济上的优势。

但另一面，有些地方由于强调种上第一，团结生产，因而忽略或放松了在生产中消灭"夹生"的斗争，因之就或多或少出现农民群众阶级觉悟降低与斗争观念的模糊的问题，这样也就使得有的地主冒充富农乘机威胁群众，沾尖取巧，或以富农面目出现愚弄群众；有的地主则装穷要饭不种地，致使干部心软，组织人给代种；有的在插犋换工上笼统强调自愿两利，致使基本群众吃亏，有的在选模范时选富农当模范……这些现象说明在今天土地改革不够彻底的情况下，我们对生产运动的阶级性、斗争性认识与掌握不够，今后须加以改正。

（三）战争不断发展，解放区继续扩大，这一情况要求腹心地区不断组织群众参军参战，支援前线，壮大主力军队，保证继续打大胜仗，消灭敌人，扩大解放区，因此需要尽快尽多抽调新干部到解放区去发动群众。这也就要求我们在当前的群众工作上必须更放手地培养与提拔新干部，更好地组织劳力保证生产与参战参军任务之完成！

综括上述情况，我们腹心地区群众工作，今后的任务必须是在继续组织群众铲稿地的运动中，贯彻土地改革精神，摧毁封建势力，发动群众参军参战，积极支援前线，防匪挖根，努力巩固后方，大量培养干部，继续生长新的力量，这也就说明了东北局对群众工作任务的指示，是完全适合于辽吉的。我们必须为完成这些任务而奋斗。

（后略）

（选自《辽吉历史文件汇编》第二册①）

---

① 中共辽吉省委 1948 年 8 月编。

加紧各项建设，全力支援战争

——辽北省政府副主席朱其文在第二次专员、县（旗）长联席会议上的总结报告（摘录）

（1947 年 6 月 26 日）

各位同志：

这次会议经过大家五六天的研究讨论，暴露过去工作中许多缺点，也为今后的工作提供了许多宝贵的意见。我仅就带有全面性的一些问题综合大家的意见，提出下面几个问题。

一、支援战争

由于辽北处在前线，支援战争，从开始到现在就是我们的日常工作。今后为了更好地支援战争，对于这一点应该有更明确的认识。首先，今天我们是处在全面大反攻的过渡阶段，也就是处在日益接近胜利的阶段。同时，敌人虽然被我们打得精疲力竭，但在蒋杜军未被我们彻底打倒以前，为了最后击溃敌人，今后的战争任务将更加繁重，支援战争也就更加重要。因此，为了满足战争的要求，首先，我们在思想上就必须肃清保守思想与游击战的观念。前者的结果就是不肯放手，瞻前顾后；后者是慢慢来，自成体系。这两种思想，对放手组织力量，全力支援战争都是有害的。其次，我们要认识到，今天的战争是大规模的集中的正规战，对于战争支援的要求也不同于过去。在这种形势下，我们必须放手满足战争的要求，放手组织力量并发动群众支援战争。当前方战争与后方建设发生矛盾时，是后方建设重要，还是支援战争重要？如没有后方建设，就不可能有后续力量；如只顾后方建设，则会放松支援战争。二者统一，今天的一切建设应是为了战争，如果一切建设与前线战争无直接关系，那就不是当前急务。如现在有些地方个别部门大事修建，开始铺张，或过去可以将就的开支，今天就不将就了，如编造预算时，只图满足主观要求，不从节约方针下支援前线，这些都是没有战争思想的具体表现。

在支援战争的要求下，加强战争观念，排除一切障碍，组织全部力量来满足战争的要求，这是今天每个革命同志起码的态度。辽北省过去是前线，现在是前线，将来还是前线，只要国民党反动派一天不滚开东北，我

们支援战争的任务不仅一天不会停止，而且会成为我们经常的任务。因此，为了积极配合争取自卫战争的迅速胜利，我们所有干部应该有意识地当"兵贩子"、当"粮贩子"、当"马贩子"，把好兵、好粮、好马送到前线去，有意识地当运输队长，当担架队长，全心全意为战争服务。

既然支援战争是我们的日常工作，我们就应该有长期打算和长期组织。我们过去在支援战争方面是尽了一些力量，也获得一些经验，今天应吸收过去的经验把支援战争的工作程序进一步建立起来。

这里只是把支援战争中的战勤工作谈一下。关于战争勤务，根据过去的经验，应从上而下地有一套组织，专门负责战勤工作处理日常事务。因此，除省政府民政厅、专署、县府专设战勤科，区设战勤助理外，村应把全部人力畜力大车都组织起来。只有组织起来才会有秩序有力量，才会公平合理保证供给。

一、关于人力畜力方面。按青壮年从十七岁到五十岁都编成组，所有老百姓的骡马也编成组。但这些战勤组织以农村环境来说，必须照顾农民生产的特点，只有这样，才能把一切组织工作与生产结合起来，以适应农村环境和农民的要求。根据郭前旗的经验，按照生产与战勤的需要，每八人一组，平时可以生产，战时可以出勤（担架六人、车老板子二人）。三个小组编为一个中队，三个中队编为一个大队。大车三辆一组，三组为一个中队，三个中队为一个大队。牛车、驴车、勒勒车也要编组，它虽不能到前线，但可在后方换工。换工的办法为，一个半牛工或两个驴工各顶一个马工，两辆勒勒车顶一辆大车。妇女、老头、小孩也应该组织起来，担任后方勤务，等于半劳动力。

二、编组的单位。城市与乡村应该有区别，城市不一定以户为单位，可以各种不同的经济组织为标准。行商小贩单人的即以个人为单位，在特殊情况下，如工厂的特殊技术工人，为照顾其生产，可以允许厂主找人代替。在公营企业中，与战争有直接影响的，如军火工人、被服工人等免除战勤。无直接影响者，概照政委会颁布战勤条例执行。编组的方法也很重要，由于我们基本上以户为单位，而每户的人口与车马又有多寡之不同，如不能照顾个体经济的利益和人口车马的多寡，就不能把生产与战勤很好地结合起来。应根据乾安两种方式的经验把它们有机地结合起来，实行有力的出力，力多的多出和先出的方针，把人口车马多的各户尽先编入一队，挨次编排，遇有战勤和其他动员工作时，由一队人马尽先出勤，然后挨次轮流。这样，每组在出勤期内，不仅有其他小组照顾其生产，且每户亦可有人照顾其家务。同时按照编组先后，挨次出勤，谁先谁后也有了固定，因而大家也就早会作一番打算。出勤人员必须携带出勤证，由省府统一格式，交各村自制，上面除记载姓名、年月外，还要证明战勤的内容与按月记工，在出勤期间，如无部队和兵站盖章证明而回家者，就以逃避战勤论处，处罚后还要去。对于一切不好的成分，如二流子、地痞流氓、坦白胡匪，也应该编组，但要拆开编，每组中编进一个或两个，由大家监视。至于经常开小差，靠卖担架吃饭的担架痞子，应该由政府给以严厉的处分。担架出发前，县、区、村干部要起带头作用，亲身参加带队。并利用一切空隙进行时事教育、防空教育及文娱活动。服勤期间应该是有期的，一种是以完成任务为转移，另一种，假如战勤期间很长，就以一月或两月为一期，到期另组织人马去换。

三、在群众出战勤期内，必须记工和还工，他在家的工作，由其他小组帮助，并在这期间享受军属待遇。在战勤中负伤或有病，应与战士一样给以医疗，人与牲口如有死亡，亦应进行抚恤和赔偿。为了照顾车马的安全，防止车老板子不关心喂养别家车马的现象，可规定如果别家的牲口无故喂瘦了，由车老板子负责。

四、开展立功运动，提高群众对支援战争的热情，制定民夫在出勤期间的立功条例。组织担架运输队员，在担架输运过程中，在火线上、在保证军事需要上、在爱护伤员上订立自己的立功计划，并从立功运动中培养英雄模范。因此，当每次战勤结束后回来，必须开会检讨，并进行评功记功表功工作，选举英模和模范，进行一定的奖励，对于犯错误的或不积极的人员亦应给以适当的批评和处分。只有这样，才能在长期战争中发挥人民的积极性和创造性，满足战争的要求。

支援战争是今天政府在人民爱国自卫战争中的重要工作。我们只有把支援战争的工作做好，才算把政权工作做好，才算是真正为人民服务。

二、政权建设

过去我们政权建设的重点是县、区组织机构的改造与建立。经过一年多以来的各种改革运动，县、区政权的建设已基本上把旧有的组织机构打碎，并肃清了敌伪残余，这是一个很大的收获。今后为了进一步发挥人民的民主力量、贯彻各种政策法令、全力支援战争，在土地改革比较深入的地区，应该开始着重于村政权的建设了。因为它是政权的基础组织，如果把这一基础组织为翻身农民所掌握，并使它成为农民自己的斗争工具，这个政权就会有力量，民主政府的一切政策法令就能进一步地贯彻下去。

辽北省村政权的发展有几个过程：一是打天下时期，就是从民主联军解放各地到开始清算时止，这个时期主要是由上而下建立了县、区、村各级政权，但旧的一套并未打碎，敌伪残余仍有相当的潜在力。二是从清算到土地改革时止，这时期主要的任务是建立区政权，摧毁敌伪的警管区制，同时村政权也有了某些改革，但民主政权的基础还不巩固。三是土地改革以后到现在，最大的收获是把村政权旧有的残留在村的敌伪政权的一套打碎了，政权开始建立在翻身农民的基础上。这期间的主要特点是，把旧有的社会打乱了，旧有的一切组织打掉了，农民从自己的各种斗争中又重新建立起适应自己需要的各种组织，如武装、政权、合作社等，并把这些组织统一在农民最高的组织形式下，这就是各村新建起的农会。由于它实际上起了政权的作用，故这个农会的性质，是政民不分的统一体。现在由于各种斗争都已有了相当的基础，随着斗争的发展与工作的深入，今天需要我们在这些地区从组织上进行各种工作上的分工和配合了，也就是说，在土地改革比较深入的地区，首先把村政权由农会分出而建立起来，这对进一步建设根据地，深入工作贯彻法令有很重要的意义。

但政权建设的敌人，是几千年来传统的家长制。因此在打碎旧有的一套以后，必须重起炉灶，必须把这重起的新炉灶建立在民主的基础上，而其本身又是民主的机构。只有这样，才能打破过去传统的家长制，发挥民主的伟大力量。同时为了适应农村环境和现有的地区条件，其组织又不应复杂庞大，要简单精悍。为了这个目的，我们应采取民意机关和管理机关统一的办法，把政权与治权结合起来。由村民大会选举产生，视村之大小选举三人至五人组织村政权，定名为村政委员会。这就是说，由村民直接选出的人，又是自己的民意代表，又是自己的管理委员会。这个组织内部暂不需要分工，从中公举一个村长负责召集会议，处理日常事务。村民大会半年一次，村政委员会十天或半月一次，村里的问题概由会议解决，议案之表决，少数服从多数。公民成立公民小组，这是发挥民意发挥民力的基础组织，以九人至十五人为一组，采取混合编制自由组合的方式产生。在编制中干部应该注意掌握，好坏应配开。另外也可以按照民族生活习惯的不同（如蒙民、回民等）听其自由另编。小组多的地区建立间，由三至九小组成立一个间，选间长一人，辅助村政工作。这样，小的自然屯的干部一般的可以间长代替。

关于行政区划：取消乡的建制，设立行政村，划小区，这样可以避免层次过多地区过大而便利于深入工作与领导。行政村的组织，按照直径路程的远近、地理环境、户口多少和照顾领导的方便来划分。一般规定，一个行政村直径最多不超过十里，户口最少以卅户为起点，但个别地区可能非廿里路径才能凑上卅户人家，为便于领导，一般应服从不超过十里为原则。行政村的编制与开支，可规定四等来处理。三十户至一百户以下为三等村，一百户以上二百户以下为二等村，二百户至一千户为一等村，一千户以上为特等村。区的范围也不要太大或太小，以领导二十个行政村左右为宜。至于村经费的来源应由村自己解决。村的经费开支，应确定主要是笔墨、纸张、灯油、柴火等费用。另外是穷苦干部的补助费，每个村补助干部最多不超过三个人。在临时开支方面，如优属扩兵及村中公益事宜等费用，必须经过村民大会解决，村的费用要有清单，贴在村公所门前，按月向群众公布。至于村经费如何征收和各项费用开支的标准，视村之大小和工作繁简之需要，由各县根据具体情况决定，并将执行情形总结典型报省府。至于村经费的来源，建立村经费公有地是最好的办法，有的县村在土地改革过程中已经这样作了，没有这样作的县村，也可以从查黑地与消灭夹生中求得解决。其次就只有按亩摊派的办法了。希望在村政权建设过程中，连同村教育经费同时解决。

关于政府的编制与干部：在今天一切为了自卫战争胜利的要求下，所有腹心地区应实行精简政策，做到尽可能节省后方的人力财力用到前线去，用到新收复区去。因此专署和县政府的编制，除增设战勤科和粮秣科外，民教两科合一，财实两科合一，司法工作不多的县份，也可以分到民教科去处理。如因工作干部关系而需要分科的各县，总的人数不得增加。总之，今天为了战争的需要，一人要顶三人用，一人要做几种活。纠正建立上下班制度的过早思想和疲疲沓沓的作风，树立提高工作效率，日以继日、雷厉风行的作风。同时，为了抽调大批干部到新收复区去，各县应有计划地放手大胆地培养和提拔经过斗争考验的新干部。除了已准备抽走的而外，准备秋后再抽走一批，因此决定各县科长、区长在秋后到年底一律都由新提拔的干部担任。现在谁不注意培养，届时谁没有干部使用。不仅上级不负责，如因此而使工作受损失还要由他自己来负责。

关于领导作风的问题：在这个问题上各方面的缺点是很多的，但过去主要有两点是值得我们首先改正的。第一，过去各级政府在工作上抓不住中心，分不清谁是主要的谁是次要的，忙于事务，为事务主义所迷，专坐机关不下乡，对于一个中心工作的贯彻不够。有的县长甚至花很多的时间搞机关生产，改换了自己的工作岗位，因而有些县没有能在支援战争任务上发挥更大的力量，没有在土地改革和生产运动中建立起政府的威信。第二，组织观念不强，不通过系统解决问题，上级对下级的尊重和帮助不够，不善于利用组织贯彻法令和了解情况。下级对上级的尊重和汇报也不够，甚至有个别区没有将来的理想教育。但我们不能因简陋而停止教育，

应在战争中开展我们的各种教育建设，事实上在土地改革较好的地区，翻身的农民已经建立了不少雏形，学校的数量也比过去增加了，我们可在这一基础上，实行民办公助的方针，建设我们的文化教育事业。并在现有的基础上，进行必要的改善，如学校中必要的清洁卫生设备、房舍的修补、器材的添设等，是今后教育行政上应注意的问题。

关于社会教育：过去做得很不够，今后应把它作为一个主要工作来做。城市与乡村应有不同的做法。今天社会教育的革新首先应着重于旧形式的改造，如果旧形式利用得好，灌输以新的血液和新的内容，则将起另一种作用，在今冬可利用冬闲开展冬学运动，同时建立农村各种民众剧团。在城市，民教馆可以试办。但如何能与广大群众相结合，成为目前工作和运动的核心，由大家去创造。再则开办一些识字班，灌输一些新的知识与思想，也是必要的。

学校经费，最好实行学田制，由学田中来解决。学田应该村村都有，已有的应由各村很好地保管。没有的可在土地改革过程中建立，每村的学田应由每村负责种。今后在土地改革运动中，对于原有的学田校产，应加以保护，仍留作办学用。

（第三至五部分略）

六、城市工作

辽北省处在后方的各个城市，都是一些小的县城和市镇，但人口比较集中，靠近交通线各城市的文化经济亦较发达。经过八一五前后敌人的摧残和战争的破坏，损失很大。一年多来我们工作的重点主要在乡村，因而城市工作比较起来是我们最弱的一环。虽然今天的城市工作由于支援战争的需要仍然不是我们的工作重点，但在农村工作已有了相当基础的各地区，抽出一小部分力量照顾城市工作，这对组织全力支援战争以及连接城乡关系有好处。因此，这些地区的城市工作方针是发动城市群众，改善平民生活，进一步繁荣城市经济，保护人民利益。

一、调整劳资关系，改善城市平民生活，让工人不致因战争的影响和物价波动而感到生活困难。为了提高工作效率和发挥其工作积极性，应改变现有的工资制度和师徒关系。根据东北其他城市经验，实行劳资分红制，保障工人一定的生活水平和照顾资方的一定利益，对发展城市工商业能起到很大的作用。

关于改善一般平民生活，除了继续清理敌伪房产解决平民的居住外，应帮助他们聚集小的资本和组织他们的个体劳力成立各种生产消费等合作社，并由公营企业在批发与收买诸方面多给一些便利条件，银行可进行一些小本贷款以帮助其发展。

二、改造街政权肃清敌伪残余分子。现有各个城市的街政组织与领导，一般都还没有发挥民主的作用，有的甚至残存着伪满的作风，因此，在维护城市群众利益、巩固城市社会秩序方面，不能发挥其应有的力量，这必须在发动城市群众的过程中，改造街政权，从而肃清敌伪残余分子。建立城市人民纠察队，并以每个街政权为中心，实行轮流夜防更夫制度，组织城市人民严防国特、奸细以及盗窃活动，把城市的社会秩序进一步建立起来。

三、加强卫生防疫。本省历来就是防疫区，每年偶因一地卫生防疫工作不周密，招致死亡的灾害很大，"百斯笃"危险期今年已胜利度过，时值夏令，"虎列拉"流行期又到，为防止人民遭受疾病死亡灾难，对于今夏的卫生防疫工作必须抓紧，进行一次大规模的卫生防疫运动，在公共卫生方面，目前主要应把街道两侧的水沟挖通，积存的垃圾远远地拉走，设置公共厕所垃圾箱，打扫清洁，建设垃圾车，禁止随便便溺与猪狗满街乱窜，责成公安局组织公安队员建立巡回检查卫生制度，责成街政权组织本街各户订立卫生公约，实行互相监督检举的制度，把城市的清洁卫生工作建立起来。此外，把各城市原有的防疫人员和器材搜集出来，建立各县的防疫所，加强防疫工作。

四、整顿市容，保护公产公物。所有市面的一切公私建筑和树木花草不论已损或未损者，一律禁止随意损害和涂抹，由政府加意保护和纠察，由各街政权注意看守。如仍有无故损害此种公私财产者，必须严究惩办。同时，市内各个公私建造，因有关公共利益和公共安全，必须将建造计划样式图案呈交当地政权核准后，才能动工，像现在有些地方随便盖房子、埋死人，有的把房子盖到人行道上妨碍交通，有的未经盖起就已倒塌，妨碍公共安全，有的埋死人随意埋到市内空地等，这些不仅影响公共市容，而且严重影响公共利益，必须严厉禁止。此外，为了防止城市的火灾，保护公私财产的安全，城市消防队的组织有重新建立的必要，现在各城市原有消防器材有的还完好存在，有的已残缺不全，都可搜集起来，重新整理，这由各县和当地商民团体共同研究，迅速建立。

最后，这次会议讨论的内容比较全面，看起来好像任务很多，样样都要做，但要说明的是，以上是政府当前工作的方向，在执行时要根据客观需要与主观力量，分别缓急以完成之。一年来，经全体同志的努力，群众翻身，胜利在望，希望我们大家再接再厉，用坚强的意志、朴素的作风，为贯彻这次大会的决定而奋斗。

（选自《辽吉历史文件汇编》第二册）

中共辽吉省委关于腹心地区
群众工作问题决议（摘录）

（1947 年 8 月 1 日）

一、目前腹心地区农村情况基本特点是"夹生"，范围仍是大多数村屯，其特征：地主阶级在政治上经济上以及社会地位上的优势与统治，在大多数村屯仍保持着，群众彻底翻身要求没有满足，优势仍未建立或不巩固。而其不同于"煮夹生饭"与"春耕"、"夏耘"阶段情况者，是各地农民经过一年来斗争的教育与我军胜利的影响，其阶级觉悟与斗争勇气均普遍提高了，并涌现了一大批品质优良的贫雇农出身的斗争骨干与积极分子，在少数村屯已取得了决定的优势。而在这种情况下的地主阶级，其统治农民与抵抗斗争的方式也有了若干变化，在政治上主要是利用"合法"，伪装"开明"，派子弟参军，混入后方机关或利用狗腿子搞假斗争，在经济上则采取"化形"、"转移"投资公营企业以及一般工商业，哭穷或收买落后群众为其做隐藏财物的防空洞。总之，今天农村中农民与地主间的斗争形势仍十分严重，双方斗争与地主翻把的经验均更加丰富，斗争更加复杂、尖锐，也更加深入了。地主阶级在存亡关头，定将更拼命抵抗，甚至走向武装暴动、械斗，最近已有此征象。这种情况均说明了我们今后农村中群众运动的中心任务，仍是继续大胆放手发动群众，高度满足贫雇农的要求，彻底消灭地主阶级在政治经济以及各方面的优势与统治，以建立没有赤贫没有封建势力的巩固根据地。因此，今后群众斗争具体方针的主要口号仍是"斗地斗财宝，夺权查翻身"！即今后群众斗争仍必须以解决土地问题为中心，而把挖财宝夺权的斗争密切结合起来。事实证明，农民土地斗争与挖财宝、夺权是分不开的，三者是一个斗争的整体，究竟先从哪个问题开始斗争，应根据具体情况确定。经验证明，三者之中任何一个问题未彻底解决，均不能彻底消灭封建势力，满足群众彻底翻身要求。而今天实际运动的发展要求和各方面条件，均已说明必须把三个内容联系起来，经过一系列的斗争给予彻底解决才行。这应是目前群众斗争的主攻方向和大多数地区的中心问题，必须立即组织力量向地主阶级第三次强攻，以期在今后三个月内（即未打场之前）大体解决土地问题，使运动进入深入巩固阶段。不过在已解决土地问题较成熟的村屯中，已经提出来进一步复查调整土地填平补齐、建立组织上的巩固优势的问题等，各地同志也必须根据较熟村屯的情况，予以注意，领导群众解决之，但很显然，这不是当前运动的主攻方向和大多数地区工作的中心。

二、必须在运动之前或运动中，在县区村新老干部中间展开固本立功运动——应估计到一年来在群众运动中无论新老干部，在思想上工作上均经历了很大锻炼，有了很大进步。但由于战争形势发生变化，过去运动不深入和阶级教育不够，因而有一部分新老干部或者是阶级立场不稳，受地主阶级影响忘本，不为群众服务，不对群众负责，贪污腐化，面对群众，心向个人，或者是两面光的中间分子，甚至还有少数本质不纯的狗腿子、流氓混入，这种情况均将障碍群众运动的深入与提高。因此必须在新老干部中间展开查阶级、查立场、查思想、挖臭根的立功运动，以期改造干部，整顿组织，建立与巩固贫雇农领导，严肃群众阵容，进而改进工作，开辟群众斗争的新局面，而在这种工作之前搞一下运动是必要的，但一般的应是结合着运动，贯穿在整个工作与各个部门中进行。不应该单纯孤立地进行，以免与运动脱节。

三、在运动开始时或在运动进行之中，均必须抓紧建立贫雇农的领导优势，因此首先必须满足贫雇农群众要求（而不是满足流氓、破落地主要求），必须对真正的贫雇农群众大胆放手（而不是向破落地主、流氓放手，对之应高度警惕），也即是一切斗争发动要走贫雇农路线。为此，在运动之前或在运动过程中，必须进行群众中划分阶级的教育，并在划清阶级的过程中，用最大注意力去选择、培养与提拔真正历史清白、长年劳动、社会关系纯洁、正派积极的青壮年贫雇农分子为骨干，建立贫雇农小组，作为领导斗争、团结中农、坚强农会组织的核心力量，只有这样，农民才有可能把消灭封建的斗争进行到底，并取得胜利。

四、每一个斗争的发动与领导，均必须贯彻阶级路线和群众路线，而在贯彻群众路线上，主要环节又恰恰为一般领导所忽略者。（一）应从思想上发动群众，首先即是结合斗争的开展，不断给予时事教育、思想教育，启发其阶级觉悟，挖掉"怕根"（变天思想），挖掉封建势力在政治上、社会心理道德上的各种影响，使之认识斗争的正义性与胜利前途。为此也就必须经常向群众做调查研究，一切思想教育均必须从群众思想实际和生活实际出发。其次必须明确地向群众解释我们平分土地消灭地主阶级的政策，大胆地把政策交给群众，让他们去充分讨论了解，在具体问题处理上，应接受多数贫雇农的意见，大大发挥其创造性，以提高他们对执行政策的责任心，而不应使群众"摸不着底"，只好"搂着点干"。（二）必须大大发挥民主权利，民主生活及一切问题，必须依靠群众的民主讨论，信任与依靠群众的多数意见，来解决问题或作决定。要多开区村代表大会，集中群众意见，教育干部，有事必须和群众商量，开展群众与干部之间、群众与群众之间的批评与自我批评，一切干部要经过群众民主选举或罢免。那种怕发生极端民主化，一点事都要开会讨论，怕误时间，不能解决问题的顾虑是不应该的，即或因干部无经验，群众无此习惯，在执行过程中可能发生偏差，也不应害怕，而应在工作过程中经过对群众的民主教育逐渐改正提高之。必须认识到，这是发挥群众积极性，团结与发动落后群众（中农在内）的重要步骤，也是教育与不断改造干部的重要方法。

五、每一个斗争的发动与领导，均必须特别重视斗争果实的分配。因为分配斗争果实是斗争继续深入的关键，是能否真正满足群众要求，加强群众自己内部团结，防止破落地主、富农、流氓窃存果实制造"夹生"的重要环节。因此，在领导分配果实时，必须采取认真负责的态度，领导群众去解决与分配果实相关的问题。首先是结合群众，对经济利益上的认真态度，可以经过选举组织各种清理、登记、保管、标价及分配的委员会，认真研究果实的分配处理。其次，在讨论分配果实的分等当中，可以有意识地领导群众与查阶级、挖臭根结合起来，经过深入查好人揪坏人的斗争，把伪装积极分子、坏蛋清洗出来，把穷好人涌现出来。经验证明，只有在这种情况下，群众查好人揪坏人才更认真。其次是领导群众讨论分果实的原则和办法，一般的分果实原则，应当是按阶级分等（即按每户之贫苦、好坏程度），按人分果实，优待军烈属（按其原来阶级成分提高一级），先贫后富（指一般中农言），"各报所缺，各分所需"。为改善过去果实分配不均现象，要确定原则来分配，以达到满足群众要求，消灭赤贫，团结群众，自己填平补齐，不上坏人当的目的。而其具体分配方法或者分配中有何争议，领导上均必须认真考虑，经过群众民主讨论加以解决之，不能草率命令从事。再次，结合分配果实应深入阶级教育，如举行展览会、讨论会（地主这些东西从何而来），以提高群众阶级觉悟，并进一步动员群众为保卫果实而参军参战，进一步与本村屯残余封建势力（坏根）做斗争。

六、每一个较熟村屯（即群众经过初步发动的村屯）的任务，不应该是单纯整理组织，或单纯生产教育的所谓"深入巩固工作"，中心应是复查，在查翻身、查阶级（追查化形的伪装地主）与调整土地、填缺补平的口号下，进行以下工作：（一）继续进行消灭村中一切"不平"的斗争（主要是肃清封建残余性质的斗争和调整土地）与反翻把的斗争，继续发挥民主权利及斗争生产的积极性。（二）结合这种"消灭不平"与"反翻把"斗争开展训练与培养干部、深入教育群众的工作。主要方法应是用群众经验教育群众，也即是要特别重视帮助群众，分析与总结其本身斗争的经验，给予教育，以便进一步提高群众阶级觉悟，使之对地主有高度的警惕，对共产党毛主席民主联军有痛痒相关、亲如家人的感情，对保田自卫战争有高度的积极性与责任心。（三）结合上述斗争教育，加强群众组织。在农工联合会统一组织内，大力发动与组织妇女参加斗争与生产的活动，在一定时期内改造干部与培养领袖，以便建立与经常保持坚强的以贫雇农为骨干的农工会领导核心。同时尤必须建立与加强支部工作、作为武装工作，农会工作的堡垒。

七，（略）

八，秋收即到，必须接受春耕夏锄两个阶段"组织生产结合斗争"的经验，根据各村屯斗争的发展与劳畜力状况，加以研究组织，以期能胜利地领导群众完成秋收斗争的任务，同时应把领导秋收斗争与支援前线工作结合起来，优待军烈属，为军属、出勤人家属或互助或代割代拉，保证参军参战的人安心于前线。

九，在目前群众运动阶段，领导上最重视的问题：第一，集中力量创造群众运动的根据地（即基点），也就是说在目前主观领导上要集中力量首先搞好一个或两个地区，而不应当仍是全县"抓"或"轰"。自然，对全县各地之自发斗争仍要支持与指导，但必须克服平均主义思想，树立集中力量的思想，各县必须下最大决心，集中全县可能集中的力量，组织对一个或两个区重点突破的攻势——这种做法为今天群运发展所要求。只有这样先搞好一两个区，取得由根据地村变为根据地区的经验后，我们才有可能把根据地区迅速变成根据地县，为此必须时时刻刻与阻碍这种措施的平均主义思想作斗争，必须与实际工作中各种困难（如力量少、任务多，甚至某些非难与抱怨）作斗争，必须坚持集中力量的思想，必须坚持加大力量先搞好一两个区的这种对完成腹心地区有"战略"意义的措施，这是保证胜利完成腹心地区土改任务的关键。第二，如何集中力量先搞好一两个区？在领导上说，仍应坚持点面结合的方法。首先必须明确点面结合，不是搞一个点后，再用点的经验去开辟别的区村，点面结合应是同时进行的。具体地说，点面结合的组织形式，应是把已集中的力量有计划地分成若干组，部署在一个或两个区里，而在一个区内也应有重点与骨干组（也可叫作核心阵地），每一重点与骨干组应是县区委员负责人亲自领导深入搞的，同时指导周围村屯的斗争和指导其他组的工作。其次，在点面结合的具体领导方法上，应是骨干组及重点村取得初步经验时，即抽出人去周围村屯或其他村屯传播经验，并吸取那里经验共同研究，具体检查与帮助周围村屯及其他组的工作，再回到重点及骨干组来，用对其他村屯及组的工作检查经验，再来提高重点，取得一部分经验后再出去检查推动面，吸收些新情况及经验再回到重点来提高点。这也即是过去所说的"出去回来"、"回来再出去"的方法。另一种方法是重点与骨干组在一定时期内或按期召集周围村屯，或其他组到重点村骨干组处汇报，共同检查研究交流经验，以便密切点面结合，互相推动。以上两种办法也可以结合起来用。这样也就同时解决了一个如何对待群众自发性的斗争问题，我们对待自发性斗争的态度应当是坚决赞助，支持与领导他们继续斗争到底。必须认识没有群众自发斗争，仅仅靠"干部去做工作"，是不能迅速普遍与彻底完成土地改革任务的。如何赞助支持与领导呢？主要的不是代替他们，或是"把"着干。第一，应当经常与他们联系，给予必要的检查与指导。第二，在重要的关节上，在选择积极分子与领导骨干时，在选择斗争对象时，在分配时，应当抽人去具体帮助，使他们形成以贫雇农为核心的领导骨干。第三，进行思想教育，介绍斗争经验，教育干部树立民主作风，领导大家斗争到底！

（选自《辽吉历史文件汇编》第二册）

中共辽吉省委复大赉县委
关于城区群众工作的一封信

（1947 年 8 月 25 日）

雨航、清明：

二十三日信悉：所提关于大赉城区群众运动清算工商业所造成工作上政策之紊乱及引起普遍工商业恐慌问题，是值得严格注意，因为这些问题是会造成今后的工商业凋敝与无法建设城市。特提出在城市清算斗争中有关城市工商业的几个政策问题及如何扭转现有之局面，希你们详细研究处理之。

第一，关于清算斗争有关城市工商业政策问题

（一）被清算地主在城内有工商业者，及城内之工商业者在村屯有土地的问题。

根据东北局指示，地主在城市之工商业不是"普遍地换东家"，而是暂时不动，个别罪大恶极在全县范围内政治上经济上占统治地位为群众所切齿痛恨的大汉奸、大恶霸地主可由群众斗争，政府宣布没收其财产房屋分配给当地贫苦市民，其他一般中小地主只是消灭其封建经济与统治农民的封建势力，至于其在城市的工商业不论其大小一律不动。

另城市工商业者由于经营工商业起家在乡屯间购置土地者，只没收其在农村中之土地财产，不能因其乡村有土地而清算其城市财产。故此城市群众提出"是凡有地在乡下的就分"是不妥当的，应说服群众予以纠正。

（二）城市一般正当工商业者及在伪满时期经营组合会社配给店之清算问题：城市一般正当工商业者我们除不应发动群众予以清算外，政府应明令予以保障并扶助其发展以繁荣市面。至于清算城市中伪满时期的组合会社及大配给店等汉奸经济时，必须根据城乡大多数群众意见，根据其对群众之不同影响进行，并只能清算其首要负责人，不能牵涉到该组合及会社职员，对伪满时商店兼配给店者，只清算其配给部分，不得清算其商业部分，在发动清算时必须得到城市中各中下阶层人民的拥护与支持，成为城市群众斗争。

其他如抓匿藏于城内之大汉奸、大恶霸地主及清算其财产时，必须先经城市内最高党委县委同意，通过政府及公安机关执行，而不得直接捕

人。其清之奸霸地主同城市居民无压迫剥削关系者，其本人和浮产均交农民带回本村处理，其房产即交由城市区政府处理。但如该清算之奸霸地主与城市居民有压迫剥削关系者，则城市有关居民与乡村有关农民进行联合斗争，经过民主讨论与决定共同处理其财产。凡应联合斗争之地主被城市或乡村之一方发现者，应即通知对方进行联合斗争，不得由一方单独处理，以免造成城乡基本群众争执，而寄居城市内的中小地主现在安分守己者可不抓。城市中对于挖地窖问题须慎重，仅只限制于政府所宣布没收的大汉奸、大恶霸地主之家，对中小地主可不必挖，以免引起城市混乱及工商业萧条。但对于农村环境的小城镇中的地主清算，可根据以上所述各点之基本精神多满足群众要求。在土地改革后逃亡到城市的恶霸地主，在当地农民要求下应送回乡村斗争。

第二，关于如何纠正政策及整理现已造成之混乱问题

（一）立即由政府出面召开城市工商业及各阶层座谈会，宣布与说明我们的工商业政策，并承认群众的行动是对的。但亦须说明在群众斗争行动中有些地方是混乱与错误的，须纠正与清查处理，以稳定各阶层及工商业者现时之恐慌不安情绪。

（二）对于已被分之工商业处理，我们意见可由县委、县政府及群众团体合组成一委员会（叫什么名义望你们考虑），来清查已被分之工商业者是否应分，及其罪恶程度对群众之影响，分别进行适当处理，已被群众分掉之浮产那就算了，不必向群众追回，向被分者个别解释一下即可，而未被群众所分配之财产物资则经过清查后，予以一一分别处理。应予以清算者则由政府宣布没收其财产，迅即分配给群众，而不应予清算者则由政府宣布发还，令其开业仍从事经营。其所没收之大汉奸、大恶霸地主之工商业应尽可能转为公营或群众合作社，使其继续经营不要破坏，如该工商业系合股经营者，只能没收该大汉奸大恶霸地主的股份，不能没收该企业之全部。

（三）为了防止向群众泼凉水，对基本群众须进行教育，说明我党的工商业政策及说服群众从长远利益着眼外，并须将群众已掀起之斗争怒火，转向清查匿居城内之大汉奸、大恶霸地主及城内敌伪残余胡匪窝主、国特破坏分子的反奸清算斗争中去，然后再渐渐使之趋入生产纺织、增工资、减房租、反不合理摊派等正常生产斗争中去，以改善工人贫民生活。

（四）为使今后斗争能正常发展下去，工贫会组织必须严密起来展开内部斗争，清审现有干部及积极分子，使工贫会领导权真正掌握在基本群众、贫苦工人及贫民手里，清洗以往的流氓、兵痞分子，教育工贫会员，

来提高与巩固工贫会组织。

第三，对于所提出几个具体问题的意见

（一）关于大胆放手满足群众要求问题

我们认为"大胆放手满足群众要求"这主要是指当前彻底摧毁封建势力，尽全力来满足农民土地要求进行土地改革而言。至于我们今天对城市工人贫民生活，尚仅只能做到改善，在目前我们不能与不可能谈到满足其要求，所以我们对城市工人贫民工作，仅是进一步组织他们生产纺织，使之有业可就，不致失业，从而进行些减房租、增工资、反不合理摊派及反奸清算斗争，以逐渐改善工人贫民生活。

（二）普遍分房子问题

我们认为在城市中分房子，应为敌伪遗留的房产，及已被群众清算，政府宣布没收之大汉奸大恶霸地主之房产，其他工商业及一般城市居民之房产仍不能分配或没收，尚应明令保障。

（三）关于群众运动中打人问题

首先，如斗争对象实属罪大恶极，群众特别仇恨，群众在斗争场合之下，基于气愤殴打斗争对象，我们不应予以阻止，但非出于群众自动或仅限于少数干部及积极分子，或我们干部暗地授意给群众，这都是不妥的，这样会形成我们包办代替强迫命令，得不到群众同情。其次，在群众运动中打风特甚，形成打的运动，这也是不好现象。因为这样就会使群众斗争简单化、粗糙化，说理不够，而不能取得广大中间阶层同情，造成各阶层恐慌，人人自危，致使运动斗争孤立起来，反而会失去群众。

（四）关于干部在清算斗争中贪污斗争果实及工贫会保留斗争果实问题

应立即坚决处理干部所贪污之果实，应立即交出予群众分配。党委并应对此等干部分别情形轻重予以批评斗争处分。如群众意见很大应令其向群众坦白承认错误，以挽回影响。至于工贫会及积极分子多留多分果实，亦应说服工贫会干部及积极分子把果实拿出重新公平分配给群众。

（五）关于以群众逼供信的方法逮捕的九人犯问题

现已经公安机关审讯，无政治问题，应予以释放，其家亦应启封不得没收。俟后在群众运动中如发现被斗争对象有政治问题时，应交公安机关处理，群众团体不得以逼供信的办法解决问题，以免造成惶恐与不安现象。

依据你们所提出之问题，我们特综合以上几点作答，望你们接此信后迅即在县委中展开讨论，具体布置解决，并盼将解决后之情形具报为要。

（选自《辽吉历史文件汇编》第二册）

附：大赉县委关于城区群众工作给省委的一封信（摘录）

陶、曾、郭①首长：

根据省委上次会议的决议，各区乡在群众运动中，对隐藏在城市中的地主进行了追击，起出很多浮产，取得了成绩，对地主在城市中的工商业已进行了换东家（工作），现将大赉城区的工作近况及所发生的一些问题报告如下，请给指示。

一、（略）

二、新碰到的难题

（一）关于放手问题。清算地主在城市中的工商业，其为数当然是不太多，城市中的敌伪残余，主要的是跑掉了，次要的也大部分跑掉了，其工商的资本也很少。但是伪满的配给店是很多（五家之中有一家），他不是地主，也不是敌伪残余，按政策说是不在清算范围以内的，但今天群众对配给店是仇恨，由于他们在伪满配给时酒里掺水，油掺米汤，群众要清算是否可以算？是否可以换东家？如满足群众的要求让群众清算的话，则大部分的工商业就要算完，则会影响到工商业的发展，如不清算，则违反了放手发动群众的原则，约束了群众的行动，这是工商业政策与放手发动群众的矛盾问题，如何解决之？另外，在城市里是否和乡村一样提出放手发动与满足群众要求，大翻身的口号呢？根据我们考虑，城市里一下解决不了贫民的要求，房子的分配是否可以普遍分？解决了房子问题，对生活问题的解决是一下难办到的。因此提出满足群众的要求是否恰当呢？这是同志间的意见有分歧的，有的同志坚决主张在城市也要满足群众的要求，达到全部工商业转移过来。这是否恰当呢？

（二）关于斗争对象的问题。如果打击对象限制在地主方面，地主在城市与贫民的剥削关系是没有的，而且地主都被乡村整回去斗了，东西也被追去了，如果是敌伪残余可以斗可以分，则大部分跑掉，东西也很少，群众得不到经济利益。如清算买卖家，则我们是扶助工商业的发展，经济上不能斗，政治上也没有啥可以斗。另外，城市的小资产阶级也是斗政治不斗经济，如城乡里不侵犯中农利益是一样的，如果侵犯他的利益，也是违反政策的，这些问题有些领导同志思想上是认识不足的，故在执行过程中发生偏差，打击对象太多。因此要求上级指示明确，以便出题目，好做文章，不致犯大的错误。

（三）关于打的问题。现在的群众运动好像是变成了打的运动，无会

---

① 指陶铸、曾固、郭峰。

不打，这也是引起非常恐慌普遍逃跑的原因，现在地主及有钱的说："分是国策，分得好，但是打得太邪乎。"当然，打是必要的，农民为了出气、解恨，是应当打的，但有些是流氓成分出头，好打人。我们打的问题的掌握是不够的，有时斗旧干部也动手打，斗穷人里臭根子也动手打，对打是到处用，不看对象？有时领导者命令群众打，提出口号"往死里打""打死勿论"，我想这是不恰当的，而且有时打并不能解决问题，因此我认为领导上一般是不发动群众打（罪恶太大的例外），尤其对坏干部更不应发动打。以上所提问题是否恰当还请批评。关于城市群运的政策问题，还请给以明确指示，立盼回音。

吴清明
8 月 23 日

中共辽吉省委重要通知

（1947 年 11 月 10 日）

一、为争取腹心地区直属各县在明年春耕前全部彻底完成平分土地的历史任务（其间下大雪后化雪前几个月不能或不便丈地分地），各县须立即抓紧时间根据上次县书联席会的精神，在群众斗争中分配斗争果实时就结合着彻底平分土地，将原分了的及这次斗出之地主富农的土地打乱平分（如多数雇贫农不愿打乱平分，则在数量上质量上进行真正合理的填平补齐）。

二、平分土地应根据以下方针进行：

（一）将所有地主土地、牲畜、农具、房屋、粮食（包括场上未打粮食）、衣物及其他浮产（包括地下财宝）全部由农会没收接管。大小恶霸地主由农会全部扣押（除斗争他们外，还要他们为军烈属、战勤家属及其他缺乏劳动的群众生产，其有劳动力的家属亦应如此），其粮食由农会配给。土地暂不分给地主，在满足贫雇农要求（以够耕种够生活为准）条件下，根据应分土地之地主人口留一部分土地，由农会保管，俟地主真正屈服时分给地主（如土地不够可以迁村或以其他方法解决）。

（二）富农土地亦没收，牲畜、农具、房屋、粮食、衣服及其他浮物由农会根据一般群众水准征收（或"匀"出）一部或大部（恶霸富农与地主同样处理）由农会保管。其窖藏，在群众威力下可以协商动员方式，使其拿出，应区别于地主。平分土地时应同时分给他们与农民同等量土地。

（三）中农（包括短工或半拉子合计不足一个全劳力的富裕中农，满一个及一个以上即为富农）原则不动，仍是有进无出，但其土地愿（出于真诚不是强迫的）打乱平分的则打乱平分。

（四）今年新开生荒仍归原主，打乱平分时不应乱入也不应扣地，以鼓励开荒。

三、彻底平分土地，首先和主要是满足贫雇农要求，并且是一极复杂的问题，其中有许多许多具体问题（例：打乱平分调剂好地坏地既须公平又要力避零碎，人口多分地多劳动力少种不完，人口少分地少劳动力不够种，城镇小商人、手工业者等等，生活来源部分靠土地，部分靠生意，打乱平分中的坟地问题……），必须合理解决，我们又无经验，必须在群众中充分酝酿充分讨论，向群众请教，自始至终贯彻以雇贫农为主包括中农在内的群众路线，充分满足雇贫农要求。这是彻底平分土地的关键，不能动摇的原则，务期彻底平分基本合理，为雇贫农打下久远的家底。不在群众中充分酝酿讨论，主观地规定一套分法，或把平分土地看得很简单，不与群众细致讨论，不丈量，只数垄等粗枝大叶的现象必须克服。除单身汉应特殊照顾外，按劳动力分地不按人口分地，地多分好马、地少分坏马是富农路线，必须纠正。

四、彻底平分土地是农民对封建与半封建势力的总进攻，是激烈的阶级斗争，只有彻底摧毁封建与半封建势力才能彻底完成平分土地工作。在斗争的步骤上仍应首先动员全体农民（以雇贫农为骨干联合中农）在自觉的基础上对地主阶级与半封建富农展开深入的斗争，创造彻底平分土地的前提条件。地主与半封建富农彻底摧毁后即应接着平分土地。摧毁封建势力与平分土地是一个斗争的两个组成部分。平分土地只有在群众觉悟的基础上才能彻底完成，群众没有觉悟是不可能彻底完成平分土地的，包办代替、强迫命令或把平分土地看作单纯的技术问题是错误的。在工作方法方式上应运用新的经验，以各种重点村为核心分别召开雇贫农大会（或雇、贫、中农大会），更直接广泛地动员群众。在这些雇贫农大会中查阶级、定成分、挖糊涂、接香根、挖坏根、分清好坏人。在雇贫农大会中及在雇贫农斗争行动中寻找和培养积极分子，条件成熟时可在几个区或村同时发动。这比个别"挂钩"寻找积极分子，分村（或屯）酝酿斗争要快得多，只要能抓紧提高群众觉悟这个基本环节，群众真正是在自觉的基础上卷入运动，就不会弄成"夹生"。目前群众对地主的顾虑远没有对坏干部的顾虑多，这种现象在"夹生"地区尤其严重，为扫除运动的障碍，彻底完成平分土地工作，应充分发挥群众的民主权利，在雇贫农大会中将本区本村党政军民学（小学教员）所有干部及积极分子交与群众查阶级、查立场、查思想，审查、鉴定并决定取舍。为使群众无顾虑地提出自己的意见，在大会中可宣布所有干部全体解职，要群众决定撤换或留任。这远比个别审查要好得多。这是审查干部与积极分子、清洗坏蛋的群众路线，是最有效的办法，也是对群众与干部的有力教育。过去（现在亦然）我们寻找积极

分子、提拔和甄选干部有不少经数次调换仍是坏的，就是由于没有这么一条。这一办法从现在起应定为制度定期举行。这种做法在干部处理上也可能产生某些偏差，但我们不能因噎废食，只要领导上注意掌握即不会有大问题，如对基本上尚好、被群众撤换的干部，则可调换工作地区等。

此通知望各县接到后，立即根据具体情形讨论执行，抓紧时间争取明年春耕前腹心区各县全部彻底完成平分土地工作，在没有新的决定发出前即以此通知的精神为准。在执行中望注意汇集新的问题，创造新的经验，县区委同志应每人亲自掌握一个重点，以便积累与创造有系统的经验，准备十一月二十五日省委召开之土地会议。

（选自《辽吉历史文件汇编》第二册）

新形势新任务下的群众运动

——中共辽吉省委书记陶铸在地、县委书记联席会上的总结（摘录）

（1947 年 12 月 21 日）

在二十天的会议中，大家对中央土地法大纲、少奇同志报告和东北局的通知，讨论较认真，很好。但认识有许多不大一致的地方，我这个总结不想说到所有问题，只想把那些不大一致的认识提出来与大家商量。

（第一、二部分略）

三、对过去群运的看法与主要的经验总结

在辽吉一年零四个月的正式下乡发动群众分地，在约三百万人口的地区（指秋季攻势以前已巩固地区，秋季攻势到现在约可扩大两百万人口地区不在内），群众确已取得一百四十余万垧土地和十余万头牲口（其他浮物没有统计）；近十万的贫雇农经过训练班教育；群众觉悟一般是提高了，现在对我党的政策有了初步的认识，对地主阶级仇恨有了初步的树立，变天思想一般是不存在了，现在乡村到处有"我们的人"；土匪确是消灭了；扩兵与支援前线再不认为是困难的工作了，这些如拿一般建设根据地的尺度来衡量，时间只这样短，所获成绩还算是不小的。同时在发动群众过程中亦取得一些有价值的经验（虽然很不完全），如贫雇农路线的提出、贫雇农代表会、贫雇农大会、群众自己联合、面的发动、面中求点等新的做法的出现。必须指出：尽管获得了上述的成绩与经验，但到今天为止，如以东北局最近所提出的——彻底平分土地，彻底消灭封建，充分发动贫雇农和满足贫雇农要求这几个标准来衡量，那我们的工作还差得很远，绝不应自满与过高估计现有的成就。相反，应当承认：现在我们所发动起来的群众，还是群众中的一小部分，大多数是分子运动。群众的大部分并未真正发动起来，也就是说：在辽吉还没有一个系统的普遍的彻底的群众运动，无论在老区或新区，我们所谓打倒地主阶级消灭封建，也只能说动了皮毛，真正作为阶级来打倒，作为社会制度来消灭，那距离还远得很。在工作中虽然取得一些有价值的经验，创造了一些新的做法，但只是直觉的零碎的，远没有成为新的有系统的思想体系。这样指出是必要的：第一是为了克服大家的自满情绪，使大家头脑清醒，认识一致，加倍努力把工作

狠狠推进一步。第二，今天以前没有提出平分土地的口号与贫雇农路线，要想在新的思想基础上以新的工作方法充分发动群众，彻底解决土地问题，确也是困难。第三，主要的是用来检查省委领导有哪些对，哪些错，藉以取得经验，以资今后借鉴。

去年七月下乡省委所发出的指示，一般是正确的，特别是对中央"五四指示"精神的掌握还算是比较够的。如提出了消灭封建，大中小地主与富农封建剥削部分都要搞（也就是当时提出的推平），如强调放手整地主，只要不翻车，乱点不要紧；如主张要一个轰轰烈烈的运动，坚决反对运动群众；如确定点面结合，突破点即应扩大面等方针与做法。这些从今天与过去看来都是对的，因此在当时辽吉是出现了一个较普遍的轰轰烈烈的群众运动。虽然很粗糙并且有严重的缺点，甚至有个别较大的错误，但作为扫地主威风，壮群众胆量，把局面初步轰开，为往后斗争铺平道路，这些作用是完成了的。十月分局会议我们反映的情况不真实，把运动中由于组织领导不够，对积极分子认识有偏差，致让流氓带头，出现了远征抢分和少数地方侵犯中农利益等局部现象，看作是运动的方针有毛病；但另一方面又过高估计运动的成就，以为地主打得差不多了，于是提出整顿组织端正政策，这就使运动戛然停止约三个月之久（当然还因为有其他支前、扩兵、征粮任务堆在一起，没有很好地与运动相结合来搞）。十月会议如能正确地把握运动的情况与规律，肯定放手斗争的方针是正确的，在初步展开局面后，应当继续组织向地主猛攻，如能这样，上述的缺点错误是很容易改正的，即我们的开头就可算是不错的了。但不是这样，运动的开头就遭到泼冷水。一月省委会议虽然提出要继续放手斗地主，但没有从思想上解决问题，因此运动还是没有搞起来，只有些零碎的斗争。三月春耕指示则每况愈下，在强调生产第一、在生产中改造"夹生"的情况下，结果是和平搞生产而不是斗争搞生产，斗争实际上是很微弱的。六月群工会议有转变，斗争又起来了，但因"左"的包袱，许多干部并未完全卸下，与因强调透、慢慢搞、搞好一个算一个、小手小脚"煮夹生"的做法影响特深，一时也转不过弯来，因之斗争的规模比松江与龙江的砍挖运动是相距很远的。八月省委扩大会到九月的后方十一县县书联席会则完全排斥了怕"左"的思想，提出消灭地主阶级（划清阶级明敌我，所有地主一扫光），组织了对地主阶级的第三次猛攻，并强调依靠贫雇农与强调搞面，从面中求点的做法，这一时期成绩是很大的，特别是在二地委地区工作是大大提高了一步。

从上面的历史叙述中，我们应该得到一些什么经验呢？最基本的我认为有三条：一，在辽吉，虽然对消灭地主阶级这一观点是比较明确的，在这一精神下强调了斗争的阶级性，强调了在工作中贯彻查阶级，发动贫雇农与固本立功，但在领导思想上对充分发动贫雇农和彻底满足贫雇农要求这一点是不够深刻的，影响到一个时期对消灭地主阶级的动摇。在今天土地革命的方针下，稍一模糊阶级观点便会影响到发动群众。今天对于地主阶级（连富农在内），只有是否满足了贫雇农要求的问题，而没有什么打击面宽窄、怕地主反对、我们会孤立，以及对地主我们要麻痹之类的问题（这些都是陈旧的统战思想，应一扫而光）。不难明白：不坚决树立彻底消灭地主阶级（连富农封建剥削在内），坚决满足贫雇农要求，与在一切工作中贯彻贫雇农路线的思想，要把全体贫雇农（并包括中农）充分发动起来是不可能的。二，正因如此，我们过去虽曾再三强调放手，强调面的酝酿、面的发动，强调群众自己干运动，但因未能坚决依靠贫雇农和直接面向全体贫雇农，就使运动受到限制，手仍放不开，面仍然窄，仍然是分子运动，运动规模也就不大不广。三，也正因为是全体贫雇农未能充分发动起来，所以就缺乏系统的普遍的群众运动。我们过去也曾有过计划，但只是主观的划阶段，脑子里的"系统"，而不能从群众运动本身的发展过程找出规律，使之系统化并贯彻下去。总之，是由于对于坚决消灭地主阶级，坚决满足贫雇农要求，和在一切工作中贯彻贫雇农路线的思想不明确、未系统建立起来所致。最后，过去曾经争论过，有人认为产生"夹生"的原因是：只讲放手不讲领导；强调搞面不对；只强调轰强调快，没有强调透或强调不够。对于这几个问题，我还想讲一讲，虽然在今天这些问题已比较清楚。过去产生"夹生"的原因何在呢？我认为就是由于不放手，对打倒地主阶级是不放手的；对满足贫雇农要求也不是放手的；对依靠群众自己到处起来干还是放不开手的。所谓强调"领导"，实质是这一条限制，那一条限制，反对搞面。实质是有工作团就有"运动"，没有工作团去的地方群众要动也不能动。要搞"透"实质则是有些地方完全注重时间，集中许多干部花个把月甚至一两个月搞一个村子，结果还是"夹生"。这在辽吉是吃了很大的亏的！必须从这里取得经验。应当坚信：只要真正贯彻贫雇农路线，把全体贫雇农发动起来，是既快又透，有点有面的（领导应注意在面中求点，培养突出的点来提高面）。同时，这样的放手，决不会有什么违反政策的事情出现。

四、新的口号、新的做法

"彻底实现平分土地，坚决贯彻贫雇农路线"，这两者是紧密结合着的。应有这样的认识：没有平分的口号，贫雇农路线在现时是没有内容

的，没有贫雇农路线，平分土地的口号也会变成不实际抽象的东西。有这两者的结合，今后我们的群众运动，必然会出现一个新姿态。

关于新的口号问题：

平分土地，应当看作中国现阶段反帝反封建最基本的口号与方法。因为：如果我们能够普遍彻底解决土地问题，帝国主义及其走狗的统治便立刻丧失其立脚的社会基础，如此，不垮何待！而要能够做到这一点，不向农民提出平分土地的口号是不可能的。平分土地是占中国人口 80% 的农民几千年来祈求渴望的，并为此不知流了多少血想要获得而终未获到的东西。内战时期，我党向农民提出了这个口号，虽然当时革命力量很弱，反革命力量很强，但农民极英勇地支持我们同蒋介石反动集团进行了十年血战。抗战时期，我党为了争取以蒋为首的反动集团和地主阶级参加抗战，自动地让步，以减租减息代替了平分土地，但这只是暂时收起这个口号，今天我党重新拿出这个口号，农民是欢天喜地懂得这个口号的意义的。在辽吉许多地方，农民一见土地法大纲，就向我们的干部说："我们早就要平，你们不让平，这回可真彻底了。"可是我们的干部中还有些人，对这个口号的意义熟视无睹，认为平分口号的提出没有什么新的意义，反把平了后给地主与农民以同样的土地批评为太照顾地主了，他完全不懂得：平分土地是现阶段解决土地问题最革命的口号与方法，真正做到平分的时候，不仅地主阶级彻底消灭了，而且旧富农亦不存在了，贫雇农立即与中农看齐了。这样，所有的农民在经济上与地主一律平等，完全达到没有穷富之分。旧的封建社会制度的消灭与另一种新的社会制度的产生，就完全靠这个"平"字，这是很明白的了。农民要在政治上取得充分民主，在个性方面获得完全解放，亦只有依靠这个"平"字。事实上，当我们一开始用平分土地的口号来组织斗争，整个情况就会为之一变，农民自己起来干是较过去不知热烈多少倍，这是很易于理解的。因为：第一，这个口号真正能满足贫雇农的要求，"你有我无"不行，大家搞平才算。第二，真正做到将政策交给群众，不平不行。不平就斗，简单明确，到处可行，人人敢干，不像过去这条政策，那条规定，把群众束缚得死死的，不知如何做才好，结果只有听从干部的摆布。第三，正因为这个口号简单明确，人人敢干，使少数人不易捣鬼，因为不平就不行，不平就是非法的，人人得而斗之，这对发扬群众民主，揭发坏人坏事，是很有力量的。第四，这个口号易于使大多数人起来，因为今天都要平，只少数人不要平，贫雇农全体不消说，中农绝大多数也能平进一些，而且这种获得土地的方法非常干脆、便当，阵线分明，就是最落后与最无斗志的分子，在大家都起来的情况下亦势必很快被牵进来，所以在目前，只要我们好好运用已有的工作基础和冬季攻势大胜利的形势，二者配合，普遍宣传解释平分土地的口号，使家喻户晓，男女老幼咸知，并真心相信现在大家要搞平，不平就不行，平是国策，每个人都有权力来实现这个平，群众是很容易起来的。

关于新的做法问题：

平分土地的口号，其本身又包含做法，在前面已提到了。这里所讲的新做法，是如何把贫雇农路线真正贯彻到平分土地的每一工作环节中去，和如何以县为单位的全面大发动。

什么是贫雇农路线？必须在思想上弄明确：不是分子路线，不是"训政"路线，过去我们所了解与所做的很多是半真半假的贫雇农路线，或者说是不完全的贫雇农路线，因为我们过去实现贫雇农路线的主要方式是办贫雇农培训班，其目的是训练出一批积极分子，使之成为干部，这批人受训后回去工作，是以干部身份向我们负责，而不再是群众中的一分子，向群众负责了。好的就算诸葛亮，群众也是阿斗，坏的则简直是曹操，把群众当成汉献帝了！这与直接依靠全体贫雇农，与一切权力归贫雇农大会的贫雇农路线，当然是不同的。

怎样贯彻贫雇农路线呢？（一）直接面向乡村的全体贫雇农，这是最重要的一环。而面向乡村全体贫雇农就要使全体贫雇农自己做主，自己起来干，充分使自己的要求满足。这是工作方法、思想方法问题，这也是工作目标。首先要求我们干部在思想上充分信任贫雇农，相信他们起来会干好。平分土地就是为着贫雇农要求的满足，彻底翻身。"自己办自己的事，一定办得好"，这条真理我们应好好体会。过去我们总相信少数积极分子，不相信绝大多数群众，总以为群众自己干不可靠，开训练班训练一批人出来领导干（其实多半是牵着干与逼着干），意思虽好，但实际倒很像国民党的"训政"，现在应该是"还政于民"的时候了！（二）如何"还政于民"呢？具体的方法是普遍召开贫雇农大会，先在区村两级把阻碍贫雇农当权的东西去掉。过去区村两级的农会与政府，如果不是贫雇农当权，一律宣布停止活动，干部解职，交群众审查，宣布乡村贫雇农大会为最高权力机关，一切权力归贫雇农大会，一切干部由贫雇农大会审查。经过内部查阶级与民主讨论，选举贫雇农委员会（人数可尽量多选些，这就是我们的积极分子，所有原来乡村积极分子和干部就在这里面活动，向贫雇农大会负责，不再向我们负责）。如果一次选不好，也不要紧（我们过去提的干部不也换了几茬？群众自己换更有教育意义）。只要在斗争中掌握查阶级这个武器，不断地查，不断地进行改选改造，就是流氓坏蛋挤上来一些，也站不长久的，问题是群众是否真正有这样的民主权利。今天如只在形式上给群众以民主权利，还是容易的，要在实际上做到使群众感觉自己是主人，什么人都不怕，那就要求我们干部不仅能坚决为群众撑腰，而且要做出一些好的民主榜样，使群众相信今天自己真吃开了。只要能突破这一点，积极起来斗地主，平分土地就不成什么问题，群众现在所怕的是坏干部挡道，不是地主威风，对付坏干部，这就需要全体贫雇农握有充分的民主权利。（三）发动的方法一定要去掉过去自上而下的一套，要转变为自下而上的。到处开贫雇农大会，到处发动群众，群众要怎么干就怎么干，不要先摆一个上级机关，号召什么统一计划、统一行动，这是形式主义、命令主义，只要群众到处行动起来，朝着斗地主富农的目标就行。只有经过这样的到处行动，才可能集结成为大规模的运动，在实现这个集结的过程中，应引导实行贫雇农自愿的阶级联合（联合斗争、联合组织），进一步形成县区群众自己的公开领导机关，这是必要的，只有当群众真正从斗争中、运动中产生了自己的领导机关，才能逐步培养出自己的领袖，有了群众的真正领袖，工作才算深入巩固。这是发动方法的一面。另一方面，任何时候运动都是由少数到多数，贫雇农不先起来，中农是不参加的，就是贫雇农本身，也有先进、中间、落后之分，全体贫雇农充分发动起来不是一件容易的事，只有使斗争不断深入，日趋尖锐，"不归杨，则归墨"，无中立余地，才能把所有贫雇农发动起来。如贫雇农全体起来了，中农也就跟着靠拢来了，总之，发动贫雇农的方法，应掌握着：首先如何使群众自己行动起来，如何用一切办法鼓起群众的斗志，反复连续地斗下去，这样就会愈斗愈深，规模也就愈斗愈大，人数愈斗愈多。（四）积极分子问题。面向全体贫雇农，决不否定积极分子的作用，而是要更好地发挥积极分子的作用。过去我们把积极分子当作我们与群众之间的联系人似的使用，很自然地积极分子便形成为离开群众的一小群人，加以我们发现提拔不当，受上几次训，官气八分，就更脱离群众，现在应把过去旧的积极分子（包括一批不能作干部使用且已脱离生产的在内）全部摘去"官衔"，"还籍为民"，回到群众中去受审查、考验改遣。当中有好的，群众选他参加贫雇农委员会，这当然很好；未选上的亦可作一般的积极分子（坏的，群众起来自然会淘汰）。更重要的是从新的运动中发现更大一批新的积极分子。今后对积极分子的方针：一是更多；二是不要使之特殊化；三是不固定，更不要由我们加封；四是教育他们在群众里面起带头核心作用。这样，积极分子就成为群众自己的一部分，就能更好地团结中间争取落后。我们选拔干部则应从积极分子中经过很好的考验，群众已"封了官"而确为群众所拥护的，再加以提高，使之职业化，这就说明，积极分子与干部是有明显区别的。至于训练班，当群众发动起来，在一定的时候，须给群众以有系统的教育使其觉悟提高，还是应当开办的。（五）将政策交给贫雇农，应简单明瞭，主要是一个"平"字，地主全部整光，不使地主饿死冻死就行，富农平分和大家一样（小富农不搞底产），对中农采取抽多补少、抽肥补瘦的办法，如中农愿打乱分则可平分。"平"是农民最彻底最革命的纲领，是经济斗争纲领，也是政治斗争纲领，凡是不平就可斗平，是内部斗争也是外部斗争。这样的政策，这样的做法，每一个贫雇农都会掌握得好的，用不着再在政策上怕出乱子多操心。但我们要经常注意为群众撑腰，反复宣传解释"平"字是国策，任何人都有权实现它，谁反对平谁就是犯法，就斗谁，这就是要求我们干部特别是政府干部必须做的事。如果说，自上而下的方式不应完全废除，这一条便是应该大大推广的一种。（六）实现贫雇农大会在乡村中的专政。现在应该使每一乡村贫雇农大会成为统治一切、管理一切的权力机关，特别是人民法庭、武装应该完全为贫雇农大会所掌握。现有的乡村政府，应完全停止行使职权。过渡的办法，是在贫雇农委员会中推选出几个人来担任行政委员，代替原来的村长。在群众进一步充分发动后，在全体农民大会上正式成立村政府委员会，来进行更有组织的对地主富农专政和长期保卫自己的斗争果实。如果不能使贫雇农大会代替区村政权，如果不能使贫雇农阶级成为农村的实际统治者，如果不使贫雇农有组织地对地主富农专政，仍然是干部说了算，仍然是政府管贫雇农而不是贫雇农管政府，所谓贯彻贫雇农路线就完全是句空话。贫雇农路线的实质，就是达到一切权力归贫雇农大会，即对地主富农进行有组织的严厉专政。（七）干部作用问题。主要是启发群众觉悟，积极撑腰，让群众自己起来干。这就必须在运动中与群众保持密切的联系，有系统地了解情况，发现问题，总结经验，加深斗争，推动运动前进。如果有意见，对群众应采取商量态度，说服群众，群众不同意，就依照群众意见办事。而教育群众，提高群众觉悟，主要也依靠贫雇农大会，依靠行动斗争。因为群众觉悟的提高，是需要从实际斗争的行动中体验出来的。在革命低潮时教育是主要的，而在革命高潮时，行动则是主要的。群众在行动中，觉悟提高是很快的。这时教育的作用就在于我们能及时给以点破与指明，进步的就表扬，批评则要委婉。总之，任何站在群众之上，包办代替命令强迫，都是与彻底贫雇农路线不能相容的。贯彻贫雇农路线需要我们干部有很好的工作态度、很好的群众作风，真正能与贫雇农打成一片，真正成为贫雇农的长工才行。

如何以县为单位进行全面的大发动？今天以县为单位全面铺开、全面大发动，是与贫雇农路线完全相适应的做法。既然面向全体贫雇农，依靠贫雇农大会，而不是依靠少数干部与少数工作队，这就使面的铺开有了根据，而且，现在我们所要求全面大发动的各县，是经过斗争的，群众干的决心是大的，是够的，加上方针政策彻底明确，干部亦有一套较成熟的经验，可以这样做，而且一定做得好，担心去年的"夹生"会再出现，是没有必要的，情况变了，不能照老章程办事，在辽吉，现在需要能在各县全县范围内轰轰烈烈地搞起来，才能解决问题。具体做法是：（一）以一个区或两个区为单位（根据县区的领导干部情况灵活执行）召开贫雇农大会（一个区最少亦应三四百人），来达到点火、全面酝酿、全面发动之目的。这个会一定要开好，要使参加会的代表经过革命高潮与平分土地政策的讨论，真正相信这回是彻底满足自己的要求、彻底翻身的日子到了。经过审查干部与查阶级，把坏干部去掉，并形成各村的初步骨干，欢天喜地勇气十足地回到自己村里，才能很好地召开贫雇农大会立即斗起来。因此这个会要使群众自己作主来开，很好地发扬民主，干部要老实地服从群众审查，领导上坚决地为群众撑腰是极为重要的。只有经过这样的努力，才能变我们的要求为群众的要求，使领导与群众真正结合起来，把群众的觉悟进一步提高。同时在组织上还应做到由代表会产生一个贫雇农联合会筹备处（各村都有代表参加，凡是表现最好的代表都可选进去，人数亦不妨多点），来代替原来的旧的区农会（区政府经过审干后重新改选归筹委会领导，区委应参加到筹委里去，区书记可任筹委会主任），作为在代表会后与各村联系的机关。但这不是正式领导机关，筹备会委员应仍回到各村作为各村的积极分子进行活动，因今天领导发动斗争是直接依靠村贫雇农大会的。（二）村贫雇农大会必须做到全体贫雇农参加（包括男女老幼，村屯太散了可分组开），使这个会成为斗争的行动会，只要能行动起来就好。在各处群众纷纷自己动起来后，领导上应抓住突出的村，取得经验，作为典型示范，来推动未起来的落后村与已提高起来的村，并在运动中把一些先进村培植成为面的核心，先使斗争小片地联合起来，再汇合成为全面斗争有组织的结合。所以面也就是梅花形式的面，面的发动与运动也是由散到合，由零到整，先先后后，高高低低，不理解这一点，就等于不理解群众运动是由少数到多数再到全体的规律一样。（三）面的领导与联系问题。这必须打破靠干部靠工作队的观念，现在除筹备会的人以外就再无所谓干部，工作队一律不要（新区例外），那就必须以筹备会来与各村贫雇农大会建立直接联系，进行领导。应多开代表会或几村的联席会，最重要的是参加各村的贫雇农大会。同时应着重采取重点村的经验总结介绍、典型的具体示范的领导方式。此外，如出版斗争快报，分些人到处开大会打气撑腰鼓动宣传，人民法庭联合公审、参观竞赛，政府出布告，高级党政军负责干部下乡，宣传政策表明态度等方法，在今天的全面大发动中亦应好好采用。（四）运动应有重点有系统地贯彻。今天的辽吉群众运动还处在大发动阶段，这样提的目的，是在于积极引导群众再向地主阶级作一次猛烈的总进攻，我们的九月攻势所收的成果是距离达到彻底打垮地主阶级的要求还很远的。今天要达到土地彻底平分，充分满足贫雇农的要求，决定的关键也依靠对地主（包括富农）的斗争能进行到极致，硬要做到使地主作为一个阶级确实被打垮。为了把这个斗争有重点有系统地贯彻下去，可分成光、平、保这三个环节。在一定时期内有一定的重心还是有必要的，不过这只是主观指导的计划，不能将其机械分开或截然分开。应根据具体情况灵活执行。"光"的环节要求坚决彻底整光与打垮地主，在这个尖锐的斗争中把全体贫雇农发动起来。这一着一定要搞得好，任何过高估计本地区的斗争以为地主已整得差不多，技术地进行分地，是一定要走弯路的。至于"光"到何时为止，应以各村运动发展的具体情况来定，不能统一时间。但大体可以肯定，这一环节能多花点力量搞得透，往后文章就好做。在"光"中应对中农坚决不动，集中力量整光地主平分富农（小富农不挖底产，一般富农在整光后再分给一份，包括土地与其他财产）。在组织贫雇农来进行"光"的斗争时，在全村应很好地进行查清阶级定成分，挂上条子（可统一为地主白、富农黄、贫雇中农红），初步在群众中划敌我，使阵势鲜明。所有地主恶霸富农一律由群众逮捕，组织人民法庭公审，并规定办法严格进行对地主的管制。此时对中农要抓紧团结，中农参加斗争应分得一些果实，而分果实的原则仍应是填平补齐，各报所缺，各分所需，自报公议，三榜定案。在"光"做得差不多时即应转入第二个环节。以"平"为重点的斗争，主要强调平，不平就斗，并开展农民内部的民主斗争。对过去已分配的土地应尽量做到打乱重分，以激发群众为平而斗争的热情与积极性。对已屈服之中小地主，这时可以分给土地。在"平"时对富农中农是有斗争的，多余的土地应当说服他们交出，但这是内部调剂的性质。内部斗争仍是为了团结。一般的中农特别是下中农这时应按抽补原则给他们补进土地，真正自愿打乱平分当然可以与贫雇农一道打乱平分。在平分土地上应不分等级，可采取质量结合分法，贫雇农可分质好量少的近地，地主可分坏地，富农可分质量差数量稍多的远地。这时应特别注意要用"平"的口号发动落后群众，并在为"平"的内外斗争中注意调整干部与群众关系。第三个环节是以"保"为重点，要初步解决组织问题，成立新农会，吸收全体贫雇中农参加，达到全体农民团结，保卫胜利果实的目的。新的农会须以贫雇农为骨干，中农"镶边"，以全体农民大会民主产生农会委员会、村政府委员会。贫雇农另组织贫雇农团，成为农会的核心，贫雇农团委员会即村农会委员会的常委会，形成贫雇农在乡村中有组织的专政，再深入地进行查化形、反翻把、掌握武装、建党等深入斗争。最后要指出：真正做到把大发动阶段系统地贯彻到底，必定是地主的彻底打倒，土地彻底平分，群众充分发动。这就要在运动中贯彻查阶级的方针，保证贫雇农领导，不断怀疑自己的工作，警惕自满，随时能发现问题并解决之。能切实掌握这两个基本思想，我们就能把运动推向前进，扩大深入，彻底完成平分土地任务！

（选自《辽吉历史文件汇编》第三册①）

---

① 中共辽吉省委 1948 年 8 月编。

辽北省政府关于保护城市工商业的布告

（1948 年 2 月 16 日）

为发展生产，繁荣经济，支援前线胜利，改善人民生活，对城镇之建设，已属异常重要，而城镇之建设，又首在保护与发展工商业。现各地在贯彻土地改革运动中，曾发生侵犯工商业之行为，未能使平分土地消灭封建与保护工商业不受侵犯很好结合，实为不妥，为此，本府特作下列规定：

一、所有城镇私人经营之工商业，除确有证据系大汉奸大恶霸所经营者，得专署以上政府批准可以清算没收外，一律不得清算，并切实予以保护。

二、在土地改革前（民国三十五年七月前），地主兼营之工商业，除农村所有土地财产由农会接收分配外，其工商业部分应予保留，不得接受。

三、在土地改革中，地主为逃避斗争化形为工商业者，不应看作正当工商业者，农会有权清算斗争，但不能直接进城逮捕，可要求当地政府或公安机关协助送还原村，交农会清算斗争，其已化形为工商业之部分，可酌予保留，使其今后能依此维持生活。

四、凡潜藏城镇之逃亡地主，农会有权要求城镇政府将人与财物带回乡村处理，处理后仍留原乡村监督其生产。

五、凡长期居住城镇之小地主，只接收其在乡村之土地财产，不得再进城逮捕与挖底产，至城市自由职业者，更不得因其乡村置有土地而加以侵犯（其在乡村出租之土地仍由农会接收处理）。

六，城镇不应运用农村斗争方式，现各地以农村的划阶级斗争地主办法施之于城镇，应即停止。各城镇今后可建立贫民会、工会、商会等组织，以此来划分成分，引导发展生产，支援前线，加强锄奸治安工作，开展文化教育和卫生防疫活动，以推进城镇工作，发挥城镇应有之作用。

以上规定，仰我城乡人民一体遵照为要。

此布！

主　席　阎宝航

副主席　黄欧东

（选自《辽吉历史文件汇编》第三册）

中共辽吉省委关于发动平分
土地运动几个问题的补充指示

（1948 年 2 月 20 日）

春耕季节迫切，群众迫切要求迅速合理地分配土地，各地均须无例外地抓紧群众这一要求，立即布置分地。在辽吉，虽然大部分地区扫荡运动发展得并不充分，整光地主平分富农搞得并不彻底，但只要在立即开始的平分运动中把"光"的斗争继续结合着进行，前一阶段遗留下的任务还是能一并完成的。对于平分土地运动，必须明确下列认识：

第一，要把平分土地造成为新的斗争、新的运动，任何技术的和平的分地，都应坚决反对。这个斗争虽以内部民主斗争为主要内容，但仍必须抓紧对地主富农的斗争，只有把内外斗争交错起来，把"平"与"光"的斗争好好结合起来，才能使分地运动成为新的斗争的高潮，平分土地才能彻底与合理。特别是在扫荡运动发展不充分、群众发动不够的地区，更应认识该地区"先天不足"的弱点，放手发动群众为"光"与"平"而斗争，以满足群众的"光""平"要求。必须指出：要使"平"与"光"的斗争在错综复杂的情形下不出偏差，领导上就应该帮助群众分别内外部斗争的不同性质、不同目的（内部斗争为了"平"，为了团结，外部斗争为了彻底斗垮敌人），与采取不同方式（对内斗争不准打骂，主要是批评教育），并把群众的斗争火力引导到挤斗封建上去。

第二，必须继续贯彻贫雇农路线，坚持信任与完全依靠贫雇农阶级自己动脑动口动手来解决他们自己的问题。因此就必须在平分土地中继续把政策与民主权利完全交给贫雇农阶级，完全放心大胆地依靠贫雇农大会七手八脚的七嘴八舌的民主讨论来解决平分土地中的一切问题与纠纷。但领导上应掌握真正做到"平"与贫雇农"可心"两个原则。凡是不合这两个原则的，即使已把地分了，也应发动群众重新调剂。桦川分地的经验是很好的经验，应好好介绍，通过贫雇农大会变成为他们自己的东西，任何因加强领导而削弱或减弱贫雇农自己作主的积极性的现象都是不对的，必须真正使领导与群众结合。估计到平分土地斗争中问题极不简单，不要看得很容易，潦草从事，因而也就更需要贫雇农大会，不仅使之成为查挤敌人、扫光封建的武器，而又成为发扬群众内部民主达到合理分配土地之主要形式。

第三，在平分土地中巩固农民内部的团结，树立贫雇农阶级在农村中的统治优势是十分重要的。为此，除了大大发挥贫雇农阶级的权威智慧与力量外，尤必须注意两个问题：一是巩固与中农的团结，必须在平分土地中贯彻东北局对这方面的指示，不要把富裕中农划成富农，如已发生这种情况，应重新改划并对过去的侵犯加以补偿，必须给予中农参加讨论平分土地的权利。关于以前抽补中农的规定，应按东北局新规定执行，即：中农的土地原则上不动，少于平均数量者补进，多于平均数量者一般不动，太多者则采取协商解决的方式，中农在自愿打乱平分时，不要坏于原来的质量。也就是原则上对中农仍是有进无出，以此来更巩固与中农的团结。另一个问题是调整干部与群众关系问题，也即是必须在平分土地中贯彻交权精神，放手让群众批评、罢免或重选他们的领导者，以增强群众阶级自信心。但同时必须严守死罪不杀、大罪减免、禁止打骂、戴罪立功等原则，以便给予那些所谓不清白的贫雇农与犯错误的干部以改过自新之路，从而求得内部团结，发扬全体农民基本群众及干部的积极性与斗争热情，更有利于今后对外斗争。

第四，这次分地应该当作最后一次的分地，不仅富农应同样分给土地，即地主恶霸富农亦应分给土地。分地中应根据东北局最近指示，将因划错阶级而形成的过宽打击面改正过来，应该斗的当然仍放手斗，斗得不够也还要斗够，但斗错的也决不应将错就错，因为今天我们的政策是彻底了的，我们如还要超过土地法政策所规定的范围，则必然会犯大错误。所以无论如何不应把中农误划为富农，就是富农也不应误划为地主。中农是自己人，是决不能伤害的，富农与地主的区别，也不应看作可有可无。就是属于一般的小地主，如确已整得差不多了，分给其土地时，可动员与管制他们立即进行生产（如打柴草等），劳动所得应保证为其所有，不再没收；同时可号召他们把自己还多少剩下的一点东西坦白出来，作为家底不再被分掉，并可告发别人的，戴罪立功，搞出东西时还可分他一点，以解决生产的困难，这样来求得更多方面的整光地主。但必须指出：辽吉大部属于新区，整光地主与平分富农的斗争还必须大胆放手地进行，决不能因纠正打击面过宽而影响斗争的继续发动。改正与防止打击面过宽是必要的，强调斗争更是必要的，倘若不依靠在分地斗争中继续整光地主来解决这一问题，而离开分地运动单纯地划阶级纠正打击面过宽，必定会形成对群众泼冷水现象，应极力避免。

第五，分地后应以大力发动春耕大生产。去年我们强调生产重要，提出"种上第一"，但只强调了这一面，而没有强调斗争，没有强调从改造"夹生"斗争中来发动生产，曾犯了单纯的和平与技术生产的错误。但今年如忽视生产的重要性，那无疑也会犯错误。因为：从群众方面来说，分了地不能种上那是等于白翻了身，贫雇农要求的满足如仅靠从地主与富农斗出来的东西，究竟还是有限的，要真正使贫雇农生活得好，在获得土地与必要的生产资本后，应积极引导他们搞生产。所以在土地分好、封建斗垮后，生产应成为中心任务，其基本理由即在于此。只要分好了地又发动了生产，土改的胜利就更完全与巩固。如果再从整个支援战争来说，没有粮食是打不好仗的。这一问题必须使群众与干部都要深刻认识到：今天抓紧分好地，就是为着明天的发展大生产，不分好地，生产是无从说起的；但仅分好地，也不等于就解决了生产所有的问题，现在就应在不妨碍分地与不分散群众的斗争注意力的前提下，着手做些生产的准备组织工作，如做些号召生产的宣传，组织群众送粪修农具，挑选种子等，是完全有必要的。用这些工作来配合分地运动也有好处，更可以刺激群众对分地的重视与认真。自然，今天对生产的提法还只是准备，但必须真正要有准备，并从各方面来准备。

最后，在我们领导思想上存在的关于领导方法与工作估计问题。

关于领导方法：仍应集中火力反对包办代替，反对分子路线，并反对脱离运动的各色各样的形式主义，应贯穿着一个精神，一个思想，即靠全体贫雇农自己动手，靠运动解决一切。只有依靠群众，只有从运动中才能解决我们所要解决的问题。任何对人对事对运动那种静止的看法都应坚决抛弃，任何主观计划与组织形式，都应根据群众需要与适应运动进展来加以取舍。但也必须反对今天已产生了的否定组织、否定群众中的骨干作用，对群众的落后思想和错误行为任其发展不帮助克服等放弃领导的偏向。应当指出：正确领导，从运动中从斗争中组织与提高群众，培养出真正的群众自己的骨干，任何时候都是必要的。问题在于：当群众尚未发动或刚刚发动时，行动起来应是第一，其他都是次要的，这时的领导是在于给群众解除各种束缚，打破顾虑，坚决撑腰，使他们能够畅快地放开手动起来。既动起来，就应该提高其觉悟，加强其组织性。所以群众运动发展一步，我们的要求就严格一步，过与不及都不是正确的领导。这就要求我们真正深入群众，真正了解群众的情绪与要求，这样才能不断发现问题，充满创造性，克服老一套，并能避免工作中的摇摆迎合，忽左忽右。要做到真正深入群众联系实际，改善领导方法，必须首先抛弃有些同志或多或少存在着的小资产阶级个人主义的打算，他们"深入"群众不是或不完全是为了群众，而是要替自己充实"经验"，这主要又是为了使自己成名，提高地位；因此他们容易自作聪明、主观主义、包办代替、形式主义，这样的深入群众是南辕北辙的。因此我们干部中所表现的思想水平不高，不能发现问题、总结经验，缺乏创造，没有主见，决不能简单地在方法技术上兜圈子，而应当从思想意识、群众观点这个根本问题上面着手。自然，我们各级领导机关集中精力，反对事务主义，抓紧一点，取得经验，推动全面的方法仍然要掌握与贯彻下去。而这也是首先要有正确的群众观点才能办得到的。

关于工作估计：东北局正确地指出，北满七省大部分地区斗封建基本上已彻底了，是差不离了。不过辽吉大部的新区还不应做这样的估计。直属各县大体上可以这样估计，但斗封建的彻底性比松江等地区还要差些，而且县与县、区与区之间的不平衡性是很大的。因此各地区必须清醒地考虑，慎重地估计自己的工作基础，否则地主东西还很多，贫雇农只是翻了半截身，也同样宣布不再斗争，向地主交底，而且是不分地区，笼统交底，一旦发现问题，再费手脚，就不好办了。同时，即使我们某些地区斗封建真差不离了，也并不等于群众就充分发动起来了。仍然摆着一个长期思想斗争与教育的任务，对地主的警觉性与群众性的管制，丝毫也不应放松。因此，在辽吉此次分地运动中还应抓紧对地主再挤斗一下，特别在新区更有必要，就是在直属各县扫荡运动没有充分发动的地区，这样也有必要。

（选自《辽吉历史文件汇编》第三册）

突击分地，准备春耕

——中共辽吉省委后工委书记喻屏在直属各县县委书记联席会上的总结报告（摘录）

（1948 年 2 月 19 日）

（一）工作估计与今后方针

东北局对北满七省的工作估计，在我们直属十一县说来，总的方面是符合的。但斗封建的彻底性比松江等省要差一些，而且县与县不大平衡，区与区、村与村的不平衡就更大。如郭前旗大力巴区二磨村地主还吃租子，"农会"还替地主要租子，坏干部被洗刷后仍在党内，由"前台"转到"后台"，继续掌着大权。这种情形很值得各县区同志警惕。各县区估计自己的工作时，必须深入了解具体情况，才能作出正确的估计，不能不先进行深入了解就认为各区各村及每个自然屯都一律"彻底了"、"差不离了"。否则，就要吃大亏。

我们直属各县比松江等省斗封建的彻底性差的原因，首先是因为这次消灭封建平分土地的运动，松江省去年十二月就开始，而且"这次高潮，运动广，规模大，参加人数众多，斗争封建深入，为东北土地改革以来最大的一次"，而我们因为走了弯路，这次运动一般在一月底二月初才在部分地区发动起来，时间才半个月，有的只有几天，有些地区没有动起来，有些地区动了一下，但群众性不强，斗争不深入，其收获远比松江等省小。从历史上说，直属各县从土改开始至今，还没有过一次全地区的普遍的持续两三个月的斗封建的运动高潮。前年七月下乡"扛大旗"时期，虽还像个运动，但时间一般只有一个月，而且只有小部分地区动起来。加之，当时军事形势不利，群众变天思想严重，积极分子选择不当，作风有毛病，群众酝酿不够，收获不太大。之后，因指导方针不对头，一直停滞了三个多月。去年一二月间的"煮夹生"根本就未形成运动，春耕开始，单纯强调生产第一，又无斗封建运动。及至夏锄，才开始转变，方针比较明确，少数地区掀起了"砍挖"斗争，但为时很短，收获亦不大。七月底省委扩大会后，方针更进一步明确，少数县掀起了较广泛的运动，但大部分地区只有零星斗争。九月县书联席会布置的"三次强攻"，提出"大小地主一扫光"，本可以在全地区把运动普遍发动起来，但因为各指导思想与领导方法上有毛病，有的脱离了运动，全部或大部时间被开会占去。有的点面结合未搞好，陷到点中未出来，只有个别县有较广泛的连续的运动。总之，直属十一县到今天为止，尚缺乏全地区（或全县）像松江等省前年清算分地、去年"砍挖"及十二月以来消灭封建平分土地那样规模大、地区广、参加人数多、时间持续久的有系统的群众运动，所以就造成直属十一县斗封建的彻底性落后于松江等省。我们必须正视这种情况，清楚了解我们当前的工作基础存在着严重的"先天不足"的弱点。

直属各县目前的实际情况，一般说来就是：多数地区封建势力已基本上打垮，少数地区还未打垮，这两种地区都存在着极大的不平衡，由于严重的包办代替的不良作风迄今未能根本克服，所以就是封建势力已基本上打垮的地区，群众的发动与觉悟程度也还差，距发动全体贫雇农（包括中农）还相当远，贫雇农的优势还不巩固，贫雇农自己的领导核心还未形成。封建势力未打垮的地区，贫雇农的经济要求还未满足，队伍还不纯洁，甚至还有狗腿子或坏干部在掌权。不论是较好的地区或差的地区，贫雇农的经济要求虽然有些已得到满足，但民主要求一般都没有满足，多数还是少数干部积极分子说了算，只有少数地区做到了全体贫雇农真正当家作主。这说明充分发动群众，提高群众觉悟，大量提拔培养干部，仍是今后的重要任务。

但目前春耕逼近，开冻在即，土地未分地区群众迫切要求分地，赶快送粪，准备春耕。我们目前的工作方针，就必须根据群众当前的迫切要求与季节要求，在土地未分地区抓紧分地准备春耕，在分地中准备春耕中结合斗争，在分地中准备春耕中（而且是为着彻底分地为着更好地准备春耕）继续发动群众，彻底地同封建势力继续斗争。在土地已合理平分的地区，即应直接转入准备春耕，并结合进行复查。各县区在领导上，必须掌握住这一方针，领会其精神，深入了解各区村具体情况，根据不同情况作不同布置。

（二）平分土地

为弥补群众发动与斗封建之不充分，我们必须斗争分地，反对和平分土地，必须掀起分地运动，在分地运动中更进一步发动群众与斗垮封建势力（特别是障碍分地的封建势力），使分地真正达到公平合理（春耕准备基本工作），在分地中须将农会现在保存的新斗出的牲口、农具、粮食、金银等根据填坑补齐的原则全部分下去，解决群众春耕困难，打下春耕大生产运动的基础。因此，必须明确认识：平分土地运动是以平分土地为中

心，包括分牲口、农具、粮食等解决群众春耕困难的一系列问题，是为农民打下生产基础亦解决经济上彻底翻身的问题，因而抓紧分地与准备春耕是一个问题的两个方面，是互相依赖互相推动的，必须在春耕前全部解决。

在分地运动中（不是脱离分地单独进行），应根据东北局划阶级的新指示订正阶级，首先把贫雇农误定为中农的、中农误定为小富农或小地主的、佃中农误定为佃富农的、已参加劳动三四年的破落地主仍定为地主的更正过来，地主富农间之定错阶级的，亦同时更正过来。中农（包括佃中）定错阶级被分的，必须说服贫雇农，在未分的果实中坚决补偿，果实已分了的，可在分地中新的斗争果实中补偿，不足时可动员贫雇农互租补偿。误挖底产的小富农，与误定为地主或挖得过分的一般富农，应动员他们把还藏着的东西拿出来准备春耕，如现有的东西不够进行生产时，可动员他们检举现在还埋藏着大量东西的大中地主恶霸地主与恶霸富农，挖出来的东西由贫雇农分给他们若干，以补其春耕生产之不足。在分地中应发动贫雇农对地主富农进行甄别，对于已搞平的一般富农与斗得已较彻底的小地主，应分给同样一份土地，并向他们说明：过去斗你分你是完全对的，因为你过去压迫人，你的东西是残酷剥削来的；今后只要安分守己，好好生产，不做坏事，就不再斗你们，你们今后自己劳动生产的东西是你们自己的，再发财致富也不再分。对于东西还多还不平的一般富农，与斗得还不彻底的一般小地主，须动员他们并向他们说明：只要把埋藏的东西拿出来平分，就和上述富农地主一样对待，就不再斗不再分。他们的东西拿出后，分一部分给他们，促其买牲口、农具，并分同样一份土地给他们，令其准备春耕。对于大中地主恶霸地主与恶霸富农，斗得彻底的也应同时分给一份土地，斗得不彻底的，贫雇农大会（包括中农）甄别后马上即彻底斗彻底挖，斗后再分地给他，强制其劳动生产，并向他们说明：你们的罪恶深重，只有重新作人，严格服从农会管制，服从政府法令，劳动生产，自食其力，才是生路，只要做到这几点也不再斗不再分。

这里须注意：为不致妨碍突击分地与妨碍准备春耕，订正阶级须在分地中查阶级时结合进行，勿占过长时间，勿蹈过去静止查阶级的泥坑，群众都熟悉的一般贫中农，采用阶级站队办法即可。对于斗得不彻底的大中地主恶霸地主与恶霸富农的斗争，也勿占多的时间，如有"夹生"严重须费大力才能将其打垮的地区，在群众春耕困难可以解决的条件下，可留在春耕后再斗。总之，须掌握住突击分地与准备春耕是目前工作中心，任何东西都不应妨碍这个中心，为此，就必须贯彻贫雇农路线，真正做到根据群众的迫切要求办事。

分地，应采取"平"与"可心地"结合的原则，并须牢牢掌握达到彻底平分的基本关键是充分发动群众这一根本精神。"可心地"是激发群众分地热情掀起分地高潮的最好办法，应介绍给群众，使其成为群众自己的、由群众自己掌握的办法，在土地质量差不多的地区，一般人应依阶级等，按人口得出平均数后，"个人挑，大家评"（地主富农在贫雇中农监督下亦采取"个人挑，大家评"的方式，最后由贫雇农认可），力避采用"配给制"，降低群众争、比热情的方式。在土地质量悬殊太大而好地又不多的地区，则应好坏配搭，除满足贫雇农要求外，富农与地主亦不能完全分坏地，应适当调剂，质差可多分些。贫雇农是有"平"的思想的，只要酝酿成熟，贯彻贫雇农路线，是不会悬殊太大的；故在这样的地区，应仍采取"可心地""个人挑，大家评"、不平就争的办法，力争不采取"配给制"。中农须根据东北局指示，坚持有进无出的原则（详见《东北日报》社论《高潮与领导》）。独身汉的贫雇农一个人可以分给两个人或三个人的地，其他如乡村工人、自由职业者等等仍应根据《中国土地法大纲》第十条之规定处理。为今后插犋换工、发动互助方便，在分地以前由群众进行自由结合的酝酿，将地分在一起或邻近是必要的，但须由群众自己决定，不得有任何包办代替。因土地是群众的"命根子"，关系着群众的久远利益，与谁插犋换工一般只是临时性的，不应因后者影响满足贫雇农土地要求。

在土地已合理分配的地区，应即直接转入春耕，结合斗争进行复查。过去有个别地区依劳力与畜力分地都是不对的，由于其他原因分得不合理的地区也应重新分。分的基本上合理的地区应进行调整，不进行深入了解，不向全体贫雇农请教，就主观地认为"群众都高兴"，或听见少数人说高兴，就认为全体贫雇农"都高兴"是不对的，这是"分子路线"，不是群众路线。

在分地中，贫雇农（如中农愿意打乱平分，还包括中农）为分得"可心地"进行争、比，是发动"落后"使分地成为广泛运动的重要环节，应充分发挥群众争、比的积极性。争、比得越热烈，分得越公平。妇女最关心秧棵地与房子，尤其关心其分得地之所有权，应广泛宣传其所有权，以发动全体妇女加入分地运动。在争、比时，只"比劳苦""比家底"就行了，比得太多就会发生偏向，如"比人品""比历史"，很容易发生挖"黑点"的偏向，会造成少数（只是少数）无"黑点"的贫雇农孤立，妨碍贫雇农阶级团结。再如"比印象（觉悟）"，就会造成干部积极分子分好地，"老实八脚"的尤其是"落后"群众吃亏。"比劳苦"就包含着"比人品"的内容，如特务、警察、宪兵、胡子、流氓等不会劳苦。地主富农在分地时，应在贫雇农监督下，要其"比罪恶"（过去的与现在的反动活动）、"比剥削"、"比彻底"，以提高群众觉悟，分化地主富农内部，并确定其挑地的先后次序。从阶级上说，富农应先挑，地主后挑。

分地时，应根据以下内容配合当时当地情况，提出动员口号，多讲多写（以大楷字写在墙壁上），务使全体贫雇农都能了解："谁不动口不动手，谁就吃亏！""地是祖祖辈辈的事，要自己动口动手分得可心地！""这是最后一次分地，分不到'可心地'就要祖祖辈辈吃亏！""要户户争、比，家家合计！""推倒坏蛋，贫雇农当家，才能分到'可心地'！"为打破人多劳动力少不愿多分地的顾虑（大多是怕负担），应说明实在无力耕种或耕种不完的，允许出租或出卖。

土地合理平分后应由政府发给地照，确定和保障地权。

在分地中，县区以上领导应深入了解情况，及时发现问题与解决问题，以免分得不合理再来第二次。并应多注意工作差的地区，加强对这些地区的领导。工作较好地区分完后，可动员其好的干部与积极分子帮助差的村屯分地。

（三）春耕准备工作（略）

（四）领导问题（略）

（选自《辽吉历史文件汇编》第三册）

中共辽吉省委后方工作委员会给省委的一封信（摘录）①

（1948 年 3 月 12 日）

接到陶（铸）第一次来信，即开始考虑他所提出的问题，就觉得上次县书联席会后转变得不彻底，但因傅、刘①都在乡下，未马上进行讨论。丁丹转达陶意见后，我初步研究了一下，对过去土改中带有原则性错误及目前的转变有以下体会：

一、过去带原则性的错误，主要表现在两方面：即打击面过宽（主要的）与伤敌过重（次要的）。其直接原因有三：（一）划阶级标准规定本来就有毛病，而直属各县有很多地方又搞乱了原来规定，更加宽了打击面，侵犯了中农甚至贫农的利益。（二）对地主一般是搞得光光的，有很多完全失掉了生活资料，更无进行生产的条件，除了杀人过多乱打外，存在着肉体消灭地主的趋势。（三）对富农不是平分，亦是全部搞光，有的名为"先光后平"，实则光后不平（平分一份），很多小富农（大多是富裕中农）亦如此，基本上无别于地主。

产生此现象的原因，主要是在领导思想上对下面三个问题没弄清楚，因而也就不注意掌握：（一）为充分发动群众，满足贫雇农要求，就不顾打击面过宽与伤敌过重，强调前者是完全正确的，不顾后者就是错误的。这是极不策略的，片面的。（二）对于消灭封建与半封建，不是消灭了封建剥削制度及其上层建筑就可适而止，而是一直强调"彻底"，使地主富农完全（或近于）失掉生产资料（除土地外）与生活资料。（三）未弄清楚我们是当政的党，决定大局的战争又需要浩繁，把地主富农搞光无法生活还要我们负责解决，他们失掉生产条件将他们抛出生产战线之外，是支援战争与国家的损失，即不是从贫雇农的根本利益出发，而是从其狭隘的眼前利益出发。

上述领导上的糊涂思想，主要是从片面的思想方法而来的，即只是凭着当时的一股劲头与当时的"空气"进行工作，不是根据党的政策，确切地执行党的政策来进行工作，因之，就是发现了偏差或违背了党的政策也不在意；这是政策思想薄弱，提到组织原则高度来说，就是自由主义。这

---

① 傅：指辽吉省委后工委副书记傅雨田。刘：指辽吉省委后工委副书记刘放。

种情况对县区干部来说是如此，对省委同志来说恐也差不了许多，所不同者只有在政策思想上比较明确，但因为领导上存在着严重的官僚主义，对情况不了解，不能及时发现问题与解决问题，政策思想尽管比较明确，但何补于实际?! 何况也多少存在着凭着一股劲头与当时的"空气"进行工作的片面思想方法呢?!

上述检讨应成为我们领导上一个惨痛的教训。

二、目前方针的转变，为着贯彻到工作中去，首先必须解决上述思想问题，思想问题不解决，贯彻目前方针是不容易的。同时，为了提高我们自己与干部也需要这样做。

目前的新方针从全面来说，"我们与资产阶级合作时，要强调独立自主，与资产阶级分裂时不要忘记与其他阶级联合，加之，目前是土地改革与革命高潮，愈胜利愈需要气魄大，统战范围也愈扩大"，是完全正确的。从过去土改中的错误来说是完全正确的，就是没有上述二者只是根据斗封建的深度来说，也是需要将过去的方针转变为现在的方针（这一点上次县书联席会时，虽也看到中央、中央工委、东北局的指示与《东北日报》的社论《高潮与领导》，我们在思想上并没有彻底解决问题，只转了个"半拉架"）。因为（我们如此理解，不知对否?）直属十一县工作现状，基本上是属于中央指示中的第一种地区，主要表现在"土地已经平分（虽然刚分下去），封建制度已不存在，农民各阶层占有土地的平均数相差不多"，地主旧富农占有较多较好的土地、财产，只是"夹生"村屯的极少（或个别）现象，干部占有较多较好的土地财产也是极少（或个别）现象。所不同者，只是因为工作历史短，土地刚平分，新中农极少，新富农几乎没有，已具备上升为新中农的生产条件的贫雇农占农民的大多数。如只是根据目前地主富农一般都失掉了生产资料（除土地外）与生活资料进行春耕，除动员他们将剩下的埋藏着的少数财宝拿出投入生产外，还需要贫雇农设法从斗争果实中解决其生产困难，从这一点来说还超过了中央指示中的第一种地区。但这是一种病态，是打击面过宽伤敌过重的恶果。这种情况，恐不只是直属十一县是这样，估计北满各省也会有。

在这种情况下（如果估计不错的话），只有采取目前东北局的新方针才是正确的方针。"土地已经平分，封建制度已不存在"，贫雇农要求已相当满足，农民基本上已取代地主富农成为农村的统治者（虽然群众发动还不充分、群众觉悟还不高，群众自己的领导核心还未形成，优势还不巩固），发展农村经济即成为中心任务（此外则是开展群众教育、民主运动与建党整党等任务），违反或放松这一点即是原则错误，就使消灭封建

（扫除发展生产力的障碍）失掉了意义。为恢复和发展农村经济，就需要建立以贫雇农为骨干紧紧团结中农为农村主人的革命秩序，这就有在新的阶级关系上保障地权、财权、人权的必要。不如此，地主富农及被打击的部分中农在被斗后仍有余痛的情况下，即很难稳定以提高其生产积极性，而目前打击面在未订正阶级前，一般约在户口15%、人口20%以上，这是在生产上的严重损失。

在目前转变开头，要反"左"，但同时要防右，因为群众觉悟不高，搞不好极易造成群众的思想混乱，弄成"红白不分"，现在在工作差的地区已发生此种现象。因此，亦须强调提出：继续发动落后壮大群众力量（以贫雇农为骨干团结中农），严肃群众阵营，巩固群众优势。

（下面从略）

（选自《辽吉历史文件汇编》第三册）

扫除顾虑，劳动发家

——中共辽吉省委后工委书记喻屏在洮安县
农民代表大会上的讲话

（1948 年 4 月 11 日）

今天的大会是洮安第三次农民代表大会，这次大会与前两次都不一样，前两次大家都没有翻身好，这次不同了，都分了地，分了房子牲口，成为农村的主人，所以这次大会可以说是我们翻身农民的庆祝大会！是庆祝胜利的大会！

那么，我们怎样庆祝呢？我们要讨论怎样把生产搞得更好、能打更多的粮食来庆祝。我们大家都分了地分了车、马、犁杖，如分了地不好好侍弄，分了车、马、犁杖不好好爱护使用，能不能算翻好身了呢！这不能算翻好身。分了地，分了车、马、犁杖，只能算有了翻身的家底子，只是翻身的第一步，要彻底翻好身，还要做第二步，就是要努力生活，兴家立业，勤劳致富，为子子孙孙创造家业。

我们现在有了勤劳致富的家底子，成为农村的主人，做到这一步是不容易的，斗封建整整花了两年的时间。以前土地、房屋、牲口、农具都在地主、富农手里，他们是农村的统治者，很厉害地剥削我们、压迫我们，我们为他们抗活耪青，起早贪黑，还缺吃少穿！现在土地、房屋、牲口、农具已回到我们手里，我们掌握了农村大权，完全颠倒过来了，地主富农斗垮了，以后就不再分不再斗，要用全力搞生产了！这是两年来全体翻身农民、全体干部起早熬夜，开会斗争所得到的果实。我们要把这些果实当作宝贝一样来看，要好好侍弄它，要它开花结果。就是说，我们要好好生产，多打粮食，大家都有饭吃有衣穿，支援前线，快些把东北蒋匪军全部消灭。

但是，现在有很多贫雇中农弟兄们思想上还有顾虑，怕"卡尖"、怕"拉平"、怕"富了被斗被分"，认为"共产党喜穷不喜富"，于是就产生了"穷对付""够吃就行"的想法，这是完全错误的。勤劳致富是共产党的根本主张，革命的目的就是为着人人都能富起来，都能过好日子。在土地改革以前，乡下人口十个中有九个贫雇中农是最勤劳的，但受苦受罪也最厉害；只有极少数地主吃香的、喝辣的、穿好的、住好的，却不干活，完全或大部分靠我们贫雇农养活他们，他们一个人花的比咱们贫雇农全家用的还多得多。另外，少数富农，家中有些人勤劳，有些人不劳动，吃的、穿的、住的也很好，他的家产差不多一半是靠剥削咱们贫雇农来的，咱们贫雇中农一年忙到头，除一部分中农生活比较好些可以维持外，大部分不够糊口，完全被地主富农剥削去了，这就是咱们贫雇农的穷根，土地改革就是为了挖掉这个穷根，安下富根，为着大家都能富起来，都过好日子。所以，以前斗地主富农是斗封建半封建，是因为他们剥削人压迫人太厉害，他们的财产是从封建剥削封建压迫来的，并不是因为他们富才斗他们分他们的。城市里有很多大商人比地主富农要富得多，为什么不但没有斗没有分，政府还出布告发命令保护他们？有的还贷款给他们呢？就是因为他们不是封建，他们虽然也雇人，也有些剥削，但和地主富农的封建剥削不一样，他们的工商业发展了，对老百姓有好处，对国家有好处。

至于有些中农也被斗被分了，是因为把阶级划错了斗错了，并不是因为他们比贫雇农与其他中农富故意斗的。他们虽然有些也雇过人，有点剥削，但只占他们收入的极小一部分，是轻微的剥削，不是封建剥削，根本不应该分。中农与贫雇农是一家人，应该好好团结，团结的越好力量越大。过去我们斗了分了一部分中农是错误的，这个错误应该由我们区以上领导来负责，不应该由贫雇农兄弟与村屯干部负责。中农既然与贫雇农是一家人，以前阶级划错分错斗错了，我们就应该向他们认错，应该把他们"扒拉"过来，换上"红阶级"，分了他们的东西就应该补偿，贫雇中农要大团结。他们大多数是省吃俭用劳动起家的，不"扒拉"过来，不给予补偿，不但中农摸不着"底"，就是勤劳的贫雇农也寒心，也摸不着"底"，也怕"卡尖"，怕以后富了"被分"，怕"拉平"，不愿勤劳生产，省吃俭用，发财致富。现在不是有很多人有顾虑，生产劲头不大吗？所以我们必须把划错斗错的中农"扒拉"过来，把分了的东西原物或按价补偿，实在不能一下补全的，也要大家凑合凑合，先帮助解决他们的生产困难，其余的在插犋换工里补、出战勤里补或到秋后补，至少也要补到和贫雇农一样。贫雇中农即是一家人，在补的时候，贫雇农要够朋友，中农也要知足，双方面都要讲团结，不要打叽叽，贫雇农不要外看"扒拉"过来的中农，"扒拉"过来的中农也不能报复，至于因为有毛病被分的中农，也要"扒拉"过来，也要补偿，不能因为他们有毛病就当外人看，他们有毛病当然是不好的，应该批评他们，改造他们。这样，贫雇中农就能一条心，力量就大了，地主富农就不敢翻把了，大家心里都有了"底"，干部的劲

头就大起来了。

以前是地主富农富，我们贫雇中农穷，地主富农富是从咱们贫雇中农穷来的，地主富农不剥削咱们贫雇中农就不会富，咱们贫雇中农不被地主富农剥削就不会穷，除少数二流子外，谁穷得厉害就是谁被地主富农剥削得厉害，所以要平分地主富农的土地财产。咱们贫雇中农分斗争果实时，要填坑补齐。现在地主富农的土地平分了，财产拉平了，封建半封建斗垮了，咱们贫雇中农有了兴家立业、勤劳致富的家底子，不但不再拉平，不再"填坑补齐"，相反，谁劳动致富，谁的日子就能过得好，谁因为不好好生产，谁就活该受穷受苦，不但没有人可怜他，还要受到批评，还要挂"懒汉牌"或"二流子牌"。咱们要进行生产竞赛，谁劳动，谁打粮多副业搞得好，就是说谁富得快，谁就能当模范，就要受到政府的奖励，就吃得开；谁好吃懒做，游手好闲，谁就是"二流子"，就吃不开。以前地主富农靠封建办法剥削人压迫人发财致富是罪恶，现在靠自己勤劳致富是光荣。以前贫雇中农因被剥削压迫而受穷受苦，应该表示同情与赞助翻身，现在大家都有兴家立业、勤劳致富的底子，如不好好生产再受穷受苦就要落骂名，就没有人理。现在有些"二流子"好吃懒做，不好好生产，等着人家给他"填坑"，另有些人怕给人家"填坑"，不愿勤劳生产。这种人，都是"脑筋不开"，不知道现在封建半封建斗垮了，不再斗不再分了，也不再"填坑补齐"了。日子过好过不好，全靠自己能不能勤劳生产。大家回去应把道理讲给他们听，劝他们马上改正，勤劳生产，如不改正要吃大亏，将来后悔也就来不及了。

省政府已出了保障地权、财权、人权的布告，今后不管贫雇中农或地主富农，在土改中所分得的一切东西，自己所原有的与被分后所剩下的一切东西，及今后勤劳所得，完全归私人所有，并受民主政府法律的保护，任何人不得侵犯。私人所有一切东西，除"二流子"外自己有自由处理的全权，可以自由借贷，牛马自己用不完，土地因劳动力少自己种不完，也允许自由出租、自由招青或雇人，价钱、利息与租价可以自由商定。今后农会与我们各级干部也必须服从政府法令，尊重各阶层人民财产的私有权，不得随意无代价地"调剂"。但为解决生产困难，解决牲口、农具不够用的困难，节省人力、畜力，能多出活，必须组织起来，自由结合，两方面都有好处，并在强制地主富农与"二流子"生产的条件下，实行搭具换工，劳动互助。今年不插犋换工，劳动互助，生产是搞不好的。现在农会所存的一切未分配的东西（金、银、车、马、粮食等），必须全部合理分配，投到生产中去，农会经营的油坊、粉房、小铺等等，必须马上折成股金合理分配给贫雇中农私人所有，变成大家合股经营，大车、犁杖，也须分配给私人所有，农业一切"公有"财产、一切"家底"必须一律取消，今后农会只能领导群众生产，不准自己搞生产。

贫雇中农弟兄们另一个思想顾虑是怕负担，去年因年景不好，负担是重一些，因工作没有做好，负担不公平，就更觉着重了。但出公粮是为谁呢？谁用了呢？出公粮是为着打胜仗，为着消灭蒋匪军，保护大家翻身，这说明大家出了公粮，可用到大家身上了。这和蒋占区是完全不同的，蒋介石国民党为着自己升官发财，只蒋介石、宋子文、孔祥熙、陈果夫四家，就吃老百姓的血汗达二百万万美国票子（一元美票合蒋票六十多万元），只他们四家的财产就够供给全中国四万万五千万人民吃四十八年。而共产党、民主政府、八路军是没有个人私产的。现在全国都进入大进攻，东北今年就可以完全解放，全国胜利三五年就要到来。我们今年必须鼓起劲头，把生产搞好，多打粮食，只有多打粮，才能多有余粮。今年要实行公平负担，要按地的等级按常年产量来征公粮，举例子说：比如，头等地一垧征三斗，二等地征二斗，三等地征一斗等等。不管你打多少粮，就这样按等级征粮。这样，谁勤劳谁打粮多，谁就余粮多，谁就占便宜；谁好吃懒做，或怕负担不好好侍弄打粮少，谁就余粮少，谁就吃亏。省政府生产紧急动员会已经讲过，开生荒或三年以上撂荒地者，今年免征公粮，今年打粮超过常年数量者政府还要奖励。我们要开展生产竞赛运动，要争当生产模范，争取模范旗插在自己村上自己门口。每一个村屯干部都要带头生产，自己的生产搞得好，又能领导把全村屯生产搞好，就是模范干部，自己不愿参加生产，又不能领导好别人生产，就是"二流子"干部。要争取当模范干部，不要当"二流子"干部。

大家都是代表，要把大会上讨论的"道道"带回去，要把"底"带回去，回去后向全体贫雇中农弟兄们讲清楚。只要都有了"底"，顾虑都去掉了，生产的劲头就大起来，再加上组织起来，插犋换工，劳动互助，今年的生产就一定搞得好。今年生产搞得好，明年生产就好办了。

（选自《辽吉历史文件汇编》第三册）

吉江军区洮南军分区司令部、
洮南卫戍司令部、
洮南县政府布告

联字第壹号

（1946 年 2 月 8 日）

为布告事，此次光复军先遣队洗劫洮南罪恶滔天，人人愤恨！现在匪部业已溃散，指日定可歼灭，惟查匪窝根源，实由于匪首李树藩、修广汉①阴谋鼓动，欺骗胁迫所成。其中盲从被迫之人，为数甚多，现在纷纷要求悔过自新。本军本府深念该等罪情虽重，但情有可原，特本宽大政策，允在法外施恩，特规定以下办法：

一、在城内潜藏之匪众，无论是干胡匪的，或插签（千）的，或乘机找洋落的，允在本月二十日前，到县公安局自行报告，将过去罪情，说明清楚，并将武器及赃物交出，发还群众，则一律赦免无罪，回家各务生业。其中如有失业贫苦者，由县政府介绍职业，或给以贷款。

二、城外胡匪，允在本月底前，到县公安局自首，并将武器赃物交出，亦一律宣告无罪，并保证其生命财产。

三、在胡匪中，做过中小首领，现在仍带队的，允在本月二十日前，将所带人员、武器、马匹及各种赃物，交到本军分区司令部，或卫戍司令部，亦赦免无罪，如能将匪首李树藩、修广汉活捉送来者，除免其无罪外，可得到重赏。

四、在指定日期中，仍不悔过自新，任何匪徒，虽逃至天涯地角，亦必跟踪追剿，彻底消灭！

五、街邻左右，如发现有土匪及赃物窝藏者，务须在指定日期前，向政府报告，否则一经查出，以通匪论罪，各区、间、邻长亦负有清查及报

---

① 修广汉，应为修广翰。下同。

告之责，否则亦需受严厉处罚。

　　本军本府言出必行！务再犹疑观望，后悔莫及！切切此布！

洮南军分区　司令员　李英武

政治委员　朱理治

副政治委员　朱纪先

洮南卫戍司令员　庄林

洮南县正县长　胡秉权①

洮南县副县长　吴燕生

（原件存于白城市博物馆）

———————————

①　胡秉权当时任命未到职。

中共辽吉三地委给长春、农安县委指示信[①]

（1946 年 6 月 11 日）

雨航、文钦同志并转二团何光、新野同志：

（一）目前情况无新变化，谈判之和平可能极少，十五天后仍将展开激烈战争。你们应迅速利用时间、掌握时机，深入农安、长春二县展开游击战争，不怕疲劳打土匪，适当镇压反动势力（但绝不可变成自流性的乱打乱杀和打土豪的办法），坚决分配土地（开拓地、汉奸土地、反动地主土地、大窝主之土地）给农民（争取贫农雇工佃户，坚决联合中农，团结富农，以反对反动之中大地主、豪绅、恶霸与窝主），满足农民之土地要求和复仇报冤要求。在游击战争中，没有坚决大胆放手发动群众的方针则必流为单纯军事路线，斗争是难以坚持的。在镇压、扩大政治宣传及分配土地中，提防匪与除奸之口号与武装自卫保卫家乡之口号，斗争应以地方形式、民族与民主形式出现（不提出反地主之公开口号，但基本群众中则必进行深刻之阶级教育，启发阶级意识与仇恨），而其实质是尖锐的阶级斗争内容。在一切斗争中组织阶级武装，培养阶级斗争中生长之干部，坚决迅速地用一切办法和各种有效方式过渡地主枪支给革命的农民群众，组织防匪自卫、反奸与反特。

长农支队应完全服从于县委之领导与决定，在今后斗争中支队应求得发展与扩大，向一个大团方向前进。老兵必须带出一批新兵来，不要因为垮了一批新兵就产生怕发展的倾向，问题在于发展武装的阶级路线、部队之掌握以及经常在小的战斗和游击活动中求得提高与巩固；再次加强阶级教育与不断时事教育。

为适应斗争需要，你们应即以长春和农安两单位组织一个至两个小型（三十人左右）武装袭击队（短枪、便衣、手榴弹、马步枪，从老战士新战士中及班排干部中抽调坚决勇敢分子，派得力政治干部掌握，归县委作政治工作领导）。辽西经验证明，这是坚持斗争、打击反动派的有力武器，望坚决执行。

---

① 标题为编者所加。

骑兵非常重要,你们应特别注意组织骑兵(新老参半),并应帮助二团组织一部骑兵,以有利于斗争。

在斗争中应坚决反对顽固派建立政权——坚决不准地主修反动堡垒炮楼——不准联保联坐——坚决派出武装打击与袭击农安、哈拉海、长春下乡工作之顽方政治工作人员、特务人员,用恐怖手段打杀他,务必使他不敢深入乡村。不准通顽,不准欢迎顽军。至要。

在敌占城市中应设法建立情报和两面的革命灰色政权为要。

(二)二团今后比较长期固定地在长、农活动,在执行任务上归县委统一领导。县委应设法解决二团之鞋子问题并帮助部队之发展。二团任务为积极打匪,协同地方打击反动派,掩护开展地方工作,发动群众,创造群众武装。二团今后为坚持斗争,应与党政密切协同,应有良好群众纪律,应有积极的战斗活动,应严格注意掌握政策,部队内部应加强政治工作以巩固自己。

二团与长农支队可经常采取联合行动,以一至两个连为单位作纵队行进,以便于打匪、镇压反动和相互声援策应,同时使开展工作的面扩大。二团不仅在农安活动,并应协同支队向长春县内挺进,而在目前积极向长春挺进,使反动派无时间巩固其政权是非常必要的。

双城堡、伏龙泉、三盛玉如驻扎有土匪部队,不论其大小,二团与支队应坚决歼灭其一部与大部,并控制之,以求得以该地作依托地区开发工作(如有属中央顽军则在十五天内不打他,他下乡则打他)。

(三)长、农二县仍应积极为党筹措经费,以供应当前之战争,支队仍本节省原则,我们委托韩清泉、王晓天同志对地委、专署及县委负责,掌握财经之收入与支出,并随时提款来专署转送前方。

今后逮捕人犯一般仍应依据行政手续办法(特殊情形例外),一般由县委讨论决定,政权执行。党和军队在通常和可能情况下不要代替杀人,以减少对外之不良影响。

县委领导应注意民主与集体领导,求得巩固之团结与协同,特别注意团结干部,掌握干部与部队之思想情况,以进行不断的政治动员。

县委领导对长、农二县应作平均照顾,不应偏此失彼。在县委分工上,清泉、晓天同志多照顾长春工作,但在对长、农二县县委是应作统一与集中之总的领导的。

你们与二团应取得密切协同。

二团仍应派出一个连驻守王府,担任对哈拉海方向敌之监视与警戒任

务，并用电话与军分区取得经常联系，逐日报告情况。

（在原信第一页上方有一段文字："长农县政府对外不公开，韩、王①同志正副县长也只是党内分工，对外仍以长春、农安单位各自发布告，不出长农布告。"在原信第6页上方有一段字："另，黄、刘②来电仍令你们及二团破坏王府以南之铁道。又及。"）

布礼

刘（彬）、郭（峰）

罗（有荣）、姚（仲康）

罗（杰）

6月11日

（原件存于中共吉林省委党史研究室）

---

① 韩指韩清泉，王指王晓天。

② 黄指黄克诚，刘指刘震。

中共辽吉三地委给长春、农安县委指示信①

（1946 年 6 月 19 日）

董、韩并县委并何、冯、翁同志：

有两件事特嘱咐你们：

（一）在你们进行分地斗争和群众运动中，除贫农外应着重注意农村工人雇农工作及其争取，对中农应特别注意不侵犯其利益，其中之一部并应分得土地。党必须取得多数中农的拥护（中农是基本群众），才不致使贫农雇农贫民孤立，对待富农与对待地主才能原则区别。

（二）分地斗争切不可流为无组织的单纯经济性的分地或成为单纯军事路线、行政路线的分地退租，不走群众路线而走恩赐路线是错误的，必须组织与号召群众斗争，亲自动手，并在斗争前后注意群众的阶级教育、阶级启发，注意群众的组织工作与武装工作、积极分子的发现提拔工作，让群众放手起来干，让群众满足土地要求和打倒他们所深恶痛绝的反动力量，而不是干部去制造和包办一切。

分地要迅速展开，速度要快，但又要适当掌握分地等斗争能与组织任务、政治任务得到结合，二者如何联系，是待你们从实践中研究的问题。

（三）战争仍要人民负担，党与政府必须向人民要钱要粮以支持战争，供应军队。要战争，要群众，是今天今后两个方向与中心。党的领导在于取得人民自愿自觉的供应战争与拥护战争，这一方面需要你们在长、农开展贯彻政治宣传工作，另一面则必须大胆大量给予群众以经济的、政治的、防匪自卫的利益，坚决分地、退租，坚决反窝主、恶霸、豪绅与反动地主，使群众拿出的少，而得到的多，则群众必不会因负担而不满，相反会更拥护我们。

（四）在阶级斗争和游击战争中，请时刻注意发展扩大你们的基干，坚持武装，把两个县队在今后两个月内组织发展为两个小团（一千人上下），是你们的努力方向，但发展路线绝不可再走招兵买马路线，而必须从阶级斗争中经过群众路线逐渐扩大，除县队外，另必须加强组织各依托

---

① 标题为编者所加。

地区之基干武装。对部队，应严格要求军政干部及领导人亲入连队进行工作。过去长、农二县军政干部对自己的部队工作领导上是有严重的官僚主义、命令主义、自流主义的，以此在情况变化时掌握不了部队，今后绝不允许重复。没有艰苦工作是带不出部队的，同时要不断带着新部队打土匪，不要怕打垮，垮了一些不要紧，必须从战斗中锻炼出新部队来。为要。

布　礼

刘　彬

6月19日

（原件存于中共吉林省委党史研究室）

中共辽吉三地委关于组建辽吉三分区的通知①

1946 年 6 月 28 日

奉西满分局及辽吉省委通知，为适应新形势下工作与斗争需要，决定改组吉江省委合并于辽吉省委。松江以南之六县，包括大赉、郭前旗、安广、乾安、长春、农安成立第三分区直辖辽吉省委管理。决定以刘彬、郭峰、左叶②、罗友荣、姚仲康、罗杰组成为第三分区党的工作委员会，并以刘彬为书记、郭峰为副书记。特此通知各级地方党与军队党的组织。

地　委

6 月 28 日

（印章为：中国共产党吉江地方委员会）

（原件存于大安市档案馆）

---

① 标题为编者所加。

② 未到职。

中共辽吉三地委书记刘彬关于群众工作报告（摘录）①

（1946 年 7 月 30 日）

今后两个月的工作计划是以群众工作、武装工作和财经工作为三个主要方向，而以群众工作为中心一环。武装、财经及党政军一切工作均要围绕和服从这一任务。一切有利于群众发动的就干，否则就反对。群运局面能打开，则一切迎刃而解。为了这一工作，就是别的工作因之受到损失也在所不惜。绝大多数的干部均应到这一工作中去。关于这一工作之主要具体内容，根据本区情况作如下要求：

甲　热烈开展以争地斗争为中心的农村群众运动

一、运动的性质问题

（一）运动是开展农民与地主之间的阶级斗争。内容是经济民主（分地、借粮、减息、增资、发展生产）、政治民主（反恶霸、豪绅、敌伪、窝主、地主，农民翻身，掌握政权，成为农村统治者和优势力量）、军事民主（防匪、反奸、自卫）。而以农民与地主争夺土地为中心，满足农民土地要求（耕者有其田），满足政治要求（打倒所要打倒的人，放手让群众翻身，并收缴地主枪支武装给革命的农民）。它是新时期、新形式的土地革命。所谓新时期是阶级战争的今日，所谓新形式是不同于土地革命时代，而是以民主形式（反恶霸、反奸等）、民族形式（反敌伪）、地方形式（防匪、反窝主、生产）及等等具体口号来实现土地改革。从斗争以上这些人和处理敌伪土地（开拓地）口号下，大胆使土地搬家、房子搬家、牲口农具搬家，使农民获得土地和生产条件。首先集中斗争于这些人身上，以清算方法（政治、经济清算）迫其以土地、牲口、房子还群众的债，面对面，撕破脸皮，发展进步分子，团结中间分子，争取落后分子，团结大多数农民进入摧毁封建恶势力的斗争，打垮以地主为首的封建反动堡垒，建立以基本群众为基础的堡垒，摧毁国顽、敌伪社会基础，把各种斗争和分开拓地相联系，过渡土地 70% 以上给农民，然后到一定程度走上推平土地平均地权之路，大的垮了，小的自会送地（未发动斗争地区不接受坏人送地，要分地主送地，应多留地）或用加重负担办法使地主让地（削弱办

---

① 标题为编者所加。

法）。

（二）土地革命不同于抗战时（中央土地政策），要打破抗战时代的思想束缚，因为两面照顾，两面不讨好。今日已不是抗日民族统一战线，而是工农小资产阶级联合进步中间势力（如民族资产阶级）的民主联合阵线。不是"三三制"而是工农小资产阶级政权（首先是农村的工农专政）。克服过右思想（对地主可怜思想），不放手摇摆，怕群众过火过"左"，甚至破坏与镇压，做地主尾巴，麻痹、被收买妥协。只有解决土地问题，革命才能大进一步，力量才能空前增长。

（三）但也不同于内战时期，不能重复当时错误，打倒一切，赤白对立，肉体消灭地主，不争取中农侵犯中农，过分得罪富农，造成贫农可怕地孤立，不注意个别争取与适当照顾。

二、发动的要求，如何发动

（一）认识上：土地革命是农民的群众革命事业，应以群众为主，今日需要大革命时代轰轰烈烈的群众运动，大风暴摧毁封建，闹革命，争土地，撕破脸皮，逼上梁山。分了地而未真正发动群众是两头失脚（因今日群众是暂处和平时期，而将来是要面对坚持斗争和阶级战争，共患难共生死的人民战争），要在伟大斗争中发展力量建立根据地，锻炼干部、军队与群众，干部到群运中去考验党性与阶级意识。

东北土地集中，两头大，中间小，剥削重，压迫凶，群众有迫切的推平土地、房屋搬家、枪换肩的要求，人民斗争要土地与武装，同时无革命失败经验，只要党态度明确，坚决斗争，是能获得群众的，同时群众也还有些对国民党的幻想，只有斗争才能去掉这种影响而靠近我们。

而14年封建势力与帝国主义相结合的统治是强大的，没有大风暴与放手发动摧毁不了。

（二）斗争方式上：打倒旧的一切秩序，建立革命秩序，推翻旧的法律，建立人民的民主法律，打倒旧的政权，建立农会代替政权，然后通过农会改造政权，闹得天翻地覆，大庆祝，杀猪宰羊，打锣打鼓，开代表大会，农民制服地主，打倒反动力量，以土地革命改换农村面目，提高革命热情，一切斗争果实全部归群众。干部积极发动阶级斗争，但不代替包办，打虎要群众打，干部顶多打掉虎牙，然后群众来打。只是群众农会不能随便杀人，要经过政府批准。一般是由群众控诉、逮捕，干部组织群众法庭公审，经政府批准处死刑。要善于及时提出斗争的具体口号。

（三）因此，必须在领导思想和干部思想与作风中开展两条路线、两

个方向的斗争。

1. 反对不要群众的和平分地，而应代之以争地抢地和经过群众与地主面对面、撕破脸皮的斗争路线。

2. 反对自上而下的国民党式的恩赐路线，而应代之以自下而上、自内而外的启发群众之仇恨、培养群众干部、经过思想酝酿、表现群众场面与群众力量的斗争路线。

3. 反对工作方式上的干部包办代替作风，代之以群众为主，一切通过群众，一切通过农会和大小积极分子的民主的组织的群众路线，站在群众之中，不站在群众之上。

4. 反对为分地而分地，反对不与一切政治斗争相结合的单纯经济主义路线，代之以把分地作为政治斗争，并使分地与反压迫剥削，反恶霸、豪绅、窝主、敌伪，反奸之政治斗争相结合，把分公地与私地相结合。至于从何处着手，完全根据群众要求与愿望，不根据干部之主观决定。

5. 因此，必须反对作风中之官僚主义、命令主义，这一切都是脱离群众的恶劣作风，是党性不强的表现。

三、分地诸问题

（一）分地的政策和纪律问题

1. 地主问题：今日的土地革命本质上与内战时基本一致，但仍有很大区别，今日仍有在和平、民主、防匪要求下结成广泛的民主阵线之必要。对某些在野安分地主，仍有策略上争取中立之作用。不要打倒一切，造成整个地主阶级结成坚决反对我之死敌。不要打倒一切孤立自己。因此今日斗争应采取比较迂回曲折办法达到土地转移。打击的策略是在反奸、防匪、反窝主等形式下集中到豪绅、恶霸、窝主、反动地主身上，这些人多为中大地主，同时普遍分开拓地及一切公有地（包括公地官僚地、黑地等），强调民主、民族、地方口号，不提出打倒地主口号，这样大部分土地自然搬家，至于对在野安分之中小地主，则仍采取步步削弱、蚕食办法，以借粮还租到退租、减息、增资斗争，迫其送地、让地、卖地，以达到推平土地目的，而不是采取一般的普遍没收政策。对全部丧失土地之地主仍应适当留房、留地、留财产，标准为使其过富裕中农生活，向富农方向前进。自送地者应多留，不应使其家破人亡。就是坏地主，如其自新也应留点地、房，使其留恋，束缚在少数土地上以争取之。对地主不采取肉体消灭（个别例外）。斗争中杀人多、恐怖大、逃亡多是不好的，应慎重。以上是麻痹策略。

但另一面，应估计到今日之地主阶级已不同于抗战时代，是国民党的社会基础，必须采取坚决消灭封建、打垮其基础方式。对某些地主，农会有监视之责，乘机捣乱反我者，农会可整掉他，但又要有一定条件使其能生存生活。不准地主逃亡，畏罪逃亡者逮捕没收财产；因恐惧逃亡者迫其还乡，不没收而清算，某些太坏的分子逃亡就算了，但不准其还乡。

2. 中农问题：肯定不侵犯其利益，对中农的政策是：有进无出，加入农会（可使其不居主要领导）。

3. 富农佃富农问题：对富农的方针是不过多侵犯其利益，必须是争取思想，不是对立思想。分地应是好坏参半（对富农无自田者分地），对个别坏的真属群众要求者例外，可没收一点土地牲口。分地后，建立有田无牲口之贫农与少地多牲口之富农在生产战线上之合作生产，实行互助换工，以互利为原则，做到争取富农大多数团结在我们周围。

4. 二流子、流氓、游手好闲者及自新土匪都给以分地，并准予参加农会，但不使其掌握农会领导权。对革命军人家属应多分地，对积极群众及地方干部应多分地，但不能超过一般基本群众过多。

5. 没收政策与纪律：全部果实归群众，不作财政打算，地、粮、钱、牲口及其他均归群众，以后牲口全归群众，收缴之地主枪支发给分地后之革命群众（军队、政府无论如何不能与群众争利，群众武装反正都是我们自己的）。

反对军政争利、军民争利等脱离群众的恶劣倾向，今日在严重斗争形势下，再不从大局着想，必有恶劣后果。没收、分配、处理之权归农会，不另组织委员会，经农会会员讨论与决定，军队、政府与干部均不准没收，只是支持，或作必要之掩护。

坚决反对乱抓一把，发洋财，重复抗战初期与内战时期那种打土豪办法，一切归公。一切归群众（某些军用物品需交公者必经县委批准、群众批准），违者以贪污、破坏政策论罪（无论集体或个人），除本人应受处分、交出东西外，其直属首长应负政治责任。

（二）分地要求及方式方法

1. 要求：分得透（强调），分得快。所谓透、快就是从分开拓地、斗恶霸等很快走向推平土地。如何才能达到透与快呢？

第一，把分开拓地与一切政治斗争、反恶霸等等分私地相结合，大胆坚决拥护群众要求。从这一种斗争转移到另一种斗争之具体道路（从何开始）根据群众要求决定。问题只是打垮封建转移土地，发动农民之目的。对斗争不划鸿沟作界限（一般规律是从开拓地、从斗恶霸等主要封建堡垒走向推平）。对地区发展也可参差不齐，有些地区已分了开拓地，斗垮了恶霸，有均牲口要求者则可均，但不要太早，如果大部地区未发动，而只一个区推平，则会过早刺激地主。

对群众要求不泼冷水，不脱离群众，根据不同时间、空间与条件适当及时提出具体斗争鼓动口号。这样愈斗愈有劲，愈斗愈坚决，而不是包办道路、和平与恩赐道路，这叫作放手。

第二，积极分子问题：经过群众之讨论与同意，群众积极分子可以多分，更大发挥其工作热诚，并刺激新的积极分子的涌现。

第三，农会问题：其成员是以贫农、佃农、雇农为骨干，是阶级的组织而不是统战的组织。必须争取中农参加，而不作主要领导。富农不得参加。必须成为团结基本群众的组织，而不成为贫农团，形成在农民中的孤立。但其规律是从小到大，农工会（不另组织妇会、青会，而合并于农会）现不去改造政权，到群众真正发动时再通过农会去建立政权。旧村长不取消，要他去弄粮食或做勤务动员，不公平者进行合理负担斗争，反贪污斗争。取消建国会名义，统叫农工会，或农工翻身会，各级农会设办事处，一切通过农会。农会可设监督人员（起内部监督干部作用）。农会工作必须与拥军爱兵相结合与战争相结合，与坚持斗争相结合（发动战时公约宣誓运动）。

第四，分地方式方法上采取：

①突破一点推动全盘，影响邻村邻屯（一村斗争邻村参加学习），普遍号召、宣传；一点突破以推动运动，不平均使用力量，又不死守一点。真正的群众运动是可以有些自发性的，是由群众热情而来的。

②点点突破，村村打开，脚踏实地地去深入群众，深入斗争，从点到面，采取蚕食办法。一点突破，取得影响，取得积极分子与干部，采取蝗虫生蝗虫办法、母鸡带小鸡办法，从一个工作队发展为若干个工作队，以求争取培养训练大批地方临时或长期脱离生产的地方干部，开短期训练班进行培养训练。如乾安敢字井之农会工作团去帮助邻村邻区办法，是值得各地学习的。

③打开一个地区，就须留下外来干部、地方干部坚持和生根（便衣、农民化），组织区委，开农民代表会，进一步深入斗争，加强阶级教育和组织工作，注意生产以巩固群运非常重要。切不可一走就垮，这是完全失败的群运。群众运动必须扎根，漂浮不深入，代替包办，均是不能坚持的。一旦情况变化，地主反攻，干部一走就会垮台的，必须注意。

第五，分配土地须与解决生产困难相结合，才能更好地提高无地少地农民要地争地的热情。分地与分牲口、耕具或借牲口（租马、替工）、借耕具相结合（均地与均口）。分地后迫使富农将牲口与贫农合作，订协议合作生产。反对只分地而不重视解决农民生产困难的脱离群众倾向。

明春要组织生产运动。严禁马匹出口，没收发给农民，监视登记。关于分青苗问题交群众讨论决定，依据政策精神，团结中农，不过多侵犯富农，在实际工作中去体验。

2. 军队协同问题：首先要保证军队纪律。宣传与团结群众，并派干部组成工作团，协助发动群众，积极掩护地方工作。反对和镇压破坏行为，打击这些坏分子。只准农会扣兵，不准兵扣农会干部。部队首长接近与鼓励群众斗争之作用，以使群众拥军参军，军民一体。

3. 政府支持问题：要公开号召，公开支持，不出面太早，不代替斗争，而以农会为主。

四、争地运动必须与收缴地主枪支武装革命农会，组织农民武装（民兵）密切结合

（一）今日斗争武装重要性甚于内战与抗战时代。应从经济—武装—再经济—再武装的规律性的掌握，将经济斗争与反奸反国民党（内战独裁）的政治斗争、教育相结合。从此才能把群众从阶级觉悟上和组织上提高一大步。而不是为分地而分地的脱离政治任务、武装路线的单纯经济主义倾向。

（二）用群众力量（而不采取军政收缴办法）与斗争办法收缴地主、富农枪支武器，归农会建立农民武装，民兵归农会领导，设武装部。名义可用××村农民翻身自卫队。

（三）目前不去组织一般性的自卫队，而着重去组织半脱离生产之民兵，从阶级斗争中建立农民武装。提出以武装保卫土地，保卫已得到的利益，武装防匪，武装保卫牲口财产，武装防奸反奸等口号。但民兵必须强调成分百分之百可靠，而其领导干部应是党员或可靠群众，同时积极开展打匪活动，以激发战斗情绪。各村的民兵可以组织联防，目前一般不要求脱离生产，实行一手拿枪一手拿锄，只在组织好民兵以后，再去办自卫队，自卫队也不同于抗战时代之包括各种成分之自卫队，而是农会农民自卫队。

五、建设支部，大量发展党员和大量培养训练提拔干部

在群众发动当中以至发动以后，即应抓紧发展党员，建立支部。大胆地向工农群众与贫苦知识分子开门，以建立农村领导核心，没有支部工作的建立，则不能长期坚持斗争，这是非常重要的。而在群众运动中，必须随时注意选择积极分子加以训练，成为土生土长干部。坚持长期斗争，干部产生的多少，将是工作好坏的标准尺。

乙　关于武装建设

一、今后武装建设的方针和发展方向

（一）以发展民兵为建军之主要方面。坚决做到全部、彻底转移本村本屯一切枪支，给以分得土地后之革命农民，建立革命农民武装，而以民兵形式出现。在目前民兵工作未做好以前，暂不组织一般性自卫队，在群运中把分地与武装密切结合，全力组织民兵。以民兵为基础，作为防匪的群众基本和基干武装，作为坚持群众游击战之根本，作为主力的源泉。

（余从略）

二、关于民兵工作

（一）民兵系阶级武装，其公开方面系农会武装，而实为支部所掌握。其组织成分较农会尤为纯洁，必须是可靠的基本群众及党员才能充任民兵。因此必须选择在斗争中敢作敢为，阶级界限明显，立场坚定的农民组织之。发展党组织成为极重要工作。

（二）为保持民兵政治成分纯洁，所有伪满残余分子一律不要。从经常不断打胡匪的战斗锻炼中巩固并提高其质量。

（三）民兵一般不脱离生产，或以村为单位半脱离生产，一律便衣，并要严格纪律，防止拿了枪就脱离群众，而在领导上尤应注意各种偏向产生，必须真正将生产与战斗结合起来。

（四）加强阶级教育，使其自觉地参加政治斗争，成为农村中阶级利益的保卫者，把我党的影响深刻于民兵中，使其为保卫自己利益而必须紧跟共产党奋斗到底。

（选自《辽吉各地委群运文件汇集》上册①）

---

① 中共辽吉省委办公室 1948 年 8 月编。

中共辽吉三地委给乾安县委的信

（1946 年 8 月 12 日）

张建、宝华、王枫同志并各县委：

九日信悉。你们概括叙述了乾安半月来群众情况，一面提供了可宝贵的经验，一面又虚心揭发了工作中的弱点。我们对你们的报告感到满意，并望今后多多来信，同时我们将你们来信印发各县作为参考材料。其中有几个问题特再提出，供你们和各县注意。

一、显然的，半月来乾安以争地分地为中心的群众运动，无论进度上和深度上以及干部的作风上，都有着显著的成就和转变，这种成就，首先是由于二十五日干部会的初步收获，你们这次会议对于解决干部思想作风问题是起了一定程度的作用（虽然还很不够）。事实证明今日今后无论是发动群众创造根据地也好，无论是长期坚持对敌斗争也好，只要我们从关内来的骨干干部下决心，充满为党为人民服务的热情，并用自己的热情和工作去团结广大的工农地方干部来斗争，来联系和深入群众，我们必战胜一切、赢得胜利，国民党反动派是无可奈何我们的；这时期的工作收获也是县委在领导方式和作风上团结干部、深入下层的结果。你们县委的绝大多数能面向群众、亲自动手，这不仅从实践中丰富了你们自己的经验，而且能更好地去团结干部和指导干部。你们县委和区委采取分区分工负责的方式很好，应当坚持这种办法。在开辟工作时期，必须采取这一办法，但请注意县委和区委之间必要的集体领导原则，注意随时交流经验，相互检查与纠正各分区的工作偏向（因为有许多弱点常为自己的主观看不出或一时看不出），应当注意党的领导是统一的，也要防止个别干部因长期分区分工结果形成个人专政，对平级下级闹不民主，对上级平级闹独立性，而个别坏的干部甚至可能以功臣自居，贪污腐化、经济不公开、发洋财，或坐在群众头上脱离群众。这些在下面是可能发生的，望不致发生这种不良倾向。

二、乾安群运当前与今后的任务与方向：一方面是猛烈迅速继续发展工作，向边沿区、向薄弱地区大踏步地推进，逐渐克服工作发展在地区上的不平衡情况。在一个月到两个月时间内，要求各村各屯都经过斗争和运动的洗礼，建立起各村的支部民兵，每村都拥有一批真正的农民积极分子干部，在运动中，做到全县范围内的推平土地，普遍解决农民的牲口、耕具和分配青苗，并必须做到全县一切枪支归农会、归农民，让群众的热情普遍于农村每个角落，使党初步在乾安获得农村群众工作的优势。另一方面，在先进地区、在依托地区，则必须继续深入工作、深入斗争。所谓"深入斗争"是指分地只是群众运动的开始，分地并没有解决群众的全部问题，群众还有若干问题若干痛苦需要继续解决。就是这些先进地区也并不是群众的最大多数都发动了的，某些地区只发动了贫雇农，至于中农还谈不到发动，相反却侵犯了中农利益；以后还要发动中农的积极性（基本群众是包括中农在内的），如何做到这些地区的基本群众普遍发动、如何使农会拥有贫农雇农的绝大部分或全部，使党与农会获得群众的绝大多数，克服贫农孤立，中农旁观和怨愤不满的情况，这就是党所应当做的工作。这种工作主要还需要继续深入斗争，至于进行一些什么样的斗争，这只能由群众选择和干部到群众中去找寻。一般来说，在过去已经分了地而未解决牲口、青苗的地区，则应深入斗争，解决分青苗、分牲口农具、分房子、立新契、毁旧契的斗争，这些已有群众初步基础的地区，如果还未推平土地，则应赶快在群众热潮上去推平土地，这些村屯，虽曾也打倒了一两个窝主恶霸、坏的敌伪残余、反动地主等类典型人物，但或者并未真正制服他们，他们还有着潜在势力，企图破坏和反攻，或者还有一些第二流的这类人物仍然有某种程度控制和影响着一部群众（虽说不能控制积极分子和先进群众），则党与农会还有任务继续深入斗争，领导群众进行全村全屯甚至全区的清查坏人、监视控制坏人斗争（应当指出的是，这些斗争有打击的一面，还要有必需的宽大和争取的一面，允许其向群众自新改过，和使其尚能生存与生活，而所谓坏人应当从阶级观点来看，不要去过火地打倒一切；在群众允许的情况下，还不放弃可能争取的某些人，不树敌太多结仇太深）；而这些斗争是用群众的压倒的优势去进行的，而不是少数人包办代替或拿着群众做个人报私仇的工具的。另外，在这些地区首先要注意，把分地与生产适当结合还是必要的，所谓生产倒不是普遍去组织合作社之类的东西，主要解决青苗、牲口、农具外，则应组织群众集体换工互助、抢收抢运（予作准备收割时突击）；而在目前霍乱流行的村屯，则党与农会应把中心放在领导群众展开防疫救人保命的群众性的斗争，群众在死亡线上时，党员干部和农会如果忽视与逃避这一斗争，则脱离群众以此为甚；抢救人命则是一切，群众在患难中，如果让霍乱与鼠疫流行发展，党和干部是必须对人民负责的。其次，所谓深入工作是指在群众发动的基础上去加强各种组织工作和阶级教育的工作，经过群众去扩大农工会，使农工会拥有庞大的群众基础，巩固其地位、扩大其信仰，与群众保持密切巩固的联系，经过群众路线解决群众中千百件在我们看为小事而在群众看为大事的各种问题，经过群众去收缴一切枪支，放手武装农民、扩大民兵，用民兵来捍卫农会、捍卫根据地。通过群众路线去大量发展党员，建立支部及支部与农民的经常领导、农工会武装和农村的党组织。这一切是根据地的根基和核心。只重视群众的发动工作，而不注意去进行党与群众的组织工作，则群众的胜利是没有保证和经不起封建势力与恶势力的反攻和分化破坏的。

所以在先进地区，绝不能因分了地，群众有初步的发动就引为满足，务必了解，群众不是一次两次或一月两月能够做到真正发动的。党今后需要的群众运动是深入巩固和扩大的群众运动，是需要攻不破、打不垮、冷不掉的群众运动，这就需要深入和扩大农村农民的各种性质斗争；主要为阶级斗争，需要发动、发动、再发动，让群众的阶级仇恨、阶级觉悟，让群众的组织性、政治性，提高提高再提高。这就是放手，这就是彻底翻身，这就是畅快的勇往直前的群众运动的大规模，而不是去泼冷水，去束缚群众，去收场。所以说：需要深入斗争、深入工作，这就是我们今后大胆放手的群众运动的群众路线，它也就是党的阶级路线。

你们有某些先行地区变为落后地区应十分严重注意，并立即检查和总结这一经验，教育干部使不重复。先进地区抽地方干部，一般只能采抽2/5或1/2，过多会弄垮工作的；抽出一部分后应及时培养提拔另一部分，特别注意，不要外来干部一走工作就垮掉，群众就冷掉，这是十分有害的。如果有些村屯外来干部一走工作就垮掉的话，这样的干部作风是十分不好的，这是包办代替的恶果，是缺乏真正的地方干部和真心的群众运动的结果。如果我们的工作是轰轰烈烈于一时，而不能轰轰烈烈联系群众的情绪于永久，这就是证明我们工作的失败，证明我们工作缺乏群众的深入和巩固。你们虽只有这样的个别例子，但是可能继续发展的，别县也必然会有的，应想各种办法防止这种恶果的发展。克服办法除上面所谈者外，还有两个主要问题：一个是如何培养提高地方积极分子独立工作能力和对群众真正负责的态度，另一个则是党应密切注视和关心各地群众动态、情绪、要求和痛苦，以及建立党与农会的经常领导，党通过农会去领导群众，自己也要深入联系群众，对工作要注意及时总结、检查和布置，切防工作领导的自流。在这些地区应取消工作队之形式。

宣传和教育群众实属重要，特别是东北人民在伪满洲政府十四年奴役下，政治觉悟较关内群众低，对我党政策、力量及前途认识不够。党的任

务在于团结群众组织群众，还必须去教育群众。今日阶级斗争的本身就是教育群众，但我们干部还必须有系统地给予群众以有意识的、阶级的、政治的宣传和教育，以便从斗争中、从教育中真正提高群众的自觉水平；而这种教育一般是以通俗方式、从具体事物，从群众的实际出发的。群众的仇恨是具体的，党要善于从具体、从实际的教育材料内容出发，联系到一般的政治问题，以启发其觉悟，使其认识与信任我党，达到党与群众在思想上的结合，达到群众对国民党的幻想及正统合法观念的消除，达到群众拥护正义的人民解放战争，而提高到反内战、反卖国、争取和平民主、反国民党勾通敌伪残余与地主土匪行为事实，特别是要多用具体例子、用故事形式、用民谣形式把这种思想普遍到群众中去。外来干部要多做这方面工作，并教育积极分子传播到广大群众中去。

三、在你们来信中提出了一个地方干部问题，在这一问题上我们干部的思想还不是完全明确和一致的，所以想谈一下。历来斗争的经验都证明：党如没有成批大量脱离生产和不脱离生产的群众和群众的武装、党的与政权的干部（特别是群众领袖和武装领袖）、公开的与秘密的地方干部，而且这些干部是土生土长的、从阶级斗争中培养涌现出来的忠心可靠的干部，则反顽斗争的坚持将是难于想象的。所谓根据地要有根，这种"根"就首先是土生土长和与群众有联系的群众干部和群众武装干部。为党教育和培养后代，为党创造新生力量是共产党员不可推诿的责任。而斗争要坚持，一切事情要办好，没有地方干部是不行的。在群众运动中，培养地方干部的数量多少、质量好坏，应当作为测量领导和工作的主要标志。如果外来干部能培养出更多更好的自己工作的代替者，是值得奖励和提拔的。要号召外来干部向本地干部学习，同时又善于在政治上提高他，工作上具体指导他，感情上联系他，生活上照顾他，好像母亲照顾自己孩子一样，但又不流于溺爱和放纵姑息，不是一下捧起来一下打下去，而是步步提高，紧密联系，放手让其工作，培养其工作的自主自动性和独立工作的能力信心。今日放手发动群众是与使用放手提拔地方干部伴随而来的；没有这一精神，则必形成工作上的一切包办和独裁，是干不出任何大事好事来的。所以，关于地方干部的问题，应当作为党的一个政策看待，并望在这方面创造经验创造模范。

今后的斗争，特别需要我们培养出一批群众领袖（掌握农工会）和群众武装领袖（掌握县和区的民兵大队、中队），让这些"群众的头"去闹革命，去在反顽打匪中建功立业，不要怕他的幼稚和缺乏经验，而只怕他不敢坚持斗争。这样的人对于群众好像生命线一样的重要，以后的农会和农民武装都要由他们出头露面负主要责任，我们外来人居于积极辅助指导的地位，对于这些同志我们自己要并且要动员群众去拥护他，同时由群众来监督他，使他们成为党的、群众的、武装的核心力量，而他们的周围围绕着广大热忱拥护的群众。一切反人民的反动力量是见着他们就不敢抬头的，而只有当他们成为人民利益的坚决争取者和保卫者时，他们才能享受这种荣誉。我们了解今天东北进行着翻天覆地的人民革命这一伟大的群众事业，如果各个地方没有这种群众英雄主义者，没有培养出一批群众领袖和群众武装领袖，则我们党对人民要负政治责任的。因为我们腰斩了群众的革命事业，因为我们党内的个人英雄主义者代替了群众的英雄主义者。至于我们关内干部，当然也可以成为这可爱可敬的人物，能够成为这样人物的也是党内最好的干部和党的荣誉，但要成为这样的群众领袖，我们同志则必须坚持为人民忠诚服务的信念，坚决与群众打成一片，真正做到农民化、地方化，决心克服个人英雄主义而成为群众的、革命的英雄主义者才行。

正如来信所说，初起的某些地方干部有某些脱离群众的不良倾向，一般说这是不可避免的（原因不赘）问题，只是采取什么方针来防止和克服这种情况的存在与发展呢？我们的意见是：

首先请你们注意的就是在群众运动中选拔积极分子地方干部的路线问题，一个是粗枝大叶，只看表象不究实质，不愿深入群众，用艰苦工作去找寻地方干部，这种路线常常找到的只是流氓类型的、敢打头阵的人物（这种人物还是需要的，不应拒绝其参加斗争，但不可选拔为干部和领导人物），而不是真正积极的生产农民工人。另一种路线则是与这些相反的，经过斗争，经过群众挑选和我们考察的积极热情忠诚和年壮力强的生产农民工人。毫无疑义，我们的正确路线是第二条路线，这样选择到的地方干部是不会脱离群众，不会种下以后的恶果的。伴随着这个干部路线而来的是干部作风问题，什么样的干部找出什么样的人来，而真正的群众路线的群众运动是会涌现出大批这样人物来的；一面需要突击挑选，而特别重要的是经过群众的甄别与挑选，群众的眼力是胜过我们的，大多数群众认可与拥护的才算合法的群众的人。所以以后的农会武装等干部均须经过大多数群众的讨论通过和选择，反对自上而下的委派制。群众有选举之权，群众更有监督弹劾和改选取消之权（这种权力对关内干部亦如此）；务必使我们的新老干部都面向群众，切实对群众负责。这是群众的民主路线。只有如此，才能减少和防止官僚主义、命令主义及其他脱离群众等恶劣倾向的产生和发展，才能培养出我们新老干部在群众中建立生根开花结果的思想和作风，根据地一开头就必须重视干部作风问题。这一点是十分重要的。

其次，你们对干部的策略教育和思想反省是好的，但要注意下面不发生偏向。今日对地方干部的宽严问题上，主要是宽，要善意热忱地帮助教育，切不可有错就打击和过重批评他（关禁闭的方式是军队办法，不应用于群众干部），要经过群众的监督，多采取个别谈话教育办法，除个别倾向坏成分也坏者外，一般不应一有错处就改造他或撤掉他。地方干部要耐心教育，切不可因其个人的某些缺点而束缚与妨碍其放手发动与领导群众斗争的革命热情。

四、来信中提出了一个中农问题，关于中农与党与贫农的关系以及农村阶级中所占的地位，不必多谈了。现在的问题是对于侵犯中农之处要采取补救办法（个别坏中农例外），如果侵犯的是一般中农，则应向其解释，并设法补偿其损失，如夺了他的地或牲口则应动员贫农退回全部或大部；同时在群众已发动贫农占优势地区，大量号召与吸收中农入农工会，并享受与贫农同等政治地位，农工会中要有中农参加领导的份，但不能占主要和优势的领导地位。关于中农问题，我们干部应去教育说服贫农，并组织贫农雇农与中农富农在生产战线上互助合作，只有当贫农与中农保持着巩固的阶级联盟关系，同时又能适当和有分寸地争取一般性质的富农（某些坏富农虽为打击对象，但也不能与地主同样看待）时，党才能获得工农小资产阶级在农村的优势力量和优势地位。各县亦望重视这一问题。

五、再一次提出在目前经过群众路线解决土地问题中，无论已分配土地及未分配土地的地区，必须抓紧转移枪支组织民兵，转移牲口农具解决生产问题，决心分青苗，巩固获得土地的农民对保卫爱护土地的热情（分青苗办法，地委扩大会已有决定，并应到群众中去讨论，由群众想办法）。这是当前分地争地斗争中一个重大环节。

六、最后通知各县委，望抽空将半月来之工作向我们作概括扼要之书面报告。我们希望给各县以较多之具体帮助，各县委务于20号左右，每县送一个典型报告来。同时把你县工作发展情况（分地、武装农会等），根据县图标明工作情形（绘图说明之），于此信到后即行送来。以后按月作一份图表报告，则可减之一般性之书面报告，以上要求请县委分工办理为要。

（此信望在党内传达讨论）

布礼！

刘（彬）郭（峰）

8月12日

（选自《辽吉各地委群运文件汇集》上册）

附：乾安县委给辽吉三地委的报告：乾安半月群众运动的经验

刘彬、郭峰同志：

从全县扩大干部会闭幕到现在已快一个月了，由于会中一再强调以大胆放手的方针发动群众，并讨论了"如何发动"与"怎样才算发动"等问题，工作队干部和与会的农会积极分子提高了热情与信心，一回去就斗争起来，半个月来到处都闹得轰轰烈烈，群众真正地"运动"起来了。斗争规模之广，群众热情之高，都远非各区领导同志的意想所及。安字区在开会回去后四天之中，全区群众（个别边缘井子不计）已普遍地作到撕破脸，我工作队干部则是完全放手由群众自己动手去干，农会自动抓人罚款缴枪分地借粮分牲畜；地主富农完全软下来，加上政府催征公粮草代金及地照验讫费，逼得他们走投无路，"自愿"把土地房屋牲畜自送农会分配的一日数起。农民既经翻身起来，就不按我们干部脑子里所安排下的道路一步一步走，一定而自然地越出了轨道，甚至过火地侵犯了中农利益，把大中种地户一样看待，×××同志打电话来，有点恐慌了。他说：他们乱搞起来，简直掌握不了啦！八月二日安字区召集各屯农会负责人开会进行策略教育：一、不侵犯中农利益，二、先打击最大最坏的，三、没收财产留给中农生活。这一周间侵犯中农经济利益的还在个别屯子里发生，这些中农都是"家里人"，教育群众不要无理乱来（当过警察屯长、劳工队长、地主狗腿子，像这样的个别坏中农仍是要斗争），但要留下的够他过活，不要搞得过苦。

赞字区基本上已推平了土地。现在还有一个百垧以上的地主和一百以下的一个地主，但他们已请求农会接收他们的土地和牲畜，马上就要分配。敢字井二家小地主的土地早已分掉了，西半部土地推平很早，地主送地农会就接收分配，东半部因为我工作队干部顾虑财粮收入，没有让农会马上接收土地迟迟未能推平。有几个屯还正打算把全屯土地牲畜（中农的在内）统起来，大伙均分；我干部提议把中农除外，他们已接受。

赞字区举办了五天的乡干部训练（二至六日），乡政权已建立起来，全区分五个乡，乡长、副乡长、指导员都是当地农会领袖，多数都是新党员。乡以下的屯牌长已取消，农会完全取而代之。各屯农会都有比较详密的登记。有些农会已成立小型合作社，区农工会已成立，敢字井群众领袖马生同志当选为会长，其余副会长、委员都是各屯群众领袖，马生还兼任一个乡长。到昨天为止，全区已有快枪八十六支（区工作人员的十三支在内），各屯都有自卫队，快枪编成快枪班，每天一早一晚两遍出操，夜晚查更放路哨，好屯子已取消大户原雇的更官，干脆自己打更，坏人私逃和牲畜走私大大减少。安字区连日查获私逃车辆及走私牛马四五起之多。赞字区景字井收缴了夜行的区队战士枪支（没有带公文证件），洁字井向张建同志要路条，屯子里插着红旗子，臂膊上缠着红袖章，从屯里来的人都说："乡下可热闹啦！"

麟字区一回去就召开农会代表大会，成立区建会，大家热情非常高，把全区划为五个联防区（乡范围的），区干部分头负责领导，并提出竞赛（注：谁提出），其中三个联防区领导人都是新干部，都颇有信心，四五天的工夫已全部做到撕破脸（这个区可能有些夸大，我们还没有检查）。东部井子私地大部已均掉，这时发现了一些干部作风不好，区长兼区委书记杨激中同志立即召集所有脱离生产的新老干部进行思想检讨，三号开了一天会，开得很好，好多干部检讨还很深刻，在屯子里工作有贪污腐化的、地主送礼的、企图发洋财的都反省出来，大家下决心纠正并赌咒再不做这件事。区农会委员赵才是麟字区的功臣，拼命保卫过区政府，他卖了公家子弹、贪污马匹，斗争地主时乘机发洋财，这次不肯坦白反省，经大家揭发才承认，大家讨论处分他：委员退职，坐禁闭两天。赵才说："我决心改过，以后再犯自己就拿枪打死自己。"说了就自动跑到禁闭室里去。

道字区四个区干部，各领导七八个井子分头并进，道字井附近几个屯子，已做到每户都有一两匹马、一两头牛，群众热情很高，这几个屯子过去一个月工作中连起照的明枪一共只有十五支，这次会后三四天就搞出来十七支藏枪。

农会订了红黑册子，会员写入红册，其余写入黑册，地主富农恐慌起来，情愿献地给农会均分，要求允其入会。

让字区分路南路北两块，路北工作有基础，即以复字井为重点深入斗争；路南只经过赞字区工作组"扫荡"一次，没有基础，群众要重新发动，还是开辟工作。海字井在斗争中，农会干部领导得好，不是少数积极分子在前面干，而是组织和发动群众进入斗争，不让他们袖手旁观，真正做到群众与地主撕破脸：三号以前，海字井已发展了五个党员，并建立了支部。海字井斗争后，区干部分头去搞斗争，已划大赉前旗的井子也派人来请求组织农工会（据说前人还没有做到）。

所、兰两区工作基础较差，这次会后开展很快，到三号为止，兰区只剩下五个屯子还没有工作。兰区西部边境有安广、开通过来的胡匪七八十名，十日之中游击三次，群众工作受了一些影响。所区还有两个屯子可以作为典型，现王枫同志正在该区搜集整理材料，加以总结，准备在代表大会上报告讨论（注：应立即组织群众打匪防匪）。

城区政府已建立，全县各伪镇长、组长都已改造。总工会枪毙张万钟后，有毛病的人纷纷搬家，接着又清算了两三家顽固分子，连中层分子都恐慌起来了，加以屯子里的农建会纷纷进城算账，弄得人心惶惶，坏人乘机造谣，说不参加建国会的都要清。政府职员已有人逃亡（电话局主任已逃），夜里很多人家偷运东西到处藏匿。三号由总工会发通告约法三章：一，已清算者不再清算；二，无毛病者保证不清算，三，有毛病者应自动到工会坦白，轻者不予追究，重者亦宽大处理。近几天人心渐安。

这一个月中群众运动的特点是：

一、以清算斗争为主要斗争形式，很容易把群众发动起来并和地主富农面对面斗争；过去多数是和平分地，公家给，群众受，公开矛盾还少，斗争不尖锐。

二、真正采用了大胆放手的方针，包办代替、命令恩赐的现象已不多见。

三、群众真正自动起来分地分家抓人罚款缴枪缴马，真所谓群情振奋，"一切反常"。清算范围已及于县大队的班长和战士（大都是富农子弟，还有做过警察的）。

四、地主富农迫于财粮重负，胁于清算威势，"自愿"送出全部或大部土地房屋牲畜等给农会。

五、群众已普遍地与地主富农撕破脸皮，并普遍地收缴了他们的一切枪支，农会在屯子里已掌握一切，统治一切（大部分地区已如此）。

六、采取分区领导全面负责的方法，区干部分工各掌握一个乡范围地区，增强了干部的责任心，工作深入，指导灵便，效率大大提高。

七、个别地区及时地进行了策略教育和干部思想反省，纠正了一些偏向的发生和发展。

八、斗争中改造了一批不称职的农会领袖者，安字井的老邱和周、麟、翔等井的会长，都被群众罢免，周字井会长袒护地主被群众斗争，自卫队长上去摘下他肩头的枪，并告诉他："干坏事，就不配背这支枪。"

群众运动中的几个偏向：

一、侵犯了中农的经济利益。除了麟字区自称未侵犯中农利益外，各区大部侵犯了中农利益。个别地区如安字区，还相当普遍地侵犯了；中农多半没有参加农建会，群众运动一起来，凡是"大人家"，所谓有牲口有地的，大都是排头儿打下去，中农也有杂在里面挨打的，没有入会的人都恐慌起来，打剩下的中农也有送牲口送地给农会请求庇护的（赞字井区就有中农送地）。让字区大退字井群众把八家种地户（富农、中农都有）放在一起斗争，要他们拿出四支枪、二匹全鞍马、八十四大布，中农被迫出卖耕马，余马已不够套一副犁杖。

二、某些地区积极分子脱离广大群众，积极分子眼睛向上，只向我们，不向群众，只要和我们商量好就动手去干，不管群众意见和情绪，命令多于商量，斗争也有干部包办的，干脆连形式也是包办的。城关区清算配给米面的余××，只有看见总工会委员××率领五六个组长一类的干部在街上跑来跑去，街两旁现成的群众都在袖手旁观。

三、个别干部与地主富农妥协，怜惜地主，进行伪清算（注：这是值得各县严重注意的问题，关于这一点目前只是报告还未证实）和清算事先与地主富农商量好，关起大门算，轻描淡写应付一下就算了。

赞字区就有该算十万而两三万了事的；安字区东北退井清算窝主，汇报时改作劳工小队长；麟字区陶唐等井主张关门清算，拒绝外屯群众参加（应严格纠正与防止）。

四、工作先进地区，干部大批抽调出去开辟工作，新干部尚未成长起来，工作脱节，先进地区变成落后地区。麟字区开辟最少，干部抽出最多，最近检查工作发现干部不称职、房租未减，工资未增，群众情绪消沉，经过发动斗争改造领导后才提起来。城区群众工作也有这种现象（先进地区抽干部一般采取2/5的原则）。

五、区与区、屯与屯之间有本位主义。清算斗争引起了农会之间的意见纠纷，一些人惟恐别人占便宜、自己吃亏，因此就主张关门清算，甚至包庇斗争对象，掩护他不让别人参加斗。赞、麟两区已发生三次纠纷，其中有一次还开了一枪，有两次都一直闹到县里。区干部也总说自己的"儿子好"，庇护自己的人，说对方不是，县委为此专门写信通知各区："出区算账搞枪，一定事先得该区同意，以免发生纠纷。"

六、所字区队招兵买马式发展，已达新老二十余人，没有经过群众路线，吸收群众斗争中的积极分子参加。除麟字区原有基础外，其他各区都没有大量发展区队，而着重于组织训练自卫队快枪班（民兵）。

与群众运动有关的几个问题：

一、地主已经认清早晚要均产，不肯验地照，情愿把土地交出来，不肯白出地照费。分地分产之后，担负土地减少很多，地主富农被清算均产后，仅足自保或难以自保，拿不出公粮草代金，财粮征收发生极大困难。

二、清算斗争展开后，中小地主及富农中农和多少有些毛病的人，不敢待在家里，大批涌进主力部队和县总队当兵，加以在部队已有被清算的，就在部队里形成了反对农建会的情绪，自然也见诸行动，已闹了九次冲突。部队成分还需要洗刷一下，不然就很难成为真正的阶级武装（注：十分对）。

明日如雨止，刘式钦同志工作队六十余人即去兰字区工作，并告。

专此

敬礼

张建　袁宝华

1946 年 8 月 9 日

中共辽吉三地委关于今后武装建设
与兵员补充的决定

（1946 年 8 月 13 日）

一、我区位于敌侧敌后，今后将为对顽对匪长期纠缠的游击战争形势，为坚持今后斗争并赢得胜利，我各级地方党与军队党，必须在今后以争地为中心的群众运动的基础上，全力扶植民兵与地方武装的生长与发展，并保证地方主力兵团按时获得必要的兵员补充，以期有力地展开地方主力与群众武装相结合的战争形势。为此，当前的群众经济斗争、政治斗争必须与群众的武装动员、战争动员密切结合；必须号召和组织基本群众以革命武装反对反革命的武装，以人民的武装力量来保卫土地，保卫农会，保卫牲口、财产和既得利益，以人民武装镇压反动武装，建立农村革命秩序和坚持对顽对匪的游击战争。为达此目的，则应加强各级干部的群众观念和群众运动与群众武装运动紧相结合的观念。党的任务在于猛烈扩大和深入农村各种性质的阶级斗争（以解决土地牲口为中心），在热火朝天的群众运动的火候上，掀起同样热烈的群众武装运动，以群众压力猛烈转移枪支（包括地主、富农及土匪、窝主枪支）着手，要求一切枪支归农会，而农会则选拔优秀积极可靠与年轻的生产农民以掌握武装，组成为群众的民兵运动。今后形势要求农会与武装相结合，要求农村的党及其干部和农民武装相结合。这将是坚持游击战争的根本，谁忽视这一任务的执行，则必招致今后斗争中的严重政治错误和历史的处分。

二、今后武装建设方针以创建民兵作为基本任务。民兵为纯阶级性的工农武装，其中心任务为团结和组织群众进行防匪、反顽、反奸斗争，反抓丁斗争，反保甲斗争，以保卫土地，保卫农民和农村根据地，其领导属于农村支部和农工翻身会，支部书记（或副）及农工会会长（或副）应成为民兵之主要领导者。民兵之成员，党与农会应绝对保证其阶级成分与政治成分的良好，绝不允许地主、富农及土匪、流氓、"国兵"、敌伪残余分子之渗入，它以贫农雇工贫民工人为基础，但进步中农得参加之。各地今后如发生民兵之叛变事件，则干部必须受到党的工作路线之检查和必要的处分。但同时应当指出，目前根据地系开创局面，民兵是大量迅速发展时期，一面应强调发展的阶级路线，另一面则须防止可能产生的关门倾向，而要民兵之质量并重，则必须在深入和扩大群众运动中求得解决。

民兵之组织，一般以村为单位（屯设小组），名称可用农工翻身自卫队（或农民基干自卫队），一般以不脱离生产或半脱离生产为原则，民兵不得享用脱离生产之马匹，但在执行任务时可借用私马或公马。民兵临时脱离生产执行任务时，农会应组织代耕代种，并由大户供给粮食。目前一般性之自卫队暂缓普遍组织，而首先着手建立民兵，如各地民兵已有初步基础或农民要求普遍武装时则可在自愿原则下武装农会会员之多数（土枪、土炮）。

三、各县县级武装统称县大队，长农不另设县大队，大赍、安广两县大队则拟合编为赍广大队，以利于斗争。各县大队以精干为主，重质不重量。为补充地方主力作战并求得县大队之彻底改造，保证兵员之绝对良好和与群众密切联系起见，各县委应准备于九月中旬前后召开之各级农民代表大会时通过决议，组织县农工翻身大队，以便从阶级斗争中建立完全优良与可靠之地方武装（目前即应在农会中进行思想酝酿之准备）。各县大队之现有兵员，则决定分期抽调大部或一部补充地方主力兵团，并拟首先抽调成分不良、纪律不良和打匪不积极之部队。

各地区级武装（区中队），今后一般采取不脱离生产的原则，在各地群众运动与民兵工作打下初步基础时，从各村屯民兵中分期轮流抽调与动员民兵组成为区农民翻身中队（以一个月到三个月为期，先短后长，农忙时缩短，农闲时加长），此系半义务兵役制，好处是不仅能节省财政支出与人民负担，并便利于轮回训练与加强民兵。现有之区队则决定分期抽调补充主力，区队一般为步兵，不设骑兵。

四、各兵团之领导与指导关系作如下之确定：

确定十九团、二十团及蒙古骑兵团直属军分区建制，为本区机动作战之地方主力兵团。十九团、二十团在各县执行任务时应与各县委取得密切协同，各兵团应接受当地党委之政治纪律与监督政策之指导。尊党拥政爱民，为我党党军之基本政治素质，各兵团首长对当地党委应积极提供地方工作之意见并参加指导和掩护地方工作；拥军参军与爱兵，以加强战争观念，应视作为地方党政民干部党性具体表现之测验。为求得党政军之密切协同，在组织上规定各兵团团长、政委在其活动地区为当然之县委委员（各连队之政指或连长可临时参加区委会）。

长农支队虽为地方主力，但建制划归长农县委，政治领导及执行本县范围之任务时，主要由县委负责，其中心任务为开辟长农工作，长期坚持长农斗争，以保卫该地区之人民与干部，但有协同其他兵团作战时，得临时脱离该区作战。蒙古骑兵团在本县执行任务时，亦与此类同。

各县大队对军分区、对县委亦为两重领导，但其经常之政治领导及本县范围任务之分配主要归县，但县委对军分区交予县大队之任务、指示与命令，应保证其执行。区大队亦同。

五、为对顽作战之需要，各地方主力兵团必须求得部分扩大，各县、区委为主力补充兵员，为不可推诿之责任和义务。各兵团补充数额，规定在今后三个月内（8月10日至11月10日）十九团（分区骑兵团）补充一百人，二十团补充四百人，军分区补充一百五十人，长农支队补充四百人，蒙古骑兵团以巩固为主在巩固基础上作个别审慎之扩大，同时在八月底前后为军区补兵三百名。

（一）决定各县所摊任务：

1. 长农支队兵员补充由长农县委负责。

2. 十九团兵员补充由该团自行个别审慎扩大，骑马从打匪中解决，不足之数由军分区补足。

3. 二十团兵员补充由乾安担负 3/4 任务，扩充三百人，该团本身自行担负 1/4 任务，个别审慎扩大一百人。

4. 军区兵员补充之三百人，由大赉、安广两县担负，并限于九月上旬完成任务，其方式为由赉广县委抽出大部区队和少数县队成为两个新连，并立即扩大为两个大连，其干部由两县大队中抽调，以后由军区派员接替。

5. 军分区之一百五十人，由郭前旗县委负责完成。

（二）补充方式及完成期限：

1. 主要为抽调县大队、区中队之大部或一部补充之，干部主要由各兵团派遣，小部由县队、区队之干部提升。

2. 不足之数由县委个别动员补充。

3. 各兵团应即抽调一定数量之军政干部（注意选调政治素质较好之干部），分配至各该县委，以利接收和扩大工作。

4. 部队本身之扩大，必须坚持个别审慎原则，坚持反对招兵买马路线，所派出之扩兵人员应注意其政治质量，并交县委领导，首先从事群众工作，然后在群众发动的基础上，按自愿原则个别扩大。

5. 为使扩大兵员不致影响群众运动，规定各县之任务于两期完成。第一期两个月（8月10日至10月10日），主要为县扩大县大队时期（各县可按应补充之兵额，抽员抽干部组织新兵连并进行扩大），对应补充所辖该团之兵额，按可能程度作少数或部分补充；如能力允许，最好能提前补充一部或大部，以求有利于情况变化时之作战任务的执行。第二期一个月（10月10日至11月10日前），为全部补充完结时期。

6. 各县县大队之兵员扩大数额及经常保持之员额，由军分区另行确定通知。

（原件存于中共吉林省委党史研究室）

今后三个月的任务、方针与具体要求

——中共辽吉四地委书记喻屏在地委扩大会议上的报告

（1947 年 2 月中旬）

一、对过去工作的估计

过去的工作是有很大成绩的：群众已初步发动，多少得到了些果实，涌现了大批积极分子，封建势力已被初步打击，群众有组织的力量已开始形成，根据地的雏形已经具备。但大部分是半生不熟，较熟的仅占少数（白城子较熟地区最多，亦仅占 17%），还有一部分"生荒"。群众运动仍处在发动阶段。

在执行政策上有偏差：打击面过宽，不应打击的打击了，中小地主该照顾的没照顾，特别严重的是侵犯了中农与富农利益，而对于大地主恶霸地主又未达到应有程度。

工作作风存在着严重问题：比如急于求成，工作严肃性不够，对上级指示、政策等不仔细研究，对工作经验未及时总结，工作不够踏实，包办代替，大多把积极分子的包办代替当作了群众路线，致使许多可以避免的缺点未能避免，应该更早解决的问题未能及早解决，因而耽误了两个月时间，延迟了发动群众与根据地建设的进程。

二、工作现状

（一）各地区的情况

较好地区，其特点是：干部较好，作风正派，比较关心群众，培养出较多干部，都经过初步教育；群众较有觉悟，生产情绪较高，比较团结，与政府、军队关系较好；农会能起作用，民兵可以防匪自卫，开始挖匪查坏人，开始形成有组织的力量；政权基本上是群众的，可以为群众兴利除弊；群众斗争果实到手，地主威风已打下去。其所以获得这些成绩的原因是：打中了地主要害，打得彻底；一开始选举积极分子比较慎重，坏分子未上台，或发现后迅速洗刷；领导抓得紧，干部作风较踏实；群众思想经过酝酿；包办代替较少；群众确实得到了利益，觉悟提高；农会确能或多或少为群众做事（如发展副业、剿匪等）；建立了能保护群众利益的民兵组织。

半生不熟地区，其特点是：地主统治未打垮，最反动的未打下去或打击不够，有不少现在还在组织反攻；斗争果实（土地、房屋、牲畜、粮食）未全到手，甚至有的群众未得到利益，反增加了负担；干部积极分子脱离群众，成分不纯，甚至有狗腿掌权；群众缺乏斗争决心与胜利信心，情绪低落；打击面过宽，侵犯了中农与富农利益，树敌过多，更影响了群众的斗争决心与信心；各种组织有形式无内容，或内容很少，不能为群众做事，甚至反起坏作用。

其所以形成此种结果的原因是：

1. 干部对地主阶级的传统势力认识不足，对农民觉醒的速度估计过高，急于求成，发动群众斗争未经酝酿，包办代替。

2. 作风不严肃，不仔细研究上级指示与政策以及阶级关系与群众运动的规律，不把搜集材料研究材料当作工作的出发点。避难就易，以轰为快，满足于表面现象，不及时总结经验。总之，缺乏深入艰苦朴素的工作作风。

3. 平均使用力量，满天飞，企图一下子完成全县土地改革，轰了就走，无重点，大胆放手未与细密工作结合，甚至单纯轰。

4. 客观原因：时局影响，认为战争很快会到来，秋后逼近，要求快解决问题；土地改革是新工作，缺乏经验，又是在新的地区进行，新的地区与老解放区群众已觉悟地主阶级已大为削弱的情况完全不同。

上述原因中第一与第二个原因是目前群运的基本症结所在。

乱套的地区，其特点是：地假分，农会民兵是假的（地主组织的），大权仍在地主或其代理人之手；群众不但未得利益反增加了负担；政策搞乱，甚至"农会干部"故意侵犯中农与富农利益；群众未得到好处反增加了负担，不拥护我们，而又震惊了地主，使其与我为敌，甚至中农也反对我们，两头失踏。

较好地区与乱套地区都是少数，大部分地区是半生不熟，消灭半生不熟是目前群众运动的中心任务。

（二）地主阶级的反攻及其利用的对象和活动方法

活动方法：较好的农会干部和积极分子，利用流氓告状，离间他们与群众关系，或派狗腿子入农会，挤出好人，拉进坏蛋，掌握农会，或向他们直接进行收买。工作差的地区，则通过狗腿子，利用他们造谣威胁群众、干部和积极分子。

维护其财产，更是采用多种多样办法：

卖地——把被分的地卖给群众，或偷卖给旁人；假造"康德"年间地照，好地写成荒地。

吃租——强迫收被分之地的地租；把分地的人当佃户，照样吃租；小地主减租后，不出公粮，把负担加在群众身上。

假分——把好地分给其亲友，实则明分暗不分，甚至有捏造分地人的名单的。

纳租——利用群众分地后吃小租的办法，钻空子，地主向分地人纳租，地仍由本人种，地权不转移，实行"倒二五减租"，并且拖延不交租或不打场。

利用地照——说八路地照不管用，不写白契不交旧照。伪满地照尚未全换，群众领了新照觉着特殊，地主便利用此点蛊惑群众。

浮产——藏、借、假分，利用群众困难趁机收回；利用坏农会代管；用入股方式，明是群众的，暗是地主的；分东西要群众登记，坏干部还逼群众画押；分粮时"听斗"。

利用对象：流氓、亲友、老耪青抗活的，"屯不错"、"胡子"、"胡子"家属、伪特务警察、被分地的中农与富农，一般的中农与富农也有被他利用的，犯错误、受打击、落后的干部，对农会或对军队、对政府不满的群众。

利用方法：对好干部施小恩小惠，事后则扩大宣传以破坏其信仰；威胁造谣；找工作弱点，钻空子；利用群众仁道思想，哭穷；利用迷信；利用封建关系；拉干部、拉军属拜把子、认干亲，"在家里"装开明，积极参加战勤，抬高地位进行活动；"卧薪尝胆"，待机复辟；挑拨蒙汉关系；打探工作计划，对被分地的中农与富农则表示同病相怜。

总之，许多地主还未认识到其财权已经转移，只有真被分了的地主，有些低头，精神上陷于苦闷。

三、要求干部弄通以下诸问题

1. 一切为了人民，全心全意为人民服务，这是共产党人、每个干部必备的品质，如果没有或不完全，就不是一个好的共产党人、好的干部。

2. 必须使人民尽可能多得利益，尽可能快得利益，因此在工作中当力求不犯错误或少犯错误，力求少有缺点或避免缺点，发现缺点或错误迅速加以纠正。要求每个干部以严肃的态度进行工作，一切轻率、马虎、老一套、不求上进，都是对人民不负责任。我们应当做到对群众有利则力为之，有害则力避之。

对人民负责与对领导机关负责是一致的，因为凡是对人民有害的事，就是对共产党有害的事，因此，凡发现对人民有害的事，均须立即设法纠正。不如此则是没有群众观念或群众观念不强，对党员则是党性不强，我们每个同志均需以此来测量自己进行反省，则转变作风即不成问题。

3. 要相信群众自己解放自己（应熟读少奇同志文章），群众翻身必须依靠群众的自觉与自愿，人民的敌人，只有人民起来才能打倒，我们任何正确政策，离开了群众的拥护与坚决的斗争，都只能是空话。我们在群众运动中的职责是：用一切适当办法启发群众自觉，敢于坚韧而顽强地起来斗争，在群众已有觉悟之后，则是指导与组织群众进行斗争。

在发动群众中，必须认识一切群众都有觉悟分子、中间分子、落后分子之分，通常情况是觉悟分子占少数，我们必须关注中间分子与落后分子，必须引导他们跟着积极分子行动起来，才能有真正的群众运动。我们必须团结与教育积极分子，使其成为群众的核心，不要把只是积极分子的活动就认为是群众路线。

群众是需要切身体验的，我们强调集中使用力量突破一点的工作方法，其意义即在此。强调创造典型的意义亦在此。

4. 先向人民学习，向群众学习，然后才能教育群众。我们有许多同志不了解这点，因之在作风上不民主，不愿倾听群众意见和别的同志的意见，自以为是。甚至有的作威作福，只要不符合自己意见，就强迫命令，甚至打骂群众或扣人。对上级意见，也是同样不听，随便修改上级指示，如是党员，党性就值得检查，就是党性不纯。

完整的群众路线应包括以上四条。现在有不少干部都是从个人出发，其具体表现就是自由主义、官僚主义、享乐思想，这些东西不克服，工作是无法搞好的，半生不熟是无法消灭的。

东北与全国担负的任务是一样的，但成为解放区才一年多，群众基础差，这就要求我们抓紧时间，要求我们每个同志积极紧张地进行工作，使胜利更快到来。

消灭"夹生饭"这个严重任务，时间只有两个月，克服上述不良思想，贯彻群众路线是其基本关键，故要求同志们回去召开大小会议，首先解决群众路线问题。

四、今后方针、任务、具体要求及政策

方针：再度大胆放手发动群众，向封建堡垒、恶霸窝主等作坚决的斗争。因此需要拿出去年7月下乡的工作热情，但要避免去年的缺点和错误，接受去年的经验教训，仔细研究情况，正确执行政策。

任务：做到"三挖四到"，真正实现土地改革，摧毁封建堡垒，消灭半生不熟，准备春耕生产，为支援自卫战争奠定根据地基础。必须使贫雇农有地种，中农富农安心生产，解决土地问题是开展生产运动的前提，土地问题不解决，发动广泛的生产运动是不可能的。

现在即应准备生产，它对做到"三挖四到"有促进作用，再加放贷款的帮助，可以提高群众生产情绪。目前的口号是"挖根保地大生产"。

政策：根据会议讨论结果，暂作如下确定，还须仔细研究，尤望在执行中进行检查，如发现不妥处，即速提出，以便改订。

1. 土地政策

对地主应按照不同对象，分别对待，如封建堡垒、中地主、小地主、中等经营地主、不在地主等。

凡属封建堡垒（开展运动前农村的真正统治者）与反民主反人民的恶霸、窝主、劣绅等，不论其经济地位如何，都是土地改革与根据地建设主要障碍，必须集中强烈火力，将其斗争到不能复辟。土地、房屋、粮食、牲畜、农具等必须全分，衣服分一部分。给其留下的相当于一般农民，但不采用抄家方式。除罪大恶极人人所痛恨者外，凡上述应分的财物之外其他财产全不动，还应采取说理方式，争取社会同情，并搜集其罪恶事实，进行宣传，这样可以分化地主阶级，使封建堡垒孤立。

对中地主：土地全分，留给土地使其保持富农地位，牲畜、粮食、房屋、农具分一部分，以土地为比例，留给其够用的。工商业部分不动，号召地主向工商业发展，羊群树林不动（已分的不退）。

对小地主：土地未分的暂不分，看以后情况再行决定；已真分的不要再退，生活贫困的给予补助，由黑地或分旁人地中抽补。明分暗不分或退回的，如系献地可退回，如系斗争出的，经农会教育后，要他写悔过书，再退回他大部分。

对中等经营地主：土地可分一部分；牲畜、农具、房屋等也都要分一部分，照东北局指示办。

对不在地主：分别大中小处理，不要全分掉，给留下一部分，有亲友的由亲友代管，无则由政府代管。如系无劳动力或自由职业者或工商业者的土地，可说服群众不分，实行减租减息。如已分可由查出黑地中补还（如人少地多，仍以地主论）。

策略的总方针是集中火力斗争封建堡垒与恶霸，对整个地主阶级是以斗争为主，调剂为辅，而且调剂必须在群众斗争中来解决，要绝对避免单纯的调剂。

关于区分大中小地主的标准：暂规定百垧以上为大地主，四十垧以上为中地主，四十垧以下为小地主，但在具体划分时，要照顾到地好坏、人口多少等。

对富农：未分的不动，出租部分也暂不动，看以后情况再行决定。过去送地的退还，给接受土地的农民补偿，或以同等质量的土地补偿富农。被斗争的要其向群众承认错误之后，才退还或补偿，但如已分，则出租部分不退。如系坏蛋，则进行政治清算。富农工商业已分的不退，未分的不分。

对中农：只分进不分出，如系特务或敌残分子，则进行政治清算，财产不动。如已分必须说服群众保证退还，或以同等质量土地补偿，必要时还可稍多一些（看农民对他态度决定）。但如罪恶太大，群众说服不了，分就分点，但不能放任，领导上必须掌握。

对开拓地，现在的情况是：过去分配方法是照人口平均分，连私有地也均是打乱平分的，有的地方是裁多补少。如此，土地集中地区，中农占便宜；土地分散地区，中农吃亏。富农则都是吃亏的。开拓地区黑地多，大多数未分下去。土地较分散地方，大地主减少，富农增加，土地关系实质上未变动（谁的地谁在种）。

针对上述情况，决定解决办法是：阶级关系变动很大，以现在阶级成分为标准，不以过去为标准。大中小地主与富农均按人口，土地好坏、远近，平均分配，同时照顾军烈属等。中农土地一般不动，如愿打乱平分也可以，过去已真分了的，中农的损失，以查出黑地补偿。黑地首先号召自报，然后发动群众查，中农以下的确认其所有权。对于富农，十垧以上，超过部分拿出平分，十垧以下确认其所有权，如系自报，可多留几垧。地主的全部拿出平分，如系自报，根据具体情况，留给几垧，均须经过群众讨论决定。处理方式仍须以处理私有地方式进行。

土地分配标准，规定贫苦烈属可多于农民一倍，贫苦军属可多分1/2至一倍，赤贫、贫苦的鳏寡孤独者可多分1/4。

2. 对坏干部政策

首先要分清敌我，分清革命与反革命，死心塌地当走狗与一时动摇要分清。对走狗的斗争，火力应向其主人，对本人应分化，使其离开地主。对忘本干部（如贪污等）以教育改造为主，不宜过火，以免妨碍新干部的生长和积极性，不给地主以挑拨离间机会，以免为敌利用；如情节严重，可通过群众使其下台，甚至开除会籍。

处理坏干部亦必须从斗争中来解决，不能离开斗争静止地技术地审查干部，整理组织。

3. 对帮会政策

抓住违反群众利益的具体事实，进行分化瓦解；其与地主有勾结者，抓住他罪恶事实进行斗争；如与敌有关系，则搜集材料交公安机关。对拜把不干涉，如系地主活动，可揭穿、瓦解并进行斗争。

4. 汉人区蒙人政策

蒙籍地主富农未分的一律不分，先搞汉人大地主。如广大蒙汉群众要求搞，也必须采用调解方式进行，同时由蒙人出面，多给留些，或想些办法，动员自送。蒙籍地主已真分的，不收回，如生活困难，可设法补助；中农、富农已分的完全退回，或设法补偿，不使其吃亏。蒙籍地主房屋、牲畜、农具未分的不分，已分又要回的不退，应使其向群众认错赔罪。

此外，还必须注意培养蒙古（族）干部，培养蒙古（族）革命知识分子和纯朴农民。注意纠正盲目的大汉族主义思想。须知蒙古（族）人民族自尊心强，必须强调民族压迫与阶级压迫的一致性。尊重其民族自尊心，注意培养汉人与蒙人的感情，树立个人威信，老实地为他们做事，取得他们信任，蒙人的事要蒙人做，我们帮助，我们要甘心吃亏，让蒙人占些便宜。

具体要求：

对好地区：纠正政策偏差；检查果实分配是否合理，最后确定所有权；继续发动群众，提高群众觉悟，最后肃清封建势力；提高干部，教育干部，整理组织；为群众兴利除弊，立即进行生产准备。

对半生不熟区，基本要求是"四个做到"：农会、武装、政权中无狗腿；地主势力瓦解，不敢进行破坏活动，农民不怕地主并敢于监视地主。如能进一步做到以下两点更好：

（1）培养干部与积极分子。每村培养出 15%—20% 的积极分子，标准是真正勤苦农民；在工作、斗争中积极敢干；不与坏蛋、地主勾搭。每村从积极分子中培养出三名以上干部，标准是经过斗争考验，为本村群众所拥护；有为人民服务的思想，办事公道不忘本；作风艰苦朴素（要求一年内按现有干部增加两倍到三倍，克服半生不熟期间增加一倍）。

（2）农会与政权分开，政权掌握在农民干部和积极分子手里；农会有固定会员（以人为单位），建立初步工作局面，要做到大部分中农参加农会；改造和建立不脱离生产的民兵（不普遍搞自卫队），每村 15—20 名，保证武器在积极分子手里，可以防匪抓坏人，镇压地主的反攻破坏。

对生产的要求：保证分了的土地全部种上，保证达到去年的耕地面积，并尽可能消灭熟荒，发动植棉打井，奖励植棉，棉田免收公粮，如植棉无收获，贷款不收回，能植棉区，每个劳动力种半亩；号召农民积肥，发动群众互助；发展牲畜及农村副业；每村培养两个以上生产模范（特别是种棉英雄）。

五、必须解决的几个问题

（一）克服"夹生饭"的基本环节是打通干部思想，教育提高干部积极分子觉悟：

1. 打通干部思想提高干部觉悟的办法是有计划地在工作中进行教育，选择重点组织干部积极分子实地学习；给每个老干部分配任务带徒弟，一个时期必须培养出一定数目的新干部。

2. 老干部在工作中的职责，首先是政治指导与工作的具体指导，因此老干部必须具备艰苦深入耐心踏实的工作作风，调查研究掌握情况，有高度的学习精神；对新干部与积极分子进行阶级、工作与时事等教育；为群众及新干部积极分子撑腰。如县应以此为条件在老干部中发动竞赛。

3. 新老干部必须严守工作纪律；工作中不包办代替；生活艰苦堪作模范；不接受斗争果实和赠送的任何东西（旁人送的也不许要）；不经一定负责人的许可，不许和地主往来；作遵守群众纪律的模范；老干部则须以身作则。

（二）重点与全面的关系很好解决。必须做到建立重点创造经验以推动全面，全面开展后又能提高重点，使重点保持其先进作用与示范作用。须注意不要死守重点，也不要只顾全面展开又搞成半生不熟。

（三）重点与基点最好统一起来。重点的意义在于示范，基点的意义则是便于坚持斗争，各县应很好加以解决，尽量使其统一起来。

六、领导问题

根据此次讨论，对领导作风提出以下意见：

1. 要有严肃态度。不马虎，不苟且，深入了解情况，调查研究；对上级指示要根据具体情况加以具体化；对问题处理要严肃慎重；要打开脑筋多思考。

2. 要贯彻。不要先紧后松，虎头蛇尾，要一扫过去毛病；工作要有布置、有检查、有总结。过去许多问题不是没有发现，不是没有想到，而是没有贯彻。

3. 要紧张。要抓紧时机，建立紧张的雷厉风行的工作作风，尽快打下工作基础，否则会受到敌人的处罚，敌人到来就无法坚持。

4. 要加强思想领导。对干部缺乏思想领导，干部进步就慢，工作进步就慢。现在干部中发生的问题不少，必须加以纠正。必须把官僚主义自由

主义去掉。加强组织领导与组织生活，开展批评与自我批评，大大发扬民主，主要领导人要带头，起模范作用。

5. 要建立学习制度。现在学习是不积极的，今后应有计划地学习政策研究时事，以提高工作效率，各县最好能做到每村、每个小学、每个连队有份报纸（《西满日报》《胜利报》）。还应发动干部写稿，特别是工作总结性文章，这不是负担是工作，是交流经验，这次要确定特约撰稿人。

6. 加紧联系。各县要向地委写报告，如工作布置情况、工作进度、获得的具体经验和执行政策中发生的偏差，以及工作全面总结等，以便及时提出意见。

7. 严格遵守制度。各种制度要当作法律去遵守，要提到原则高度，这是组织观念问题，领导人首先应以身作则。

最后要教导干部贯彻群众路线，确立全心全意为人民服务的革命人生观，要根据党的政策与群众的思想情绪进行工作，这是消灭"半生不熟"的关键。

（选自《辽吉各地委群运文件汇集》上册）

中共辽吉四地委关于消灭"夹生"与开展
农村大生产运动相互结合的指示

（1947 年 3 月 10 日）

最近所得材料，农民对土地的要求比过去高，有不少地方发现去年假献地和明分暗不分的土地，现在弄假成真了，还有不少农民见着我们干部就问："什么时候发地照？为什么还不发地照？"这除了省委三月五日信（载《坚持》第一期）中所指原因外，还因为受了去年真分得地者已得到实际利益的刺激，和现在真分得地者忙于搞牲口、农具、拾粪准备春耕的刺激，没分得土地或土地分配不公以及明分暗不分或只在"纸上""屋里"分而不知地之边沿四至的群众有不少"心里痒痒了"！在洮南福顺区消灭"夹生"过程中，处理土地问题与大生产宣传和具体准备工作结合进行，很易激起群众的土地要求，在分地时好坏远近非常认真，斤斤计较互不相让。这都说明消灭"夹生"与开展农村大生产运动相互结合的严重意义。在消灭"夹生"过程中，即应开始春耕的具体准备工作，如：调剂牲畜农具，帮助群众研究解决牲畜农具困难的办法，组织换工插犋、研究农贷法及调查贷款对象等，这样更易刺激群众的土地要求。"两个工作是渗透的而决不应截然分开，应当把'大生产'看作是改造'夹生'很重要的动员口号，同时改造了'夹生'也就是完成大生产最大的准备工作。"（省委信）

我们应当抓住群众的心理，细致研究群众的思想动态。现在除了群众的觉悟和政治条件比去年好外，更有力更实际的是群众的亲身体验，即去年真分得地的人已经得到实际利益，未分得地和假分地的却仍然受穷，这对群众是很有力的教育。我们应抓紧搜集这类材料，向群众作生动广泛的宣传。东北政联"关于农村贷款指示""生产令""开展农村大生产运动的指示"，专署"保护清算物品和土地所有权布告"、"关于禁止随便摊派加重人民负担布告""关于生产指示"（很快即下发），亦应与之结合广泛宣传。其中关于今年减征公粮 10%，开生荒三年免收公粮、熟荒一年免收公粮，禁止乱摊派减轻人民负担的规定，应特别强调，打破群众"怕花销"的顾虑，指出"发财致富"的远景。

　　我们必须注意以下问题：目前春耕将届，是最易激发群众土地要求的良好时机，我们必须尽一切可能在春耕前把"夹生"地区和一部分生荒地区（能全部更好）的土地真分下去并全部种上，因为只要在春耕前将土地分下去并帮助群众种上，群众对分得土地的所有权即重视了。因为他已出了劳力花了本钱，就不会轻易被地主拿回，群众的斗争决心即会加强。如再经过铲地、耥地和秋收，群众对土地的所有权思想和斗争决心，必进一步提高以至最后确定，即可能为保地而进行坚决斗争。但如果我们在春耕前不能把土地分下去，把"一年之计在于春"这个良好时机错过，到春耕过后再消灭"夹生"将严重增加我们困难。因为这时分得的土地一年多（明年秋季）以后才能得到实际利益，群众的土地要求即不易被激发，土地问题即不易解决，"夹生"即不易被消灭。由于现在有大量土地明分暗不分（生荒地区则原封未动），群众不去种，地主"怕再分"不愿或不敢种，富农以至中农受"发了财就分"的谣言威胁生产情绪不高，就有重蹈去年覆辙，使大量土地撂荒造成灾荒的危险！所以我们必须严格注意这个问题，必须尽一切可能，想各种办法完成这个任务！

　　但春耕的要求是面广，目前消灭"夹生"是"不求快只求透"，"搞好一个算一个"（省委信），二者是矛盾的。最近地委会议也研究了这个问题，即选择重点创造经验、典型示范推广全面，不只是要求"点的深入"，还要求"面的推广"，二者亦是矛盾的。为使消灭"夹生"与大生产运动很好结合，这个矛盾必须合理解决。否则就会：或者是"盯住重点"（春耕前只搞一两个村）不注意面的推广，致大量土地撂荒；或者又是"到处放火"（没有重点），"夹生"又加一个"夹生"。现在这两种情况均已发生，如不注意合理解决，定发生严重后果。"如何合理解决这个矛盾？"这是熟悉情况的各县委、区委同志的领导责任。

　　现在我们除将最近地委会所讨论已向各县口头传达的办法再重复强调，望具体研究切实指示外，再提几个办法供研究参考酌情执行。

　　一、集中力量搞重点（选择能创造典型经验、政治上经济上有重要意义、今后坚持斗争能成为基点的村屯）时，应尽可能多吸收重点周围村屯的纯洁的积极分子来参加工作和学习，有计划地对他们进行教育，打通思想，并通过他们了解这些村的情况，到适当程度即要他们回本村群众中进行斗争酝酿、准备斗争，使在重点工作告一段落，主要力量转移到这些村屯时缩短工作时间，加速面的推广，大量培养本地干部和积极分子。这里需说明，在重点工作告一段落，力量转移到周围或其他村屯时，要根据具体情况留下少数干部继续深入斗争，乘群众"热气"将地主打得服服帖帖不敢反攻，以确保群众优势和斗争果实，组织生产。切忌将全部力量转移或认为"已无问题"，丢下不管，避免群众"热气"下落地主又爬起来反攻，使刚"熟"的"饭"又变成"夹生"。过去有许多"夹生"都是这样造成的。

二、选择重点时一个县一个区均需要有计划，勿距离太近，最好是像过去敌后敌人的"梅花桩"据点一样，每个重点周围都有若干村屯，每个重点都向外开展，开展到一定程度，几个重点连接起来推广到全面。这样做的目的主要是以重点向群众示范扩大影响，便于面的推广。近发现有将两个重点靠在一起，是不妥当的。当然，由于部落距离远近及大小均不一致，不会如理想那样规则，只要摆得适当即可。

三、在一定范围以内，在封建势力中总有其大小的中心人物，每个反动的中心人物，都可能控制一定地区的群众，这些反动的中心人物就是这些地区的封建堡垒。这些坏蛋不打垮，这些地区的群众即不易起来，为消灭"夹生"便于面的推广，应首先集中力量发动群众，把这些封建堡垒摧毁。在全县或全区把这些大小封建堡垒摧毁后，其他的地主慑于群众的威力，即不敢活动或不敢大肆活动，群众的顾虑即减少。土地问题易于解决，"夹生"即易于消灭，这也是消灭"夹生"提高工作速度的一个办法。但这个办法，可能与建立工作重点及坚持斗争的基地均不一致，应根据具体情形权衡轻重斟酌进行。

四、目前因为春耕将届，时间短、干部少，为便于普遍消灭"夹生"，部分或全部消灭生荒，造成开展大生产运动的条件，除重点工作须尽可能地求其深入，以积蓄经验、创造典型示范外，如时间不允许，力量不够，春耕前的工作要求可降低些（地委会议总结亦提出些意见），先做到最低限度：（一）做到"四到"；（二）将地主打垮——即将土地真分下去，并帮助群众组织生产，将分得的土地全部种上，就算完成任务。其余的工作如来不及可放在春耕后搞，这样，其中虽仍有"夹生"，但最基本的土地问题解决了，地主打垮了，其他问题就好办。如干部特少，工作基础太差，有大量土地撂荒的危险时，对重点的工作要求亦可斟酌降低，便于推广面的开展。因为不论重点或基点，尤其是基点，如果其周围没有一些屯子围住它，成孤立的点，即大大降低其意义（孤立的基点，形势变后坚持斗争用处也不大，亦不易存在）。

五、在消灭"夹生"与开展大生产运动中，县、区政府尤其县长、区长须亲自动手认真切实地有力配合，根据东北政联的命令、指示与专署布告，挨村挨屯挨部落召开群众大小会议广泛宣传，以行政力量有力地配合群众斗争，把过去假分或明分暗不分的土地、牲口、房屋、粮食真分下去，并全部种上。给地主留的土地，富农中农的土地，除广泛宣传我们的政策，号召地主走"张永泰的道路"，及中富农"发财致富"推动其自觉地积极生产（这是基本的）外，亦可用行政力量强制其生产。县委应缜密计划，春耕到时仍无力消灭"夹生"的地区及生荒地区，开展生产运动的责任应基本上交给政府，并督促其立即召开群众会及地主富农座谈会开始春耕宣传，并宣布政联及专署不准撂荒的法令。对于未被分过的地主，亦须号召其将原耕地全部种上，各县须根据具体情况考虑颁布关于生产的"奖惩条例"（但需注意勿使地主为此逃亡）以减少撂荒地。

这是一个艰巨而严重的任务，切望全体同志以严肃的工作态度，以对人民对革命负责的精神，掌握具体情况，仔细钻研有效的具体办法，以百倍紧张艰苦深入的作风、竞赛的方式完成这一任务，并望将研究结果及经验随时告我们。

（选自《辽吉各地委群运文件汇集》上册）

中共辽吉四地委关于动员与组织春耕的指示

（1947 年 4 月 1 日）

一、目前春分已过，清明将届，农民正在进行打洋草、搂柴火、泥房子、送粪，积极进行春耕的准备。到了清明即要种麦，谷雨一到就正式进入紧张的播种时期。因此，目前的群众运动，必须以动员与组织群众春耕生产为中心，抓紧时间全力帮助农民完成春耕的一切准备工作。而消灭"夹生"，也必须在动员与组织春耕中求解决。不然误过农时，不能扩大播种面积，则不仅军用民需无法保障有陷于灾荒可能，且将使农民及其他阶层对我们不满，在政治上陷我于极不利地位，给今后群众的发动、根据地的建设与坚持增加严重困难。

二、情况：凡群众发动较"熟"和已经"改煮为熟饭"的村屯，群众已经起来打垮地主，推翻狗腿子，改造了农会，产生了一批真正的积极分子，确实分得了土地，获得牲口、粮食、籽种、农具……农民生产情绪异常高涨，积极拾粪、打柴、修理农具；有的村屯已组织插犋换工，增买牲口。尚存的困难，仅是牲畜、种子不足。但这种地区，在我分区各县来说当不足 20%。约占 80% 广大的未经过改造的"夹生"地区，农民未真正发动起来，地主未真正打垮下去，农会、政权大多数被流氓坏分子狗腿子甚至地主掌握，尽管"夹生"的程度不同，而在春耕上所存在的困难，大体上则是一样的：

1. 地权未确定或分配不合理，如：相当普遍的明分暗不分，农民不知道自己分得之地的地头、地脑、边沿四至，献地地主又把土地借故收回，地主留下近地秧棵地，农民只分到远而坏的地，农会留地太多，地块太零碎无法耕种，或地界不明确，未发地照等等情况，均使农民存在疑虑，不敢种、不愿种或不积极种。

2. 牲畜、粮食、农具、籽种等群众尚存着严重的困难，如：农民根本没分到粮食、牲畜；或分到后经地主反攻又送回去，或地主把牲口隐避出去，只分到少数瞎马瘦驴，七、八户共一头，或大部分牲畜、粮食被坏干部自吞或在农会保存，未到农民之手……

3. 中富农听信谣言，及受政策偏差影响，怀疑"分了大的分小的，三马两马落不住"，"不许招青、雇伙计"，宁愿把多余马匹、农具隐藏别处，

缩小耕地面积，"够吃就行"，不愿多种。

4. 地主受到打击，更是无心生产。

此外尚有极少数空白地区，虽然未实行土地改革，但影响所及，震动很大，春耕也很成问题，有大量土地撂荒的危险。

以上说明，摆在春耕当前的困难是很多而且是严重的。我们组织春耕的中心问题，就是帮助群众解决各种困难，打破群众以及其他阶层的疑虑，提高他们的生产积极性。

三、组织春耕应集中力量于已有工作的地区，包括"熟"与"较熟"和"夹生"地区，工作队应放在这些地方，在这种地区，要求把去年播种（不是收获）面积全部种上，并力争消灭一部分熟荒地（去年未播种的新荒地）。

为达此目的必须：

1. 确定地权，迅速切实地把土地分到无地少地农民手中，最好能全发下地照。

2. 认真解决农民牲畜、食粮、农具、籽种（麦种、大豆、棉种）的困难。首先及时发下农贷（特别紧急的是麦种），按规定执行编制，把编余马匹马上送给缺乏畜力的农民，发动农民再行分配反动地主的马匹、粮食（包括退的）和坏干部私藏及农会保存的牲口、粮食。

为解决农村耕畜困难，可"动员与组织城市马匹下乡"，"应采取购买、租借、清查没收等办法把城市马匹动员到春耕中去，春耕结束后仍允许回城市"。此外还可动员将其马匹借与其亲友故旧在春耕中使用。在执行"清查没收"时，应极审慎，否则可能造成社会恐慌耕畜逃亡。

3. 为解决人力困难，应动员城市贫民、失业工人下乡种地（其土地耕畜等困难政府设法帮助解决）或打短工。县春耕委员会可附设雇工（或短工）介绍所，城区政府须负责动员登记。区目前亦应以组织春耕为中心，除依照本指示组织城周围春耕外，动员畜力、人力下乡亦是中心工作之一。广泛在各阶层农民中进行插犋换工、劳动互助的宣传，说明其节省人力、畜力的重大意义。在自愿、公平、合理、大家有利的原则下，组织插犋换工，劳动互助。首先，有重点地组织，再力争面的推广。同时，发动妇女参加春耕，并改造"二流子"，把一切人力、畜力组织起来，投到春耕生产中去。

4. "打破小地主、富农及个别中农对春耕生产的顾虑"，与"我们要在组织春耕中宣布，凡去冬今春农会未分配之小地主土地，今年种上后，今年收获归耕种者或雇工耕种者所有，无论怎样调整土地，也不损害今年之收获，恶霸大地主之黑地，则为例外。各县政府，应根据本县之情况，颁布减租条例，其原则应除掉种子、肥料、公粮等花销外，出租者还有利可图。其次则应根据具体情况颁布雇工工资条例，其原则应照顾雇工生活改善，仍应使雇主有利益"（《西满日报》19 日社论）。

5. 挨屯挨户帮群众（包括各阶层）做生产计划，尽力推广耕种面积，提倡和培养劳动英雄、模范劳动家庭（不分阶层），反对懒汉。这亦应首先从重点做起，力争面的推广。

以上任务，在已"熟"地区，由于农民真正翻身，真正获得土地，生产情绪高涨，进行会较顺利。我们的工作，应着重如何在新的土地关系基础上，解决春耕困难，组织劳动互助，尽加大耕地面积，并在春耕准备中进一步考验与提拔积极分子和干部，提高群众觉悟，巩固群众的优势，奠定坚实基础。

但在"夹生"地区，我们应认真深入地去组织春耕，在帮助农民解决春耕各种困难时，必然会遇到各种"夹生"问题（如明暗不分，地界不清楚，牲畜、粮食尚掌握在反动地主或农会中），而这些"夹生"不消灭就很难保证春耕。这就必须经过积极分子（真正的）在群众中酝酿，发动大小斗争，使得地权确定，牲畜、食粮解决，达到保证春耕的目的。但须认识这种改造"实生"，已不同于以前，即以前是以改造"夹生"为主，组织春耕为辅，现在则是为扫除组织春耕生产障碍（首先扫除足以直接妨碍春耕的"夹生"现象，如地权未确定等）而改造"夹生"。障碍扫除，春耕组织好，事实上就会消灭"夹生"，或消灭其大部或一部。

倘因力量不足，"夹生"地区势不可能全依上述要求做时，则宁可在一些偏僻村屯或无关重要的部落，或土地贫瘠的小部地区，把要求降低，以能种上地为原则。比如有些村屯，地主力量已被削弱，地主安分未敢造反，地权虽未巩固，但目前群众出于"国策"敢要地，或因地主怕斗争，又把土地、牲畜暗中送还农民，土地可以种上，就暂时可不花更多时间，只需进行宣传鼓动，发现生产积极分子，组织起插犋换工，就算工作达成。再如有的村屯，地主威风未打垮，土地是明分暗不分，或地主把分得他地者变成耪青户，但只要土地确能种上，我们也暂可不花更多时间，以便集中力量在搞有大量土地撂荒危险的村屯。此办法的唯一目的，只在能把土地种上，是目前春耕就到，力量不够，无办法中的一种权变办法，即不得已而为之。须知：土地种上今后还有时间消灭"夹生"，反之土地撂荒，今后发动群众与坚持斗争均会遇到严重困难。

此外，在我们工作队力不能及的地区（包括空白和小部分"夹生"地区），应在动员与行政命令结合的原则下，尽一切可能，使土地种上，力争不撂荒或少撂荒。其办法是：由县长、区长亲自出头，并组织一切可以使用的力量（如较进步的贫苦青年学生、教员、干属，以至开明士绅，但政治嫌疑分子和被清算者子弟则不应去），首先挨村挨屯召开大小会议进行广泛宣传，阐明政策，稳定和提高生产情绪，再开家长会议，推动其尽量多报能种数目，并当场进行登记，以备检查。在动员中如提出春耕困难，亦应尽量设法予以解决。如确有因耕畜缺乏，招不到雇工等不能解决的困难，土地所有者自己种不上地，到春耕紧急关头，再迟就有撂荒危险时，则可发动自愿抢种，不管地属何人，谁种即由谁收，并急征公粮。如并非确有不能解决的困难，系因有顾虑或故意怠工，则需宣布"奖惩条例"，强迫其种上，不许撂荒。

四、春耕运动，就是群众运动，故仍要求贯彻群众路线（最近改造"夹生"的经验基本上仍运用）及艰苦深入的作风，仍须深入发现问题与解决问题，发现与培养积极分子，在群众中进行酝酿，发动必要的斗争，突破一点创造经验，推动与指导全盘，及点与面的适当结合（春耕点的深入是需要的，但更要求面的推广）等等。只有如此，才能保证春耕任务的完成，并在春耕中改造或部分改造"夹生"，绝不能以春耕要求快、要求面广，就可以不走群众路线而单纯实行强迫命令代替包办，或者就可以不艰苦不深入，只简单地形式主义地轰一遍！这是完全错误的，必然遭到大量土地撂荒的严重后果！各县、区委必须时时刻刻严重警惕此点！

但由于春耕运动，较之改造"夹生"是更广泛的包括各阶层在内的群众运动，就需要更广泛地执行代表基本群众利益的统一战线政策，就需要更广泛地进行公开的宣传号召与组织动员。这就须反对只顾基本群众利益不适当照顾其他阶层的关门主义倾向，反对"小手小脚"或偷偷摸摸的狭隘作风。

五、春耕生产不但是目前群众工作中心，而且是党政军民一致的中心工作，现全分区党政军除严格遵守省政府指示"从清明芒种期内，所有公粮及军事资材的运转，一律停止向群众动员"及严禁为自己机关生产而动员或变相动员民夫大车（这是完全错误的，是剥削阶级损人利己思想在作怪）外，须动员一切可能的力量，参加这一运动。

首先，在春耕到来之际，必须认真执行省府"后方机关部队的大车马匹（不论骑马或拉马）毫无例外地帮助群众耕种。每辆车每匹马助耕15天，后方机关部队人员一律帮助群众生产，平均每人7天。工作繁忙的人员，可与其他人员换工"的指示。

最近省级机关及分区一级已抽调出六七十个干部组成工作队到各县帮助春耕。各县目前必须"宁可为了春耕而放松一点其他工作，不可为着其他比较重要一点的工作，而放松了春耕"。必须从各机关中抽调可能抽调而又可以做群众工作的干部，充实各区现有的工作队，配备在已"熟"、较"熟"及"夹生"地区动员组织春耕。这样每区可分为两个组或三个组，同时进行两三个村（每组应选一重点，使创造经验）的工作，在春耕有保证后再转移到他村。

此外，还应从各机关及地方部队中挑选本地的来往方便的较好干部，到春耕正式开始特别是春耕进入紧张阶段时，动员他们回家帮助家庭生产，并领导本村本屯生产。事前须集中开动员会，并研究工作内容及方式方法，使其有所遵循。

在全县范围之内，应选择土地肥沃产量丰富的地区作为重点，多配备力量。这种地区如能做得好，则春耕就可以解决大部或重要部分（如洮南以福顺庆平为重点，按其面积不超过全县之1/4，但产量则可抵全县2/3计算）。此地区搞好后，再根据土地好坏依次推广。

六、县区村均需组织春耕委员会，以各级党政军民负责同志吸收农民领袖、富有生产经验之农民（包括中农）、较进步的富农，及有社会地位的开明士绅参加，作为春耕运动的推动或领导机构，县委区委必须在委员会中形成核心领导，通过委员会实现春耕运动的广泛宣传号召及组织领导，勿使其徒具形式。

领导的重点在区，集中领导在县，区委员会应尽量做到由一个县委同志直接掌握（如区多人少则可兼管几个区），必须使其有独立指导能力。

春耕委员会要做到：深入检查，掌握政策，交流经验，合理使用力量，解决与调剂牲畜、种子、农具等。在运动过程中，每个村屯应指定专人随时随地注意搜集材料，例如进行土地问题情形、农贷发放情形、劳动力情形、耕种面积（熟地、熟荒、生荒）贷款统计，以及细粮油粮棉田垧数及插犋换工数字等，以备今后总结工作。倘力所能及，县级春耕委员会可出一小报，专门指导春耕运动，区、村则可办黑板报。

七、组织春耕同任何工作一样，其先决条件是打通干部思想。目前干部中间所有的"不消灭'夹生'无法进行生产"，"不了解春耕搞不好的严重性"，"以为不去组织老百姓自己也会种地"，"以为春耕不是群众运动，只要宣传一下就行了"，以及到东北后生产观念淡漠等思想，都是进行此一中心工作的障碍，必须设法予以打通。即在工作开始之后，也还要防止两方面的偏向：一个是工作中心转变不过来，在实际工作中仍着重改

造"夹生"，死守重点，结果少数"煮熟"地区春耕组织得较好，而大部分地区却被忽略，大量土地撂荒！其次是把春耕工作看得简单容易，作风不深入，不走群众路线，不能发现问题，或发现问题不解决，单纯宣传以轰为快，或形式主义的组织互助。二者倘有其一，就会出现严重后果！必须时刻注意严重警惕！今后检查各县春耕工作的好坏即以土地耕种面积多少为标准。望严加注意及之！

（选自《辽吉各地委群运文件汇集》上册）

回忆资料

回顾吉江省委和嫩南区党委

郭述申

中共吉江省委是 1946 年 1 月东北局根据党中央关于在距离国民党占领中心较远的城市和广大乡村建立根据地的指示，将中共辽北省委改建而成的，其同级行政机构为吉江行政公署，同级军事机构为东北民主联军吉江军区，辖区包括原嫩江省、松江省和吉林省所属的 14 个县（旗）。1946 年 2 月，吉江省委、行署和军区迁驻洮南。

1945 年 10 月初，东北局派李海涛、顾卓新、栗又文等同志到四平，接收伪辽北省和筹建革命政权。10 月 4 日，先期到达四平的同志组建了中共辽北省工委和辽北军区，李海涛同志任省工委书记、军区政委，顾卓新同志任省工委副书记，倪志亮同志任军区司令员，朱子休同志任军区副司令员。不久，东北局派我到四平，在原辽北省工委的基础上，于 11 月 3 日建立了中共辽北省委，我为省委书记、军区政委，李海涛同志改任省委副书记，顾卓新同志任省委副书记。11 月 5 日，辽北省政府在四平正式成立，阎宝航同志任省政府主席（未到职），栗又文同志任省政府副主席，主持工作。大约是 1945 年 11 月中下旬，驻四平的苏联红军根据苏联与国民党政府签订的《中苏友好同盟条约》，准备将四平交给国民党政府接管。照顾到与苏联政府的外交关系，根据东北局的指示，辽北省委、辽北军区于 11 月下旬从四平撤到梨树，辽北省政府于 12 月初撤到昌北县八面城（今属辽宁省昌图县）。

"九三"胜利后，国民党反动派要在全国抢夺人民抗战的胜利果实，争夺的重点在东北。从 11 月份开始，蒋介石借美国的飞机、军舰，先后从秦皇岛等地运进了五十二军、十三军、七十一军、新六军、新一军等部队，陆续抢占了山海关、绥中、兴城、锦西、锦州等地，并沿北宁路北上，逼近沈阳。与此同时，在苏军同意下，国民党政府又向四平、长春、哈尔滨、齐齐哈尔等地派出"接收大员"，接管了中长路沿线及周围各大中城市。鉴于这种情况，中共中央决定放弃阻止国民党军队进入东北的方针，并由刘少奇同志代表党中央于 1945 年 11 月 20 日给东北局发出指示，提出应"迅速在东满、北满、西满建立巩固的基础，并加强热河、冀东的工作。应在洮南、赤峰建立后方，作长久打算"。为了贯彻党中央的决定，

东北局当即重新部署力量，并于 12 月 15 日发出《关于当前东北形势与准备作战的指示》，提出主要力量"应放在控制沿长春线两侧广大地区，建设根据地"，命令"西满部队力争控制辽源、洮南，以便控制西满之广大地区"。12 月 28 日，中共中央给东北局发出毛主席起草的《建立巩固的东北根据地》的指示，提出在"距离国民党占领中心较远的城市和广大乡村"建立根据地。

根据东北局的指示，辽北省委、辽北省政府和辽北军区于 1945 年底又分别从梨树和八面城北移，准备迁驻洮南。在转移途中，东北局于 1946 年 1 月 12 日决定，撤销辽北省，将辽北省辖区一分为二：中长路以东各县划归吉林省（当时吉林省工委书记是张启龙），中长路以西各县划归辽西省（当时辽西省委书记是陶铸）。决定将辽北省委、辽北省政府和辽北军区分别改为吉江省委、吉江行署和吉江军区，将嫩江省白城子专署所属洮南、开通、瞻榆、安广、大赉、郭前、扶余 7 县（旗），松江省哈西专署所属的肇东、肇州、肇源 3 县，吉林省所属中长路以西的长春、德惠（实际是 2 月中旬在靠山屯组建的德农县）、农安、乾安 4 县，共 14 县（旗）划为吉江行政区的辖区，由吉江省委、行署和军区领导。

吉江省委的驻地选定在洮南，但当时洮南被国民党收编的"光复军"占据。1946 年 1 月 29 日，新四军三师八旅二十二团收复洮南，省委、行署和军区机关于 2 月上旬迁驻洮南。当时的省党政军领导人员多数是原辽北省党政军领导人员：我任省委书记、军区政委，栗又文同志任行署主任，倪志亮同志任军区司令员，邵式平同志任省委副书记、军区副政委兼政治部主任，顾卓新同志任省委副书记兼组织部部长，朱子休同志任军区副司令员，李曙森同志任省委宣传部部长，白云同志任军区参谋长。

1946 年 3 月，苏联红军从沈阳开始由南向北逐地撤军回国，我们就不必再考虑苏联政府的外交关系问题了。为拔掉被苏军移交国民党政府的东北北方的几个据点，将北方连成一片，以利于与国民党抗衡和谈判，东北民主联军西满部队于 3 月 17 日攻占四平。3 月 24 日，东北局又指示各地，在苏军撤出后，要迅速夺取长春、哈尔滨、齐齐哈尔，并就此部署兵力。

根据东北局的指示，西满军区承担夺取齐齐哈尔的任务。1946 年 1 月，齐齐哈尔被苏军移交给国民党政府接管，1 月 24 日，成立伪嫩江省政府，彭济群任主席。国民党接收大员进驻齐齐哈尔前后，收编土匪约 2 万人组成"光复军"，控制着嫩江地区大部分城镇，在齐齐哈尔收编伪军警、汉奸、土匪数千人，配备有坦克、大炮、机枪等火力，不仅占据市区，而且向南占至嫩江江桥。在齐齐哈尔组建的嫩江省工委、嫩江省政府和嫩江军区已撤到讷河。由于中间隔着敌占区，嫩江省工委不便于领导齐齐哈尔以南的白城子地委和其他各县委,因此,西满分局决定,撤销嫩江省白城子地委,将嫩江省齐齐哈尔以南的景星、泰来、杜尔伯特、洮安、镇东、赉北6县(旗),吉江行政区所属的洮南、开通、瞻榆、安广4县,东蒙所属的突泉县,共11县(旗)从原隶属省区划出,组成嫩南行政区,将驻洮南的吉江省委、行署和军区分别改为嫩南区党委、嫩南行署和嫩南军区,以便统一领导和调动齐齐哈尔以南11县(旗)的力量与嫩江省工委、嫩江省政府和嫩江军区领导的齐齐哈尔以北地区相配合,形成南北夹攻态势,以尽快解放齐齐哈尔,将嫩江省连成一片,巩固西满根据地。

嫩南区党委、行署和军区的领导人多数是原吉江省委、行署和军区的领导人。因栗又文同志调去吉林省政府工作,由顾卓新同志任区党委副书记兼行署主任,谭振同志任区党委组织部长。为了解放齐齐哈尔,我军在嫩南地区组织了由倪志亮同志任司令员、我任政委的攻城司令部。1946年4月24日,我军从南北两面夹攻,一举收复齐齐哈尔,歼灭国民党收编的土匪武装3000余人。齐齐哈尔解放后,嫩江省南北连成一片,嫩江省工委、嫩江省政府和嫩江军区迁回原地,已能行使对南北各县(旗)的领导。于是,西满分局于5月中旬决定,恢复嫩江省的区划,撤销嫩南区党委、行署和军区。此后,我被调到西满分局做组织部长工作。

从吉江省委成立,到吉江省委改为嫩南区党委,再到嫩南区党委撤销,前后只有4个多月时间,而挺进到洮南地区的广大干部和指战员却经历了一场争夺与反争夺的斗争,并在环境十分艰难的情况下(!)开展了革命根据地的初创工作。

在我们从辽北地区向北转移的时候,就了解到洮南地区的一些情况。1945年10月,由冀热辽区党委派夏尚志同志带少数干部和小股部队到了白城子,并对周围各县进行了接收;接着,嫩江省工委、嫩江省政府和嫩江军区在这个地区组建了白城子地委、专署和军分区,由张策同志任地委书记兼专员,夏尚志同志任军分区司令员。在他们深入开展接收工作时,国民党主力部队抢占山海关,并沿北宁路东进和北犯,这个地区被宣布解散的"治安维持会"及其反动武装又蜂起作乱,由国民党收编成立了"光复军",抢占了洮南、洮安、镇东、开通、安广、大赉等县城。我们要到那里去建设根据地,首要的任务是以武力把这个地方争夺回来,把"光复军"打垮。

根据东北局的部署,同期向洮南地区挺进的有三部分武装:一是新四军三师八旅;二是吉黑纵队;三是我们带领的原辽北军区武装。这几支武装进到这个地区,很快就把驻守各县城的"光复军"打垮了,他们实际上是一批乌合之众,在我军主力面前是不堪一击的。从1945年12月下旬,我们先后收复了开通、洮南、镇东、安广、大赉、乾安、瞻榆等县城;另外,在我们进去之前,白城子军分区武装已收复洮安县所在地白城子。这次收复各县城的战斗,歼敌一部,给"光复军"一次毁灭性的打击,实际是剿匪斗争初战告胜。但是,"光复军"多数是本地的敌伪残余,利用熟悉人情、地物等条件,许多匪徒溃逃农村,到处搞抢掠和烧杀,反共反人民的活动猖獗,气焰嚣张。有一次,我们从洮南向开通发出一趟火车,行至中途就被土匪拦截,搜查车上旅客,枪杀了我们派在车上工作的人员。当时,围剿溃逃在农村的土匪,肃清匪患,成为我们极为急迫的任务。吉江省委和军区向各县(旗)发出了关于剿匪防匪和武装建设方面的指示;同时,一方面组织军区部队积极开展剿匪斗争,一方面组建和充实县(旗)级地方武装,开通、洮南、大赉、安广等县大队和瞻榆县保安大队就是这个时期组建或重建起来的。为了发挥蒙古骑兵在剿匪中的作用,在驻郭前旗吉黑纵队负责人曹里怀、郭峰同志的帮助下,将郭前旗蒙古人民革命军与收编的旗治安队合并,成立了郭前旗蒙古骑兵团,由军区直接领导。各县(旗)的武装搞起来之后,剿匪的力量就扩大了,战绩也显著了。记得有一次,在郭前旗新庙镇附近,由大赉、安广、乾安、郭前等4县(旗)武装大队搞了一次联合剿匪,围剿土匪10余股,约2000人,歼灭匪徒几百人,打击了土匪的反动气焰。

在组织武装剿匪的同时,吉江省委从创建根据地的需要出发,及时组建和充实了地、县级党政军机构,先是建立了洮南地委、专署和军分区,由朱理治任地委书记,魏兆麟任专署专员,李英武任军分区司令员,负责领导洮南、开通、瞻榆3县的工作。各县(旗)的党政军机构,在吉江省委成立之前,因有土匪干扰或占据县城,多数没有建立起来,有的县只成立了县政府,没有县委和县大队,有的县成立了县政府又撤离县城,无法施政。根据当时的情况,我们吸收内战和抗战时期的经验,采取武装收复失地,当即派干部组建政权的办法,在新四军三师八旅和吉黑纵队派出一部分干部的支援下,把各县(旗)党政军领导机构都建立健全起来了。1946年1月至2月间,由吉江省委新组建的县级政权有开通县、瞻榆县、乾安县、郭前旗;派干部充实县级领导机构的有洮南县、大赉县、安广县、扶余县等。李引菊(李楠)、冯安国、张建、王央公、易吉光、张学文、张志明、陈星等同志,就是这个时期派到各县(旗)任县(旗)委书记的。另外,对吉林省划过来的长春、农安、德农等县的领导成员也做了安排和充实。地、县(旗)党政军领导机构的组建和充实,为创建洮南根据地提供了组织保证。他们直接领导本地、本县(旗)的人民群众,深入开展剿匪、建设区村基层政权、发动群众进行清算分地和恢复生产等工作。

1946 年 3 月 20 日，东北局发出《关于处理日伪土地的指示》，确定在东北境内的一切日伪地产，"应立即无代价地分配给无地和少地的农民、贫民所有"。为了贯彻这一指示，满足人民群众的土地要求，在 1946 年 4 月中旬，我和洮南县县长魏兆麟等同志一起到洮南县农村搞分地试点，又推广点上的经验，很快就在洮南和其他各县（旗）开展起了清算分地斗争。当时的分地，着眼点是在发动群众上，主要是通过对汉奸、恶霸、伪官吏等的清算斗争，在政治上打掉敌伪残余势力，在经济上没收敌伪财产。当地群众受日伪压迫和剥削 14 年，很穷很苦，比较容易发动，很快掀起了分地高潮。到 5 月中旬，洮南县分配日伪土地 2.7 万余垧，洮安县分配日伪土地 1.7 万余垧，镇东县日伪时期的开拓地比较多，分配了 3.4 万余垧，其他县（旗）也基本上分完了开拓地。在清算分地的过程中，镇压了一批罪大恶极的敌伪残余分子，如伪县长、伪警察署长、伪税捐局长、伪区村长等。对这些人的清算和镇压，劳苦群众拍手称快，扬眉吐气，从而密切了党与人民群众的关系，锻炼了干部，发现和培养了积极分子，为组建农村基层政权和开展土地改革运动创造了条件。

我们在洮南期间，还抓了城乡生产的恢复工作，当时正是春季，我们发动农民群众多种地、种好地、多打粮，在城镇里鼓励私人工商业者尽快复业和发展生产，以保证军需民用。当时还有一件事给我留下了深刻的印象：我们刚到洮南不久，那里就流行鼠疫，很快蔓延到周围各县。到 3 月上旬，洮南县城每天都有七八个人死亡。当时驻洮南的苏军对我们说，你们共产党要想在这里站住脚，必须搞好防疫。省委也认为，搞好防疫灭疫是关系群众生命财产安全的大事，是关系根据地建设成败的大事。我们组织各机关单位停止办公，全力以赴投入防疫工作，调动部队实行戒严，隔离疫区，组织医护人员抢救病人，消毒疫区，终于控制住了鼠疫。

总之，我们在洮南的时间不长，属于开辟工作的时期。日伪的反动统治和他们临垮台时的破坏，给这个地区造成了千疮百孔的局面。一切需要从头做起，百业待举。我们一同来到洮南的干部和战士，为创建洮南这块革命根据地，付出了很大的代价，许多同志流血牺牲了。同志们艰苦奋斗和忘我工作，为陆续的后来者搭桥、铺路，发展和巩固洮南根据地。我们付出些代价是值得的，人民是不会忘记的。

1990 年 4 月于北京

从华中淮阴到东北吉江

刘　震

1945 年 9 月下旬，我们新四军第三师接到中央军委命令，让我们率主力从华中淮阴北上，开赴东北。当时新四军第三师师长兼政委是黄克诚同志，我是第一副师长。

黄克诚同志在接到命令之后，立即让我率先头部队第十旅出发，他同第二副师长兼参谋长洪学智同志也相继出发。当时新四军进东北的有 4 个旅，即第七、八、十旅和独立旅，均为新四军的主力旅，另有 3 个直属特务团。

我带领十旅首先向山东进发，10 月中旬进入山东临沂地区，经莱芜城北，过济阳一线。接着，穿过津浦铁路、平津铁路，于 11 月上旬到冀东的三河、玉田一线。当时阴雨连绵，道路泥泞，部队无雨具，不得不就地休息几日。

此时，国民党军 5 万人已逼近山海关，与我山海关守军相峙，我们原计划从山海关进东北已无可能。这时接到中央军委和毛主席的电报，命令我们绕路开赴锦州以北地区。我们即从玉田出发，经丰润、迁安，由冷口出关，于 11 月下旬到达锦州以北地区。就这样，新四军第三师主力部队 4 个旅、3 个特务团共 3.5 万余人，挺进到东北。这时，东北已到了冬季，天气十分寒冷，从苏北带来的薄棉衣根本抵不住零下几十度的严寒，更没有棉鞋、棉帽、手套，我带领的先头部队十旅和先遣人员，因出发时匆忙，就连薄棉衣也没有带上。特别是东北这地方正统观念很强，多听信国民党的宣传，老百姓和我们保持距离，解决军需物资很困难。当时黄克诚同志曾经说过，我们是 "七无"，即无地方党组织、无群众支持、无政权、无粮食、无经费、无医药、无衣服鞋袜。而且当地土匪甚多，民不聊生。因此，部队行军、作战、供给都极端困难。

针对这一情况，黄克诚同志向中央和东北局建议：我们利用冬季不能大规模作战的几个月时间，进行剿匪、发动群众、建立各级党组织和政权等工作；并建立医院、工厂，收集粮食、物资，扩大兵源，求得在 5 个月内打下根据地的初步基础；又要求划 10 个县给三师各旅去建立后方，开辟工作。当时的东北局领导人采纳了黄克诚同志的意见，并命令部队转移到义县、阜新一线，做发动群众的工作。

正在这时，毛主席于1945年12月28日给东北局发来《建立巩固的东北根据地》的电报指示。不久，这一指示精神传达下来。毛主席指出，要把东北的工作重心放在"距离国民党占领中心较远的城市和广大乡村"方面，以便认真发动群众，建立巩固的根据地，积蓄力量，准备将来反攻。毛主席还指出，"如果我们不从发动群众斗争、替群众解决问题、一切依靠群众这一点出发，并动员一切力量从事细心的群众工作，在一年之内，特别是在最近几个月的紧急时机内，打下初步的可靠的基础，那末，我们在东北就将陷于孤立，不能建立巩固根据地，不能战胜国民党的进攻，而有遭遇极大困难甚至失败的可能"。毛主席的这一指示，指明了东北工作的方针，对我们统一认识，坚定信心，为最后夺取东北解放战争的胜利，奠定了思想基础。

为了贯彻毛主席《建立巩固的东北根据地》的指示，根据东北局和东北人民自治军总部的部署，新四军第三师分别挺进到西满的大片地区，在军事方面先后参加了秀水河子、务欢池和收复四平等战斗。为使地方有主力部队，便于开辟根据地，东北局决定将第三师与西满分局合并，黄克诚同志任西满分局副书记兼西满军区司令员，由西满分局统一领导创建西满根据地的各项工作。

这时，东北局和西满分局决定，将原驻四平的辽北省委、辽北省政府和辽北军区迁驻洮南，改为吉江省委、吉江行署和吉江军区，辖区为嫩江、松江、吉林和原辽北省中长路以西的部分县（旗），如洮南、乾安、扶余、肇源、郭前、农安、长春、德农等县（旗）。在这个地区内，虽经1945年10月以来党政人员接收了各个县城，收编了大量伪军，解散了敌伪残余组织的维持会、国民党党部等，但是在国民党东北专员长春办事处的宣传策动下，于12月纷纷倒戈叛变，组成所谓国民党的"光复军"，勾结土匪占领了多数县城，杀害我党政干部和群众，反革命活动十分猖獗。当时这一带没有我军主力，敌伪残余从数量、装备上都强于我们，因而开展工作十分困难。于是，根据西满军区的部署，1946年2月，我率新四军三师八旅旅部机关和一个团、三师师直机关和三个特务团，到达扶余、郭前一带，随后在郭前旗组建了新的吉江省委、吉江行署和吉江军区（原驻洮南的吉江省委、吉江行署和吉江军区改为嫩南区党委、嫩南行署和嫩南军区）。刘震任省委书记兼军区司令员、政委，刘彬任省委副书记，喻屏为组织部部长，郭峰任行署主任，宋乃德任行署副主任。辖区是原吉江区的东部，包括农安、长春、德农、乾安、大赉、肇源、肇州、肇东、扶余、郭前等 10 县（旗）。这个地区，横跨嫩江和松花江，土地肥沃，水草丰美，物产丰富，是当时远离敌占区建立根据地的较好地区。

我们挺进这个地区之后，胜利地完成了军事战斗和开辟地方工作的任务。三师八旅一部和特务一团配合东满部队，于 4 月 18 日攻下了长春，消灭伪军"铁石"部队和土匪 1 万余人，缴获军用物资甚多。夺取长春之后，又用火车运送特务团北上，于 4 月 24 日攻下齐齐哈尔，歼灭匪军数千人。我们进占长春、齐齐哈尔之后，部队的装备得到很大改善，兵员和给养都得到了补充。按照西满分局的部署，我们挺进到吉江地区的主要任务是清缴土匪，收复被土匪占据的城镇，进而发动群众，开创革命根据地。我们的部队是有战斗力的，那些由伪军警宪和土匪纠合的"光复军"不堪一击。在地方武装的配合下，我们很快消灭了"光复军"，解放了被他们占领的所有县城，同时派出了大批干部，建立和充实了县（旗）、区政权。

我们来到郭前旗时，那里的旗政权已在前吉江省委时期建立，但多数是刚刚建起一个月左右。因此，我们一方面派出一些有经验和有领导能力的干部到地方，健全和加强旗政权，如派王央公同志任郭前旗旗委书记兼副旗长，派唐克同志任乾安县委书记等；另一方面是派出一大批指战员，充实各县（旗）直重要部门和建设区级政权，以及帮助农村创建基层政权。

当时，土匪的活动还很猖狂，时常杀害我们的干部、战士和革命群众，拦截我军军车，抢劫军用物资和民财。所以，我们把剿匪列为建设根据地的重要任务，除了省军区所属部队积极投入剿匪工作之外，还组建各县（旗）武装大队和区武装队，组织他们剿匪。1946 年 3 月至 4 月，我们先后组建起乾安县武装大队、郭前旗武装大队、扶余县保安团，充实了大赉县武装大队，在"三肇"地区建立了一个独立师，使其在本县（旗）本地区的剿匪工作中发挥主力军作用。1946 年 6 月初，乾安县大队在县城东击退了土匪 1000 余人的进攻。省委和军区还改造了 1946 年 2 月建立的郭前蒙古骑兵团，处决了策划叛变的骑兵团团长陈达利（收编的伪治安队队长），换上了我们自己的干部当团长，使这支队伍真正成为党领导的人民武装队伍，在剿匪和配合主力部队作战中都发挥了重要作用。

当时，我们还发动群众开展反奸反霸清算斗争。在伪满洲国的 14 年中，一些汉奸、特务、恶霸地主与日本法西斯勾结，欺压人民，鱼肉百姓，早被人民恨之入骨。因此，清算他们的罪恶，是吉江广大群众的迫切愿望。西满分局早在 1945 年底就指出："发动东北人民的一个基本环节，就是要广泛地发动各地人民进行反对日伪统治的清算运动，从清算日伪的公产、公款，到清算日伪的政治经济势力以及作恶发财、为人民所痛恨的日本战犯、汉奸、特务分子"。省委认为，搞好这项工作，最能动员群众，最能把群众团结在我们党的周围，创造和巩固好革命根据地。因此，省委于 3 月 26 日发出了《关于目前工作方针和工作任务的指示》，要求组织群众开展诉苦、复仇、清算斗争，锄奸反霸，清算敌伪资财，开展自上而下地摸清情况和自下而上地检举揭发的工作，对罪大恶极的，要坚决予以镇压。

各县（旗）对这项工作都十分重视。郭前旗旗委组织 4 个工作队分头深入农村，提出的口号是"有冤报冤，有仇报仇，杀人偿命"，镇压了一批民愤极大的汉奸、恶霸。大赉县委书记兼县长张学文、扶余县委副书记秋潭，还有其他县委领导，都深入到区村，坐镇指挥，反奸清算运动便轰轰烈烈地开展起来了。在清算运动中，各县（旗）农村普遍组织起了翻身会，县（旗）成立了翻身总会，还在城镇里成立起木工、泥瓦、铁匠、皮匠、缝纫、油、酒、饭馆、理发、挑水、菜园子等名目繁多的工会和小贩会，群众的革命积极性空前高涨，使根据地建设轰轰烈烈。

1946 年 5 月下半月，在我军撤出四平之后，又撤出长春、吉林，主力部队撤至松花江北。这时，吉江地区便成了战争的前哨阵地。1946 年 6 月，根据东北局的部署，撤销吉江省委、吉江行署和吉江军区，其辖区分别划归辽吉省和嫩江省。我奉命离开吉江省委后到白城子组建东北民主联军第二纵队，被任命为司令员。不久，二纵队进到昂昂溪、泰康一线，进行整顿和补充，准备"三下江南"作战。

1989 年 10 月 26 日于北京

回顾从辽北到吉江、嫩南

顾卓新

1945年9月，中共中央东北局到达沈阳之后，立即着手向各省分派干部，组建各省党政军机关。

当时，辽北省省会确定在四平。东北局先派栗又文同志到四平，组建辽北省政府，接着，又派李海涛（黎文）同志和我到四平，组建省工委，并派倪志亮、朱子休等同志组建辽北军区。10月4日，中共辽北省工作委员会在四平成立，李海涛同志任书记，我任副书记。辽北军区也相继成立，倪志亮同志任司令员，朱子休同志任副司令员。不久，东北局为了充实辽北省的领导力量，又派郭述申同志到四平，在省工委的基础上组建省委。11月3日，中共辽北省委正式成立，郭述申同志任书记，李海涛同志任副书记，我任副书记兼组织部部长。宣传部部长空缺，由沈亚刚同志任宣传部副部长。在省委下组建了辽源、怀德（后未成立）、西安3个地委和1个四平市委。11月5日，辽北省政府也在四平建立，任命阎宝航同志为主席（未到职），栗又文同志为副主席，主持省政府工作。

由于驻四平的苏军以外交关系为由将四平交给国民党政府，我们省委、军区机关撤至四平北的梨树县城，省政府也于12月初撤至四平西的八面城。此时，军区又增添了一些领导干部，司令员仍是倪志亮同志，政委由郭述申同志兼任，朱子休同志为副司令员，李海涛同志兼任副政委，白云同志任参谋长，何善远同志任政治部主任。

国民党军队自11月16日占领山海关、26日占领锦州之后，仍继续北犯，还相继派员接收了长春、哈尔滨、齐齐哈尔等大中城市。军事上敌强我弱，政治上又有《中苏友好同盟条约》限制，苏军从外交上说需要支持国民党政府。根据刘少奇同志代表中央起草的给东北局关于在洮南等地"建立后方"的指示、毛主席关于在"距离国民党占领中心较远的城市"建立根据地的指示，辽北省委、省政府、军区于1946年1月份开始向洮南转移。转移共分两路进行，一路由郭述申、倪志亮、栗又文同志带队，沿平齐铁路北上；一路由我、朱子休等同志带队，奔怀德、郭前、大赉去洮南。在转移开始后不久，东北局于1946年1月12日又决定，撤销辽北省，将辽北省辖区一分为二：中长路以东地区与吉林省委辖区合并，组成吉辽省委；中长路以西地区划入辽西省委辖区。将辽北省委、辽北省政府、辽北军区改称为吉江省委、吉江行政公署、吉江军区，驻地定在洮南。任务是去洮南地区开辟根据地，建设吉江行政区。

吉江行政区的范围很大，北起松花江以北，南至长春，东临中长铁路，西接大兴安岭山麓。日本投降后不久这一地区就有党的活动。中共满洲省委时期的共产党员夏尚志，1945年10月与东北局接上关系后，组织了队伍，在苏军的协助下，接收了这一地区。中共嫩江省工委在齐齐哈尔建立后，在这里成立了一个白城子地委，管辖9县（旗）。我们吉江省委辖区，就有原来属他们管辖的许多县（旗）。当时，除洮安（白城子）、镇东两县仍留给嫩江省白城子地委，洮南、开通、瞻榆、安广、大赉、郭前、扶余等7县（旗）全划给了吉江行政区。另外，还有松江省哈西地委的肇东、肇州、肇源，原吉林省委的德惠（实际是在靠山屯组建的德农县）、长春、乾安、农安等，共14县（旗），组成吉江行政区。

吉江行政区的领导基本上是原辽北省的党政军领导，变化不大。由郭述申同志任吉江省委书记，邵式平同志任省委副书记，我任省委副书记兼省委组织部部长，李曙森同志任省委宣传部部长。栗又文同志任吉江行署主任。倪志亮同志任吉江军区司令员，郭述申同志兼任军区政委，朱子休同志任军区副司令员，邵式平同志任副政委兼政治部主任，白云同志任参谋长，刘瑞恒为参谋处长。

省委、行署、军区还下设洮南地委、专署、军分区，负责领导洮南、开通、瞻榆3县工作。朱理治同志任地委书记兼军分区政委，魏兆麟同志任专员，李英武同志任军分区司令员，朱继先同志任军分区副政委。

吉江省委、行署、军区建立后，立刻着手建设以洮南为中心的洮南根据地。这一时期处于开辟阶段，我们首先集中力量抓建党建政，建立武装，组建县（旗）的党政军班子。这时候，关内解放区派来的干部陆续到达，省委把他们分配到各县（旗）作为县（旗）党政军班子骨干。到1946年2月末，先后建起了开通、瞻榆、乾安、郭前等县（旗）委，乾安、瞻榆、郭前等县（旗）民主政府，洮南、开通、瞻榆、大赉、安广等县武装大队（保安大队），并调整加强了原建的洮南、大赉、安广县委，将扶余县临时工委改建为县委，调整加强了原建的洮南、开通、大赉、安广县政府，使全行政区所有县（旗）均健全了党政军领导机构，为根据地建设提供了组织保证。

吉江省委还抓了剿匪、防疫和恢复城乡生产等工作。组织发电厂恢复发电，开展工业生产；发动铁路职工整修铁路、车辆，使白城子至郑家屯通车；还在洮南建立了军械所，承担吉江军区和洮南军分区部队枪械的修理工作。为解决人才不足，还在洮南建立了吉江民主建设学院，招收进步知识青年，培养大量建设人才。

1946年3月，苏军开始从东北各地撤走，为了在苏军撤出齐齐哈尔后解放齐齐哈尔，将西满解放区连成一片，西满分局决定将驻洮南的吉江省委、吉江行署、吉江军区改称嫩南区党委、嫩南行署、嫩南军区。因为，1946年1月苏军按外交关系，将齐齐哈尔交与国民党接管之后，我驻齐齐哈尔的嫩江省委机关已撤至讷河。国民党官员在齐齐哈尔收编汉奸、土匪、伪军警，组成了数千人的"光复军"，占据着齐齐哈尔。这样，中间有敌占区所隔，嫩江省委不便领导齐齐哈尔南部各县。建立嫩南区党委后，将齐齐哈尔南部的景星、泰来、杜尔伯特、洮安、镇东、赉北，原吉江区的洮南、开通、瞻榆、安广，原东蒙自治区的突泉，共11县（旗），划归嫩南行政区，由嫩南区党委统一领导，与嫩江省委领导的嫩江省北部地区合作，造成对齐齐哈尔南北夹攻的态势，以利解放齐齐哈尔。

嫩南区党委、行署、军区的领导人员，仍是原吉江省委、行署、军区的领导人员。仍由郭述申同志任区党委书记兼军区政委，我任副书记兼行署主任（栗又文已调赴吉林），倪志亮同志任军区司令员，朱子休同志任副司令员，邵式平同志任副政委兼政治部主任，白云同志任参谋长，谭振同志任区党委组织部长，李曙森同志任区党委宣传部部长。

到嫩南时期，吉江洮南地委、嫩江白城子地委均已撤销。4月份，在洮南县北部地区建立洮北县，区党委共管辖12个县（旗）。在这个阶段，区党委、行署主要组织全区人力、物力、财力支援攻打齐齐哈尔，另外发动人民反奸清算分开拓地，再就是继续组织剿匪、防疫。1946年4月24日，齐齐哈尔解放，嫩江省委、省政府、军区机关迁回齐齐哈尔，已经能够恢复领导南方各县（旗），5月中旬由东北局决定，在西满分局直接指导下，嫩南区党委、行署、军区与嫩江省合并。

1989年10月于北京

开辟吉黑边的艰苦斗争

郭　峰

一、奉命北上吉黑边①

抗战胜利后，1945 年 10 月下旬，我同高扬、杜者蘅、王铮、王一伦等同志一起，从太行山奔赴东北，途中几经曲折，终于在 11 月下旬到达沈阳郊区马三家子。在那里听了彭真同志报告，讲国内外斗争形势和我们党争取东北的方针。随后东北局组织部部长林枫找我谈话，他知道我是吉林德惠人，见面就说："现在吉黑边区即黑龙江吉林交界的扶余、郭前旗一带，工作急需加强，决定你带部分干部去那里开辟工作。你可到西满分局李富春同志那里报到。"

我到法库见到李富春等同志时，富春同志向我交代：西满分局决定，由解方（解沛然）和我搭配一个班子，解方任司令员，我任政委，带领太行、太岳解放区组建的两个团架子（按团、营、连、排、班编好的干部），到吉黑边区去开辟工作。

当时所指的吉黑边区是指吉林、黑龙江两省边界地区的农安、乾安、郭尔罗斯前旗（今前郭尔罗斯蒙古族自治县，下同）、扶余、大赉（今大安市，下同）各县。这个地区有平（四平）齐（齐齐哈尔）铁路和长（春）白（城）铁路贯通南北，是蒙汉民族聚居地区。第二松花江和嫩江川流东西，陆路和航运都比较方便；境内为松嫩平原和科尔沁草原的接合部，农、牧、渔业产品较丰富；这里是坚持北满进取长春的前哨阵地，战略地位重要。

随后，我和解方带队自法库北上，抵达梨树县中共辽北省委所在地，见到辽北省委书记郭述申、军区司令员倪志亮时，他们转告我，西满分局通知，东北局调解方转去中长路以东的东丰一带开辟工作，另调吉林新组建的曹里怀部队到吉黑边，要我带两个团架子的干部队伍继续北上，并要我派人到长春市东面的岔路河与吉林省工委联系，要曹部西进与我会合。

与此同时，辽北省委书记郭述申同志向我介绍：驻开原的新收编的二

---

① 这里所指吉黑边区，主要指吉林、黑龙江交界地区的扶余、大赉、郭前、乾安、农安一带，只是前后两个吉江省委辖区的一部分。

十四旅装备很好，但成分复杂，内部不稳，缺少骨干掌握，有叛逃危险。他同我商量可否留下一个团架子干部去掌握那个部队。当时我思想上不无矛盾，一个团架子的干部在开辟地区扩大部队是多么重要。但郭、倪①两位同志一再讲，现有的一个旅的武装如无人掌握叛变了损失太大。我反复考虑，从照顾大局出发，终于同意了他们的要求，报分局批准，把从太行山带来的一个团架子干部留给辽北省委。他们十分高兴。当我准备继续带太岳的团架子北上时，得悉农安县保安队叛变，枪杀县委书记兼大队政委刘德彪，前进路上情况不明。当时我和带太岳团架子的团长钟明锋等同志商量决定要他们暂驻梨树，积极查明情况相机北进。如确有困难，就进到怀德一带边待命边开展工作。我只身去岔路河，找吉林省工委商调曹里怀部队西进，以便接应他们北上。

这一决定得到辽北省委郭述申、倪志亮的支持，他们派侦察科郭科长陪我同行。我与郭科长从梨树到了四平，见到市长魏兆麟后，改换便装乘火车潜入长春市，住进二道河子一小旅店，躲过国民党警方盘查。翌日一早，我们就坐马车奔赴岔路河。找到吉林省工委后，同行的郭科长随即返回。随后我会见了吉林省工委书记张启龙、军区司令员周保中，向他们传达了东北局关于调曹里怀部队到西满的决定。他们说已接到通知，曹部正在榆树县（今榆树市，下同）剿匪。他们表示当即通知曹里怀，并派车送我到德惠再转榆树。我到德惠后，见到了县委书记王海清和县长张靖华。他们讲，曹部正在榆树县剿匪作战，情况不明，路上土匪截击车辆，安全无保障，需等几天查明情况。几天后，听说榆树县解放，德惠县委为我配一名警卫员一条枪，冒险驱车赶到榆树县。见到曹里怀同志后，他说已接到通知，当即商量立即带部队西进。我们到德惠县进行整编，将曹部改编为吉黑纵队，按照西满分局决定，曹里怀任司令员，我任纵队副政委。部队整编后，立即在德惠县街上张贴布告，宣布吉黑纵队成立并召开工商界及士绅、知识分子座谈会，宣传八路军对国内时局的主张，解答各界提出的有关国共两党关系等问题，反映很好，扩大了我党我军的政治影响。

二、解放伏龙泉，接管各县政权

部队整编后，我们得知我所带的太岳干部团北上时在农安伏龙泉一带受阻。当时我与曹里怀同志商量决定，先南下农安攻克伏龙泉，打开南北通道，迎接干部团北来，然后再去郭前、扶余一带。

伏龙泉是农安县西部的一个重镇，是南去怀德、西去乾安、北去郭前

① 指辽北军区司令员倪志亮。

的咽喉之地。当时伏龙泉为当地地主豪绅敌伪残余和伪商会代表组成的维持会和保安团（人枪 500 余）所控制。伏龙泉周围四乡还有由土豪劣绅纠集的 200 余人枪武装，镇内外相互呼应，结成一体，派粮派款，为害一方。他们与国民党部队勾结，被其编为地下先遣军，并曾以接受改编为名骗缴了我农安县大队一个排的人枪，成为农安县西部的一个反动堡垒。欲期打开农安斗争局面，必须首先拔掉这个钉子。1946 年 1 月 20 日左右，吉黑纵队自德惠出发，西进到距伏龙泉十几里处，击退了伏龙泉镇派出的小部队的阻击后包围了伏龙泉镇。镇四周有土围墙，有东西南北门，均由保安团派队把守。吉黑纵队围城后，决定先礼后兵，向保安团发出公开信，敦促他们放下武器，但其为首的会长刘子廉、保安团长张洪臣（人称张白毛）十分顽固，坚决与人民为敌，于是我们决定，坚决消灭这股反动武装。我们对部队进行了战斗动员，口号是"打下伏龙泉，活捉'张白毛'，解放群众，过好年"。当时由吉黑纵队一团政委于克（团长王波打榆树负伤）、参谋长曾贤柱率部担任主攻。开始双方打得挺激烈，敌人借城墙顽抗。后来我们一团一部攻进西门外烧锅大院，打了三炮，把城墙炸开个缺口，战士们随即冲进镇内，敌人四处逃窜，到晚上 10 时结束战斗。在清点俘虏中，发现刘子廉在慌乱中逃跑了，而张洪臣（张白毛）却被活捉了（后交给地方处理）。解放伏龙泉，打开了南北通道。我们派到怀德一带开辟工作的干部钟明锋团长等人到了伏龙泉，汇报他们在怀德一带扩大了部队，开展了工作，当即决定留他们继续在那里开展工作。接着辽北省委顾卓新同志带领辽北省委和辽北军区机关部分干部和部队也到达伏龙泉。顾卓新同志讲，东北局、西满分局 1 月 12 日决定，辽北省委北上洮南一带组建吉江省委，吉黑边地区划归吉江省委领导。当时省委决定，在伏龙泉重建农安县委和县政府，由邱新野任县委书记，刘式钦任县长。同时，决定在农安县靠山屯组建德（惠）农（安）县委和县政府，由董雨航任县委副书记代书记（后任书记），韩清泉任县长。吉黑纵队在伏龙泉休整了两三天，春节过后，立即奔赴郭前旗、扶余县。顾卓新同志带领辽北省委部分干部也随军到扶余。隔了几天，郭述申、倪志亮等同志在去洮南途中到大赉县，召集会议宣布东北局的决定：在洮南地区和吉黑边地区建立吉江省委，省委书记郭述申，军区司令员倪志亮，副书记顾卓新，行署主任栗又文。曹里怀和我参加省委工作，并责成吉黑纵队筹建地委班子，负责开辟扶余、郭前、乾安、农安、大赉等县（旗）工作。

　　1946 年 2 月，我们在吉江省委副书记顾卓新同志的指导帮助下，着重了解各县情况，派遣干部，接管或重建各县政权，建立或整顿县区武装。

在城镇则以扶余为重点，贯彻西满分局《关于发动群众反奸清算的指示》，开展反奸清算斗争。在农村则贯彻吉江省委关于加强剿匪和武装建设的指示，进行剿匪反霸斗争。

三、依靠蒙古族人民，改造蒙古骑兵团

1. 开始决策：合编改造

1946年2月，吉黑纵队进驻扶余后，郭前旗蒙古族大同会同志即向我们汇报说，他们有一支以蒙古族革命青年为骨干的蒙古人民革命军，约200余人，是按照中国共产党地下工作人员刘健民同志指示组建的，愿接受中国共产党领导。郭前旗还有一支由伪警察组成的蒙古（族）治安队，约700余人，头头陈达利是伪满的警备队长，与国民党反动派勾结，是一股反动武装。他们要求吉黑纵队解除治安队武装，装备蒙古人民革命军，我们做了认真的考虑，郭前旗是蒙汉杂居地区，治安队虽然成分复杂但多为蒙古族，在其罪恶活动还未被群众认识清楚时，就以共产党领导的部队去缴械，易被反动分子利用，挑起民族纠纷，破坏民族团结，对开辟郭前旗工作不利。我们根据抗战期间收编改造地方反动武装的经验，同时有吉黑纵队驻扎的有利条件，提出由蒙古人民革命军与治安队合编成蒙古骑兵团，任命陈达利为团长，这个方案陈达利可能接受，然后我们派政工干部进去逐步把治安队改造成人民军。如果他们不接受改造，那时再武力缴械会更有理有利。经过讲道理，我们说服了大同会的同志，他们为此在部队内进行了思想动员和组织准备。

2. 深入虎穴，直接谈判

翌日，我和曹里怀同志到郭前旗蒙古（族）治安队驻地亲自找陈达利谈判。路经治安队连队营房，我们径直走进治安队连队营房里，曹里怀同志与几个战士进行了谈话。加之我们都是只带一两个警卫员，未带随从部队，这件事对陈达利震动很大。当我们和陈达利进行谈判时，陈达利慑于八路军的威力，不得不表示同意。两支部队合编为蒙古骑兵团后，由原治安队的队长陈达利任团长，我们派黎晓初同志任团政委、原大同会宣传科长高万宝扎布任团副政委兼政治部主任，原来还准备向连队派政工干部，被陈达利拒绝，引起了我们的警惕。

3. 改造与反改造斗争

部队合编后，我们对改造蒙古骑兵团的指导思想是明确的，力争通过政治思想工作改造成功，同时也准备万一不测。1946年3月，曹里怀部队调归吉林军区建制。新的吉江省委成立后，省委仍责成我负责指导骑兵团的改造工作。我经常与高万宝扎布、黎晓初等同志谈改造蒙古骑兵团的问

题。我鼓励他们，有八路军撑腰，要放胆工作，大力加强基层的政治思想工作，要讲形势讲政策，争取教育骑兵团内下层军官和士兵群众，孤立反动分子，同时要警惕陈达利等人的反动活动。大同会同志经过两个多月的艰苦工作，争取了原治安队内的部分基层干部和士兵，提高了他们的政治觉悟，促使他们倒向革命的一边。但原治安队的头头陈达利及其骨干分子反动本性不改，他们竭力排挤党的领导和进步势力，还暗中勾结国民党派遣人员，接受封官加委（陈达利被委任为骑兵旅长），特别是在1946年5月下旬国民党军进占长春、农安后，敌我斗争形势发生剧烈变化，陈达利等人认为时机已到，蠢蠢欲动，企图叛逃，投奔国民党。

4. 形势骤变后的"鸿门宴"

1946年5月底，在听取黎晓初、高万宝扎布关于陈达利等人企图叛逃投敌的情况汇报后，省委经过慎重考虑，决定采取果断措施除掉反动头目，彻底改造其武装。为此我要求黎晓初、高万宝扎布等同志立即整理陈达利等人反动罪行材料，做好充分的舆论准备与组织准备。事隔不久，又得悉陈达利要借召开剿匪经验总结会之机除掉骑兵团内党的干部和进步力量，叛逃出走。为了挫败陈达利的阴谋，争取时间实现我们的锄奸计划，省委决定由我亲自出面，代表吉江军区、行署参加会议，稳住局势。不出所料，会议一开始，气氛就十分紧张，骑兵团内两股力量争论得异常激烈，双方警卫人员的手枪都是张着机头，大有一触即发之势。这时会内会外形势均十分紧张，一些知情人士都称之为"鸿门宴"。为了缓解紧张局势，我不能不挺身站起来讲话。我强调要认清形势，加强民族团结。高万宝扎布也随即把语气缓和下来，强调要以团结为重。当时，陈达利看我在场，慑于八路军的威力没敢动作，便改变策略，借口新庙地区有土匪，要出发去剿匪，草草结束会议，实际是想叛逃。

5. 蒙古族人的问题由蒙古族人自己解决

情况紧急，事不宜迟，我们立即决定以吉江军区首长名义召集骑兵团干部谈剿匪部署问题，埋伏下警卫人员，将陈达利及其亲信营连骨干分子分批逮捕。逮捕后，我们本着蒙古族人民问题由蒙古族人民自己处理的原则，将陈达利等人交给蒙古骑兵团自行处理。记得是6月初端午节那天，郭前旗政府和蒙古骑兵团出面召开群众公审大会，由蒙古骑兵团副政委高万宝扎布宣布陈达利等7人的反革命"十大罪行"后即行处决。这样处理，不仅受到骑兵团干部战士的拥护，也深得蒙、汉族群众的赞扬。

6. 彻底清除反动势力，骑兵团革命化

陈达利等人被处决后，为了稳定部队，进一步争取教育大多数，分化残余的反动分子，我们决定把骑兵团二营营长包清俊提为副团长，随后全团开赴郭前旗西南小庙子村一带进行政治整训。当时骑兵团内还残留着少数反动分子，敌对情绪仍很严重。为了稳住部队，配合黎晓初、高万宝扎布等进行工作，我又冒着风险与他们一起行军，召开会议，做形势报告，大讲"要认清形势，我军必胜"的道理，强调要成为人民军队，必须接受政治教育。经过一段整训，广大干部战士的政治觉悟进一步提高，并发展了11名同志入党，成立了团党委，黎晓初同志任党委书记。当时本想通过整训孤立反动分子包清俊等人，达到和平清洗目的，可是包清俊等人反动成性，妄图与进占伏龙泉的国民党武装勾结，就地叛乱，迫使骑兵团同志不得不及时采取果断措施处决了包清俊，进一步清除了骑兵团内的反动分子。到1946年10月，骑兵团经过再次整编，终于成为共产党绝对领导下的革命武装，在剿匪、掩护地方工作和配合野战军作战方面屡建战功，不断受到通报表扬。

四、把乾安建成支援前沿斗争的基地

1. 和平接管，稳定局势

1946年2月，吉黑纵队与前吉江省委顾卓新同志等到达扶余后，了解到乾安县仍然为地主豪绅敌伪残余势力组织的维持会所把持，并建有县保安队，早在1945年12月，我吉长部队一部分武装曾被当地保安队内反动分子勾结匪徒缴械，干部被杀害，于是我们决定立即派干部去接管政权，开展工作。当时派随干部团北来的张建同志任县委书记，唐昭东同志任副县长代县长。他们走之前，顾卓新同志讲了当前形势和我们党争取东北的方针。我向他们讲：去后要理直气壮地接管政权（当时国民党广造舆论说政权只能交给"中央"派人接管），在我们力量不足的情况下，为了稳定局势，对上层人物要做统一战线工作；对那些政治倾向国民党的上层人物，要提高警惕，设法麻痹之；要抓紧建立自己的武装，没有自己的武装是站不住的；要相机发动群众开展反奸清算斗争。

张建、唐昭东等去乾安后，召集全县社会各界知名人士宣布接管政权，宣讲我党有关建立民主政权的政策，并着重整顿财政税收，恢复工商业和文教事业，争取团结知识分子，逐步稳定了局势。

1946年三四月间，以刘震为书记的后吉江省委成立后，又陆续派了唐克、王枫、周时源等两批干部到乾安，进一步加强了乾安党政领导班子和县城周围各区（井）干部的配备，这样就使得县委更有力量抓紧发动群众与整顿县大队的工作。

2. 发动群众反奸清算和到县府请愿事件的平息

1946年三四月间，乾安县委发动手工业工人、贫困群众开展反奸清算斗争。通过举办训练班，加强对群众积极分子政治思想教育，并在"五一"节前夕成立了乾安县总工会。在反奸清算运动走向深入的过程中，发生了县公安局人员为了清查敌伪财产，未征得群众组织同意拘留群众组织中的积极分子致使矛盾激化的情况，有人竟发动群众到公安局、县政府门前请愿，后经副县长出面答复群众要求，承诺要认真调查，秉公办理，才把事情平息。事后，县党政机关干部内部出现了思想分歧，双方互相责难。省委得知这一情况后派我去乾安亲自处理。我去后经过与各方面干部谈话了解，本着支持群众运动的精神，指出各自缺点，要求各自开展自我批评，对支持群众闹事的同志，指出其违犯纪律，给予严肃批评，从而统一了认识，增进了团结。

3. 整顿保安队，开展防匪剿匪斗争

乾安县保安队的问题十分复杂，张建、唐昭东到达后，经过一段时间的工作，该队长表示接受收编，接受县政府领导。开始尚听从指挥，接受整训，到了4月份国民党进攻四平时，保安队内反动分子蠢蠢欲动。好在县委及时察觉，为了防止重蹈吉长部队血的教训，他们立即与新四军驻乾安部队首长协商，借助他们的力量，以县领导召开军政会议的名义将保安队分队长以上头头缴械关押起来，随后又收缴了队员的武器，但仍有部分驻在城边的队员逃窜到乡下去了，并扬言要报仇雪恨。

正值此时，我赶去乾安视察工作，肯定了他们对保安队问题的处置是必要的、正确的，并要求他们提高警惕，防止逃窜出去的部分残匪纠合各地匪绺逞凶作乱。不出所料，当我从乾安返回郭前旗的那天早上出发前，发现乾安与郭前旗的电话联系中断，我估计叛乱匪徒可能会在途中伏击，当即告诉随行的警卫排途中注意警戒，并掌握好时间，与从郭前旗来乾安的后勤队伍在让字井会合。当我们前进到离让字井不远时就听到枪声，我判断是企图伏击我们的股匪与来乾安的后勤队伍遭遇了，随即命令快速前进，两下夹击将股匪击溃。此役，后勤部队牺牲一名干部，伤两人。5月下旬，我军撤出四平，国民党进占长春，驻乾安的新四军部队转移北上，乾安县城空虚。此时，外逃的反动武装又重新集结，并串通各区的叛变队伍，共纠合千余人于6月2日围攻乾安县城。事前县委获得情报，做了紧急布置，并向军区做了紧急报告。当时县城内仅有干部和新建的县大队共300余人，在县委的坚强领导下，干部、战士依靠城区内已初步发动组织

起来的工人、贫民的支持，团结一心，坚持四天四夜，直至军区部队赶到，匪徒溃逃。县城虽保安全，但匪患未除，县委有鉴于此，决心利用当时军区部队和从长春、农安撤退下来的部队在乾安休整的时机，集中全力进行剿匪，并开展政治攻势，剿抚兼施。同时，放手发动群众，开展反霸清匪斗争，历时两个月，县境内匪绺大部被肃清。

4. 贯彻"七七决议"，深入发动群众

1946年6月，东北局根据形势变化，决定撤销吉江省委、军区、行署，其所辖松花江南部分县区划归辽吉省委领导，并就地组建辽吉三地委、军分区、专署。地委书记刘彬兼军分区政委，我为副书记、专员兼军分区司令员，罗友荣为副司令员，姚仲康为副政委，罗杰为参谋长。当时三地委为了长期坚持地区工作，决定把乾安当作地委工作重点，又进一步调整加强了乾安县党政领导班子。派袁宝华同志任县委副书记，并要求他们坚决贯彻执行中央"五四指示"和东北局的"七七决议"以及辽吉省委的部署，迅速组织县党政机关干部和城镇工人积极分子深入农村，放手发动群众，武装群众，为把乾安建成巩固的根据地而斗争。对乾安的工作，除地委不断给予工作指示外，我于八九月间连续去乾安县检查帮助工作。全体同志在乾安县委的领导下，进一步发动了群众，直到全部平分了土地，建立了乡村农会组织和乡村政权，收缴了地主枪支，建立起农民自卫队（民兵）和区中队，建立了党的组织。与此同时，整顿了干部队伍，整顿并加强了县区武装，进一步巩固了县区的人民民主政权，使乾安初具根据地规模。1946年11月，敌进占长岭，辽吉二、三地委正式合并，地委、分区、专署即设在乾安，并依托乾安指导前沿地区的对敌斗争。1947年初，乾安在发动群众参军和支援我军"三下江南"作战中又做出了重要贡献。

当时为了记述我在1946年八九月间常常奔波于乾安、郭前两地之间的情景，曾写下一首新体诗：

> 硝烟遍地菽粱红，风卷平原染血腥。
> 军马萧萧征战里，粮车滚滚运输中。
> 联合蒙汉除奸佞，奔走城乡戴月星。
> 查地分地忙生产，扩军支前两功成。

五、从实际出发，坚持长农边沿区斗争

1. 避敌锋芒，转移整训

1946年5月下旬，国民党军队占领长春、农安，我长春、农安两县党政机关和县武装于5月底抵达郭前旗，当时形势紧急，干部情绪动荡，尚留在郭前旗部署工作的西满军区司令员黄克诚同志接见了长春、农安两县干部，做了政治动员讲话。他着重指出：长、农两县机关部队在转移过程中发生部分区队叛变、少数干部逃亡是难免的，值得高兴的是，我们的老干部和部队安全转移下来，保存了老母鸡就可以孵小鸡。现在部队要进行一段整训，我们要在整训中总结经验教训，正确认清形势，增强信心。经过整顿队伍，攥紧拳头，准备打回去。随后两县机关部队开到乾安地区进行了整训。

2. 攥紧拳头打回去

在整训期间，吉江省委撤销，所辖松花江以南各县划归辽吉省委三地委、军分区、专署领导。当时地委鉴于长、农地区形势变化，决定暂保留长春、农安两个县委架子，为统一领导，协调配合，由长、农两县委组成中心县委（不久后又改为长农临时工委），书记董雨航，副书记兼县长韩清泉；并将长、农两县县大队与特三团一部合编为长农支队，加强了长农支队领导干部配备，要求他们依托郭前旗大老爷府，开辟长农边沿区对敌斗争。

1946 年 6 月初，长农中心县委、政府和长农支队在分区二团配合下，向长农地区挺进。途经郭前旗姜二蒙古村，受到反动地主"姜二蒙古"的顽固阻击，长农支队坚决打掉了这个土围子，活捉了"姜二蒙古"，并就地枪决，没收了其全部财产。这一胜利，震慑了周围反动地主，打开了前进的道路。部队和长农中心县委、政府进到农安三盛玉一带站住了脚，立即把郭前旗与农安交界的前沿地划分为三个区，领导干部分工各带部分干部、战士积极开展工作。

3. 边沿区情况的新变化要求新对策

长农中心县委、长农支队进入前沿地区后，发现情况有很大变化，国民党新一军一个团和嫩江队盘踞农安县城和伏龙泉，派粮派款，抓兵抓夫，恶霸地主反攻倒算，杀害翻身干部和农会积极分子，基层组织被摧垮，基本群众情绪低落。我们的队伍到达后，他们想靠近我们，又怕我们站不住，不敢接近我们，有的黑夜里偷偷向我们反映情况。长农中心县委及时把情况向地委做了汇报。地委于 6 月 10 日至 19 日连续发出指示，告知长农同志：对时局不要存有和平幻想，要立足长期斗争；工作中心是镇压反动分子，发动群众，坚持游击战争。发动群众的中心是分配土地（汉奸恶霸土地、公有地）。虽然不要公开提打倒地主的口号，但必须深入阶级斗争教育，学习乾安经验，发动群众起来造反，向地主借枪收枪，武装农民，清剿土匪，要提出"保卫土地，保卫家乡"的口号。在组织上，

长、农两县委要各组织一支精干的武工队，深入敌后摧毁国民党建立的反动保甲组织，打击国民党下乡的政工、特务大员。长农中心县委和长农支队坚决贯彻地委指示，坚决镇压反动地主，分地分浮财收缴枪支，建立县区武装和区政权，创造坚持斗争的长、农游击根据地。

4. 适应斗争形势要求，中心县委改为长农县委

1946 年 7 月初，我到农安县三盛玉区拉拉屯，了解长农中心县委坚持边沿斗争情况。长农中心县委同志提出，长、农两个县委班子的形式不好，领导思想不集中，形不成统一领导。我认为他们的意见很对，长农地区的对敌斗争，在一个相当时期内还发展不到长春地区去，保留两个县的架子对敌斗争不利。我回地委汇报后，经过地委讨论，将长、农两县合并，组成长农县委和长农县政府，领导班子也做了相应的调整。长农支队也进行了精简整编，加强了干部配备。

5. 从抓分土地到反国民党暴政

长农县委、县政府和长农支队合并后，领导统一了，武装力量增强了，很快就开创了新局面。9 月上旬，县委派吴清明等同志到地委汇报（这时刘彬同志已调走），他们讲，边沿区处在敌人鼻子底下，群众有顾虑，怕我们站不住脚，分地主的地，群众不敢要。他们只能开展两个方面的斗争：一个是开展游击战争，避开敌人主力，集中打击地方杂牌军、保安队、警察、政治股匪，摧毁国民党基层政权保甲组织，掩护发动群众工作；一个是发动群众，采取武工队形式，向群众宣传敌我斗争形势，讲明国民党必败我必胜的道理，揭露国民党反动派发动内战和地主阶级盘剥百姓的罪恶，讲解我党的反奸清算、减租减息的政策，谁若反攻倒算就坚决镇压谁；等等。我听过汇报后，认为他们从实际出发，已初步摸索出在边沿区坚持斗争的路子，深感在长农地区照搬乾安经验不妥，强行分地行不通。于是我肯定了他们的做法，并给县委写了一封信，鼓励他们在开展对敌斗争上主要原则应是发扬我们的政治优势，寻找与打击敌人的弱点（政治上的、军事上的），针对其弱点想办法，善于利用敌人间的矛盾、敌人与广大群众的矛盾决定我们的斗争策略和口号，发动群众在"武装起来，保卫家乡保卫翻身""坚决反倒算""为死难者复仇"的口号下行动起来。在领导上最重要的是亲自组织一个个具体的复仇斗争。"在斗争方式上，应根据敌我情况灵活变化，重点应放在发动组织群众对顽斗争，把开展政治攻势、揭露敌人谣言、瓦解敌伪工作与军事斗争结合起来。一句话，要树立自力更生、独立坚持边沿区斗争的信心与决心，想尽办法打击敌人。"（这封信试图明确在敌后和边沿区对敌斗争的方向和策略，但很不成熟。

它只是以后我提出广泛组成反对"二满洲"统一战线，最大限度孤立与打击国民党反动派的指导思想的萌芽）

长农县委接信后进行了认真的讨论，进一步做出了独立坚持前（郭前旗）农（安）边区斗争的布置，加强了两个武工队干部的配备。自1946年10月起，长农支队积极展开清剿政治股匪斗争，剿灭了三盛玉娘娘庙一带政治股匪，在哈拉海一带消灭了洋马队，在巴吉垒东又击溃了达子营股匪200余人枪，不断取得剿匪胜利。两支武工队在长农支队配合下也经常深入敌后，开展政治攻势，讲形势，用"货比货"的宣传方式，宣传我们的政策，揭露国民党的种种倒行逆施，发动群众起来反对国民党的暴政。同时，对于杀害我伤病员、农会干部，反攻倒算的反动地主分子进行严厉镇压，震慑了反动分子，打开了斗争局面。但斗争是复杂曲折的，敌我双方为了争夺这个地区，曾在伏龙泉"三进三出"，在哈拉海也是反复进行"拉锯战"，直到1947年我军"三下江南"作战前，形势才稳定下来。

六、全力以赴，支援"三下江南"作战

1947年初，北满我军为配合南满"四保临江"，曾"三下江南"作战。当时我作为辽吉二地委书记曾专程陪同已调西满分局任民运部副部长的刘彬和辽吉省委组织部部长曾固，驻在郭前旗负责指挥吉江地区支前工作。当时我经常与民主联军参谋长联系，接受任务，随之召集郭前、扶余、大赉、乾安等县（旗）具体布置支战工作。有时随二纵队南下农安，有时到各县巡视检查各项战勤任务完成情况。

当时，长春到白城铁路大部被破坏，只留有大赉至白城一段。在"三下江南"期间，大赉就成为前线的后方，成为辽吉省委支前的枢纽。我们在大赉建立了后方兵站，由总后勤部、兵站部和省战勤指挥部指挥，负责组织运输，把部队作战需要的武器弹药和机械装备及粮秣食品送往前方，组织发动城区妇女护理安置前线送回的伤员1100人，并负责安置过路人员食宿。大赉县所有党政领导干部都下乡，昼夜战斗在第一线，有的下乡筹粮，有的组织运输车辆，使兵站工作富有成效，圆满地保证了前线部队的需要。当前线部队吃到大赉送去的咸鱼时都感到高兴并写信感谢。

在我军"三下江南"作战，大军准备渡江时，曾云集到松花江北岸，扶余县党政干部全力以赴组织城区工人用船运送部队过江。当时松花江尚未完全封冻，头上有敌机扫荡，江里冰凌翻滚，船行非常困难，船工毅然跳入冰水中破冰推船前进，他们的顽强拼搏精神极大地鼓舞了成千上万战士的斗志。

处于前线的郭前旗古拉图区、王府区等沿线村屯，男女老少都动员起

来，磨米、做饭、烧水供应部队，群众省吃俭用，把一切好吃的让给部队。看护伤员的乡亲们用手接痰，用饭盒接尿。尤其是郭前旗的蒙古族翻身农民，他们组织起来的担架队转运伤员十分英勇，一次在敌机扫射中，有9名蒙古族担架队员壮烈牺牲。处于腹地的乾安县除组织大车运输队和担架队赶赴前线参战外，还认真贯彻党的拥军优属政策，为军属代耕，发优待粮，帮助筹集柴草；对回乡探亲的军人热情接送；等等。这种种情景大大鼓舞了前线的士气。

总之，辽吉军民特别是临战区的农安、郭前、扶余、大赉、乾安等县（旗）军民，在辽吉省委"一切为了前线胜利"的号召下，在全体党政干部亲自带领下，掀起了参军支前热潮。这几个县（旗）出动民工2万多人、大车1300多辆、担架1500多副。群众的支前运动，受到了东北民主联军的通报表扬，他们高度评价了各县（旗）贯彻东北局"七七决议"后在群众发动上所获得的显著成果，称赞这一成果使解放战争确确实实成了人民战争。

1990年4月于沈阳

保护与发展工商业，巩固辽吉后方根据地

张维桢

40 余年前，我曾担任中共辽吉省委副秘书长、辽吉行署实业处处长。白城地区史志工作委员会（今"白城市委党史研究室"，下同）约我提供当时的历史资料和撰写回忆录，我自然有义不容辞的义务。但是，我已年逾八旬，体弱多病，长年住院，提笔艰难，力不从心，只好嘱托白城地区史志工作委员会的同志代笔整理。

1945 年 9 月间，党中央决定，从延安抽调 800 余名干部挺进东北。我是第二批从延安出发的。我们跋山涉水，风餐露宿，行军两个月，于 12 月份到达辽宁省法库县。当时，陶铸同志在法库县刚创建辽西省委不久，战局很紧张，条件非常艰苦，又十分缺干部，经省委提议，东北局批准，留我在省委工作。1946 年 1 月，国民党主力部队疯狂北犯，西满分局限令辽西省党政军机关撤往郑家屯。随后，于 2 月 18 日，国民党新六军进占法库县城。1946 年 3 月 13 日，苏军撤出四平回国，3 月 17 日，东北民主联军驻西满部队解放四平。从 4 月 18 日开始，东北民主联军按照中共中央的指示，发动四平保卫战，相持一个多月，于 5 月 18 日主动撤出四平，因此，郑家屯的安全受到直接威胁。根据西满分局的指示，辽西省党政军机关又从郑家屯沿平齐线北撤，5 月底抵达洮南县城。

当时，洮南县属嫩江省嫩南行政区所辖。为适应新的情况，东北局和西满分局决定重新调整区划，撤销嫩南和吉江行政区，将洮南周围各县和吉江行政区松花江以南各县（旗）与辽西省各县（旗）合并，组建辽吉行政区，并于 1946 年 6 月成立辽吉省委、行署和军区。全区辖 36 个县（旗），其中有 14 个县（旗）沦为国统区，所以实际只有 22 个县（旗）。辽吉行政区地处西满前哨，战局非常紧张。8 月下旬，蒋军步步紧逼，驻农安的新六军一部沿长白线北犯，占领哈拉海；驻郑家屯的七十一军一部沿平齐线北犯，占领卧虎屯，逼近茂林。在这种形势下，辽吉省委做了战略转移的打算，并将军区主力和党政机关撤至辽吉、兴安交界的边区，以便领导敌后斗争。为了开辟这一边区，经西满分局同意，军区部队进驻兴安省西科中旗高力板，省委将突泉县委改为中心县委（亦称路南工委），派我兼任中心县委副书记，后为书记。统一领导 3 县 1 旗和负责省、地之

间的联络工作。辽吉省委、行署和军区及其机关同期从洮南迁驻白城子。

1946 年 11 月末，国民党军主力分 3 路进犯辽吉，先后又占领 5 个县（旗）和两个重镇，辽吉解放区只剩下 12 个县（旗），被称为腹心地区。与此同时，国民党军重点进攻南满，进攻临江，导致战线拉长，兵力分散。在占据保康之后，国民党军基本停止北犯。由于战局有些缓和，省委决定放弃转移打算，于 1947 年春撤销突泉中心县委，恢复原建制。1947 年 4 月，东北民主联军连续取得"三下江南"和"四保临江"的胜利，歼灭国民党正规军 5 个师，扭转了战局。辽吉军区部队配合南满和北满主力作战，先后收复 6 座县城。经 1947 年夏、秋季攻势，辽吉区的大部分县（旗）获得解放。1948 年春，省党政军机关从白城子迁回郑家屯，7 月，辽吉省委改为辽北省委，辽吉军区改为辽北军区（辽吉行署已于 1947 年初改为辽北省政府），撤销了辽吉行政区的建制。

在辽吉行政区刚组建的时候，腹心地区的十几个县条件极其艰苦，斗争十分尖锐，除南部、东部有国民党大军压境且不断进犯之外，境内土匪蜂起，袭扰政权，抢掠百姓，破坏秩序。在这种形势下，辽吉省委坚定地按照东北局扩大会议和"七七决议"的精神，动员干部下乡发动群众，组织武工队进行土地改革，剿匪锄奸，安定后方。号召共产党员走出城市，换上农民衣服，到农村去，到群众中去，做到不叛变、不缴械、不怕苦、不扰民，积极开展经济建设，建设解放区。1946 年 7 月 28 日，辽吉省委做出决定，各机关除留 1 名主要负责领导干部和少数病弱、妇女干部坚持日常工作外，其余人员全部下乡。于是，辽吉省委、行署和军区各机关、民主学院、军政干校等单位，共抽调 3000 余名干部，组成 4 个工作团，分别由省委书记陶铸，省委组织部中长曾固，省委委员、四地委书记喻屏和我带队，深入各县（旗）。我带领的是路南工作团，到突泉县周围的 3 县 1 旗，开展发动群众的工作。这一代是山峦起伏的偏僻山区，土匪很多，出没无常，大小匪股约有二十几股，匪徒达千余人。土匪成分比较复杂，起初大部分是经济土匪，后与国民党反动派勾结，成为政治土匪，实质是地主阶级的反动武装，其主要目的是破坏人民政权，破坏土地改革。突泉县一股较大的土匪绺子报号"青山"，是杜尔基区六合屯恶霸地主邵荣庭拉起来的，后与反动地主张文、惯匪徐海峰、伪警察王炳文等勾结，又同"全好""双山""占一"等几股土匪合并，形成了一股 300 多人的匪伙。1946 年 9 月 3 日，这伙土匪围攻杜尔基区政府，叫嚣要"踏平区政府，消灭工作队，为死难哥们报仇"，经过两天战斗，县大队赶到才解围。此后，这伙土匪到处流窜，作恶多端，曾抢劫辽吉军区后勤部运送物质的汽车，打死 8 名战士，打伤 4 名战士，抢走物资，烧毁汽车。还曾经用马拖死乡武装委员刘凤山，严刑拷打翻身农民等，其罪行罄竹难书。辽吉军区派独一旅骑兵团对这伙土匪进行了穷追猛剿。经过几次严重打击之后，到 1947 年 1 月，他们已溃不成军，匪首逃窜到郑家屯，投奔国民党，匪徒被歼灭。

腹心地区的其他各县（旗），为了巩固人民政权，安定社会秩序，保卫土地改革，也都开展了军民同力剿匪斗争。瞻榆县奉化区反动地主徐老九拉起"九江好"匪绺，于 1946 年 10 月初，纠集"小占一""天河"等大小匪绺 10 余股 300 余人，在一天晚上包围了奉化区政府。区干部和区小队当即反击，激战 6 小时，军区部队赶到后匪徒向西北溃退。10 月 10 日，又在杨树村追剿，毙匪 4 人，伤匪 10 余人，俘匪 1 人，余匪落荒而逃。活动在腹心地区的匪绺"北洋好""六合""老北洋""占中国""北洋红""东来好"等，在我军追剿下，于 1946 年 11 月 22 日逃窜到长岭县太平川区马鞍山屯。接到农会副会长赵德福的匪情报告后，区武工队、县保安大队和二分区蒙古骑兵团进行联合围剿，匪徒乱成一团，扔下 6 具尸体，向西北逃去。1946 年 6 月，镇东县反动维持会已经被解散，但董家村分会会长夏长有贼心不死，网罗原维持会人员和敌伪残余势力，拉起报号"长春"的匪绺，扬言"专杀农会干部""打八路"，意欲东山再起，反动气焰嚣张。其伙同"中央好""宝山"等匪绺，在镇东、赉北一带抢掠烧杀，罪恶累累。经四分区部队和县大队 20 次围剿，先后毙匪 48 名，伤匪 120 余名，余匪被迫投降。在武装围剿土匪的同时，我们还在土改运动中发动群众，开展"挖匪根""断匪线"的揭发检举运动，为消除匪患发挥了积极配合作用。1947 年初，洮南县五区挖出隐藏惯匪"柳河五点""胡闹""占山""占林""小生字""新中华""占江龙"等匪绺中的匪徒多人。洮北县永平区挖出"福字"匪绺及土匪底线、窝主等多人，起出的赃物有胶皮车 1 辆、马 2 匹、衣服 140 余件。腹心地区的剿匪斗争，在半年左右时间里取得了重大胜利，稳定了民心，安定了社会，为土地改革和发展工商业开创了有利条件。

辽吉地区的后方各县，工商业很不发达，没有什么大的工业，只有一点小型的加工业，如烧锅、油坊、锅炉、木铺等，还有一点零星的修配业。就是一些县城和铁路沿线的城镇，工商业也比较落后，基本上是农村环境，几乎是一切生产和生活的必需品都依赖外进。各城镇仅有的一点私营工商业，又在日伪 14 年的严格控制、残酷掠夺和摧残下，不是被吞并就是倒闭，所剩无几，经济极端萧条，市场一片荒凉。据洮安县统计，1938 年全县有商业 151 家，到解放前只剩 50 余家。特别是以农产品为原料的中小工商业，在日伪实施"粮谷出荷"和"粮食配给"等残酷搜刮下，大部分歇业。日本投降后，有的城镇仅存的一点工商业又被土匪洗劫一空。1945年12月，洮南县城被"光复军"（土匪）占领，发行地方救急券（群众称为大门帘子）84.6万元，强迫其在市场流通，最后成为废纸，致使工商业者蒙受严重的经济损失，大批中小企业倒闭。

辽吉省委成立以后，为了打破国统区经济封锁、解放区经济停滞的局面，以解决军需民用，便采取了自力更生、发展经济、广开财源、保证供给的方针，特别是在保护和发展工商业方面采取了许多重要措施。

一、发动群众，开展纺织运动

当时，腹心区群众缺衣少穿的问题十分突出，有些人达到赤臂裸体不能下地的地步。据镇赉县调查，解放前全县居民2365户，13510口人，其中雇农1015户，占总户数的43%，人口4460人，占总人口的33%。在雇农中有赤贫者47户，占总户数的2%，人口182人，占总人口的14%。赤贫者，基本上都是食不果腹，衣不蔽体。因此，解决群众的温饱问题，成为我们的当务之急。1946年11月，省委在召开的专员、县长联席会议上强调指出：发展纺织业运动，是群众工作中的一项中心任务。

会后，各级党组织在群众中进行发动，辽吉行署提供5000万贷款和1.5万斤棉花进行支援，腹心地区立即掀起了纺织生产的热潮。洮安县以三十户村为基点，向洮北、突泉县推广；赉北县利用本地产棉的优势，带动了纺织业的开展；洮南、大赉县把纺织业由城镇推广到农村。洮南县城关区发动妇女1700多人参加纺织，有织机700余台。城关区纺织业的开展，带动了全县的农村，大通区四海屯共58户，有55户200多名妇女参加纺线，有纺车131台。腹心地区群众性纺织运动普遍开展起来之后，省委及时引导各地大力发展各型工厂，把公营推进到民办公助的道路上去。1946年10月，实业公司建立裕民纺织厂，在这家工厂的扶植下，民办手工织布业空前大发展。大赉县城有600余台织机，315户从事手工织布，每日可产土布1000余匹，除供应本地需用外，还远销齐齐哈尔等地。乾安县城在半年时间内，私人手工织布厂就由18家增加到28家。到1947年上半年，腹心地区各县（旗）基本上解决了群众的穿衣问题。

二、贷款和减税，扶持工商业的发展

1946年春，中共中央东北局在《关于开展生产运动的指示》中指出：必须加倍爱护私人资本，适当发放贷款，扶助私营及公私合营的一切企业。辽吉省委根据这一指示精神，决定从东北银行辽吉分行拨业务基金6000万元，作为扶持工商业的投资和贷款，贷款利息很低，短期为1分5

厘，商业为 1 分。辽吉行署颁布税收法规定，凡从 11 月份新开之商店、作坊，营业税减半；到乡下开设商店或贩卖货物的行商、小贩，免税 1 年。据此，洮南县城共 1500 余家商店和作坊，每月应征税 40 万元，实际只征 20 万元。洮南县城半年应征税 300 万元，经业主评议，自愿交纳 200 万元，实际只征 40 万元。另外，各县也搞了一些小额贷款，洮南县为城镇发展工商业贷款 100 多万元，腹心地区其他县（旗）也都发出了款额不等的低利贷款，为发展工商业筹措资金。

三、创建实业公司，活跃城镇贸易

辽吉行署驻法库县时，就利用没收的敌伪资财创建了西满实业公司，随行署北移后，改为辽吉实业公司。由于腹心地区城镇工商业的发展，各县相继成立了分公司。其宗旨是：除保障战时供应之外，主要开展贸易，组织货源，挖掘资源，沟通城乡，平抑物价，调剂金融，扶助私人工商业。1946 年冬天，敌机轰炸洮安县城，使发电厂停电，榨油、碾米等业均受很大影响。当时，支前供应量很大，又有奸商囤积居奇和汉奸、特务乘机破坏等，致使几种食品供求失调，市场紧张，物价上涨。为避免群众生活受到影响，洮安县实业分公司开设了永信商店，将控制的大量日用必需品投放市场，而且低于市场价格。如粒盐，市场上每斤由 55 元涨到 60 元，永信商店售价 50 元；豆油，市场上每斤 55 元，永信商店售价 45 元；棉花、棉布、白面等也都低于市场价格出售。这家公营商店每天营业额高达 10 余万元，在流通领域发挥了积极的作用。

四、建立农村集市，沟通城乡贸易

在辽吉腹心地区，农村与城市的距离较远，交通又不方便，城乡间的物资交流很困难，而且农副产品与工业品的价格剪刀差较大，农副产品过剩部分卖不出，能卖出的农民吃亏。为了繁荣农村和沟通城乡关系，辽吉行署决定，"各县（旗）在农村的适当地点建立与发展集市"；"所有经济建设就以这些建立集市的地区为重点，组织各种生产、纺织、皮革、消费合作社或带有综合性的合作社"，"要在投资、贷款税收方面，大量奖励行商和小贩的发展"；"所有公营企业特别是实业公司要有计划地用物资去支援，并用购买政策提高农民赶集的积极性"。这个指示贯彻以后，从 1946 年冬到 1947 年春，腹心地区各县（旗）在城镇和区乡，一般都建立了集市。洮安县实业分公司于 1946 年 11 月 26 日在三十户和六十户村开辟了逢五、十为集日的集市，廉价出售火柴、豆油、棉花、布匹等大批生活必需品，受到农民的欢迎。同时，实业公司又采购大批农副产品，农民愿意运往城里的，除按市价付款外，另加每担脚力费 10 元，这就调动了农民将农副产品销往城镇的积极性。洮南县四区六家子村的翻身农民，经区政府批准，建起一、四、七为集日的集市。开集的第一天，举行盛大庆祝会，在小老爷庙前，聘请农民艺人演戏 3 天，本村和周围几十里村屯的男女老少都来赶集，城里的商人和小贩也到那里开设摊床，呈现出购销两旺、异常活跃的景象。

农村集市的建立，又推动了城镇市场的繁荣。洮南县城原有的南北市场挤满了摊床，大街两旁找不到空闲场所，原妓院改为门市房开商店、饭馆也显得不够用了，于是，县政府决定在城关三区再成立民众市场，1947年 5 月 9 日开业，也搭台唱戏 3 天。新开业的商店悬灯结彩，墙上贴满"迎接胜利，庆祝开幕"等标语。市场开业后，每天从早到晚，人群川流不息，生意兴隆，盛况空前，人们称赞党的经济政策是"救贫的政策"。市场的繁荣带来了运输上的紧张，洮南县又办起了运输合作社，以保证城乡物资畅通。

五、调整工商企业中的劳资关系，提高职工生产积极性

在发展城乡工商业的过程中，曾出现过企业与企业之间和企业主与职工之间分配不公的问题。有的企业把职工工资提得较高，生活水平超过一般群众之上，也有些私营企业千方百计压低职工工资，使一般职工收入难以维持家庭生活。从而造成了部分工商业歇业和工人消极怠工等现象。为解决工商企业中分配不合理的问题，辽吉行署根据当地的生产和生活等具体情况，提出了工人工资的标准，规定一个职工养活 2—3 人为基本尺度，低者不少于养 2 人，高者不多于养 3 人。为使工人生活不受物价因素的影响，试行劳资双方分红制，既保证企业主有利可得，又使工人工资随生产发展能有提高。同时还规定，技术干部和技术工人的工资，要超出一般干部和工人的工资水平，以体现多劳多得的精神。调整劳资关系，缓和了矛盾，提高了职工的生产积极性，促进了工商业的发展。

六、禁止清算一般工商业主，保护合法经营

1947 年 7 月间，腹心地区的土改运动进入砍、挖浮财阶段，部分县（旗）的农民群众进城追缴地主的浮财，影响城镇贫民起来斗争伪满的"组合会社"、"配给商店"和资本家兼地主，并出现了打击面过宽的问题，造成了工商业者的恐慌以至停业。大赉县城从 7 月份开始，清算了裕民公司等 7 家商店、3 家皮铺、3 家木匠铺、5 家粮米铺、1 家磨米厂、2 家油房、1 家鱼店，合计清算金额 8000 余万元。结果，不仅被清算的一般业主无法营业，就是未被清算的业主也无心营业了。针对这一严重情况，辽吉省委立即向各地、县、区委发出指示，要求对城市工作暂时放松一下，强调"对工商业要特别注意保护",纠正了各地出现的"宁左勿右"的现象。随之,省委为保护工商业的发展,做出几项决定:除属于大汉奸、大军阀、大官僚、大恶霸之外,对一般工商业者一律不得清算,并保护其合法经营。因此解除了工商业主的顾虑和恐惧心理,进一步促进了工商业的发展。

由于辽吉省委和行署采取了上述种种措施,洮南周围各县(旗)的工商业得到迅速发展。1946 年 12 月《胜利报》报道:洮南县城在 6 月以前,共有商店和作坊 857 家,到本月上旬剧增到 1522 家(摊床 300 家未计算在内),其中以粮油栈、皮纺业、针织业最多。洮安县城商铺 450 家,增加 1 倍以上(1000 家左右),另有摊贩百余个。突泉县六户街是辽吉区北部的边沿小镇,当时有居民 580 户,贯彻省委关于保护和发展工商业政策之后,各种店铺由 40 余家增加到百余家,资金达 800 多万元,市场活跃,物质丰富。辽吉后方地区工商业的发展,不仅打破了蒋管区的经济封锁,而且与蒋管区对工商业敲诈勒索,造成经济萧条、市场冷落等情况形成了鲜明的对照。安广县有一家较大的杂货商,在长春设一分号,一次被反动当局勒索 300 万元,无法维持生意,只好拍卖家当,星夜返回安广县。其悲惨遭遇,成为一份活教材。郑家屯被国民党军占领后,也有不少工商业主忍受不了反动暴政的压榨和经济上的盘剥而转移到解放区的。

辽吉区后方的十几个县,在土改运动深入发展的同时,工商业也得到了迅速发展,不仅为支援前线提供了大批人力物力和财力,而且改善了群众生活。洮北县瓦房镇雇农杨永新,在伪满时期,全家人只有 1 条裤子,出门轮着穿;只有 1 床被,睡觉合着盖;每年吃不上 1 斤盐,生活十分清贫。解放后,他响应党的号召,同别人合伙开豆腐房,生活日渐改善,全家人都穿上了新棉袄,盖上了新棉被,吃饭有米有菜,就别说吃盐了。从张永新全家生活的变化,可见工商业的发展确给群众带来了实惠。辽吉行署主任朱其文同志在第一次专员县长联席会上说,"我们既不是军阀官僚,更不像国民党反动派那种不顾人民的死活,硬向人民去刮地皮";"我们进行的是人民战争,只有照顾到人民的困难和痛苦,才能动员人民参加战争和支援战争"。事实正是这样。辽吉后方各县由于开展土地改革和发展工商业,群众在政治上翻身,在经济上得到改善,便焕发出保家、保田、打击敌人的积极性,不断掀起参军支前的热潮。1947 年 7 月,辽吉后方的洮南、洮安、突泉等 12 县(旗),青年参军即达 9000 多人,其中 5000 余人涌入主力赴前线。各县出民工、担架支援夏、秋、冬季攻势,数目很多,难以统计,直到 1948 年 11 月东北全境解放,辽吉后方根据地,便胜利地完成了支援东北解放战争的历史使命。

担任白城子地委书记的五个月

张　策

　　1945 年 8 月 15 日，日本投降。经晋冀鲁豫中央局薄一波同志决定，我夫妇俩调往东北工作。我们经过冀南、冀中、冀东地区到承德，再由承德到叶柏寿（今辽宁省建平县城）改乘火车到了锦州。此时山海关已被国民党军占领，由于时局紧张，我们很快离开锦州到了沈阳。到沈阳后，东北局分配我到北满分局，后又分配我去嫩江地区工委。路过哈尔滨，我见到了陈云同志，陈云同志给我们做了一次报告，告诉我们：中、英、美、苏四国签订的雅尔塔协定，规定苏联有义务把东北交给国民党，所以他们不能公开帮助我们，并要把我们占领的大城市统统让出来由国民党派人接收。我去了齐齐哈尔，在齐齐哈尔见到了嫩江地区工委刘锡五等同志，工委决定我为工委常委兼白城子地委书记、白城子专署专员、白城子军分区政治委员。

　　我于 1945 年 11 月下旬到达白城子。这里已于 11 月中旬建立了中共嫩江省白城子地委、白城子专署、白城子军分区。任志远同志任地委副书记兼军分区副政委，在我未到之前由他主持地委工作。夏尚志同志任军分区司令员。军分区有部队 10 个团，除主要干部是我们派进去的以外，还有少部分当地参军的基本群众，而多数是以招兵买马发委任状的方式收编的伪军警、地痞流氓、土匪等，统称为东北人民自治军嫩江第一纵队，下设 3 个支队，每个支队有 3 个团，纵队直属 1 个团。第一支队驻郭前（旗）、扶余、大赉，程世清同志任支队长兼政委；第二支队驻洮安、镇东、安广，刘玉堂同志任支队长兼政委；第三支队驻洮南、开通、瞻榆，朱继先同志任支队长，于英川同志任政委。

　　我从齐齐哈尔动身前，工委曾向我介绍说，白城子地区各县差不多共有 1 万多武装，就指的是这个部队。工委要求我迅速做工作使之巩固下来，说这是至关重要的。但我到白城子后，还没来得及传达工委的指示，这批武装在国民党大举进攻的形势下，就一个县接着一个县地叛变了。在我还没到达之前，这里先来的同志已在大赉、安广、洮南组建了县委、县政府，在扶余组建了扶余县临时工委，我来后又在洮安县组建了县委、县政府，在开通组建了县政府。但这些县的党政机关，也都随着各县武装的叛变一个一个地或领导人被杀害，或被迫撤出了县城。

首先出问题的，是安广县，约在12月初，所谓安广县人民自治军独立团有两个被收编的营长叛变，勾结周围的土匪潜入县城，包围了我县独立团指挥部，在战斗中打死了我安广县委书记兼独立团政委王超同志，打伤并俘虏了独立团团长。

紧接着，被我们收编的大赉县保安大队也叛变了，占领了大赉县城，我军政人员在突围中牺牲30多人。

针对上述情况，地委召开紧急会议，传达工委指示，研究对策。但正在开会，突然又来报告说有600余"光复军"（实际是土匪和叛变了的收编人员）攻打洮南县城，匪首是国民党洮南县党部执行委员朱瑞。地委立刻决定，让参加会议的洮南支队政委、洮南县委书记于英川同志率100骑兵返回洮南。这次虽然打退了"光复军"，但几天后，朱瑞又纠集2000余名土匪再次攻打洮南，守城的我军300多人虽经激战，终因寡不敌众，撤出了洮南，转移到白城子。接着，镇东、开通、泰来等县城均被"光复军"占领，白城地委辖区除白城子、扶余、郭前外，均已被土匪占去。更为严重的是，1945年末，镇东县"光复军"头目王奎武纠集镇东、安广、洮南、泰来等7县"光复军"约1万余人攻入白城子，城内被收编的独立骑兵团、护路队也倒戈叛变，形成了里应外合的严峻局势。当时我们与苏军司令部联络，想请他们协助剿匪，可因为有我前面说过的原因，苏军不愿意公开帮助我们。当时想报告工委，又没有电台。在这种紧急情况下，地委、专署、军分区研究，决定让我去齐齐哈尔汇报，请示对策。

可是，我于1945年最后一晚到齐齐哈尔时，一下火车就被苏军和火车站上的伪护路军扣留，我的两支短枪也被他们收去。这是1946年元旦将要黎明时，下午他们又把我们3人（1个翻译和1个警卫员）押进一间拘留人的房子，里面大概是一些无票乘车的小贩和扒车的农民。这时，我很生气，便给他们负责人写了一张条子，声明我是国家军人，无犯罪行为，把我们当犯人对待，我们提出抗议。由于此信的作用，他们即刻把我们换到楼上的房子。我自己住一间，一个手持大刀的人看管我，那两个同志另住一间，没有人看管。晚上，我又凉又急，难以入睡，就和那个拿刀的人谈话。从他那里，我始知嫩江省党政军机关已于我下车前的午夜撤离齐齐哈尔，原因是苏军已将齐齐哈尔交予国民党政府接管。我听说这一情况后，觉得此次被扣后果严重，曾和两位随从商量跳楼逃跑，但又怕跳下去摔坏腿还是跑不了。天明后，一伙护路军上班占据了屋子，我只好在楼里走廊上走来走去。我不顾北风呼啸，倚窗向大街上张望，突然看见一位苏联军人从街上走过，我就大声地呼喊他，但他摇手表示不愿理会，继续向前走着。我出自急于脱险的心情，从口袋里掏出张闻天同志给我写的一张俄文身份证明书，不断向他摇着。这样才引起他的注意，他即向我住的楼走来。他上楼后，那些护路军莫名其妙。苏联红军来后，我把我的那份身份证明给他看，并经过翻译说明了我们的危险处境，请他予以帮助。他决定带我们走，护路队头头也不敢阻拦。我们把那两支短枪要了回来，跟这位苏联军人来到卫戍司令部。这时我见到了苏军负责人，又将那张身份证明给他看。他说："你们的人都去屯子了，你去屯子找他们吧。"此时工委已撤至甘南县，我要求苏军能派人护送我们，但等了两天，看出他们不会派人护送我们去，我们就决定回白城子。

1月5日，我们雇了一辆马车前往昂昂溪，想从那儿上火车去扎兰屯，在扎兰屯找蒙古（族）人送我们回白城子。到昂昂溪后，那里的驻军虽然热情地接待我们吃了饭，但也不愿送我们去甘南。没有办法，我们就上了火车，但又被赶了下来。这时，天已黑了，我们只好找一个小店住下。为了安全起见，我们3人商量好，各找一个僻静地方休息，互不联系。翌晨，当我们3人见面时才知道，这店里住的人除了一些小商贩外，大部分是地方上的土匪、伪满残余、流氓、社会渣滓，在国民党大举进攻，占了沈阳、齐齐哈尔，我党政军机关从齐齐哈尔撤退的形势下，他们正在"拉杆"要组织武装，准备迎接"中央正规军"。

因回白城子回不成了，这里又不是久留之地，我们便决定还去甘南。我们又搭了一辆马车回齐齐哈尔。在齐齐哈尔，又雇了一辆四轮马车，我对车夫说："哪里是去甘南的马车店，就请你把我们拉到哪里。"马车夫把我们拉进一个僻背的巷子，那里有个大院，摆满了搞运输的胶轮车。我们找到一辆要明天起早去甘南的马车。天还没明，就起来了，车夫套上车，我们上去，很快就出了店门，向北赶去。为了防止齐市北门有站岗的盘查，我们3人都趴到车上，上面用草包盖上。车跑得飞快，到底躲过了岗哨的眼睛，不一会儿就越过了冰冻的嫩江。

过了嫩江后，是一个大村子，一进村就发现这里有我们的人，经打听是于光汉同志领导的工作队在这里工作，我马上和于光汉同志见了面。吃了顿早饭，感觉特别香，一来是饿了，二来是到了家，一个礼拜的失群孤雁生活结束了，心情特别好。吃罢饭，我们仍坐那辆马车去甘南，下午到达甘南县，见到了嫩江工委书记刘锡五同志，还有朱光、冯纪新等同志。他们已通过吴富善同志从苏那里知道我出事了，但不知我的下落，正在到处打听。出乎他们意料，我竟回来了。在省委的日子，除了与省委讨论情况，决定我们应采取的措施外，我不断想办法回白城子，也去过扎兰屯通过蒙古（族）人那里想过办法，但都没有成功。以后和郭维成同志的护路军一起由甘南出发，经过景星县、泰来县，与北上的我军会合，然后回到白城子。白城子在我离开以后，土匪就打进去了，后经苏军剿匪，把这伙土匪又打了出去，地委、专署、军分区机关又搬回来了。

我回到白城子不久，因为形势发生了急剧的变化，我们的组织也在不断变化。原来的吉江省委改称嫩南区党委，把白城子一带划归嫩南行政区，撤销了白城子地委、专署、军分区。我即由西满分局决定，作为西满军区的全权代表去东蒙自治区工作。我于1946年3月下旬离开白城子，去了王爷庙（今乌兰浩特）。

在洮南地区建立民主政权的武装斗争

——访问夏尚志同志记录

1945 年 8 月 8 日苏联对日宣战，百万红军进入中国东北，与东北人民抗日武装一起，以摧枯拉朽之势，给日本关东军以毁灭性的打击。8 月 15 日，日本宣布无条件投降。至此，中国人民历经 14 年艰苦抗战，终于取得了最后胜利。然而，一场新的斗争开始了：国民党反动派为了抢夺抗日胜利的果实，悍然撕毁了国共两党重庆谈判的协定，不仅调兵遣将进军东北，而且派遣大批特务渗入东北各地，纠集土豪劣绅、胡匪以及日伪残余势力，组织维持会、光复军，拼凑反动政权，妄图独占东北。对此，中共中央根据当时形势，提出了"建立巩固的东北根据地"的战略方针，先后调集 10 余万大军，2 万多名干部，火速出关，进军东北，与国民党及其反动势力展开了针锋相对的斗争。白城一带的革命政权就是在这种形势下开始建立的。当时，我受党的委托，于 1945 年 10 月来到这里，亲自经历了这场斗争。为了纪念在这场斗争中英勇献身的烈士，永远缅怀他们的功绩，为了使我们的后代了解党的历史，知道江山来之不易，我觉得回忆一下这段革命斗争史，还是很有意义的。

接受任务

1937 年，我任海伦中心县委书记时，东北地区日伪反动势力很猖獗，对我党地下活动进行残酷镇压，县委和上级组织曾先后遭到破坏，我也被捕。1945 年 1 月，我被齐齐哈尔日伪警务处拘留所假释回家。由于和党组织失去了联系，我便自行开展工作，1945 年 8 月，苏军进入东北，形势发生了陡然变化，我的家乡大赉县五棵树（现镇赉县五棵树乡）伪村公所反动政权摇摇欲坠，一片混乱。我抓住这个机会，组织几个人准备夺取伪村公所警察的枪，建立党的地方武装，打击反动残余势力，但未成功。接着，我去大赉县城，与苏联红军联系，也未成功，这时，跟我一起活动的几个人说，"你赶紧到南边去找党"，于是，我乘车去沈阳，在沈阳经过几番周折，终于找到了党。我先找到的是冀热辽区党委，在这里和李运昌同志（党委书记）、韩光同志（组织部部长）谈了我和党失掉联系后的一些情况。之后，经他们介绍，我来到中共中央东北局（当时东北局设在沈阳原张学良公馆），见到了东北局主要领导人彭真同志和陈云同志。彭真同志握着我的手说:"这些年在东北吃苦了,由现在起恢复你的党籍。"接着,彭真同志指着一旁的程子华同志对我说:"你的工作我们已经研究过,具体任务由程子华同志告诉你,你们去谈吧。"就这样,程子华同志给我和李海涛、张昭3个人开了个会,他说:"你们带一个支队,去接收辽河以北一带,要以白城子、大赉为中心向周围扩展。一定要抢时间多接收,关键是快,谁快谁就主动,谁就占优势。"他还指示说:"你们要一边接收,一边扩军,一边建立起民主政权。"之后,李海涛同志被任命为支队长、司令员兼政委,我为专员,张昭为副专员。并给我写了一封信,叫我去找冀热辽行署主任朱其文同志。我在朱其文同志那里领到了"任命夏尚志同志为北满地区第一行政督察专员公署专员"的委任状。第二天,我们就带领队伍向北进发了。这时是1945年10月中旬。

进驻白城子

我们这个支队当时只有两个团,一团长是王化一,二团长是刘可天。两个团1000人左右,都是从老解放区来的八路军,不怕吃苦,昼夜行军。当部队路过郑家屯时,当地群众非要我们住下,要求我们在那接收。考虑到郑家屯是个交通要道,是兵家必争之地,我们决定由李海涛同志带队伍的大部留在那里接收,我同老区(延安根据地)调来的50多名干部带领一个连的兵力,继续北上。我们到白城子车站时,发现站台上有一些人前来迎接,其中有个人自我介绍说:"我叫朱尚达,是公安局局长。"并悄悄告诉我们:"欢迎你们的人都是士绅和国民党党部成员,只有我是共产党员。我曾到苏联受过训,回国后和党失去了联系。"又说:"红军来后,我取得了联系,被任命为公安局局长,手下还收编了伪警人员200多人,组成了一个公安队。"我见他说话比较诚实,表示相信。我们下车后,按计划先去大赉城。但是,从中午到半夜,没有车拉我们。于是,我就派人去找护路的苏联红军联系(白城子铁路由红军控制着),他们推脱说,没有车。并让我们步行去苏格营。我估计到那里有问题,就设法和朱尚达取得联系。经过交谈,才知道白城子这个地方很复杂。原来,日本鬼子败退后,各种人物都纷纷出来活动,一部分日伪残余和反动士绅互相勾结,成立了所谓"治安维持会",后改名"政务委员会"。国民党分子更为嚣张,公开挂出"白城子国民党部"的牌子,办报纸,发《告人民书》进行反动宣传。因为有国共两党的"双十协定",他们表面上不得不装出与我们合作的样子,所以才到车站去欢迎我们。但是,他们在暗地里却干着破坏活动。我们坐不上火车,就和这些人造谣有关,他们挑拨我们和护路红军的关系,说我们是假八路。更阴险的是想借刀杀人,想让红军把我们骗到苏

格营的土匪窝子里，消灭我们。面对这种情况，我决定改变去大赉接收的计划，先把白城子拿下来。

当时驻白城子的红军有3个司令：铁道司令、城防司令、宪兵司令。他们左右着这里的形势，接收白城子必须借助他们的力量。因此，我就请朱尚达出面，与红军联系。经过一番交谈，宪兵司令相信了我们是共产党的队伍。经他介绍，我们认识了苏军城防司令。当我说明情况后，这位城防司令挺果断，他说："好！我帮你忙，可以接收白城子。"并当场告诉朱尚达说："你是公安局长，以后你就归他（指我）管。公安队也交给他改编。"

国民党分子看我们站住了脚，仍贼心不死，又搞起了新的阴谋。一天，国民党党部派来一个人，请我去参加他们召开的"欢迎茶话会"，显然欢迎是假，试探虚实、制造事端是真。但是，我们还不能推脱，因为这是一场斗争，我们不能错过扩大宣传和辟谣的机会。所以，我决定由王国华副营长带一排老战士，与我一起如期赴会。会间，我讲了共产党如何在困难条件下坚持抗战，而国民党抱不抵抗主义，专把枪口对准八路军，现在日本投降了，国共应该携手共建家园，切不可再打内战了。王国华同志也即席发表演讲，以其参战的亲身经历，讲了许多八路军打日本鬼子的生动事例。听完我们的话，有的人点头称是，有的抱着怀疑的态度，说："你们是关里来的老八路，一定会唱八路军军歌啦？"我看出他的意思，是想试探一下我们是不是真八路，我示意王国华同志唱给他们听。王国华同志站起来，指挥一排人唱了《三大纪律八项注意》和几支抗日歌曲。没曾想，这歌声起到了意想不到的作用，那些居心叵测的家伙消失了趾高气扬的神态，脸上出现了难以掩盖的窘色，接着支吾搪塞几句就草草收场了。

这场桌面上的交锋，暴露了国民党顽固分子色厉内荏的本质。为了防止他们进行新的破坏活动，我们决定先收拾这帮家伙。于是，我们抓住国民党党部办的《雄狮报》进行反共宣传的把柄，以"破坏国共合作"的罪名，将国民党党部书记长高清等7人逮捕，摘掉了国民党党部的牌子，停止了他们的活动。接着，我们趁热打铁，将这件事情公布于众，进行大张旗鼓的宣传。同时开展扩军活动，首先收编了朱尚达领导的公安队，约200余人。接着，我们立一面旗帜，进行扩军。这时城内很热闹，人们欢天喜地，一些受过压迫、剥削的穷人子弟，一听说扩军，就蜂拥而至，当天就有200多人报了名。由此可以看出，共产党是他们的大救星！为了搞好扩兵工作，我派人去银行取钱（我是政府委任的专员，有权取款）买布，突击赶制军装，发给新兵。第二天就进行操练，形成很大声势。这样，报名参军的人越来越多，不到 3 天时间，就扩兵 600 多人，我们的队伍一下子就扩充至近千人。进驻白城子不久，我们就向大赉城进军。

接收大赉、安广

10 月末，我们从白城子坐火车，来到大赉县城（现大安市）。一下车，见站台上有些人像是迎接我们的样子。经对话，才知道是"维持会"的一帮人，其中有伪县长、伪警务科长。我应酬几句，准备进城，却被他们拦住。有个人讲什么"这地方归'中央军'管，我们已经成立了维持会，你们八路军不能在这站下"。他这一派胡言，分明是国民党分子的腔调。我非常气愤，大声对他们讲："共产党、八路军坚持抗战，流血牺牲，国民党、'中央军'一贯采取不抵抗的政策，见了鬼子怕得要死，不打鬼子，专打八路军，把东三省都丢了。现在鬼子投降了，你们要替国民党摘桃子，那办不到！我是共产党派来的北满专员，这一带全由我接收！"于是，我命令队伍跑步进城。我们的队伍由 50 多名战士组成，他们每人一支长枪、一支短枪，威武雄壮，听到命令，马上排队向街里跑去。"维持会"的一伙人见势头不对，又无力拦阻，就换了一副嘴脸，表示"欢迎"我们，并跟随到街里，给安排吃饭、住宿。

这次在大赉城办了三件事：第一件是宣布解散"地方维持会"。"维持会"的主要人物是些伪官吏，反动士绅，这些人欺软怕硬，看见我们的阵势，自然是唯命是从。第二件是扩军。办法和在白城一样：立一面旗，上面写着"扩充八路军"，旁边放张桌子，派两名战士，一边宣传，一边登记。当天就有 200 人参加。第三件是建立民主政权。先成立大赉县民主政府筹备委员会，物色人选，后经过一段工作，正式成立县政府，郑平（我带去的地方干部）任大赉县政委，沈家容（当地人）任县长。

在大赉驻防的一天深夜，从安广（现大安市安广镇）跑来一个人见我，他说："安广叫国民党占了，头子是孙大队长，有 300 多人，你要去打他们，我给你带路。"经过仔细盘问，判定不是谎报军情。但是，我们的兵力不足，新扩充的兵员没有经过训练，我带来的老兵又少，以 50 人战胜 300 人实在没把握。于是我就通过临时找的翻译，向驻地苏军讲了我们的意图。苏联红军知道是共产党的军队，要去打土匪，就爽快地答应支持我们，并派出几名战士随同我们和做向导，摸黑奔往安广，大约半夜两点就到达了。队伍随着向导直插孙大队长的指挥部，正巧没人站岗，几个红军战士率先冲进屋里，大喊："不许动！"这帮家伙从梦中醒来，一看是端着转盘枪的苏联红军，都吓得缩成一团。有个不要命的家伙刚想反抗，被苏军一枪打死在炕上，其余的乖乖都投降了。我们捣毁了指挥部，缴获了

300 多支枪。

经过对俘虏审问得知，这 300 多人自称"保安大队"，抢占安广是有来头的。日本投降之后，这个县的敌伪残余就联合在一起，组织了个"维持会"，妄图占领这块地盘，迎接国民党到来。因此，他们去长春接来几个国民党分子，挂起了国民党党部的牌子，接着纠集地主、土匪 300 多人，成立了所谓的"保安大队"。我们弄清了这个问题，首先解散了"维持会"，接着撤销国民党党部，将党部书记长、伪县长扣起来，把这股反动势力压了下去。几天后，我们召开了一次群众大会，宣传共产党的主张，讲清了共产党是为了解放劳苦大众，让人民群众当家做主的道理，并当场把收缴孙大队长等人的粮食、浮财分给了群众。会后，群众纷纷要求参加八路军，我们收下 100 多人，扩充了队伍，编成个连。然后，就着手建立民主政府。这时，党中央从延安派来的干部刘玉堂同志，从苏北新四军来的干部王超、刘希平同志都相继来到这里。根据上级的指示，刘玉堂同志任安广县人民自治军独立团团长兼政委，王超任县委书记，刘希平任副县长。我把两个连（包括接收大赉前路过舍力时收编自卫团的一个连）的兵力留在安广。这时是 1945 年 11 月。

解放郭前旗和扶余县

在安广审讯国民党党部成员时，他们供出在郭前旗、扶余县有为数更多的国民党分子在活动。为了抢时间，接收这两个地方，我从安广回到大赉，将队伍稍加休整，就坐火车赶奔郭前旗。我们来到郭前车站，感到气候不对，这里没有群众，一色苏联红军，而且态度冷淡，很不友好。下车后，我们马上被苏军领到一个大院子里，两句话没说，就要下我们的枪。为避免发生冲突，争取与红军友好，孤立国民党顽固势力，我们只得暂且让步，先把枪交了出去。然后，我就通过翻译，和苏军说明我们的来意，可是，我带的翻译俄语说得不好，意思没有说透，苏军还是不相信我们。当然这里也有国民党分子挑拨离间的作用。

在吃晚饭时，我发现苏军的一个翻译是当地的中国人，他俄语说得很流利。于是，我就设法打听他的住处，并知道他家里很穷。第二天，我带领两个警卫员，来到他家，经过唠家常，我知道他姓郑，老家山东，前些年来东铁做工，在铁路上学会了俄语。后来，给人家做工、种菜园子。苏军进郭前旗后，因为他会俄语，才当了翻译。我见他出身穷苦，是个守本分的人，就出 400 元"大红票"（苏军出的纸钞）送给他，说："共产党是专为穷人办事的。现在日本鬼子被打跑了，穷人得解放了，你也应当得解放了。你拿这钱给老婆、孩子换换衣服吧。"郑翻译接过钱，感动得流了泪，说："我感谢共产党，今后你们有用到我的地方，我一定尽力。"我就把东北局派我来这一带，如何建立民主政权的意图讲给他听，让他照实翻译给苏军。

第二天，郑翻译跑来告诉我说："苏军要把枪还给你。"我分析了情况的变化，这很可能有上边的意图。我说："他们相信我是真八路就行。至于枪，怎么能说缴就缴，想给就给呢？红军缴八路军的枪，这件事给敌人看了笑话。"郑翻译听到这里，点点头走了。时间不长，苏军派人把我找去，一个指挥官再三向我道歉。他讲的情况，证实了我的判断。我就向他说："你们不要太介意，这是个误会。缴了枪不要紧，还给我们就行了。可是这个误会带来的影响太大了。我是北满专员，要接收的地方多了。你们缴了我的枪，说我是假八路，这个消息已传得很远，我下一步可怎么开展工作呀？"苏军说，这不要紧，名誉我们给你恢复。我说："名誉不是几句话就能恢复的。枪先不要，我回去。"就这样结束了我们的交谈。一天之后，有个红军装束的中国人来找我，说："我是陈云同志派来的，陈云同志证明你是八路军。"接着问我："为什么不要枪？"我说："不是几支枪的问题，我想通过这件事和上级组织取得联系，目的是要借这个机会，取得苏军的全面支持，完成对郭前和扶余两县（旗）的接收任务。"这个同志进一步问我："你有什么打算和要求？"我向他讲了前、扶两县（旗）的情况。国民党在这里的势力很大，组织了保安大队，得到了苏军的支持，枪也是由苏军发给的。因此，接收这两个县，苏军要公开把国民党的武装解除，把枪缴回来，交给我们。另外，苏军解放郭前旗时缴获日本关东军一个师团的武器装备，也应全数交给我们。这个同志同意我的意见。经过他和指挥官交涉，苏军一口答应了这些条件。就这样，国民党分子被解除了武装，缴获了700多支枪，全交给了我们。还有日本师团的3500余支马枪、20多门三八式野炮、20多门日本四一式山炮，以及轻重机枪和大批弹药，也全数交给了我们。

接收郭前旗和扶余县不久，嫩江省委书记刘锡五同志就派程世清同志来这里，任命程世清同志为扶余县政委。

成立嫩江第一纵队

郭前旗和扶余县解放后，我们在那里又扩军1000多人，组建了一个团，并用缴获的武器装备了起来。程世清同志接管以后，我就带着一部分队伍赶回大赉。一路上，用马车拉着大炮、武器，战士们扛着轻重机枪，喊着口号，队伍浩浩荡荡，威武雄壮。每过一个村屯，老百姓都出来欢迎，我们就利用这个机会进行政治宣传，发动群众，扩充兵员，这样，又有许多青年小伙子前来参军参战。我们回到大赉时,这里的群众已被发动,扩军达到1500多人。到安广时,这里正在训练新兵,教练场上足有千人,真是军威大振哪!

我从安广返回白城子时,正赶上嫩江省委书记刘锡五同志在这里视察工作。一同前来的有省长于毅夫、秘书长王光伟、齐齐哈尔市市长朱新扬。刘锡五同志在这里召开了会议,会上宣布我为白城子军分区司令兼政委。会议决定以现在的队伍为基础,进一步扩军,准备组建嫩江第一纵队。会后,我们又接收了镇东、洮南、开通等地,同时进行了扩军,使部队发展壮大到7000多人。由于队伍扩大,条件具备,1945年11月,嫩江第一纵队成立。纵队下设3个支队,9个团,另有一个骑兵团,一个警卫营,一个炮兵连。程世清同志为第一支队长兼政委,领导3个团,驻郭前、扶余、大赉3县(旗)。刘玉堂同志为第二支队长兼政委,领导3个团,驻洮安、镇东、安广3县。朱继先、于英川分别为第三支队长、政委,领导3个团,驻洮南、开通、瞻榆3县。由于扩军建政工作的深入,白城地区革命斗争形势有了新的发展。

与敌人明争暗斗

由于我们的力量一天比一天强大,敌人根本不能对峙,于是,他们改变手法,暗中进行破坏活动。"明枪好躲,暗箭难防。"我们在白城子驻防时,敌人就暗中设下一个圈套。以赉北县大地主隋子升为首,勾结五棵树伪村长田子衡和坦途"维持会"会长刘勤等人,妄图把我们骗到镇东县坦途(今属镇赉县)加以消灭。这件事的经过是:1945年11月,我的大赉同乡于保总、张作礼来白城子军分区见我,说坦途有支700余人的地主武装要投靠八路军,请我去收编。由于是同乡,我信以为真,就带一个连的兵力,又配上两门三八式野炮,由于保总、张作礼带路,沿铁路线徒步去坦途。过了镇东,队伍停在离坦途不远的一个蒙古(族)屯吃晚饭。这时,带路的两个人不辞而别了,到处找他们都找不见。我估计可能要出事,就赶紧把队伍集合起来,急行军奔向坦途。"出其不意,攻其不备",没等敌人准备好,我们就冲进了街内,占据一个高墙大院,加强警戒。果然不出所料,后半夜三点多钟,敌人发起了进攻,由于我们早有准备,敌人没有攻进院子,战斗相持两个多小时。天刚放亮,可以隐约地看见敌人集结的地方,这回可以发挥大炮的威力了。于是,我命令炮兵放了一炮,这一炮不要紧,把敌人打得晕头转向,仓皇出逃。我们就乘胜追击,杀得这伙匪徒溃不成军。

敌人一计未成,又生一计。天亮后,坦途"维持会"派来一个人,假惺惺地请我们去吃饭，我感到奇怪。这时，有个同乡偷偷地告诉我："昨天夜里打你们的土匪，就是刘勤和隋子升勾结起来干的，今天还想在吃饭的时候暗算你。"我想，将计就计，到时候揭露他们的阴谋，撕下伪装的画皮。为了有把握，我带了50多名战士，并请驻坦途的两名苏军战士协助我去"赴宴"。席间，"维持会"会长刘勤突然跑进来叫喊："泰来（与镇东邻近的县城）的'光复军'到北岗子了！"他说完就溜了。陪我吃饭的几个家伙都动手掏枪，我发现这是他们要动手的暗号，于是，我一拍桌子站了起来，指着他们说："你们要干什么？想搞'鸿门宴'吗！"没等这几个家伙动手，红军战士早已端起转盘枪，对准他们大喊："不许动！谁敢动就突突死你们！"这几个家伙不得已，只好把手放下。我看在场的这几个人都不是"维持会"的头头，没有必要和他们纠缠，于是在红军和战士们的护卫下，回到了住处。

根据敌我双方的力量和当时坦途的形势，那里还不适宜就地接收，我决定尽快离开那里。为了安全，我们改坐火车。可是，坦途这伙反动派还以为我们徒步返回，就在镇东纠集土匪武装数百人埋伏在大路两旁，企图一举消灭我们。当他们得知我们改坐了火车，又在镇东站设下埋伏，想趁停车机会袭击。然而，我们早有预料，在镇东车站停一分钟就起车了。这样，部队安全地返回了白城子。

"光复军"疯狂反扑

1945年末，国民党反动派扩大东北战火，抢占东北战略要地（主要是铁路沿线和大城市），气焰十分嚣张；日伪残余、土匪武装等国民党反动势力也死灰复燃，蠢蠢欲动，组织"光复军"、保安队，向我民主政权进行疯狂反扑，白城子一带的形势随之恶化起来。

12月初，安广县人民自治军独立团（在收编原"维持会"自卫团基础上扩建的）二营长毛贵生（原舍力"维持会"自卫团长）和三营长孟广才（伪警察署长）秘密进行策划，使独立团大部分人员叛变。接着，他们与安广县原国民党党部书记长陈继哲相勾结，纠集安广四周的土匪，于12月5日早晨，攻进县城，包围了我独立团指挥部。由于守卫团部的警卫连队也随之叛变，指挥部被攻破。县委书记王超同志突围时牺牲，团长刘玉堂同志负伤后被俘，副县长刘希平同志等30多人也同时被俘。事件发生后第三天，驻郭前旗的苏联红军闻讯赶来，将刘玉堂、刘希平等同志救出，并护送到扶余程世清同志处。叛军占据安广后，即与长春国民党挂上钩，成立了东北先遣军第十一纵队第一支队（后改"光复军"），毛贵生当了司令。

12 月中旬，洮南的国民党分子李树藩、朱瑞、修广翰勾结大土匪葛凤岐（匪号"北侠"）、项海楼（匪号"草上飞"）、郑世祥（匪号"全好"）、孙涛（匪号"三省"）等 10 余绺土匪，先后两次侵袭洮南。第一次是 14 日，数百匪徒从洮南北门打进县城，当天被我赶了出去。第二次，是 21 日，千余名土匪把守卫洮南的支队围住，经过激战，敌人攻破了洮南支队的防线，战场由城墙内外转至城内街道。这时洮南支队仍然坚持战斗，一直和敌人周旋了四五天。25 日，我带一部分队伍驰援洮南，晚上进入城内，与朱继先、于英川同志领导的支队汇合。为了保存实力，我们决定当晚从洮南撤出，退回白城子。土匪攻占洮南后，挂出了"国民党先遣军第十一师"的牌子。

在同一时间，大赉县被我收编的原保安大队叛变了，"维持会"又重新拼凑起来；镇东县土匪头子柳青波、王奎武也组织"光复军"，多次进行骚扰；开通虽被我接收，但缺乏武装人员，敌人活动也很嚣张。

至此，除白城子外，周围几个县都相继发生了叛乱事件，县城被敌人占据，反动气焰十分嚣张。他们一面扬言要攻打白城子，一面和长春国民党联系。长春国民党东北专员办事处派遣特务韩馥到白城子一带活动。韩馥像穿梭一样往来于各县之间，把这些乌合之众纠集起来，以"光复军"总头目王奎武为首，纠集镇东、安广、洮南、泰来等 7 县"光复军"万余人，于 12 月 31 日同时攻打白城子。我军奋起抵抗，阻击匪徒，控制城防。就在这时，独立骑兵团（原由朱尚达保安队改编）各中队及护路队相继叛变，与"光复军"里应外合，我军被迫于 1 月 3 日凌晨撤离白城子，突围至城北五家户屯。

"光复军"进城后，烧杀抢掠，无恶不作。驻白城子苏军发现抢占白城子的是一伙土匪，便请示长春指挥部，要求开战。1946 年 1 月 4 日下午，苏军把 7 个县的"光复军"头头召集在一起，宣布了他们的罪恶，并将其扣押起来。这时，早已布置好的苏军炮兵突然向"光复军"开炮，打得"光复军"晕头转向，四处逃窜。埋伏在各主要路口的苏军，架起机枪猛烈扫射，"光复军"死伤大半，余者逃出城去。

再次收复失地

"光复军"占领白城子遭到惨败，龟缩到 7 个县的匪徒仍在城内盘踞。我们分析了敌我情况，在五家户召开了紧急会议，决定借助苏军的力量，乘"光复军"大败之机，主动出击。这时，王爷庙（现乌兰浩特市）蒙古骑兵团的一部分同志来支援我们，这就更加鼓舞了战士们的勇气。

首先出击的是套保（现镇赉县到保镇）。这个地方位于白城子、镇东、安广 3 县交界处，是"光复军"的一个重要据点。我们的战略就是打他个措手不及。我们计划经过 60 多里路的急行军，天黑时摸进去。在行军过程中，协同我们作战的蒙古骑兵团成了先头部队，他们首先冲进了屯子，包围据点，突然袭击，打得"光复军"措手不及，只得仓皇逃走，扔下了很多武器、弹药和马匹。

接着攻打青山（白城子郊区的一个屯子）。我们从"光复军"俘虏口供得知，叛变的骑兵团逃出白城子后，大部分集聚在这里。为了消灭这股匪徒，在一天深夜，我们把这个屯子包围起来。蒙古骑兵团还是冲在前面，骁勇杀敌。我们的战士表现得也很勇敢，几个小时就结束了战斗。叛军原骑兵团二中队长李方甫被当场击毙。敌人死伤 30 多名，武器大部被我缴获，叛变的骑兵团被彻底打垮。

青山战斗结束后，我们乘胜南北出击，南袭洮南，北打镇东。奇袭洮南时，我们发现城里一片混乱。原来是新四军三师八旅二十二团挺进这里，与东蒙自治军配合作战，将盘踞城里的"光复军"刚刚打了出去。洮南解放了，我们就和二十二团直取镇东。二十二团是打过硬仗的。他们担任主攻，我们在敌人背后打伏击。经过一天的战斗，匪军死伤不计其数，只有少数逃出城去。"光复军"的最大巢穴被捣毁，7 县"光复军"的总指挥、镇东县"光复军"司令王奎武被当场击毙。镇东县又回到我们手里。

洮南、镇东两场胜仗，把白城子一带"光复军"的嚣张气焰完全打了下去。之后，我军再次收复了大赉、开通、泰来、安广等县城，形势开始全面好转。

在恢复白城子一带十几个县民主政权后不久，我接到了上级的命令，除留守部队外，把军队改编为野战部队，即西满二支队。姚仲康同志为政委，我为司令员，属西满纵队领导。1946 年 6 月中旬，我被调到辽吉四军分区，任副司令员，1947 年 8 月，四军分区撤销后，又调至辽吉军区任副参谋长，从此开始了新的工作。

对创建辽吉后方根据地的回顾

喻 屏

　　1945年9月，中共中央决定我从延安去苏北，同时有一批干部一起南下。我们行军到太行八路军总部时，接到党中央的电报，决定这批干部除到上海做地下工作的同志外，其他同志全部去东北。1945年12月，我们抵达东北煤城阜新市。当时，新四军三师师长黄克诚同志也在那里，他是带领部队去的。原说在东北缴获日伪装备很多，到东北可以换上好的装备，部队的原有武器都在沿途留给地方了。到了东北，又说武器没有了，不仅部队的装备没有换上新的，战士连棉衣都没穿上。我们随三师部队北上，经彰武县，于1946年1月到达通辽。根据西满分局的指示，由我和刘汉生、梁一鸣同志在通辽组建了中共通鲁工作委员会，主要任务是接收日伪政权、剿匪和为部队筹粮。在日伪统治垮台之后，当地有一些敌伪残余势力听说我们的主力部队到了，就逃散了。时过不久，西满分局又派吕明仁同志到通辽组建了中共通辽中心县委，接替了通鲁工委的工作。1946年3月中旬，中共吉江省委在郭前旗组建，刘震同志任书记，刘彬同志任副书记，郭峰同志任行署主任，调我任省委组织部部长。4月中旬，东北民主联军主力组织四平保卫战，阻击敌人1个多月，5月18日实行战略转移，四平、郑家屯、长春等地相继失守。根据战局的变化，东北局和西满分局决定于6月初将吉江行政区所属松花江以南和嫩江省所属洮儿河流域各县与辽西省合并，建立中共辽吉省委、辽吉行署和辽吉军区。陶铸同志任省委书记，朱其文同志任行署主任，邓华同志任军区司令员。1947年初，辽吉行署改为辽北省政府，阎宝航任省主席，朱其文任副主席。辽吉省委下设5个地委，调我任四地委（驻洮南）书记，安建平同志任地委组织部部长，沈亚刚同志任地委宣传部部长。同时成立辽吉第四专员公署和第四军分区，魏兆麟同志任专署专员，钟明锋同志任军分区司令员。1947年初，钟明锋同志调出，高体乾同志接任军分区司令员。四分区辖镇东、赉北、洮安、洮南、洮北、开通、瞻榆等7县。1947年8月，省委决定撤销四分区建制和党政军机构，所属县改为省直属县，调我任省委民运部长。1948年1月，由于省委、省政府和军区机关要从白城子迁驻郑家屯，为加强后方各县的领导，省委决定成立省委后方工作委员会，由我兼任书记，傅雨田、刘放兼任副书记；同时省政府决定成立省政府后方办事处，先后由王思华、贾其敏兼任主任。

我在辽吉期间工作过的四地委和后工委，辖区大体是现区划的吉林省白城地区。这个地区，在东北解放战争时期是个战略要地。当国民党军队占领东北大片地方的时候，这里成了西满分局的前哨阵地和辽吉地区的后方，是辽吉（北）省党政军首脑机关的所在地。

我们到这个地方之前，就在嫩江省委、吉江省委和嫩南区党委的直接领导下，在白城子和洮南组建过地委、专署和军分区，开展了剿匪、反奸清算等斗争，并相继建立了县、区人民政权。在他们做了大量工作的基础上，新组建的辽吉四地委的主要斗争任务是建设和巩固革命根据地，集中人力、物力和财力支援前线，夺取解放战争的胜利。为此，最根本的问题是发动群众，特别是农民群众。农民群众最关心的切身利益是解决土地问题。因此，放手发动群众，全面进行土地改革，平分土地，是建设和巩固后方根据地最基本的内容。

四分区所属各县在日伪反动统治下，农村阶级关系严重两极分化，土地分布极不合理。洮安县统计，当时全县有居民20153户，其中地主、富农1158户，占总户数的5.7%，占有土地却是全县耕地面积的58.78%；贫雇农14404户，占总户数的71.47%，占有土地仅为全县耕地面积的7.41%。"九一八"事变后，日本侵略者同本地汉奸、军阀、地主相勾结，疯狂地侵吞和圈占土地，搞所谓"开拓地""满拓地"。据洮安、洮南、洮北、镇东、赉北、乾安等6县统计，日伪侵吞的土地达19.7万余垧（每垧15亩），占总耕地面积的37%。土地的高度集中，使广大贫苦农民饱受日伪反动派和地主阶级极为残酷的压迫和剥削，过着衣不蔽体、食不果腹的悲惨生活。因此，开展土地改革，实现耕者有其田，是广大农民群众十分迫切的愿望。

我们到洮南之前，原白城子地委已根据嫩江省委的指示，开始了反奸清算斗争。辽吉省委成立不久，东北局扩大会议召开了，根据中央的"五四指示"精神，形成了"七七决议"，随后辽吉省委发出《关于进一步发动群众的指示》，要求各地委、县委切实研究中央关于解决土地问题的指示，在党员干部中进行阶级教育，纠正一切右的思想，全力以赴进行分地斗争。省委从党政军机关抽调了3500名干部，组成4个工作团，分别由陶铸、曾固、张维桢和我4人带队，深入各地乡村，领导反奸清算和平分土地斗争。洮南、大赉、开通、瞻榆 4 县，有 644 户汉奸、恶霸、地主被清算；开通、乾安、镇东、赉北、洮南、洮安 6 县，分配敌伪土地 11.2 万垧。陶铸同志带工作团在洮北县组织保利区群众清算了一个外号叫"三转子"的大地主，分浮财工作进行了 3 天，分地 8000 垧。在平分土地的过程中，我们还组建了村政权，基层农会和民兵武装也初步搞起来了。开通、瞻榆 2 县建立村农会 137 个，发展会员 5761 人，组织民兵 1297 人。

但是，由于我们在领导上的工作不够深入，有的干部在基层包办代替，对群众的思想教育和思想发动不够，农民对斗争地主和平分土地有顾虑，有"怕变天"的思想，出现了"明分暗不分"、"分远不分近"和不敢要地的现象，使土改斗争产生了"夹生饭"的问题。当时省委分析，运动的开展有三种情况：一是比较好的地区，即"熟透"区；二是半生不熟的地区，即"夹生"区；三是未开辟工作的地区，即"空白"区。其中"熟透"区和"空白"区是少数，"夹生"区是多数。于是，我们从 1946 年末开始，根据东北局《关于解决土改运动中"半生不熟"问题的指示》和省委的部署，集中力量"煮夹生饭"。在 1947 年元旦，省委把土改运动中"煮夹生饭"问题作为全年工作的一项中心任务提了出来，随后向各地委、县委发出《目前改造"夹生"工作中存在着的几个问题》的一封信，提出的口号是"保地、挖根、大生产"，要求真正把群众发动起来，把地主的威风打垮。2 月中旬，四地委召开扩大会议，我在会上发言，明确提出今后 3 个月的工作方针、任务是：再一次大胆地放手发动群众，与封建堡垒做坚决的斗争，做到"三挖"和"四到"。"三挖"是挖封建根，挖匪根，挖特务根。"四到"是地到手，粮到口，人到房，马到圈。3 月 10 日，地委又向各县、区发出《关于消灭"夹生"与开展农村大生产运动相结合的指示》，并经省委批准，发表在省委刊物《坚持》上，以推动全省工作。这一段运动发展很快，通过查地、挖根、分地，"煮夹生饭"取得很大成绩。据瞻榆、开通、大赉、安广、乾安、洮北、洮安 7 县统计，共斗恶霸、地主 2934 户，分地 32 万余垧，分房 5.1 万余间，分粮 5.3 万石①，分牲口 2 万余头。通过"煮夹生饭"，全地区半数以上的地主阶级的封建统治势力被消灭，贫雇农的优势基本树立起来。3 月 21 日，地委又召开五六天会议，总结"煮夹生饭"的经验，认为在这段运动中，干部深入群众做艰苦工作，转变思想作风；贯彻群众路线，掌握积极分子；整顿农

---

① 每石 10 斗，每斗 45 市斤。

会组织，提高群众党悟，并且以点上的经验推动面上的工作，取得了很大成绩。

接着，我们从运动发展不平衡的实际情况出发，根据省委 8 月 1 日召开扩大会议和通过《中共辽吉省委员会关于腹心地区群众工作问题决议》的精神，掀起了"砍挖"分浮财的斗争。洮北富贵区有 16 个行政村，发动群众斗争恶霸、地主、富农、狗腿子 72 人，挖出粮食 248 石、被服 2000 余件、布 1000 余尺，分给群众，缓解了当时灭疫防洪的困难。9 月份，"砍挖"斗争进一步发展，省委明确提出："划清阶级明敌我，大小地主一扫光。"各县发动了新的攻势，掀起了规模浩大的"砍挖"斗争高潮。洮安县永安区 6 个村在 10 天内斗争地主 12 户，挖出浮财价值 5000 万元；大兴区 1500 余名贫雇农举行 7 村大联合，集中斗争地主 50 名，"砍挖"斗争由一村一屯的斗争发展为数村数屯的联合斗争，终于把地主阶级在政治上斗倒斗臭、经济上斗光斗净了。

经过"砍挖"斗争之后，土改运动发展到平分土地阶段。1947 年 10 月，中共中央颁布了《中国土地法大纲》，东北局又制定了《东北解放区实行中国土地法大纲补充办法》。省委在 1947 年底召开地委和直属县委书记会议，向腹心地区各县委发出了《中共辽吉省委员会的重要通知》。根据上述文件和会议精神，平分土地运动在辽吉后方各县相继展开。我们坚持贫雇农路线，由贫雇农说了算，丈量和平分土地，"交权审干"，满足贫雇农的要求。为了"以县为单位全面大发动"，我在 1948 年 1 月提出了《反对"差不多"，反对"老一套"》的意见报告，并以省委后工委的名义向所属县、区发出指示，要求反对形式主义和教条主义，要求迅速掀起对地主富农搞光、平分的大浪潮。同时，我们又吸收了外地的"经验"，提出打破区村界线，"先光""后平"的"扫堂子"办法。这样，各地迅速掀起了轰轰烈烈的平分运动。各村贫雇农扛着大旗，敲着锣鼓，赶着大车，一个屯子一个屯子地扫；有的地方组成上千人的"平分大军"，反复扫遍邻近几十里。这虽说是把群众发动起来了，打消了一切顾虑，大胆参加斗争，但运动脱离了党的领导，产生了打击面过宽、伤人过多的"左"的错误。省委后工委所属各县，打击面超过中央规定不得超过人口总数 15%的要求，侵犯了中农的利益，斗争中打人、打死人现象时有发生。这些问题的出现，责任在领导，主要是对当时党领导的民主革命的性质、任务、对象和革命的主力、同盟军等问题认识不清，混淆了阶级界限，把革命的同盟军也推到敌方去了。既然是我们犯了错误，就必须由我们来纠

正。1948年3月下旬，根据省委关于纠正打击面过宽问题的重要通知精神，省委后工委所属县（旗）开始反"左"纠偏，主要是补偿中农和重新划正阶级，同时给地主富农解决生活出路问题。据开通、瞻榆2县统计，划回中农1561户，其中补偿499户，打击面缩小到占总户数的5.8%，占总人口的10.1%。

辽吉后方各县的土地改革运动，历时两年时间，虽然产生过一些"左"的或右的偏差和失误，但能够及时得到纠正，终于取得了最后胜利。全地区贫苦农民约72万人，分得土地92万垧，平均每人分得土地1.3垧，实现了耕者有其田。在土改运动中，我们发扬人民政府为人民的革命精神，把直接关系群众生命财产安全的事情当作党的大事，结合分地斗争一起抓，为群众排忧解难、除害兴利。在我们到洮南的时候，虽然"光复军"和大股土匪被打散了，但他们化整为零，还有一些小股土匪出没，经常偷袭区村政权和抢掠老百姓。于是，我们一方面派军分区武装和各县县大队驻扎在有土匪出没的地方，出现匪情，立即围剿；另一方面是在土改运动中，发动群众检举揭发，挖匪根，断底线，清匪窝。1946年6月到1947年初，镇东、赉北两县大队积极配合军分区部队，经过反复围剿，歼灭了以夏长有为首、报号"长春"的一伙土匪，还有追随他们的一些小股土匪，境内群众得以安居乐业。1947年初，洮安县在"煮夹生饭"中，一些村子挖出土匪80余人。当时，我们对土匪的处理，采取了镇压与宽大相结合的方针，分别情况区别对待。对那些土匪头子、顽固与人民为敌的惯匪和有血债有民愤的坏家伙，不杀不足以平民愤的，予以坚决镇压；对大多数的胁从分子或民愤不大的一般土匪，则教育释放或交群众监督改造，使其改变立场，成为自食其力的人。

四地委刚刚成立起来，就遇到了严重危害群众生命的天灾病患。1946年春、夏季，在洮南、白城子一带就有人间鼠疫流行，秋季又在洮南、长岭、双辽一带蔓延起霍乱病，死亡许多人。1947年夏季，正当东北战场我军取得节节胜利的时候，辽吉地区又一次并且是较猛烈地流行起人间鼠疫。这次流行的范围广、时间长、发病的人数多。四地委所属各县都发生了疫情，还有扶余、通辽、开鲁等地，蔓延到20多个市、县（旗），从6月下旬开始，直到12月末，持续五六个月。鼠疫是世界上最烈性的传染病，死亡率很高。病人发病后呕吐、高烧、头痛、体肿，轻患五七天，重患三五天，甚至有的患病当天就死去了。当时的情景实在是悲惨，死了人去送葬，没等掩埋完尸体，又有送葬的人死在坟地里。有的一家人死绝了，有的一屯子几天时间就成了废墟。有人形容当时的惨景说："先死的人，有人哭有人抬；中间死的人，有人哭没人抬；后边死的人，无人哭无人抬。"仅仅半年时间，整个辽吉地区，大约有 3 万人被鼠疫夺去了生命，其中后方的十几个县（旗），死于鼠疫病的也有上万人。由于疫区隔离，交通封锁，抢救病患，防疫灭疫，在疫区和毗邻村屯的土改被迫中断，战勤动员、参军支前等工作被迫停止，前方部队和支前民工的调防和转移，因绕过疫区而拖长时间和贻误战机。因此，在疫情发生后，组织群众战胜天灾病害，保护人民生命财产的安全，保证前线的胜利，就成为我们后方建设根据地的异常紧迫的政治任务。尽管当时处于战火纷飞的年代，上自东北局的党政军领导，下至县区干部，都十分重视当时的灭鼠防疫工作，采取了许多紧急措施。1947 年 8 月，东北行政委员会召开紧急防疫会议，并颁布了《防治鼠疫令及其办法》，各级人民政府立即成立了防疫委员会，统一指挥防疫工作。四地委和四专署的同志，根据省委、省政府的指示，紧急行动起来，曾几次发出防病灭疫的紧急通知，成立了以专员魏兆麟为主任的防疫委员会，深入防疫第一线，现场指挥医务、卫生、行政人员进行防疫和抢救病人。

当时采取的措施是：一条是以预防为主，凡是疫区和接近区村屯的人，一律搞预防注射，发注射证，无证者严禁出入；再一条是封锁隔离，白城子至阿尔山、白城子至长春、四平至齐齐哈尔等几条铁路线都停止客运了，在一个疫区周围设岗放哨，检查行人，严禁出入疫区；再一条是处理好尸体，有条件的火化，实在没有条件的就深埋，防止病菌蔓延；还有一条是组织群众大搞卫生，大力灭鼠。采取这些办法收效很好，《胜利报》还给介绍推广了。这次防病灭疫工作是在极端困难的条件下开展起来的，一方面是缺医少药，新组织起来的防疫队伍，绝大多数人是没有防鼠疫经验的新兵，物资、药品、器材都极度缺乏，给疫区消毒，连个消毒器都没有，只好用扫帚头来掸；另一方面是群众对鼠疫缺乏认识，有迷信思想，又由于日伪时期防鼠疫竟采取焚烧民房、掩埋活人等野蛮手段，群众又产生许多恐怖心理。因此，在防病灭疫过程中，既要发挥医务人员的主动精神，积极解决医药器材问题，又必须宣传和教育群众，破除迷信思想和恐怖心理。当时在四地委所属县参加防疫工作的，除本地组织的防疫队伍以外，还有东北行政委员会卫生部副部长白希清带去的防疫队、哈尔滨市卫生局防疫队、兴山医科大学防疫队、西满军区医校防疫队，还有苏联红十字半月协会派来的医疗队。他们都为群众办了好事，为控制鼠疫的流行，

做出了重要的贡献。扑灭鼠疫的斗争，既锻炼了干部，又教育了群众。许多干部和医务工作者，把生命置之度外，为疫区群众送医送药，给病人打针注射，甚至是抬棺送葬，使广大群众更加认清我党是全心全意为人民服务的，是关心群众疾苦的，进一步加深了党与群众的鱼水感情。

经过剿匪斗争和防疫工作，特别是土地改革运动的胜利，洮南地区彻底推翻了几千年的封建剥削制度，建立起新的生产关系，为发展生产力创造了条件。主要是焕发了群众当家作主的政治热情，并转化成广大群众为巩固根据地，开展大生产，增加物质财富，支援爱国自卫战争的自觉行动。1947 年 3 月，为了统一党政军力量，组织与领导农民春耕生产，辽北省和各地、县春耕运动委员会成立；同时，省政府公布《农业生产令》，省政府主席阎宝航发布动员春耕生产的《告农民同胞书》，号召多种地、多打粮，支援战争，过好日子。随后，省委、省政府将 6 万副犁铧低价贷给农民，又派出大批生产工作队到农村，推动生产运动。在省委、省政府的领导和帮助下，我们地、县党政部门为群众想出许多办法，立即在洮南地区掀起了多种地、多打粮的生产热潮。为了减轻人民负担，地直机关和军分区部队也开展了大生产运动，按每人种 1 亩地的要求，种地 7500 余亩。为解决穿衣难的问题，广大群众克服了气温低、无霜期短等自然条件的限制，还试种棉花，虽然产量很低，但也为手工纺织提供了一些原料。我们收了棉花，在一些城镇办起了手工纺织厂，加工成粗棉布，解决了一部分军需民用。

1948 年春天，为响应省委发出的"突击开荒及时种地，超过耕地 400 万垧，打粮 1000 万石"的号召，安广县 1 个月内播种耕地 6.3 万垧，开荒 6000 垧；突泉县播种耕地 4.2 万垧后，又开荒 2 万垧。到了夏季，因雨涝、水淹、雹打，部分农田受灾；同时，因铲耥不及时，又有部分农田撂荒。在这种情况下，省委后工委及时向所属县（旗）发出了《抢救撂荒，克服灾害》的指示，广大干部和群众，包括妇女、老人、小孩，都紧急行动起来，采取换工插锄、代耕、互助等措施，抓紧铲耥，多铲多耥，补种晚秋作物，以抢救撂荒地和受灾地，减轻了损失，为秋季丰收做了贡献。

广大群众焕发出来的政治热情，不只是体现在发展生产上，更主要的是体现在直接参军参战上。辽吉后方各县从 1946 年下半年开始，连续不断地出现参军参战的热潮，常可以看到父送子、妻送郎、兄弟相争参军参战的动人场面。1946 年 9 月，洮安县福顺区翻身妇女王秀英送丈夫参军，引起强烈的反响。全区有 16 位妻子送丈夫参军，49 位父亲送儿子参军，35

对兄弟相争参军。1947年5月，安广县举行"五四指示"纪念大会，会上就有150名青年报名参军。5月中旬，郭前旗组织2.5万人上前线，为夏季攻势出战勤。6月1日，在白城子举行的万人祝捷大会上，洮安县青山区老贫农李宏路登台送儿子参军。7月1日至15日，洮安县参军796人，超过全月参军任务的一半。辽吉后方人民积极响应党的"一切为了前线""一切为了战争胜利"的号召，在三年解放战争中，参军青年有4万余人，出战勤民工22万余人（次），出担架队1.7万余人（次），制担架2.3万余副，做军鞋5.3万余双，出战勤大车5.4万余台（次），筹款3亿多元，供粮3亿多斤，还贡献了难以计数的谷草、烧柴、猪肉、鸡蛋、烟、酒等物资，充分发挥了革命根据地的作用。

为建设和巩固辽吉后方根据地，辽吉三、四地委和省委后工委所属县（旗），广大军民团结一致，英勇善战，艰苦奋斗，努力工作，积极生产，为东北解放战争的胜利做出了卓著的贡献。无数英雄儿女洒热血，抛头颅，献出宝贵的生命，我们将永远缅怀他们。

1988年3月30日于北京

回忆解放战争初期洮南县防疫灭疫工作情况

魏兆麟

中国人民的抗日斗争，在伟大的中国共产党的正确领导下，经过 4 年艰苦卓绝的奋斗，终于取得最后胜利。抗战胜利后，国民党反动派为独吞胜利果实，撕毁国共两党重庆谈判协定，在美帝国主义的支持下，调兵遣将进攻东北，一场两个前途两种命运的决战开始了。中共中央为保卫抗战胜利果实，做出了建立东北根据地的战略决策，调动大批军队和干部迅速进入东北，同国民党反动派展开针锋相对的斗争。我就是在这种斗争形势下，受党组织的派遣从延安到东北的。

1945 年 10 月，我到达沈阳市，受中共中央东北局派遣到四平，任中共四平市市委书记，1946 年 2 月随西满分局从四平转移到洮南，是时洮南县城刚获解放。此处政局混乱，经济凋敝，鼠疫猖狂，洮南人民仍生活在危难之中，鼠疫时时威胁着人民群众的生命安全，人们惶惶不可终日。赴任时吉江省委领导命我集中精力，动员组织群众尽快扑灭鼠疫，稳定民心，为建设洮南根据地尽力尽责，现将当年防疫灭疫工作情况忆写成文，献给后人。

据洮南县志记载，洮南人间鼠疫流行始于 1933 年，时断时续。1946 年 2 月我到洮南就职时，正值县城内外鼠疫流行，这次鼠疫是乌兰浩特居民刘天俊带给洮南的。1945 年末乌兰浩特发生鼠疫，为了逃避鼠疫，刘天俊于 1946 年 1 月 12 日来到住在洮南城东娄娄屯的女婿奚英家躲避，13 日发病口吐鲜血，没到三天即死去。事隔几日，奚英家相继病死 20 口人，死尸无人敢抬，屯人见此状纷纷外逃，又将鼠疫传往外村屯。时值"光复军"（土匪）集结攻打洮南城，其中"北侠"在集结过程中途经娄娄屯，在此地打尖休息，部分匪徒在抢夺民财时有两名土匪染上鼠疫。这股土匪进城后，驻扎在东海涌烧锅院内（现洮南酿酒总厂）没有几天就染疫病死了，紧接着在其驻地附近鼠疫蔓延开来。1946 年 1 月 30 日，新四军三师八旅二十二团解放了洮南县城。正值春季，奚家为净宅过年，从城里雇来乞丐往外搬运疫尸，乞丐再次将疫情带进县城里，引起城里鼠疫泛滥成灾，染疫点有 16 处，209 人患鼠疫病，200 人死去。

1946 年 1 月初，东升乡东升村小烧锅屯的闵家父子为赚钱赶车到乌兰浩特拉埋因鼠疫去世者尸体，春节前回家，其子病死在途中，其父到家不久病死，鼠疫殃及左邻右舍，全屯死 20 多人，后鼠疫由此传往万宝乡、煤窑乡等地。

忆当年情景，至今记忆犹新，洮南城里几乎天天有死人的人家，有的接连死几口，甚至全家人死光，暴尸于宅院。悲痛欲绝的哭声不时回荡在古城上空。街无行人，商号停业，校院空无一人，城池内阴身、阴票随处可见，活人欲断魂。许多村屯耕地撂荒，牲畜乱跑，鸡不鸣犬不咬，人们悲痛万分，背井离乡，有些村庄已是残墙断壁，空旷无人，疫尸横卧，有些地方死尸抛在乱葬岗上，任凭狼吃狗啃，那情景真是惨不忍睹。

洮南民众刚结束 14 年的亡国奴生活，仍处于民不聊生、民生凋敝之中，又遭鼠疫流行之苦，许多人家破人亡，流离失所。只有尽快消灭鼠疫，制止流行，方能解救民众于水深火热之中。只有安抚民意，稳定民心，我们才能在洮南一带站稳脚跟，进行革命与建设。

面对鼠疫流行造成的现实，我心急如焚，尽早扑灭鼠疫，止其流行，解除洮南人民群众的痛苦，是我的衷心愿望。到洮南后，我任吉江第一督察专员兼洮南县县长，故行署与县府合署办公。这时的洮南县遭"光复军"（土匪）洗劫后刚回到人民手中，经济特别困难，百业待兴，财政无钱，在这种情况下开展防疫工作困难重重，我们只能在资金缺乏、不具备基本医疗条件下进行工作。为加强对这项工作的领导，我到任后立即组织成立了洮南县防疫工作委员会，我任该委员会主任，县公安局局长杨德敬任副主任，抽调懂业务有一定医疗技术的李英堂、陶维尧、窦贵和等 6 位同志组成办公室，负责处理防疫灭疫工作有关事宜。由县保安大队调部分战士组织起防疫队，并要求各区建立分委会，区长任区防疫委员会主任，卫生助理任副主任，区中队集中编为防疫队，健全了组织工作，使防疫工作有了保障。为了保证工作顺利进行，行署、县府决定党、政、军机关停止办公，所有机关干部协助各级政府抓好防疫灭疫工作。开始行署拨专款 20 万元，我们又从没收敌伪财物中拿出 20 万元资金，用于防疫灭疫购买药物和防护用品。

在鼠疫开始流行的时候，多数群众误认为日本投降时撒下的毒物所至，部分群众以为瘟神降灾于人，于是，城乡迷信活动猖狂，人们请巫求神保护，坑害了许多人。针对此种情况，我们一边宣传教育群众，一边组织动员群众积极行动起来团结一致，消灭鼠疫。不久，在苏联红军的帮助下终于搞清真是鼠疫降临，我立即将真情告之全县人民群众。与此同时宣布全城戒严，派军队战士在主要道路站岗监视，不准行人乱窜，还用草绳子沿街扯上封锁线，不准居民随意越线，违者战士可鸣枪警告。当时城里有 16 个发病点，防疫队和防疫工作人员深入每个发病点积极认真地进行疫情调查，开展消毒、灭鼠、灭蚤、检验等各项工作，对这 16 个点严格控制，实行只准进不准出的原则，这里居民各家生活问题由防疫队负责具体处理。

为杜绝疫情继续蔓延，我们将所有鼠疫患者集中在小南门里的隔离所，防疫队派专人负责护理与治疗。受条件限制，只能采用极其简单的方法处置，如将腺肿切开排脓，当时县里没有抗生素，就往患处塞些消炎粉，救活了一些人。对死尸的处理也是十分严格，由防疫队专人处理，他们找煤油，将尸体彻底烧毁，然后将其骨灰深深埋入地下，以防再传染。

农村条件差，防疫灭疫困难更大，我们紧紧依靠各区委、区政府，动员广大农民群众投入这场运动中来。在这场灾难中，农村的封建迷信活动比城内更猖狂，我们全力宣传群众、教育群众，用具体事实说明这场灾害的根源，提高广大农民兄弟的觉悟，引导他们破除迷信，相信科学。

县政府经济困难，财政拿不出足够资金，在农村广泛进行防疫灭疫工作，只能因陋就简，采用些土办法：先将健康人与病人严格隔离开来，在病区内设一处隔离所，将患者全部集中起来，由防疫队派专人专项护理或治疗。治疗上一般是用农村老年人抽烟袋的烟袋油子消炎，具体做法是将搜集来的烟袋油子稍加处理就往患者的腺肿上抹，但这样做没见什么大的效果，死亡率仍然很高，染上鼠疫的基本上救不了。

为了保证民众健康，我们动员疫区的群众搬家，离开疫区。如东升乡东升村东升屯，没患鼠疫的健康人，渡过那金河到河对岸的山坡上修铺搭灶宿营，离开屯子。在农村死了人也是采用火烧尸的办法，将尸体的骨灰深深地埋掉，防止鼠菌传染。

洮南这场鼠疫，在地委的领导下，经过 40 多天的艰苦努力工作，终于在 1946 年 3 月 15 日前扑灭，洮南民众再次获得自由。在党和政府的领导下，深入开展土地改革斗争，积极发展生产，增加政府和人民群众的经济收入，努力支援解放战争，洮南人民为取得全国胜利做出了不可磨灭的突出贡献。

1989 年 10 月

对辽北省洮南专区人民参军参战支前的回忆

李更新

我是 1946 年 6 月到洮南专署,11 月任副专员的,直到 1947 年 8 月该专署撤销。其中 1947 年 2 月至 4 月,为代专员。

这个专署是 1946 年 6 月建立的,当时隶属辽吉区行政公署,又称辽吉区第四专署。全专区有 7 个县:洮南、洮北、洮安、开通、瞻榆、镇东、赉北。1947 年 2 月,辽吉区行政公署改称辽北省政府,这个专署则改称辽北省第四专署。因为驻地在洮南,所以亦称洮南专署。

我在洮南专署工作期间,所分管的工作中有一项是支前工作,就是组织全专区人民参军参战支援前线。当时洮南专区内有四平至齐齐哈尔铁路,背靠内蒙古,人力充足,粮草丰富,又远离国民党军占领区,是有能力支援前线的重要后方根据地之一,因而参军参战支前是责无旁贷的,也是义不容辞的。当时党政军领导十分重视这项工作,省委、省政府每次召开会议几乎都要提到支前,提出一切要为了战争的胜利服务。省委书记陶铸同志有时亲自部署战勤,1946 年 6 月,我军由洮南向高力板转移,他曾亲笔写信给洮南专署专员魏兆麟和我,要求调给 20 辆大车,运送军用物资。

洮南专署也十分重视支前工作,几乎是逢会必号召各县"发展生产,节衣缩食,艰苦奋斗,支援前线",又指示各县、区,要把青壮年组织起来为战勤服务。全专区各县委、县政府都把支前工作纳入重要议事日程。1946 年 10 月,在国民党军进攻茂林前,各县普遍成立了人民自卫战争后援会,具体组织各县的援战工作:洮南县委 1946 年 11 月 25 日,做出《关于参军运动的决议》;镇东县委 1946 年 12 月,颁布了全县《优待军人家属条例》。在省、地、县三级政府的重视下,全专区的支前工作开展得轰轰烈烈。

一、选送优秀青年参军上前线

1946 年,辽吉区面临国民党军的大举进攻,需要有足够的部队去阻止。特别是 1947 年,我军由战略防御转向战略反攻,更经常打大仗、硬仗,部队不断减员,需要补充;部队数量不足,需要建立新的部队。为解决部队的急需,全专区各级党政机关广泛宣传、动员群众,积极抓好扩军工作。广大翻身儿女，通过土改和我党教育，普遍提高了阶级觉悟，干部带头报名参军，青年争先恐后参军。在城镇和乡村街道的墙壁上随处可见用白灰刷写的"好汉当兵""保卫家乡""保田参军""为保卫翻身果实上前线"等等口号。

1946 年 12 月，洮北县仅 10 天时间就有 300 名青年农民参军。同月，洮安县仅 6 天时间亦报名参军 300 余人。1947 年 5 月 1 日，辽吉省委发出《关于放手发展力量的指示》，要求挂锄后秋收前再搞两次大的参军运动。洮南地委、专署积极贯彻省委指示，放手扩兵。各县区都出现了父送子、妻送郎、骑大马、戴红花的生动的参军场面。一批批青年在乡亲们的簇拥下，在秧歌队的锣鼓声中，带着父母嘱托、妻子深情、乡亲期望，走上征途。到 7 月份，在这两次参军高潮中，全专区 7 个县共参军 4870 余人。

二、出人、出物，做好战勤工作

现代战争，规模较大，武器先进，消耗各种战争物资较多，因此必须有相应的后勤保证。这就需要在组织战争的同时，组织好战勤工作。省委、省政府十分重视战勤工作。辽北省政府在 1947 年 6 月中旬召开的专员、县（旗）长联席会议上，要求各地要把好马、好粮送到前线，要求干部要当运输队长、担架队长，洮南地委、专署也狠抓战勤工作。1947 年 2 月 16 日，县长联席会议提出要"节衣缩食""支援前线"。8 月初专署又指示各县、区，"凡 17 岁至 50 岁的青壮年和所有老百姓的车马"，都要组织起来编成组，平时进行合作生产，战时为战勤服务。

在党的号召下，各县、区、村积极行动起来，踊跃出战勤担架、大车、粮草、钱、物，支援前线。洮安县 1946 年 11 月出动担架队员 2000 余名。12 月份，洮北县出动了 250 副担架、50 辆战勤大车，共 1600 余人。1947 年 6 月 21 日，洮安县政府一次就给前线发出 30 节火车皮的支前物资。其中有军马 170 匹、粮食 20 余万斤、干菜 6 万多斤，还有军马饲料等。其他各县也都纷纷出担架，出大车，出物资。有时还组织慰问团，携带物资亲送前线。1947 年 3 月，专署组织前线慰问团，共带去慰问现款 71.22 万元、慰问物资价值 20 余万元。同年 7 月，洮安、洮南、开通 3 县派出联合慰问团，由省参议会议长于文清同志带队，送到前线慰问物资 3000 余斤。

三、照顾伤员，优待军属，使前方将士放心

解放战争期间，我党和政府十分重视照顾伤员和优待军属。这些工作做好，不仅可以使前方指战员受到鼓舞，安心打仗，也有利于后方扩军工作，免去参军人员的后顾之忧。因此，洮南地委、专署把这项工作当作支前工作的重要组成部分。

为了迎接、看护好伤员，当时在各县都设立了兵站，伤员从前方下来，通过兵站可及时转入医院治疗，并且抽出责任心强的人，到医院协助护理。还将有些轻伤员分配到可靠的居民家中，由各家精心护养。党和政府领导经常看望伤员同志，问寒问暖，帮助解决各种困难。1946年12月，洮南县举行了一次全县规模的慰问伤员活动。由县政府的领导同志、县人民自卫战争后援会委员、各区的人民代表参加，带着学生和剧团演员组成的文艺宣传队，携带慰问品，到每个伤员住处慰问。文艺宣传队队员站在病床前为伤员唱歌、跳舞，感动得伤员纷纷表示，一定要早日养好伤重返前线，继续战斗，夺取解放战争的最后胜利。

在热心照顾伤员的同时，我们还积极做好优属工作，帮助军属解决因劳力当兵带来的各种困难。各街道、村屯基本都订有优属公约，把优待军属项目用制度固定下来。洮安县镇西区规定，要给每户军属代耕3垧地，有的区还设立了村代耕队长，专门分管军属代耕工作，保证军属的地及时播种、及时铲耥。洮安县政府为了使军属种上地，从机关抽出65匹好马，赠送给贫困军属。许多人都把优属看成分内的事，自觉自动进行。赉北县坦途街商人、店员，自动下乡帮助军属铲耥二遍地；镇东县各村农会代耕队除了代耕，还经常帮助军属扫院子、挑水、打柴；洮南县城区居民自动组织起优属小组，给军属送水、送柴，感动得军属普遍给前方亲人写信，嘱咐他们放心好好打仗。

为了支援战争，我们当时还积极发展工农业生产，壮大援战的力量。总之，我在洮南专署工作的日子里，看到地委、专署的领导同志、工作人员，几乎人人都在为支援战争而操劳。全专区的广大人民也都积极踊跃，出人出物出力，流血流汗，为打赢这场战争做出了巨大贡献。这将成为这一带史册上永远闪光的一页。

1989年9月

回忆在洮南的战斗岁月

王贵武

1945 年 8 月 8 日，苏联对日宣战，百万红军进入中国东北同东北人民抗日武装一起，以摧枯拉朽之势给日本关东军以毁灭性的打击。1945 年 8 月 15 日，日本宣布无条件投降。至此，中国人民历经 14 年艰苦抗战，终于取得最后胜利。然而，一场新的斗争开始了。国民党反动派为了夺取抗战胜利果实，悍然撕毁国共两党重庆谈判"双十协定"，他们一面调兵遣将进军东北，一面派遣特务渗入东北各地，网罗土豪劣绅、胡匪以及敌伪残余势力，组织维持会、"光复军"，拼凑反动政权，妄图独占东北。党中央针锋相对，根据当时形势制定了建立巩固的东北根据地的战略方针，调集 11 万大军，2 万多名干部，火速出关进军东北，与国民党反动派展开两种命运的斗争。我就是在这种形势下，从革命根据地冀热辽边区来东北，到洮南亲身经历这场斗争的。为纪念在这场斗争中英勇献身的烈士，永远缅怀他们的功绩，为使我们的后代了解党的斗争史，知道江山来之不易，我将回忆这段革命斗争史，为社会主义精神文明建设提供资料做一些工作。

洮南遇险

1942 年 3 月，我于家乡河北省丰润县（今唐山市丰润区，下同）参加冀热辽八路军，曾任排长、连长，同战士转战滦河以东、长城内外广阔地区，与日军展开游击战，不断打击日本侵略者，最终迎来抗战最后胜利。

1945 年 9 月，我响应党中央建设东北根据地的伟大号召来到东北，10月中旬到达白城。10 月 23 日，北满地区第一行政督察专员公署专员夏尚志（11 月任白城子军分区司令员）命令我和秘书袁洪斌带一个排的 30 名战士，到洮南接收保安大队。

我们到来之前，侵占洮南的日本人已于 8 月 12 日逃离洮南城，失控的洮南陷入一片混乱中。8 月 13 日伪县长董毓基纠集敌伪残余及社会上的士绅拼成"洮南地方临时维持会"，把伪警察署的保安队改头换面变作维持会的保安队，名曰"维持地方秩序"；同日苏军进驻洮南，设城防司令部，驻地为新大旅馆；接着，苏军解散伪 38 团，其团长蔡惠斌参加了"维持会"；8 月末"维持会"派蔡惠斌到沈阳找国民党机关联系，以求委任。

蔡巧遇我军分区司令员曾克林，受其教育返回洮南，组建起八路军洮南保安大队。9 月 10 日，国民党驻长机构派要员马木樵到洮南，组织起国民党洮南县党部，修广翰任书记长，李树藩、朱瑞任执委。其在洮南党同伐异，斗争形势尖锐复杂。"维持会"的人乘乱分烟馆、窃银行，大发国难之财；国民党以各种罪名改组了"维持会"，取而代之，独霸洮南地方政权，接管了"维持会"的公安队，并纠集日伪残余武装充实力量。他们还对我们组建的洮南保安大队进行策反，千方百计骗走大队长蔡惠斌，收买队副高顺成，终于在 10 月下旬接收了这支武装。我与袁洪斌同志到洮南的主要任务，就是处理这件事。

10 月 23 日我们坐火车到洮南，在车站受到"维持会"部分成员的欢迎，进城后我们就住在同大成院内。第二天，我带翻译到苏军司令部联系，以便取得他们支持，我同苏军司令聂正柯谈了我们来洮的任务，聂司令表示支持我们。10 月 24 日，国民党洮南县党部邀请我们参加座谈会表示"欢迎"；我们参加了这个座谈会，以示合作诚意。10 月 25 日，我带人到保安大队驻地，这时蔡惠斌已被国民党县党部书记长修广翰骗至长春，我就找大队副高顺成面谈我们来意，然后我让高顺成把小队长以上的人集中起来开会，我在会上向到会的头头们宣传抗日斗争胜利后的时局和我党的方针政策，启发他们认清形势，提高觉悟。最后，宣布了我们对保安大队的态度和处理原则。多数人听后很高兴，表示愿意投向共产党。高顺成当场表示："我代表全队官兵，愿意归顺共产党。"我说："那好，明天高队副咱们一起去白城子面见夏司令，共同商量改编问题。"高队副表示同意。

第二天一早（10 月 26 日），我亲自找高顺成，到了门口竟然被高顺成的卫兵拦住，卫兵说："高队副不在家！"我说："不可能，高队副昨天答应好的事情怎么能变呢？"卫兵吞吞吐吐地说："高队副不在。"这时，当场有个保安大队战士小声将其真实情况告诉我。他说："在你与高顺成谈话时保安大队第二中队的吴绍忠在场，昨天晚间他将你和高队副谈定的事情告诉了修广翰，修唯恐这支武装落到你们手里，听到信就将高顺成找去，修广翰神色诡秘地对高顺成说，你这个人真糊涂啊！八路军办事诡计多端，你不想想过去你给日本人干事，人家会相信你吗？这是要缴你的械呀！你去白城能有你好吗？不正中人家的诡计了吗？高顺成听了信以为真，所以今天他拒绝同你去白城子。"不管怎样，我认为还是争取和平解决为上策，我让卫兵传我的话："我约你去白城子，是得到你的同意的，我没有强迫你，如果高队长认为我没有诚心，那你就当面答复：你到底去还是不去?"高顺成听了这话,知道躲不过去了,就连忙从屋里出来,推说:"我身体不太好,衣服单薄不能外出,请多包涵……"我一听这话,脱下大衣披到他的身上,高队长当时窘住了,可是他支支吾吾地还是坚持不去。最后他推辞说:"你先走吧,我随后就到。"看样子没有争取的余地了。我回到同大成,同袁洪斌研究,决定我带几个战士回白城子,向夏司令汇报这里的情况。

当天午后,我带战士到车站,正在等火车。忽然,站外开来一辆苏式吉普车,国民党县党部书记长修广翰、苏军司令部的副官、"维持会"公安局局长刘日金带部分苏军战士气势汹汹地从车上下来,直奔我来,我见情况有变,便提高了警惕。刘日金抢先说:"请你回去一趟,有事要同你商量。""有什么事就在这谈吧!"我回答说。"你的人在街里乱放枪,请你回去解决解决。"我想这绝不可能,我再三嘱咐战士们,千万不能轻易行动,看来修广翰又要玩弄新的阴谋。我气愤地说:"如果真有此事,请你们把乱放枪的人给我带来!"修广翰见我执意不跟他们回去,就上前来说:"你的部下已被我们缴械了!"说完就命令手下人来下我的枪。我迅速拔出手枪对准修广翰说:"你要下我们的枪那万万办不到,要打你就来吧!死了我一个没有什么,共产党多得很!"跟修广翰他们一起来的苏联红军司令部副官走上前来邀请我回去商量。我想苏联红军很可能对我们产生误会了,再说,事情到了这个地步,我不能糊里糊涂地丢下战士走了,必须跟他们回去将事情弄清楚。

于是,我随苏军副官上了车,到苏军司令部,他们立即缴了我的枪,并将我软禁起来。当时我虽然不知内情,但我认为苏军一定是误会了。这时情况十分危急,修广翰、刘日金和保安大队的人随时可能借苏军之手加害我们。在这十万火急的关键时刻,我军的联络人员张山借混乱之机脱离险境,赶到大仙火车站找到铁路工人张琪,他们坐机车当夜到白城子向夏尚志报告了洮南的险情。夏尚志派朱继光、于英川率百名战士,坐大车赶赴洮南解我军之危。这时,驻洮南苏军司令员聂正柯正在白城子开会,夏司令员亲自找聂司令谈了洮南我军的处境,请求聂司令大力协助解决好这件事情。

10月27日,朱继先、于英川率部赶到洮南,同苏军司令部交涉,这时聂正柯也赶回洮南,很快查明情况,急令放出我和袁洪斌及全体战士。聂正柯亲手将枪还给我,一再向我和全体战士道歉,为表示歉意还赠送给我们两挺重机枪、两支轮盘枪和许多弹药。我军战士个个义愤填膺,纷纷要求严惩国民党县党部和保安大队的人。第二天早晨,我亲自率领战士,在增援部队的协助下，包围了保安大队驻地，在大门口架起重机枪，我向他们喊话，要求他们缴械投降，命令他们把枪放在院中，集合队伍。全体保安大队人员见势不妙，个个将枪放在院中，到一边集合，听候处理。我来到队伍面前，当场宣布对他们实行宽大处理，愿回家的可以立刻走，愿意参加八路军的马上报名登记，我们热烈欢迎，结果大部分保安队员参加了我们的队伍。没有费一枪一弹就把这二三百人的武装收归我军，壮大了我们的力量。

解决保安大队之后，我们30多名干部战士，继续留在洮南坚持斗争。

智斗土匪

解决完保安大队之后，我们取缔了国民党洮南县党部，扣押了李树藩，党部其他成员只得潜伏起来，转入地下活动，这给国民党洮南党部以沉重打击。抓住这个有利时机，我们大张旗鼓地向群众宣传我党的政治主张和我军的宗旨，要求我军战士严格执行"三大纪律，八项注意"。战士们平时行动很谨慎，同群众说话态度和蔼、买卖公平，不动群众一草一木。洮南群众感到我军不同以往旧军队，真是自己的队伍，我们很快赢得民心，许多穷苦百姓踊跃参加我们的队伍，壮大了我们的武装力量。11月下旬，按照上级的命令，我们这支武装被改编为东北人民自治军嫩江第一纵队洮南支队。朱继先任支队长（亦称支队司令）；于英川任支队政委，我被任命为支队独立营营长。独立营编制为3个连，因情况有变化，只组建了第一、三连。至此，洮南局势稍有稳定，但土匪袭扰时有发生。

1945年11月末的一天早饭后，一辆苏式六轮卡车突然驶进我军驻地同大成院内，只见车窗左侧的玻璃只残存几块，右侧玻璃被子弹穿了几个孔，车停稳后从驾驶室里跳下一位苏军战士，神情恍惚地向我们走来。我忙上前安顿他坐下，稳定他的情绪，稍加休息后，他通过翻译向我们介绍说："我们起早从长春往洮南来的，一位中校带领我们8位同志，途经一个村子的时候，突然遭到土匪的袭击，我们拼命抵抗，其他7位同志都牺牲了，我没下车，躺在驾驶室里，我见土匪冲上来了开车就跑，一气跑到洮南，请求你们帮助把几位战友的尸体找回来，运回我的祖国。"

经请示支队同意，我带领几名战士携带一挺轻机枪和掷弹筒，坐上苏军汽车直奔出事地点开通县八面三昭屯。此处位于洮南县城东南方向，约有150华里，一路上荒草丛生，苇塘成片，荒无人烟，我提醒战士们随时做好临战准备。车到八面三昭屯边，战士们迅速跳下车，在苏军司机的指引下，我们很快找到苏军中校和其他6位战士的尸体。每具尸体都是血肉模糊，弹痕累累，枪也没了，衣服也被扒光了，那情景真是惨不忍睹。苏联红军是来帮助中国人民打击日本侵略者的，却这样惨死在土匪手里，真叫人痛心疾首。战士们很快将尸体全部抬到汽车上，我告诉司机快开车绕道返回洮南，如果按原路返回有可能再遭土匪伏击。当汽车开出10多里路时，从大苇塘里涌出一伙土匪急速向我们冲来。这时，我们已来到一个小屯子边上，我命令战士们下车迅速占据有利地势，集中火力向敌人猛射。轻机枪手将机枪架在民房顶上，居高临下，机枪一响，成排的匪徒便倒了下去，蜂拥而至的土匪很快被我们打退了。可是，后面的土匪又上来了。土匪越聚越多，形势越来越不利于我们，在敌人还没反扑上来的时候，我命令战士们快上车，让司机避开大路，顺乡间小路返回。匪徒们见我们撤走，就疯狂地向我们追来。我告诉轻机枪手将机枪架在车尾部向追赶的土匪猛射，中弹的土匪接二连三地倒在路边。我们的汽车速度很快，不一会儿工夫就把土匪抛在后面，胜利脱险了。回到洮南城时，天已经黑下来了，战士们一边搬运尸体，一边议论：绕道返回的决定太正确了，如果照原路回来，非中埋伏不可，那咱们可就难说了。

南洮南突围

为开辟开通县的工作，白城子地委派袁立忠到开通任县长。军分区于12月上旬命令洮南支队护送袁立忠到开通赴任。支队长朱继先让我带100余名战士跟他去执行这项任务。我们在一天夜里出发，第二天拂晓到了开通县城。一到县城，我们就把县大队和"维持会"驻地包围起来，然后逐屋查看，各屋都是空空荡荡的。原来是保安大队和"维持会"的人得到消息后跑掉了。经过一番周折，才找到"维持会"会长高远波，将他带到"维持会"办公室。朱继先问："高远波，保安队什么时候跑的？是不是你放跑的？你把他们找回来。"高远波耷拉着脑袋不吱声。朱继先将手枪拔出来放在桌子上说："你不说实话就毙了你！"这一下就震住了高远波，他顿时哆嗦起来，点头哈腰地说："长官，我确实不知他们跑到哪里去了，他们跑得七零八散，让我到哪里去找呀？"

我们认真分析了这种情况，认为保安队是一群乌合之众，参加的人无非是要捞外快、发洋财的一批地痞，没啥战斗力，听说我们要来，当然都吓跑了。想到马上将他们找回来很难办到，我插话说："高远波，你是县'维持会'的会长，你必须保障袁县长的生命安全，如果袁县长有一差二错，我们就拿你是问！"高远波马上点头称是，表示"担保袁长官的安全"。为表示诚意，他主动献给我们几支轮盘枪。后来"光复军"占据开通时，高远波亲自掩护了袁立忠同志，并把他拥送回白城子。

我们在开通住了几天，给袁立忠同志留下一个秘书，一个警卫员。我们于 1945 年 12 月中旬的一个晚间出发，返回洮南。时值寒冬，天气很冷，人坐在大车上，只一会儿就冻得受不了，不得不下车跟车跑一会再坐车。走了大半夜，队伍来到距洮南县城 30 华里的黑水火车站。战士们冷得实在受不了啦，我和朱继先同志商量，决定停下来休息。当我们再启程时，天已大亮，前边的尖兵来报，说我们已经被土匪包围了。面对这种情况，我当即观察了一下四周的情况，便命令一、二排战士抢占附近的一个大土岗子；命令三排战士占据初家屯前边的土岗子，以控制初家屯。刚部署完，匪徒们就张牙舞爪地从四周冲上来，把我们围在中间，两个土岗子成了"孤岛"，一场激战开始了。我命令机枪手、掷弹筒手、步枪手一齐向敌群猛烈射击，冲在前边的亡命徒纷纷倒在我军阵地前沿，几次冲锋都被打下去了。可是匪徒越聚越多（后来知道是国民党洮南县党部执委朱瑞在那里纠集土匪"山材"等绺子约 300 多人），包围圈越来越小，形势对我们越来越不利。这时，已经到了下午三四点钟，战士们也都疲劳了，再不突围就有被全歼的危险，怎么突围呢？我认真观察了土匪阵地的情况，发现敌阵地的东北角是薄弱点，距我军阵地只有四五百米，中间是开阔地。我命令二排用轻、重机枪掩护，由张继业排长率一排战士先冲过去。冲锋开始，轻、重机枪压住了敌人的火力，一排战士如猛虎下山，迅速冲上敌人阵地，消灭了东北角的敌人，占据了这块阵地。这时，我命令通信员白玉成通知三排和在初家屯做饭的炊事员，迅速撤回来，白玉成一去不见返回，又派刘建邦也不见回来，便急令我的警卫员刘兴业将撤退命令传到，三排的战士才撤回来，又由三排留下一个班做掩护，其余的向一排靠拢。一排奋力接应，部队很快冲出重围，于当晚回到洮南城里。但是，留在初家屯做饭的 3 名战士被土匪堵在城里，牺牲在土匪的枪下；在突围中，还有七名位战士牺牲，十几名战士负了轻伤。

洮南县城保卫战

1945 年 12 月中旬，我们从开通回到洮南后，县城的局势异常紧张，国民党洮南县党部执委朱瑞纠集上千匪徒的"光复军"，妄图一举攻占洮南城。我军为保卫已取得的胜利与群匪展开了殊死搏斗。

1945 年 12 月 13 日，朱瑞纠集"北侠""山林""全好""靠山红""打三省""占一""小白龙"7 股土匪约千人包围了洮南城，14 日太阳刚露脸，就发起了攻城战。这时，洮南支队政委于英川在白城子开会，支队长朱继先外出执行任务，县城里只有三连和营部的指战员，便在支队政治部主任武蕴藻的指挥下，在途经洮南的冀鲁豫干部团的帮助下奋战群匪，守卫城池。此时在白城开会的于政委闻讯后即率白城子保安大队 100 多人，

赶回洮南增援，经一天一夜激战，土匪终于被我军击败，丢下30多具尸体狼狈逃窜。

这次保卫洮南城的战斗中，我军舒相林等10多位战士的热血洒在洮南的土地上，为洮南人民获得彻底解放献出了宝贵的生命。

"光复军"第一次攻打洮南溃败后，朱瑞率残兵败将，逃回城东姜家围子，在休整期间，又勾结开通县双岗一带的地主武装头目于海泉和洮南城北的地主武装头目李贵及其所属匪绺，经一番反革命串联活动后，朱瑞纠集近几千人马再次回攻洮南。匪徒们接受了第一次攻打洮南失败的教训，朱瑞主持各路土匪头目进行了精心的策划，决定于1945年12月21日，第二次攻打洮南城。他们先派80余名匪徒装扮成卖粮、卖柴的农民，混入城里，潜伏在宋家油房等4个据点里，以作内应；大队人马分成4路攻城，具体分工是：葛凤岐、孙仙涛带领"北侠""打三省"等绺子从南门攻城；于海泉、郑天祥带领"小白龙""靠山红"等绺子和城西的地主武装从西门攻城；李振国、赵智带领洮儿河的各路土匪从北门攻城；朱瑞带领匪部600多人从东门攻城。他们在攻城战斗打响之前，还将洮南通往各处的电话线和照明的电灯线全部割断。

12月21日天刚亮，"光复军"攻打洮南县城的罪恶行动就开始了。群匪从东、南、西、北4个方向潮水般涌向城边，我军战士顽强抵抗。由于敌众我寡，加上潜伏在城内土匪的接应，我军腹背受敌，众匪徒攻破城防进入市区，随后占据县城东半部。土匪借助沿街民房掩护，逐渐逼近我军第三连驻地新大旅馆，三连长张山同全连战士舍生忘死地顽强阻击敌人，战斗打得十分残酷。三连一名战士跑来向我报告："王营长，现在我连处境困难，张连长刚才牺牲了，副连长派我来请求营部援助。"战友们的牺牲、敌人的疯狂，激起我复仇的怒火。我命令机枪班鞠班长带轻、重机枪抢占距三连阵地最近的福昌号（商店），将轻、重机枪架在福昌号及对面的房顶上，顺街猛射，将敌人打得抱头鼠窜。接着，我率部队沿街逐院往外反击，把敌人逼退到城边，我军司令部驻地仍安然无恙。巷战持续了几天几夜，主要阵地仍在我军手里，但是打到第三天的时候，形势恶化了，我们内部的贺玉坤率领的保安大队有部分成员开始动摇了，有的暗中逃跑投向敌人，有的向我们开黑枪。有一天，我和一位连长在房顶的掩护室里观察敌情，指挥战斗，突然从宏顺公楼上来一枪，通信班长何主纯中弹倒在我的脚下牺牲了。当时我就觉得大腿被什么东西碰了一下，俯身一看，黄泥马裤被子弹穿个洞，这颗子弹穿过小何的脑袋，又从我大腿边擦过，大腿马上就红肿了。这一枪，明显是对准我的，可是何主纯这位青年战士不幸替我牺牲了。我怀着万分沉痛的心情掩埋了小何的尸体，并将永远怀念他。

这时，我军完全是孤军奋战，形势越来越恶化。在这紧要关头，白城子军分区司令员夏尚志亲自来到洮南。进城后，他同朱继先、于英川同志立即召开紧急军事会议。经分析形势后，决定洮南支队于12月24日夜间撤出洮南，并要求每个战士在左胳膊上扎上一条白毛巾便于联络，从城北门往外撤。

12月24日夜晚10点多钟，支队集合开始往外撤，我营一连做尖兵在最前面开路，中间是支队司令部领导和工作人员，还有保安大队，我营三连做后卫，大队人马顺利地从北门撤出洮南县城，于12月25日拂晓到了白城子。

收复洮南城

洮南这座文化古城，当时是北上黑龙江、西进内蒙古的交通要道。"光复军"占据洮南城，给我们建设巩固的洮南根据地带来了很大困难。为了尽快解放洮南城，为建设洮南根据地创造条件，军分区夏司令命我支队司令朱继先、政治部主任武蕴藻到葛根庙找东蒙自治军司令员莫勒恩图，请求他们支援我们解放洮南县城，经与莫勒恩图协商，东蒙自治军同意支援我们，并商定东蒙自治军从西门攻城，我们独立营同军分区炮兵从北门攻城。

12月29日，我们和东蒙自治军都到达了指定的战斗位置。30日早晨，收复洮南县的战斗打响。我们用大炮轰击匪徒，炮弹准确地在匪穴中落地开花，顿时血肉横飞，死尸遍地，匪徒们叫苦连天，纷纷逃命。正当我们进行炮击的时候，从城里逃出一股土匪马队，这一现象的出现，我感到很突然，便命令侦察员进城侦察，侦察员回来报告：是新四军三师八旅二十二团开进洮南，匪徒们闻风而逃。我军闻讯后发起冲锋，很快消灭了县城北半部敌人。我们与新四军胜利会师，很快将"光复军"打垮了，土匪头子李树藩带300多名匪徒从城东南角逃走，我骑兵战士穷追不放，活捉了土匪头目李贵等人，解救了被他们抢走的39名青年妇女。

1946年1月30日，我们收复了洮南城。从此，洮南县城永远属于洮南人民，洮南人民在党的领导下走上了新生活之路。洮南获得解放的第二天（1月31日），我营接上级命令，由步兵改为骑兵，配合二十二团转战于镇东、泰来、大赉等地。1946年4月24日，齐齐哈尔解放，我被调到齐铁，走上新的征途。

1989年10月

草原荒火

——解放战争时期辽吉地区文化教育活动

梁山丁

我是东北人,我爱东北故乡,更爱那些曾经和我一起战斗在辽吉草原上的战友们。

打开东北地图,大兴安岭山脉以东,南至法库门,北至白城子,这一带是草原沼泽地带。俗语说:"一过法库门,一半牲口一半人;一过郑家屯,只见牲口不见人。"可见这一地带是荒凉的,人烟稀少的。

1945年初冬,我和作家袁犀(李克异)一起由晋察冀中央局所在地张家口,参加何长工同志领导的抗大队伍,向东北进军。

塞外的冬天,朔风刺骨,寒气袭人,然而我们的心是火炽的,血是沸腾的,虽然我们的棉大衣被风雪湿透,在行军路上,有时陷入雪瓮里,还乡的热情却燃烧着我们。那些从延安来的老干部们对我们热情关照,每到兵站领粮打水,每到宿营地铺草洗脚,他们总是让我们优先,他们对在白区工作的同志倍加亲切。一位男同志送给我一本苏联出版的《联共(布)党史》;一位女同志听说我在北平国立艺术专门学校教文学,慷慨地送给我一本硬面精装的《铁流》;一位上海口音的同志,教给我们革命歌曲《喀秋莎》《西班牙小夜曲》《黄水谣》……他们给我们讲抗日战争故事,我们也向他们介绍东北情况,经过古北口、四海冶、承德、打虎山,我们一路上打听东北作家的行踪,听说舒群带领的东北文艺工作团已到了东北,罗烽、白朗一家在我前一站,萧军还在延安,这对于我们也是极大的鼓舞。当我们行军到铁岭大白梨沟的宿营地时,我们被辽西省委和辽西行署的领导同志指名留下了。省委书记陶铸同志、行署主任朱其文同志在法库接见了我们。他们热情地欢迎我们在辽西工作,向我们介绍了国内外形势、东北形势。为了建设东北革命根据地,这里急需东北籍干部。陶铸同志知道我是开原人,要我先回家乡去看望老父和幼子,朱其文同志亲切地指给我们行走的路线,又送来了路费,我拿着朱其文同志开的介绍信由法库到铁岭县找到县长刘渭东同志,顺利地坐上大轱辘车回到开原老城,和阔别的老父、幼子见面,第二天返回法库,我心里有说不出的对领导的感激之情。尤其是陶铸同志，一再叮嘱我在家乡和亲人团聚几天，陶铸同志对知识分子的关怀，是我永远不会忘记的，他紧紧地握着我的手，说："给老人问好，若生活困难，可以把孩子带出来！"

我和袁犀在东北沦陷时期，出版过文学著作，我写的短篇小说集《山风》《乡愁》、长篇小说《绿色的谷》，袁犀写的短篇小说集《泥沼》、中篇小说《流》曾发表在沈阳《新青年》杂志上，在当地知识青年中还有记忆和影响。我回到法库以后，陶铸同志让我和袁犀两个人筹备辽西文联工作。朱其文同志介绍几位在法库的东北作家与我们认识，其中有辽西行署的宣传科科长蔡天心、副科长江帆，《胜利报》总编辑王名衡（天兰）、编辑部主任殷参，康平中学校长刘流，省教育处处长徐公振，还有一些住在招待所的，如林耶等同志。

1945 年隆冬，我和袁犀从招待所搬迁到法库中学，便于和法库的文艺工作者接触，原法库电报局局长是一位喜欢文学的中年人，他经常和我们接触，我们准备在 1946 年春节举行文学联欢活动，同时成立辽西文联。

组织上决定由辽西行署秘书长王思华同志带领我们几个人打前站，我们在农历正月十五日那天清晨由法库出发，乘大轱辘车到达康平。康平这个小城是沙丘和荒草甸子中的一个小镇，我们访问了中学校长刘流，学校正在筹备中，刘流是音乐家，他为我们唱歌送别。

我们从康平出发换乘马匹，草原上远处蠕动着荒火，在夜幕中闪烁着火舌。

　　　　啊，草原荒火！

　　　　燃烧吧！辽西大地，

　　　　让革命的火种

　　　　洒向祖国的锦绣山河！

我们在王思华同志的率领下先到驻扎在郑家屯的西满分局，李富春同志当夜接见了我们。那天是元宵节，富春同志招待我们吃了丰富的晚餐。这是我第一次见到仰慕已久的革命领导人，他是那样平易近人，我是从埃德加·斯诺的《西行漫记》一书中知道李富春同志的，想不到在这草原小城郑家屯见面，富春同志对建设东北根据地充满信心，尤其对东北干部倍加信任和关怀。

辽西行署驻孔在郑家屯的靖公馆。我被任命为辽北省辽源联合中学校长，组织上给我配备了几名从延安来的老干部，教务主任是李琦，教导主任是艾汶，另外还有教导员路铁成和几位女同志。辽源联合中学坐落在辽河边上，原系伪满"国高"校舍，由于受战争影响，校舍已破烂不堪。我们在这几乎成废墟的土地上将校舍加以修整，贴出招生布告。2月份开学，教师不足，留用了伪满"国高"的教师，我除担任联中校长以外，还兼任辽西教联主任，我和当地中小学教师结成了朋友。我还聘请袁犀担任高年级的语文教师，聘请邓寿雨为政治教师。同时，在省委书记陶铸、行署主任朱其文的领导下，我们在郑家屯发起成立了辽西省文化协会暨辽源分会，由我、袁犀、蔡天心等7人为筹备委员，筹备出版文艺刊物《草原》，由袁犀任主编。4月8日，郑家屯举行四烈士黑茶山遇难追悼会，李富春同志讲话，由我念悼词，郑家屯中小学教师和新老干部参加，会场庄严隆重，给当地人民以教育。

《草原》创刊号于4月14日由胜利报社印刷厂印刷出来，这本16开的文学刊物，是东北解放区辽吉地区的第一本文学刊物，是在中国共产党领导下出版的刊物，虽然刊物很薄，每期只能容纳2万来字。创刊号有刘流的《歌》、郑蜀的《心愿》、吴梅的《是翻身的时候了》、天兰的《和人民在一起》、殷参的《我遇见的两个农民》、沙子的《桑乾抢渡》、袁犀的《断章》以及杨耳（许立群）的《卖瓜的不说瓜苦》、姚周杰的《诗人的直觉》等。这些散文、诗歌、评论，主题新颖，思想活跃，深受知识分子的欢迎。

辽西省委的机关报《胜利报》开辟了《曙光》副刊，刊登当地作家和青年的作品，介绍抗战时期老解放区的作品。辽西省文化协会从3月5日开始筹备召开文艺研究会，和当地的"露天崛文艺社"同人、青年俱乐部的青年人召开时事座谈会和关于巴金作品的讨论会等活动，朱其文同志出席讲话。

在辽吉地区文艺园地上，开始耕耘的人是殷参、杨耳、刘流、姚周杰、袁犀、艾汶等从老解放区来的同志们。

1946年1月，辽西各地民主政权刚刚诞生，我与袁犀分别担任法库、辽源的参议员，为东北家乡人民尽自己的力量，团结当地知识青年，在党的领导下，哪里需要到哪里。4月长春首次解放时，辽西行署临时派我和袁犀、姚周杰3人组成接收小组，前往长春接收物资，我们携带着出版不久的《草原》创刊号，分赠给长春的文化人，如东北著名作家舒群、"五四"时期女作家陈学昭、诗人天兰，以及东北沦陷时期的女作家吴瑛，诗人冷歌，剧作家辛实、李乔，作家金音（后改名马寻）、吴郎、田兵等新老朋友，受到他们的鼓励。他们在文艺座谈会上一致认为，辽西解放区能出版这样一份文艺刊物，是很值得祝贺的。我们在长春接收了两个印刷厂，并动员一些青年参加工作。正在准备将印刷厂迁往郑家屯时，因战略转移，我们于 5 月中下旬撤出长春，回到郑家屯，没有几天，由于受到蒋军的大举进犯与蚕食，我们便从郑家屯撤退至洮南。

到洮南之后，辽西省委改为辽吉省委，辽西行署改为辽吉行署，并在洮南组建了辽吉四地委、四专署。省委、地委决定让我在洮南继续办联合中学，同时经西满分局同意，调西满军区政治部宣传科科长艾汶、宣传科干事路铁成到地方来，同我一起办联合中学，以发动和教育青年站到民主、革命方面来。我担任洮南联合中学校长、辽吉区教联主任，艾汶同志担任联中教导主任。联中组建了文工团，由艾汶、路铁成同志担任领导，曾演出过《黄河大合唱》及其他许多抗战歌曲。

鲁迅先生逝世 10 周年纪念日，洮南文化界和中小学生 1000 余人，在五纬路县俱乐部举行纪念大会，由我致开幕词，由《胜利报》社长许立群介绍鲁迅生平，他说："我们要继承鲁迅先生的革命精神，同压迫人民的卖国的反动势力作斗争。"四专署魏兆麟专员在会上讲话，他说："我们要学习鲁迅先生，反对帝国主义和国内反动势力，我们决不屈服，决不投降，坚决奋斗到底。"联中文工团演出了《过客》《聪明人、傻子和奴才》《新打渔杀家》。这个时期，在洮南的辽吉文工团、民主职业剧团、民主学院文艺系、西铁工人剧团、四分区文工团、洮南一区大众剧团、洮南教联文工团等文艺团体，先后演出了《一双鞋》《兄妹开荒》《东北人民大翻身》《三姑爷》《粮食》《到解放区去》等数十个剧目，共演出 20 多场，平均每 10 天演出一次，观众达 3 万人以上。

在辽吉省委宣传部的支持下，我继袁犀之后（袁犀已调去工人日报社工作），编辑《草原》第二期、第三期。在胜利报社的杨耳、尤淇、顾明、万超等同志的热心帮助下，第二期于 1946 年 7 月 15 日出版。《草原》第二期发表了艾印的长诗《荒火》，陈学昭的短诗《擦枪》《白城子》，山丁的诗《中国的火灾》，毕向的诗《你们，人民的公敌》，谢挺宇的批评《一点希望》（此文后来作为他诗集《毛泽东同志》的代序），以及尤淇的《羞辱》、实翔的《风沙》及蔡天心的小说《圈套》。我在编后记上这样写着："时间给我们一个很大教训，在这个不短的过程中，国民党反动派的无耻进攻，使东北人民的财富被毁灭了，然而我们东北人民、东北作家们的心是不死的，我们是'野火烧不尽，春风吹又生'，《草原》在这里出版，证明了我们生命的强韧。"刊物由胜利报社印刷发行，销路除辽吉地区外，延伸到东满、北满解放区。《草原》上刊登的文章有些被其他地区报刊转载，据黄照同志回顾："在四平作战时长春的杂志和报纸转载了

《草原》的许多篇作品，可以想见《草原》受到各地读者的欢迎。"①

《草原》第三期于 1946 年 12 月 1 日出版，刊载有戴碧湘的《低级趣味与低级观众》、杨耳的《"国事痛"写后感》、吴梅的《罪恶的符号》、季春明的《在第一次农民集会上》、钟明锋的《记武双同志》、艾汶的《揭穿骗子们的阴谋》、张仲纯的《虹》、吴时韵的剧本《三姑爷》等。杨耳等写的《国事痛》，是纪念"八一五"胜利一周年时，由《胜利报》连载的章回体时事小说，颇受革命干部和知识青年的欢迎，后来由东北书店出版单行本。

在支援解放战争的运动中，洮南联中同学自编自演了一些短小精悍的文艺节目，为支援前线，画了许多美丽的信封，写信给前方战士，这些发自辽吉区青年的心声，不仅鼓舞了前方战士，重要的是教育了青年一代热爱中国共产党，热爱东北民主联军。

这一年洮南联中学生在教师赵群、傅菱的领导下，参加了土地改革的斗争，许多高年级学生在杨春荣、谢家珍（赵杰）、张建中等同学的带动下，积极要求参加革命，奔赴佳木斯东北大学深造。杨春荣是一位回族女青年，金柯民是一位朝鲜族女青年，她们为争取妇女解放，和家庭做斗争，终于取得了胜利。在她们的影响下，很多学生参加了革命工作。

1947 年 6 月，我随辽北省主席阎宝航率联中学生，冒着国民党军飞机轰炸的危险，去战争前沿郑家屯、通辽一带，在哲里木盟（今通辽市，下同）党委领导下，开辟新解放区的群众教育工作。洮南联中学生和通辽中学学生，以及中小学教师共同学习毛主席著作，开展形势讨论，提高对国际国内形势的认识，对巩固革命根据地起了很好的作用，受到哲里木盟党委的表扬。

1947 年我和孙岐山等两位教师带领 40 多名学生从通辽前线慰问东北民主联军归来，参观了洮南公安展览会。在我们离开洮南的时候，解放区公安保卫工作取得一次很大的胜利，破除了一个"铁血锄奸团"的特务组织，那些受蒙蔽的青年得到了拯救。他们经过改造教育，控诉了国民党特务的罪行，如：计划投毒药于洮南联中食堂；杀死校长；偷盗革命干部枪支；等等。我看了公安漫画展览，激发了对国民党特务的愤恨，坚定了和国民党特务做斗争的决心。

这一年，辽吉地区洮安、洮南两地中小学教师组织了洮南教育工作者参观团，利用寒假，赴齐齐哈尔参加嫩江教育工作者大会，并参观军政大

① 见 1947 年元旦《胜利报》。

学。回洮南之后，由我在教联会议上做报告，介绍军政大学参观学习时，我们拜会何长工校长、宋锡纯主任等情况和从军大教学经验中获得的启发。何长工同志曾对军大的青年学生说过这样一句话："不怕造反，就怕不翻身。"军大刚一开学时，学生们闹极端民主，犯自由主义，学校并不加以限制，一些人怀疑这样闹下去太不像样子，不像个大学。但是，军大执行校长指示，大胆放手，让同学们发挥他们的民主要求，他认为，东北青年被日本帝国主义绳索束缚了14年，如一群迷途的羔羊，现在解放了，应当高高兴兴地解放，就是有点极端民主的偏向，也不可怕，要掌握东北青年思想发展的规律性。

我认识到，作为教育工作者，我们应该珍惜学生政治上的觉悟，让他们通过革命实践受到教育，获得真理。我从军大参观回来，写了几点观感，在《胜利报》的"新青年"版上连载3次，受到各学校教师的欢迎。

洮南联合中学教师带领学生展开各种讨论，组织了许多报告会活动。真理的认识是在辩论中得到的。我本人就是在伪满时期长大的，受过奴化教育，因此深感民主教育的重要。现在是人民的世界，是人民翻身的时代，被压迫了14年的东北青年也应当翻身了，我们教师应该指导和帮助他们翻身，使他们站起来，不再倒下去，使他们被敌伪教育压扁了的性格恢复起来，使他们不但站起来，而且能走，向前走，走向光明的革命大道。为此，我在学校里增设了政治课、社会发展史课，向学生进行粗浅的马列主义毛泽东思想教育和唯物主义教育，进行党史方面的常识教育。有的教师在课堂上讲朱德的《论解放区战场》，告诉学生抗日战争是怎么打的，怎样取得胜利的。告诉学生打内战的祸首是谁，为人民打江山的是谁，使学生受到教育。我们还把部队的连队生活传统带到学校班级生活中，教师同学生经常生活在一起，领着学生出墙报、写诗歌、演戏剧……潜移默化地引导学生站到革命的立场上来。

我在辽吉地区搞了两年多的文教工作（我是1948年3月整风学习后被调到东北文协工作的），我坚持教学相长，与学生共同进步。通过土改运动、支援前线、建设新区等革命实践，洮南、通辽、辽源各地青年参加革命工作的同志政治觉悟不断提高，大家永远不会忘记辽吉地区中国共产党的关怀，记得李富春同志亲自给教师学习班讲课，阎宝航主席亲自给教联全体做报告，辽北省教育厅厅长徐公振亲自到学校解决问题。在解放战争时期，辽吉地区的文教艺术活动，使我回忆起来，更加热爱那些和我一起战斗在辽吉草原上的战友们。艾汶同志、刘渭东同志、李玉茹同志、路铁成同志、赵群同志、傅菱同志、孙岐山同志……那些和我一起参加洮南土改、建设通辽新区、到解放战争前线去慰问民主联军的青少年同学。在今天，全国人民同心同德建设中国特色社会主义的日子里，我们多么怀念他们。那些在解放战争中参加革命的洮南联中同学，如杨春荣、张建中、金柯民、谢家珍、张景义、靳韬光等，他们有的为国牺牲了，有的还在工作岗位上。相信他们将永远不会忘记解放战争对他们的锻炼。还有，我忘记了名字的一位小同学，在开通附近遭受国民党军飞机轰炸、扫射时，他几乎被埋在炸弹迸起的尘土里，但他爬起来，勇敢地抹干眼泪，和同学们一起完成了慰问民主联军的光荣任务。虽然我忘记了他的名字，可是，他那英勇顽强的形象是活在我的记忆中的。

这是一篇急就章，因年老、记忆衰退，很多情况被我忘记了，有些人名也记不得了，我希望得到老战友们的帮助，改正错误，充实内容，更好地完成这一段工作的回忆。

1989 年 3 月 19 日于沈阳

忆往昔，看今朝

——在洮南、洮安县委一段工作的回忆

胡亦民

（一）

1989 年 9 月，我重返离别 41 年的吉林省西北重镇白城和洮南。我曾工作过的洮安县（驻地称白城子）在新中国成立后已改为白城市，现在是吉林省辖地级市，洮南县也由于事业的发展改为洮南市。一切都在改变，今朝远胜昔日。在白城市，毛纺、皮革、食品、机械、轻工等颇具规模的现代化生产体系，已经代替了当年简陋的手工作坊生产方式；洮儿河流域的广阔田野和科尔沁大草原，已经由过去产量极低甚至是不毛之地，变成了五谷丰登、牲畜兴旺的农牧基地和生气勃勃的绿色"海洋"。洮南市特产黑水西瓜，名扬省内外；洮儿河上的水库、湖泊里的鱼虾，供应了省内外的大小城镇。当年的洮南根据地，已经成为吉林省西北部科尔沁草原上的一颗明珠，真是令人兴奋至极。

40 多年来，一切都变了样；特别是党的十一届三中全会以来，更为显著地变了样。不论在经济上、文化上，还是在人们的衣着和精神状态上，都日新月异，这是党的"一个中心两个基本点"的基本路线在白城市取得成就的体现。洮儿河畔的儿女不愧为在新民主主义革命年代做出卓著贡献的英雄的人民。新时代的人民创造出新时代的业绩，今后还会唱出新的凯歌，绘出新的蓝图。

看今朝，忆往昔，今日的成就诚属不易，真是"数风流人物，还看今朝"。但历史不容忘记，在日本帝国主义投降后，决定中国命运的解放战争年代，洮南地区成为我军战略撤退的终点，成为坚持巩固的根据地的后方，成为支援前线的基地。洮南、洮安、洮北，当时各作为一个县，和其他地方一样，在自己的工作范围内，做出了不朽的功绩。

（二）

我于 1946 年初在洮南县委任组织部部长，工作不久之后，中共嫩南区党委调我到洮安县任县委书记。1946 年 3 月至 5 月间，白城子中心县委成立，我任洮安县委书记的同时任中心县委书记。1947 年夏季，又兼任洮北

县委书记。工作时间虽然不长,但县委的工作和人民群众的斗争并不平凡,令人难以忘怀。

我到洮南县委工作时,白城子虽驻有苏联红军城防司令部,但也曾被国民党收编的"光复军"占领过。当时的情况是敌强我弱,党组织刚刚开始建立,部队也比较少。根据毛主席《建立巩固的东北根据地》的指示,我们准备在万不得已的情况下,放弃洮南、白城子,转移到洮北地区坚持敌后游击战争。但是,由于我军的阻击,反蚕食斗争不断取得胜利,而国民党军占领长春、吉林、通化、安东(今丹东)之后,兵力分散,包袱沉重,无力再占更多地方,因此,在吉江省委、辽吉省委的领导下,我们将洮南、洮安、洮北一带,建设成了巩固的后方基地,成为支援解放战争的堡垒。广大群众响应党的号召,一切为了前线,一切为了解放战争的胜利,人民战争人民打,人民群众是这场战争的人力、物力、财力的源泉。我们动员群众参军,扩充兵员,入伍的青壮年,有的直接补充主力,有的充实县、区武装,而地方武装又不断地输送到主力部队。群众热情参战的情景就更为动人了,要人有人,要粮有粮,要钱有钱,只要是前线需要的,就克服一切困难,做到应有尽有,出担架,派大车,接收伤病员,捐衣服,送鞋袜,一应俱全。当时,人民的政治思想觉悟真高,没有地方主义,一切从全局出发。

建设洮南这块根据地,剿匪是第一项任务。抗日战争刚刚取得胜利,这一带的土匪甚多,开始多是打家劫舍、奸淫烧杀的一般性土匪,后来国民党搞收编,不仅收编了日伪残余势力伪军警宪特,还收编了土匪,统建为"光复军"。这是一支国民党的别动队,是政治土匪。在我去之前,这支别动队几次攻占过洮南和白城子。我到那里之后,这些反动家伙虽被赶出县城,但多数只是被击散,变成小股在农村活动,而且很猖獗,杀害我们的干部和革命群众,时刻准备阴谋夺权。所以,土匪不除,革命政权就建立不了,社会秩序不能安定,群众利益就得不到保护。我到洮南的时候,新四军三师的一部分主力部队也到了那一带,吉江军区、白城子军分区也组建了一部分队伍。因此,对大股的土匪,就由主力部队去消灭;小股的、零散的、隐藏起来的,就由县、区地方武装去消灭。1946年上半年,在洮南、洮安、洮北县城外围,我军进行剿匪的大大小小的战斗有许多次,如在套保、青山乡围剿"光复军",在蛟流河乡追击从镇东窜来的股匪,在安定乡歼灭"草上飞""双全"匪绺等。除武装围剿之外,在反奸清算和土改运动中,我们发动群众揭发检举,挖匪根,断匪线,最后才把土匪消灭干净。

　　我到洮安县，正好是贯彻东北局于 1946 年 3 月 20 日发出的《关于处理日伪土地的指示》的时候。该指示要求，在政治上消灭敌伪残余势力，在经济上清算敌伪财产，要求把日伪时期的开拓地、满拓地以及日本人、汉奸恶霸的土地，无代价地分配给无地和少地的农民。根据东北局的指示和嫩南区党委的部署，县委立即制定了分配日伪土地的办法，派干部下乡，发动群众分地，在保民、德顺、大兴 3 个区，就分配开拓地 1.7 万余晌。接着，就是传达贯彻中共中央的"五四指示"和东北局的"七七决议"精神，辽吉省委书记陶铸同志亲自带领工作团，深入农村发动群众，开始了轰轰烈烈的土地改革运动。

　　当时还遭到一个大灾难，就是鼠疫的流行。这是一个对人民生命安全威胁很大的敌人。当时疫情蔓延得很快，死人不少，闹得人心惶惶。在苏军的帮助下，我们党政军民齐动员，打了一场防治和消灭鼠疫的战斗。我们对病区实行隔离，对病患进行抢救，对死者的尸体用火烧和深埋，以绝后患。许多干部、群众，医护人员不顾个人安危，闯进病区抢救病患，处理病亡者。这场战斗胜利了，我们不可忘记这场战斗的不可磨灭的意义。

　　我们从上而下地建立各级革命政权和群众组织，发动群众，使群众真正得到政治上的解放和经济上的翻身。因为只有推翻敌伪政权，消灭土匪、恶霸和一切敌伪残余，建立人民政权，才能保障人民在政治上得到解放。同时，我们还要解决思想问题和地方干部问题，以充实各级政权的领导。当时，群众中的正统观念很强，对党和党领导的军队的性质认识不清。这些问题，经过教育和实际帮助，群众从自己的切身体会中逐步解决了。地方干部的提拔、培养和使用，是极端重要的，虽说外来干部重要，但没有本地干部的成长，根据地建设是扎不了根的。努力发现和培养本地干部，并把他们提拔到领导岗位上来，是所有外来干部和各级党组织都非常明确的任务。这个任务解决得很好，我们主要是通过发动群众斗争，在斗争中发现积极分子，并采取在工作中锻炼和办训练班等办法，从思想上、政治上、工作上使他们迅速成长起来。

　　发动群众，树立农村的阶级优势，为创建根据地打下坚实的基础，这是一个比较长期的过程，我们主要是通过土地改革运动逐步解决的。历史经验告诉我们，到一个新的地区开辟工作，必须具体情况具体分析、对待。特别是东北，经过日伪 14 年的统治，民生凋敝，对农村的经济情况、阶级关系，必须做马克思主义的调查和分析，只有这样，才能确定正确的政策，领导好农村的土改斗争。据白城市地方志办公室调查，洮安县在民国时期就有大量的肥沃良田被军阀、官僚所霸占，仅地方军阀张海鹏、万福麟、徐景隆所霸占的土地，就占全县总耕地的 10%。日本帝国主义侵占这里之后，日伪官吏、汉奸、地主更疯狂掠夺土地，洮儿河沿岸的肥沃耕地 1.7 万余垧，变成了日本侵略者的开拓地，而且地主阶级大量吞并土地，造成农村阶级关系的严重两极分化。抗日战争胜利时，洮安县共有居民 20153 户，其中地主富农 1158 户，占总户数的 5.7%，占有土地是全县耕地面积总数的 58.8%；而贫雇农有 14404 户，占总户数的 71.5%，占有土地仅是全县耕地面积总数的 7.4%。白城市地方志办公室的这个调查，同我们当时的调查大致相同。我们当时经过调查分析认为，洮南地区的农村情况和全国其他地区的情况基本一致，但有其特点，如有日本人掠夺中国土地进行开发的"日拓地""开拓地"，这些土地一般由日本人或朝鲜人经营；地主比较大，他们有数百垧甚至是上千垧的土地，牲畜也比较多；还有本人没有土地的经营地主和经营富农；还有数量不少的佃富农、佃中农；少地和无地的贫雇农比较多，有长工、短工、"耪青"等。当地的许多人家很穷，吃不上穿不上，甚至一家几口人盖一床被、轮流穿一条裤子。这些人有强烈的土地要求，特别是在战局稳定和正统观念消除之后，他们要求土地的愿望更为强烈。于是，县委根据省委、地委的部署，采取派工作队下乡走门串户、访贫问苦、扎根串联和举办积极分子训练班等办法，宣传党的土改政策和路线，引导苦大仇深的群众诉苦，发动群众起来斗地主、挖浮财、分田地。我们在青山区斗争了大地主孙连发，分其土地 1000 余垧；在平安区斗争了大地主尹凤鸣，分其土地 330 余垧，还有骡马牛羊等。其他各区、村都召开过群众斗争会，打掉了地主阶级的反动气焰。到 1947 年，又经过"煮夹生饭""砍大树""挖财宝"等斗争，农民得到了土地、牲畜和一些浮财。虽然在平分土地时有侵犯中农利益的事，但是后来也纠正了。洮安、洮北县的土改还没进行完我就被调走了，但当时在农村已经树立起依靠贫雇农、团结中农的阶级优势，广大农民开始成为土地的主人，从而掀起了参军参战和发展生产的热潮。

洮南地区的人民同东北全区人民一样，在共产党的领导下，进行了自己解放自己的斗争，自己解放了自己，自己当家作主人，从而巩固了后方根据地。从战略防御到战略反攻，一直到伟大的辽沈战役，解放全东北，洮南地区的人民都做出了重大的贡献，他们不愧为英雄的人民。

（三）

时至今日，我们依然不能忘怀历史上的这些活动，不能忘怀人民群众艰苦创业的这些光荣传统。党的十一届三中全会以来，洮南人民同全国人民一样，坚持四项基本原则和改革开放的政策，在社会主义现代化建设的道路上，突飞猛进，创造出新的业绩。当前，我们在深化改革的进程中，也遇到了新的情况、新的困难，出现了许多新的思想政治问题。我们在总结新的经验和充实新的工作内容的同时，还必须记住这些优良的传统和作风，并在新的情况下发扬光大。当时进行的是新民主主义革命，但人们没有动摇共产主义信念，没有忘记社会主义、共产主义的远景，坚持全心全意为人民服务，坚持艰苦卓绝的斗争。在斗争中，依靠人民群众，向社会向群众做实事求是的调查研究，严肃认真地执行党的方针政策，按照党的决议和指示统一思想，统一行动，成为当时战无不胜的有力武器。现在情况变了，我们的中心任务是办好具有中国特色的社会主义事业，但是国内仍然存在阶级矛盾，又有外国反动势力搞"和平演变"，面对这种错综复杂的局面，我们必须运用马克思主义的历史唯物主义和辩证唯物主义观点去分析和对待，更加坚定共产主义信念，为实现党在社会主义时期的总路线付出更大的劳动。为此，继承和发扬革命先辈们艰苦创业的优良传统和作风，发扬自力更生精神就更为重要。

我虽然远在 40 多年前就离开了洮南地区，但心还时刻想着那里，想着洮儿河，想着科尔沁大草原。希望在现代人的精心耕耘下，吉林省西北地区的这颗明珠更加光辉灿烂和绚丽多彩。

1989 年 12 月于沈阳

回忆在白城子一段工作的情况

——访问骆子程同志的记录

　　1945 年秋季日本帝国主义投降以后，我奉上级命令随一大批革命同志由华中根据地北上，越过淮河、陇海路，抵达鲁南，从山东半岛东路坐船，经过十几个昼夜的海上艰苦生活，于 1945 年 10 月到达辽东半岛的庄河。后经凤凰城、沈阳、哈尔滨，到达齐齐哈尔，又由驻齐齐哈尔的中共嫩江地区工委分配，于 12 月份到达白城子。

　　白城子当时是嫩江省白城子地委、白城子专署、白城子军分区的所在地，也是洮安县的县城，驻有中共洮安县委、县政府（县委后来一度改称白城子中心县委）。上级分配我担任县委常委兼白城子城关区委书记，又受地委之命让我做政府特派员，去接收白城子铁路局的工作。

　　白城子是西满铁路的一个交叉点，南北有平齐线，东西有郭前旗至王爷庙（今乌兰浩特市）的铁路，是很重要的铁路枢纽。我当时是第一个代表人民政府去接收铁路的。那时候白城子铁路的那些局长呀、监督员呀，各个机务段、车务段基本上还是原来的人员。我们的接收原则是原班人马不动，各守岗位，听候调遣，照常开展交通运输，为新的人民政府服务就行。这时候，白城子的形势是很紧张的，这跟整个的国家形势有关。国民党撕毁"双十协定"，发动了新的内战，重点进攻山东和东北，在美帝国主义的支持下，陆路由山东、河北、山海关向东北进军，海路由美国军舰运送精锐部队先后从秦皇岛、葫芦岛登陆；通过广播鼓动东北各地日伪残余拒绝中共接收，组织所谓"东北光复先遣军"；还秘密在各地委任了"光复军"头目；通过派驻长春等大城市的国民党接收人员、派遣特务在各县城组建国民党县委党部。白城子一带的敌伪残余势力，如汉奸、特务、恶霸、地主、红胡子，受其煽动便相互勾结，已被我收编的敌伪军军警人员也纷纷倒戈叛变，组成了所谓的"国民党光复先遣军"，夺取我县城，杀害我干部。

　　那年冬天，雪下得特别大，穿着牛皮做的长筒靴子，脚趾都冻得发硬，大雪没过了膝盖，有时甚至浸入长筒靴子里。这自然界的严寒和当时的政治环境一样，极端恶劣。

　　那时候，嫩江以南、洮儿河流域，郭前、大赉以西，王爷庙以东，这方圆数百里地的范围内，真是狼烟四起，群魔乱舞，国民党"光复军"在占据白城子周围多数县城之后，又于12月下旬纠集约万人围攻白城子。

这时候，我们的主力部队还远在四平以南，白城子一带只有一些关内来的包括地、县级的党政军干部和部队班、排、连、营、团干部的架子，关内来的战士不多，多数为新扩编的军队。其中收编的一些敌伪军警人员又拉队伍叛变，与"光复军"里应外合攻打我们。当地的人民群众，由于长期在伪满统治之下，不了解我党我军，有强烈的所谓"正统观念"，认为国民党是正宗的，跟我党我军比较疏远。真正坚决跟着共产党走的人不多，所以当时的形势十分严峻。可以说是内无粮草，外无援兵，和省里的联系也隔断了。就在这样特殊危急的情况下，为了保卫白城子，为了人民的利益，我们和国民党"光复军"匪徒们枪对枪、炮对炮地整整战斗了三天三夜，在城内的逐条街巷、逐座房屋都进行了激战。

当保卫战坚持到第三个夜晚时，北风呼啸，大雪下个不停，敌人对我们的包围圈也越缩越小。最后，只剩下一条街了。敌众我寡，形势对我们非常不利。在由地委、军分区、县委形成的临时指挥部领导决断之下，在苏联红军驻军的同情（暗中协助）之下，为了保存我们仅有的有生力量，最后我们决定突围。

敌人要在天亮后发动进攻，消灭我们，我们就抢在凌晨以前打响了突围战斗。大家沿着"福仙居"这条街，先向南，后向西，迅猛、机智地向外冲杀。冲出西门之后，我们在前边组织了骑兵班担任尖兵，后边组织所余部队负责后卫，中间是地委、专署、军分区和县党政军领导人员与警卫人员。我们一边前进一边打炮，敌人在我们的炮火和英勇战斗下后退了，我们冲出了重围。在天亮后，我们撤至白城子北边的五家户屯暂时休息。

这次白城子保卫战，我们牺牲了一些同志。我们把烈士们的尸体都用白布包裹好，仅安放在福仙居大楼上的，就有十几位。军分区政治部副主任赵洪同志，就是在这次保卫战中被敌人流弹击中，身负重伤的。鲜血浸透了他的灰黄色军大衣。我们把赵洪同志背到隐蔽的地方，及时地进行了抢救。那天晚上的突围中，关内来的部队的团政委刘海明同志也被敌人埋伏的冷枪击中，牺牲了，他的鲜血洒在白雪皑皑、寒冷僵硬的白城子土地上。由于当时我们距离很近，刘海明同志的血溅到了我的破旧的军大衣上。我们忍着极大的悲痛，没来得及掩埋烈士的尸体（当时因为突围，来不及抢救），继续向敌人冲杀。

那次白城子保卫战，是在那样一个极端困难的条件下进行的，我们凭着什么呢？就凭着一种必胜的信念，凭着革命的勇气和惊人的刚毅。那些牺牲的烈士，当时都是风华正茂，二十来岁、三十岁左右。他们为什么能够在敌人面前英勇无畏，不怕流血牺牲，以至献出宝贵的生命呢？也是凭着一颗为东北人民解放事业献身的赤胆忠心。

我们从白城子撤出不久，苏联红军就协助我们驱逐了进入白城子的"光复军"，即胡匪，我们又回到了白城子。白城子地委、军分区开始组织清剿盘踞在周围的胡匪，恢复巩固人民政权。这时候，我还继续担任城区区委书记，兼县委宣传部部长。工作是组织工人自卫队，我亲自组织了五六十人的工人自卫队，任务是在城内搜捕"光复军"残余分子，恢复社会秩序。枪是苏联红军发的。紧接着是反奸清算，清算敌伪资财，清算敌伪残余的罪行。我们在白城子建立了贫民翻身会，成立了铁路工会。我当时是翻身会的主要领导人。在反奸清算中，涌现出一大批工人、贫民积极分子，进行了诉苦、批斗批判、分果实等斗争，镇压了少数罪大恶极的坏家伙，将反奸清算斗争搞得热火朝天。在斗争中，我们还在积极分子中发展了党员。通过反奸清算，工人、贫农翻身了，我们党的影响扩大了，威望提高了，人民军队得到了充实，新生的人民政权得到了巩固，初步形成了威力，并在一定程度上改善了人民的生活。

以上是 1945 年 12 月至 1946 年 3 月，我在白城子工作的一段经历，这是根据地初创时期的一段工作，这段工作为根据地的深入建设奠定了基础。

1987 年 6 月

回忆白城子的城市工作情况

谢　励

白城子位于松嫩平原西部，是个铁路交叉点，北达齐齐哈尔，南通四平，东至长春，西到阿尔山。由于它是交通枢纽，日寇曾在此屯集重兵，建成战略重镇。1945 年 8 月，苏联红军的庞大钳形攻势，有一路正是从蒙古国经阿尔山、白城子，攻进东北腹地，迫使日本投降的。日本投降后，白城子地委在嫩江省工委的领导下成立，并组建了所属各县、区的民主政权。1946 年 5 月，国民党军队攻占四平、长春之后，辽西省所属各市、县（旗）大都变成蒋管区，在法库县组建的辽西省委、辽西行署、辽西军区经郑家屯迁驻洮南县。根据战争形势发展的需要，东北局和西满分局决定，将吉江省所属各县和嫩江省所属白城子四周各县与辽西区合并为辽吉地区，辽西省委改为辽吉省委，辽西行署改为辽吉行署，辽西军区改为辽吉军区；仍由陶铸同志任省委书记，朱其文同志任行署主任，邓华同志任军区司令员。同年 9 月，辽吉省委、行署和军区由洮南迁驻白城子。于是，白城子成了辽吉的后方和省委的所在地。当时，白城子只是个草原上的小镇，人口只有 3.8 万多，由于日伪统治 14 年，在其残酷剥削和掠夺下，这里生产落后，民不聊生，经济奄奄一息。但是，白城子的人民没有辜负党中央的希望，坚决执行党中央的战略方针，先在嫩江省工委后在辽吉省委的领导下，艰苦奋战，终于将白城子建成了可靠的根据地，为东北解放战争的胜利做出了应有的贡献。

一、发动群众，反奸清算

在白城子城区发动群众，进行清算斗争，大体可分为三个阶段：

在辽吉省委迁驻白城子之初，虽然已成立了清算委员会，接受群众的检举揭发，没收了部分敌伪遗产，但当时的工作重点在农村，城区的群众尚未发动，基层政权尚未改造。到 1947 年初，局势开始好转，我军已站稳脚跟，省委、地委领导在深入抓好农村工作的同时，开始重视白城子的城区工作，决定将原设的五个区合并为一个城区，派我和王萱禄同志分别担任区委书记和区长，还带去五六个青年知识分子，共同开展城区工作。当时，在洮安大戏院召开了城区成立大会，到会的有各行业工会、商会代表，各街道班组长及群众代表 300 多人。此后，除由王萱禄同志及部分工作人员主持区政府工作外，我与副区长张树荣带四五个年轻工作队员深入街道，物色贫苦劳动人民中的积极分子，了解情况，发动群众，开展反奸清算斗争。清算对象本应是那些罪大恶极的汉奸、伪官吏、军警宪特等敌伪残余势力，但当时白城子的一些大汉奸、大特务都随"光复军"逃跑了，只得选择较小的，如伪满县法院院长李××，外号"李半年"，因他效忠日伪，不管群众犯什么罪，连吃顿大米饭都犯罪，抓进去就押半年，民愤很大；还有伪县政府出荷粮科科长薛××，外号"薛剥皮"，因他不征大地主的粮，专要榜青户的粮，如果少交或晚交，定遭他的毒打，群众恨之入骨；再一个是伪满矫正局局长孙一堂，专搞"矫正"人民的思想，抓思想犯，群众也是恨透了这个坏蛋。以此3人为斗争对象开了全城斗争大会之后，初步发动了群众，提高了群众觉悟。当时战争形势是敌强我弱，敌人的反动宣传很猖狂，群众顾虑较大，所以发动群众仍然比较困难。我们就抓住受苦最深的基本群众开展诉苦运动，进行"阶级仇、民族恨"的教育，进一步发动了群众，提高了群众的斗争觉悟，并且在全城区斗争大会以后，组织各街进行了清算斗争。根据辽吉行署主任朱其文在1946年11月提出"繁荣工商业，停止对工商业的清算运动"的指示和1947年2月辽吉行署改为辽北省政府的成立布告中关于保护工商业的精神，区委和区政府规定，各街选择的斗争对象，必须是民愤较大的敌伪残余，并将斗争对象情况、斗争理由先报区委审批后再开展斗争。如四街的斗争对象是伪满县税捐局局长赵××，其他街也选择了民愤较大的敌伪残余作为清算斗争对象。经过这次斗争，又一次较普遍地发动了群众，发现和培养了一批贫苦的积极分子。在此基础上，我们组织起分房分地委员会，没收了伪官吏、军警宪特、旧军阀、逃亡地主以及日本人住的房子共2000余间，再加上城边子的200多垧公地（包括一个飞机场、逃亡地主和伪官吏的菜园子及一些撂荒地），分配给群众。有一些旧军阀的企业，如万福麟的福丰达烧锅、彭金山的澡堂子、特务孙品山的同兴德商店、李印堂的协力号商店等，则没收归公，由公家经营。而对工商业者及一般居民的房产，则明令保障，不予分配。有的房产主，如徐文斗有70间房子，但本人既非敌伪残余，又没有罪恶与民愤，不够斗争对象，也没有分他的房子。有的即使分了他的房子，也要留下一定数量供本人使用。无房无地的群众，分得了房子和土地，初步改善了生活，提高了觉悟，认识到共产党、民主政府确实是帮助贫苦人民翻身，和国民党"维持会"完全不同。于是，我们就从中吸收一些积极分子到区、街里工作，但由于时间短，审查不严，也难免混入一些伪职员或流氓。

1947 年下半年，在东北民主联军发动夏季攻势之后，战争形势进一步好转，农村的土改逐渐形成高潮，而城市里的支前任务，如征民工、派担架、收税捐款、接收伤病员等任务日渐繁重，广大贫苦群众嫌负担不公，反映强烈。主要原因是街以下政权有 90% 的班组长被伪满时的上层分子所操纵，他们把战勤任务都推到贫苦人民身上。这时，根据辽北省政府副主席朱其文在专员、县长联席会上的总结报告中提出的"改造街政权，肃清敌伪残余分子"的任务和"在发动群众的基础上，组建城市人民纠察队，建立城市社会秩序"的要求，我们结合城区的实际情况，决定进一步发动贫苦群众，斗争贪官恶霸，实现公平合理负担，改造基层政权。当时我们组织了十五六个人的工作队，先在一个街试点，取得经验后，再全面铺开。这个阶段的群众斗争较前有很大发展，表现是：

1. 斗争深入了。这个阶段，虽然名义上是合理负担斗争，实际仍是清算斗争，许多隐藏下来的敌伪残余被揭发出来了。如伪满开通县警察局局长赵力田、伪满宪兵刘景生、"光复军"副司令高宏亮等，他们不仅被斗争，而且都被抄了家。特别是一街的一个运输司令郭文英，伪满时勾结警察宪兵，敲诈勒索，无恶不作，群众恨之入骨，群众用赔人命、赔损失的方法进行斗争后，还从他家起出 4 个美式手榴弹和半麻袋炸药，挖出浮财价值五六百万元（东北九省流通券，下同），群众大大扬眉吐气。

2. 通过斗争，改造了基层政权。在短短 3 个月的斗争中，完成了 57 个班长和 433 个组长的改造。清除敌伪残余，换上了基本群众，这样就使我们的基层政权巩固了，为人民办事的民主作风改善了，战勤负担公平了，政令得以下达了。

3. 提高了群众觉悟，建立了群众组织。各街组建了发挥重要作用的贫民会，设有正副主任，组织、宣传、生产、武装委员等；各闾（即原来的班长）都有工贫小组，共计有正式发证会员 990 人；从贫民会中选拔积极分子组成基干队，主要工作是维持社会治安、查夜、站岗、通信、抓逃亡地主等，共有队员 276 人；还组织了 3 个工会，即木工联合会 375 人，铁工联合会 216 人，泥瓦工联合会 284 人。

当然，这段时间的群众运动也存在一些问题，主要是政策界限不够明确。全城区共斗争 99 户，其中有伪警察特务、伪官吏、地主、恶霸、土匪头、配给店主、"一贯道"头子、工头等 62 户，"光复军"、狗腿子、无赖流氓等 17 户，还有其他 22 户。这些被斗争的，是否都够敌伪残余呢？是否都属于反封建的对象呢？当时不十分明确，都采取派基干队持红缨枪抓人、开斗争会、没收财产的方法，自然就有混淆政治界限和扩大打击面的问题了。再加上少数农村土改积极分子进城斗地主，挖浮财，难免侵犯了少数工商业者的利益。因此，造成工商业者一度惊慌害怕，情绪波动，店铺半开半闭，市场萧条。其次，在发展贫民会上，因阶级界限不够明确，控制不够严格，混进一些无业游民、破落户、二流子等，以至在贫民会极盛时期，会员多得无法统计，组织混乱，抓人、打人、吊人、罚人现象严重。后来经过清洗整顿，逐步改造成行业工会，才在发展生产、团结工人群众中发挥了重要作用。

1947 年秋冬之季，省委为了加强城市工作，了解城市工作情况，于 11 月份召开了城工会议（包括五六个城市的区委书记），更进一步提出了城市工作的中心主要是：保护和发展工商业，组织群众生产；提高群众觉悟，开展社会教育；加强治安工作；等等。于是，白城子城区工作中心转向组织群众发展生产，整顿群众组织，以及组织冬学，开展防疫工作等。这时明确规定，不准农村进城抓捕地主兼工商业者，并宣布在城区里停止斗争会，一律禁止打人、抓人、罚款、扣押。当时的"洪大兴""洪太盛"等商号，都是地主兼工商业者经营的，乡下农民要抓他们回去斗争，经过区委的说服教育，分其土地，给农民以赔偿，取得农民的谅解，得到了妥善的解决。总之，白城子城区经过反复发动群众，在清算敌伪残余、发展生产上逐步打开了局面，各街都发现和培养出不少积极分子和干部，充实到政权机构或群众组织中，使我们的政权日趋巩固。

二、保护和发展工商业

白城子同东北其他地区一样，在反动军阀长期搜刮和日伪 14 年的疯狂掠夺下，人民生活极端贫困，农业生产落后，民族工商业濒于崩溃。据史料记载，1942 年全城只有工业、手工业者 41 户，多是手工作坊，如烧锅、油房、豆腐房、木匠铺、铁匠炉等，只有个别的机器面粉厂；商业也只有营业额很小的布店、药店、杂货店、土产商店等。抗日战争胜利后，由于国民党军队大规模进攻和经济封锁，再加上地主、土匪、"光复军"的杀掠骚扰，工商业者资金、原料均感缺乏，发展生产有一定困难。同时，他们还颇有疑虑，对我党的政策不了解，害怕"共产"，因而缩小目标，化整为零，有的甚至停业，全城的工业、手工业者只剩下 25 户了，直到1947 年初我到白城子任区委书记的时候，市面上还是比较萧条的。

从支援战争、坚持发展辽吉和改善人民生活出发，省委对保护和发展城市工商业十分重视，并发出了一系列明确的政策和指示。1946 年 11 月，朱其文同志根据省委的指示，提出辽吉区的财经方针是"在战争环境中发展生产，在减轻人民负担的原则下保证供给"，提出主要是发展农业生产和繁荣城镇工商业。1947年2月，辽北省政府的成立布告第三条中明确规定："停止工商业之清算，保护私人企业；减轻赋税，实行工业贷款，以帮助其发展，繁荣市面。"就是在重点进行清算斗争的时候，省委也不失时机地指出要保护工商业。当时陶铸同志说："城里的工商业一定要保护，不能侵犯，中药铺也要保护。"他借鉴苏区斗争的经验，教育干部说："苏区政府一度对保护工商业政策认识不够，连盐也买不到的教训必须吸取。"1947年春，省委在部署农村土改斗争时又明确指示，必须将消灭地主的封建剥削和保护他们在城市经营的工商业严加区别；对工商业者兼在农村出租土地的，只没收在农村的土地财产，保护其在城市中的工商业；农村斗争地主，不准进城抓捕兼营工商业者，只能分在农村的土地和浮财，不准进城"挖财宝"；对于一般工商业者要严加保护，以恢复和发展生产。

由于白城子直接处在省委、省政府领导之下，所以其在清算斗争中认真贯彻了保护工商业的政策，并于1947年11月后及时结束群众斗争，而将组织和发展生产作为城市的中心工作。到1948年春，我们根据省委指示，进一步明确了城区的工作任务是生产、支前、锄奸、文教、卫生（防疫）等5项，而以抓紧生产为主，并开展了许多具体工作，使工商业生产得到迅速发展。

辽吉行署于1946年11月发布减轻工商业税收的布告，宣布豁免当年营业税一年。据此，白城子调整了工商业的负担，大量地降低了营业税。1947年上半年全市共收营业税96万元，每月平均只收16万元。下半年应收营业税300万元，后经工商业者评议，自动缴纳200万元，又经县委县政府商定只收40万元，平均到每个月，只收6万余元。另外，还由银行发放小额贷款，扶助工商业的发展。据统计，仅在1947年就发放小额贷款800万元。

1947年11月，根据省委城市工作会议精神，县委、县政府几次召开工商业者大会和座谈会，明确宣布保护工商业政策，同时运用典型事例，具体交代政策。有个酱园经理，因在伪满时期作恶，群众非常愤恨，被罚款600万元，政府发现后，立即退还250万元，作为补偿。还有个伪满配给店的副经理，处理他克扣群众粮油时，交给工商业者民主讨论，一致意见是对其家产和经营的工商业完全不动。经过会议和典型宣传，工商业者对党的政策真正托了底，纷纷反映说："共产党真是保护工商业。"

为了帮助私营工商业的发展，到1948年，我们还积极帮助他们解决办厂、办店的用房问题，按照"城区房屋租用暂行条例"，维护房产主的合法利益，保障使用权和租让权，以保障工商业者用房。1948年又将中心市街海明大路上的东北商店、胜利鞋店、明仁教育馆旧址和城防司令部 4 座房子租给其办厂使用。1948 年 5 月新开辟了北市场，这个市场有摊床 240 余户，主要出售工业、手工业、农副产品；后来在市场修建厂店，盖了门市房 300 多间，由摊床改为门市营业，纵横开辟 10 余条街，生产和经营都十分活跃。

在辽北省政府的领导下，由实业厅直接负责，一方面在白城子创办西满实业公司，各地设立分公司；一方面鼓励各县自给，成立国营的烧锅、纺织、油房、粉房、皮铺等。这些便是后来地方国营企业的基础，为当时发展经济和活跃市场发挥了重要作用。如洮安县实业分公司，为解决群众购买日用必需品及城市用粮的困难，在三十户、六十户等村镇开辟集市，廉价出售火柴、豆油、棉花、布匹等生活必需品；对群众运粮到白城子出售，不仅照价付款并付给每担脚力费 10 元，以资鼓励。再如洮安县政府在白城子成立了新生纺织厂，有 40 多名工人，20 多台纺织机器，每日可织布 10 余匹，织毛巾 6 打，年收入可达 2000 万元之多。

为解决军民穿衣的困难，省委、省政府大力提倡种植棉花和开展群众性的纺织活动，曾一次投资 5000 万元和 1.5 万斤棉花作为实物支援。在党和政府的资助下，白城子城区群众迅速掀起纺织运动。据统计，仅在 1947 年的一个月时间，就发出纺车 1000 多台，动员纺织女工 4112 人，从十几岁的小姑娘，到六七十岁的老太太，几乎是全员出动，积极参加纺线生产。四街十三间有个大院，共住 31 户人家，有 21 台纺车，一位老李太太，每天可纺线 6 两之多。二完小师生组成纺织小组，用 15 台纺车，利用课余时间开展纺线竞赛，每小组 1 天纺线 1 市斤。

另外，区委、区政府还发动各街、间，各行各业工会、各街贫民会等集资办企业，大体有以下几种形式：一是公私合营，集资办厂，如被服局投资 3000 万元，各街贫民会联合投资 2000 万元，开办起毡袜厂。二是群众集资、集股办厂，如九间贫民会及部分群众与回民联合会集资开办皮革厂、鞋厂。三是群众集股，以工折股，如木匠工会动员会员集资入股，贫苦工人可以工折钱入股，办起木工合作社。四是发展个体企业，如家庭工厂、夫妻商店、个体摊床等。

在恢复和创办工商企业的同时，我们根据省委、省政府发布的政策，分别情况加强管理，以促进生产的发展。

1. 加强政治思想教育，以提高工人的文化和政治思想觉悟。在企业里开办工人夜校、工人俱乐部、工人图书室，组织工人学政治、学文化、读书看报等。砖瓦厂有 16 名工人，编成两个小组，订两份报纸，每天在班前班后都组织他们读报、唱歌，学习政治常识课本，逐步提高觉悟，认清形势，并初步树立起当家做主人的思想。发电厂的工友通过学习，积极参加工厂管理，自动组织起 15 人的武装护厂队，保卫工厂的安全。

2. 开展劳动竞赛。如皮鞋厂的工人，制定了竞赛规则，开展挑战与应战比赛，产量增加 1 倍，其中制鞋帮的工人每天平均产量由 20 只提高到40 余只。邮电局工人宋少文在劳动竞赛中研究出快速译电法，使译 1 份电报的平均时间由 10 分钟降到 6 分钟。

3. 安置失业工人，关心职工福利。在 1948 年夏秋季，分别介绍到沙子厂挖沙子、到水利上修河堤以及到锦州支援建设的有 382 人，占城区失业工人的 3/4，使他们基本有了生活出路。

4. 在私营企业中实行劳资两利政策。组织劳资双方协商，签订公平合理的合同，使资方能创造良好的生产条件，解决好职工的福利待遇；工人则按时出勤，积极劳动，保质保量地完成生产任务。

5. 按股分红，奖励先进。如木工合作社每月结账 1 次，每 3 个月分红1 次，分别按股金和工资多少分红，对努力工作、积极生产、成绩突出的职工另有奖励。

6. 加强领导。县委和区委通过整顿基层工会和合作社，充实和培养干部，制订工作计划，制定会议、汇报制度等，加强了对工商业的领导。同时由政府出面，进行企业登记，加强对工商业的管理。更重要的是通过各种形式，宣传党的政策，开展思想教育，使劳资双方都能遵纪守法，各得其利，共同搞好生产。

经过三年的工作，白城子的工商业得到恢复，并有了很大发展。据统计，到 1949 年，白城子的工商企业已由 1946 年的 25 户发展到 580 户，资金达 113 亿元，职工达 1212 人。其中，国有企业 7 户，资金 24 亿元，职工 236 人，在带头发展生产、支援战争、交流经济、繁荣市场、平抑物价等方面起了重要作用。公私合营企业 1 户，资金 3 亿元，代表着经济发展的一个重要方面。合作企业 3 户，资金 4 亿元，职工 52 人，是社会主义经济的重要组成部分。私营工商业 569 户，资金 82 亿元，在国民经济中占据优势，随着生产的恢复与发展，生产设备逐步得到增加与改造。到 1949年，粮米加工厂里已用电力磨米机代替畜力拉的碾磨，铁匠炉里已用木制鼓风机代替人拉风匣。据不完全统计，全区在 1949 年已有各种机器设备67 台。由于使用机器生产，产品质量和数量都有很大提高。如私营企业民生油房，有打油机 1 套，木榨 6 个，铁滚 2 个，技师和工人不过 10 人，每天可榨大豆 4900 斤，出豆油 490 斤，出豆饼 4600 斤。合作企业火柴厂有技师和职工 87 人，开始每日生产火柴 3 箱，后来扩大到 120 人，提高到每日生产火柴 5 箱。工商业的发展，为白城子带来了繁荣的景象，《胜利报》当时记载："辽吉省的城市工商业欣欣向荣，与蒋管区工厂倒闭、商店停业成一鲜明对比。白城子这一草原城市，入冬后虽寒风凛冽，但街头巷尾灯火照耀，不绝商贩叫卖声。"

三、支援解放战争

白城子地处辽吉战场的后方，经发动群众，反奸清算，特别是工商业的恢复与发展，不仅改善了人民的生活，而且集中人力、物力和财力支援了解放战争，发挥了革命根据地的作用。

1. 修造军用物资。从 1946 年开始，福德兴锅炉就为西满军区后勤部生产手榴弹壳。1947 年建立的农具厂，在极其简陋的生产条件下，组织工人制造手枪，修理长短枪等小型武器。1946 年 3 月建立卫生技术厂，试制鼠疫疫苗成功，到 10 月便生产出 6 万多人份，到 1947 年 10 月生产出 120 万人份，到 1948 年春又赶制 600 万人份，为防治鼠疫，保证军民健康做出了贡献；还生产出军用急救包 7950 个，每个还附镇痛药 1 包；又生产出石膏绷带 630 多条，以供应前线急救伤员使用。辽吉军区被服厂生产的军衣、毡袜等，全部供给前线部队使用。其他如纺织、制鞋、织袜等，为解决军需民用都起了一定作用。

2. 积极参军参战。在清算斗争和发动生产运动中，广大群众的积极性像火山一样爆发出来，纷纷要求参军参战，打败国民党军，解放全中国。据不完全统计，在三年解放战争中，洮安县共动员参军 3839 人，其中白城子城区从 1945 年冬到 1948 年 5 月共 5 次扩军，参军人数达 418 人，他们没有辜负党和人民的期望，在战场上英勇杀敌，不怕牺牲，许多人荣立战功。当时，动员民夫、担架、大车支援前线，成为经常性的任务。1947 年支援夏季攻势，白城子的第一期担架队员 300 余人，胜利归来后评选出模范队员 17 名。在首批回来之前，又派出第二批担架队 35 副。此后，又动员大车 30 台，为前线运输战备物资。1947 年 9 月，又积极参加县政府动员的常备大车队和常备担架队，随时出动，支援秋季攻势。至于工人、民夫修路，保证铁路、公路畅通，以满足前线部队的物资需要，白城子的广大职工和群众，出力就更多了。1947 年夏季攻势开始后，郑家屯至白城子间的铁路，被国民党军飞机轰炸和大雨冲断了，经动员白城子铁路职工和沿途民夫，抢修 40 天，提前完成通车任务。在白城子城区内修筑马仁兴烈士碑、仁兴体育场、施介烈士墓、烈士陵园等，成为全市人民义不容辞的责任。白城子铁路员工不仅参加义务劳动，而且捐款 24.5 万元，表示对烈士的崇敬和怀念。

3. 积极捐献，拥军优属。解放初期，白城子的人民生活，尤其是军烈属和灾区人民的生活十分困难。尽管工商业生产有了恢复和发展，职工和群众的生活却并不富裕，但是，人民从心眼里感激那些保卫胜利果实而浴血奋战的人民子弟兵，宁愿自己少吃少用，也自动捐献钱物，慰问前线将士。1946年12月7日，市内裁缝、制鞋等4个行业的工人自动集资1万元，委托政府转交前线部队，并附慰问信说："解放以来，人民安居乐业。东北民主联军今又在寒风凛冽、冰天雪地中奋战沙场，感激之余，献薄款慰问。"1947年夏，白城子铁路机务段工人自动从每月生活费中节约出7000元，通过齐齐哈尔铁路局转送前方部队。1948年新年前夕，白城子铁路员工又一次掀起劳军热潮，筹集慰劳金30余万元，慰问品有布鞋、毡靴、袜子、手套、香皂、牙刷、牙粉等，直接送到辽吉军区政治部。广大群众的拥军热潮，感动了工商界人士。1947年3月，政府组织慰问团，商会捐款15万元。同年5月，商会会长王香久、福德兴铧炉经理王介眉、工商业者张寿朋等募捐50多万元，慰问前方将士。1947年夏季攻势之后，王介眉又代表工商界随同省参议会议长于文清率领的前线慰问团，亲赴保康、郑家屯、玻璃山、西大庙一带慰问人民子弟兵。

从1945年冬开展参军活动以来，在党和政府的号召下，全城几次掀起慰问军烈属运动。1947年1月，将临春节，城区群众捐款12万余元，还有粉条、豆腐等慰问品，由区政府分别转送军烈属，让他们过好春节。同年8月，市内工商业者捐款503万元，慰问全城军烈属。医药工会决定优待军烈属治病。西满实业公司发给军烈属优待券，购货一律9折。木工会在中秋节时购买月饼慰问军烈属等。由于白城子的参军支前、拥军优属工作做得好，辽吉军区司令部、政治部特派代表，携带乐队，向县委、县政府献旗，表示感谢，给白城子人民以极大鼓励。

1988年3月21日于哈尔滨

回忆在洮北县创建根据地的斗争

武蕴藻

我是安徽滁州来安县人，抗日战争初期参加革命，曾任区委书记、县委组织部部长，"九三"胜利后，来东北参加了创建东北根据地的斗争。

1945年11月中旬，受嫩江省白城子地委的委派，我先来到洮南。这时，洮南的形势比较混乱，斗争尖锐复杂，国民党长春党务专员办事处派马木樵在洮南搜罗日伪残余，成立了国民党洮南县党部，并控制着"维持会"，组建了县保安大队，企图把持洮南地方政权。我们到后，经过斗争，解散了"维持会"，取缔了国民党洮南县党部，逮捕了县党部执委李树藩等人，收编了县保安大队，组建起东北人民自治军洮南支队，朱继先任支队司令员，于英川任支队政委，我任支队政治部主任兼民运部长。与此同时，成立了中共洮南县委，于英川任县委书记；还召开有各界知名人士参加的参议会，选举产生了洮南县民主政府，选举王克明为县长。自此，国民党洮南县党部由公开转到地下活动，他们一方面由马木樵和县党部书记长修广翰等人去长春与国民党勾结，请求对策；另一方面由县党部执委朱瑞纠集土匪、地主武装，建立"光复军"，两次攻打洮南县城。第一次是1945年12月14日，朱瑞调集千名"光复军"，乘我支队司令朱继先率部外出执行任务和支队政委于英川到白城子开会之机，突然包围和袭扰洮南县城。我指挥县保安大队和支队留守连队及路经洮南北上的晋冀鲁豫干部团的同志，坚守城池，打退"光复军"的多次进攻，于政委闻讯后从白城子率领骑兵返回增援，将围城的"光复军"击溃，保卫了洮南城。朱瑞网罗土匪这次攻打洮南失败之后，便四处搞反革命勾结，又纠集了上千人，于12月21日再次攻打洮南。在朱继先、于英川同志的指挥下，洮南支队和县保安大队的指战员同敌人战斗四个昼夜，终因敌众我寡，为保存实力，我们于24日撤出洮南，转移到白城子。这时，整个白城子地区局势恶化，我们接收的几个县城陆续被"光复军"占领，12月31日，以王奎武为头目的7县"光复军"，号称有一万人，联合攻打地委和军分区驻地白城子，我们又随地委和军分区转移到五家户村。后来，苏联红军弄明真相，协助军分区部队击溃了占据白城子的土匪，地委和军分区又迁回白城子。后地委派我和朱继先同志到洮北（当时还属洮南县）开辟工作，创建洮北根据地。

一、组建洮北武装，建立洮北人民政权

由于洮南一带连续遭到"光复军"和众多土匪绺子的袭击，白城子军分区的武装力量大大减弱，当时抽不出武装部队随我们到洮北开辟工作，地委决定由我们与东蒙自治军联系，求得他们的支持和援助。

时值东蒙人民代表会议在葛根庙召开，我和朱继先同志代表地委、军分区去葛根庙到会祝贺，在那里我们遇到了洮南支队原副政委胡秉权同志，此时他已是三十三团政委，我们和他言明来葛根庙的意图，他答应帮忙。会后，他和我们一起去会见东蒙自治军司令员王海山（莫勒恩图），向他谈了我们到洮北开辟工作的困难，请求援助。王司令员当即答应全力支持我们，并决定派一个骑兵团到洮北协助我们开展工作。同时，军分区决定把王新波、张义成领导的30名骑兵调归我们。这就是用以开辟洮北工作的第一批武装力量。

从葛根庙开完会回到白城子后，我给洮北的知名人士于希田写了一封信，邀他来白城子面谈。于接信后即来白城子，我见他面色苍白，便坦率地对他说："我们从洮南撤走后，你的情况我们很清楚，你应相信党的政策是既往不咎的，要放下包袱，好好为党工作。"于希田听了我一席话，如卸千斤重担，立即兴奋地说："请武部长放心，今后我一定跟共产党走！"接着，我对他说："那好，你先回去，稳住洮北11个村的武装，有困难和东蒙自治军联系，待我们到后即开展工作。"他回去后，走村串屯，积极宣传党的方针政策，稳住了洮北一带各地主大户的武装，并主动与东蒙自治军联系，同陈玉山团长、刘金荣连长见了面，与刘金荣带领的连队举行了一次联欢会。

于希田回去不久，我和朱继先、张云成就带领30名骑兵战士，进驻洮北山区重镇瓦房镇。这个镇位于乌兰浩特、突泉和洮南3县交界处，非常偏僻。当地百姓受日伪统治14年，生活极端贫困，村屯残墙断壁，群众骨瘦如柴。"九三"胜利后，当地的土豪劣绅和地主恶霸仍然豢养家丁，立山寨，各霸一方，继续作恶，而且匪绺众多，出没无常，强取豪夺，致使贫苦群众仍然挣扎在死亡线上。瓦房镇内，还由日伪的残余势力组建了"维持会"，国民党洮南县党部成立了分支部。

我们到后立即解散"维持会"，取缔国民党瓦房分支部，使广大群众受到很大鼓舞。接着，成立了中共洮北工作委员会，我任书记，褚淑荣任组织部部长，朱榴任宣传部部长。工委认为，要在洮北站住脚跟，必须尽快组建洮北人民自己的武装力量，决定从洮北11个村抽调200人、200匹

马、200 支枪，建立保安大队。为此，我们召开了 11 个村的带头人会议，会上我首先讲话，中心内容是宣传我党的政治主张和方针政策，分析国际国内的斗争形势，启发与会者，使其提高觉悟。同时明确了各村调人、抽马、集枪的具体任务。散会后，我和于希田同志深入各村，一个村一个村地做工作，没有几天的时间，多数村的士绅就交够了人、马和枪，部分人没有交足枪支的，改为交款。到 1946 年 1 月中旬，洮北保安大队正式成立了，对进一步开展工作更有保障了。

不久，地委派董荆玉同志来洮北，按照地委的指示，组建起洮北办事处，董荆玉任主任，于希田、关殿甲任副主任。于希田被任用，在洮北引起很大的震动，产生了很好的影响，一些对我们不敢相信的人或敌视我们的人，开始靠拢我们，还有一些人纷纷要求参加工作。富贵村大地主、伪村长的儿子盛古太不仅参加到我们的工作中，而且在我遇难的时候还挺身保护我。

为了巩固和发展已经取得的胜利成果，我们决定进一步扩军，壮大保安大队。经过一段时间的努力，我们发动了许多贫苦农民入伍，保安大队的人数增加了，力量扩大了，我们把张云成率领的一排单独拉出来，扩充为一个团，编号二十四团，张云成任团长，郭德清任政委，隶属军分区领导，驻防洮北。

由于我们在洮北一带初步开辟了工作，特别是武装建设不断发展，党在洮北的根基越来越牢靠，建县的条件也逐渐成熟了。于是，1946 年 4 月 16 日，经嫩江省政府批准，由嫩南行政公署发出通令，将原属洮南县的庆平、庆远、兴隆、富贵、永安、万宝、保利、瓦房等 11 个村镇划出，在瓦房镇组建洮北县。同时，将中共洮北工作委员会改为中共洮北县委员会，我任县委书记，褚淑荣任县委组织部部长，朱榴任县委宣传部部长，邢玉章任县委秘书；在洮北办事处的基础上，正式成立洮北县政府，我兼任县长，于希田任副县长。

洮北县委和县政府的成立，标志着洮北根据地基本形成，这是洮南根据地以至西满根据地的重要组成部分，洮北县的人民群众在县委和县政府的领导下，为东北人民解放战争的胜利做出了突出的贡献。

二、清剿土匪，稳定洮北社会秩序

洮北县属于半山区，交通不便，十分偏僻，历来土匪横行，活动猖獗，素称"雁过拔毛之地"。日本帝国主义投降后，社会一度失控，秩序混乱，土匪更是疯狂至极，拦路抢劫，乱杀无辜，严重危害着人民群众生命财产的安全。革命政权成立之后，土匪与地主武装勾结，将矛头直接指向各级党政机关和革命干部及农民积极分子,于是,洮北保安大队和二十四团成立之后,立即投入剿匪斗争,大小战斗打过多次,下面回忆几件比较典型的事情。

1946年8月,永安区区长阎群昌同志带通讯员高文元同志到永昌屯发动群众开展减租减息、清算恶霸地主、反奸除霸斗争。他们正在屯里召开积极分子会的时候,会场外突然响起了枪声,原来是土匪头目陈显和带领100多名匪徒包围了村子,正向会场袭击。这时,阎群昌同志沉着地指挥大家迎战,掩护群众突围,多数人都安全地转移出去了,最后只剩下阎区长和小高两人边打边撤。因土匪人多势众,多路堵截,把他们两人逼进一个农家仓房里。土匪不敢靠近仓房,就往上堆柴火,然后放火烧仓房,终于把他们两人捉住杀害了。

我在县里闻讯后,当即率骑兵前去营救,到了永昌屯却晚了一步,匪徒已经窜逃,只见到被焚烧的仓房和地面上洒下的烈士的鲜血。看到这种情景,战士们个个义愤填膺,飞身跃马,沿着匪徒撤走的方向开始追击。我们越过野马河,跨过九顶山,终于追上了这股土匪,把匪徒打得死的死散的散,摧毁了这伙报号"陈大公鸭"的匪缕,活捉了土匪头子陈显和的侄儿,夺回了阎群昌同志的遗体。回到永昌屯,我们为阎群昌、高文元烈士开了追悼会,处决了陈显和的侄儿,以慰烈士英灵,安定了民心。

还是在1946年8月间,宝利区也发生了一起比较重要的事件。这个区的副区长谢殿清(伪村长,留用人员)勾结土匪"戴小五"缕子,企图里应外合推翻区政府夺取政权。我们听到这个消息之后,当即派县委宣传部部长骆子程率县大队火速奔往宝利区政府驻地二龙索口平息这起事件。他们赶到时,宝利区委书记姚海青同志已将谢殿清及区中队叛变人员全部扣押起来了,干净利落地将叛变事件处理完毕。于是,县大队乘胜追击土匪,辗转于闹牛山区,冲杀在那金河两岸,终将"戴小五"匪缕打垮,并活捉匪首戴小五。此后,我们在宝利区召开了万人群众斗争大会,县大队300余名指战员全副武装,骑上战马,列队参加斗争大会。会场上群情激昂,豪气倍增。人民群众看到自己有这样一支武装力量,既感到骄傲,又充满了胜利信心。斗争大会由姚海青同志主持,群众情绪沸腾,受害人愤怒控诉,会场上的口号声此起彼伏,当宣布枪毙谢殿清、戴小五时,群情更加振奋,喊声震天,欢呼胜利。这次剿匪和斗争大会的胜利喜讯传遍那金河流域,鼓舞了闹牛山区的男女老幼,推动了全县的政权建设和土地改革运动的深入开展。

三、发动群众进行土地改革，不断巩固根据地

1946年3月，中共中央东北局发出了《关于处理日伪土地的指示》，规定："所有东北境内一切日伪地产、开拓地、满拓地以及日本人和大汉奸所有地产，应立即无代价地分配给无地和少地的农民、贫民所有，以利春耕，以增民食，并免致荒芜。"按照东北局的指示精神和省地委的部署，我们积极组织干部深入各区、村、屯，充分发动群众，掀起了反奸清算和分敌伪土地的斗争浪潮。清算斗争的重点对象是日伪统治时期欺压群众、为非作歹、民愤极大、为群众所痛恨的恶霸地主和官吏，斗争的主要方式是先确定清算对象，然后召开群众大会，彰其罪恶，没收其土地和财物，分配给贫苦农民，最后进行公审处理。

1946年4月初，我们确定清算斗争宝利区东升村的大恶霸刘福庭（外号"刘三转子"）。在伪满时期，他当过十几年地方自卫团长、伪村长，他儿子在乌兰浩特当警察署长。他依仗权势，残酷盘剥农民，强占大量土地，以催要出荷（官税）、官猪、官马、劳工等名目，搜刮百姓，鱼肉乡民，大发横财。到解放初，他霸占土地8000余垧，家里骡马成群，开设当铺10多处。群众说："宝利区一带的每一粒粮谷都要进刘三转子的粮仓；从东升村到乌兰浩特的70多华里，连喝的水都是刘家的。"真可谓独霸一方，群众恨之入骨。东北光复时，他畏罪出逃。于是，我们就在他家门前空场召开各区的联合斗争大会，数千群众参加斗争，那些苦大仇深的贫苦农民纷纷登台控诉刘三转子的滔天罪行。会后，人们潮水般地冲进刘家大院，分掉了他家的骡马、衣物及其他浮财；接着，我们将他霸占的土地分给了无地和少地的农民。同时，根据群众的要求，由区中队到乌兰浩特把他当警察署长的儿子抓回东升村就地正法，大快人心。

斗争刘福庭和其他区村清算敌伪残余势力斗争的胜利，使广大群众得到初步发动，发现和培养了一批积极分子，土地改革运动已经打开了局面。但是，由于干部少，发动群众不彻底，土改运动的发展很不平衡，地主阶级的威风没有打掉，贫雇农的优势还没有树立起来。还有的地方搞得更差，致使地主钻进我们的政权，继续兴风作浪，妄想从内部搞垮我们。上面讲到的谢殿清，日伪时期当过伪村长，在闹牛山区称王称霸，人称"土皇上"，群众编成顺口溜说："塔拉艮赛北京，土皇上谢殿清，三合堂杀气腾腾。""要吃三合堂的饭，就得拿命换。"我们到洮北后，他伪装积极，钻进了宝利区政府，还当上了副区长，群众敢怒而不敢言，直到1946年8月他勾结土匪搞叛乱遭到镇压，我们进一步深入发动群众，在洮北县再次掀起向地主阶级猛烈攻击的热潮，才把他的反动气焰彻底打掉，使土改运动一浪高过一浪地向前发展。我们在农村建立起农会，树立了贫雇农的优势，基层政权得到充实，农村根据地也逐步巩固起来了。

四、捕灭鼠疫，为民除害

东北解放战争时期，洮南一带曾流行过几次烈性传染病鼠疫，给我们的工作带来了很大困难，给人民群众造成了极大的痛苦和灾难。我在洮北期间就赶上一次流行鼠疫，党政军民全力捕杀，减轻了损失，保障了群众的生命安全。

1946年8月，正是土改运动深入发展、群众斗争热火朝天的时候，宝利区东升村兴泉屯姓戴的父子为了多挣几个钱，前去乌兰浩特搞运输，把鼠疫带到了洮北。此前，乌兰浩特已经有鼠疫流行，戴家父子在那里搞了几天运输之后，要赶回家过中秋节，可他们万万没有想到自己已染上了鼠疫，儿子在途中死了，父亲到家不多时也去世了。自此，鼠疫在兴泉屯流行开来，很快蔓延到洮北的几个村子，因鼠疫而死的尸体到处可见，许多人家断了烟火，死亡的恐怖笼罩着人们的心。那时，田园无人侍弄，牲畜无人看管，土改等各项工作也无法进行了。于是，辽吉省委发出了"分田必须保命"的紧急指示，扑灭鼠疫，为民除害，成为十万火急的战斗任务。

为了扑灭鼠疫，县委县政府成立了防疫委员会，由我亲自领导和指挥，抽调一批医护人员，组成防疫灭疫工作队，深入疫区，组织和发动广大群众，同心协力开展防疫灭疫斗争。当时，县委县政府刚成立不久，县财经十分困难，全县基本上没有什么卫生设施，我们只能用土办法开展工作。防疫灭疫工作队进入疫区之后，先将健康人与病人严格隔离开，以制止疫病的扩散。到东升村屯的工作队进屯后就动员群众进行转移，实行隔离，把健康人全部迁过一条河的山坡上搭棚住下，患病人留在原地抢救，结果，迁过河的群众没有一个人遇险，很快控制住疫情的蔓延。还有的地方把患病的人集中起来，一方面派护理人员抢救，一方面严格控制行人，不准交叉出入。对患鼠疫病死的尸体先浇柴油焚烧，再挖坑深埋入土中。

我们采取这些措施，经过广大干部和群众的积极努力，很快扑灭了这次流行的鼠疫，保障了人民群众生命财产的安全，并且进一步密切了党与群众的关系。我们抓住这个有利时机，深入发动群众开展土改斗争，彻底平分土地，做到耕者有其田。农民群众在政治上得到解放，在经济上得到翻身，更加热爱党和政府，积极响应号召，踊跃参军参战，支援前线。洮北人民在解放战争中做出了贡献，做出了牺牲，真正起到了后方根据地的作用。

1989年10月

为新生政权而斗争

——回忆在镇赉县解放初期的工作经历

王大钧

抗日战争胜利后，我党为夺取东北并建立巩固的东北根据地，派遣大批军队和干部奔赴东北。我于 1945 年 12 月由延安到东北的白城子地委工作。当时，白城子地委刚组建不久，周围各县都被反动维持会和地主武装"光复军"占据着。1946 年 2 月 1 日，嫩江第一纵队夏尚志部与新四军三师八旅二十二团攻克镇东县城，成立了中共镇东县委，我被任命为县委书记。同年 3 月赉北县建立后，镇东县委改称镇赉县委。1947 年 4 月，镇赉县委分设为镇东、赉北两个县委，我任赉北县委书记。至 8 月，镇东、赉北两县合并为镇赉县，重新组建镇赉县委，我仍任县委书记，直到 10 月奉调到辽吉省委工作。在这一年零八个月的时间里，我参与领导了镇赉县的党政武装建设、剿匪、土地改革、扩军支前等重要工作，亲身经历了镇赉县人民翻身解放的伟大斗争。

党政和武装建设是镇赉县解放初期的首要工作任务。镇东解放 3 天后，镇东县民主政府宣告成立，由随军前去接收的袁立忠同志任县长。与此同时，我同赵振干、梁文舟等人随同地委副书记任志远同志带领 20 多名干部和一个连的兵力从白城子坐火车到了镇东县城。当天晚上，任志远同志主持召开了城内各方党政军负责人联席会议，宣布了嫩江省工委关于成立中共镇东县委，我任县委书记，袁立忠、梁文舟任县委委员的决定和在大赉县洮儿河以北地区筹建赉北县的决定，以及地委关于由镇东县委负责领导镇东县和大赉县洮儿河以北地区工作的决定。会议分工由我负责镇东县的工作，任志远负责筹建赉北县的工作，并决定由我们带去的部队代替嫩江第一纵队和二十二团执行守防任务。

会后，任志远和赵振干同志率 9 名干部及少量部队到大赉县洮儿河以北地区去开展工作。3 月底，赉北县民主政府成立，由赵振干同志任县长。镇东县委遂改称镇赉县委，增加赵振干同志为县委委员，县委机关仍设在镇东县城。

县委和两个县政府成立后，首先开展了建立民主政权和地方革命武装工作。县委内设秘书室、组织部、宣传部3个工作部门，由任恩禄任秘书，王玉璞任组织部部长，李奇任宣传部部长。两县县政府成立后，吸收不少进步青年和旧政权的人员建立了政府行政机构。镇东县开始设立公安局、税务局、电业局、民教科，由梁文舟任公安局局长，林吉祥任税务局局长，赵振山任电业局局长，任遇春任民教科科长。稍后，又设立了秘书室和粮秣科，由崔薪传任秘书兼粮秣科科长。赉北县开始设立秘书室、公安局、税务局、民教科、财政科，由傅也俗任秘书，张守法任公安局局长，张玉琏任税务局局长，赵德民任民教科科长，肖惠丰任财政科科长。5月，又设立了蒙民自治科，由包天龙任科长。两县在建立县政府的同时，各以我们带来的那个连的干部战士为骨干，分别建立了县大队地方革命武装。镇东县大队初建时收编了部分维持会武装，共有60多人，由李斌任大队长，我任政委。赉北县大队收编了部分"清乡队"地主武装，有60多人，由夏学堂任大队长、任志远任政委。5月，又建立了70多人的赉北县蒙民骑兵大队，由张凤祥任大队长，崔文明任政委。

县委、县政府和县大队建立后，县党政主要领导同志立即带领干部分赴农村开展民运工作，组建区村民主政权和群众组织，建立区中队和村基干自卫队等区村武装力量。到5月末6月初，镇东县的城关、套保、英华、东屏、嘎海5个区都已建立了区委和区政府，赉北县的哈吐气、嘎什根、大屯、五棵树、坦途和莫莫格蒙民自治区也都建立了区工委和区政府，各区委、区工委的书记都是由我们带来的干部担任的，区长一般都由区委书记和区工委书记兼任。各区区中队也都建立起来，两县县大队和区中队总人数有500多人。各区村还相继建立了农会、妇女会、基干自卫队和儿童团等群众组织，在区村政权领导下开展群众工作。在这期间，县委十分重视发现和培养积极分子、秘密发展党员、建立党的基层组织和培养选拔当地干部的工作。我在镇赉镇培养发展了刘汉文、刘汉武、吕俊3人入党，建立了第一个基层党支部。赉北县也秘密发展了傅也俗、赵福两名党员，并提拔傅也俗为县政府秘书，赵福为英华区区长。这段工作为以后的斗争奠定了基础。

剿匪是镇赉县解放初期武装斗争的重要任务。镇赉解放初期的社会局势很不稳定，那些溃散的维持会反动武装分子勾结惯匪，纠集一些社会痞赖拉起了一些土匪队伍乘机作乱，肆意袭击骚扰我民主政府和人民群众。随着开展平分"开拓地"和反奸清算斗争的深入，我们与反动地主阶级的矛盾日益尖锐，那些反动地主和敌伪残余分子也纷纷结股为匪。到1946年7月，两县境内的土匪有40多伙，集聚匪众800多人。他们杀人越货，公然喊出"杀穷人，打八路"的反动口号，矛头直指我党我军和新生的人民民主政权。仅在1946年的7、8两个月，土匪就几十次围袭我区村政府和农会，杀害了嘎什根区工委书记郝福茂、区长赵德民等20多名区村干部，还有许多干部群众被他们用各种刑罚加害致残。县党政主要领导人更是他们企图杀害的对象。有一次我本想带人去一个区开展工作，中间因故停下未去，土匪却通过钻进我们队伍中的坏人通风报信，掌握了我们的行动目的，包围封锁了那个政府，杀害了区政府的几名干部，扬言要"消灭工作队，活捉王大钧"，一直埋伏到天黑才撤走。我们得到消息赶到那里，见区政府被砸得稀烂，几个被害同志的尸体血肉模糊，惨不忍睹。在场的同志失声痛哭，我也不禁潸然泪下。土匪的暴行激起了干部和群众的极大愤慨，决心剿灭土匪，稳定社会秩序，保卫新生的革命政权，为死难的干部和群众报仇雪恨。从1946年7月开始，县委领导两个县大队、莫莫格蒙民骑兵大队和各区中队，积极配合辽吉四军分区剿匪部队开展了大规模的剿匪斗争。到1947年3月末，10个月内进行了20多次大规模的剿匪战斗，歼灭或击溃十几股人数多、活动猖狂、危害严重的匪帮，如"夏长友""韩福廷""崔三聋子"等匪帮，歼敌170多名，俘敌几十名，并很快肃清了残匪和其他小股土匪，根除了两县境内的匪患，胜利保卫了新生的革命政权，为全面开展土改斗争创造了安定的社会环境。

土地改革是镇赉县解放初期党和政府的中心工作。1946年3月，东北局发出《关于处理日伪土地的指示》，要求将日伪政府和大汉奸的地产全部无代价地分给无地少地的农民。按照这一指示，我们在进行党政和武装建设的同时，开展了平分日伪开拓地的工作，将占全县土地总面积3/4的开拓地全部没收平分给广大农民群众。7月，在县区村政权普遍建立后，我们组织了反奸清算斗争，集中清算了张明三、刘钦、王明远、肖惠丰等6名汉奸恶霸地主，没收了他们的全部财产和土地。各区也分别清算了一些汉奸恶霸。平分开拓地和反奸清算斗争，打击了地主阶级的势力，鼓舞了群众的革命热情，但由于此时匪患甚剧，地主趁机造谣恐吓群众，加上多数农民没有牲畜农具，分到地也无法耕种，便有人把分到的地退给地主，给地主耪暗青。这种情况使地主政治上威风不倒，经济上仍占优势，农民的土地问题并没有真正解决，土改出现了"夹生"现象。

1947年2月，《西满日报》发表了关于深入进行土地改革，"煮夹生饭"的社论，辽吉省委指示各地要发动激烈的群众斗争，猛烈打击地主阶级，切实解决土地问题。此时两县境内的土匪已基本肃清，民主政权日益巩固，社会秩序稳定，在这种情况下，为了贯彻上级指示，县委各区派出调查组，检查本地土改的"夹生"情况。检查发现，两县的"夹生"均很严重，突出的问题：一是地主实际上仍然占有大量土地和生产资料，多数农民缺少土地和生产资料；二是一些基层农会受地主暗中操纵，少数村政权被坏人把持着。针对这种情况，县委召开扩大会议，决定立即组织大批工作队下乡，整顿区政权和农会，发动群众平分地主的土地和财产。会后，两县10多个工作队深入重点"夹生"村屯，到贫苦农民家找穷房东、交穷朋友、串穷门，整顿了这些地方的农会，培养了一批积极分子，动员群众进行了斗地主分田地的斗争。到春耕生产结束前，两县各解决了10多个村屯的问题。4月，镇赉县委分成镇东、赉北两个县委。此时，春耕生产迫近，省委指示我们要以组织生产为主开展工作，我们便一边组织生产，一边发动斗争。在没有开展斗争的村屯便向地主索借粮食牲畜和农具，帮助群众解决生产和生活困难。春耕生产结束后，两县各办了几期贫雇农训练班，培养了500多名积极分子，通过学习、诉苦、算被剥削账、介绍斗争经验、参加斗争现场会等方法提高他们的阶级觉悟和斗争热情。这些积极分子回去后，多数当了村政府干部或农会干部，他们积极串联鼓动群众自觉起来斗争。通过这段工作，我们完成了整顿农会和基层政务的任务，瓦解了地主阶级的势力，群众的阶级觉悟和斗争热情明显提高，许多村屯自动组织起揪斗地主的斗争。

7月中旬，农闲时节到来，群众斗争热情也日益高涨，上级党委指示我们，要开展"砍挖"运动，掀起全面的土改斗争。于是，两县几乎同时召开了区、村干部大会，对全面斗争进行了部署，提出了"地到手、粮到口、人到房、马到圈"和"挖坏根、挖匪根、挖封建根、挖敌伪残余特务根"等具体的斗争要求。强调干部必须深入群众，广泛发动群众斗争，彻底打垮地主阶级，保证全县土改"一次熟透"，完全消灭"夹生饭"。两县扩充了土改工作队深入各区，各区也普遍建立工作队直插村屯。全面斗争首先从打击恶霸地主开始。两县分别召开了各有几千人参加的"砍挖"大会，公审处决了6名恶霸地主。这两个大会沉重打击了地主阶级，鼓舞了贫雇农的斗争热情。县里召开"砍挖"大会后，各区都召开了"砍挖"大会，公审处决了一批恶霸地主。这场"砍挖"运动来势迅猛，在社会上引起了强烈的反响和震动，地主胆战心惊，群众扬眉吐气，土改斗争从此进入实质性阶段。8月中旬，两县合并，新成立的县委和县政府统一组织全县的斗争，运动很快在全县铺开。9月，省委发出"分清敌我，划清阶级，把土地斗争进行到底"的指示，全县的斗争进入沸腾状态，那些罪恶深重的汉奸恶霸、潜特漏匪被依法严惩。到了9月下旬，全县所有地主阶级的

势力被彻底摧垮，劳动人民的翻身解放终于真正开始实现了。当我 10 月份离开镇赉的时候，土改斗争已经开始转入平分土地阶段了。

扩军支前是镇赉县解放初期进行的一项重要工作。1946 年秋，面对国民党军队的全面军事进攻，为了扩充我军主力，县委领导两县政府积极开展了扩军运动。首先，县委召开扩大会议，认真研究部署了扩军工作，落实了各区的扩军任务。会后，大批县区干部下乡，带领村屯干部召开群众大会进行宣传鼓动，进出群众家门做思想政治工作，广泛动员青壮年报名参军，全县很快掀起了参军热潮。在开始扩军工作的 5 天内，镇赉县就有 70 人首批入伍。第 7 天，赉北县参军人数达 100 名。1947 年，两县开展了更大规模的扩军工作，镇东县 2 月和 7 月两次各送走新兵 200 名。每批新兵入伍，村、区、县各级都要举行欢送仪式。新兵骑马戴花，村区领导牵马引路，秧歌队伴舞送行。在不到一年的时间内，两县参军总人数达 2000 多人。这期间，涌现了许多父母送儿子、妻子送丈夫、弟兄争参军的动人事迹。套保区一位姓白的老太太先是动员女婿参军，接着又把独生儿子送到部队。

为了支援解放战争，县委领导全县人民不仅把最优秀的子弟一批批送往前线，而且在"一切为了前线，全力支援前线"的口号下，争先恐后地出战勤，出担架，送钱送物给部队。仅 1947 年春秋两季，两县就出动担架 250 副，战勤车 300 多辆，民夫 600 多人，支前参战人员共 3000 多人次。在 1947 年的秋季攻势中，镇赉县担架大队立了团体功，受到嘉奖，东北民主联军七纵队赠给其一面书有"战勤先锋"的鲜红锦旗。全县多次动员群众捐献大量现金和各种军需物资，源源不断地送往前线。1947 年秋，全县一次向部队交送折合人民币 2 万多元的现金，军草 60 多万斤，肥猪 1000 头，猪肉 1 万多斤，军鞋 1 万多双。镇赉县人民踊跃参军，全力支前，有力地支援了解放战争的胜利进行。

我在镇赉工作虽然只有一年零八个月，却留下了终生难以磨灭的记忆，那些血与火的壮烈斗争情景，英勇奋斗的镇赉人民，流血牺牲的革命战友，40 多年来常常出现在我的眼前，使我难以忘怀，催我奋斗不息。

1989 年 12 月

忆在大赉县工作的一年

门镇中

1945 年 8 月，日本法西斯投降，中国人民抗战胜利了，党中央发出了"力争东北停战及制止全国内战"的指示，当时，我在"抗大"一大队学习，即随"抗大"总校由陕北出发，经张家口等地挺进到东北。1946 年 2 月，由吉江省委副书记顾卓新谈话，分配工作，任命我为大赉县委副书记。1946 年底至 1947 年初，东北民主联军"三下江南"作战期间，我兼任大赉县大兵站政委。

我到之前，大赉县经历过接收敌伪政权的反复斗争，已经是第二次解放了。我到的时候，大赉县的主要领导人有县委书记兼县长张学文、副县长鲁也平、县公安局局长王丕良、县大队长任尚琮等同志。我到以后，学文同志负责领导全县的党政军的全面工作，我负责县委的日常工作。

1946 年春，我们发动群众，进行清算反奸斗争，首先在城关区开展起来。在吉江省委的号召下，在县委的领导下，陈克同志带领一批干部，分组分片下到街道居民中去，发动群众，开展清算反奸的斗争。这一斗争进行得迅速猛烈，又继续发展扩大到各区乡去，把敌伪残余一扫而光。在城关区的清算反霸斗争和镇压叛变斗争中，我们首先清算了勾结土匪、策划叛变，又有现行罪恶活动的恶霸房主、首要罪犯分子沈典三和张德显，经发动群众揭发，罪证确凿，其死有余辜，政府判处他们死刑，为民除害，为国除奸，真是大快人心的大好事。在三、四月间，我和鲁也平同志下乡到辛广店区，同区委副书记殷连城等同志一起发动群众，开展清算反奸斗争，首先清算斗争了一名民愤极大的伪满警察，根据群众揭发检举的罪行，经县政府批准，判处死刑，并发出布告。以后，县委组织工作队到端基屯区，同区委书记兼区长骆汉书、区农会主任马殿元、副区长周元龙等同志一起发动群众，进行清算反奸斗争，群众揭发伪满县政府教育局局长杜花堂勾结敌伪阴谋叛变活动，本人已经供认，经县政府审理，判处死刑。在经过清算反奸斗争之后，端基屯区和辛广店区很快建立起区中队和民兵、群众团体，如区、乡农会，特别是端基屯区有许多渔民，他们在月亮泡以打鱼为生，因此建立了渔民会。这些渔民多是山东人，秉性强悍，坚决勇敢，有强烈的保家卫国的要求和积极性，他们的生活都很穷苦，都

坚决拥护共产党和人民子弟兵。

中共中央发出"五四指示"之后，我们在大赉县展开了土改运动。搞土改，对剿匪更有利了。有些地主是和土匪勾结在一起的，他们给土匪送情报，又是土匪的窝主，为土匪埋藏枪支弹药等，所以开始剿匪时困难很多、很大。搞土改，打击了土匪的底线和引线，使土匪等于盲人骑瞎马，就便于剿灭了。我们在大赉县搞清算反奸、土地改革、剿匪斗争，大体上是作为同一任务齐头并进完成的。我们的工作队员，又是武工队员，又是党的工作者和政府工作人员。端基屯区和苗沼区是大赉县最复杂的地区，是土匪出没无常、匪患最严重的两个区，地形又很复杂，靠江边，多沙丘，又是几个县交界的"三不管"地方。因此，县委配备了能力比较强的同志去工作，王丕良、鲁也平和我都去端基屯工作过，县大队长任尚琮也带队驻防过，县政府秘书韩季约也去帮助过工作。苗沼区的领导骨干多，工作能力强，又有丰富的工作经验，同时距县委领导中心所在地（先是海坨区，后是平安镇）比较近。后来，端基屯区的力量减弱了，副区长周元龙调出，工作组的干部撤走，县大队回县城驻防，县里的领导干部也暂时离开了，于是，土匪、地主及敌伪残余势力认为时机已到，策划了一次叛变事件，区书记兼区长骆汉书、区农会主任马殿元及战士周怀录牺牲了。其中两人中弹牺牲，马殿元中弹负伤后被土匪烧死在炮楼里，牺牲时还高呼"共产党万岁"。这次事件发生在 1946 年 8 月 30 日，县委决定由我和鲁也平、王丕良同志前去处理，同时调周元龙同志再次回端基屯区工作。我们很快到了这次事件的发生地点，发现公开的叛变分子已经逃跑，但操纵和策划叛变的地主张文波（外号"张扒皮"）被抓住了。经县政府批准，召开公审大会，判处死刑，立即执行，为牺牲的 3 位同志报仇雪恨。为了纪念骆、马两位同志，县委在"九一八"纪念大会上宣布，将端基屯区命名为汉书区，将根宝店村命名为殿元乡，以资纪念。

1946 年八九月间，大赉县与安广县合并为赉广县。这时正是土改运动步步深入的时候，全县各区、乡及城区发生了严重的霍乱疫情，死亡率高，蔓延极快。因此，防治霍乱的传染和抢救患者，刻不容缓。赉广县城乡都紧急动员起来，各级领导干部都积极参加了这项防疫工作，我们动员全部中、西医务人员，抢救了数以万计的霍乱患者。在杨字井区工作的韩季约、杨哲文、王一杰、赵健奇等同志都分片包干，亲身参加并组织领导了防疫、抢救、治疗的工作。全区人口仅万余人，经抢救治疗的患者达四五千人之多，占全区人口 40% 以上。防疫的医药费用，全部由赉广县政府供给开支。在防疫工作中，曾有一名青年中医感染上霍乱病故了，于是，政府予以抚恤，进行了善后处理。记得在八、九月间的一天，我带领医疗队由大赉城出发，经过西大洼区到杨字井区的途中，路过一个村屯，看见一家大门洞里点着油灯，有一个霍乱女患者奄奄一息，已无生还希望，但为了不使家属过分失望，只好送一小粒鸦片给病人吞服，但这只是给予安慰，基本无济于事了。我们也由此感到了事态的严重性。我们连夜赶路，行走百余里，走到杨字井区工作队杨哲文同志住处时，已是深更半夜。我们立即将医疗队一分为三：一个组留给杨哲文同志；一个组派往杨字井区，并分半个组给王一杰和赵健奇同志；另一个组派往距杨字井四五十华里的韩季平同志工作的地方。当时疫情严重，有的村屯的群众为了躲避瘟疫，已人走室空，竟冒雨搬到草甸子上去住。我们的医疗队连夜赶到工作队的驻地，由工作队员带领医务人员冒死抢救霍乱病患者。当时领导防疫抢救工作的杨字井区区委书记韩季约曾两次感染霍乱瘟疫，经抢救治疗后，转危为安，虽病体尚未恢复，还是急忙赶去参加县委工作会议，迎接新的战斗任务。大赉城区的瘟疫尤为严重，死亡人数更多，有时一天死过百余人，有的一家人都死了。城区的防疫工作由副县长鲁也平和区书记兼区长冯国正主持和领导。为了防止瘟疫蔓延，我们严密封锁隔离，将城的四门紧闭。海坨区的防疫工作由区委书记耿简、区长王巨明和王丕良同志组织领导。防疫和抢救是有成绩的，有个日本人叫大夫板桥，在防疫中表现得不错，他在苗沼、西大洼、平安镇、安广镇及辛广店区等，都积极领导了防疫工作，抢救了数万人次的霍乱患者。我们的县、区、乡的领导骨干及医务工作者，都是亲临第一线，与群众同患难共命运，冒着生命危险去抢救瘟疫患者，终于渡过了这场大灾大难，有数以万计的人幸运地从死亡线上被抢救过来了。这次防疫工作得到地委领导同志的充分肯定和赞扬。

大赉、安广两县是解放较早的地区，也是创建较早的根据地。国民党军占领长春、王府后，这里地处后方的前沿，担负着支前的重任。县委积极组织领导广大群众参军参战，全力支援前线，特别是在1946年冬至1947年春，两县合并后组建的赉广县委，动员全县人民，为东北民主联军"三下江南"作战做了大量的战勤工作，受到东北救亡总会的电报表扬。西满军区司令员黄克诚曾在一次干部大会上表扬了赉广县，说赉广县是支前模范县，这是对全县人民的最大关怀和鼓舞。

当时，对于部队所需要的，省、行署和军区下令所要的粮食、柴、草和款项等，我们都如数上交，按期完成，保证了部队的供给。例如：

1. 1946年6月，吉江省委书记刘震、副书记刘彬致张学文志的信中说：最近有最重要作战任务，急需巨款，我们决定由各县采取紧急措施筹款，你县应即上交50万元。大赉县委接信后，采取收货、典卖敌伪物资和部分开拓地的办法筹集资金，不几天的时间便筹齐上交了。

2. 1946年9月27日，赉广县政府向各区发布通令，指出："时逢大秋，严寒将临，我民主政府工作人员及剿匪将士面前摆着一个较大的困难，即冬衣购置。为此特号召各区全体人民限于10月8日前10天内完成防匪募捐的缴纳。各区接到通令后，立即着手办理为要。"各区当即向富有者募捐、征集300万元，及时解决了军政干部战士的冬衣问题。

3. 1946年11月5日，军分区领导罗杰给县委负责同志来信说，最近部队准备打大仗，各县要准备大批粮食，赉广县应动员干部亲自组织，集中粮食于大赉城、平安镇、高家窝堡，以便军用，而且要求越多、越快为好。于是，赉广县政府于1946年11月12日向各区发布了第7号训令，命令各区加紧催送公粮、公草、公柴，以便及时支援前线。全县共计征收公粮137万斤，柴46万斤，草56万斤，支援了前线。

4. 1946年12月11日，地委书记郭峰致张学文、鲁也平、姜克夫信，指出："四师在郭前旗驻时已久，当地粮食供给极困难，因此决定由赉广县拨粮30万斤，支援作战。"赉广县政府接信后，积极组织人力、物力，于12月15日运出粮食10万斤，以后每隔5天送出粮食10万斤，按期完成了30万斤粮食的上交任务。

5. 1946年12月11日，地委书记郭峰致张学文信，指出：四师在郭前旗驻时已久，为缓解该县困难，由赉广县财政内拨款50万元，作为棉衣费支援郭前旗。县委接信后，立即完成任务。

6. 1946年11月至12月份，按照省委、地委关于由农安到大赉一线建立几个兵站的指示，县委决定成立大赉大兵站，设在大赉城西门里路南一个大院内，由副县长王岚兼站长，我兼政委。兵站在上级党委和县委的领导下，在民主联军总后勤部、总兵站及省兵站部的指挥下，任务完成得很好，很出色。在民主联军"三下江南"作战期间，无论在动员担架、大车支前，还是送粮、柴、草，慰问、安置、治疗伤病员，还是接待安排过路部队的食宿，组织安排车辆运输军需物资，接待和帮助部队人员取得联系，以及帮助个别伤病员处理各种事情上，大家都是昼夜工作，以战斗的姿态接受任务和完成任务。

1946年冬，赉广县动员支前担架队300多人，1947年1月，再次动员支前担架队，也出了几百人，出发前都进行了政治动员，宣誓不怕死，不开小差。杨字井区委书记韩季约在向出发支前的担架队员进行政治动员时，带领群众跪下宣誓，表示决心。他们奔赴前线后，克服重重困难，精心救护和运送伤员，胜利地完成了任务。前线的伤病员下来了，我们就安置在大赉城里，设置了临时伤病员休养治疗的医院，一次下来二三十人或四五十人不等。我们把他们安置下来，就组织学校的师生和街道妇女去慰问和护理，有时我和王岚同志也去看望和慰问，王岚同志还亲自抬担架运送伤病员。至于对过往部队的接待和安排食宿，对去前方找部队、联络工作的人员的接待，经常是昼夜不断，兵站的同志都日日夜夜地紧张工作着，许多人从未睡过一夜的安稳觉。

当"三下江南"战役结束后，参战部队的后勤军需部门的同志都聚集在兵站，大家异口同声地诉说着自己部门军需物资的重要性，急待用车辆运走。当时我对他们说：你们的运输任务都很重要，而且都很急需，保证都有火车把你们的物资装走。但是还要有个轻重缓急，有些部门的军需物资都放在仓库里、房子里，无目标；可是部队的炮、坦克不能放在仓库里，而且目标大，因此，应该先给他们车辆，其他同志需要的车辆，我们也保证给，请大家放心。此后，我们按照轻重缓急的原则，给各参战部队调配了车辆，把军需物资都运走了。还在安广镇给前来指导工作的省委组织部部长曾固调配了车辆，装运马匹回白城子了。

至此，民主联军"三下江南"作战期间，我们支援前线的任务胜利完成了，大赉大兵站的历史使命也胜利完成了。

回忆在大赉的战斗历程，虽然已经过去45个年头，但往事历历在目，就像昨天发生过的事情一样。回忆已故去的县委书记兼县长张学文，还有已故去的县领导人张志明、刘希平、王岚以及韩季约、姚彤辉（女）、苏林、赵健奇（女）、吴海山同志等，我的心情总也不能平静。他们虽然和我们永别了，但为解放大赉、安广，创建和巩固人民革命政权，造福于人民，做出了应有的贡献，人民是不会忘记他们的。他们的革命精神将永远铭记在我们的心里。另外，在解放大赉、安广和开辟两县的工作中，在保卫大赉、安广和剿匪的历次战斗中，吉黑纵队的黄连长英勇牺牲了，还有新四军三师八旅（后改编为二纵四师）骑兵连的陈连长英勇牺牲了，还有区书记骆汉书、区农会主任马殿元等，他们为革命为人民献出了宝贵的生命。他们创建的业绩和英勇牺牲精神，将万古流芳，流传后世。

（该文系编者从门镇中同志《忆东北解放战争三年》一文中摘录）

1990年6月于鞍山

争夺大赉事件纪实

鲁也平

1945 年 8 月 15 日，日本帝国主义宣布无条件投降。当时，我在淮南地区工作。同志们听到这个好消息，无不欢欣鼓舞，奔走相告，真是大快人心。正当我们在欢庆抗日战争胜利的时候，突然接到上级命令，通知我们到淮南区党委集中待命，准备奔赴解放区开辟工作。经简单整编后出发北上，途中跋山涉水，日夜兼程，抵山东境内，我才知道是去东北开辟工作。我们从山东省龙口乘船渡海，在辽宁省庄河县（今庄河市，下同）登陆，后经沈阳、长春、哈尔滨等地，到达嫩江省会所在地齐齐哈尔，由嫩江省主席于毅夫分配我到白城子，由白城子地委分配我到大赉县工作，我到达大赉县城的时间是 12 月中旬。

到达大赉县城后，我见到了比我们早到几天的郑平同志。同我一起到大赉县的还有石和伦同志，这是到大赉县开辟工作最早的几个同志了。根据白城子地委的决定，由我们 3 个人组成中共大赉县委员会，分工是郑平任县委书记，石和伦任独立团团长，我任副县长。县长叫沈家容，是留用的伪满县公署教育股股长，后来在土匪围城时叛变了。县政府的工作人员，均系留用的伪职员。

我们到任后，经过 10 余天的筹备，开会宣布大赉县民主政府成立。我们召开了许多次群众大会，庆祝解放，宣传和发动群众，动员群众报名参军，组织武装，保卫家乡，保卫胜利果实。我们还几次开仓济贫，发放粮食约 50 万斤。老百姓得到救济粮都很高兴，初步认识到共产党、人民政府是穷苦人的救命恩人。大赉县城有些群众是从关内老解放区逃荒来的，对共产党、八路军、新四军早有认识，他们在宣传群众、联系群众、动员青壮年参军上，积极帮助政府做了许多工作。经过 10 多天的工作，我们就把县政府警卫连建立起来了，大约有 70 人。这支队伍后来成为抗击土匪围城、捍卫县政府的主力军，大家奋勇抗敌，冲锋陷阵，非常勇敢。

就在我们积极开展工作的时候，潜伏在地下的国民党县党部勾结原"维持会"组建的县保安大队叛乱了。这支县保安大队是由敌伪残余人员组成的，多是伪满的警察，大队长郑焕章就曾是伪满大赉县警察署的股长。这时，大赉县周围的安广、乾安、洮南等县都被"光复军"和当地的叛乱武装占领了，他们又窜来大赉县作乱，内外勾结起来的乌合之众达几千人。1945 年 12 月 23 日①午后 3 时，叛匪突然对县政府大院发起了围攻。当时在县政府大院里只有我们的两位负责干部，一位是王丕良同志，他是奉命去肇源地区执行接收任务路过大赉的；另一个是我，正患疟疾发高烧卧在床上。后来到扶余县见到郑平和石和伦，才知道他们是被叛匪骗去大赉火车站了。在万分紧急的时刻，我和王丕良同志分头组织警卫连指战员，坚守县政府院内碉堡，投入紧张的战斗中。尽管敌众我寡，兵力相差悬殊，但叛匪也不敢靠近我们，只是在远处放空枪。到傍晚七点，战斗激烈起来了，城内外叛匪人喊马叫，枪炮声隆隆，杀声震天动地；伴随着北国的严寒天气，大雪纷飞，狂风呼啸，天灾匪祸一起向我们几十个人扑来，当时的困苦情景实在无法用语言表述出来。在这种情况下，作为人民的革命战士，只有战斗和拼搏，坚持到胜利，成为我们共同的信念。

在叛匪围攻我们的紧急时刻，正当我从碉堡返回县长小院时，听到沈家容正在给叛乱的保安大队长郑焕章打电话，内容未听清，但我当时有所警惕，怕他们沟通情况，泄露我们的内情，当即制止了他。大约 4 个多小时的战斗过去了，王丕良同志找我商量，考虑到当时情况，再坚持下去就有全军覆灭的危险，决定集中火力从县政府东边门突围出去。我们冲出县政府大院之后，直向南去，因街道两旁各家商户均有叛匪保安大队埋伏防守，他们也未睡大觉，像猫头鹰一样听着我们的行踪，不停地开枪射击，我们只好机警地在小胡同转来转去，狂奔到北城墙根（近东城门）。这时，因路高低不平，我拖着患疟疾病发高烧的身躯，步履十分艰难，突然支撑不住倒下了。亲爱的患难战友丕良同志和几名战士迅速扶起我同行。当时我想，大家都筋疲力尽了，自管自还相当吃力呢，便顺口说："你们自行走吧，别管我了。"但是，患难战友的友情格外深，他们发扬同生死共患难的革命情谊，扶我共同前进。我们终于从城东门旁边越墙而过，突出叛匪的重围。自此，大赉县城被"光复军"和叛匪占领了。

我们越过城墙之后，只剩下 13 名同志，其中还有负轻伤的 2 人，带出了几支长短枪和 3 挺机枪。经过整队后，我们决定向肇源地区转移。这时，天已漆黑，我们又饥又渴又冷，在雪地里行军，每一步都很困难。但是，我们死里逃生的难友精神振奋，互相鼓励，互相帮助，特别是对两位负伤的同志，更是无微不至地照顾，可以说这是一次手拉手、肩靠肩的急行军。大约走到 30 华里处，遇到一个村庄，我们找到一户人家叫门，人家不给开门，连院子都不让进，因为老百姓不了解我们，又是深更半夜，当地

---

① 有的同志回忆是 12 月 25 日午后。

土匪又多，人家不给开门是可以理解的。在无可奈何的情况下，我们派一个人越墙而入，说明我们的身份和遇到的情况，取得了群众的同情和理解，让我们进到屋里。户主给我们做了小米饭，吃起来是真香甜啊！饭后我给户主打了条子，以便我们回来后偿付钱粮。这时已经过了午夜，向户主借了一辆马车，我们便告别了对我们十分关照的老乡，乘车向肇源方向出发了。当我们走到江边的时候，因为风雪很大，遍地银装，找不到路，马车也走不了啦。当时考虑，去肇源和去扶余的路程差不多，虽然对两地的情况都不熟悉，但考虑到扶余县的党政军负责人都是从淮南地区一起到东北来的，比较熟悉，于是，我们改变了去肇源的打算，决定去扶余。12月24日上午，我们经过一夜又半天的行军，赶到郭前旗，过松花江到了扶余。在扶余县遇到了肇源地区突围来的同志，大家异口同声地说，改道来扶余真对了，天助我也！

扶余县城秩序井然，人民群众喜笑颜开。原来这个县在光复前就有地下党活动，地下工作者杨文翔同志以伪满扶余警察署长的身份做了许多工作，光复时控制了一支农民武装，后来又从郭前旗接来了王国华连长带领的一个连的部队，这些武装力量保卫了县城的安全，使扶余成为周围各县突围干部的根据地。当时肇源地区几个县的敌伪武装都搞起了叛乱，还牺牲几名地县级干部，转移出来的干部都集中到扶余了。我们这些在伪匪叛乱中突围出来的同志，在扶余见面都无比激动。

我们从大赉突围出来的10多名同志，受到扶余县同志的热情接待，我们还帮助扶余县工委举办了干训班，招收了一批青年学生进行培训。这批学员中有许多人成为革命骨干，有的随军南下，开辟新区工作。

记得是在1946年农历正月十五那天或前后一两天，吉江军区派出一个营的部队，是杨国夫部属的一个大队（大队长姓贺，记不得名字了）[①]，再次解放大赉县城。当时有白城子地委副书记任志远同行，冉团长也是同行回安广县的，刘希平同志也同行。可惜第二次解放大赉我们均未参加，我和王丕良同志等几十人是后勤人员，跟随部队前进到八郎就住下待命了。这次解放后，大赉县一直在党和政府的领导下，创建了可靠的后方根据地，新中国成立后已经建设成为农、工、牧、渔全面发展的大安市。

争夺大赉的斗争已经过去40多年了，回忆往事，历历在目。今天，谨以此文怀念牺牲的战友和共同战斗过的同志们。

1990年2月于青岛

---

① 有的同志回忆是吉黑纵队（司令员曹里怀，副政委郭峰）的一个大队。

回顾大赉县创建根据地的斗争

任尚琮

抗日战争胜利后，我从山西省太岳军区第三军分区轮训队来到东北。1946 年 2 月，按照东北局的调配到达扶余县。在那里，由吉江省委副书记顾卓新和驻扶余吉黑纵队副政委郭峰把我分配到大赉县（今大安市）任县大队长，后来到县委任武装部部长、组织部部长、县委副书记和书记，直到 1951 年才离开大赉。现将新中国成立前大赉县党政军民创建根据地的一些情况做个回忆。因为前期不主持县里的全面工作，接触到的情况有限，现在又过去 40 多年了，有的事情也淡忘了，所回顾的情况，有疏漏和片面之处，敬请当时在大赉工作过的同志予以补充和指正。

争夺大赉的斗争

与我一起到大赉的有张学文同志，他是由顾卓新、郭峰同志派去大赉县任县委书记兼县长的，还有李福吉和李秀山两位护卫人员。我们从扶余出发，经郭前、新庙、八郎，当天下午到达大赉县城。我们到的前两天，大赉才由吉江军区派出的部队从国民党收编的"光复军"和叛匪控制下第二次解放出来。我们到后才知道，1945 年 10 月下旬，由冀热辽区党委和行署任命的北满地区第一行政督察专员公署专员夏尚志率领少量部队进驻大赉，赶走了国民党大赉县党部，随后成立了大赉县委和县民主政府。由郑平、鲁也平、石和伦组成县委，郑平任县委书记，沈家容任县长。当时，国共两党都在争夺东北，我们的先头部队正日夜兼程到东北分赴各地，当地国民党党部在其主力部队未到之前，便收编敌伪残余势力，组建"先遣军"，到处抢占大小城镇、交通要道，准备迎接"中央军"。1945 年 12 月，国民党收编的"光复军"袭击和抢占了洮南、白城子、安广等地。在"光复军"的煽动下，12 月 23 日，大赉县保安队叛变，他们里应外合，进攻大赉县城。我党我军在王丕良（过往干部）和鲁也平同志率领下奋勇抵抗，经过激烈战斗，我军牺牲 29 人，损失一批枪支弹药。在敌我力量悬殊的情况下，他们带领 13 名干部战士强行突围，撤到扶余县城。后来他们随吉江军区派出的部队再次回到大赉城。这个事实说明，在我们去之前，敌我争夺大赉的斗争相当激烈，我们付出了重大代价，许多同志流血牺牲，他们将永载史册。

我们到大赉后，争夺与反争夺的斗争还在继续。虽然"光复军"和叛匪保安队被驱出县城，但他们不甘心失败，绕城四周活动，还有股匪横行，形势紧张。我们的活动只限于城镇内，城外可以说是土匪和叛匪的天下。在县城里，城防任务主要依靠吉江军区派来的贺大队（大队长贺炎焕）以及县里的几位领导同志和四五十人组成的县大队完成。

大赉县同其他各地一样，"光复"后也成立了"维持会"，是由伪满社会上层人物组成的，其中多数人是反共反人民的，1945年12月保安队叛变，就是"维持会"的骨干人物李干臣等参与策划的。我们到时，"维持会"原封未动，而且城里还有保安队暗藏的人。

张学文同志到大赉之后，确定的主要任务是：外防保安队和土匪，内查隐蔽的反动分子。当时，明知"维持会"靠不住，许多事还必须利用它，因为广大群众还暂时在它的影响下，社会财富还掌握在他们的人手里。

张学文同志到大赉后不久，郑平同志调出，于是形成了以张学文为核心，由王丕良、鲁也平、任尚琮、封克达同志组成的新的县委领导班子，不久门镇中、陈光同志调来也加入县委，张学文为书记，门镇中为副书记。以张学文为首的大赉县委，团结合作的气氛很浓，他们能团结上下左右的同志一心一意为党和人民的利益服务。新县委的建立和健全，标志着我党我军全面接收大赉的开始。当时，我们一方面依靠贺大队和公安局的密切配合，侦察俘获了暗通叛匪的大地主张德显等几个人。经县委批准，我们召开群众大会，公审处决了张德显，打击了叛乱分子的反动气焰。另一方面，张学文同志给沈家容写了一封亲笔信，派人送到叛匪驻地端基屯。沈家容是张学文同志青年时期的同学，曾任伪县署教育股长，是个知名人士。1945年11月当过一段时间的县长，后随保安队叛变。张学文同志在信中晓明大义，宣传党的宽大政策，试图争取其改恶从善，分化瓦解叛匪，结果无效，保安队南逃，沈家容公开投靠了国民党。但是，采取以上两方面的措施和策略是正确的、得民心的，使我们在政治上赢得了胜利。

为了扩大党的影响，打消群众中的盲目正统观念，实现民主政治，经上级党委批准，大赉县委于1946年3月4日召开了由城乡劳动人民代表和各界上层人物、知识分子代表参加的会议，成立了大赉县参议会。经会议选举和上级批准，任命议长门镇中，副议长国庆志（女中校长）、赵秉权（女）。代表开会期间，大家义愤填膺地揭露了"九一八"后蒋介石推行"攘外必先安内"的消极抗日、积极反共的政策，称赞张学良、杨虎城将军发动"西安事变"逼蒋抗日的爱国行动。老干部金标同志声泪俱下地控诉了国民党反动派消极抗日、积极反共反人民和抗战胜利后破坏和平挑起内战的丑行，激发起代表们的满腔怒火。会场上群情激昂，打倒蒋介石的口号声此起彼伏，这次会议是大赉县具有重大历史意义的盛会，为大赉县的政权建设和教育团结群众，特别是对打消知识界的盲目正统观念产生了深远的影响。这是党的领导的胜利，是党的统一战线政策的胜利。

贺大队调走后，城防任务只能由人数不多的县大队承担。于是，我们在县委领导下成立了大赉城防司令部，司令员为王丕良，政委由张学文兼任，副司令员为任尚琮、鲁也平。

1946年2月23日，从苏北挺进东北的新四军三师八旅司令部、政治部和一部分战斗部队进驻大赉，旅长张天云，政委李雪三，政治部主任陈志方，参谋长庄林。这是大赉人民第一次看到共产党领导的正规主力部队。部队的装备不算好，但指战员的精神面貌、军纪风纪、军民关系、军政关系却很好。指战员言必称老乡、大娘、大爷，还为群众整洁庭院、街道、挑水等，这些实际行动都是老百姓见所未见、闻所未闻的。群众亲眼见到党所领导的部队，根本不是中外反动派造谣中伤的"共产党是共产共妻、杀人放火的野人"，真正是人民的子弟兵，从而打消了疑虑和恐惧的心理，增强了中华民族的自信心和自尊心。特别是一些热血青年，他们仿佛从睡梦中觉醒，由仰慕向往转向参军参战。他们的行动，引导全县工农群众和知识界迅速掀起了支援部队和支援自卫战争的热潮。仅就大赉辽北三中来说，90%以上的男女师生都参加了革命。

新四军三师八旅在大赉驻防时间不长，但对稳定大赉县急剧动荡的局势起了重要的作用，为处在困难境地的大赉县委撑腰打气，并在人力物力上给予大力支援。部队的首长对地方工作十分关心，学文同志对他们也很尊重。我们竭力帮助部队解决困难，发动群众慰问指战员，军政关系极为密切。部队为帮助我们解决干部少、装备差的困难，抽调了一批连、营、团职干部到地方参加党政军工作和群团工作，这就逐步把县委、县政府、县大队和各区委、区政府的领导骨干充实起来，争夺大赉和创建革命根据地的工作就可以全面铺开了。县政府刚成立的时候，因为缺干部，不得不留用日伪时期的一些下级职员。经过充实之后，除县公安局早就由王丕良同志主持外，还有县政府秘书韩季约、财粮科科长史轮、税务局局长陈斌、民政科科长崔松亭、教有科科长耿简、总务科科长黄守荣，以及负责群团工作的陈光、负责青年学生工作的金标等。与此同时，城区和农村各区也派了一些同志，逐步建立起区委和区政府。领导骨干配备和充实后，再结合本地新参加的同志，就形成了可靠的权力机构，政府可以直接与人民联系，就能够完全摆脱"维持会"、旧商会等日伪残余势力的牵制与影响。

八旅还调配一个全副武装的建制班充实到县大队作为骨干，这些同志都是经过艰苦环境和战争考验的老战士。

城镇稳定之后，我们开始开辟农村的工作，主要是清算敌伪残余势力。1946年3月4日，县政府、公安局、人民自治军大队部联合发出第一号布告："今我民主政府专为百姓申冤，号召人民奋起，实行动员清算，举凡敌伪资产、仓库、公司、粮栈、现金、成品、原料，日伪侵占农田，无论大宗小件，一律清算，算出金钱、实物，由民意公断……有人侵占公产，情愿赔偿，政府处理从宽，倘有隐匿逃避，查出严加惩办……"同时号召成立"清动会"。布告发出后，城镇和农村立即追捕了罪大恶极的日伪残余分子，开展了清算敌伪资产的群众运动。县大队经过整顿，也派出一部分人，配合城镇、农村的清算和剿匪工作。

1946年3月，新的吉江省委、行署和军区在郭前旗建立；4月中旬，东北民主联军解放了长春，大赍形势稍得稳定。一天，张学文、门镇中和我去郭前向省委书记刘震、副书记刘彬和行署主任郭峰汇报工作。汇报后，学文、镇中同志返县，派我到长春与曹里怀率领的吉黑纵队联系，请求支援。我从长春回来，带回一批正规部队淘汰的破旧步枪，在县里请到一位能工巧匠阎师傅，成立了简易修械所，修好后补充了县大队。

1946年4月至5月间，东北民主联军进行了为期一个月的四平保卫战，迟滞国民党主力部队北犯。5月下旬，国民党主力部队侵占长春、吉林、农安等地，直至郭前境内。由于战争的需要，我们暂时拆毁了长（春）白（城）铁路的长春至郭前段，大赍成为西满军区的一个重要的大兵站基地，门镇中任兵站政委。兵站成为穿梭式的前后方兵员、民工、担架队和作战物资枪炮、弹药、车马、粮草等的转运站，大赍成为前线的后方、后方的前线。

根据形势的变化和党中央"五四指示"、东北局"七七决议"精神，县委做了对敌斗争的紧急部署，把工作重点转移到农村。县里留少数同志坚持工作，主要任务是保卫兵站，支援战争。县委的主要力量转移到海坨区高家窝堡，那里成了县委领导全县工作的指挥中心。县委、县政府和县大队也做了相应的分工：张学文带县大队刘朝佐、罗念保和部分战士，驻海坨区高家窝堡，负责指挥全县工作，并重点开辟南片工作；门镇中和我带部分干部和战士转移到端基屯开辟北片的工作；鲁也平、史轮等带领县大队部分人留驻县城。

为适应工作的需要，县委决定精简机构，动员本地新参加工作的同志暂时回家，待我们回城后再回来工作。但有些同志，如礼全小学校长李兆田和县政府秘书王巨明，都是有一定社会地位和影响的知识分子，在敌我胜负未定、敌强我弱、敌进我退的形势下，却决心脱掉西装革履，穿上"二尺半"的破旧军衣，带着妻子儿女，同我们一起到农村过供给制的战争生活，真是难能可贵。县委批准了他们的要求，他们参加了革命队伍。在他们的带动下，大赉县的中青年知识分子成批成伙地参加革命，参军参战。这件事表明，我们党在大赉这块土地上，已经播下革命火种，扎下根，结出丰硕的果实。

在县级党政机关精简过程中，县委派出一批骨干加强了基层党政组织建设。如：派县政府秘书韩季约同志到辛广店区帮助工作，教育科科长耿简同志任辛广店区委书记，苏霖同志任区长，费友来同志任副区长；派骆汉书同志任端基屯区委书记兼区长，马殿元同志任区中队长；派县委委员骆助同志任西大洼区委书记，骆调走后又派吴义生同志任区委书记，吴林同志任副区长；派县民政科科长崔松亭同志任苗家围子区委书记，朱义迁同志任区长，么公同志任副区长；还为海坨区派去黎光、刘义斌、李林、于海洋同志，为城区派去卢静波、冯国政同志等。各区干部的充实和加强，使农村政权日渐巩固，为在农村开展反奸清算、土改和剿匪工作提供了组织保证。在县委的统一领导下，城镇和区乡已能够独立坚持根据地斗争，这是我党我军争夺大赉的胜利。

县大队在剿匪战斗中整顿、发展和壮大

我到县大队后，正式成立大队部。不久，上级又派刘朝佐、罗念保等同志到大队部，他们都是内战时期的红军干部。我任大队长，张学文同志兼大队政委。学文同志非常注意政治工作，经常强调加强纪律，打好基础，保证质量，使县大队成为名副其实的共产党领导的人民子弟兵。当时的县大队实际只是一个中队，队长为王建国，是冀热辽军区首批来东北的干部；指导员是一位华东来的同志；其他都是当地新入伍的同志，其中班排骨干主要是第二次解放大赉城随军从扶余县回来的同志；战士是城镇里贫苦出身的中青年，其中也有不纯分子，鱼龙混杂。在形势动荡、任务繁重的情况下，队伍尚没有来得及整顿，旧军队的恶习没有清除，纪律松弛。

因此，我们先从整顿纪律着手，规定：严禁县大队单独到民间搜查保安队叛乱分子和日伪势力的上层人物，此任务由公安局负责；任何人不得

私人民宅，不得私分财物。同时进行了我军"三大纪律，八项注意"为主的军政、军民关系的教育。为提高部队遵守纪律的自觉性，我们举办了班排干部短训班，从正面教育新同志树立组织纪律观念，很快刹住了乱捕乱搜的坏风气。我们把三师八旅调来的老战士分配到班排当干部，原来的同志改任副职，同时清除了兵痞等不纯分子。县政府在十分困难的情况下，为县大队筹措棉花，由八旅调来做供给工作的周开基同志负责操办，组织县城手工作坊纺纱、织布、染色，做成蓝布军衣，使指战员第一次穿上"老八路"式的军装，精神面貌焕然一新。在整顿过程中，我们还逐步吸收了一批新同志入伍，大队由四五十人发展到七八十人。部队开始进行政治、军事训练，每天按时上政治课，搞形势、政策和纪律教育，军事训练包括单兵到班排的制式教练，各式射击、投弹教练到班、排、连野外战斗教练，同时制定礼节、军纪、风纪、内务、卫生等各项规章制度。经过整训，县大队成为一支具有一定革命素质和作战技能的部队，成为军分区和县委直接领导下的剿匪重要力量。

日伪垮台后的大赉、安广一带成为土匪出没地之一。1946年春，虽经我军主力部队围剿，给土匪以沉重打击，但小股分散的土匪仍很嚣张。为配合县委领导做好反奸清算运动，县大队除留城警备部队外，大部分人到农村进行剿匪。就我亲自指挥的几次战斗忆述如下：

刘剃头屯剿匪战斗。这个自然屯位于辛广店西北十几华里处，是大赉、安广两县的边沿地区。当地交通不便，土地瘠薄，杂草丛生，人烟稀少，群众生活极苦。一天，我们得到匪情报告，约下午4时，队伍到达村边场垣，但这伙土匪很狡猾，摆出若无其事的模样，企图诱我们进村搞突击。我们对此早有警惕，便决定搞火力侦察。机枪一响，打破了土匪的狂想，他们惊慌地据堡还击，暴露了自己。随后，我们果断地采取速战速决的战术，在机枪掩护下发动强攻。在迅猛的攻势下，敌人感到"来者不善"而动摇了，便慌乱上马没命逃跑。我们立即跃马扬鞭尾追匪寇，直至匪徒们逃得无影无踪，才返回驻地辛广店区高家窝堡。这一仗虽然没有歼灭敌人，却锻炼了部队，大煞了土匪的气焰，增强了我们剿匪的信心，开创了县大队猛打猛冲的作战先例。

太平村剿匪战斗。1946年5月下旬的一天，我们在高家窝堡得到匪情，县大队和辛广店区中队疾速骑马前往剿匪。我们决心打好这一仗，吸取刘剃头屯战斗的经验，决定采取两翼包围、中间强攻突破的战术，先派一名班长带小分队绕向敌人右侧，从右翼配合正面强攻，截敌东逃；又派辛广店区中队长范万秋带小分队绕向敌人左侧，从左翼配合正面强攻，截敌西逃。我们的兵力虽少，但形成了网开一面，左、中、右三面围攻的阵势。战斗打响后，匪徒三面受击，乱作一团，惶恐地向西北方向逃窜，来不及脱逃的就龟缩在居民家里。这时，县大队变围攻为疾追，直至匪徒逃出我们的视野。由于急于追击，没有留下搜索部队，那些化装隐蔽在村里的土匪漏网了。实战中，指战员受到深刻的教育，深深懂得，与狡诈的土匪作战，猛打猛冲固然重要，讲究战术、斗智更重要。

王家店剿匪战斗。县大队在太平村剿匪战斗后转移到月亮泡附近的端基屯。王家店在端基屯偏西南约十几里处。1946 年 6 月下旬的一天上午，我们接到匪情报告后，即由门镇中和我带队出发，途中会合了赉北县大队，一起对盘踞在王家店的"八河"绺子四五十人进行联合围剿。战斗打响后，赉北县大队在敌人正面组织火力还击，我们迂回到敌人西南左侧后方，形成对敌腹背夹击的势态。在敌人进退维谷、举棋不定之际，我们猛扑到村西头场垣，敌人在村东头乱作一团，有的当场被俘，有的躲在居民锅膛里就擒，共活捉"炮头"以下 5 人，缴获战马七八匹和一部分枪支弹药及其他财物。战斗结束，镇中同志处理善后，当夜将情况汇报县委并通报全县各区。第二天，两个县大队返回端基屯，受到县、区负责同志和当地群众的热烈欢迎。这次战斗的胜利，扩大了县大队的影响，大长了我军威风，转变了当时社会上一些人对"土八路"的错误认识。

柴火垛剿匪战斗。柴火垛位于大赉城西北嫩江西岸前宝石村东南江沿，土匪只有一间半地窖式的渔夫工作室，俗称柴火垛网房子。1946 年六七月份的一天，我们在端基屯得到匪情报告，县大队当即跃马出发，接近目标时，隐蔽在草丛里的匪徒开枪阻击。当指战员猛冲进网房子时，发现匪徒已乘船东渡，我们便依托江岸围堰和网房子屋顶，组织火力痛打"落水狗"。敌人逃至嫩江东岸后，隔江向西射击。我用望远镜观察敌人准备东渡追击时，突然被飞来的流弹击穿左胸肺部，但我们的指战员没有因为我负伤影响杀敌的勇气，一连长王建国主动挑起指挥的重任，一面派人给我止血并送到前宝石村，一面率领部队渡江，扫清江东之敌，胜利返回。我负伤后，从中午到晚上八九点钟，一直处于休克状态，战士们用绑腿为我包扎，请当地医生用土法炮制的红色药料敷伤口、止血。我的警卫员柳青云到辛广店区政府报告后急忙赶到县城，深夜请来县医院院长刘公俦，为我的伤口消毒换药。第二天，战士们用担架将我抬回县城，后转移到天主堂诊所治疗和养伤。修女马大夫自称捷克人，实际是德国人，是一位有医德、热情、认真负责的老人，她用积存的好药给我敷伤口，给我打针喂药，每每想起她来，总是被她的善良和友情所感动。

　　在我们取得这几次战斗胜利的同时，刘朝佐同志带领一部分战士在海坨区一带剿匪，也取得了一些胜利。县委和辽吉三军分区对我们的胜利给予很高的评价，张学文同志在一次群众大会上宣传了县大队剿匪的成绩，并赠予我黄呢料一块。辽吉三军分区誉我县大队为最好的大队之一。

　　1946年8月，辽吉三地委、三专署决定将大赉、安广两县合并为赉广县，两县大队合并为赉广县大队，大队长是原安广县大队长张树英，政委仍由张学文同志兼任，我任大队副政委，不久张树英同志调出，从乾安县大队调来张世荣同志任大队长。大队设参谋长、政治处、供给处、卫生队。由原安广县大队副大队长陆山江任参谋长，原大赉县大队教导员刘朝佐任政治处主任，后朝佐同志改任参谋长后，从乾安县大队调来长征干部吴林友同志任政治处主任，同时，从乾安县大队调来一位红军时期做供给工作的同志任供给处主任，卫生队长和舒医生，也都是从老部队调来的。

　　赉广县大队辖两个骑兵中队和一个机炮中队。第一中队队长王建国，副指导员陈静山；第二中队队长范万秋，指导员刘德；机炮中队队长徐清，指导员是新四军三师八旅来的张××。中队级和排级干部，都由有战斗经验的同志担任，各中队设班、排健全的建制。县大队的火力配备也加强了，除骑兵全配有九九式马步枪和三八式步枪外，各排还有轻机枪，机炮中队还有重机枪和六〇无底坐力炮等。县大队在剿匪斗争中吸收了一批新战士，在农村反奸清算运动中，又有百余名积极分子应征入伍，充实了队伍。到1946年底，全大队指战员已扩大到500余人。经过半年多的锻炼、调整、改编，县大队已成长为一支党和人民信赖的、有一定机动能力和战斗经验的骑兵队伍。

　　两县合并后，县委、县政府分三处办公：大赉镇为支前兵站，安广镇为县前敌指挥所，平安镇为县委后方指挥中心。县大队也随之一分为三。1946年9月18日，大队部奉命由大赉镇转移到平安镇。当时的首要任务是整训，解决合并后出现的一些不良现象。我们为新提和调入的班排干部举办了短期轮训班，由我主持，三师八旅的政工干部赵跃同志任指导员。训练班主要是进行政治教育，讲我党我军的光荣历史和优良传统作风，讲形势和任务。根据上级指示，我们在训练班进行了忆苦思甜的新式整军试点。训练班结束后，班排干部带领大家在全大队开展了忆苦思甜的阶级教育，使广大指战员提高了阶级觉悟，激发了为本阶级解放和为人民服务的情感。与此同时，我们还进行了冬季军事训练，主要是单兵的和班、排、连的制式教练，各种姿势的射击、投弹教练，以及马技、马术和骑马教练等。

经过整顿和政治、军事、文化教育，指战员的主人翁责任感增强了，部队情绪稳定了，部队的团结友爱精神加强了，军政、军民关系密切了，战斗力提高了。1946年冬，我们在平安镇过了1947年的元旦和春节。1947年初，县大队转移到安广镇正北10余里的小二姐窝堡，不久奉命提升为骑兵十七团，归入东北民主联军第七纵队邓华司令员指挥的建制。我因负过重伤，上级决定继续留我在大赉县工作；刘朝佐、吴林友等同志及全团指战员兴高采烈地加入主力，踏上了新的征途。

土地改革胜利，雇贫农翻身得解放

1946年底至1947年春，东北民主联军发动"三下江南"和"四保临江"战役取得胜利，扭转了东北的战局，赉广县的形势也趋于好转和稳定，创建根据地的工作全面铺开。为了适应工作的需要，辽吉省委和辽北省政府于1947年5月决定，撤销赉广县建制，恢复大赉、安广两县，党政机构隶属辽吉二地委、二专署领导，赉广县委书记张学文调二专署任副专员。不久，上级派董雨航同志来大赉任县委书记；接着，又调来吴清明、张梅溪同志任县委副书记。由王丕良同志任大赉县县长，韩季约同志任副县长。原赉广县大队一分为三：大部分改编为七纵队骑兵十七团；留下部分分别成立大赉县保安队和安广县保安队。上级调来张××为大赉保安队副队长，政委由董雨航兼任，我任县委武装部中长兼保安队副政委，不久后改任县委组织部部长。

在大赉县委的领导下，大赉县广大农村普遍进行了反奸清算、减租减息和分田分地的土改运动，城乡封建势力受到严厉打击。但地主阶级还没有彻底打倒，有的地方地主通过各种隐蔽形式把持农会领导权，进行反攻倒算，向贫雇农和区乡政府反扑。1946年8月底，在辛广店区山湾乡，地主王明武和张文波勾结土匪，拉拢东山头、叉古敖、根宝店村的农会干部叛变。他们假报匪情，诱端基屯区委书记骆汉书同志到样子口门剿匪。骆书记带区中队战士一进院，就被匪徒开枪打死。区农会主任兼区中队长马殿元在根宝屯炮楼里拼命抵抗，又被顽匪放火烧死。1947年夏秋之交，全县的土改运动进行至"砍大树"的紧张时期。一天晚上，城区渔民会长兼江防队长陈富开会后坐马车回家，途中惨遭反动分子用锐刀刺死。这些骇人听闻的反革命事件，更加激发了大赉人民的义愤，大家深入开展土改运动，积极参军支前。陈富同志的过继子陈德祥也不畏强暴毅然参加革命。

董雨航同志到大赉后，为适应土改斗争的需要，领导县委举办了青年干部训练班，亦称工农干部训练班。学员多数是各区选送的农村进步青年，也有在大赉辽北三中挑选的进步男女学生，还有嫩江省肇源县的少数

青年。训练班进行了党的传统、作风和阶级斗争教育，结业后由董雨航同志带队，到苗家围子和西大洼区搞深入土改试点。同时发动农村贫雇农联合城区工人、渔民、贫民等，对城镇大地主和地主兼工商业户进行了声势浩大的联合斗争。1947年秋，我们镇压了策划保安队叛变的李干臣和孙国安，震慑了城乡封建剥削阶级，推动了土改运动。

1947年11月上旬，由县、区、村三级干部参加的全县贫雇农代表大会召开，董雨航同志主持并做了报告。会议期间，董雨航被调去突泉县，由新任命的县委书记张梅溪继续主持大会。会议传达和贯彻了全国土地工作会议精神和《中国土地法大纲》规定的方针和政策，提出了彻底消灭封建半封建制度的口号，代表们一致表示：干吧，这回可有底了。为了保证贫雇农队伍的纯洁性，大会决定开展查阶级、查来历、查立场等"三查运动"。这次大会开得很好，是大赉县有史以来雇贫农联合中农堂堂正正召开的第一次盛会。

会后以区为单位召开雇贫农代表大会，宣讲《中国土地法大纲》，选举产生区农会，树立雇贫农优势。当时，我分工到苗家围子区参加指导土改，代表县委宣布"交权审干"的规定，解除了全体党政公务人员和土改工作队的职务，交大会代表逐个审议。代表们面对面指明每个干部的优点、缺点和错误，干部们个个向代表做检查，提出保证条件，请求群众监督。然后由代表逐个表决，通过的重新任职，通不过的当即下台，有一名土改工作队员当即被撤销了工作。

区贫雇农代表大会后，各村召开了贫雇农全体大会，选举产生村农会，树立了贫雇农领导土改的优势。在逐级开过贫雇农代表会和贫雇农大会之后，全县劳动人民的顾虑彻底打消了，男女老少情绪沸腾，彻底推翻封建半封建制度的熊熊烈火燃烧起来了。县委一声令下，在一个夜晚，全县各村农会都把地主分子统统捕捉起来，以村为单位，开展了对地主分子的斗争。在斗争大会上，群众面对面地揭发、控诉地主血迹斑斑的滔天罪行，申诉世世代代的血泪史。地主阶级的威风被打垮了，他们个个垂头丧气，向群众认罪和求饶。对个别血债累累、不杀不足以平民愤的恶霸地主，经县委批准，贫雇农坐堂公开审判镇压。在政治上斗争地主取得胜利的基础上，我们在经济上剥夺地主的土地、生产工具和浮财，分配给贫雇农和中农。在苗家围子分配斗争浮财时，我们遵照省委宣传部部长刘放来区上视察时介绍的经验，采取了浮财作价、设立翻身市场的办法：在农会领导下，成立财物评价小组，将每件浮财评价后贴上标签；再依据浮财的总价值和雇、贫、中农的贫苦程度，有区别地合理地给每户分发应得浮财的价值标签；最后按贫苦程度依次排队，先后进入"市场"，按标价选择浮财。贫雇农选完后再由中农选，他们分得了一些锄头、镰刀等小件，群众说是让中农朋友"喝点汤"，中农则以有贫雇农朋友为荣。金银财宝群众同意不分，由评价小组拿到县城卖掉，然后买回牲口等生产资料参加分配。刘放同志肯定了苗家围子的土改经验，并指示我们写了一篇《进一步掀起群众运动的高潮》的报道，发表在《胜利报》上。

1948 年元旦前后，遵照《中国土地法大纲》的规定，我们开始以村为单位，按人口平分土地。农会选出丈量土地委员会，对全村土地进行丈量后，基本上按分配浮财的原则，贫困户和缺乏劳动力户分好田近田；中农填平补齐；富农抽肥补瘦；地主也分给一份土地，便于其改造为自食其力的新人。大约每人分得一垧左右的土地，群众都在自己分得的土地里插上木牌，明示边框四字，为分得土地欢欣鼓舞。

正在分地的时候，从北满传来了"扫堂子"的经验，即发动各村贫雇农联合起来，一个村一个村地轮番再来一场斗争，地主"净身出户"，中农挨了斗，一些干部被批被打。这种做法，表面看是轰轰烈烈，实际是脱离群众的，既扩大了打击面，侵犯了部分中农和富裕中农的利益，违犯了党的政策，又为日后工作增添了困难和麻烦，是一个深刻而沉痛的教训。1948 年春，根据党中央和辽吉省委的指示，我们发动群众清查了侵犯中农利益的过火行为，纠正了错划富农和中农的错误。农会召开贫雇农大会，当面承认错误，赔礼道歉，退赔财物，补偿损失，从而巩固了在农村依靠贫雇农团结中农的阶级优势。

土地改革运动的深入开展和最后胜利，极大地调动了大赉县人力、物力和财力的资源，人民群众竭尽全力支援解放战争。在我军"三下江南"作战期间，大赉派出的担架队出发前搞政治动员时，杨字井区委书记韩季约带领民工跪地对天盟誓表决心，可见群众是何等的积极热情。1947 年 10月，正当大赉土改运动深入开展的时候，城乡贫民又出担架 90 副、民工540 人、大车 140 台、车夫 279 人、马 543 匹；另外出远近民工 2229 人，合计出民工 3048 人。城镇各界都参加了支前工作，男女学生轮流护理伤病员；城内 27 家饭馆伙夫为伤病员做饭菜，还在一夜之间为前线做好 1 万斤干粮；医院里的 50 名中西医生全部参加治疗伤病员工作，连天主教堂的外国女医生也自动为伤病员服务；街道妇女为部队洗衣、做鞋、补袜子等，一位姓王的老太太每天做到后半夜两点钟；商会把商人编成担架队、民工队，每天大约出 400 人，负责火车站至城里的短途转运；县长、中学校长、商会会长、店铺掌柜的，都在伤病员多的时候抬过担架。"兵民是胜利之

本"，大赉县人民为解放战争做出了重大的贡献。

组织起来，恢复和发展城乡经济

土改后，家家户户有了土地，但耕地所必需的牛、马、车、犁等主要生产工具不是每户都有，有的户多，有的户少，有的户还没有，有些农活如送粪、犁地等，人工很难进行。因此，农民有组织起来的愿望。如苗家围子村雇农王荣廷、相守业等几户，在1948年春土改结尾时就组成大赉县第一个农业互助合作小组，实行劳力换工，牲口集体饲养和使用，车、犁等大农具长年插犋互助。车马一到手，他们就起早贪黑到县城拉大粪，大年初一都不停歇。辽吉省委和省政府因势利导，根据抗日根据地互助合作的经验，号召农民按自愿互利、等价交换原则组织起来，走共同富裕的道路。于是，大赉县农村各种互助组织应运而生，多数是搞换工插犋，劳力、牲畜、农具集体使用。不能独立耕种的活就实行互助，能单干的活就由各户男女老少自己干，用当时群众的话说，就是"春插，夏散，秋单干"。个别地方也出现了合作社的形式，如苗家围子二龙山屯，土改后全屯只有一台大轱辘车，牛、马等大农具也很少，他们就采取车、马、牛、犁集体管理，统一安排使用，实际是20世纪50年代初农业社会主义改造时初级农业生产合作社的雏形。互助组时期，农民生产积极性很高，农业生产恢复发展得很快。当时全县年产6万至7万吨粮食，人口6万多，城乡各占一半，农村供应城镇的任务很重，但粮食自给有余，每年都保质保量地完成征购任务，不止一次受到省政府和省主席于毅夫的表扬。

大赉素有鱼米之乡的盛名。洮儿河和嫩江两大水系流经大赉西北和东南，湖泡星罗棋布，养鱼水面达50万亩，年产鱼两三千吨。特别是洮儿河与嫩江汇合处的月亮泡，是著名的渔业基地，古有"扎住月亮泡，银子没了腰"的佳话。为恢复和发展渔业生产，嫩江省政府水产公司设在大赉，郑康任经理。当时长白铁路中断，大赉产的鱼运不出去，积压多，浪费大，于是他们动员街道居民大量腌咸鱼干，供应前线部队。为供应前线和减少外运量，省水产公司于1948年在大赉城办起罐头厂。郑康同志和其他同志共同努力，克服种种困难，在毫无近代工业基础的条件下，因陋就简地办起近代企业，这是大赉县第一个开创性的事业。

大赉县南部多是洼地平原，形成大片荒地草原，土改后那里的畜牧业恢复发展得很快，草原上奔驰着成群的马、驴、骡、牛、羊。海坨区的省、县牧畜业劳模孟宪福一家，养马37匹、牛17头、羊70多只。全县牧畜土特产品收入占农业总收入的30%—40%，西南部地区占的比重还多些。

农业、渔业、牧畜业等的迅速发展和人民生活的不断改善，推动了城镇工商业的发展，木匠、铁匠、皮匠、纺织等手工业，车店、客栈、饭馆、布店、油房、烧锅等食品服务业，以及交通运输业，都很快恢复和发展起来了。大赉当时就是水旱码头，有长白线铁路，有通往黑龙江和松花江的老坎子码头，因此成为农副产品的重要集散地。1948 年县里成立供销合作社，各区、乡、村陆续成立供销分社或供销点，为沟通城乡物资交流，发展城乡贸易，建立起了新的社会主义性质的流通渠道。

1949 年 1 月，我接张梅溪同志任大赉县委书记。两个月后，党中央召开了七届二中全会，提出党的工作重点由农村转入城市，随后东北局又传达了确定"经济建设是今后压倒一切的中心任务"的指示。这时，大赉县归黑龙江省管辖，在省委书记张启龙同志主持下，省委确定县以下党委的具体工作方针是"城乡兼顾，农业为主"。大赉县委坚决贯彻这个方针，在继续抓紧农村工作的同时，加强了对城镇工作的领导，以发挥城镇对农村的主导作用。首先是从组织上加强了县委、县政府机关和经济、文化工作的领导机构，正式成立了工、青、妇等群团组织，并配备了相应的干部。城镇里的企业、文化、教育、卫生等事业也有了进一步发展，成立了粮库、电业所、书店、电影院、防疫站等。这些都为新中国成立后进一步恢复和发展国民经济打下了基础。

（编者对回忆录原稿删节后，经任尚琮同志审阅定稿）

1990 年 5 月于长春

记忆犹新的东北经历

骆助　王一杰

　　1946 年 2 月，那是东北最寒冷的季节，气温一般都在零下 20 摄氏度以下。为了协助地方上开展反霸清算、剿匪和建立政权工作，组织决定从部队抽调干部到地方工作。骆助在部队是搞民运工作的，熟悉地方工作，组织上便决定他带一些同志到大赉县工作。大赉属于科尔沁草原，是典型的北大荒，地广人稀。北风呼啸，大雪漫天，野兔、山鸡、狍子成群结队出没，在松厚而洁白的雪地上留下许多爪印，给人一种未经开发的荒蛮感觉。

　　大赉人性格豪爽粗犷，因日常的用水中含盐碱成分多，很多人的牙齿都是黄的。在日本帝国主义统治的 14 年里，广大的劳动人民在政治上、经济上一点自由也没有。谁对伪满和日本统治稍有不满，就以政治犯和国事犯论罪，送进监牢，严刑拷打，甚至处死。还要当伪国兵，伪国兵不合格的当国兵漏子——也叫勤劳奉仕，还有劳工。勤劳奉仕和劳工是很苦的，多半是在国境边上劈山挖洞，搞军事工程。日本人怕泄露军事秘密，一旦工程结束，便将施工的人就地消灭。

　　经济上的压迫也非常残酷。农民几乎要将收获粮食的一半无偿地交送伪政府，名曰"出荷粮"。农民可以种小麦和水稻，但一粒都不准吃。吃了就是经济犯，要罚款坐牢，此外还有许多苛捐杂税。农民吃不饱穿不暖，过着牛马般的生活。

　　伪满时期，包括大赉县在内的东北广大农民，受着地富、伪官吏和日本帝国主义的三重压迫。日本投降后，丢掉了两个压迫，还剩下封建地主的压迫。本来，广大的贫雇农与地主的阶级矛盾是十分尖锐的，如同干柴一般一点即燃。可这把火又不易点燃，群众很不好发动。为什么呢？是因为有些反动地富与土匪勾结起来，形成很强大的武装势力，打击工作队，打击贫雇农中的积极分子，于是基本群众对我们不托底，担心我们站不住脚、长不了，因而采取观望态度。针对这个客观情况，我们决定把反霸清算和剿匪工作同时开展起来。

　　骆助先是在大赉城东南街搞反霸清算，后来又被派到西大洼区任区委书记兼区长，同时到该区的有吴益生同志。到这里主要是开展反霸清算工作。

土匪经常来骚扰，跟我们有过几次规模较小的接触和战斗。到了5月，春耕刚要开始时，县委召开会议，是吉江省委副书记刘彬同志传达中央"五四指示"精神。刘彬同志在抗战时期担任盐阜地委书记，他见到骆助很高兴，决定让他参加县委工作。此后便把大赉、安广合并为赉广县委。骆助负责海陀、平安和苗沼3个区，重点抓苗沼的开辟工作。为了工作方便，还兼区委书记、区长，黎光同志任副职。还有从西大洼带来的几个骨干力量，其中有副区长杨春甫同志，有民主建设学院的同志等。区委设在郑家窝棚，那里曾是伪村公所。

苗沼广际而荒凉，周围有许多高高的黄沙坨子，到处是白花花的盐碱地和银光闪闪的大碱泡子，是赉广县著名的土匪窝。

我们访贫问苦，发动群众，召开贫雇农代表会，积极开展减租减息和反霸斗争。这样，我们这伙人就成了地富反坏和土匪们的眼中钉、肉中刺。他们暗中密谋，一心要把我们这根钉子拔掉，于是，双方展开了激烈的斗争。

一天，副区长杨春甫到下面开展工作，走到一个大盐碱泡子附近，突然窜出一伙土匪把他捉住，审问和拷打了他。杨春甫一口咬定不是副区长而是行路人。土匪拿不出根据，对他没有办法，只好放了。又一天，突然传来消息说苗家围子被土匪包围，我们非常震惊。苗家围子地处海坨和郑家屯中间，我们原以为那是个安全的地方，因此派了孙义海、杨哲文等9位同志在那儿工作。想不到狡猾的土匪会来这么一手。那里一旦失守，损失不堪设想。形势十分紧迫！我们一面通知县大队，一面组织区自卫队去支援。部队很快赶到并把土匪包围起来，经过一阵激战后，土匪的枪声忽然停了。部队缩小包围圈进行搜索，土匪连影子都没啦，原来土匪在响窑内挖了个洞逃跑了。区自卫队队长李鸣十分气愤，带着十几个人追击去了。民主建设学院来的杨彪同志年轻勇敢，在几次打击土匪的战斗中都表现很好，但有一次由于对敌人估计不足，以为土匪不会很多，实际上有上百人，尤其对土匪的狡猾性认识不够，陷入敌人在董家围子附近一个小屯设下的埋伏，不幸被俘，英勇牺牲了。为了给杨彪报仇，也为了纪念他，苗沼自卫队改名为杨彪大队，经常出击扫匪，打了好几个胜仗，消灭了许多土匪。

斗争越来越激烈。我们在反霸清算、减租减息的基础上开始土改，划分成分，成立农会、妇女会和儿童团，组建民兵，群众进一步发动起来了。我们的斗争口号是"砍倒大树有柴烧，紧紧依靠贫雇农，一切权力归农会"。对地富先是开展诉苦、分地分房斗争，然后是挖浮财。有些顽固的地富分子将金银财宝和贵重物品转移或埋藏起来，贫雇农很气愤，把他们带到群众大会上斗争。对不肯坦白交代浮财的，斗争更进一步，直至交出浮财为止。有的守财奴至死也不肯交出来，于是实行"扫堂子"行动，把地主富农扫地出门。总之，斗争如火如荼，十分激烈。

敌人是不肯承认失败的，妄图做垂死挣扎。有些逃走的地主富农与地方土匪和国民党"降大杆子"勾结起来，对土改工作队、农会干部进行残酷的报复。1947年8月，县委在平安区召开会议，忽然接到电话报告，说我们的苗沼区委被土匪包围。我们立刻要返回苗沼，县委书记张学文同志说县委要开会，只同意黎光同志赶回去。黎光走后我们非常不安。没过几个小时又得到报告，说黎光同志已牺牲。听到这个不幸的消息，我如五雷轰顶，几乎不能控制自己，便马上带着驻军骑兵团往回赶。赶到太平庄遇上一副担架，抬的就是黎光同志。我们下马一看，他并没有牺牲，而是右胸负了重伤，我们松了一口气。经过包扎，立即派人送往大赉城。由于抢救及时，他的伤后来治好了。原来那次是国民党"降大杆子"三四百人占领了苗沼的一个响窑。黎光同志带十几个人赶到时正是夕阳西下，晚霞把响窑四周的青纱帐映照得通明。黎光他们不了解敌人的实力，十几个人跳出青纱帐包抄上去。敌人在响窑的炮台上透过霞光，把他们看得很清楚，把黎光看得更清楚，因为他穿了一套新四军的军服，非常显眼。敌人首先朝他开了枪。敌人都是马队，发现我们骑兵团后立刻逃窜，骑兵团尾追了两天直追到乾安也没追上。事过不久，端基屯区区长骆汉书同志的警卫员叛变，使骆汉书和马殿元同志惨遭杀害。骆汉书平日不拘小节，爱睡懒觉，警惕性不高，自己的大小枪支都交给警卫员携带。对他的麻痹大意，我曾经说过，可他认为群众已发动起来，农会已成立，阶级阵线分明，没什么危险。他的警卫员是当地人，十七八岁，大高个，暗中早与地富和土匪勾结起来了。一天，他突然向骆汉书报告，说在江边一个小房子里发现几个土匪。骆汉书听后没有仔细思索，便带几个人冲了过去。他在前，警卫员在后，刚到小房子附近，警卫员便猛然开枪将他打死。枪声一响，早就埋伏好的土匪立即包抄上来。随同骆汉书去的马殿元同志带人边打边撤，后来撤到附近的屯子里在炮楼上与敌人对打，最后只剩马殿元一人了，敌人呼喊叫他投降，他不声不响继续还击，打完最后一颗子弹仍不投降。敌人用秫秸把炮楼围起来点燃了。一时间浓烟滚滚，呛得马殿元喘不过气，把头探出去想换口新鲜空气，敌人突然开枪击中他的头部，他壮烈牺牲了。我们愤恨已极，派部队追剿敌人，为战友报仇，消灭了许多土匪，但我们也有伤亡，其中骑兵八旅陈连长英勇牺牲。在此前后牺牲的还有东发区区长周华同志，县大队政委任尚琮同志也负了重伤。我们的革命工作是艰苦的，流血牺牲，是革命斗争的需要。后来我们镇压了一些顽敌，有一家父子三人当土匪与我们顽抗到底，我们捉住后全部镇压了。

由于土改彻底，贫雇农分到了房子、土地、牲畜和车辆，经济上得到实惠，政治上也彻底翻了身，由奴隶变成主人。再加上消灭了土匪，社会安定，政权巩固，广大的贫苦农民对共产党一片欢呼。中青年农民积极要求参军，保卫胜利果实，消灭蒋介石，解放全中国。一时间，当地形成了一个父送子、妻送郎的参军热潮，壮大了人民军队；我们还组织担架粮草支援前线，为以后的几大战役、为解放全中国做出了应有的贡献。同时，我们为建政和建党做了许多工作。

在土改过程中，为了纯洁干部队伍，也为了打消农民的顾虑，我们曾进行过整风整队、交权审干等工作，对家庭出身不好的同志和知识分子的审查相当严格。入了党的送党校审查，有的送回老家考验，有的在当地批斗，还有的被农会点名要走批斗，把所谓出身不好的干部搞得人心惶惶，效果很不好，影响了团结大多数干部的目的。1949年春，在齐齐哈尔进行土改工作总结时，也存在过火行为：一是划分成分时把许多富裕中农和中农划成富农，扩大了打击面，侵犯了中农利益；二是侵犯了工商业，把一些民族工商业者甚至手工业者当成了斗争对象；三是乱打乱杀，个别地方工作队掌握政策不严谨，或因群情激昂，把某些不该打的人打了，不该处死的人处死了。总结以后，我们进行了纠偏。

1947年春，出现了大饥荒，人们普遍没粮吃。为了消灭"中央军"，打倒蒋介石，大家把仅有的粮食首先送到前线，后方的干部和群众吃糠咽菜，最困难的地方甚至吃掉耕畜充饥。针对这一情况，我们一手抓土改复查，一手抓生产自救，组织互助组打柴、熬碱，莳弄好庄稼，由于群众情绪好，响应党的号召，很快解决了生活出路，度过了灾荒，扭转了形势。

我们记忆中还有一场可怕的灾难，至今历历在目。当时天气阴雨连绵，鼠疫、霍乱像一阵风吹遍了赉广大地，上百上千地夺走人的生命，真比战争还可怕。据说这是日本侵略者研究细菌留下的祸根。得鼠疫的病人先是腋窝起疙瘩，然后发高烧，不过7天便死去。霍乱更可怕，上吐下泻，不过1天即死。赶车的老宋头，早晨进城送人，晚上回来一阵吐泻便躺倒再没起来。郑家窝棚的老李家，十多口人死得只剩一口。有的小屯全部死光。先死的人有棺材，有木箱，后死的用苇席卷，一车一车地往坟地里送。死尸遍地，臭气难闻。为了防止病毒蔓延，我们停止了生产，停止了

工作，帮助老百姓消灭瘟疫。

1948 年夏秋之际，骆助被评为模范干部，出席辽北省模范干部会议，受到陶铸同志的表扬和鼓励。前方战事发展很快，胜利消息不断传来，后方的支前工作更加繁重，运送军粮、动员新兵、组织担架，干得热火朝天。辽沈战役胜利后，上级准备组织南下干部大队。本地各级一把手基本不动，主要抽调副手南下，要求配备能够领导一个县、一个地区的整套班子。我们被编在九大队一中队，中队长姓李，指导员是康子文；小队长姓冯，骆助是支部书记。

离开安广县时徐根书记在酒厂请我们吃饭，吟诗为我们送行。离开战友，离开相处几年的群众，心里很不是滋味。1949 年 5 月 23 日，我们南下干部大队告辞了齐齐哈尔市，告辞了可爱的东北，踏上了征程。

回顾往事，记忆犹新。1958 年 11 月趁着带领佛山地委文教参观团去北京学习的机会，我们又回到了长春。1981 年 8 月在中央党校学习后又一次回到长春、大赉。1985 年 9 月大安县召开党史座谈会时，许多老同志相遇。1985 年底刘希平同志去世了；1986 年 7 月张学文同志不幸在海口去世，1986 年 8 月再到长春时老同志都怀念他；1989 年 8 月回长春，听说郑济州同志突然去世，心里很难过，从此再没回去过。

1990 年 4 月 26 日

回忆在乾安、洮安的工作

袁宝华

我1946年3月到驻郭前旗的东北民主联军吉江军区工作，同年6月，吉江军区撤销，我被分配到乾安县任县委副书记兼县长。1947年3月，改任县委书记。1948年2月，调至洮安县任县委书记至1948年10月。

在这两年多时间内，我有近两年的时间是在乾安县，亲历了乾安县根据地建设的大部分过程。乾安县，1946年6月以前隶属吉江省委、吉江行署、吉江军区。吉江省委、行署、军区撤销后，同月于洮南建立了辽吉省委、辽吉行署、辽吉军区，并同时于郭前旗组建辽吉第三地委、辽吉区第三专署、辽吉军区第三军分区，乾安县隶属辽吉三地委、三专署。同年秋后，辽吉二、三地委（专署、军分区）合并，称二地委（专署、军分区），乾安县又隶属辽吉二地委、二专署。1947年9月，乾安县从二地委、二专署划出，直接隶属于辽吉省委和辽北省政府。1948年1月，辽吉省委在白城子成立省委后方工作委员会；2月，省政府于白城子成立后方办事处，乾安县又由省委后工委和省府后方办事处领导。

我从郭前旗到乾安，是1946年6月，在那里担任县党政领导的近两年时间里，工作千头万绪，但回忆起来，建设根据地的工作，主要有如下三个方面。

第一项工作是剿匪。乾安县地理位置偏僻，远离铁路线，便于土匪窝藏。日本投降后，土匪便在四处兴起，打家劫舍，抢劫民财。后来，随着国民党东北专员长春办事处的建立，当地一些敌伪残余、反动地主与土匪勾结，按照国民党的指令，把这些土匪收编为反对我党我军的政治土匪，即所谓国民党"光复军"。当时全县共有这样的匪绺20余股，人数达1000余人。他们经常袭击我人民政权，杀害我党政军干部。特别是我军从四平、长春撤退后，土匪活动更加猖獗。1946年6月2日，乾安境内千余名土匪全线出动，围攻乾安县城。当时我守城县武装大队只有100余人，加上机关干部也不足200人，而且武装弹药很少，但是县委发出了"军民团结一致，坚决抗击土匪，誓死保卫县城"的口号，坚持战斗了5天，到军区派部队来支援，打散了土匪，保住了县城。事后，我们进一步加强县大队、区村自卫队建设，配合军分区部队剿匪。到1947年，境内大股土匪已

基本肃清，共剿灭匪绺 23 股，捕获匪首 63 名，处决 42 名，其余则判刑和管制。由于肃清了土匪，所以巩固了根据地，也保卫了土地改革成果。

第二项工作是抓土地改革。乾安县当时占农村人口 72%的贫雇农，只占有耕地总面积的 3.3%，占农村人口 5.7%的地主，却占有总耕地的 88%。土地的高度集中，加上高利贷盘剥，使贫苦农民苦不堪言，对土地的要求非常强烈。我 1946 年 6 月到达乾安之前，县委已领导全县进行了锄奸反霸、增资减租，使人民得到了一些利益。6 月初，因土匪作乱，许多区政权遭到破坏。在击溃土匪后，县委又派出工作队下乡恢复区政权，并进行锄奸反霸、增资减租的扫尾工作。7 月，各区、乡政权和武装大队已普遍恢复，县委开始贯彻"五四指示"和东北局"七七决议"精神，抽调大批干部下乡发动群众，县委领导分头到基层蹲点，在全县开展了大规模的清算分地运动。通过清算分地，我们打击了农村的封建势力，削弱了地主阶级的经济优势。但是，这个阶段工作搞得还很不彻底，一些地方群众没有真正发动起来，大权还控制在地主隐藏在农会的代理人手中。农民不敢要地，白天分东西，晚上又给地主送回去，存在明分暗不分的现象。为消除这一弊端，在省委、地委领导下，乾安县自 1947 年 2 月起，进行了"煮夹生饭"运动。在这一阶段，我们首先抓纯洁组织工作，保证区、乡政权和村、屯农会掌握在人民手中，解决某些地方存在的"农会不清，干部不好，地主威风在，干部'满洲'派，狗腿子上了台，穷人起不来"的情况，使贫雇农真正当家做主。其次，发动群众倒苦水，挖穷根，启发阶级觉悟和斗争要求，与地主撕破脸皮，展开面对面的斗争，使土改真正成为人民自觉自愿的行动，变假分为真分，做到"人到屋，马到圈，地到手，粮到口"。另外，我们还挖分浮财、挖分地主藏匿的财宝等。乾安县的土改，后来还经历过一些阶段，虽然也出现过偏差，比如，某个时期打击面过宽了，侵犯了中农利益等，但总的来说，这场伟大的斗争在这里彻底消灭了几千年来的封建土地所有制，使农民真正翻了身，不仅获得了土地，而且成为主宰农村的主人，这是任何过失也抵销不了的最根本的胜利。

乾安县委重点抓的第三项工作，是动员人民参军参战支援前线。乾安县当时是大后方，是根据地腹心的一部分，是解放战争的兵源地、战勤地，因此县委认为，支援前线是责无旁贷的。1946 年 10 月，县委动员全县 320 多名青年参军。1947 年 1 月，县委又发出《关于参军动员工作的指示》。仅 1 个月时间，又动员 700 余名青年参军，超额完成上级下达任务的 21%。翻身农民高唱着"翻身不忘本，参军打老蒋""父母叫儿打'中央'，妻子送郎上战场"的歌曲，形成了干部带头参军、妻子送夫参军、父母送子参军的生动局面。到 1948 年，全县共参军 3500 多人。那些年，战事频繁，战勤任务也重。县委领导全县人民有人出人，有物出物，有钱出钱，不断将各种战需物资运向前线。自 1946 年到 1948 年 3 月，全县共出动过战勤担架 1698 副、担架队员 10188 人，点全县总人口的 1/8 左右。共出动战勤大车 3644 辆、战勤民工 10649 人。为支援东北解放战争，乾安县做出了应有的贡献。

1948 年 3 月，我离开乾安，被调到白城子任洮安县委书记。到洮安后，正赶上辽吉省委后工委发出指示，指出了后工委各县（旗）土改中出现的带有原则性的错误，主要为"打击面过宽""侵犯中农"等。根据后工委的指示，县委领导全县农村纠偏反"左"，重划阶级，缩小打击面，补偿中农。进入 4 月份，土改运动基本结束。4 月 11 日，后工委书记喻屏同志在洮安县第三次农民代表大会上，号召农民"扫除顾虑，劳动发家"，于是，洮安全县展开了以多开荒、多种地、种好地，勤劳发家为中心的大生产运动，涌现了不少劳动模范。6 月，全县召开劳模大会，奖励了劳动模范。

1948 年 8 月，洮安县由辽北省划归嫩江省管辖。10 月，嫩江省委在白城子成立了省委分委会，任命我为分委会委员兼分委会宣传部部长，这样，我便离开了洮安县委。

1989 年 10 月

在乾安县工作的回忆

唐昭东

我原是晋绥军区部队干部，曾在1943年于晋西北兴、临二县参与半年地方工作。日本帝国主义投降后，我随林枫、吕正操、张平化三位首长率领的干部队伍到达东北。1945年11月下旬，我党、政、军组织撤出沈阳，我随西满地区干部到达新民县西高台子村。召开干部大会后，经张平化主任批准，由张雁翔同志分配我到郭峰同志带领的地方干部队，赴吉黑边地区开辟工作。于是，我们这个干部队的10多名同志由新民县出发，经法库县北上，曾在梨树县城、榆树台、怀德县等地停留，沿途协助各县做些地方群众工作。1946年2月上旬，我们到达吉黑边地区的郭前旗，由新组建的吉江省委和驻军吉黑纵队的领导同志，将我们同时到达的10多名干部分配到所辖各县去接收政权。

1946年2月13日，在郭前旗，由吉江省委副书记顾卓新、吉黑纵队副政委郭峰、吉江行署民政处处长张昭三位领导对我和张建同志当面谈话，分配我任乾安县副县长，代理县长职务，张建同志任乾安县委书记兼县大队政委。当时由张昭同志写的任命令，1984年我回乾安时，已将给我的任命令提供给县里复制存档。谈话时，郭峰同志向我们交代了工作任务，大概的意思是理直气壮地接收县政权，开始可设法麻痹上层人物，但要提高警惕，注意阶级斗争；要尽快组建武装，深入基层了解情况，积极发动群众，清算和打击敌伪势力，建立农村革命根据地。我们就是根据这些指示精神，结合乾安县的具体情况，来安排各项工作的。

我们于2月14日搭乘吉黑纵队运送给养的胶轮大车赶到乾安，同去的只有张建同志带的警卫员吴贵祥（后改名叫吴良，听说在沈阳）、副队长何凤斌和马夫关占龙。我们到乾安县不久，吉江省委又分配10多名部队干部到乾安县，如李玲同志等。

我们到乾安的当时，县里有一个临时组织，叫应变支援委员会，也就是所谓"治安维持会"，代行伪县政府的职能。伪满时期民愤较大的人，在苏联红军进驻后都逃走或隐匿起来。这个委员会的头头，都是旧社会的官僚地主，如曹恩槐主任、贾鹏飞大队长、殷殿功副大队长等。他们在1945年冬组建了地主武装，称乾安县保安大队，有400多人，全有武器，装备成骑兵，其成员多是地富子弟、护院的长工和伪满的警察、大兵等。"治安维持会"及其保安大队，是我们接收和改造的主要对象。这伙人的头目很反动，我们到乾安后就听说，我长春市地下党干部刘健民同志曾率吉长部队（新组建的）到乾安县接收和扩军，把一个连的武装和营部留驻乾安县城，由应变委员会供给粮饷，时常发生矛盾，后被反动头目崔作智等人秘密策划，把武器缴械，将干部杀害，伤亡几十人。崔作智等人后来又去肇州为匪。所以对这伙人的接收和改造，是一场尖锐而复杂的斗争。

我们在接收伪县政府的过程中，对伪职员采取了区别对待的政策，那些没有罪恶又靠近我们的人，就留用下来。原应变委员会内有一个叫朱涤非的，约40多岁，曾任过西关完小教导主任，家住县城内西北区，当时未发现他有任何反动问题，便作为社会贤达、知识分子看待，也是把他作为中间联络人使用。伪县政府文书股长栾斯维比较爽直，要求进步，向我们反映了很多情况，掌握着全县的文书档案，当时我们没有合适的人代替，就把他团结过来工作。农林科有一个副科长，大学文化，我们把他作为专业技术人员留下来，在使用中观察。乾安县在伪满时是个穷县，经过战乱后已没有什么财产可以接收，但是需要用钱兴办的事很多，只好临时筹措。就拿我们的生活来说，当时都是供给制，只带来10多天菜金，新增加的人员也需要供给。县委、县政府的人都要工作、吃饭，用钱就靠县商会筹款支援。当时的商会会长是中药铺掌柜的，叫任子洲，是河南人，老家靠近抗日根据地，比较开明；副会长是西烧锅经理，叫张翰卿，有点奸猾。他们从当时的形势出发，慑于我们的压力，在经济上还是给了不少接济的。

我和张建同志到乾安后，经初步了解情况，即邀请县里各方面有影响的人士七八十人开会，宣布接收县政府，挂出了乾安县人民政府的牌子，会上宣布了我们的任命并到职视事。同时，本着党和人民军队的宗旨、毛主席《论联合政府》报告的精神、抗日根据地实施的各项主要政策，我们阐述了人民政府的施政方针，主要是反奸清算、剿匪、减租减息，恢复工商业，团结知识分子办文化教育等，以安定社会秩序，发展经济，广开财源。但是，接收伪县政府不是宣布一声就能解决问题的，接着就是改组县政府的机构和搞掉反动地主武装。可是我们苦于没干部，只能把旧班底中那些表现较好的人借用来支撑县政府的工作；让那些原来的头面人物回家，听候调遣。我与张建同志共议之后，对地主武装原县保安大队通过谈判协商，动员他们回县，当时允诺原建制不动，由县上筹措粮秣供给他们军饷，组织他们学习共产党、八路军抗日根据地的政策，统一归县政府指挥调动。归县管理以前，他们队伍内部已自行调整，人员有所减少，有的回家保护自己的庄园去了。经过我们一段时间的说服争取工作，有一定成效，算是把他们收拢起来了，驻扎在县城西关外烧锅酒厂附近。官兵原封未动，只是把省里调给县上的我们的部队干部派进去当教官和分队指导员。一方面组织他们学习军事，学习政治；一方面派他们剿匪，维持社会治安。是真还是假，看他们的实际行动。这个县大队的原大队长贾鹏飞是个老兵痞，有五六十岁。据他自己说，他和东北军军阀莫德惠是磕头弟兄。我和他接触较多，本着尊重长者的原则建立了信任感情，深入了解他的历史和表现，他把自用的好马和手枪交给我，表示相信共产党、八路军。实际上，这是在相互麻痹。我们对派进保安大队的干部做了专门的嘱咐，要求他们提高警惕，广交朋友，处好关系，了解内部人员情况。与此同时，我们派李玲同志任县公安局副局长，并带两三名干部筹备成立县公安队，组建自己的武装。为了解决财政干部问题，我们向省委要来了杨梓南同志任县财粮科长。杨梓南是郭峰同志青年时代的同学，伪满时是一般职员，为人正派，做事稳妥。在此期间，我们把西关完小恢复起来，教师得到就业；又把已破烂的县医院修复开业，干部有病，战士剿匪负伤，市民有病，有了医疗护理的地方；还拟恢复变电所和筹办县立中学等（伪满时县上没有中学），基本上完成了省委交给我们的第一步任务。

我们到乾安县不久，吉江省委在三四月份又给乾安县派来两批干部，由此看出省委对乾安县的工作是十分重视的。先一批是周时源同志（他原是新四军某旅参谋长，是抗大学生）负责带来的从抗大毕业的老干部，约30名，其中经过长征的老红军就有18名。他们都有带兵打仗的丰富经验，但缺乏地方工作经验。吉江省委和吉江行署任命周时源同志为乾安县县长兼县大队长，我仍任副县长。周时源同志分工管县大队，组织剿匪，维持治安，我仍分工管县政府日常工作。重大事情由张建同志主持召开县委会讨论，集体决定，日常工作随时商量。随周时源同志来的干部分别派进各部门各单位。谢焕庭同志任县委组织部部长（不久又调回部队）；董家义同志任县公安局局长，并同去几名干部充实公安局和公安队；陈辉明同志（长征干部）到让字区、兰国栋同志去所字区任区长区委书记；还有几名干部被派进县大队，大队部和各分队都有了党的干部作为骨干，我们的力量加强了。另一批是唐克和王枫同志带来的40名排以上干部，他们是新四军三师留在开鲁县任职，开辟工作不久，又随部队撤出北上到吉江地区派到乾安县来的干部。省委为加强县里的领导力量，决定由唐克同志任县委书记，张建同志改任县委副书记兼县大队政委，周时源和我仍任县长、副县长。随唐克一起来的同志，分别派到各部门做负责人，王枫同志任县建国会会长，他爱人杨虹任城关区委书记；盛辉同志任县公安局第一副局长；唐克同志爱人曹怀礼任县医院院长；王奋同志任县政府民政科科长，后来把教育科合并进来，任民教科科长；周鼎同志任县税务局副局长；杨激中同志到邻字区、乔克明同志到赞字区任区长区委书记；等等。至此，县直各部门和各区多数都配备了从关内来的老干部，各项工作都相继展开。

自第一批干部到后开始，我们就在县城街道和靠近县城的区、村召开一些和群众直接见面的会议，宣传共产党和人民政府的各项政策，特别是努力为贫苦劳动人民服务，关心人民的疾苦，帮助群众解决问题，并鼓励群众敢讲话，敢提意见。通过寻找访问，了解到过去受过苦难有冤仇的群众，就让他们申诉自己的冤仇，动员他们起来清算敌伪时代受到的苦难。我们一方面了解情况，一方面组织可能的救济，并相应地建立群众自己的组织，物色积极分子，培养骨干，代替过去街道村民组织，如西烧锅院长工郭薪仲同志（现住铁岭市）就是这个时期经过培养发展的党员。1949年，他在康平县三区任区长，还组织了救国会筹备小组，组织伪满国高学生搞文艺宣传队等。后来几批干部更加深入细致地做群众工作，直到解除县保安大队武装以后，我们才进一步公开大胆放手地发动群众开展清算斗争运动。这样，我们党和人民政府的形象，在基本群众中就初步树立起来了。周时源同志和唐克同志带来两批骨干力量，则加速了我们对县保安大队的改造和各项群众工作的开展。

1946年4月，蒋介石撕毁停战协议，在东北战场上，派其主力部队沿中长铁路北犯，占领开原、昌图后进攻四平。我军保卫四平市一个月后，为保存有生力量，主动撤出。不久，我军又相继撤出公主岭、长春和吉林。随着战局的变化，东北各县的地方武装由南向北亦开始变化。有的脱逃，有的叛变，还杀害了我们的不少县、区干部。乾安县的保安大队虽经过一段时间的改造，但在新的形势下，他们内部也发生了变化，剿匪消极，有的暗中和地主武装和土匪窝主勾结，所以必须抓紧时间解决县保安大队问题。我们县委、县政府领导的观点是一致的，要抓县保安大队的改造，必须抓武装建设，这是第一位的任务。没有自己的武装，县政权是无法存在的，工作环境潜伏的危机也不能解决。鉴于乾安县以前有过血的教训，从当时的形势变化考虑，我们认为必须先下手搞掉县保安大队这支旧武装。当时乾安县城有主力部队一个步兵连和两个骑兵连，大约在4月底，在向吉江省委请示的同时，我和张建到驻军建立联系，经与驻军领导协商，我们得到了他们的支持。团政委黄佑陵同志和一位教导员给我们很大帮助，我至今还保存着黄佑陵同志的照片。他当时还给我派了一名警卫员，叫韩芳庭。在驻军主力部队的监护配合下，张建、周时源同志主持召开了县大队军事会议。我们邀请分队长以上干部集中到县政府事先安排好的一个屋子里，听张建做政治报告，布置我们派进去的干部同原保安大队的干部交叉同坐一席，由几个警卫员在室内外招待和警戒。我们按照事先约好的行动呼号，同时动手，把分队长以上的头头全部解除武装，当即关押进县监狱。与此同时，我带几个干部到了西烧锅院内，集合全体战士讲话，按事前安排，利用战士徒手听讲的机会，将原保安大队全部战士的武器收缴，并向他们宣布收缴的理由和以后的处理政策。我们还给有工作联系的区通报情况，对那些不可靠的人也收缴了武器，重新组织武装力量。这就清除了我们应付形势变化的隐患和开展群众工作的障碍。对扣押起来的人，随后逐个进行审查，根据情况分别进行处理，没有罪恶或罪恶不大的释放和安置，罪大恶极有血债的继续关押在县公安局，经过群众大会公布罪状判刑或处决。我们还为追悼过去牺牲的同志，修建了烈士纪念塔。

1946年5月末，唐克同志和我到郭前旗，参加吉江省委和吉江行署召开的会议，内容是进一步发动群众，清算敌伪势力，深入减租减息，建立健全群众组织等。会议期间我们还参加了追悼"四八"烈士大会，西满分局副书记黄克诚同志在大会上讲话，动员全体干部战士和广大群众，紧急行动起来，反对蒋介石发动内战，粉碎国民党军队的进攻；号召大家艰苦创业，建立农村革命根据地，坚持斗争。在这次会议上，由唐克同志引见，我认识了刘震司令员、吉江省委副书记刘彬和吉江行署副主任宋乃德等同志。

5月下旬，国民党军队占领了长春市和农安、德惠县城，并活动到松花江沿岸。乾安县境内地主武装勾结土匪又猖狂起来，他们企图偷袭和围歼王枫同志蹲点的道字区政府。县委在6月1日晚得到情报后，马上由周时源同志带领一个骑兵连前去接应，把王枫等同志接出来。我们的人员刚走，区小队就叛变了，区政府留下的工作人员也只好隐蔽起来。县委决定，为了保存干部，由远到近，将县内各区的干部相继撤回县城。最后只剩下靠近县城的邻字区还在坚持斗争。这时，我们的主力部队大部分都撤到北满地区整编，驻乾安县的主力部队也撤到松花江以北整训。我们县、区重新组成的武装力量很弱，而地主武装与土匪勾结得很快，先后又有六个半区小队叛变，聚集1000多人围困和骚扰县城。在土匪围困县城之前，县委决定派我带一个骑兵班到郭前旗向吉江省委汇报，请求援兵。援兵未到，县城被围困四天四夜，县城内就靠100余名干部、200来人的县大队和两个烧锅工人组织起来的城区纠察队，守住了城池和邻字区以及西关外烧锅。这场斗争，不仅是一个军事上的胜利，更重要的是一个政治上的重大胜利，很得人心。

我到郭前旗向郭峰同志汇报县上情况时，没有主力部队可调动支援，正赶上长春、农安和刚撤销的德农三县的干部战士数百人，撤到郭前旗即将整顿，遂决定组成长农县临时工委，书记为董雨航，副书记韩清泉，他们原是长、农二县的主要领导干部。郭峰同志叫他们随我到乾安县暂住。到乾安县后，由县委给他们介绍了全县的情况，由县上供给他们粮秣，安置他们在兰字区境内驻下，休整和总结工作。住了一段时间，战争形势较稳定，后来在分区部队的协助下，他们重返长春、农安县境内，组成了长农县委和县政府，坚持边沿区的斗争。

乾安县城被围困四天四夜后，由于军分区部队和长、农二县的同志赶到，县上以及各区的形势逐步改观，围城的土匪溃散，我们便利用这个机会，在军分区部队的配合下，由周时源、张建等同志带领县大队，在全县主要的区、井打游击，镇压反动势力，清剿土匪，搞起了一次政治攻势，有力地支援了各区开展工作。这次政治攻势影响较大，全县境内虽然还有零散股匪的骚扰，但多数区已安定下来，恢复了各项正常工作。通过这次事件的考验和锻炼，我们对县、区武装进行了整顿和充实，特别是抓了区小队的武装建设，有的进行了重新组建，使县、区武装达到了政治上纯洁可靠。

为了解决县、区财政问题，我们把全县各地伪满仓库的存粮收归县上所有，但数量不多，除了用于救济贫苦群众外，主要用作机动军粮。我们还收购了大户存粮，开了两个烧锅和粮米加工厂，以解决军需民用。有些区、镇也恢复了小型作坊、商店，开始组织为群众生产生活服务的供销社。我在晋西北兴、临二县老根据地工作时见过执行的较好的一些经济政策和做法，所以介绍到乾安县来宣传和实施。我与唐克同志研究制定了征收土地税的办法，按土地所有者占有土地多少，实行统一累进税的税率，拟在县上实施。我被调到长农县工作后，又与县财粮科科长程琳、刘佩等同志将其进一步完善，在前沿游击区实施，秋冬数月也有很多收入，以补充县财政，大部分上缴专署。

大约是1946年6月中旬，辽吉三地委书记郭峰同志亲自到乾安县检查工作，传达上级指示，并看望在兰字区休整总结的长农两县的干部战士。他向县委提出，要进一步放手发动群众，让群众自己解放自己，建立自己的组织农会等。群众掌握了自己的命运，有了枪杆子、印把子，就会进一步清算敌伪反动势力。所以我们要建立自己的武装，消灭土匪和还乡团等地主武装，深入减租减息，引导农民分粮分地。郭峰同志还指出，县、区干部应握枪上马，变成武装工作队，上马是军队，下马是政府，宗旨是保护群众的利益，为群众服务。乾安县虽然没有受到国民党主力部队的进攻，但有地主武装的袭击，有的区几经反复，正说明郭峰同志意见是对的。在分区部队的协助下，只有武装力量机动灵活作战，清剿土匪，县、区干部才能依靠群众进行公开和隐蔽的斗争。实践使我们认识到，没有武装，政府就无法存在，至于说到发动群众、减租减息、分粮分地等工作，也只能是走形式了。

自县城解围并在全县武装剿匪和反霸以后，在地委、专署和军分区的领导和支持下，乾安县的工作进入一个新的阶段，特别是发动群众工作做得比较好，参军支前都曾受到过上级的表扬。

大约是 1946 年六七月间，地委派袁宝华同志到县里工作，任县委副书记兼副县长。随后唐克同志和我同时调离乾安县，唐克同志任专署供给处主任，我去长农县任副县长。1946 年冬，长农县委派我到乾安县，向辽吉二地委（这时三地委并入二地委，长农县由三分区改属二分区）汇报边沿区斗争的情况，听汇报的有辽吉二地委的领导郭峰、杨易辰、赵雨农、李都等同志。这次到乾安县才得知，周时源同志已在我走后调回主力部队，由王晓天同志接任县长，当时还和晓天同志交流过前后方的情况。

以上是我对乾安县接收政权和工作过一段时间情况的简要回忆，因时隔 40 余年，遗漏和差错是难免的。这个时期先后在乾安县工作过的老同志，除周时源同志已病故之外，还有张建、唐克、袁宝华、王枫、王奋等同志健在，有些情况还可以请他们来回忆并给予指正。

1988 年 8 月于北京

建立乾安县革命根据地的回忆

——访问王枫同志的记录

1945 年 8 月 15 日日本帝国主义投降后，根据中共中央军委命令，新四军三师师长兼政委黄克诚同志率领 3 万大军从江苏进军东北。三师先后解放了通辽和开鲁两县，并在当地建立了人民政权。嗣后，继续北上，1946 年 3 月到达郭前旗。

吉江省委、吉江军区决定将乾安设为建设巩固根据地的重点县之一，省委副书记刘彬同志向我们介绍了情况。他说："2 月份，乾安已派去了第一批干部，你们这一批干部，除南阶池同志留郭前旗之外，都将派赴乾安。"当时我们提出要求到新开辟的地方去，省委领导讲，乾安地处四平、长春、齐齐哈尔和哈尔滨四大战略要地的中心地区，在那里建立巩固的革命根据地，最适合我们发展。因此，在当时干部很少的情况下，乾安前后派去两批干部（绥德抗大的红军干部和新四军三师工作团）共 80 多人，其中老红军干部 20 多人，抗战时期的干部 60 多人。

1946 年 3 月初，我们到了乾安，省委决定，乾安县委员会由 5 人组成：唐克任县委书记，张建任县委副书记兼县大队政委，周时源任县长兼县大队长，我任组织部部长兼民运部部长，唐昭东任副县长。三师工作团成员中，还有盛辉任公安局局长，王奋任民政科科长。县委决定由我领导三师工作团，首先在城区发动群众。在城区内，工作团派出四个工作组，组织市民、农民开展清算斗争，清减租息。我们领导城关区南烧锅工人和丁掌柜进行了面对面说理斗争，并当场罚款、兑现，对群众最痛恨的特务、地主、恶霸、匪首进行了严厉镇压。1946 年 4 月 19 日，民主政府枪毙了日伪特务、土匪刘金和，特务股股长监督警尉孙成志。5 月，又处决了劳工大队副大队长王伯熙和伪乾安街长张万钟。在 4、5 两个月的清算斗争中，清算日伪"配给组合"等 27 家敌伪残余，获得斗争果实有：粮食1600 石，豆油 6000 斤，酒 2000 斤，盐 26113 斤，大盒火柴 3624 盒，花旗布 49 匹，现金 27.7 万元。我们在领导街区的斗争中培养出了一批积极分子。县委办了培训班，我亲自给他们上党课，主讲党史和军史，引导和教育积极分子树立我党我军必胜信心，在县委领导下，为实现党的"七大"提出的各项任务而奋斗。"五一"前夕，城关区民主选举工人代表，召开工代会，成立了总工会，下辖 11 个工会，有会员 1049 名。县委在对敌斗争的积极分子中直接发展了第一批党员，有十几人。县委决定，新党员曲悦诚、陈发、苏德春、王相臣、穆双林、杨国顺、泮铁匠等 8 人参加区委，在外 8 区担任副区长、农会副主任等职务。各区区委相继建立，8 个区都组建了区大队，有武装人员 500 人左右。

全面发动群众的工作刚刚展开，时局却发生了突然变化。"5.23"长春撤守后到端午节之前，8 个区中队有 5 个先后叛变。为了保存干部，县委决定，除鳞字区坚守待命之外，其余各区干部都撤回县城。我去道字区开会，传达县委指示，决定把不可靠的区中队留下，我们的干部撤回。当天晚上，所字区叛变的人已到了道字区老迟家前村，在那里召集道字区几家大地主开会。所字区叛变的武装已受国民党委任，与老迟家等几户大地主串通一气，准备天亮前动手，把我们抓起来。有一个姓王的小商贩得知情况后，连夜跑到县城，向我爱人杨虹报告了这一情况。幸亏周时源同志带人及时赶到道字区，通知我们连夜撤回，叛匪扑了空。

几个区中队叛变后，叛匪勾结胡匪约 1000 多人围住了乾安县城。他们疯狂叫嚷要困死、饿死、打死八路，至少从乾安赶走八路，我们的对策是死守乾安城，四门封闭，组织群众坚决抵抗叛匪和胡匪进攻。县委和工作团干部把守北门和西门，县政府、公安局同志把守南门和东门，城关区工人和群众也组织起来，日夜巡逻守卫城关。当时鳞字区派出送信的一个同志被胡匪打死，城内也派出几个人去送亲笔信，找部队增援。叛匪和胡匪围困县城的第六天，主力部队从郭前旗开过来，给我们解了围。

区中队叛变，胡匪围城，对根据地革命政权是一次血与火的考验。经历这次考验之后，县委总结经验教训，决定把重点放到农村，再次下乡，深入发动群众，建立可靠的武装和基层政权。我们 6 月份二次下乡，先到了赞字井，赞字井大地主毕忠升，外号"毕二懒"，不让工作队进村，顽守土围子，县大队派出一个连攻破了土围子，枪毙了恶霸地主毕忠升，没收其全部财产，分给赞字区和城关区群众。打了一个"毕二懒"，震慑了别的区的地主，工作队下去时，再没有遇到阻碍。根据中央"五四指示"精神，县委抓了土改试点，发动群众反奸清算，解决土地问题，没收恶霸、汉奸和敌伪资财，重新组建了各区人民武装。经过一段时间的工作，各区、村建立了农会，从 6 月到 8 月，有 9800 多户农民加入了农会，全县分土地 58379 垧，其中大部分是青苗，还分了房屋、牲畜，收缴了枪支弹药。各区中队总计有 600 余人，村屯自卫队有 1479 人，配备各种枪支1100 余件，县大队人员和武器也得到了补充。各区政权恢复了，各村屯的旧政权组织全部被摧毁，建立了可靠的基层政权组织。二次下乡，从深入发动群众起步，在斗争中建立政权和武装，使我们站稳了脚跟，壮大了力量。是年9月18日，全县第一次农工代表大会召开，进一步总结经验，培训干部。这一时期的民运工作，受到了辽吉三地委的充分肯定，地委领导刘彬、郭峰同志给县委写信，赞同我们的做法，并提出要在三地委各县推广乾安的做法和经验。

1947年3月8日，县委召开了第二次农工代表大会，在县城广场举行农工代表大会开幕式和鲁中胜利祝捷大会。群众载歌载舞，踩高跷，扭秧歌，会场锣鼓喧天，欢声笑语，非常热闹。县委书记袁宝华、县长王晓天讲了话，二专署专员章云龙也到会并讲话。这次会议上提出了深入斗争，"煮夹生饭"和动员群众发展生产等项任务。1947年3月，我任县委副书记，主要负责县委组织工作和民运工作。

"煮夹生饭"时，我在道字区搞试点，了解到前一时期的民运工作在有些地方存在着工作不细、干部不纯、斗争不深入等问题。道字区大地主迟振邦是个老奸巨猾的恶霸地主，他表面上拥护我们，又千方百计笼络人心、蒙骗群众，伪装慈善，暗地里勾结土匪、策划叛乱、欺压群众。第一次斗争没有完全揭露他的伪善面目，政治上没有彻底打倒他，致使农会中竟混入地主狗腿子，暗中替"迟善人"办事。所以当时我总结出几句话，叫作"地主威风在，干部'满洲'派，狗腿子上了台，群众起不来"，斗争不深入，不彻底，群众不觉悟，怕变天的思想严重，一心一意跟我们的人少，处于观望的人多，留后路嘛！当时城关区、鳞字区经过考验好一些，边缘地区差一些。县委根据这一情况，举办干部训练班，让大家评议，一个区一个区地评，干部首先互相检查批评，评出了斗争模范，也评出了干部中存在的问题，还清洗出去一部分坏干部。道字井的支部书记姓孙，参加了叛变活动，勾结老迟家，给地主办事，"煮夹生饭"时查出来了，开除党籍，清洗了出去。这个姓孙的问题搞清楚了，又进一步暴露了"迟善人"的伪善面目，群众也纷纷起来揭露迟振邦的罪恶。我们写了一篇道字区发动群众揭掉地主慈善伪装的长篇通讯，在当时的《东北日报》上登载了。我们在经济上打倒地主阶级，还要在政治上打掉他们的威风，穷人才能真正翻身解放。当地有个贫苦农民，取名叫刘大哭，旧社会受压迫剥削，吃不上穿不上，老婆都被人霸占了。工作队和农会使他们夫妻团聚，又分给他们土地和耕畜。我给他改了名，不叫"大哭"，叫"大喜"，我告诉他，咱穷人翻身了，大哭的日子结束了。这个刘大喜翻身不忘本，成为斗争积极分子，后来又报名参军上了前线。

正是在砍挖运动时期，乾安县大部分村屯开始相继流行鼠疫。这种病蔓延很快，患病的有 2200 余人，死亡 2141 人。闹鼠疫时，城关区四门紧闭，道路封锁，各区之间也实行封锁。当时，我和爱人杨虹（城关区委书记）都在城关区。城关区 4 个城门外都挖了大坑埋死人。有不少户全家都死了，人死了都没人敢往城外运，于是县里统一组织人往出运。警卫排战士小石子被派出运死人，结果染上鼠疫牺牲了。疫情严重，又没有什么药物防治，我们只好采取些土办法，组织群众搞隔离，防跳蚤。干部到各镇，都穿上皮靴或长布袜，扎紧裤腿，坚持开展工作。疫病严重死人较多的 60 多个自然屯，土改斗争停止了几个月，集中力量搞防疫。尽管受到鼠疫的冲击影响，但从全县看，第三次强攻仍然取得了重大胜利。开展工作的 213 个屯中，在区干部带领下，对地主逐个斗争，逐户深挖，形成了男女老少齐动手的局面。地主藏在烟囱、炕洞、粪堆等许多隐匿地方的财物都被挖了出来。挖出的财宝价值 13 亿元，其中金 3.9 斤、银 533 斤，布48500 尺，衣服 41400 件。涌现出斗争积极分子 2700 多人。

从 1946 年春到 1947 年底，两年中党组织不断发展壮大，由最初的几十名老党员，发展到 395 名党员，党的积极分子达 2900 余人，县、区、村干部达 1100 多人。

关于干部问题，县委一直坚持依靠并积极扩大地方干部队伍。不依靠地方干部，根据地就建立不起来。总工会建立时，委员大部分是当地干部，各区区委中都有地方干部。各区、村农会干部怎么选拔？当时，我们在县农工建国总会办的《乾安县农工报》上提出了 5 项条件：

1. 敢斗争，敢算账，不溜须拍马；
2. 不怕死，敢打中央胡子；
3. 不专权，不摆架子；
4. 能吃苦，肯干活；
5. 办事公平，不贪污。

有了这几个基本条件，然后由贫雇农去选，所以地方干部都是从斗争中经过考验产生，逐步成长起来的。在 1947 年辽吉省委党内刊物上，我曾发表过如何发展和培养地方干部的文章。县委书记袁宝华同志在省委召开的会议上也介绍了这方面的工作经验。我军"三下江南""四保临江"战役期间，县委根据上级指示，扩大了干部队伍。县委下设 3 个工委，城关、赞字、安字 3 个区为一个工委所辖，书记杨虹；鳞字、让字、阳字区为一个工委，书记杨激中；所字、兰字、道字区为一个工委，书记兰国栋。各区委内又相应选拔配备了一批干部。到 1948 年春，县区干部已基本形成了以地方干部为骨干，以斗争中培养的积极分子为后备力量的阵容。县委先后调出 200 多名有丰富斗争经验的老干部和经过考验的新干部，到前线、到新开辟区去工作。

在解放战争中，乾安这个只有 8 万多人口的小县，经过前后 6 次扩兵，参加主力部队 3300 人，参加地方部队 225 人，参军人数占青壮年总数的 32%；出担架 778 副，大车 1800 台，战勤民工总数达 3 万余人（次），占总人口 40% 左右。同时，还筹集调运大批军粮、军草等物资，有力地支援了解放战争。

出干部、出兵员、出物资，一切为了战争和革命。根据地军民节衣缩食，艰苦奋斗，终于迎来了胜利的一天，迎来了新中国的诞生！

40 多年过去了，根据地人民留给我的深刻印象，和那一段如火如荼的斗争岁月，每每使我追思不已，难以忘怀。

（根据 1989 年 4 月访问王枫的记录整理）

为把郭前旗建成根据地而斗争

——王央公、南阶池谈话摘记

在东北解放战争时期，郭前旗①是洮南根据地的组成部分，是整个西满根据地的东大门和前哨阵地。现将当时担任旗委书记、副书记的王央公、南阶池同志的回忆谈话摘录出来，供同志们了解当时的革命斗争情况。

王央公同志于1980年7月在北京对前郭县史志办的同志回忆说：

我是1946年2月到1947年3月在郭前旗担任书记工作的，共计一年多时间。对于34年以前的情况，现在回想起来还记忆犹新。我们到郭前旗时，苏联红军正准备撤走，铁路还没拆除，很多日本人留下的种马、酒罐等正在装车，准备用火车运走。我们是坐火车经白城子转到郭前旗的，火车站由苏联红军守卫着。下火车后找到苏军司令部交涉，他们不准我们驻扎在郭前旗，要我们驻扎在扶余。后来才知道，此前苏军被土匪袭击过，对我们不了解，事先也没有联系，有点害怕。原先决定我在扶余县负责，但没有多久，苏军从郭前旗撤走了，组织上又决定我到郭前旗负责。当时郭前旗有个旗政府，有个治安队，乌勒吉布彦任旗政府主席，陈达利任治安队队长，各区组织也建立起来了，社会秩序很好。那时县委不公开，我任旗政府副主席，就以这个名义开展工作。我们去的干部只是少数几个人，在我去之前，黎晓初、田铁军等同志已经先到了。后来又陆续到了一些干部。我们不是一下子就铺开一个班子，是陆续加强起来的。

我到之后，就分析形势，分析特点，研究如何开展工作。对形势进行分析后，我们认为：虽然政权已经建立了，但旗政府的头头和办事人员，除乌勒吉布彦和少数几个进步分子之外，多数是日本人豢养的蒙奸，是伪满的残渣余孽和伪满职员，治安队队长陈达利是伪满时期的一个警察头头，是警备队队长。这些人很不可靠，但考虑到民族政策问题，还不能一下子踢开，要团结共事，要进行教育改造，解决问题也要讲方法步骤。在

---

① 郭前旗，今前郭尔罗斯蒙古族自治县（简称"前郭县"）。曾用名"郭尔罗斯前旗"，曾是"哲里木盟十旗"之一。

日本宣布投降后，郭前旗建立了一个大同会，经了解得知，大同会是我党地下工作者刘健民同志帮助成立的一个蒙古族进步青年的群众组织。于是，我们就有意识地在大同会里培养革命青年，因而接触到高万宝扎布、孙殿忠、土拉固尔、赵旭、厚和、包正全、包文明等人。这些青年依靠共产党的心情迫切，而且朝气蓬勃，思想进步，想干一番事业，能吃苦，也勇敢，有很多优点。根据毛主席的一贯教导，我们认为在郭前旗开展工作，必须依靠这些青年，必须培养本地的民族干部。开始，我们从关内来的干部很少，就是一个工作队，还是住在老百姓的家里，经常找他们了解情况、讨论问题，一起共事。这样一来，我们在思想上就逐渐明确了：已组建的旗政府必须改组，治安队和区政府必须整顿，必须充实新鲜血液，以蒙古族进步青年顶替日伪残余势力。根据党的民族政策，我们诚心诚意地培养这些青年，逐步将其充实到旗政府、治安队和区政府里。在一些重要的部门，由关内来的老干部或汉族干部任正职，由他们当副职，起码也要有蒙古族青年参与工作。这些蒙古族干部，分别安排到各部门去，得到了实际锻炼，进步很快。在实际工作中，我们以身作则，光明磊落，同蒙古族青年一同共事，相互信任，相互依赖，工作就顺利展开了。

当时开展工作，有利的方面是我党在群众中有了一定的影响，虽然这种影响不深，但总算有点基础，尤其是大同会建立之后，蒙古族青年中确有不少人是相信共产党的。伪满洲国统治期间，各族人民深受压迫，他们渴望解放，特别是进步青年，他们迫切盼望翻身，是可以理解的。但是不利的方面也要看到，我们到郭前旗不久，国民党军队就占领了长春，进攻到靠山屯、哈拉海，直到农安和郭前旗的边界线上；原来在郭前旗还有国民党的县党部，所谓的蒋校长弟子及其他国民党党员还不少；掌握治安队的陈达利、包清俊很不可靠，随时有叛变的可能；在全县境内还有千把土匪，经常扰乱社会治安。另一方面，我们的主力部队已经北撤，剩下的地方武装不多，力量很弱。在这种情况下，又处于敌人进攻的前沿，要想不被敌人消灭，就必须向敌人发起进攻。只有进攻，才能保住政权，保住生命。对此，大家都清楚，蒙、汉族干部认识完全一致。怎么办呢？唯一的办法是组织革命武装，把基本群众武装起来。当时，黄克诚同志是西满分局和西满军区的负责人，于是，我们给他写了一封信，派人到齐齐哈尔领回一部分枪，组建了一个县大队。另一方面就是由黎晓初、高万宝扎布等同志处理陈达利、包清俊等人，掌握治安队。

逮捕和处决陈达利等人，是整顿治安队的开始。我们事前摸了情况，向吉江省委做过汇报。吉江省委书记刘震、副书记刘彬、行署主任郭峰、军区参谋长罗彪等都参与领导和指挥了，并且是由吉江军区下令解决的。在旗政府楼上开会时，治安队里的两种力量几乎动枪打起来，省委领导当机立断，把陈达利调到军区，按照事先安排迫使其缴械并将其逮捕，接着又逮捕了六七个坏家伙。而且在逮捕他们的第二天，就把他们拉到旗政府的东边枪毙了。这里还有个问题，就是不能再用对付陈达利的办法去对付包清俊，因为他在西荒小庙子，根本不靠我们的边，所以酝酿好长时间也没动手。西荒那里有个牧场，高万宝扎布、黎晓初同志带领部分队伍借口放马，解决马草问题，和包清俊"搞"到一起了。他们麻痹包清俊很长时间，但未抓住机会就一直没动手。这时，驻农安县的国民党军队要进攻，陈达利的一部分亲友要卷土重来，包清俊也要率部动手，因此，不先干掉他们，我们就会被干掉。我们必须采取紧急措施对付包清俊。这时我正好带警卫员去大老爷府（今乌兰图嘎），因为是青纱帐最旺盛的季节，还发水，又闹霍乱传染病，经与骑兵团的同志研究，决定找机会解决包清俊的问题。事也凑巧，有一天包清俊带几个警卫人员去嫖娼，晚上就住在一个大喇嘛家里。我们当晚就安排十几个人去了，叫开大喇嘛家的门，说是给包副团长送情报，就顺利地进屋了。这么多人进屋，难免有动静，有的警卫员惊醒了，包清俊也有点发觉，他们在被窝里摸出枪，有个警卫员开枪打到了房顶上。我们去的人早有准备，当即把他们打死在炕上，包清俊死后，我们对他带的部队进行了改编，由高万宝扎布讲话，愿干的留下，不愿干的把枪和马留下，人可以回家，都不伤害。这部分部队改编了，再加上此前改编的陈达利的那一部分，合并成为一个真正我党领导下的蒙古骑兵团。最初是黎晓初当政委，以后由高万宝扎布当政委，上级还派来一位那团长。后来又派一部分干部到这个骑兵团，多数是蒙古族青年，也有一部分汉族干部，如政治部主任阎平波等。蒙古骑兵团在陈达利当团长时有一部分是坏人，他们是伪满的警察，但那时又有我们革命的蒙古族青年在这里边做工作，这部分人是革命的。解决了陈达利、包清俊以后，就全成为革命的，完全是我党领导下的一支部队。骑兵团打土匪多次，也牺牲了一些人。这就是当时的真实情况和过程。

县大队成立和蒙古骑兵团整编以后，我们的力量就大了，境内的秩序能够维持，土匪也不那么猖狂了。这时县里的主要任务是搞清算，清算敌伪残余势力，清算敌伪财产，建设人民民主政权，改善人民生活。在建设政权中，重要的是组建旗政府，培养民族干部，打击土匪，提高蒙、汉族群众觉悟。只有这样，我们的政权才能巩固，工作才有基础。这段工作，叫经验也好，叫成绩也好，回忆起来，具体有这么几件事：

（一）坚决贯彻党的路线，贯彻党的民族政策。依靠少数民族干部，郭前旗的工作得以顺利开展，为我军主力"三下江南"作战和坚持前哨阵地的斗争打下了基础。这期间，郭前旗的老百姓支援前线出了力量，做出了贡献。这是党的领导、党的民族政策的胜利，是蒙、汉族人民团结一致，尤其是蒙古族青年干部成长起来的结果。

（二）这段工作为土改打下了基础。因为蒙古族干部已培养起来，蒙、汉族干部团结一致，让蒙古族干部在前边干，有利于土改，所以，在郭前旗的土改斗争中，蒙古族干部掌握得很好，打击面不大。那个王爷府管事的叫白玉周，抽大烟，剥削百姓，民愤很大，让蒙古族老百姓打死了。我们还在八郎斗争了民愤很大的地主陈万才，一般的就没有斗。当然，汉族富农比较多，也有二地主，这部分人也是打击的对象。

（三）真正按照党的民族政策，培养出一批可以信赖的蒙古族青年干部，如高万宝扎布、吐拉固尔同志等。他们中有一部分一直在郭前旗坚持工作，我调走后，有一部分调到内蒙古自治区工作了。经过多年的考验，尤其是"文革"的考验，这些青年是可以信赖的，是比较成熟的。"文革"期间不少蒙古族干部遭到迫害，却没有怨言，照常工作，不断激励自己前进，可不简单啊！在"文革"中，郭前旗对大同会进行调查，到上海找我写材料，我清楚当时的情况就给证实了，免得这些青年受迫害嘛！大同会是我党领导下的群众组织，培养出不少蒙古族青年干部，在郭前旗开展工作，他们成了中上层骨干，做出了很大贡献。另外一条，也是很重要的，就是作风要民主。我们党内主张民主集中制，要有正确的民主作风。那些蒙古族青年干部，有缺点错误，要耐心帮助和教育；当他们觉悟以后，就要大胆使用他们，信任他们。在郭前旗建设政权和打土匪的过程中，蒙、汉族干部都付出了相当大的血的代价，牺牲了一些人。有个警卫员叫钱兆祥，还有两三个人，在建设武装的时候牺牲了。现在的洪泉公社，就是以一位牺牲的同志命名的。还有个蒙古族小伙叫胡力套皋，打农校时牺牲了。还有些同志，都为革命付出了代价。

南阶池同志于1981年9月在前郭县委召开的老干部座谈会上回忆说：

在今天的集会上，我们回忆过去，总结自己的经验，很有必要。我在这个地方工作的时间很长，留下的印象很深。那时，农安、哈拉海是敌占区，我们这里处于前哨阵地，环境比较艰苦。在敌我斗争尖锐、工作环境

艰苦的岁月里，共同工作的同志生死与共，并肩作战，一心一意做工作，取得了革命的胜利。

我们这些同志是 1945 年末或 1946 年初来的，大部分是 1949 年离开的。从 1945 年末到 1946 年 3 月，我们党派大批同志来到郭前旗，组建县委大致是阴历正月。那时候赵渊同志在吉江省委工作，黎晓初同志是最早来的，我是以后带着一个有 30 来人的工作队来的，有周守成、刘荣、李祥林、阎平波、车友民等同志。以后又增加了工作队，分 4 个点开展工作，有吉拉吐、新庙、王府、城区。周守成同志在吉拉吐担任工作队队长，以后建立区委，任区委书记。刘荣同志在城区。阎平波、车友民同志在王府。李祥林同志在新庙。在向省委汇报工作时，省委指示伪旗政府要保留，人员不动，我们可以做副职。因此，王央公同志就任副旗长，亦称副主席，旗长（主席）是乌勒吉布彦。当时还有个蒙古骑兵团，直接归军分区指挥，黎晓初同志是政委。对这支部队，当时是采取团结、教育和改造的政策。还有一个大同会，是青年革命组织。在郭前旗这个少数民族地区工作，必须团结这部分人，民族政策掌握不好，我们是站不住脚的。

我们到郭前旗后，开始就是清算敌伪残余，以后是搞土地改革等运动。在斗争实践中，我们注意了民族政策，开始分地时，蒙古族地主的土地暂时没动，蒙古族群众给分好地，无论做什么工作都先争取蒙古族干部同意后再进行，大同会的包文明很赞成这一点。当时公开的组织是翻身会，县委没有公开。大同会和翻身会是两个联盟，我是翻身总会的会长。对大同会，主要是通过进步青年晓波、正全、厚和、孙殿忠、包文明等开展工作，贯彻党的民族政策。我们注意在大同会、翻身总会、旗政府里发展党员。根据省委指示，在蒙古族青年中发展党员，要求可适当放宽一些。那些蒙古族青年入党后，进步很快，提拔得也很快。县委有了蒙古族干部，各项工作开展得很快。后来，内蒙古认为郭前旗的工作开展得早，就从这里要干部。第一批是晓波同志带头，去了 30 多人。第二批要县一级的干部，厚和同志去了。第三批是赵旭同志带去的。以后因工作关系，又去了一些地主出身的蒙古族干部，"文革"中还有人找我算账，说把地富送去了，是革命的吗？我说是革命的，不革命能送吗？至于说以后变没变，那我不知道。

这个地方的武装斗争也是很激烈的。当时共有 14 个区，其中有 13 个区到过"降大杆子"和土匪。那时候，农安县就是国民党占领区，我们还准备撤退（厚和插话：县委已经撤到四家子）。共产党能不能站住脚，当时不是没有疑问的。陈达利是骑兵团团长，他要叛变，就让黎晓初给收拾了。对骑兵团进行改造后，我们的武装就发展壮大起来了。当时不搞武装斗争，我们就站不住脚。有武装的地区也出现过问题，西部地区的刘泰珠牺牲了，王府区区队长叛变，整个区队都跑了，东三家子的周郁叛逃后被我们抓回来枪决了。在新庙区，土匪把钱国平同志打死了，现在的平凤公社，就是为纪念钱国平同志命名的。还有钟维波同志，才18岁就被打死了。我们从中吸取教训，总结为一条，就是当时我们的力量小，群众没有发动起来，所以我们在斗争中受了一点挫折。

土改开始以后，大批同志陆续来了。那时主要是搞阶级斗争、武装斗争。当时守成同志是宣传部部长，当时没有学校，没有医院，文化比较落后。我们一边搞土改，一边成立兵站，组织战勤，支援部队南下。郭前旗的战勤工作搞得很好，还得过奖旗。部队从前线回来，我们到王府去慰问。那个时候，在郭前旗工作的同志，冒过不少风险，流血的也不少。当时的斗争很激烈，这与当时的历史情况有关系。同志们提出写回忆录，总结过去的经验教训，是很有教益的。

回顾在郭前旗战斗的岁月

赵　渊

1946 年 2 月，组织上派我到郭前旗工作，担任旗委副书记兼组织部部长，其间曾调去吉江省委和辽吉三地委工作了一段时间，1947 年 1 月又回到郭前旗工作，直到东北解放。这段时期的工作，主要是发动群众建立根据地，具体工作有剿匪、清算、建政、土改、生产，以及组织和动员群众支援前线等。40 多年过去了，回顾当年的岁月，回忆起郭前旗人民那种轰轰烈烈斗争的动人场面和感人事迹，内心常常激动不已。在这里，仅就开展武装斗争和支援前线两个方面的情况，做个简要的回忆。

一、松花江畔的武装战斗

郭前旗是松花江畔一个美丽富饶的地方，也是蒙汉族人民集聚的县份，后改名为前郭尔罗斯蒙古族自治县。抗战胜利后，郭前旗人民有翻身求解放的愿望，但反动地富、恶霸土匪、日伪残余警宪特等反动势力纠集在一起，招兵买马，占山为王，网罗了千余人的反革命武装，成为国民党先遣队。他们疯狂地屠杀我党干部，残酷地镇压革命群众，破坏生产，抢劫财物，使革命力量一度遭受很大损失。

郭前旗委在吉江省委刘震、刘彬和后来的辽吉三地委、二地委郭峰、杨易辰等同志的直接领导下，发动蒙汉族人民群众，组建人民武装，胜利地开展了剿匪武装斗争。从 1946 年 2 月起，人民武装力量从无到有，从小到大，至 1947 年 6 月，已发展到近千人，有力地打击了敌人，保卫和发展了革命成果。在发展地方武装的同时，我们在 1946 年秋季发动群众报名参军，组成了一个团；1947 年又发动 1267 名青壮年参军，按照要求训练后送往前线；1948 年再次超额完成动员参军任务。3 年中，我们共动员 3000 多名青壮年参军，奔赴前线，曾受到各级领导的表扬，领导一致称赞郭前旗的兵有觉悟，素质高，为解放战争胜利做出了贡献。

在组建地方武装的过程中，队伍内部曾混进了一些敌对分子，他们为革命造成了损失。为了纯洁革命队伍，在吉江省委的直接领导下，旗委果断地处理了陈达利策动的叛变事件。陈达利（蒙古族）是伪满警备队长和惯匪头子，打过我们的民主联军，被我军打掉一个手指头，曾得到其主子的赏识，被任命为治安队队长，在我们收编组建蒙古骑兵团时任团长。

1946年初吉黑纵队进驻扶余、郭前旗之后，纵队副政委郭峰同志十分关心蒙古骑兵团的工作，他认真调查情况，经常同旗委书记王央公、骑兵团政委黎晓初等同志研究整编方案，一直到1946年6月4日（农历五月初五）决定镇压叛变首恶分子陈达利，赢得了蒙古族同志的拥护和称赞。在陈达利等人被处决之后，为了稳定骑兵团，进一步争取教育大多数，分化残余的反动分子，把二营营长包清俊提为副团长，随后将全团开赴至西南部小庙子村一带进行整训。但是，残留在骑兵团内部的以包清俊为首的反动分子本性不改，敌对情绪严重。郭峰同志又冒着风险深入骑兵团，配合黎晓初、高万宝扎布等党的干部开展工作，与部队一起行军，召开会议，做形势报告等，使多数指战员受到教育，提高了政治觉悟，从而使骑兵团及时果断地解决了包清俊等人的叛变问题，就地枪决了包清俊等首恶分子，纯洁了骑兵团内部。在此期间，我们又发动贫苦蒙古族青年参军，输送青年干部，充实骨干力量，使骑兵团成为军分区的一支重要武装力量。

在组建和整顿骑兵团的同时，我们还着手建立旗和区的武装力量。旗里有两个骑兵连大队，各区有20人左右的小队和三五十人的乡武装力量。我们还发动群众，组织各乡进行自卫联防，布下天罗地网，使群众看到了自己的力量，增强了必胜的信念和斗争的勇气。我们通过联防，积极展开剿匪战斗，安定了人心，保卫了土改运动，保卫了生产。

南阶同志池和周守成同志于1946年4月在套乎太指挥的一次战斗，打得机智勇敢。这次战斗，是蒙古骑兵团一部和区乡武装力量的联合行动。当时周守成同志在套乎太召开群众大会，准备镇压一个恶霸分子，地主勾结土匪反动武装包围了会场，冲散了群众，企图救出人犯。在十分紧急的情况下，我们当即处决了那个恶霸分子，并组织武装对土匪进行反击，把敌人包围在一个村子里，准备全歼这伙匪徒。但是，狡猾的敌人利用地形熟、天黑等有利条件，突围逃跑了。这次战斗，王连国同志光荣牺牲，还有一位同志负了伤。我们虽然没有达到彻底消灭敌人的目的，但打击了敌人的气焰，显示了人民武装的威力，增强了群众的信心，使人民群众懂得了拿起枪杆子的重要性。

康兴区长和岳从滨武工队长指挥的高家围子战斗，得到了群众的信赖和领导的赞扬。1946年冬季，据到敌占区了解情况的群众报告，国民党一支地方武装正在往敌占区抢运粮食，人马住在高家围子。康兴、岳从滨等同志经研究，决定派武工队前去袭击。当晚，我们兵分两路出击到高家围子，敌人发觉后顿时惊慌失措，大喊快跑，便狼狈逃窜，有的骑着马从大

门往外跑，竟撞在门框上摔下马来，真可谓惊弓之鸟。通过这次战斗，群众更加信赖我们，领导更加鼓励我们。郭峰同志这时已调往辽吉省委工作，他曾赞扬武工队的同志有不怕牺牲、勇敢作战的精神。

深井子区委书记阎正儒指挥了一次战斗，也把敌人打得落荒而逃。那是1946年7月的事。当时有200多名土匪将区政府包围，由于我们事先有准备，把区干部和民兵组织起来还击，又有土围墙和岗楼等工事做掩护，土匪没有攻进来。在对战中，白风林同志一枪把土匪头子打死，敌人失去指挥，乱了阵脚，争先恐后地逃跑了。

康兴区长在东巴里嘎指挥了一次战斗，将一股土匪驱出旗境。1947年4月的一天，有位群众报告说："东巴里嘎有一股土匪约20多人，骑马持枪在干坏事，全村人都不准出来，我是从后墙跑出来报告的，这股敌人还要到乾安去。"这个村子离我们驻地不过5华里，大家对地形都很熟悉，村后有个不高的小土丘山，只要占据这个小山包，就可以控制全村。为了解村里敌情，骑兵团的一位同志自告奋勇骑马冲上小山包，接着大队人马也冲上了山包，抢占了有利地形。但村里的敌人仍利用土围墙做掩护进行顽抗，我们边打边派人去调旗大队一个连增援，边命令东三家子武工队去敌人逃路处设伏。我们的火力压住了敌人，敌人却死守据点不出来，直到天黑，敌人才带着一个重伤号逃跑了。我们的田福显同志也负伤了。旗大队骑兵连赶到后，配合武工队把这伙土匪追到农安县境内，途中抓住一个匪徒就地处决了。这次战斗结束了西部地区敌伪反动武装骚扰，土匪再也不敢来送命了。

赵旭同志在卡拉木指挥的一次战斗，以少胜多，打得英勇顽强。卡拉木与农安县接壤，属边沿地区。我们为了坚持开辟工作，在村里组织了民兵武装，并建了围墙、地道及不同形式的工事，随时准备迎击来犯之敌。一天，国民党收编的土匪武装"高团"和"张团"，共有几百人包围了卡拉木村。赵旭同志指挥几十个民兵和乡干部，利用村里的工事进行了顽强的抵抗。战斗足足打了一整天，敌人死伤多人，当增援部队旗大队赶到时，敌人就吓跑了。赵旭同志是旗委派到区上工作的最年轻的蒙古族干部，当时不过20岁，指挥得很好，沉着机智。打了一天，我们的民兵一直斗志高昂，而且无一人伤亡。这一仗打出了名声。

王府地区的一次战斗，一举歼灭土匪200多人。王府地区是和敌人直接对峙的第一线，战斗比较频繁。1947年5月，我们追踪几天的一股作恶多端的土匪驻扎在王府地区前柳条屯。一天中午，根据群众提供的情报，我们找到一名从敌人那里回来的土匪，经过教育，他请求饶恕，并答应为我们做事。当即我们写了一封劝降信，让他送到土匪那边去，但土匪顽固到底，没有一点投降的表示。于是，我们郭前旗大队和长农县支队联合行动，在两位负责人陈志本和张春迎的统一指挥下，我们对这伙土匪进行了围剿。经过半天激战，敌人全部被歼灭，那些拒不放下武器的当即被击毙，那些被活捉的头头，在王府召开群众大会宣布罪状予以镇压，缴获的马匹分给群众支援春耕生产。

还有一些战斗也打得很好，如张梅溪同志指挥的大什门战斗，任大宗同志指挥的八郎战斗，杨章同志指挥的羊营子战斗等，就不一一赘述了。在与土匪的斗争中，我们也牺牲了不少好同志，如冯洪泉、朱鸣镐、钱国平、刘泰珠、钟齐波、高喜凤、扎木沙、金宝山等百余人，他们为开创郭前旗的工作献出了宝贵的生命，我们将永远怀念他们。

二、发动群众支援前线

郭前旗地处扶余、乾安、大赉、农安4县之间，距敌占区长春仅百余公里，而且境内有长（春）白（城）铁路贯通，是连接前线和后方的重要通道。如此之地理位置，支援前线的重要和战勤任务的繁重，是可想而知的。于是，我们从进入郭前旗接管政权开始到东北全境解放，一直承担着正常的支前任务和大战役的突击性支前任务。战争的胜利，首先是建筑在全民动员基础上的。当时，战斗十分频繁，而且规模越来越大，前线的大量物资需求全部靠后方的支援。但是，郭前旗同东北各地一样，曾受日伪统治14年，刚刚光复不久，土改只是开始，人民群众还没有完全摆脱地主阶级的压迫，生活还不富裕，又加上土匪等敌伪残余势力的骚扰，群众的生命财产安全时刻受到威胁，支援前线工作面临着许多困难。郭前旗的党政军民却迎着困难上，积极响应东北局和省地委发出的"一切为了战争胜利"的号召，为完成各项战勤任务，付出了很大的代价，做出了重要贡献。

为了适应支前工作的需要，我们在郭前旗设立了3个兵站，即新庙兵站、王府兵站和郭前镇兵站。这些兵站，经常为大部队筹粮筹款、安排吃住、组织民工、运输物资、输送伤员等。郭前旗各级政权组织普遍加强了支前工作的领导，许多区乡还成立了支前委员会，专门组织战勤工作。各级干部纷纷下到农村做艰苦细致的思想工作，深入发动群众，领导农民进行反奸清算、剿匪反霸、土地改革、发展生产、消除疾病等工作，群众的政治热情被激发出来，很快就出现了支前光荣、人人争当支前模范的群众性的支前热潮。

东北民主联军"三下江南"作战期间，郭前旗实施了总动员，所有的

领导干部不分昼夜工作在第一线，有的同志下乡去筹措粮食，有的同志到兵站组织军需物资的集中和运送。各区乡政权和支前机构紧急行动起来，成立了运输队、担架队、战勤队，日夜不停地把支前物资运往屯粮点和兵站。老人、妇女和儿童也都动员起来了，忙着磨玉米，做军鞋，烧水煮饭，救护伤员，修整道路，为来往部队安排住房、送信带路等。前方和后方，干部和群众，大人和孩子，大家都怀着共同的誓愿：一切为了前线，一切为了胜利。吉拉图和王府地区，是"三下江南"作战的前沿，当地群众省吃俭用、节衣缩食，为前方准备了大量的物资，哪里需要就送到哪里去。有时群众都做好饭，听说部队来了，自己不吃先给部队送去；部队要住下，群众腾出最好的房子；伤病员需要被褥，群众就主动献出自己的被子，充分表达了蒙汉族英雄儿女的心意。不仅如此，在支援前线作战过程中，还出现了许许多多的动人事迹。在王府负责粮食管理的工作人员牛玉民同志，为避开敌机的轰炸扫射，及时分散、转运和保管好粮食。听到敌人要进攻的消息，他沉着地组织群众，先后运出11万余斤粮食给部队。战勤民工刘玉拾到7.5万元钱，他不顾敌机扫射，冒着枪林弹雨追赶上部队，将拾到的钱如数送还部队。这种拾金不昧的精神，体现了人民群众对子弟兵的深厚情感。

正当"三下江南"作战激烈展开的时候，郭峰和杨易辰同志来到乾安县、赉广县和郭前旗检查支前工作。记得那是1947年1月的一天，我们一行人乘马车从乾安县出发，沿途看到处处有部队行军和驻扎，群众支前工作热火朝天，大家精神十分振奋。当天下午到了大赉，赉广县委书记兼县长张学文同志下乡了，一位副县长汇报了赉广县的支前工作，两位领导听了很满意，并予以赞扬。由于县政府里住满了部队，当时我们就住宿在距县城8里路的一个村子里。房东用高粱米饭款待了我们，大家吃得十分香甜。饭后，村干部和老乡纷纷来到我们的住处，有的坐在炕头上，有的蹲在地上，问前方的情况，谈村里的土改、生产和支前工作。他们异口同声地表示，只要是前线需要的，要人出人，要粮送粮，什么时候要，什么时候有，哪里需要，就送到哪里去。深夜，我们9个人同睡在一铺炕上，心情都很激动，久久不能入睡，都被群众的支前热情所打动，对胜利充满了信心。第二天一早，我们继续赶路，来到郭前旗新庙区，区长陆顺祥向两位领导详细地汇报了支前物资的筹备、群众情绪以及兵站工作等情况。两位领导听后表示满意，大家也再次受到鼓舞。我们感到群众确实发动起来了，比我们想象的还要好。这说明蕴藏在群众中的力量是巨大的，只要我们能做正确的引导，讲清道理，说明利害关系，他们就一定会付出支援战争的积极行动。

郭前旗的蒙、汉族革命群众，不仅在"三下江南"作战期间胜利地完成了支前战勤任务，而且在整个东北解放战争期间，凡是上级党委下达的战勤任务，期期超额出勤，次次完成任务。3 年间，全旗共出动担架 1390 副、大车 1387 台，运送了大批的物资、弹药和伤病员，为支援 1947 年夏季攻势开始的大反攻，一直到辽沈决战，都做出了很大的贡献。

每当我回忆起解放战争时期在郭前旗的战斗生活时，永远不会忘记曾驻扎在境内的人民子弟兵为消灭敌人和保护人民而创造的英雄业绩；特别是感激部队领导黄克诚、刘震、洪学智、曹里怀、郭峰等同志对郭前旗人民武装建设和剿匪斗争所给予的大力支持和援助；也永远不会忘记长农、长岭、赉广、乾安等县武装力量在共同作战中所做出的贡献。回忆起郭前旗党政军民总动员，开展前赴后继的剿匪斗争和轰轰烈烈的支前运动，心情总是难以平静，想起那些为人民解放事业而英勇献身的战友，想起那些勤劳勇敢的郭前旗各族人民，心里充满着敬意和怀念之情。今后我将继续坚持四项基本原则，坚持改革开放，拥护党的各项方针政策，继续发挥余热，做好力所能及的革命工作。

（编者将赵渊同志的两篇回忆资料合为此稿，并在文字上做了些删改）

1989 年 12 月 11 日于北京

对创建扶余根据地的回忆

——宋秋潭同志 1986 年 6 月谈话摘记

开辟扶余根据地的经过

　　1945 年 8 月日本投降，东北光复，当时我在江苏省的苏北地区工作。在抗日战争时期，我党对国民党实行的是抗日民族统一战线政策，日本投降以后，统一战线的目标变了，国民党公开反共。当时我党领导的是新四军、八路军、东北抗日联军，到日本投降的时候，东北处于咱们要来开辟、国民党也要来占领的一个局面。当时我党已控制华北大部地区，对东北，则要抢时间。我所在的部队是新四军三师，约有 4 万人。我们出发后在路上一边走一边打，收复了淮阴、淮安，然后才从华北出关往东北来，日夜兼程、披星戴月进入东北。那时咱们是用两条腿走路，美国则帮助国民党军，天上有飞机，海上有军舰，地面有汽车。我们一出关就在山海关打了一仗，按预计应该是先到山海关阻击国民党军队，可是国民党军队比我们早到了两天。他们有的是从秦皇岛坐军舰登陆的，有的是从其他港口来的，比我们到得早。这时候党中央就指示我们阻击国民党北进的军队。咱们当时派两万名干部、10 余万军队人员往东北进发。占领地区必须有干部，有了干部才能开辟工作。军队先到之后打开局面，要先把伪满的残余势力控制住，之后才由干部去开辟地方工作。那时有南满、北满、东满、西满几个地区。扶余县被划为西满地区，在中央统一方针部署下，我们进入西满地区。我们是新四军三师民运部的。我们的任务是开辟西满地区。师部司令员是刘震，他主持建立了吉江省委和吉江军区，省委和军区司令部设在郭前旗，地方成立区党委，设在扶余的东南营子，地点记不清了。我和在座的（指苏群、周明光等）几位的任务是来扶余开辟工作。对扶余的任务中央有指示，突出的指示在《毛泽东选集》上有记载，就是《建立巩固的东北根据地》中提到扶余在自卫战争时期的战略作用。扶余的地位和战略作用不是我们讲的，是中央确定的。我们民运部的干部一部分留在大赉，一部分留在郭前，大部分留在扶余，少部分在肇东。

　　我们是在 1946 年初来到扶余的，在这里过的正月十五。我来时扶余已经来了一部分干部和军队。程世清原来在新四军任团政治处主任，我们都在苏北地区待过，那时我是地方的，他是军队的干部。来扶余的干部，大部分是新四军三师民运部的，一部分是从延安来的干部。陈思静同志就是从延安来的，她 1942 年去的延安。为什么要讲这个问题？就是要区分开，一个是陈思静，一个叫程世清，这是两个人两个姓，因为这两个人都到扶余来了。程世清和陈思静不是一起来的。程世清和王国华来时带了一点部队。我们在通辽相遇，到通辽以后他就到扶余来了。他来扶余比较早，接收了扶余，扶余没有失守有他一份功劳，因为他来扶余接收成立了城防司令部，他是司令。

我说过，来到扶余的干部，一部分是从延安来的，一部分是从苏北来的，其实还有一部分是从华北来的，刘力峰就是从华北来的。我来时，听说县委书记是程世清，后来是陈星，县委委员有张力、杨力森。我来后，陈星被任命为县委书记，我是县委副书记。那时还没成立中心县委，我走了以后才成立的。我到扶余以后，把大部分干部组成土改工作团，采取集中力量、突破一点、逐步发展的办法来发动群众，把少部分干部分配到面上工作。首先分到区上的干部是江明（孙秀峰），他到五家站，吴学艺到陶赖昭，肖彬彬到三岔河担任公安局局长，有些名字我记不得了。我来的当时就是这样。那时的工作方针是要把扶余建立为根据地，所以首先要发动群众。如何去发动？这就涉及干部的配备和使用问题。面上要配备区长和副区长，大部分集中起来使用。扶余是县城，东有中长铁路经由陶赖昭、蔡家沟，五家站在南江边。我们县的中心地带离铁路和南江边远一点的是长春岭，从长春岭往南去是大林子、弓棚子、榆树沟和五家站，还有三井子、增盛永；向西是四马架、朝阳、大洼、蔡家窝堡社里站。我们把原来的村（伪满行政村）拼了拼，划分为 8 个区，集中力量到长春岭，先开辟长春岭。开始是工作团，由我带领去的。工作团走了以后，在长春岭坚持巩固工作的是王世英同志。别的工作队是在这里取得经验以后，找出积极分子再逐步开展工作的。群众发动起来以后，就有了对立面，就是地主阶级、伪满残余势力。我们在工作中是先试点，逐步铺开，基础工作还是在长春岭展开，主要任务是反奸清算。

进行土改情况

土改时，经过反奸清算、挖浮财、平分土地、"扫堂子"等阶段，结果"扫堂子"工作有点过，有的村屯把中农也"扫掉"了。第一步是反奸清算、剿匪反霸，清除敌伪残余；第二步叫砍挖斗争，也有分田地的，但不太彻底，存在明分暗不分现象；第三步是 1947 年冬天，中央颁布了《中国土地法大纲》，开始平分土地。到 1948 年 1 月下旬，平分土地运动就结束了。关于土地改革，中央有个"五四指示"，关于《中国土地法大

纲》，东北局也发了指示，还推广了合江经验。最后是"扫堂子"，这是个具体活动。整个运动的目的是彻底消灭封建势力。扶余土改当中还有一个交权审干运动，即凡是地富家庭出身、伪满时期有历史身份的干部，都要交当地雇贫农审查，有问题的清出工作队，审查后纯洁了队伍。平分土地之前，分地分浮产，甚至分树，分房子。咱们这里的交权审干也叫"搬石头"。扶余县有一大批人参加了工作队，参加了政府工作，还有一大部分人参军了，名字我都记不得了。扶余县的知识分子多，日本投降后，他们积极参加工作，发动群众进行土改，建设政权，具体措施我就不讲了。

建立地方武装

县保安团是 1946 年夏季建立起来的。陈春阳是副团长，后来有一个姓冉的当团长，陈星是保安团的政委，徐宾到这个团当过副政委，我也是这个团的副政委，我这个"宋政委"就是这么叫起来的。这个保安团是县里建立起来的，由县里领导，县委书记兼任保安团的政委。按一个团建制，有 4 个连。区里的武装叫中队，包括脱产、不脱产的两种，不脱产的是民兵。一个区一个中队，一个中队有 100 左右条枪，区中队是由区里领导的，这是地方武装。

保安团团部设在县城，在县委、县政府转移到长春岭后，保安团也转移到了长春岭。我现在讲的这个团是县委领导的，后来发展为县委、军分区双重领导，最后过渡到军分区领导，沈启贤是军分区司令员。"三下江南"之后，这个团发展为一个大团，编入东北民主联军的一个师里，沈启贤任师长，王建中任政委。

五月情况转变

这是 1946 年 5 月间发生的事，四平保卫战之后，整个主力部队向北转移。县委书记陈星组织召开会议，提出在陶赖昭建立战地委员会，对内建立地委，辖双城、扶余、德惠、榆树，驻守松花江。对于主力部队的部署，地方工作必须跟上，于是决定由我去参加战地委员会，限定时间，连夜赶到。我找到马斌，他说形势有变化。张秀山同志和我谈，说整个军事部署有变化，战地委员会暂缓成立。后来才知道，最新部署是从中长路转移两厢，哈尔滨也准备让开。七旅王政委说，我们要走了，你来干啥？当时战略转移不能叫撤退，当时也没起别的名词，人们就叫"五月情况转变"。于是，我赶到弓棚子的五家站，万发的江明、朱秀把人员集中起来和我一起去肇源。到了夜间，当时就觉得吴学艺的队伍有点问题，走到大林子时，吴学艺的队伍中有一个人向吴打了一枪没打着。枪响后，大家紧张起来，有的人跑散了。平静下来后，我把林振赓带的队伍集中起来往长春岭方向走，到长春岭时天已经亮了，县保安团在那里。到了以后，了解了一下情况。一是看一下程世清的部队在长春岭还有多少人，渡船由他们掌握着呢！这时程世清的大部分部队已从长春岭过到江北了，还留下一少部分，就由我们保安团接管了渡船。二是看地方情况。张民基叛变了，他和土匪桑老九一起在长春岭向我们进攻，怎么办？光靠区队力量是不能打仗的。在这种形势下，我们还是确定渡江。这天晚上，保安团也渡江了，干部也过去了，到了肇源。沈启贤也在那里，陈星也从大洼过江到了肇源。弓棚子一天，长春岭一天，过江一天，过江后再走一天，经过三四天后，江南的情况也搞清楚了，国民党军没有过来，我们从肇源又返回来，在大洼待了几天，进行整顿。就在我们住的道南有个村子，那里还有土匪向我们打冷枪。此后，军分区派了一个团，加上地方保安团，统一指挥，一起向东去，同时将5个工作队放到四马架发动群众，把大批干部派到东部，继续开展土改运动。

回忆在开通县委的工作情况

——访问周健同志的记录

我到开通县任县委书记是 1946 年 7 月，直到 1948 年 9 月，共两年多时间。在去开通县之前，我曾在梨树县工作过一段时间，当时国民党军队大举进攻东北解放区，敌强我弱，斗争形势十分严峻。为阻滞敌军北犯，我军发动了"四平保卫战"，历时一个多月。为了保存实力，创建农村根据地，我军决定进行战略转移。梨树县处于敌军进攻的前沿，在我军主力撤出四平后，我和梨树县的一部分干部撤至长岭县太平川和开通县边昭一带，同国民党军队在保康和边昭之间对峙。就在这个时候，辽吉省委调我到开通县任县委书记。此前，开通县委书记姓李（引菊），县长姓唐（宏光）。唐县长调走后，先后由徐坚、郑经十、黎晓初继任县长。我到开通县不久，辽吉省委又派去张长庚同志任县委副书记兼县委组织部部长。在我任职期间，在县委、县政府任职的干部还有县委组织部副部长傅殿臣、县委宣传部部长张文堂、县公安局局长裴珂、县财政科科长傅立家等。科（局）长级干部还有一些名字记不清了。

我到开通县之后，根据当时的形势和辽吉省委的指示精神，主要工作任务是建立巩固的农村根据地，使我军站住脚跟，并为将来战略反攻打基础。围绕这一中心任务，我们的具体工作是从发动群众入手，开展土地改革运动，这是当时的压倒一切的重要工作，同时还有剿匪、征兵、建党和大生产等几项工作。因为只有开展土地改革运动，才能使群众得到翻身和解放，才能使群众站到党的一边，才能发展党组织。这样，我们的征兵工作、剿匪工作、大生产工作等才可能有基础。没有广大农民群众的觉悟，没有他们对共产党的真心实意的拥护和先进分子到党组织中来，是不可能建立起巩固的根据地的。

1946 年下半年，我们在开通县各区建立了区政府，有城区、四井子、边昭、鸿兴、太平山 5 个区政府。当时县级机关有干部约 180 人，县大队有一个骑兵连共 80 多人。那时候土匪很多，一种是政治土匪，即由国民党地下组织纠集的特务、伪警察、伪官吏、地痞流氓等；另一种就是打家劫舍的，群众称其为"胡子"。那时，形势很不稳定，土匪横行，到处袭扰，闹得人心惶惶。在这种情况下，要开展土地改革运动，必须首先剿灭土匪，安定秩序，稳定人心。在剿匪过程中，我们付出了很大的代价。1946年七八月份，在鸿兴区有几伙土匪把区政府包围了。区长、区小队长当即组织区上的干部和区小队战士投入战斗，县委派骑兵连前去援救，把这伙土匪打垮了。但鸿兴区区长在这次战斗中壮烈牺牲了，他是关里人，是一位久经考验的老干部，把鲜血洒在了他为之战斗的地方。1946年底，在初步进行土地改革的基础上，我们扩建了县大队，各区都成立区中队。组建和扩大人民武装后，我们积极打击土匪，哪里发生匪情，就在哪里围歼。另外，驻洮南军分区派出几个团的兵力，在开通、瞻榆、左旗、洮南边界地区进行剿匪，给开通县的剿匪斗争以很大的支援。到1946年底，基本上肃清了匪患，同时进行了初步的土地改革，斗争形势发生了重大变化，我们站稳了脚跟，为战略反攻奠定了一个基础。

我到开通县不久，大约有10多天，就带领一个骑兵排和由10多名干部组成的武工队，共30人左右，到四井子区搞土改。接着，县委副书记张长庚同志带工作队到边昭区搞土改；这两个区的土改，为全县土改摸索了经验。四井子区距县城开通镇较远，位于开通县的西北部，和瞻榆县、内蒙古接壤，当时没有开辟工作。我们打算把那里的群众发动起来，使我们能站住脚跟，如果国民党军队再向北进攻，那里就可以成为我们可靠的根据地，同敌人回旋打游击。这个区有前四井子村和后四井子村，我们的人数不多，到那里便集中住在后四井子村。进村后，我们就深入群众中去，搞扎根串联发动群众，组织广大群众，主要是那些苦大仇深的基本群众，起来同地主富农做斗争。群众觉悟后，首先是开诉苦会，倒苦水，进一步发动群众，然后召开群众大会，斗争地主，揭露地主的种种罪恶，进行说理斗争。经过我们的细致工作，群众发动起来了。在诉苦会上，有些人痛哭流涕，边揭发地主的罪恶，边表示永远跟着共产党走、坚决不回头的坚定信念。在这个基础上，群众自觉地产生了分地主财产的愿望，我们便因势利导，把后四井子村的地主的财产分了，先分浮财，后分土地。此后，又在这个村发展了十几名党员，建立了党支部。

我们在后四井子搞土改时，开始未触动前四井子村。前四井子是个比较大的村，也可以说是个小镇子。我们去的时候，那里有一支10多人的保安队，名义上是我们的，实际上是地主的反动武装。我们在后四井子村搞土地改革，前四井子村的地主和这支反动武装受到刺激，便蠢蠢欲动。为了防止他们偷袭，更主要的是为了在更大范围内打开局面，发展和扩大土改成果，我们对前四井子村的反动势力采取了主动进攻的策略。一天，我带县骑兵连张连长和一个排长，我们三个人一起到了前四井子村，同时部署我们带去的骑兵排在外圈包围了保安队。进村后，我们把保安队头头找来，机智地用枪逼住他下令保安队放下武器。结果，我们胜利了，保安队全部被缴械，从而解散了这支反动武装，消除了隐患。这次胜利促使我们在前四井子村开始了土改斗争，同时抓了大房身村的土改试点，从而带动了全区土改运动的开展，后来，我们在四井子区召开了现场会，总结推广了土改经验。张长庚同志带队在边昭区搞土改也搞得很好，也为全县开展土改运动总结了经验。我们在辽吉省委和四地委的领导下，用四井子和边昭的经验指导全县的土改运动，很快铺开，搞得轰轰烈烈，到1948年春，全县土改大体完成。在土改过程中，全县各区都建立和健全了村政权，成立了农会；大约有二十几个村子建立了党支部，大部分村子都发展了党员。

土改运动中后期，在个别地方，由于全面发动群众不够，出现了"夹生饭"现象，即表面上把地主的财产分了，但没有把地主斗倒斗臭，一些劳苦群众的思想觉悟没有提高，担心地主反攻倒算，个别人还给地主通气，偷偷告诉地主说"我分你的东西还给你留着"。当时也有个别村发生超前的现象，如大房身屯，把没收地主的土地、牲畜、农具等不是分到穷人各家，而是留到屯里公有，统一使用。这个村的支部书记叫崔时茂，扛大活出身，正派，能干，但头脑简单，我离开开通县时他当了区长。还有些地方出现过"先抢后分"的问题。由于开展土改运动的村屯有早有晚，有些开展较晚的村子，农民看到别的村子分地主，而自己的觉悟又没有提高，不敢分本村的地主，就组织起来套上大车，去抢其他村的地主，主要是抢地主的浮财，抢来分给贫苦农民，当时叫"先抢后分"。土改中出现的这些偏差，我们及时按省委指示予以纠正，后来又集中组织力量搞了"煮夹生饭"运动，重新发动群众，按《中国土地法大纲》平分土地，纠正了偏差。到1948年上半年，全县的土改运动胜利结束。

1946年下半年至1948年上半年，县委的主要工作是搞土地改革，同时开展了建政、建党、扩兵、征粮等工作，这些都是围绕土改进行的。土地改革唤起了群众保家、保田、打老蒋的积极性，全县大约有四五千人参军，还有大量的民工支援前线。在后方的农民，则积极发展生产，积极支援解放战争。

1947年，县里根据上级指示，开展了"三查"运动，主要是查阶级、查出身、查三代。在"三查"中，也出现过"左"的偏差。如城关区区长商永安，小知识分子出身，好像他祖父有点什么问题，在"三查"中，由于不明政策，在县里开动员会的时候自杀了。另外，五区区长王育民过去当过伪警察，是文职人员，在我们的帮助下，他的思想觉悟很快得到提高，1945年冬天入党后，斗争地主积极勇敢，有一定的工作能力，当区长后工作也很好。在"三查"中，按当时的政策规定，不允许这种出身的人留在党内，尽管他在入党前向组织上如实交代过自己的历史，而且认识明确，也还是要做组织处理。经县委研究，虽然没有清除出党，还是停止了他的组织生活。这样一来，这个同志就离开党几十年，听说在党的十一届三中全会之后，才经组织批准，恢复了党籍。

从1946年到现在已经是42年了，回忆在开通县的工作，真是艰苦卓绝，往事历历在目，难以忘却。但毕竟年代已久，有些具体事情已经记不清楚了，所以回忆的情况，仅供组织上参考。

1988年9月27日

回忆开通土改运动

张长庚

我是 1946 年 7 月被派到开通县任县委副书记的。

当时，开通县的局势非常严峻：土匪猖獗，10 余股土匪出没无常，打家劫舍，破坏民主政权；国民党军队占领了邻县一部分地区，时刻要进犯开通；地主武装耀武扬威，蠢蠢欲动；广大群众由于多年受兵燹匪患之害，对我党我军认识不够，害怕我们不长久，不敢接近我们，并有错误的正统观念，认为国民党"中央军"才是正牌。在这种情况下，开展工作非常困难。

为了建立巩固的后方，发展生产，支援前线，我们县委根据中央"五四指示"精神，带领广大干部全力开展土改运动，并围绕这个中心任务进行了剿匪、反霸的斗争。

开通县的土改，分反霸清算、"煮夹生饭"、砍挖分浮和纠偏补偿等 4 个阶段。

实行土地改革，关键是发动群众自觉地与地主阶级进行斗争，于是我们县委选派 20 名干部，由县委书记周健带队，先到三区（四井子）搞土改试点，同时调二区保安队 50 人（通称"土改工作队"）参加试点工作，保卫土改。

7 月上旬，土改工作队进驻三区后四井子屯，以该屯为突破点开展工作。我们的工作队先找苦大仇深、受剥削最重的农民宣传党的主张，宣传土改政策，挨门逐户地调查摸底，对贫苦农民进行阶级教育，启发其斗争觉悟。开始群众对我们工作队不托底，不敢接近，可我们的工作队员具有老八路的风格，平易近人，经常给贫苦农民担水、扫院子、放羊……农民从来没见过这样的干部，政治清廉，纪律严明。他们深感敬佩，觉得共产党可信可亲，于是逐渐靠近了工作队，敢说真心话了，还反映了屯中的实际情况，产生了斗地主分田地的要求，但他们害怕地主及其反动武装进行报复。我们的土改武工队针对这种情况，采取了果断措施，缴了该区地主武装的械，并逮捕了张团副。张团副是后四井子屯恶霸地主张世龙的儿子，他与土匪相勾结，在"光复军"洗劫洮南时，曾参加其队伍打我民主联军。武工队把这个反动头面人物抓起来后，真是大快人心，群众的斗争热潮很快掀起来了。贫苦农民自动召开诉苦大会，怀着极大仇恨控诉了地主恶霸欺压和剥削穷人的罪行。积极分子的带头人在大会上说："有共产党八路军给我们撑腰，这时候不干，还等什么年头！"会后的第二天天一亮，屯中就集合了50多名贫苦农民，附近村屯的农民也闻讯赶来参加斗争。斗争的人流冲进地主张世龙的大院，分了他的马匹、牛羊、粮食、衣物和田间青苗。贫苦农民们兴高采烈，欢欣鼓舞，真正体会到共产党是穷苦人的靠山。

点上的局面打开了，周围的村屯也都行动起来了。有的贫苦农民要求工作队去他们屯帮助斗恶霸地主，有的请别屯参加过斗争的群众协助联合起来斗争。如双龙山屯的恶霸地主荣凤很顽固，他把枪支、牲畜、贵重东西都藏起来了。斗他的时候邻村就去了150多人助威，群众历数他的罪恶，把他绑起来，吓得他失魂落魄，把藏的东西一一交了出来。又如太平川村的群众公审恶霸地主卢兆俭时，有400多人带着长矛短枪参加了公审大会。

点上反霸清算斗争发展较快，前后6个月就在91个屯子铺开了，有7000多名群众直接参加了斗争，受到了锻炼。其间培养了农会干部188人，提拔新区干部20人，发展民兵81人，随搞土改的武工队由原来的50人扩大到250人。被斗的大中地主有133户，处决恶霸地主和匪首8人，收缴地主和土匪枪支200余支，没收地主土地1000余垧、牲畜700余头、衣服600余件、粮食约1000石。

土改反霸斗争的兴起，使土匪和反动分子惶惶不可终日，只好做最后的垂死挣扎，因而其活动更加猖狂，手段也更加残忍，曾几次攻打区政府和区、村农会，杀害我区、村农会干部和土改积极分子，严重阻碍了土改运动的深入。

1946年8月，有"靠江""镇北侯"等5股土匪联合围攻鸿兴区政府，杀害了区长张景川，区秘书吕广吉、财政助理庞旭东被打成重伤。9月，"杀穷人"与"杀穷"等土匪，杀害了大房身七台庙农会会长和西艾力村16名翻身农民。

为了保卫土改成果和群众的生命安全，县委、县政府领导广大军民开展了剿匪斗争。

1946年9月，县保安大队在民兵的配合下，奔赴龙王庙的沙坨子，围剿报号"杀穷人"的土匪400多名。在战斗中，我保安队与民兵英勇果敢，打得匪徒狼狈逃窜，击毙匪徒40多名，击伤20多名，并缴获了一些枪支弹药。

1946年12月，开通、瞻榆、洮南3县建立了联防剿匪大队，在一个多月的时间里，分别在同发、二百方等地围剿了"占山""杀穷人""镇山侯"等10余股土匪，击毙匪徒多人，活捉200余人。剿匪战斗取得了重大胜利，土改运动得以顺利开展。

由于土改试点的成功，斗争环境的改变，少数干部滋生了骄傲情绪、享乐思想、自由主义、作风不扎实、畏惧艰苦、斗志消沉、脱离群众等弊病。针对这种情况，我们县委按省委指示，于1947年初对干部队伍进行了整顿。对犯严重错误的同志给予处分，并表扬了生活艰苦、埋头苦干的同志，还提拔了6名工农干部及3名小知识分子加入区委。通过此次整顿，新老干部达到空前团结，思想上统一，革命热情更加高涨，干群关系也更加密切了，为土改运动全面铺开做了思想上和组织上的准备。

1947年2月，全县规模的土改运动轰轰烈烈地开展起来了，依照试点上的经验，我们发动群众起来与地主进行斗争。到4月份，各区村都建起了农会、妇女会、儿童团，大中地主均受到不同程度的打击。

春耕前，我们把土地进行了普丈平分。方法各地不尽相同，大体是全面丈量，土地分等，好坏分等，好坏搭配，按劳力和人口分配。当时还把划分土地的政策编成了歌词："平分土地按人口，诉苦申冤大报仇，人分阶级地分等，贫雇农吃香，中农自由，富农低头，地主情不留，土地还家万古千秋，长久，长久，翻身要翻透。"

在反霸清算斗争中，有些村屯群众发动得不充分，急于求成，所以出现了"夹生"状况。如：土地、牲畜、浮物未分彻底或明分暗不分；地主威风未倒，有隐藏的坏分子在暗中捣鬼；积极分子被孤立，群众有畏惧心理；生产、运动开展缓慢。针对这种情况，县委抓住春耕后的时机，发动群众"煮夹生饭"。挂锄之后，又集中在100个屯"煮"了一个月。

1947年9月，县委召开了翻身农民功臣大会，传达了省委对秋季土改攻势的指示，即坚持贫雇农路线，集中力量突击，口号是"地主一扫光，富农挤点浆，贫农吃饱饭，中农喝点汤"。会后，从各地区抽出主要干部70人、学生20人，组成工作队，到五区搞试点。工作队分3个组进行工作，周健、傅殿成和我各带一组，以我带的小组为中心，随时联系，指导全县的土改运动。10月下旬试点结束，之后全县铺开。到11月末，秋季土改攻势结束。此次攻势消灭了空白区，3/4的村屯基本上完成了土改任务。这次投入攻势的贫雇农达15000人，斗争出来的果实等于以前各次的总和。在运动中涌现的积极分子300人，选拔了20名区干部。

1948年1月，县委召开县区干部土改工作会议，传达和贯彻省、地委"继续发动群众，深入斗争，坚持贫雇农路线，彻底平分地，召开贫雇农代表会，整编干部队伍"的指示。会后，各区先后召开了贫雇农代表会，其主要任务是审干，方法是干部交权，接受群众检查，提出处理意见，报上级批准。经过交权审干，部分犯错误的干部受到了批评和教育，犯有严重错误的区干部20余人被清洗，民主政权得到了进一步巩固。

2月下旬，县委再次组织砍挖浮财，也叫"扫堂子"，即打破区村界线，谁扫归谁。到2月末，全县被斗户达2123户，打击面占户数的16.4%，占人口的24.1%。这时已发现运动的打击面过宽了，省委指示："划正阶级，纠正偏向，坚决补偿，打击面不能超过户数的10%，人口的15%，坚决补偿中农，给一般地主、富农同样一份土地。"根据省委的指示，我们县委立即部署各区村重新划正阶级。记得先后划过两次，全县打击面缩小到总户数的5.8%，人口的10.1%，对"扫过头"的中农、富农进行了补偿。经过划正阶级，纠偏补偿，党的土改政策得以正确实施，翻身农民的积极性进一步调动起来，取得了土地改革的彻底胜利。

1948年4月末，全县土地改革运动胜利结束，全县共没收地主土地8万余垧，占总耕地面积85.4%，平均每人分地1.2垧。农民世世代代祈求"耕者有其田"的愿望终于实现了。在土改期间，全县青年参军2257人，支前出勤大车528辆，出担架395副，发展民兵4000余名，交送公粮1.2万石，歼灭土匪3000多名，培养区村两级干部220余名。

土改后的城乡呈现一派生机，新生的民主政权更加巩固，开通县这块地方成了巩固的后方。

1988年10月30日

战斗在突泉的日子里

——访问董荆玉同志的记录

1946 年春节后，中共吉江省委派我到洮南县瓦房镇工作。此时，洮南县委和县民主政府已经成立，正在开辟工作，朱继先同志率领一支队伍，还有骑兵，经常在洮南、野马吐、突泉一带追剿土匪，为民除害，扩大我党我军的影响，同时扩军补充兵员，帮助地方开辟工作。

大约是在同年 3 月末或 4 月初，组织上调我到突泉县工作，组建突泉县人民政府。当时，驻突泉的部队是东蒙自治军，为维持突泉、西科中旗的地方治安，组织上设立了"旗县联防司令部"，司令员是双宝同志。他亲自到瓦房镇来接我，朱继先同志正在瓦房镇驻防，他又带上 3 名警卫员去送我。我从瓦房镇带了两名战士、两名干部（罗有发、楚冰），骑马去了突泉县。当时突泉县有个临时县政府，县长叫孙介斌，他组织群众敲锣打鼓，夹道欢迎我们。1946 年 4 月 12 日，突泉县人民政府成立，我任县长，留孙介斌任副县长，这一方面是出于统战工作的需要，一方面也希望有个熟悉本地情况的人做县长的副手。但孙介斌说他能力有限，不能胜任，便主动提出辞退。因为这个人曾在伪满县公署任庶务科长，害怕我们，所以挽留他也没起作用。后来在群众清算敌伪残余势力的时候，他被群众打死了，这是后话。

县人民政权虽然成立了，但干部力量特别薄弱，就连县政府的保卫工作，还得由双宝司令员派部队做警卫。几天之后，我军某部进驻突泉，我们从这支部队抽调干部、战士，吸收当地青年，成立了县地方武装保卫团，负责人是刘达。这个保卫团就是后来的公安队和公安局的前身。

县政府内设总务科、财务科、民政科、税务局、公安局，不久又增设战勤科、粮秣科、自治科、实业科。各科（局）的科（局）长，多数是党从关内派来的干部；副职和办事人员，大部分是留用的愿意与我们合作共事的旧职员。

县人民政府成立后，贴出了布告和宣传标语，在城乡开展对反动党团、反动会道门、敌伪残余势力的登记活动，这就造出了革命声势，振奋了人心，打击了反动势力。

1946 年 4 月下旬，中共突泉县委成立，对外称"群众工作委员会"，书记是路霄寒，委员有朱继先、杨德明、张希彦和我。党的领导核心建立起来了，干部力量也充实了，我们很快就成立起县清算委员会，领导群众进行反奸清算斗争。我们召开各种会议，组织宣传队到街头演讲，到街道搞宣传，发动群众积极参加反霸清算斗争。首先在县城清算敌伪残余，如恶霸、大地主、巨商、国民党要员等，把清算出来的土地和浮财分配给贫苦百姓。在清算斗争中，群众揭发出李鸿儒、邢有才两个人是敌伪残余，伪装积极，骗取信任，当上了清算委员会主任、副主任的职务，并且贪占了清算的资财。我们把群众揭发出来的情况调查清楚以后，就把李、邢2人罢免了，另从部队抽调干部主持清算委员会的工作。

1946年5月份，嫩南区党委直接派到突泉县北部山区一个军政工作团，在六户区发动群众开展反霸清算斗争，建立了六户区人民政府。到6月上旬，我军骑兵一师三团进驻突泉县，军政配合，逮捕了地方上的反动分子，随之召开了城关区群众大会，公审并镇压了恶霸分子周连庆和陈玉山。城乡反霸清算、锄奸剿匪斗争有机配合，普遍开展起来了。在反霸清算斗争中，各区人民政府也相继建立起来，人民手中有了权，群众斗争就有了保证。当然，人民政权的建立是经过艰苦斗争和付出很大代价的，牺牲了不少干部和战士。"刘八沟事件""小福禄沟惨案""永安工作团被围攻事件"等，都是反动地主武装与土匪勾结造成的。所以，人民政权得来不易，巩固人民政权是至关重要的头等大事。

1946年6月，国民党反动派发动全面内战。在东北战场上国民党军队占领了四平、长春、吉林，战局紧张，敌强我弱，形势严峻。为做好长期斗争的准备，辽吉军区后勤部迁驻突泉，随后辽吉省委决定，9月在突泉成立路南工委，即突泉中心县委。为什么叫路南工委呢？因为突泉地处王爷庙（乌兰浩特）至索伦铁路的南部，故称路南工委。工委相当于地委，归辽吉省委领导。中心县委书记开始由朱继先担任，后由辽吉省委派副秘书长张维桢担任；县委组织部部长是惠风林，宣传部部长是俞未平，民运部部长是李风，城防司令员是赵东寰；我是县长、县委委员。中心县委的任务是领导突泉县、西科中旗、瞻榆县和扎鲁特旗建设后方根据地，准备坚持长期革命斗争。突泉县地处北疆，境内高山重叠，丘陵连绵，适于打游击和迂回作战，而且突泉是个枢纽地区，北部与西科前旗接壤，东、南部与白城子、洮南毗邻，因此成为辽吉地区的战略后方和支援前线的重要基地。当时，突泉县的支前任务十分繁重，除辽吉军区后勤部驻突泉，由突泉人民承担战勤任务以外，还有一支部队的后勤部驻突泉，也需要突泉人民承担战勤任务。开始，这项任务由军政战勤工作团负责，后来这种组织形式已经不适应工作需要了，就在县人民政府设立战勤科，专门负责调集战备物资、为部队运粮送草等战勤工作。只要军区后勤部下达任务，县政府战勤科就向各区分派任务指标，并组织和动员广大群众积极完成。当时支前的科目很多，主要是出战勤大车为部队运送粮草，出担架队从前线接回伤病员，组织妇女做军鞋等。后方医院在县城南头，房舍紧张，一部分伤病员就住在老乡家里，缺医少药，就由群众采集中草药，采取种种办法，为伤病员减轻痛苦和抢救生命，其情景是非常感动人的。记得有二十几名指战员，因伤势过重，虽经医护人员和群众精心医治和护理，也没有抢救过来，牺牲后就安葬在县城西南的山坡上。

突泉县的青壮年积极响应党的号召，应征入伍的人很多，每批扩军的数字已经记不清了。1946 年 8 月初，在突泉县征收了一批新兵，他们由突泉出发，经洮南去长岭县，补充主力部队，其中突泉县第一中学就有 30 余名学生奔赴前线了。这所中学在参军支前工作上起了重要作用，县政府成立后给学校派了校长，对师生做了大量思想政治工作，所以青年学生的爱国热情很高，参军、支前和参加地方工作的人都很多。军区后勤部在突泉设立了军工厂、鞋厂、被服厂、皮革厂，吸收了不少当地青年进厂做工，他们中的多数都成为后勤战线上的革命战士。突泉县充分发挥了后方根据地的作用，人民群众在参军支前方面做出了很大成绩，为东北解放战争的胜利做出了无私的奉献。

1946 年底，为扩大后方根据地，辽吉省委决定，由突泉县北部的六户、巨力、永安 3 个区和西科前旗的 3 个努图克（区）组建醴北县，成立县工委，调我任县工委书记，毛文有任县工委组织部部长。驻地永安镇。县工委的中心任务是建立和巩固人民政权，扩军和支前。1947 年 7 月，醴北县建制撤销，成立六户、巨力、永安北三区中心区委，由我任区委书记。不久，组织上又调我到骑兵第一师任政治部主任，我便离开了突泉县。此间，因工作关系，我还去过一次突泉，任务是接新兵和调运战马。

我在突泉县战斗生活了一年多的时间，突泉人民的革命精神给我留下了深刻的印象。时隔 40 余年，突泉县委党史办的同志远道来访，如同故人重逢，倍感亲切。听到突泉县的变化，我很欣慰。请给突泉县人民带去老县长的问候，我想念突泉，愿突泉在社会主义现代化建设的征途上取得更大的胜利。

英烈人物

刘海明

　　1947年，在洮安县（今白城市）召开群众大会时，县长郑介舟庄严地宣布了一项决定：为了纪念在国民党"光复军"进攻白城时，因掩护地、县级党政军首长突围而英勇牺牲的刘海明同志，将原县城中心街道中央大路命名为"海明路"。从此，刘海明的英名印在了白城人民革命斗争史册中，铭刻在了白城人民的心中。他的英雄事迹在白城广为传颂，并将代代相传，永放光辉。

　　刘海明，原名刘中华，中共党员。他个子不高，精明强干，指挥有方，在全体指战员中享有很高的威望。

　　1945年8月末，东北局成立后，立即派一个支队和一些党政人员接收西满地区。由夏尚志等同志在辽河以北的白城子等县，以大赉为中心向周围扩展，采取边接收、边扩军、边建立民主政权的方式，开创西满根据地。在战略上抢时间，争速度，快速进军，多接收，争取主动，占据优势。夏尚志带领一个连的兵力和部分党政人员来到白城子，用七八天时间转战周围各县，接收了7个县旗，扩军2000多人。这时，嫩江省委书记刘锡五和省长于毅夫等领导带着一些干部来到白城子。刘锡五、于毅夫等领导听完接收汇报以后，宣布成立嫩江省白城子专员公署，并任命了党政军领导干部。刘海明被任命为人民自治军独立骑兵团政委，主要负责维护白城子地区的社会治安和剿匪工作。独立骑兵团的前身是由日伪时期白城头面人物乘日本侵略者投降撤走之机，纠集一些地方残余组建起来的公安队。夏尚志扩军时，他们摇身一变，钻进了我政权内部。

　　刘海明上任后，首先对骑兵团从各方面进行了调查了解。他发现骑兵团内部成分极为不纯，情况非常复杂。人员大部分由日伪残余、土匪、地主武装成员、地痞流氓等组成。他们依仗权势，横行霸道，抽大烟，逛窑子，无所不为，在群众中影响极坏。他把这些问题及时地向军分区领导做了汇报，并建议对骑兵团进行整编。得到上级领导的同意后，他首先把思想比较进步的干部分派到各连、排，紧紧依靠他们影响和带动其他战士，并协助他做工作。经帮助和教育而不改过的人员坚决清退，如混入骑兵团四中队的马海泉原来是个土匪，曾报号"两点"。他钻进骑兵团以后，仍与土匪勾结，到处抢掠群众财物。刘海明发现后，立即报告军分区，并建

议清除他。得到军分区的批准后，他便把马海泉调到城里，解除了他的武装并对其进行思想教育，将其遣送回家，打击了反革命气焰，在一定程度上纯洁了队伍，为以后工作的开展扫除了一些障碍。

其次，刘海明抓了内部团结问题。骑兵团组建时间短，人员背景复杂，觉悟程度不一，很难做到心往一处想，劲往一处使。特别是关内干部与当地干部之间，就像隔着一堵墙，很难沟通。针对这种情况，他组织大家学习革命理论，宣传党的政策和我党坚决抗日、建设民主东北的主张，并引导全体指战员明确肩负的使命，使骑兵团干部战士逐渐提高了认识。他还特别强调关内干部的带头作用，不断改善关内干部的工作作风，提高他们的思想觉悟，要求他们时时处处严格约束自己，寻机做周围人的思想工作。这些同志的作用得到充分发挥，骑兵团的团结工作也不断得到加强，从而增强了部队的凝聚力和战斗力。

与此同时，刘海明还帮助干部战士解决一些实际问题。他非常关心干部战士的衣食冷暖。宿营时，他在结束繁忙的工作之后，总要看看干部战士的被子盖得严不严，以免着凉。他很关心干部战士的学习，嘱咐大家一定要学习训练一起抓。当时，由于骑兵团短枪较少，有一位干部没有短枪，当他发现后，就毫不犹豫地把自己的手枪送给了他，这位干部非常感动，表示要多杀敌人，为根据地建设多出力。这件事使官兵们更加敬重刘海明的品格。

根据上级指示以及形势的发展，刘海明抓紧进行征兵扩编工作，不断扩充我军力量，保证根据地的开辟和建设工作。骑兵团刚建立时，只有40余人30余条枪。在上级领导的正确指挥下，在刘海明的努力下，骑兵团逐渐发展到550余人，分8个中队，还有一个警卫排，成为保卫白城子的主要武装力量。除了不断发展自己外，他还帮助其他地方发展武装组织。1945年12月，他根据军分区的指示，抽出一个连，调入洮南县，作为当地发展武装的基础，使洮南县的武装力量很快发展起来了。

在不断发展壮大武装力量的同时，他们在苏军的协助下，积极进行剿匪工作，使土匪闻风丧胆。骑兵团成立以后，刘海明就带领指战员们到安广剿匪，取得了初步胜利。有一次，镇东县土匪武装缴了我新编武装团的械，刘海明根据军分区的指示，立即前往剿匪，有力地打击了土匪的嚣张气焰。

在骑兵团进行整顿和发展的过程中，国民党反动派勾结土匪武装，趁我立足未稳，向民主政权进行了猖狂的反扑。他们采取策动内部叛变、配合外部进攻的伎俩，先后占领了安广、镇东、洮南等县。到1945年12月，除白城子外，周围几个县都相继发生了叛乱事件，县城被敌人占领，反动气焰十分猖狂。他们一面扬言要攻打白城子，一面和驻扎在长春的国民党军队联系。这时，驻扎在长春的国民党军队纠集镇东等 7 个县的土匪万余人组成"光复军"，于 12 月 31 日同时攻打白城子。

当时，白城子地、县级党政军组织刚刚建立，武装力量较少，只有 3 支武装力量，其中一支是人民自治军独立骑兵团，共有 550 余人；第二支是人民自治军步兵团（即 37 团），共有 1000 余人；第三支是铁路护路团，共有 700 余人。加上从洮南等县退到白城子的几个支队，总计才有兵力 2500 余人，与敌人兵力相差悬殊。这时我军主力部队远在四平以南，不能援助白城子，加之敌人已占领了白城子周围各县，白城子与外界的联系被隔断了。在这种严峻的形势下，经过地、县党政军研究，大家决定奋起反抗，阻击匪徒，控制城防，并由地、县党政军联合成立了临时指挥部，指挥作战。临时指挥部决定人民自治军独立骑兵团负责守卫街正面和西北角，步兵团负责守卫东北面和火车站，铁路护路团和洮南支队负责守卫火车站和西南面及南面。战斗部署完成以后，各团、队立刻行动，加强警戒，注意"光复军"的动向，警惕他们突然袭击。

"光复军"非常狡猾，知道我军已有准备，城内众志成城，怕强攻有失，便派遣土匪武装和"光复军"的骨干分子窜入我铁路护路团、独立骑兵团内部进行策反，结果铁路护路团首先叛变。在铁路护路团叛变的当天晚上，步兵团就在电灯厂的北面发现了敌人。步兵团立即与敌人展开了激烈战斗，我军干部战士早已憋足了劲，指挥员一声令下，便如猛虎下山一般向敌人扑去，很快将来犯之敌打了回去。

继铁路护路团叛变之后，独立骑兵团一、二、三中队也相继叛变。叛变分子对我军派入该团的一些指战员下了毒手。在一中队，叛乱分子秘密将我军派入一中队的指导员吴振东的枪针磨断，在吴振东失去反抗手段的情况下，把他抓走。在二中队，叛乱分子精心策划，将我军派入二中队的指导员李长桐、警卫通讯排周排长秘密抓走。叛乱分子对吴振东、李长桐、周排长进行严刑拷打，企图从他们口中了解我军作战计划，逼迫他们投降。但我军干部在党的培养下，在刘海明长期的思想教育下，始终坚持斗争，英勇不屈，最后被敌人杀害。

策反成功以后，"光复军"的胆子更大了，于 12 月 31 日晚间向骑兵团发起进攻。叛乱分子组织 20 余人高喊着"骑兵团投降"到骑兵团团部缴械，反动气焰嚣张至极。这时，天色已黑，团部里灯火通明。当刘海明听到喊声后，觉得外面黑屋里亮，对我军极为不利，立刻举枪打灭了电灯，然后迅速指挥人员对外进行猛烈射击，击退了敌人。刘海明冷静地分析了一下形势：敌人躲在暗处，我军处在明处，目标明显，处于被动；敌我力量悬殊，我军陷入敌人重重包围之中，坚持下去，对我军不利；城内我军力量本来不多，分散各地，不但把守不了白城子，还有可能被敌人各个击破。想到这里，他决定立即突围，转移团部，与临时指挥部会合，抗击敌人，突围出城去，保存革命力量，同敌人进行长期斗争。他带领团部全体指战员边打边撤，从团部所在地烧锅（现白城酒厂）冲了出去，来到临时指挥部（即后来的明仁文化馆），向指挥部汇报了骑兵团叛变的情况。

"光复军"由于有了内应，加紧了对城内的进攻，并逐渐缩小了包围圈，向临时指挥部发起了进攻。战斗越来越激烈，连续激战三昼夜，到第三天晚上，敌人对我军的包围圈缩小到只剩一条街了。当时，我军的伤亡数量也很大，仅安放在临时指挥部楼上的烈士遗体就有十几位。在这样危急的情况下，临时指挥部经研究决定放弃白城子，进行突围，由刘海明做前卫指挥，掩护党政军干部转移。

这时正值数九寒天，北风呼啸，大雪下个不停，把夜幕下的街道映照得如阴沉沉的白昼。我党政军干部在刘海明的领导下，迅速地从团部的后门冲了出来，沿着戏园子胡同向南突围。行至十几米处，一颗子弹飞来，冲在队伍前面的刘海明不幸中弹倒在地上，英勇地牺牲了，他的鲜血洒在白雪皑皑、寒冷僵硬的土地上。刘海明为保卫白城子献出了自己年轻的生命。

刘海明牺牲以后，在苏联红军的协助下，我军指战员怀着满腔仇恨，打垮了盘踞城内寻欢作乐的"光复军"，并乘胜追击，进一步清剿了白城子周围的土匪，党政军机关又回到白城子，恢复了人民民主政权，建立起白城子后方根据地，为夺取全国解放战争的胜利做出了重要贡献。人民不会忘记为了这一切而英勇献身的刘海明烈士，在政权基本稳固以后，中共洮安县委、县政府召开了隆重的追悼大会，纪念刘海明烈士。后来，又用刘海明烈士的名字命名了街道、学校、医院等，以表达全县各族人民对刘海明的崇敬和怀念，让子孙万代记住烈士的英名和光辉业绩。

（王大伟）

吕明仁

漫漫长夜苦苦求索

吕明仁原名吕其惠,字西欧,1916 年出生于辽宁省庄河县（今庄河市,下同）一个贫苦的渔民家庭,全家靠打鱼为生。他从童年起,就同父亲、叔父和哥哥一起打鱼捞虾,漂泊在大海上。大海赋予他粗犷、豪迈、热情、直爽的性格,使他练就了一身好水性。吕明仁从小就过继给叔父吕俊昌,但没有分家,还和父母在一起生活。吕明仁聪明伶俐,老实厚道,叔父和婶母吕林氏很喜欢他。

1922 年,吕明仁在自己家所在的小岛初级小学读书,学习非常用功。后来又和小朋友们一起每天划船到十多里外的石城岛读高小。1929 年 6 月,吕明仁考入庄河县初级中学。

国民党反动派于 1927 年发动了反革命政变,从此,"内战代替了团结,独裁代替了民主,黑暗的中国代替了光明的中国"。一个中学生,面对现实社会的动乱,看到了人间的不平,那些渔民、农民、市民拼死拼活地干,为什么吃不饱穿不暖,处在饥寒交迫之中?而那些穿绫罗绸缎、长袍马褂且从来不干活的人,为什么花天酒地、脑满肠肥?他百思不得其解。漫漫长夜,一个迷惘的少年面对着一个迷惘的中国,渴望真理,渴望能为祖国的兴盛和民族的振兴找到出路。他发奋读书,努力用功,苦苦思索着、探求着真理。他的学习成绩优异,深得老师和同学们的好评。

1931 年"九一八"事变后,日本帝国主义疯狂地武装侵略东北,几十万东北军几乎一枪未放,悄悄退入关内。东北三省落入魔掌,3000 万同胞遭受日寇铁蹄的蹂躏,东北逐步沦为日本帝国主义奴役下的殖民地。"九一八"事变发生后,中国共产党立即发出了"驱逐日本帝国主义"的号召,于是各界人民掀起了轰轰烈烈的抗日浪潮。动荡的时局,促使吕明仁走上了追求真理的道路。他和大哥吕其恩、堂兄吕其恕及同乡方本泉、吕建东搭伴乘坐一条渔船,于 1932 年夏到达烟台,准备继续读书。当时的山东省教育厅厅长何思源先生是一位爱国者,他对东北来求学的学生给予特殊待遇,一律免试,而且允许插班学习,给流亡学生以极大的支持鼓励。吕明仁兄弟被安排到省立第八中学学习。

在八中学习期间,吕明仁积极接近思想较进步的同学和老师,开始阅读进步的小说和杂志。他读了鲁迅、邹韬奋的一些作品，又学习了马克思的《哲学的贫困》、列宁的《国家与革命》等著作，深入钻研革命理论。他还和同学们一起组织读书会，讨论和交流读书心得，思想发生了深刻的变化。他明白了要拯救危难当头的中华民族，一定要依靠中国共产党的力量，发动人民抗击日本侵略者，反对一切卖国行径。

投身革命搏击风浪

1933 年 5 月，吕明仁终于投入盼望已久的抗日运动中。他在地下党员柳文广的指导下做交通联络工作，经常奔波于天津、烟台、北平等地。有一次，他秘密前往北平送情报，在船上遇到国民党特务搜查。在紧急关头，他转过身去，将烟盒中的整根烟捻碎，把情报条子放在烟盒底部，上面盖了一些碎烟丝，巧妙地避过了敌人的搜查。吕明仁以他的机智勇敢，曾多次胜利完成了任务，从没出过一次差错。他经受了残酷斗争的考验，赢得了党组织的信任。

1934 年 4 月 18 日，烟台市内各校组织学生到梨花盛开的南山春游，几个坏蛋依仗权势企图奸污女学生，遭到反抗后，警察局长的内弟孔凡希开枪打死了一位名叫徐明娥的学生。"梨花事件"引起了烟台学生界的极大愤慨，吕明仁与其兄吕其恩满腔愤怒，毫不畏惧，挺身而出。在烟台地下党的领导下，他们以省立第八中学学生会的名义，积极串联市内志孚中学、益文中学、真光女子中学的学生成立了游行示威筹委会，决定为徐明娥的惨死举行抬尸游行。游行那天，八中校长下令关起大门，训育部主任又讲了一通威胁学生的话，吕明仁兄弟不怕威胁，冲开学校铁门，与其他学校的师生会合，走上街头，涌向市警察局，高呼口号，提出强烈抗议。他们经过不懈的斗争，迫使当局答应负责死者的埋葬费、给家属抚恤金、下葬时凶手披麻戴孝、向死者叩头等条件，斗争基本取得了胜利。

然而，反动当局是不会甘心失败的，就在这一年 7 月，他们精心策划，开除了带头闹学潮的吕其恩、吕明仁、柳运光等同学的学籍，并且查封了父亲为维持他们学习而开设的小鱼店，逼迫父亲与儿子断绝父子关系。生活和学习上遭受的沉重打击，不但未能扑灭他胸中仇恨的烈火，相反，更坚定了他的革命斗争意志。吕明仁经过一次次斗争的考验，逐渐成熟起来。我地下党组织决定将他送到比较合适的地方培养。

1935 年初，吕明仁来到抗日救亡运动的中心北平，在弘达中学高中部补习外语。弘达中学是由 5 名爱国的东北人士创办的，主要招收流亡学生。学校得到了张学良将军的大力支持。学校除了设置一般的文化科学基本知识课程外，在高中部还设了军训课，聘请东北军中的军官为教练，对学生进行抗日救国思想和组织纪律教育。在这所生气勃勃的学校里，吕明仁那为民分忧的思想有了进一步的提高。他看到了祖国的未来，明确了自己肩负的历史责任，选择了共产党指引的道路。

1935年8月，经中共地下党员温建平介绍，吕明仁光荣地加入了中国共产党。从此，他时刻以共产党员的标准严格要求自己，誓为共产主义事业奋斗终生。这时的吕明仁名为学生，实为革命者。他把读书和国家的命运、前途紧密地联系在一起。他不但学习成绩优异，而且能出色地完成党交给的各项任务。他在学校里秘密宣传马克思列宁主义，把《共产党宣言》《国家与革命》等著作悄悄地带进学校，在同学中传阅，启发同学们的政治觉悟和爱国热情。他常常对同学们说："我很喜欢这样的书籍，它使我懂得了许多革命道理。"

1935年下半年，日本帝国主义加紧侵略中国，东北沦陷，华北陷入危机。"华北之大，已经安放不下一张平静的书桌了"，学生已经不能像过去那样专心致志地读书了。在中共中央的号召和北平临时工作委员会的领导下，12月9日，"一二·九"学生爱国运动爆发了。吕明仁作为学生会干部，积极组织弘达中学的同学投入运动中去。头天晚上，他和同学们写标语、印传单、做小旗、组织宣传队，一直忙到深夜。第二天清晨，吕明仁带领同学们冲出学校大门，走上街头，与数千名学生一起，冲破反动军警的层层封锁，举行了声势浩大的示威游行。面对大刀、水龙、木棒、枪刺等的袭击，吕明仁毫无惧色，带领赤手空拳的学生同全副武装的军警展开了英勇的搏斗。吕明仁的棉衣服被水浇透，冰雪交融，在严冬寒风中结成一层冰，但他没有感到一丝寒冷。游行队伍从清晨直到下午，没有吃饭也没有喝水，忘了疲倦也忘了寒冷，朔风吹不散他们的热情，刀枪吓不倒他们的勇气，他们准备进行更大规模的斗争。

"一二·九"运动后，北平学生全部罢课，反动当局强迫学生从16日起复课。北平学联决定于16日继续举行示威游行，反对"冀察政务委员会"成立，吕明仁率领弘达中学的同学们又投入运动中。游行的学生们在天桥与市民、工人和流亡学生一起举行了市民大会，通过了"不承认冀察政务委员会""反对华北任何傀儡政府""恢复东北失地"等决议案，提出誓死反对日本帝国主义侵略中国等口号。在爱国学生和市民的强烈反对下，国民党当局不得不宣布"冀察政务委员会"延迟成立。"一二·一六"大示威是学生爱国运动的高潮。

1936年1月3日，在北平学联的号召下，吕明仁随"南下扩大宣传团"深入民间，将学生运动同民众运动结合起来。在与工人、农民的接触

中，吕明仁进一步看到了劳动人民生活的痛苦，也看到了地主阶级压迫农民阶级的真相。他从极简单的爱国思想进而认识到要发动广大群众参加抗日运动，认识到反帝反封建是中国革命的主要任务，他的思想又一次得到升华。他同许多学生一样，在宣传团里确定了革命人生观，向往苏联社会主义国家，向往未来中国无限光明的远景。

1936 年 10 月，正当吕明仁与同学们商量去向的时候，中国共产党与阎锡山在山西省首先建立了抗日民族统一战线。阎锡山想从北平招一批青年学生，进行"守土抗战"的准备，企图保住他在山西的"独立王国"。中共中央同意了阎锡山的要求。经过地下党组织批准，吕明仁、丁修等100 多名青年登上了去山西的列车。

到太原以后，吕明仁、丁修等被编入军训团十二连，吕明仁负责青年学生工作。在山西这块土地上，阎锡山不准喊"打倒日本帝国主义"等口号，只准喊"守土抗战"，革命青年岂能以军阀的意志为转移？吕明仁大胆地向青年们宣传抗日救国的道理和青年应担负的责任。1937 年农历正月十五，在薄一波的指示下，吕明仁领导青年学生组织了一次提灯游行，大闹灯花节。在游行队伍中，吕明仁先喊"守土抗战"等口号，接着喊"打倒日本帝国主义"，他机智勇敢地跟警察兜着圈子，气得警察在人群中乱窜。这次大闹灯花节，取得了胜利，检阅了山西的革命力量。

烽火岁月展露才华

1937 年 2 月，吕明仁、丁修、吕其恕三人以请"探亲假"为名，离开宿舍，搬进旅社。由于长期志同道合结成的革命战斗情谊，也为了避免引起外人的怀疑，吕明仁和丁修结了婚。不久，他们便踏上了征程。经过 20多天的辗转颠簸，他们到达云阳，休息几天后，他们又启程去延安。

到达延安后，组织上把他们送入抗日军政大学学习，吕明仁和丁修被编入十三大队。在这里，他们系统地学习了革命理论，亲耳聆听了毛泽东、朱德、董必武等领导人的演讲。在学习过程中，他们注意理论联系实际，树立了辩证唯物主义和历史唯物主义的世界观。通过学习，他们了解了更多的中国革命的光辉历史。这些见所未见、闻所未闻的革命道理，更进一步坚定了吕明仁献身革命的决心，他在斗争方法上也更成熟了。

由于吕明仁政治理论课成绩突出，毕业后留在抗大任一大队教员。为了不辜负党组织的信任，他每天在油灯下备课到深夜。早晨起来，就拉着丁修到山上听他试讲，有时还要丁修到课堂上去听，然后征求意见，不断改进。由于他对教学工作认真负责，一丝不苟，听过他讲课的学员都感到收益很大，因而深得学员们的欢迎和尊敬。1938 年春，吕明仁被提拔为二大队主任，兼任政治教员。

吕明仁面对日寇的猖狂进攻，自己不能上前线，十分着急。他多次申请去前方，直到1939年夏，组织上才批准他的请求。为了轻装上阵，他和丁修打掉了第一个孩子。

根据组织的安排，吕明仁首先来到太行山区，主要抓文化工作。在文化建设工作中，他充分发挥了一个教师的聪明才智。他积极参加筹办中、小学校，成人识字班，图书馆，夜校等，并担任教学工作。不久他要求参加游击队，得到了组织批准，他和部队指战员一起开展了广泛的游击战争，粉碎了日伪军多次扫荡，击退了国民党顽固派的数次进攻。

1942年7月，党派吕明仁去胶东任区党委宣传部副部长、减租减息工作团团长和党校校长。他亲自为党校学员讲课，紧密结合学员的思想状况和胶东的抗战实际，为反扫荡，反"蚕食"，为武装斗争、发展大生产培养大批骨干。吕明仁身为减租减息工作团团长，亲自带领干部下乡，向农民群众宣传党的政策。他们到文登县（今文登市，下同）万家庄试点，首先提出向地主"借粮"问题，组织农民讨论，提高农民的政治觉悟，坚定他们抗战的信心。在一次"谁养活谁"的辩论会上，农民顾虑重重，七嘴八舌乱吵吵，会议难以进行。吕明仁边听边仔细琢磨，终于找到了问题的关键，就是农民对党的政策不托底。他不慌不忙地站起来，和蔼地说："请父老兄弟姐妹们想一想，地主吃的粮食是怎么来的？地主住的房子是谁盖的？地主不干活，吃得饱住得好，你们一年忙到头，起早贪黑，披星戴月，还是吃不饱穿不暖，这合理吗？整个世界都是劳动人民创造的，不劳动的地主、资本家却占领着世界。我们闹革命就是要使穷苦人当家作主，过好日子。没有地主资本家，世界照样存在，没有劳动人民可就不行了。"吕明仁还启发农民算细账，把"剥削"二字讲得一清二楚。他的话像一把钥匙打开了千把锁，说得农民心里亮堂堂的。农民们说："听了吕团长的话，我们换了一个脑袋，坚决跟着共产党走。"农民群众被发动起来后，就积极向地主"借粮"，减租减息运动轰轰烈烈地开展起来了。被派到董家村的王哲是个妇女干部，她热情高、干劲大。在讲理大会上，工作组成员讲了雇工政策和标准，向地主提出了增加工资的数量。雇工要求多少，地主当场就答应多少，但都比原来酝酿的数字高。当吕明仁召集各点工作队员汇报情况时，王哲大讲一通成绩，满以为会受到表扬，可会场反响冷淡。会间休息时，吕明仁来到她面前，微笑着说："王哲同志，你给工人增资超过上级规定的指标太多了。党的政策是党的生命，你给工人增资这么高，地主不雇工，工人要失业。群众生活有困难，怎么能团结抗

日呢？在工作中一定要注意党的政策和策略，万万不可粗心大意。要合理调动广大人民群众的抗日积极性，希望你能继续努力。"王哲听后不以为然。可一回到村里，农民群众纷纷围上来，诉说地主要解雇他们，问她怎么办。在实践中，她逐渐认识到了自己的错误。她想：听吕团长的话，就不会错到这种地步了。

吕明仁不但对工作中有错误的干部耐心启发，使其自觉认清错误，甚至对工作或战斗不该失败而造成损失的干部也从不大发雷霆，总是以鼓励代替批评，给人以巨大动力。1943 年夏收以后，日伪军出城扫荡路过南掖九区，区委书记兼中队长魏建毅组织力量仓促应战，被围在几十里的平原上，遭受严重损失。事后他到地委汇报，准备挨批。不料，吕明仁并没发火，沉思了片刻才说："胜败是兵家常事，可怕的不是打败仗，而是思想出问题。要总结经验，吸取教训，以利再战。你还有什么困难？需要多少武器？马上发给。"魏建毅深受感动，回到区里，马上召开区委会，讲地委的关怀和鼓励，然后，整编与扩充队伍，组织力量打伏击，两次抓住 4 个汉奸，在对敌斗争中，不断取得胜利。1942 年 11 月，日寇在胶东大量增兵，开始大规模扫荡，我西海地委遭到严重破坏。1943 年 2 月 16 日，为了恢复西海区工作，重建大泽山抗日根据地，胶东区党委决定派吕明仁到西海，任地委书记兼军分区政委，陈华堂任军分区司令员。吕明仁到西海的第二天，便召开了区、县级干部会议，听取汇报，了解情况，进行思想动员，讲明形势。他充满信心地说："鬼子来扫荡，我们满有条件坚持战斗。没有子弹，还有石头，准能将敌人的头砸个稀巴烂。革命总是要付出代价的，有挫折，也会有牺牲，这都是暂时的。革命道路虽然曲折，前途却是光明的，胜利将属于我们。"接着，他又实事求是地总结了西海地区反扫荡失败的教训，他沉痛地说："这次所以没能粉碎敌人的扫荡，就是没有按中央军委关于反扫荡的指示去做，因此，在敌人面前消极、被动，让敌人牵着鼻子走。今后我们要坚定不移地执行军委指示，同志们要有信心，顽强地战斗下去。"吕明仁铿锵有力的声音，使大家精神振奋，斗志昂扬，参加会议的干部都深受鼓舞，增强了对敌斗争的信心。

西海是胶东的咽喉，地理位置极为重要，从胶东去鲁中、鲁南等地都要经过这里。扫荡高潮虽然已过，但敌人的"蚕食"行动队还在日益逼近，斗争形势仍然紧张复杂。在这种时候，吕明仁首先断了敌人的眼线，在招远一次就处决了 3 个罪大恶极的汉奸。为了大打人民战争，他非常注意抓民兵的组织建设。带领他们学习《论持久战》《抗日救国十大纲领》，提高了民兵的思想水平。他还把精神力量变成了巨大的物质力量。他在调查研究的基础上，决定在敌人据点附近设情报站。从 3 月到 5 月，他带领大家一面了解敌情，一面组织自己的武装力量，军民齐心协力办起了小型兵工厂，而且由 1 个发展到 3 个，从修理武器到制造枪支、子弹、铁雷、石雷、头发丝雷等，发挥了很大的作用。

吕明仁预料到敌人的报复行动马上就会开始，他立即组织民兵干部开会研究对策。他说："我们不可放松警惕，坚持大泽山斗争就要时时枪声响，处处地雷鸣，请同志们发表意见。"有的民兵干部提出在山顶上架起土炮，在山坡上埋好地雷，先给鬼子几碗"疙瘩汤"，再让敌人吃"西瓜"！吕明仁很赞成同志们的意见：一次，敌伪出动 1500 人侵入大泽山，敌人刚爬上半山腰，民兵队长一声令下，顿时喊杀声、土枪土炮声、地雷爆炸声惊天动地，在不到一平方公里的范围内，敌人踩响地雷 30 余处，被炸得人仰马翻，屁滚尿流，死伤 70 余人，不得不草草收尸回营，伪军官胆战心惊地说："不长铁脑袋，别想到大泽山！"英雄的大泽山军民在吕明仁带领的西海地委指挥下，以地雷战闻名胶东，他们创造出十几种地雷，从简单的石雷、铁雷发展到复杂多变的飞行雷、马尾雷、防潮雷、子母连环雷、慢性自然雷等。埋雷方法也有很大改进，灵活多样。从村头沿路埋雷，发展到村村摆上地雷阵：门上挂雷，草堆埋雷，人人埋地雷，家家有地雷，使敌人闻雷丧胆。

敌人的"蚕食"政策采取的是伪化渐进的方式。凡是有伪军驻扎的地方，就竭力向四周扩展，天天都在进行侵蚀抗日根据地、与我争夺群众、加强伪化的活动。吕明仁认为必须打破敌人的"蚕食"政策，而且一定能够打破。他说："我们西海地区，是敌人'蚕食'推进最严重的地区，我们的抗日武装坚决要变被动为主动，地雷战虽初获胜利，但不等于消灭了敌人，更不能说是最后的胜利。我们要主动出击，打击敌伪政权，扩大我们的根据地。"他亲自带兵，接连发起店子、纸房等地的战斗，围困古岘，逼近平度。在半年多的时间里，西海共建立 400 多个村的抗日政权，使敌人的征粮区缩小了 4/5，使西海地区斗争形势发生了根本变化，由被动挨打转入主动进攻。

西海地区险恶环境的根本好转，是 1944 年五六月间，吕明仁组织了 3 次战斗，重点是打击平度的敌人。平度县（今平度市，下同）是胶东的门户，也是日寇在胶东的重要屯兵点和"蚕食"、"扫荡"大泽山根据地的据点。吕明仁等领导干部经过详细调查、研究讨论后，做出决定，第一仗，先打下平度县敌人的据点高望山。驻扎在这里的主要是伪军，战斗结束后，歼灭了以团长徐国栋为首的一个团；第二仗，攻打平度县敌人据点伪警备队和伪治安军夏秋，这是敌人封大泽山的主要据点。吕明仁与陈华堂决定先打西大院的伪治安区。各区委书记的任务是抓伪区长。他们冲进西大院，打开区公所后，活捉了伪区长朱汉三，里应外合歼灭敌人100多人。紧接着第三仗开始。经过激烈战斗，消灭伪治安军300多人，并缴获一挺重机枪。三次胜仗打开了局面，大泽山根据地军民不但站住了脚，而且士气高涨，欢欣鼓舞，信心倍增。

吕明仁初来西海时，有的群众见他戴一副深度近视镜，讲起马列主义理论滔滔不绝，就投以怀疑的目光："这个大知识分子，能扭转西海的残局吗？"事实证明，他是有勇有谋、文武双全的好干部，给西海人民留下了不可磨灭的印象。

敌人的扫荡、"蚕食"和封锁，给胶东人民生活造成了严重困难。吕明仁根据中共中央"农业生产是抗日根据地主要生产，党政工作人员必须用最大的力量，推动开展之""全体军民和各级党政机关学校一切领导人员都要参加生产，并要学会组织群众生产的本领"等决定，亲自制订增产节约计划，并带头搞试点。西海地区人多地广，地委号召农民群众多开荒，并规定了新开荒地三年内不交公粮的奖励制度。西海地区旱情严重，吕明仁就号召农民多打井灌田。农民积极响应，共打井近万眼。他还号召农民多养猪积肥，养地肥田。他规定干部下乡参加生产劳动不准骑马，要自己背着行李走到群众中去，将牲畜投入生产中去。轰轰烈烈的大生产运动不但使根据地军民渡过了难关，也推动了西海地区的发展。

奔赴辽西，接收煤城

抗战胜利后，胶东区党委和军区根据中共中央关于发展东北根据地的决定精神，派吕明仁等从海路进入辽宁。吕明仁告别战斗了5年的胶东，跨海奔赴东北。在船上，他遇到了为我党做运输工作而分别多年的弟弟吕其宪。兄弟偶然相遇，情不自禁地流下了热泪，弟弟告诉吕明仁，家人都以为他不在人世了，希望他回去看看父母，吕明仁想了想，坚定地说："我有紧急任务在身，待完成任务后，再回去拜见父母吧。"

吕明仁一行先到锦州，经辽西专署专员张士毅介绍，决定让吕明仁去阜新工作，任新工委书记兼卫戍司令。

阜新地处沈阳和锦州之间，是新义线与大郑线的交接点，在解放战争初期成为辽吉省的前哨，是连接冀热辽和东北的枢纽。抗战胜利后，这里的形势极为错综复杂。各种反动势力蠢蠢欲动，粉墨登场，一些日伪职员妄图夺取矿山大权。8月21日，所谓的"自兴维持会"成立了。伪满的上层人物及地方绅士也纷纷出动，组织起阜新市、县治安维持会，准备迎接国民党接收大员。在煤矿做"特殊工作"的部分国民党下级军官和士兵，冒充"八路军""新四军"，成立起所谓的"工人自卫队""八路挺进军"等，乘混乱之机，招兵买马，伪称"八路"（老百姓称之为"黑八路"），自封司令，并骗取苏军信任。一时间，阜新社会秩序混乱，人心不安，矿山停产。汉奸把头为非作歹，土匪横行，国民党反动派加紧笼络地痞流氓，组织反动武装，人民的生命受到严重威胁，财产遭到极大破坏。

面对阜新错综复杂的局面，吕明仁经过深入调查研究和周密的思考，拟定了整顿方案。首先，打击敌伪势力，建立革命政权。吕明仁以卫戍司令部的名义发出布告，宣传抗战胜利，打击敌伪势力，维护社会秩序的重要性。同时有组织地与苏军联系，取得支持。对日伪反动军警和"黑八路"实行缴械，借市政府成立之机，将所谓"八路挺进军"一部缴械。同时扫清了数股土匪，一举解放了彰武。又乘胜追击，横扫阜新、彰武、黑山、北镇一带反动地主武装。旌旗指处，所向披靡。不到两个月，阜新境内云开雾散，红旗吐艳，于10月份成立了阜新矿山管理委员会。吕明仁亲自担任委员长，并在新邱、孙家湾和高德矿建立了党支部，同时，在各矿区建立了工会组织，大力开展反奸清算斗争，于11月份召开了斗争把头大会，逮捕了"维持会"的头子，处决了罪大恶极的恶霸，将他们的财产分给工人，广大矿工无不拍手称快。其次，发动群众，恢复生产。吕明仁带领干部深入群众，访贫问苦，了解到他们普遍关心的是粮荒问题，就千方百计解决工人的吃饭问题，稳定了工人的情绪。经过吕明仁的积极工作和矿工的努力，各矿正式开工生产。为了加强对生产的领导，阜新地委于11月至12月间，先后开办了两期干部训练班。各矿选苦大仇深、热爱共产党的矿工进行了培训。其间，不少工人加入了中国共产党，他们回到各矿，分别担任了领导工作，很快形成了骨干队伍。吕明仁头戴矿工帽，身穿劳动服，手拿一把挖煤锹，下矿井和工人一起劳动，亲自体验矿工生活，主动接近工人，受到工人的尊敬和爱戴。

为扩充人民军队，吕明仁在抓组建工会的同时，在原来连、营的基础上，吸收了广大矿工和"特殊工人"（被日本侵略者抓来做采煤工的华北和内蒙古地区我抗日武装的战士、东北军和西北军士兵，他们受尽了苦难，生活在煤矿的最底层），扩编成团的编制，组建了六十六团、八十八团。在各矿也都建立了排和连，阜新县政府成立了警卫连，在此基础上扩编为3个营。年底，除留下1个连，其余全部编入正规部队。

让开大路，转战农村

抗战胜利后，蒋介石企图"控制华北，抢占东北"，频频挑起战事。

国民党军 11 月 16 日占领山海关，11 月 26 日占领锦州，12 月 27 日又占领北镇、黑山。12 月 28 日，中共中央发出了《建立巩固的东北根据地》的指示，确定了"让开大路，占领两厢，建立农村根据地"的战略方针。吕明仁立即召开阜新、彰武、黑山、北镇四县县委书记、县长联席会议，传达党中央、东北局的指示精神，进行思想动员。会后，吕明仁从全局战略出发，奉命于 12 月 30 日夜，将地委机关有条不紊地撤出了阜新城，转移到阜北务欢池、平安地、旧庙等地，坚持游击战争。他提出了"坚持地区，坚持工作，坚持游击"的口号。

战略转移到农村，建立农村根据地，干部的思想波动很大。吕明仁耐心细致地进行说服教育，反复阐明中央建设巩固的东北根据地，主要还是依靠广大的农村，必须经过我们党的艰苦工作，发动广大农民群众，才能建立农村根据地，以农村包围城市，最后夺取城市。这是毛泽东同志总结大革命失败的教训和井冈山革命斗争经验证明了的，是中国共产党领导中国革命胜利的唯一正确的道路。只有坚持这条道路，才能取得中国革命的最后胜利。在吕明仁的启发诱导下，广大干部战士认清了形势，克服了悲观情绪，坚定了革命信心，积极去建设农村根据地。

在农村，吕明仁特别注意密切联系农民、牧民群众，尤其是以苦大仇深的贫雇农为开展工作的依靠力量，组织农会，培养和选拔当地干部。东北人民被日寇奴役 14 年之久，对共产党、八路军不够了解，甚至还有怀疑和恐惧，更没有关内老根据地那种"军民鱼水情"的密切关系，有些群众头脑中有着所谓的"正统"观念，认为国民党是执政党，中央军是国军，把将来的希望寄托于国民党。有的干部对此说三道四，吕明仁尖锐地批评了那些不相信群众和缺乏阶级分析的观点。他向干部们说："群众和我们的关系不密切，他们的觉悟不高，除了敌人长期奴役和欺骗宣传外，就是我们没有尽到责任，是我们不会做群众的思想工作，不能和群众打成一片，使自己脱离了群众。只要我们的工作做得好，广大劳苦群众就会认识到我们党是他们利益的忠实代表，就会坚定不移地跟我们党走。群众是我们的靠山，在城市要依靠工人阶级，在农村要坚决依靠贫下中农。"吕明仁教育干部战士要多接近群众，多进行调查研究，做深入细致的群众工作，严格遵守三大纪律八项注意，用实际行动体现党的政策，把党的温暖送到农民群众的心坎上，尽快取得农民群众的信任和拥护。他带头为农民担水，扫院子，干杂活。1946 年春节，他和地委机关干部与农民一起包饺子，热热闹闹地和群众过了个春节。吕明仁的思想与农民越来越近，感情日益深厚，周围一带没有不认识他的。农民一提起吕书记来都说："他是咱们的好朋友，穷哥们跟着吕书记，什么困难都解决了。"吕明仁为建设东北农村根据地做了大量开创性的工作，成为开辟东北农村工作的楷模。后转移到新邱时，吕明仁得了急性疟疾，一两天就犯一次。犯时全身疼痛发冷，几个小时颤抖不停，握不住笔，拿不住东西，但他以顽强的毅力，忍受着疾病的折磨，照常坚持工作。同志们都劝他休息，他却不肯，一直坚持到病愈。

蒙汉团结，共建通辽

1946年2月23日，热辽边地委根据辽西省委的指示，在吕明仁的率领下撤至通辽。由于管辖区域缩小，地委改为通辽中心县委（对外称"通辽人民民主建国会"），吕明仁任中心县委书记。对于职务上的变化，一些干部想不通，吕明仁就耐心地做思想工作："我们要服从革命的需要，克服地位观念。"表现了共产党员能上能下的革命胸怀。

通辽地处哲里木盟中心，是科尔沁草原的交通要道，公路四通八达。早在1944年，国民党地下组织就潜入通辽地区活动，抗战胜利后，他们与地方各种反动势力勾结在一起，狼狈为奸，首先成立了国民党县党部，控制着通辽的党政军大权。一些日伪残余也兴风作浪，成立了维持会，他们造假币，出伪钞，扰乱金融市场，垄断经济命脉。他们还网罗伪警察宪兵特务百余人，建立警察局和警察所，进行反共活动，反动气焰十分嚣张。

吕明仁率领干部来到通辽以后，积极依靠工人群众开展城市工作。他一手抓反奸清算，恢复生产，维持社会治安，一手抓农村工作，培养积极分子，发动农民群众，建立农会和民兵组织，认真贯彻中共中央《关于发动农民减租减息和肃清土匪的指示》，为建立巩固的农村根据地努力工作。

通辽有蒙古族人口几千人，虽然蒙古族人数不多，但对东蒙地区的革命斗争而言极为重要。吕明仁原来在阜新任地委书记时，就注意按上级党组织的指示和新四军三师领导共同做民族工作，尤其是上层统战工作。三师进入哲里木盟最早的是独立旅。12月中旬，东蒙内防部长、东蒙自治军司令阿思根邀请独立旅首先赴库伦旗王爷罗布桑仁钦府就独立旅进入库伦问题进行友好谈判，最后达成独立旅在库伦建立办事处作为后方的协议。独立旅于12月28日进入库伦，建立了"八路军驻库伦办事处"。

1946年1月8日，吕明仁派阜新地委秘书长于洪琛率10余名干部来到库伦。经独立旅、阜新地委双方代表协定，库伦也同时作为阜新地委的后方根据地。办事处负责当地党政军民等各项工作，并配合旅后勤部、卫生部，筹备物资支援前线，接收安置伤病员。办事处还大力开展地方工作，通过各种形式进行上层统战工作。2月初，阿思根亲临库伦，与吕明

仁、三师独立旅首长商议在办事处"武装建国支队"基础上，建立东蒙自治军骑兵二师十四团。同月，正式建立中共库伦旗委员会，这是哲里木盟最早建立的旗县级党委之一。

吕明仁认为，做好哲里木盟上层统战工作的关键是在科左中旗做好工作，因为这里是哲里木盟的中心，又是东蒙的前哨。吕明仁首先做乌力图等人的工作。乌力图在哲里木盟是蒙古族上层的头面人物。他原是伪满国务院地方处蒙古班的主要参事官，后为科左中旗旗长。他不但在哲里木盟，而且在东蒙很有影响。经吕明仁多方工作，在我党的民族政策和统战政策的感召下，乌力图的政治立场有了转变，他同意共产党干部协助行署工作。他虽有些狭隘的民族主义思想，但能审时度势，深明大义，表示真诚同共产党合作。

为了加强蒙汉团结，便于全盟的军事统一指挥，经过协商达成协议，建立了东蒙自治军第二师及通鲁警备区联合司令部，简称"蒙汉联军"，由乌力图任司令员。联合司令部负责对主力部队和地方部队的领导，协助地方开辟工作，建立民主根据地，肃清土匪，安定民生。

吕明仁在加强上层统战工作的同时，还注意抓中下层的统战工作。除了争取上层进步分子外，对相当数量的伪官吏出身的内蒙古人民革命党和东蒙自治军政府及地方政府负责人做深入细致的思想政治工作，教育他们认清前途，接受共产党领导。在吕明仁的努力工作下，这些人逐渐转变了立场，积极为革命做贡献。科尔沁温都尔小王爷阿尤，主动用家中财产资助革命军队，投身革命，加入了中国共产党。库伦旗格尔林庙的麦得尔活佛也转变了立场，拥护共产党的领导，后担任了内蒙古佛教协会主席。为了培养和发展蒙古族革命力量，吕明仁指示阜新县委，选拔一批蒙古族青年组成了蒙古族青年工作队，也称"蒙民大队"，领导人员都是进步知识青年。队伍很快发展到3个骑兵连200多人。他们英勇果敢、骑术高超。主要任务是发动蒙古族群众，成立农救会，开展减租减息活动，收缴地主的枪支、马匹，扩大武装，武装保卫根据地。在保卫哈尔套的战斗中，他们拔除了欧力板营子地主武装据点，威震窜扰乌兰木图山南的地主武装，连国民党九十三军二十二师也龟缩在海州不敢冒犯。到1946年8月，发展到5个连300多人，浩浩荡荡，威武雄壮，在蒙古族民众中影响很大，被誉为"铁骑之师"。

3月底，根据斗争形势的需要，辽西省委和军区又令高体乾和曾敬凡率分区机关赶到通辽，与吕明仁领导的地方武装会合，建立五分区（对外称"通鲁警备区"），高体乾任司令员，吕明仁任政委，曾敬凡任副政委。

4月29日，西满分局决定在辽西省委直接领导下，建立新的五地委（即哲里木盟地委），由吕明仁担任书记，赵石任副书记。6月1日，蒙汉联合哲里木盟政府在通辽成立，乌力图任主席，吕明仁任副主席，赵石任盟政府党组书记。从此，哲里木盟的工作完全置于中国共产党的领导下，哲里木盟党政军组织实现了空前的统一，建立起上层统一战线。

1946年在哲里木盟党建历史上是极不平凡的一年。这一年，吕明仁任哲里木盟地委书记，重担在肩，放射出他全部的光和热，是他一生中光辉灿烂的一年。这一年，他和乌力图、阿思根等蒙古族上层人士以诚恳的态度合作共事，既坚持了党的领导，又贯彻了党的民族政策。他特别尊重蒙古族上层人士的意见，在共事过程中，使蒙古族的上层人士有职有权，参政议政，当家作主，充分发挥了他做统一战线工作的才能。

吕明仁在统战工作中，首先抓住了上层，以上层为纽带带动下层统一战线，然后依靠下层统一战线推动上层统战。因此，在反对国民党大汉族主义的统一战线旗帜下，除极少部分投靠国民党外，大多数蒙古族上层爱国人士都跟共产党走上了革命道路。在哲里木盟建立根据地的关键，是建立广泛的民族民主革命统一战线，而统一的核心是发动和依靠广大农牧民群众，特别是蒙古族知识青年。他们是统一战线的基础，又是我党开展工作的依靠力量。如何对待蒙古族知识青年，是民族工作中的突出问题。吕明仁从实际出发，经过调查研究后，认为，蒙古族知识青年虽多数为剥削阶级出身，但他们亲身感受了14年亡国奴生活之苦，有强烈的民族解放热情，反对国民党大汉族主义的统治，有些知识青年在国共两党的对比中，阶级觉悟逐步提高，愿意接受中国共产党的领导，衷心拥护群众运动，因此，我们做民族工作和统战的着眼点首先应该放在培养教育方面。吕明仁与各方面配合，举办各种学校和短训班，亲自给蒙古族青年讲马克思列宁主义原理，宣传党的方针政策，他讲得浅显易懂，深受蒙古族青年欢迎。在他的辛勤努力下，一大批蒙古族青年在思想上得到了改造，走上了革命道路，并初步掌握了做群众工作的方法，成为我党开辟哲里木盟蒙汉工作可以依靠的重要力量。吕明仁在青年工作中，特别重视内蒙古革命青年团（简称"内青团"）的工作，在各项工作中，始终依靠内青团组织，号召内青团员深入农村牧区搞清算，开展减租减息运动。依靠内青团去争取上层，团结中层，改造基层政权。依靠内青团组织新的人民武装，在整顿和改造骑兵二师队伍时，内青团发挥了积极作用，成为我党的有力助手，许多优秀团员光荣地加入了中国共产党。

危难莫顾，中流砥柱

吕明仁受命于危难之时：国民党主力部队频频进犯，国民党地下党员、特务和土匪不断骚扰，环境相当险恶。1946年8月中旬，国民党军队打到郑家屯一带，不断派飞机对通鲁地区进行扫射。同时，派遣特务策动地方反动地主、土匪、反革命武装对解放区人民进行疯狂的阶级报复。蒙古族的王爷及大牧主历来握有武装，各霸一方，通辽一带已经投降的地主武装和土匪借尸还魂，蠢蠢欲动，妄图卷土重来。他们密谋策反后五道木村农会副会长串通民兵基干队副队长等人进行叛乱，抓住了积极为党工作的农会会长窦户和基干队长陈殿相，施尽淫威后将其杀害。

8月底，国民党七十一军新编六师保安三支队由郑家屯、王府、章古台等地分头向通辽、开鲁大举进犯，形势越来越紧张。吕明仁组织力量进行撤退转移，转移到科左中旗北部的尼玛拉安顿下来，设立了"北山办事处"。

10月底，吕明仁忍着背疮剧痛，带领刚转移出来的地方干部和战士，避开敌人的锋芒，又很快转移到瞻余、高力板一带，进行整顿训练，3天内就组成了武工队。

这时，县委和哲里木盟地委失去了联系。吕明仁的组织观念很强，他仍设法向上级请示汇报工作。他认真地向省委写了一份报告，汇报通鲁撤退经过、经验教训及干部战士的思想状况，同时表明，正在组织通辽地委机关和有关县的干部战士进行讨论，并已准备马匹，见机制敌，恢复失地。还说明为迷惑敌人，便于活动，通辽地委机关对外称"长江骑兵团"等，请省委给予指示。不久，省报刊登社论，通知各地接受通鲁撤退的经验教训，肯定了吕明仁的行动计划是正确的，给"长江骑兵团"干部战士极大鼓舞。在武装游击的日子里，吕明仁时刻注意掌握敌、我、友情况，联系群众，纪律严明。每到一地，他都亲自组织人员站岗放哨，规定口令联系、集合地点等，以防万一。他还特别提醒大家遵守三大纪律八项注意，每当转移离开驻地时，他都亲自检查群众纪律，看看干部经过的地方打扫得干净不干净，水缸里的水挑得满不满，借用老乡的东西还没还，损坏的物品赔没赔，处处体现着热爱人民的光荣传统，进一步密切了军民关系。

1947年1月，辽吉省委根据形势的变化，为适应南下反攻的需要，决定将一、五地委合并，称一地委（也称"五地委"），吕明仁任书记兼军分区政委。

在长期残酷的战斗实践中，吕明仁善于采取诱敌深入、机动灵活的战略战术。在胶东打游击时，他不但练就了一套过硬的打仗本领，而且学会了科学的战略战术。在撤出阜新和通辽，让开大路，占领两厢的游击战中，充分发挥了他的军事指挥才能，取得了一个又一个胜利。1946年秋的一个清晨，吕明仁率部来到库伦街的一个村子里，正准备吃早饭，国民党东北行辕长官部特务团闻讯追来。吕明仁当机立断，迅速指挥大家撤至后山坡。敌人进村后，看到热乎乎、香喷喷的小米饭，高兴地叫喊起来，于是都把枪放下，开始狼吞虎咽地填肚子。吕明仁站在山坡上，拿望远镜一看，连个人影也没有，敌人全副美式装备，却没追上来，他断定敌人已是疲惫不堪，下令马上反击。他带队如猛虎下山，冲向敌人，打得敌人措手不及，慌忙逃窜。吕明仁指挥追击时，发现山沟里钻出敌人，立刻叫警卫员通知骑兵连赶来，打了一个大胜仗。

吕明仁很善于做思想工作，他待人诚恳，谦虚和蔼。既像温和敦厚的兄长，又像诲人不倦的老师。他的秘书宋树功是刚从延安大学出来的大学生，初到阜新，不知道怎样做好秘书工作，思想上有些负担。吕明仁看出了他的心事，亲切地鼓励和安慰他，并和蔼地说："地委领导让你干啥就干啥，地委机关需要你干啥就干啥，在实干中学，在实干中增长才干！"听了吕明仁的话，宋树功心里踏实了，增强了做好工作的信心、勇气和力量。

吕明仁的警卫员周澍澄只有15岁，没有上过学。吕明仁一有空，就耐心地教他学文化，可周澍澄对学习热情不高，认为自己会打枪就行。吕明仁耐心地开导他："你还小，不能总当警卫员，打完仗，消灭了敌人，要建设咱们的新国家，没有文化可不行。你一定得学习。"在吕明仁的启迪帮助下，周澍澄的进步很快，成为革命的栋梁之材。

在阜新工作时，吕明仁迎来了人民音乐家麦新。麦新随延安干部工作队来阜新打算多住几年，体验煤城的独特生活，积累一些新知识，以丰富他的音乐创作。可是他来后不久形势就发生了变化，阜新地委决定撤出城市，到农村去打游击，麦新的计划落空了。在转战游击中，麦新给吕明仁写了一封信，信中表示："下决心改行，不再搞文艺工作，不再搞音乐工作。"吕明仁看了麦新的信，觉得很突然，也很不理解，他立即给地委组织部部长施介写信，强调麦新这样的人才"急需保护，将来要调回地委，勿忘"！麦新要放弃音乐工作，成了吕明仁的心事，他亲自找麦新谈话，了解情况。通过谈话，吕明仁解开了心中的疑团。原来麦新经过一段斗争锻炼，觉得自己根底太浅，需要长期扎根于群众斗争之中，开阔视野，增长智慧，只有这样才能更好地为人民服务。吕明仁满足了他的要求。经地委研究决定，派他去开鲁。临行前，吕明仁关切地嘱咐他：开鲁一带情况复杂，土匪很凶，工作条件艰苦，一定要有克服困难的思想准备，发扬艰苦奋斗、密切联系群众的优良作风。说着，吕明仁回过头从墙上取下一支匣子枪递给麦新，并说："听说你不会打枪，跟土匪打交道，不会使用武器，不但消灭不了敌人，到时候连自己也保不住。"麦新高兴地接过枪，紧紧握在手里，坚定地说："请书记放心。"吕明仁又叮嘱了几句："到了开鲁，要多为群众写些战斗的歌曲。"麦新表示一定要用音乐来为人民服务。在吕明仁的鼓励下，麦新在火热的斗争实践中，创作了许多积极向上、鼓舞斗志的革命歌曲，被军民广为传唱。

由于紧张的工作、艰苦的条件，吕明仁的身体越来越差。他患有严重的神经衰弱症，每天晚上过了零点，就不能入睡，但他宁可不睡觉也要坚持多做些工作。

从通辽撤退后，他身上的恶疮日益严重，当时没有治疗的条件，也没有休息的机会，爱人就自备些红汞水和酒精，每天给他擦一擦，可疮口流脓淌水继续溃烂，吕明仁忍着剧痛坚持工作战斗。

12月下旬，吕明仁背疮剧发，高烧达40摄氏度。这时，接到省委通知，让他到辽吉省委所在地白城子开会。他不顾同志们的劝阻，带病冒着风雪严寒，由高力板骑马经过两天的奔波赶到白城子。可是还没来得及开会，他就晕倒了。在省委书记陶铸的安排下，他住进了医院。医生给他动了两次手术，他始终昏迷不醒，后经医生的全力抢救才脱离危险。省委管总务的同志给他送去一点白面和两包点心，他却不舍得独享，而是和其他病号一起吃。前方战斗中缴获一些牛肉罐头，派人送一点给他，他却一点也没吃，准备病愈后，抽时间看望伤员时送给他们。直到他牺牲时，那些慰问品还原封未动地放在那里。省委领导陶铸、郭峰前去看望他时，他第一句话就说："病了好久，对工作损失太大了，很多事情堆起来没有办。"他深深地感到，疾病给他带来的痛苦远不及因病不能工作造成的精神痛苦大。

吕明仁住院期间，国民党大举进攻辽吉，一、五分区被迫转移到大沁他拉镇。1947年1月，省委决定将一、五地委合并，任命吕明仁为地委书记兼军分区政委。2月7日，吕明仁带病赴任。到大沁他拉后，吕明仁马上主持召开了地委会议，传达西满分局和省委指示，整训部队，整顿领导班子，组织东进部队，重返法库，收复失地。经过一个多月的准备，吕明仁率部大举东征。经过几次大的战斗，我军军心振奋，士气高涨，相继解放了康平、科左前旗、科左后旗等地。蒙汉叛匪纷纷放下武器，一、五分区局面迅速打开，整个形势向着有利于我军的方向发展。

吕明仁在前方局面好转、旗开得胜的形势下，又抽几天时间返回后方，检查、布置春耕生产。4月8日，他来到开鲁，亲自传达《关于开展农业生产运动的指示》精神，他在紧张的战斗中，尤为关怀开鲁13万人民的生活。刚解放的开鲁县人民生活十分贫苦，特别是农村，严冬季节有的人家连棉衣都穿不上，甚至一家几口人只有一条裤子，谁外出谁穿上，吃糠皮、咽野菜、勉强糊口。加之1945年至1947年，开鲁县雨水特大，河水泛滥成灾，粮食所收无几，又经常遭到土匪的洗劫。天灾人祸，民不聊生。吕明仁想到，如果误了农时，搞不好春耕生产，开鲁县人民的生活就不会得到改善，更为严重的是影响东北根据地的建设与巩固。因此，吕明仁来到开鲁，立即召开县党政干部会议，检查和部署工作。他提出要开展"下马运动"，强调群众生产为一切工作的重中之重。吕明仁不是强迫命令，而是注意打通干部的思想，耐心说服，使开鲁县每个干部都受到深刻教育。吕明仁还给开鲁县委具体布置了三大任务——群众生产，扩军，财经建设，以群众生产为中心。开鲁县的领导与群众以极大的热情，来完成吕书记布置的三大任务，并要争取超过指标。县委干部表示不仅要在数量上保证完成任务，而且一定保证质量。在吕明仁的亲切关怀下，开鲁县的财政经济状况有了基本好转，人民生活有了提高。

血洒辽河，万古流芳

4月11日深夜，吕明仁正在开会，突然接到省委急电，催他迅速南归。会议结束得很晚，吕明仁席不暇暖，第二天清早，就带着警卫员康殿才、通讯员周澍澄从开鲁出发去奈曼。

开鲁至奈曼中间隔着一条西辽河，水位不定，水流湍急，渡口时时变动。吕明仁等策马来到河边，正赶上船夫回家吃早饭，无人摆渡。吕明仁伫马四望，茫茫西辽河滚滚东去，不知哪深哪浅。此刻他心急如焚，着急地牵着马在岸边踱来踱去。忽然，吕明仁看到河边一处有马蹄印，便毅然决定从这里涉水泅渡。康殿才、周澍澄先后跃马河中，吕明仁催马相随。他们顺利地渡过两股浅流，到第三股就困难了，越走水越深，河水已经没过周澍澄的马背。突然，一个浪头打来，康殿才被卷下马，没入水中。吕明仁一面大声疾呼，一面甩掉马匹，连棉衣也来不及脱，就跳入水中，他全力向康殿才游去。吕明仁本来水性很好，可这时他身体太虚弱了，加上浸透水的棉衣很沉重，在浪大流急、离开马匹失去依托的情况下，他奋力挣扎着，渐渐地，他感到筋疲力尽，身不由己，身体渐渐下沉。他下意识地说："小周，坏了，我不行了！"周澍澄两腿陷入淤泥不能自拔，他焦急

地望着在急流中沉浮、搏斗的吕政委，急中生智，立刻鸣枪示警。待到人们救起吕明仁时，发现他肺中呛水，已无法抢救。为了救警卫员，年仅 31 岁的吕明仁英勇牺牲了。

中共辽吉省委书记陶铸亲自为吕明仁守灵，在追悼会上痛致悼词，高度赞扬了吕明仁短暂而光辉的一生。吕明仁的遗体安葬在西满分局所在地齐齐哈尔烈士陵园内，西满分局举行了庄严隆重的追悼大会，并发出号召："争取自卫战争的伟大胜利，以纪念明仁同志。"辽吉省委机关报《胜利报》还专门辟出《吕明仁同志追悼特刊》，省委领导都发表了深切的怀念文章。

中共辽吉省委为了寄托人民的哀思，表彰吕明仁的丰功伟绩，追赠吕明仁为"辽吉功臣"。通辽、开鲁、白城等吕明仁工作和战斗过的地方，都以他的名字命名了区、街、机关、学校、场馆等，烈士的光辉业绩将永载史册。

（胡秀勤）

马仁兴

长夜求索

马仁兴1904年出生于河北省平乡县游庄后张范村的一个富裕农民家庭。家有田百余亩、房十余间。从祖父起，马家人就酷爱读书，不重农耕。马仁兴的父亲、伯父都念过书，父亲是小学教员，伯父是个秀才。马仁兴8岁入私塾就读，以后又到本村小学读书，直到小学毕业，整个童年和少年时期都是在家乡度过的。

马仁兴的祖父、父亲在村里很讲义气，重节操，常以历史上的清官廉吏、民族英雄教育后代，这一切都潜移默化地影响着马仁兴，使他从小就受到了爱国主义教育。尽管这些教育较多地含有封建伦理道德的成分，但却对马仁兴以后的正直处事、友爱为人奠定了思想基础。

马仁兴从小聪慧、勤奋，到14岁时已写得一手好字，擅长画水墨竹梅，成了当地有名的马家"秀才"。他性格温和、内向，在小伙伴中有"小绵羊"之称。他善于助人为乐，村中有座三官庙，老一辈的人说三官庙能保佑人们躲过水灾，可是这座土庙由于年久失修，不少地方已破损，马仁兴就主动将它修复。一念叨起这事，年纪大的叔叔、伯伯们都夸他是个好后生。马仁兴读完小学时，正值时局动荡，没能继续求学。

马仁兴虽居乡村并不孤陋寡闻，辛亥革命后的动乱时局诸如张勋复辟的丑态，袁世凯称帝的闹剧，军阀之间的混战以及五四运动的呐喊，一股股社会激流都从古都北平流进小小的平乡县，流进马仁兴稚嫩的心田里。

此时，马仁兴17岁，他还不懂得反帝反封建的含义，但他憧憬着家乡外边的世界，渴望走向浩瀚的社会海洋里见识世面，1920年下半年他第一次从家出走，奔赴陕军第三混成旅当兵。

从1920年到1924年的陕军第三混成旅生活，虽然不曾给马仁兴带来什么新鲜营养，却使他扩大了视野，初步认识到了军阀割据给人民带来的只能是灾难。由于这个因素，马仁兴于1924年初决然脱下军装，重返故乡，耕耘于阡陌之间，再度过起简单而朴素的农家生活。不久伯父与父亲拆居，马仁兴的父亲分得薄田30亩，因而家境日艰。这一年，全国人民反帝反封建斗争的热情日益高涨，马仁兴的血沸腾了，他挥笔疾书，写下一首胸怀大志的壮丽诗篇：

夜深人静五更寒，半片残月照窗前。

邪雾尘污遮大地，何时旭日照人间。

哺乳虽重母命危，巢毁岂能有完卵。

到处黄土皆埋骨，血染征袍何堪怜。

父亲见诗，知儿肝胆非凡，教育和鼓励儿子实现抱负。马仁兴在乡间住了不到半年，便二次从军，托人在大名（今河北省南部）国民党军队里找到一个文书位置。1925 年，这支部队调到信阳，改编为国民革命军暂编第三军，从此，马仁兴又开始了他的军旅生涯。

1926 年，马仁兴随同国民革命军第三军参加了北伐战争。同年 11 月，马仁兴考入该军在开封创办的军事政治学校。随着年龄的增长，文化素养和阅历的累积，他对救国救民的真理开始进行寻求和探讨。在军官学校，他有幸结识了李若遇、李茂林等进步青年，开始阅读《向导》《新青年》等党团刊物，这些刊物都对马仁兴的思想产生了很大影响。正如马仁兴在自传里叙述的那样："这里有不少进步分子，如李若遇、李茂林等（后来知道他们都是共产党员），由于他们的帮助和澎湃的革命运动，我在政治上得到了初步的认识，但那时还是'三民主义'式的，而对共产主义尚无深入的了解。"

1927 年 4 月 12 日，蒋介石在上海发动反革命政变，屠杀大批工农群众、共产党员和爱国志士，第一次国共合作彻底决裂了。马仁兴所在部队的共产党人奉命转移。一时间，"黑云压城城欲摧"，真理的声音被封锁了，北伐战争中途夭折，眼见风卷云涌的革命浪潮低落了，马仁兴陷入苦闷彷徨之中。但是，同事兼挚友李若遇、李茂林等人在他心头播下的革命种子在逐渐萌发。他变得深沉了，平日很少言语，只是用那一双深邃的眼睛观察着这血淋淋的世界，心里却反复思索着：北伐革命军"总司令"为什么会突然变卦呢？

1928 年由校方组织，马仁兴随集体加入了国民党。1929 年被派到冯玉祥部西北军骑兵第一师任团政训处处长。

1930 年，蒋介石培植嫡系势力，排斥异己的罪恶用心已路人皆知。于是，冯玉祥、阎锡山率先反蒋，爆发了持续 7 个月的蒋、冯、阎中原大战。这时，马仁兴昼夜在前线做反蒋的政治宣传鼓动工作。冯玉祥失败后，马仁兴所在部队投降蒋介石，该师被改编为骑兵第三师，马仁兴先后任过该师的参谋、参谋处处长、参谋长等职。

1930 年 9 月，马仁兴所在部队驻防江苏丰县，一时断了给养。为找粮食，马仁兴一行数人来到驻地国民党县党部要粮。该党部书记说他们是

"杂牌军"，拒绝供粮。马仁兴勃然大怒，立即把这位书记捆起来，拖到师部关进了牢房。南京当局闻讯后，认为骑兵三师有暴动迹象，要查个水落石出，不几天就派来了调查组，明察暗访，搜寻马仁兴的所谓"暴动罪行"。结果，因查无实据，定马仁兴无罪，并责令马仁兴立即放了党部书记。

1931年"九一八"事变后，东北沦陷，全国人民抗日情绪高涨，但是蒋介石坚持推行不抵抗政策，置东北沦陷于不顾，并调兵遣将去围攻积极抗日的工农红军。这一事实使马仁兴开始对蒋介石产生了怀疑和不满情绪。

1932年，马仁兴所在骑兵第三师被改编为骑兵十四旅，马仁兴被降为二十八团团长。正当他惆怅和彷徨之际，他的旧友李茂林、潘洪飞分别从烟台和南京来看他，而且潘洪飞担任了二十八团团副。以后，马仁兴和潘洪飞朝夕相处，遇事相互切磋。几年间，他们阅读了一些进步刊物、文章。在月白风清的夜晚，他们常常互相问难，有时开展激烈的争辩。对共产主义由不认识到认识，最后发展到对共产党和红军的向往。而对国民党有了进一步的认识，逐渐抛弃了对它的幻想。马仁兴在回忆这段生活时说："到这时我的革命人生观已经形成，决心要跟共产党干革命了。"但是由于时机还不成熟，他还不能从旧军队中脱离出来。

投身革命

1937年"七七"事变以后，马仁兴率领部队参加了兰（考）封（丘）会战，奉命坚守黄河，与数倍于己的日军作战。并在最后一次战斗中右腿中弹，被送到洛阳养伤。伤愈归队后，他见到了彭雪峰从新四军中派来的联络员汪志。当了解汪志的身份后马仁兴欣喜若狂，双手握住汪志的胳膊说："同志，总算找到你了呀！"两人倾谈之间，马仁兴表现出了对共产主义的虔诚信仰。1938年10月，在河南周口，经汪志介绍，马仁兴秘密加入了中国共产党。从此，他在党的领导下，开始了新的革命生涯。为了发挥一个党员应有的作用，他不仅决定一人跟党走，而且积极开展地下工作，秘密发展了潘洪飞、卜斌等30名团内外官兵入党，并建立了党支部，下设3个党小组，他任党支部书记，在白色恐怖的笼罩下，坚持秘密过组织生活。同时，他采取多种途径，团结和争取本团和外团的官兵，待机起义。马仁兴为了表示对党的忠诚，他送给党的第一件礼物就是把自己的长子马乘风秘密送到八路军部队参加抗日，后马乘风在"五一"反扫荡中英勇献身。

1939年冬至1940年春，蒋介石消极抗日、积极反共的气焰愈来愈嚣张，竟不顾全国人民的呼声，令胡宗南、阎锡山、庞炳勋等挑动事端，调转枪口向陕甘宁边区进攻，发动了第一次反共高潮。这时，马仁兴部归庞炳勋指挥，并按庞的命令开赴太行山脚下的山西晋城集结待命。行军路上，马仁兴带头组织部队高唱抗日歌曲，帮助老百姓担水劈柴做好事，得到百姓的拥戴。这些现象被密报后，庞炳勋立即通电洛阳当局，成立了一个国民党特别党部，派庞的嫡系分子方政任党部主任，安插在马仁兴所在的旅旅部，以监视马仁兴、汪志、潘洪飞等人的行动。在明盯暗窥的情况下，马仁兴的处境十分危险，他的心境也有些急躁。恰在这时，党中央派何长工同志来太行山区秘密会见了马仁兴、潘洪飞等地下党员，指示马仁兴"要坚持到最后5分钟，尽量多争取些人过来"。这样，马仁兴才尽力控制自己，没有轻易行动。

经过一个星期，阴险狡诈的方政就发现汪志和潘洪飞是地下共产党员，随即报告了顶头上司，要将二人捆起来送到洛阳。为使这二位同志免遭杀害，马仁兴凭借自己的勇敢和智慧，千方百计地躲开暗探的跟踪，半夜赶到旅部跟旅长张占魁说情。通过多方周旋，才把汪志送回八路军处，让潘洪飞策马过黄河暂回老家躲避。当晚马仁兴亲自为他俩送行。次日黎明，忙碌大半个通宵的马仁兴正准备上床躺下，突然获悉对国民党有不满情绪的旅部少校蒋秘书被方政同伙杀害了。马仁兴虽早有预备，但没有想到反动派如此残暴，义愤之情，不可遏止。"弃暗投明找党去，碧血丹心换中华！"此时，他从心底强烈地发出这样的呼唤。天快亮了，马仁兴仍无一丝睡意。他想，好友汪志和身边的洪飞走了，蒋秘书又被杀害了，要想率众起义，困难重重。但是，何长工同志的指示给了他力量。第二天，他有意识地把本旅倾向革命的二十七团副团长云龙叫到作战室，意味深长地说："方政一伙越来越猖狂，好人受气！老兄，我看狗急了，不，人急了也是要跳墙的！"

一连三天三夜，马仁兴几乎没有合眼，一直在苦苦思索，他的双眼布满了血丝。这一切都没有躲过方政等密探的眼睛。庞炳勋得悉后，拟下令缴马仁兴的枪，伺机逮捕马仁兴。第二天，也就是1940年4月13日下午，旅部一个参谋找到马仁兴，说庞军长明天下午要到你们团检阅部队，其实，这是庞想找碴对马仁兴下毒手。

马仁兴听到这个情况，反背着手来回踱步，边吸烟边思忖："到了，到了，起义的时候到了！"当晚，他不顾家眷的安危，义无反顾，一心按计划行动。他先召开了党员会，后召开了全团军官会，会上，按事先部署，把10多名国民党军官，包括张占魁的女婿统统抓起来关进一间房子，并把他们的手捆起来，把门锁上，明确告诉他们："我马仁兴不当亡国奴，反对内战，坚决抗日，你们可以反对我，但要等我们走了才能重返蒋介石的队伍里去，给你们留一条命吧！"同时，对两名反共的团副也采取了监视措施。等到人们酣睡时，马仁兴果断发出"弟兄们，是中国人跟我来呀"的号召，毅然高举义旗，从山西林县的河涧核桃窑启程，踏着凹凸不平的山路，摸黑向八路军总部开进，次日拂晓，与八路军部队会师于山西省黎城县，接着发出了"反对内战，争取团结"的通电。

在欢迎大会上，马仁兴发表了激动人心的演讲，无情地揭露了国民党反动派投降卖国的罪行，热情歌颂了中国共产党积极抗日的英明决策，表示要竭尽忠良，誓为共产主义事业奋斗终身。掌声不时打断他的话音。会后，朱德、彭德怀、左权、徐向前等领导人一一同他握手，对他的行为表示高度赞誉，祝贺他加入人民军队，马仁兴激动得流下了热泪。

在获泉镇，马仁兴部被改编为十八集团军骑兵第二团，马仁兴任团长。在奔赴抗日前线动员会上，旧日战友卜云龙副团长突然出现在马仁兴的面前。原来，马仁兴率部一起义，庞炳勋对马仁兴的知心好友卜云龙也下了"处决令"。在被关押时，卜云龙趁上厕所之隙，翻墙逃走，按马仁兴原来对他说的地点，突破重重关卡只身奔向太行山，终于找到了马仁兴。随后，上级任命卜云龙为骑兵第二团参谋长。马仁兴起义后，国民党反动派一面令张占魁将他的妻子儿女逮捕关押，一面悬赏捉拿马仁兴。上级组织考虑到他的安全，曾劝员他回避，可他坚决不同意。在他多次请求下，组织上批准他带领全团跟随吕正操司令员从晋察冀转移到冀中。不久，他的妻子儿女在好友的帮助下逃出了虎口，回到家乡避难。后因连年战事频繁，马仁兴一直到牺牲都未能与妻子取得联系。

到了人民军队，马仁兴如鱼得水，刻苦学习，扎实工作，骁勇善战，在冀中保卫深（县）安（平）路战役中，他率领骑兵奔袭安平县城。1942年，他不惧日军的铁壁合围，指挥部队采取灵活机动的战略战术，调虎离山，声东击西，穿越碉堡林立的滹沱河畔，冲破了敌人的层层包围，神出鬼没地打击敌人。1943年到平西时，正值灾荒，马仁兴带领部队开展大生产、大练兵活动，克服重重困难，在物质生活条件极其艰苦的情况下，粉碎了敌人两次疯狂的进攻。

1945年，在绥远地区的凉城战斗中，马仁兴率极少兵力牵制敌主力，取得了歼灭傅作义一个团的战果。

挺进东北

1945年8月，抗日战争胜利以后，为了保卫人民的胜利果实，在东北建立巩固的根据地，八路军总部命令吕正操部、张学思部、万毅部、李运昌部挥师挺进东北。10 月，马仁兴率部队随吕正操到达沈阳。东北局决定将马仁兴部扩编成东北人民自治军（1946 年称"东北民主联军"）保安第一旅，马仁兴任旅长。

在东北解放战场上，马仁兴率领这支部队历经大小战斗百余次，从松辽大地到科尔沁草原，都留下了他们的深深足迹。四平保卫战和攻坚战，将永远载入东北解放战争的光辉史册，马仁兴的名字也因而流芳千古。

四平位于东北平原中部，沈阳、长春之间，是长（春）四（平）梅（河口）齐（齐齐哈尔）铁路的枢纽，是沟通南北满的咽喉要道。抗日战争胜利后，蒋介石急于抢夺人民的胜利果实，在他的"中央军"未到达东北之前，先空运党政"接收大员"飞抵东北各省，就地网罗地主武装，疯狂占领地盘，镇压人民。1946 年 1 月 8 日，国民党接收大员刘翰东率近百名官员到达四平，成立了国民党辽北省政府和四平市政府。1946 年 3 月 13 日，驻四平苏军全部撤离四平回国。为了迟滞国民党主力北犯，争取更多的时间建立东北根据地，东北民主联军西满军区派马仁兴和钟伟一起，率部于 3 月 17 日凌晨两点向四平发起攻击，战斗至中午结束。国民党"接收大员"及其网罗的 3000 余名敌伪残余和地主反动武装，除 200 名逃跑之外，其余的全部被歼，并且活捉了国民党辽北省主席刘翰东等人，共缴获机枪 69 挺、大小炮 32 门、步枪 2000 余支、汽车 20 辆、马 700 匹，以及其他大批军用物资，沉重地打击了国民党抢夺抗战胜利果实的嚣张气焰。

就在这时，蒋介石的嫡系部队新一军、七十一军已从沈阳北上，沿途飞扬跋扈，嚣张气焰十足。当时的东北保安司令长官命令所部，"4 月 2 日前必须拿下四平"，争夺四平的城下苦战已成定局。

马仁兴进城后兼任四平卫戍区司令员，他面对强敌，指挥若定，一方面在火车站前召开全市人民战前动员大会，组织群众投入抗敌斗争，一方面组织部队抓紧战前的短暂时间抢修工事。党政军民日夜奋战，《战前动员歌》《保卫四平街》的歌声响彻全城。

四平保卫战从 4 月 16 日敌军占领昌图县牤牛哨后正式打响。在四平人民的支援下，马仁兴率部同兄弟部队协同作战，抗击了全副美械装备的国民党"王牌"新一军 33 个昼夜的进攻。在战斗中，他注意总结经验，采用钢板工事顶住了新一军每分钟 25 发炮弹的轰击。33 天啊，马仁兴从未脱衣安睡一宿，从未吃过一顿消停饭。在马仁兴指挥的阵地上，哪里战斗激烈，哪里就有他的声音，哪里最艰险，他就在哪里出现。5 月 19 日，轰动中外的四平保卫战结束，马仁兴带着队伍从阵地上撤下来时，人们才注意到他的衣服脏了，身体瘦了，胡子长了。四平保卫战歼敌1.6万余人，给蒋介石以迎头痛击，沉重地打击了国民党的反动气焰。因此，在战役结束的当天，中共中央致电予以高度评价："四平我军坚守一个月，抗击敌军10个师，表现了人民军队的高度顽强英勇精神，这一斗争是有历史意义的。""四平街"的名字因此传遍全国，扬名世界。1950年，一位国际友人途经四平火车站时说，我们很早就听说英雄城市四平街的名字，它是东方的"察里津"。

四平保卫战胜利之后，马仁兴率部队始终活跃在开通、瞻榆、开鲁地区，打击土匪，发动群众，组织地方武装，建立地方政权，同时利用空隙时间，开展练兵活动，提高部队战斗力。他带领的部队每到一地即得到人民群众的衷心拥护。他号召部队把我军拥政爱民的优良传统继承下来，发扬开去，并以身作则，率先垂范。在法库，群众赠送保一旅一面"仁义军"锦旗，转战康平后，当地人民称保一旅为"救命军"。保一旅从四平撤出后，进驻通辽地区舍伯图，敌人逃跑时遗弃数千石粮食，其中有大量细粮。哲里木盟人民政府见我军生活艰苦，便派出代表携带大批细粮前来慰劳，马仁兴婉言谢绝说："这些粮食都是敌人从老百姓身上榨取的血汗，目前舍伯图群众已穷困到极点，要立即赈济群众，还粮于民，我们不敢也不愿意领受这个慰劳。"群众闻之极为感动，这与敌人掠人民财物相比，真是天壤之别，因而我党我军的良好形象在群众中深深扎了根。后来，马仁兴率部队转移到腰力毛头驻防，春节期间，舍伯图区的许多老乡，特别是一些蒙古族老大娘，远道跋涉到腰力毛头来慰问，并一再要求部队再到舍伯图去，可见军民鱼水情深。

马仁兴个人生活十分朴素，他总是严格要求自己，从不搞特殊化。他经常铺一条薄毯子，盖一条蓝粗布棉被，冬天穿一件破旧的日军黄呢大衣，补了好几块补丁。后勤部门要给他换一件新大衣，他拒绝说："这是吕正操司令员在抗日战争期间送给我的纪念品，是从日军手里缴获来的，我要永远保存它。"有一天，他穿的鞋子坏了，便自己坐下来一针一线地缝补。警卫员要到后勤部给他领一双新的，他不让去，要替他缝补也不允许。他说："缝补旧鞋是八路军的优良传统，我们千万不要忘记它。"正因为他如此俭朴，生前没有留下一张单人照片，牺牲时穿着一双半新半旧的布鞋。

马仁兴不仅博览兵书战策，而且重视军事研究，在戎马生涯中，他写作了《论领导方法》《战术之研究》等数十篇文章，为指挥训练提供了很好的教材。

1947 年 3 月，保一旅改编为东北民主联军西满军独立第一师，马仁兴任师长。1947 年 5 月，东北民主联军发动了强大的夏季攻势，马仁兴根据总部的命令，率领独立一师由通辽以北舍伯图出发，迅速占据了四平致齐齐哈尔铁路上的玻璃山、保康、茂林等地敌人的据点，消灭了保康守敌。6 月，马仁兴率全师将士参加了异常残酷的四平攻坚战。

浴血四平

四平守敌国民党第七十一军军长兼第五绥靖区司令官陈明仁经一年苦心经营，确实把四平修得像"铁桶"一般，城外四周筑有 7 米多高的城墙、3 米多宽的水壕，铁丝网、绊马索、陷人坑、地雷区、钢骨水泥碉堡群之间有纵横交错的交通壕相连，还有无数个独立的大小支撑点，暗堡火力点穿插期间，再加上有 3.4 万多人的兵力，国民党中央社吹嘘说："四平是攻不破的钢铁堡垒，固若金汤，共军难越雷池一步。"

战斗打响以后，四平却并非像国民党吹嘘的那样。在四平攻坚战的第一阶段（6 月 11—23 日），我军调集 7 个师的兵力分 3 个方向发起了总攻。

马仁兴师从 11 日开始行动，平均每天打掉敌人 1 个据点，6 月 15 日扫清外围并攻入城内。马仁兴亲率 1 个团，以迅速爆破、架梯、投弹相结合的打法，仅用 15 分钟就登上了城内制高点，开辟了一个通向敌人心脏的突破口。

守敌的西部核心火力点在市内一座大红楼里，红楼墙高壁厚，内有敌六二三团 1000 余人驻守，给我军前进造成了巨大威胁。马仁兴把从报纸上看到的我军某部爆炸歼敌奏效的方法用在这次攻坚战中。为了拔掉大红楼据点，马仁兴组织大家开"诸葛亮会"，发动战士、干部出谋献计。最后他归纳制定了作战方案：第一，先包围大红楼；第二，挖交通壕给爆破做准备；第三，集中全团的轻重机枪一齐来掩护。准备工作就绪后，马仁兴师长同一团团长邢程一起，冷静地指挥一连八班在 40 挺轻重机枪火力的掩护下，在枪林弹雨中连续进行了 12 次爆破，最后一次装了 600 斤炸药，由副班长李广正等实施爆破。随着一声震耳欲聋的巨响，顿时火光冲天，大红楼被团团浓烟所淹没。大红楼北侧一角被炸塌，大部分守敌被炸死和震昏，我军攻入楼内，全歼守敌。李广正等 6 人因这一仗获战斗英雄称号。

血染战旗

6 月 23 日傍晚，夕阳的余晖把四平城染成一片金黄色。就在战果不断扩大，穿越四平的长（春）大（连）线以西市区完全掌握在我军手中的时候，马仁兴吃过晚饭后，到师指挥所前观察战况，一颗流弹飞来，击中他的右胸，马仁兴同志壮烈牺牲，年仅 43 岁。

噩耗传来，首长们哭了，战士们哭了，民夫也哭了。长白林海在哀鸣，辽河之水在呜咽，辽吉人民悼念马仁兴烈士。挽歌声声悲，热泪滴滴坠！1947 年 8 月 25 日，刚由独立一师改编的第七纵队第十九师在驻地举行了马仁兴及其他死难烈士追悼大会。我党给马仁兴以高度评价，辽吉省委决定追认马仁兴为辽吉功臣，号召"全党全军的干部和指战员学习马仁兴同志有勇有谋、热诚爱兵、团结干部，尊重地方等优良作风和精神"。当时在辽吉地区以至东北各地的党政军首长、友军领导机关、地方各界代表都向马仁兴烈士献了花圈。部队文艺工作者谱写了《马仁兴挽歌》，表达了对马仁兴的热爱和怀念，也唱出了为马师长复仇的熊熊火焰。歌词是这样写的："亲爱的马师长，您，党的好干部；您，我们的好榜样，机智朴素又爽朗，英明又慈祥，您的英明教导永远记在我们心上。啊，永别了师长，啊，安息吧，烈士们，你们的精神永远长存，你们的功勋千古传扬，你们的荣誉和日月争光，你们的名字万古流芳。我们没有悲哀，我们只有怒吼，我们努力练兵准备战斗，继承先烈遗志，坚决为你们复仇，开展全面反攻，把敌人消灭干净。"

七纵十九师举行的马仁兴追悼会，成为消灭反动派的动员会和开展全面大反攻的誓师大会。1948 年 3 月 13 日，在四平收复战中，虽然马仁兴已不在人世，但第七纵队第十九师的指战员们高呼着"为马师长复仇""踏着烈士的血迹前进"等口号攻进城内，马仁兴的精神鼓舞着他的战友们最后解放了四平。

马仁兴的遗体安葬在齐齐哈尔市西满烈士陵园。为了纪念这位人民战士、优秀指挥员，白城市修建了仁兴体育场，建立了马仁兴将军纪念碑，时任中共辽吉省委书记陶铸题词："四平名将，辽吉功臣。建场纪念，无上光荣。"第七纵队司令员邓华题词："马仁兴同志，你的血流在了辽吉土地上，浇灌了人民幸福之花，辽吉人民怀念你！"

1948 年 5 月，根据东北行政委员会的命令，中共四平市委四平市政府决定把四平最繁华的街道——道里四马路命名为仁兴街，以纪念仁兴同志的丰功伟绩。

四平人民永远怀念马仁兴师长。每年清明节，四平市成千上万的党政机关干部，各界职工、学生，一批接一批地来到烈士塔下悼念烈士，朗诵怀念马仁兴的诗篇。马仁兴的鲜血没有白流，马仁兴的革命精神不朽。现在的少先队员都知道有一位马仁兴爷爷；从四平入伍的新战士，当他们抱着崇高的志向走向部队时也往往是到烈士塔下向家乡告别；大学生的入党宣誓也时常在这里举行……他们从这里受到启迪，从这里吸收营养，都暗

暗发下誓愿：以马仁兴老前辈和其他烈士为榜样，为保卫祖国、为社会主义建设而献身。

马仁兴同志没有死，他永远活在人民心中。

（李志明）

李润诗

李润诗，字钟雅，1906 出生在北平一个普通的书香门第之家，父亲李绍辰是清末的一名秀才，颇善书画，母亲是普通的家庭妇女，贤惠温柔、善良。兄李润书，毕业于中法大学会计系，新中国成立前经营会计师事务所，新中国成立后曾任同仁堂中药店私方代理人之一。父母的言传身教和得天独厚的生活环境，使从小就天资聪颖的李润诗顺利地从小学、北平师范大学女子附属中学毕业，考入北平大学医学院。从此，她与医学结下了不解之缘。在医学院里，她攻读内科，成绩优异，毕业后留校任教，开始为中华医学事业的复兴献身。

1929 年的中国，军阀混战，帝国主义对中国的经济侵略日益加剧，到处是一片黑暗落后的景象。李润诗被当时社会上科学救国的热潮所感染，她同进步青年沈其震、林宝骆等人乘船东渡日本留学。在日本，她就读于东京帝国大学研究院，投师于当时日本著名的内科大夫稻田龙吉，专门攻读内科、细菌科专业。在学习期间，她发奋刻苦，取得了优异成绩，受到导师的赞赏。

1931 年，她完成了 3 年艰苦的学业，冲破了日本帝国主义的重重阻力，毅然回到祖国，在北平开办了一所"李钟雅大夫诊所"，专治内科、妇科、小儿科各种疾病。1931 年"九一八"事变后，国民党反动政府对日本帝国主义采取不抵抗政策，使祖国东北的大好河山沦为日本帝国主义的殖民统治地。李润诗面对这些现实，看透了腐败无能卖国求荣的国民党反动政府的实质，满怀救国救民的正义感，毅然参加了以"救死扶伤、发扬人道主义"为宗旨的红十字会进步组织，试图实现她的科学救国愿望。她积极呼吁各界人士，要力求缩小穷富差别，进行社会救济，发展民族教育，开展扫除文盲活动等。她在自己开设的诊所里对穷人实行减费或免费治疗。

是年，李润诗在参加"欧美同学会"进步组织时，结识了共产党员、北平大学教授王思华同志，在王思华的革命思想的熏陶和影响下，"坚持马列主义""打倒帝国主义和军阀官僚""改善民众生活"等理念就像入土的种子一样，深深地植根在她的心灵里。李润诗逐渐对剥削和压迫有所不满，对日本侵占我国东北更是痛恨，他经常偷偷播放《义勇军进行曲》，开始对中国的前途有了新的认识，懂得了只有中国共产党领导下的无产阶级革命才是人民的希望等道理。由于她对革命充满向往，与王思华有志同道合的追求，于 1934 年同经济学家、统计学家王思华同志结婚。"李钟雅大夫诊所"从此也成为他们开展革命活动的掩护所。1937 年"七七"事变后，日本帝国主义开始向中国大规模入侵，日本宪兵在北平街头肆无忌惮地逮捕共产党人和抗日爱国人士，使北平处于一片血腥恐怖之中。在对敌斗争中，王思华的共产党员身份暴露，被日本特务列到逮捕名单中。党中央为了保存革命力量，决定让王思华撤离北平，只身前往延安。王思华一走，"李钟雅大夫诊所"即被捣毁，各种医疗器械设备全部被破坏，无法工作。家破国亡的悲惨状况，更加激起了李润诗对日本侵略者和国民党反动派的无比仇恨。她将两个月大的小儿子王童留给自己的护士，不顾产后尚未恢复的身体，带着大儿子洪格、女儿王平、二儿子王壮，冒着生命危险，越过日本侵略者和国民党的层层封锁，长途跋涉，历尽艰难困苦，奔向革命圣地延安，来到党中央的身边。

李润诗到达延安后，在革命的熔炉中锻炼成长，开始了新的革命生活。一次，她接到林宫格从广西的来信，信中说了他决心赴延安的心情。她及时地把此事报告了毛泽东同志。毛泽东同志说："我们欢迎这样的名医参加抗战。"为了壮大革命力量，李润诗还用书信动员说服当时北平的著名医生投奔延安。

在延安时期，李润诗曾先后任中央党校校医、华北医院小儿科主任、中央办公厅医务主任，1940 年又转到白求恩国际和平医院工作，任小儿科主任，兼任中国医科大学小儿科教员。当时根据革命工作需要，她的工作调动较频，但每到一处，她对承担的工作都能尽心竭力地完成。李润诗有高超的医疗技术，不论工作条件好坏，她都不分昼夜地为伤病员服务，奋不顾身地为党工作。她身患严重的高血压，对此，她全然不顾，长年冒着酷暑和严寒，在陕北黄土高原上的沟梁之间，起五更爬半夜地为军政人员及家属，为老百姓和儿童治病，从没有出现过任何事故和差错。凡是经她治疗的病人都予以很高的评价，群众称她为"革命后代的慈母"。她还经常在警卫员刘柏元的陪同下给毛泽东、王稼祥等中央领导看病，受到党中央领导同志的赞扬。1942 年的一天，毛泽东同志特地约见了她，并一起合影留念。李润诗平时很重视自己的政治修养和思想改造。1943 年，在延安经过党的整风运动，她系统地接受了马克思列宁主义的教育，进一步确立了无产阶级世界观，得到了锻炼，更加坚定了共产主义信念。1944年整风运动后期，经黄树则和李亭植二人介绍，李润诗光荣加入了中国共产党。

1945年抗日战争胜利后，我们党面临着争取和平民主和夺取全国胜利的新形势，李润诗与王思华同志一起奉命从延安转赴东北，为党建立巩固的东北革命根据地而斗争。1946年1月，他们到达通辽，党组织安排王思华同志担任辽吉省委秘书长，留在通辽。李润诗随李富春同志到刚刚解放、斗争形势复杂的西满分局工作，她没有任何怨言，坚决服从组织决定。为减轻王思华的负担，她欣然带着几个孩子来到西满后方医院任院长兼政委。不久，她又被调到齐齐哈尔市陆军医院做院长工作。

当时东北鼠疫猖獗，严重地危害着解放区人民的生命安全，直接影响着东北人民解放战争的进行。党和初建的各级政权在斗争形势紧迫的情况下，及时派出大批医务工作者来到辽北解放区疫源地，为人民防治鼠疫。早年白城子就成立了辽吉防疫委员会，领导群众开展防疫灭疫工作。辽吉军区卫生部决定在白城子建立卫生技术厂，制造鼠疫疫苗，以防止鼠疫的蔓延，保障人民的身体健康。在鼠疫发生的高峰时期，李润诗又被派到辽北省政府所在地白城子，任辽吉防疫委员会委员兼秘书长、辽吉卫生学校校长和辽吉军区卫生技术厂顾问等职务。

李润诗在领导辽吉军民防疫和筹建辽吉卫生学校和卫生技术厂的繁忙工作中，不顾个人安危，经常往返于白城子与洮南之间，为了早日控制鼠疫的蔓延及其他传染病的流行忘我工作着。为了提高防疫水平，扩大卫生技术厂的规模，李润诗不畏艰难，亲自去哈尔滨联系收集制造疫苗必需的各种设备，经过紧张的奔波运筹，她先后将高压消毒柜、白金耳洗机等器械运回白城子。她还从佳木斯卫生技术厂录用了几名未返回日本国的日籍技术员，又从长春等地录用了技术员和技术工人，解决了卫生技术厂生产所需的设备和技术力量。经过李润诗千方百计的努力，"百斯笃"、霍乱、百日咳等疫苗在辽吉卫生技术厂很快投入了生产，为辽北解放区军民的卫生防疫工作做出了积极的贡献。李润诗对工厂的生产关心备至，她每星期坚持定点、定时到工厂检查指导，研究解决生产技术方面的难题，保证了工厂生产的正常进行。

在繁忙艰苦的工作中，李润诗的高血压病日益恶化，时刻威胁着她的生命。1946年10月28日上午，李润诗感到身体不适，战友和亲人劝她休息一下，但她不肯，下午照常到厂工作。警卫员刘柏元对她百般劝阻也制止不了，只好随从她一起去上班。下午，在卫生技术厂办公室研究工作时，李润诗感到阵阵不可控制的眩晕和胸闷，她自己走到办公室门外想透口气清醒一下头脑，以便再继续工作，可她刚刚走到门口，就因突发高血压并发脑出血跌倒在地，口鼻出血，昏迷不醒。办公室的同志们迅速将李润诗抬进屋内。技术厂医务所的大夫久恒（日本人）闻讯后立即赶来，采取一切措施进行急救。辽吉行政公署主任朱其文同志、辽吉省委秘书长王思华同志也先后闻讯前来探望，但终因病情严重，抢救无效，于 1946 年10 月 28 日 20 时逝世。李润诗为人民卫生事业、为东北的解放献出了宝贵的生命，终年只有 40 岁。

李润诗的一生是中国妇女、老一辈革命知识分子为争取民族解放而奋斗的真实写照，她的名字将永远铭刻在人民心中，万古流芳。

（中共白城市委党史研究室）

傅根深

傅根深，原名傅海岭，曾用名傅同喜、傅少英、傅一志，1940年出生于河北省清苑县（今保定市清苑区，下同）固上村一户贫苦农家。一家人吃糠咽菜，艰难度日。傅根深到了上学的年龄，父母节衣缩食，勒紧裤腰带供他念了十几天书，因实在交不起学杂费，不得不辍学回家，帮大人干些杂活，维持生计。从十六七岁起，他就给地主打短工，挑起了生活的重担。

投身革命

当大革命风起云涌、北伐军节节胜利的时候，傅根深的家乡也出现了共产党的活动，党的影响使他很快认识到苦难生活的社会根源，明白了受压迫的农民只有跟着共产党走才能获得解放的道理。于是，他积极地参加了当地的农民协会，并担任了区农民协会的执行委员。他带领会员们一面张贴"打倒军阀""打倒贪官污吏""打倒土豪劣绅"等标语，一面同地主劣绅展开面对面的斗争。1926年麦收时节，他带领当地雇农展开了联合起来一齐向地主要求增加工钱的斗争。开始地主不答应，还叫嚣要辞退长工，经过傅根深等人的串联，群众的心特别齐，再也没人上当了。雇农们拒不出工，但节气不饶人，成熟的麦子急待收割，最后，地主只好答应了雇农们提出的要求。这次斗争的胜利，使农民看到了团结起来的力量。

当时，地主对农民的压迫十分残酷。固上村的阎、苏、赵、高四大地主勾结官府，控制着村公所，任意向百姓派粮、派款，群众苦不堪言。傅根深带领农民协会清查了村公所的账目，把民国五年至民国十一年以来多向农民摊派1万多元捐税款之事公布于众，揭露了地主的剥削罪恶。

在火热的斗争中，傅根深迅速地成长起来。1926年8月，经李晶文介绍，他光荣地加入了中国共产党。从此，他更加坚定、勇敢地站在革命斗争的前列，积极领导群众开展反对苛捐杂税的斗争。他经常到毗邻村宣传革命道理，附近几个村的地主恨透了他，几次勾结反动派抓他，他都巧妙地躲开了。

于是，地主们又心生一计。一次，傅根深到米阳搞宣传，一个较富裕的亲戚把他拉到家里又是敬烟又是倒茶，赔着笑脸对他说：

"你东村跑，西村窜，这么辛苦，图希个啥？"

"就图希个穷人不受欺侮。"傅根深直截了当地说。那个亲戚忙接过话莅："你想要不受欺侮不难，几个村的大户托我劝你，别这么瞎折腾了，缺啥少啥吱个声。有我的就短不了你的。"

傅根深严肃地回答说："这你可得听清楚，我是图穷人不受欺侮，不是为自己，你要能做到，就先把你自己的长工叫过来，向他们说说。"

那个亲戚自讨没趣，最后竟恼羞成怒地说："你们也不撒泡尿照照自己，一个背粪筐的人，宣传什么国家大事。"

傅根深轻蔑地瞥了一眼变了脸的亲戚，说："将来这个国家还是庄稼人的呢！"说完起身就走了。

傅根深回到村里，在和大家研究后，他带着农会会员来到米阳，罚其亲戚为农协制作两面旗帜，买100本《贫农千字课本》、一桶煤油和一吨煤。这次行动大振了农民协会的声威，傅根深也在斗争中锻炼得比较成熟了。

1927年，蒋介石背叛革命，土豪劣绅勾结国民党反动派，纷纷向农民和革命者反攻倒算，傅根深是敌人报复的重点，他被迫流落到天津、浦口等地，以当茶房、做小工谋生。几经辗转，后来又回到家乡，在地下党组织的领导下，担任交通员，一边种地一边从事秘密活动。他除了为党组织传递情报外，还继续串联农友，积蓄力量，迎接新的斗争的到来。

初到长春

1929年，傅根深受组织的派遣，来长春从事地下革命工作。到达后，经同乡杨乃山介绍，在四道街吉林第二监狱医务科当了一名勤杂工兼看守，主要是给犯人做些简单的外科处置工作。

傅根深到长春不久，就和中共长春特支接上了组织联系。出于秘密斗争的需要，他广泛结交朋友，以"拜把兄弟"的形式，团结了一批看守警察。在他的带领影响下，先后有5个"把兄弟"被发展入党，他担任了党小组长。他们经常在夜间到大街上去张贴"反对军阀统治""争取自由民主"等标语，使反动当局十分震惊。

"九一八"事变后，中共长春特支适时提出了"没收敌人武装，拿起刀斧、梭镖、单枪，动员和组织群众进行抗日斗争"的口号。傅根深所在党小组成员立即行动起来。他们乘夜深人静之际，到处张贴"打倒日本帝国主义"等宣传抗日的标语，号召人民群众同日本侵略者进行坚决斗争。1932年，在日本帝国主义扶持下，傀儡政权伪满洲国宣布成立。长春由此成了日本帝国主义奴役、压迫、掠夺东北人民的统治中心，反动军、警、宪、特如蛛网，疯狂破坏和镇压共产党领导的反满抗日活动，并直接遏制人民群众抗日活动的开展。

为了适应形势的需要，中共长春特支充实了斗争力量，健全了组织机构，设立了干事会，傅根深成为干事会成员。此时长春地下党员已分布在铁路、工厂、学校和吉林第二监狱等部门。在中共长春特支的领导下，1932年春爆发了两次规模较大的工人斗争。一次是6月间发生在4000多名制油工人和窑业工人中的同盟罢工；一次是7月间由1000多名建筑工人进行的罢工。这两次罢工沉重地打击了日本侵略者的反动气焰。日伪当局惊呼："这是'满洲'建国以来从未有过的大罢工。"傅根深曾多次利用警察身份（看守着警装）来解救、掩护参加抗日活动的群众。

　　傅根深还和中共长春特支书记刘作垣在省第二监狱一起领导了犯人要求改善医疗卫生条件、改善伙食和增加放风时间的斗争，都取得了胜利。

　　1933年冬，中共满洲省委遭敌人破坏，直接影响着长春特支的安全。长春特支接到上级紧急指示："哈总号倒闭，波及长春分号，速作准备。"为了保存革命力量，长春特支干事会成员刘作垣和唐吉昆撤离了长春，傅根深临危受命，担任了中共长春特支书记，留下来继续坚持斗争。

　　一天，傅根深在街上遇到几个抓"浮浪"的警察正在盘查一个青年，他一眼就认出了这位青年是他在大革命时期结识的保定第二师范学校的进步学生李新发。为首的警察见他支支吾吾，刚要下令抓起来，傅根深急忙迎上前去，冲那位青年大声呵斥说："你怎么不好好在家待着，出来乱跑什么？"然后，转身向正在发愣的警察说："他是我的表兄弟，来长春投奔我，在家里待不住才出来溜达。"几个警察见傅根深是看守警察，便走开了。事后，为了安置好李新发，傅根深又费了很多周折，先后说服自己的弟弟傅海洲和知心的同事，大家凑钱为李新发买了两匹马，租了一辆车，让他拉脚为生。不久李新发也参加了抗日斗争，成为一位革命同志。

　　1935年初，敌人开始怀疑傅根深了。一个叫贺英杰的特务伪装成犯人住进监狱，监视他在狱中的活动。3月的一天，傅根深到院里打水，遇见4个穿着讲究的人大摇大摆地走进监狱长的办公室。他觉得这4个人很可疑，不一会儿，听差跑来传监狱长的话，要他回去同来人会面。他立刻意识到来者不善，情况严重，但仍装成若无其事的样子，先把听差打发回去，然后慢慢向监狱大门走去。

　　这时，他首先想到的不是自己，而是住在监狱附近的杨乃山等同志的安全。他一出监狱大门就径直向杨乃山家跑去，告诉杨的母亲通知杨乃山及其经常联系的几个人马上转移。安排好之后，他才去头道沟找到以伪警察身份为掩护的党员赵俊山商量对策。恰巧，当天赵俊山担负着中东铁路的押车任务，便趁机把傅根深护送出长春到了哈尔滨，逃出了虎口。

傅根深到哈尔滨后，便去找党组织接头，可惜，他知道的联络站都遭到敌人破坏，没有联系上。于是，他又辗转到黑河一带，栖身在金矿里，一边做工，一边找党组织。淘金的人见他能干活，又不贪财，都愿意和他搭伙，而他心里却一直惦记着革命斗争。1936 年 4 月，傅根深回到长春，目睹日伪严酷的统治，感到无法立足，便找到杨乃山和弟弟傅海洲，部署他们隐蔽下去等待时机。随后他离长返冀，在家乡党组织的领导下，又继续从事党的秘密斗争。

冀中抗日

1937 年 7 月，日本帝国主义发动了全面侵华战争。中共中央于 7 月 8 日通电全国，号召全民族实行抗战。在党组织的领导下，傅根深和刘明寿、吕书元、刘光裕、李晶文等同志不辞辛苦地走村串户发动群众，"有人出人，有枪出枪，有钱出钱"，积极组织抗日武装。在他的鼓励和带动下，周围的青年韩振国、李仲玉、刘子锋、傅寿亭等人踊跃参加了游击队。此时，冀中各地区也相继成立了许多抗日武装，傅根深被任命为河北游击军第四路军第一大队（后改称第一团）一中队（后改称第一连）指导员。

由于国民党政府实行不抵抗政策，日本侵略者长驱直入，肆无忌惮地进行烧、杀、抢、掠。一天，3 个日本兵大摇大摆地来到一个村庄，肆意骚扰，大施淫威。突然，傅根深和战士们从隐蔽的地方冲出来，两个鬼子兵还没缓过神来，就被复仇的子弹送回了老家，另一个也懵懵懂懂地做了俘虏。从此，小股日本侵略军再也不敢单独出来为非作歹了。此后，这支游击队还积极开展了割电线、毁公路等多种游击战，搞得日本侵略军不得安宁。党领导的冀中人民抗日斗争就这样如火如荼地开展起来了。

1938 年 5 月，河北游击军奉命进行整编（亦称"河间整编"），傅根深所在部队等被整编为八路军第三纵队第十支队独立团，他任第三营教导员。同年 10 月，傅根深升任八路军冀中军区第四军分区卫生部政委。他要求同志们都像对待自己亲兄弟那样对待每一位伤员。他身体力行，经常亲自参加抢救伤员的工作。

1941 年，组织上为了提高傅根深的文化理论水平，送他到抗大二分校学习。1942 年夏天毕业后，傅根深回到第四军分区卫生部任协理员兼党支部书记。职务虽然低了，他却毫无怨言，本职工作做得更加出色。他当年的老战友，第四军分区卫生部部长王恩厚称赞他说："傅根深是一位任劳任怨，能上能下的好干部。"

重返长春

1943年3月，傅根深被抽到晋察冀东北工作委员会受训。由于他曾在长春搞过地下斗争，既有斗争经验，又有隐蔽关系，因此，便被派遣回长春。就是在这一次出行前，他由傅海岭更名为傅根深，表达了他一定要在敌人的心脏扎根战斗的坚强意愿。

1943年初夏的长春，日伪统治更加严酷，军、警、宪、特无处不有，形成了一张镇压人民的巨大罗网。傅根深回到长春，住在杨乃山家。为了站稳脚跟，他通过赵俊山的帮助，去"新京"火车站行李房当了一名装卸工。他遵照东北工作委员会关于"建立阵地，积蓄力量，等待时机，配合反攻"的指示，积极开展群众工作，在他的周围很快聚集了一批志同道合的工友。这里的装卸工很多是从关内来的，其中有的还是根据地的村干部，他们是由于日寇大"扫荡"被迫闯关东的。傅根深经常跟这些人接近，给他们讲许多故事。他讲的《三国演义》《水浒传》等有头有尾，绘声绘色，有时还穿插一些冀中平原八路军打鬼子和人民反扫荡的故事，周围的人听得津津有味，十分入神。在他的鼓动下，工人们渐渐觉悟起来。悄悄地跟他说起了心里话，工友中有个叫王寿清的，曾在河北老家参加过抗日活动，受到启发后曾向傅根深流露出对日伪统治的不满情绪。经过一段时间的培养、考察，傅根深首先介绍王寿清加入了中国共产党。

傅根深对其他工友也十分关心，无论谁家有困难，他都尽全力帮忙，经常解囊相助，他把自己的工资几乎都用于补贴生活困难的工友了。就这样，工友们渐渐团结在他的周围，傅根深先后从中发展了十余名共产党员，为进一步开展斗争创造了条件。

1944年初，傅根深回到晋察冀东北委员会汇报工作，上级对他的工作给予充分的肯定，并对下一步工作做了部署，同时决定派王永生来长协助他工作。

傅根深在返回长春的路上，曾顺便回家探望一次。当时7岁的二女儿竟不认识爸爸，以为是家中来了客人。妻子见他也责怪说："你只顾在外面闯，家和孩子都不管了。"傅根深平声静气地说："我干的事就是为了他们哪！"说着把两个女儿搂在怀里。妻子又说："有人还以为你在关东发了财呢，可你却连身像样的衣服都没混上。"傅根深笑了笑说："我干的是大买卖，将来，孩子们长大了，日子就好了。"

3月，王永生来到长春，傅根深通过关系把他安排在义大铁工厂当工人。

日本帝国主义发动的太平洋战争节节失利后，对长春的统治更加残

酷，特务活动十分猖獗。傅根深一直没有落上户口，随时都有被敌人逮捕的危险。他凭着机智勇敢坚持开展党的地下活动。这年冬天，傅根深来到大马路一家日本企业当锅炉工，他以此职业为掩护，不仅搜集了一些敌人的情报，而且发展建筑工人迟作杰入了党。

根据上级的指示，傅根深等人在长春搞地下斗争，必须坚持独立开展活动的原则，没有特殊情况，不允许和东北工作委员会直接联系，同时，为保证派出人员的安全，上级也很少给他们指示。这时，傅根深等人只能靠自己的观察和判断，来了解时局的变化和革命形势的发展。

1945年5月的一天，傅根深拿着一份上面刊有德国投降的消息的《康德新闻》指给王永生说："德国鬼子投降了，日本鬼子也折腾不了多长时间了。"于是，他们加快了工作步伐，争取多交些朋友，并密切注意时局的变化。为了团结更多工人，傅根深到宋家洼子一个派出所的工地去当更夫。建筑工人都愿意接近他，他在讲故事和闲聊中及时向工友们透露了苏联打败德国法西斯的消息，大家听了非常振奋。不久，傅根深在这些建筑工人骨干中发展了韩向臣、诸葛百川两名同志入党。此时，在傅根深周围已形成了一支有20多名党员，几十名骨干和无数有觉悟的群众组成的革命力量。8月8日，苏联对日宣战。傅根深预感到，抗日战争的胜利一定会很快到来，于是，他让大家抓紧时间秘密串联，待机而动。

组建武装

1945年8月15日，日本帝国主义宣布投降，被奴役了14年的长春人民彻底结束了亡国奴的生活。

在这种动荡时刻，上级党组织的指示一时很难传达到在长春搞隐蔽工作的同志，傅根深认真分析了面临的新形势，决定立即行动起来，抓紧时间做好两件事：一是公开向群众宣传共产党和八路军的宗旨是为劳苦人民大众谋幸福，宣传我党我军在关内的抗战业绩；二是动员劳动群众跟共产党走，参加我党组织的人民军队。傅根深、王永生、王寿清、向臣等同志为便于开展工作，于8月17日相继到东天街东太平楼集中食宿。

八里堡是劳苦群众集居区，那里的党员比较多。为了进一步开展工作，8月下旬，傅根深派王寿清去组建八里堡党支部。这个党支部成立后，陆续发展了50多名党员。这些党员以旺盛的革命斗争精神，积极开展各种活动，有的上街贴标语，有的在影剧院利用开演前的时间搞演讲，有的在公共场合散发传单，宣传我党的政治主张，不断扩大我党的政治影响。

为了尽快建立一支人民武装，傅根深和同志们日夜操劳，到处串联。他们在头道沟、二道沟、宋家洼子、东安屯、二道河子东站、四马路、五马路、长春火车站等地建立起十几个动员参军的联络点。动员参军的工作就像滚雪球似的迅速开展起来，参加的人员主要是铁路搬运工人、建筑工人、失业工人、学生和城市贫民。在扩军的同时，他们也千方百计地搞到了一些武器。傅根深指派王永生、王寿清带领部分精干的同志首先收缴了伪警察、宪兵、特务手中的零散枪支。经过努力，很快搜集到200多支枪，他们用这些枪支先武装了一个连队，由赵哲寒带领，开到长春东北方向朱城子，一边搞宣传，一边搞扩军。这是最早出现在长春地区的一支人民武装。

这期间，傅根深一直在设法寻找上级党组织。几经周折，他们终于同当时以公开身份出现的苏军驻长春卫戍区副司令员中共东北地区委员会书记周保中取得联系。在他的帮助下，傅根深又与中共晋察冀分局社会部派来的赵东黎、晋冀鲁豫根据地派来的刘健民取得了联系，并在周保中的主持下组成了工作小组，开展半公开活动。赵东黎、刘健民等主要从事社会团体方面的工作，傅根深等继续搞组建武装的工作。

9月下旬，中共晋察冀分局东北工作委员会派长春从事地下工作的赵东黎、徐慎到沈阳与中共中央东北局接上组织关系，并汇报了工作。根据东北局的指示，回来后他们立即与傅根深等同志取得联系，共同组建了长春市委。由赵东黎任市委书记，徐慎、赵东黎、傅根深、刘健民为委员，市委分工由傅根深和刘健民负责组建武装。傅根深领导的党员大部分参加了武装建设工作。

在中共长春市委的领导下，组建军队工作进展得很快，到9月末，已动员1000多人，接着，他们又想方设法从日本关东军的军火库里搞到了千把条枪。这支部队与周保中将军扩建的部队统称为东北人民自卫军（后改名为东北人民自治军吉长地区部队，简称"吉长部队"），由刘健民任司令员，傅根深任政治委员。

吉长部队奉命开往市北郊朱城子驻扎，随后又开往长春西南开源屯一带驻扎。为了使这支部队得到巩固，傅根深把他领导的大部分党员都充实到连队，发挥了核心骨干作用，同时，他抓紧对战士进行为谁当兵、为谁打仗和严格遵守群众纪律的教育，使部队的素质逐步提高。

不久，吉长部队通过周保中的帮助，又从苏军接管的日本军用仓库中获得了大批武器、弹药，部队的装备有了进一步改善。同时为即将开赴东北的我军保管了1000多挺轻重机枪、1万多支步枪、无以计数的弹药和大批军需物资。为了向北开辟工作，部队继而又转移到双城堡一带。

10月下旬，上级从359旅干部团、抗大、中央党校等单位抽调一批干

部充实到吉长部队，健全了部队的领导机构，任命刘春光为副政委、郭文献为副司令员，张文为参谋长，李钦哲为政治部主任。

按照陈云同志"远离城市，建立根据地，把农民群众发动起来，壮大这支部队"的指示精神，傅根深、刘健民率领部队在长春西北郊积极开展活动，不到 3 个月，部队已发展到 32 个连 4000 余人。这支部队转战于怀德、德惠、乾安、长岭等县的广大地区，多次主动出击，大力开展清匪反霸斗争，受到了人民群众的拥戴。

壮烈牺牲

1945 年 10 月，国民党东北行营派员对长春进行接收，并积极准备内战。其间，潜伏在各地的国民党地下军也乘机活动，到处收编日伪残余，网罗土豪劣绅，组织土匪武装，企图同我军抗衡。吉长部队的发展与壮大对国民党军队威胁很大，特别是保管在双城堡一带的军用物资，更使他们垂涎三尺。于是，他们处心积虑地把各地的土匪武装和地主武装纠集起来，对吉长部队不断发动骚扰和攻击。傅根深和刘健民领导部队同其进行了英勇斗争，屡次击败来犯之敌。

12 月初，我军在怀德县杨大城子开辟工作的冯光生团（属东满军区）由于被国民党特务秘密策反，驻地被占领。冯光生匆忙撤出，向吉长部队求援，部队领导立即派副司令员郭文献率领第二营随冯光生去平叛，打垮了国民党收编的土匪武装，攻下了杨大城子，使冯光生得以重整旗鼓。

12 月 12 日，2000 余名被国民党收编的土匪，突然向吉长部队驻守的长岭县城发动进攻，二营营长罗勇标指挥 1 个连英勇抗击，由于敌众我寡和叛徒的出卖，两座城门被敌人攻破，罗勇标指挥部队退守城内一处烧锅大院坚持战斗，虽然杀伤了很多敌人，但是敌人倚仗数量上的优势，还是一次又一次地向我军发起进攻。14 日，罗勇标派两名战士化装突围，向司令部求援。傍晚，傅根深听到两名战士的汇报后，心急如焚，立即派通讯员去杨大城子通知郭副司令员，让其带领部队直赴长岭增援。

傅根深意识到这场战斗可能出现更加恶化的情况，于是在同副政委刘春光、政治部主任李钦哲等商讨之后决定，把派出开辟工作的部队调回来，以增强应变能力。接着，又与德惠开辟工作的刘健民司令员取得联系，要他带领部队迅速返回双城堡，以防不测。在这紧急关头，傅根深说："长岭那边打得很艰苦，我再带 1 个连从这边去增援。"刘春光和李钦哲认为，增援长岭要奔袭 50 多公里的路，沿途土匪活动猖獗，只去 1 个连，兵力太少，可目前又抽不出更多部队，劝他再做考虑，但傅根深还是决定去增援。刘、李二人见他主意已定，便要代替他前去增援，傅根深果断地一挥手说："别争了，你们留在司令部任务也很重要。再说，你们到东北不久，情况不如我熟悉，就不要争了。"说完他便率领 130 多人的步兵连，乘坐几辆大马车，连夜向长岭县城进发。

第二天清晨，部队来到距长岭县城以南 3 公里的拉拉街村南甸子时，突然遭到地主武装的阻击。这里的地形对我军很不利，除了两个低矮的土包和一条很浅的顺水沟外，其余都是白雪覆盖的草甸子。傅根深当即命令机枪手强占土包，其他人用顺水沟做掩护向敌人还击。我部队的火力把敌人压得抬不起头来，敌人一边借助村落院墙和地主的掩护负隅顽抗，一边向长岭城的匪首报信。匪首"访贤"得知吉长部队来了援军急忙纠集各土匪窝的亡命徒和邹凤鼓的地主武装 300 余骑兵，分东西两路向我军夹击。敌人仗着人多、马快和占领有利地形，叫嚣着向我军扑来，就在这千钧一发的时刻，傅根深抓起机枪挺身站在雪地上向冲上来的敌人猛扫，冲在前边的匪徒纷纷落马，敌人的第一次进攻被打退了。

趁着敌人喘息的机会，傅根深调整了一下部队，大声对同志们说："同志们，不要见敌人的马队一冲就心慌，要沉住气，擒贼先擒王，射人先射马。"同志们见政委如此镇定，斗志更加旺盛，接着又连续打退了敌人的几次进攻。傅根深在指挥过程中，看哪边战斗激烈，就转向哪边，一边奋勇杀敌，一边做鼓动工作。

战斗进行了 8 个多小时，敌人尸横遍野，我方亦伤亡惨重。傅根深和战士们经过一夜的行军，又在雪地里激战了一天，十分疲劳。尽管他们越战越勇，可是敌人也不罢休，在指挥官的威逼下还是不停地向我冲来，最后，在这场鏖战中，傅根深子弹打光，壮烈地牺牲了。烈士的鲜血染红了身边的皑皑白雪。

噩耗传来，吉长部队的同志们化悲痛为力量，更加坚定、英勇地同敌人战斗，不久他们便在兄弟部队的配合下消灭了敌人，夺回了失地。1946年初，这支由傅根深亲自组建领导的人民军队编入东北民主联军，以新的战斗姿态投入了解放东北和全中国的战斗之中。

（玄金璞）

施 介

读书本为寻光明

施介，原名施汝显，号介庵，1909年出生于云南省洱源县凤羽镇凤朔村元士充的一个白族农民家庭。施介的祖父出身书香门第，施介又是长孙，祖辈自然希望他多读些书，光宗耀祖。五六岁时，父母和弟弟相继去世，他便由婶娘抚养。

施介7岁时，由婶娘送进私塾启蒙。他资质聪颖，三年后，即转入凤翔两级小学校读书。施介小学毕业时正值地方军阀混战，社会动荡不安，田园荒芜，民不聊生，中年丧夫的婶娘一家的生活本来就不富足，这时更加困难，经济日益拮据，捉襟见肘，无力再供他到百里之外的大理继续读书。施介无可奈何地辍学在家劳动。施介从小喜欢读书，他渴望获取更多更深的知识，舍不得放下书本。他一边在家帮助耕耘和放牧，一边抽空发奋补习古汉语，不耻下问，虚心求教，孜孜不倦地自学研读，给后来能写流利畅达的文章打下了坚实的基础。农闲时，他还帮人做工。两年以后，他积攒了点钱。

1927年秋，打听到大理云南省立第二师范学校招生，他私下里和几个同学一同去报考并被录取。贤淑善良的婶娘知道后又惊又喜又忧，深深地被施介立志读书的行为所感动，考虑再三，她忍痛让读小学的儿子辍学，节衣缩食供施介去大理继续求学。到大理以后，施介深知家境贫寒，每一分钱都来之不易，因此，他生活十分节省简朴，从不乱花零用钱，同时在学业上加倍认真地苦下功夫，以求学有成就。他觉得只有这样，才不辜负婶娘的期望。生活的磨难，使施介过早成熟起来。他常说，一个人只有经过最底层的生活，才能体会到人生的真正意味。

施介生活在一个急剧动荡变革的时代，革命风云瞬息万变，书本上的知识和现实生活使他的眼界更加开阔了，他不满眼前的状况，不愿再走父辈的老路，决心抛弃读书求功名的仕途，寻找自己的理想道路。就这样，施介怀着探索新的人生之路的强烈愿望，冲出闭塞落后的凤羽小坝子，走上了艰辛的求学道路和漫长的革命生涯。施介在大理读书期间，正值云南几个地方实力派倾全力忙于争夺"云南王"的交椅，无暇他顾，因此，在国共合作大革命浪潮的推动下，进步思潮在云南迅速扩展，政治空气异常活跃，为革命造成了暂时有利的形势。民主、科学的新思想像春风吹到了苍洱之间，革命浪潮冲击着大理，冲击着陈旧的传统观念，使古城活跃起来。这时，施介逐步接触的马列主义和进步文化，不断地丰富着他的头脑，启发着他的革命觉悟。在这一时期，国民党左派进步组织在昆明等地纷纷建立，1926年创立的中共云南地下党组织也有了较快的发展。大革命失败以后，党的工作重心转向农村，中共云南特委领导下的迤西区委在大理等地秘密开展活动。

投身革命志不移

进步文化的熏陶和马列主义的传播，开阔了施介的视野，丰富了他的头脑，他看到了光明，找到了自己的理想，好比在茫茫大海中看到了灯塔，找到了方向。他毅然选择了决定自己一生命运的革命道路。1928年，他秘密加入中共地下党组织，把自己的一切献给了党，献给了革命事业。无论环境多么艰苦，斗争多么残酷，他都矢志不渝，顽强奋斗，义无反顾。

大革命遭受挫折的时刻，云南的革命形势随之发生了急剧变化，中共云南特委与各地的地下党组织相继中断联系，党组织力量本来就薄弱的大理地区，处境更加困难。施介在失去与组织联系的情况下，仍以一个献身革命的共产党员的英雄气概，从没有停止同地方恶势力的斗争，成为有志青年的各种集会和活动的发动者和组织者。当时，洱源不少学生到大理读书，经他交谈串联，他们联合起来成立学会，成为相互声援共同斗争的集体。他们经常在一起评论时局，抨击弊政，抒发己见，探讨前途，畅谈前程打算。他还将自作的一副对联"举目皆大敌，甘心作小人"悬挂于居室的墙壁上，表明自己与反动势力势不两立的决心。毕业时，在给友人的照片背面，他奋笔题写了"要从这黑暗里寻找光明……唯有牺牲和奋斗"这充满牺牲精神的豪言壮语，表明了他为追求光明和理想，为共产主义事业，为民族的解放，拼死埋葬黑暗世界的决心。

1930年秋，施介从云南省立第二师范学校毕业以后，先回家看望了婶娘和新婚不久的妻子，然后前往昆明继续求学，并寻找中共云南地下党组织。1931年，施介考入云南省立第一师范学校高级部。该校因属培养全省优等师资的高等学府，由政府给予公费待遇，每年享受10个月，每个学生每月享受老滇票30元的伙食津贴。这10个月里吃饭不成问题，但是，其他开销和寒暑假期两个月的生活费还得靠自己设法解决。他和一些同学办假期补习班挣钱来补贴零用，平时节俭度日，生活非常清苦。学校除发给讲义外，需用的教材课本则由学生自备。施介没钱购买，凡是学校图书馆能借到的就先借来阅读，边读边摘抄，一时抄不完的就只好借用。一次，他向图书馆借一本教科书，到期时管理员催要，他说："我没有书，还了就没法学习了。"管理员只知照章办事，一定要他归还。二人相持不下，吵嚷到教务主任那里。教务主任看着这个衣衫单薄而成绩优良的学生，对他的困难深表同情，破例同意他借用到学期末。为了省下几文钱，练习本、作业本和笔记本他都不买现成的，而是买些贡川纸或有光纸自己装订。艰苦简朴的生活养成了他不屈不挠的进取精神和淳厚朴实的人生态度。上课时，他专心致志，边听讲边做笔记，对疑难问题慎思明辨，不耻下问，各科成绩始终保持优秀。

从小勤学苦练的施介，有厚实的古文学功底。不但诗文造诣较深，行文豪放流畅，立意新颖，而且擅长写对联。他撰作的对联，音韵铿锵，寓意深邃，生动幽默。他还精于书法，挥毫泼墨，苍劲有力，写得一手好字。他的才学，他的品格，他的思想境界，在当时的校园内有口皆碑。

1932年冬，云南省立第一师范学校的学生为反对校方庇护不称职的教师刘某和克扣、挪用、贪污学生伙食费的食堂职员，掀起了全校性的罢课风潮，施介等同学组织领导了这次学潮。学生群情激奋，要求惩办贪污分子，撤换校长，罢课时间达数月之久，在平素宁静的校园里掀起了轩然大波。施介执笔起草了上书省政府和教育厅的呈文。他把压抑已久的一腔义愤倾注笔端，仗义执言，对封建买办、法西斯式的教育制度及校方弊端严正地进行了揭露和控诉，对保障学生正当权益提出了合理要求。教育厅为平息学潮，几次施展软硬兼施手段。施介他们及时揭穿对方的阴谋，号召同学们团结一致进行斗争，坚持到底，不达目的誓不复课。当局迫于压力，撤换了反动校长杨天理，答应对学生伙食费账目进行清算，惩处贪污人员，骗取学生复课。风波平息后，反动当局立刻撕去伪装，露出狰狞的嘴脸，开除了施介等10位为首同学的学籍。不久，杨天理也官复原职。为了伸张正义，施介情愿放弃再读一学期即可拿到文凭的权益，甘冒受处分的危险，不畏强权，挺身而出，站在全校学生的最前列，向反动当局进行了有力的抗争。通过这次罢课斗争，施介得到了锻炼，也受到了一次深刻的教育，他从中进一步看清了国民党政权的反动本质，心中充满了对那个黑暗社会的无比憎恨。严酷的现实，击碎了他想通过合理斗争取得民主权利的幻想。然而，他坚信革命斗争的烈火是扑不灭的。

离开学校以后，施介和同学李松荫决定前往苏区寻找党组织。他们一路历尽艰难，步行数月，辗转数千里，到达四川成都时，所带路费已全部用完，最后把留作学费和生活费的20元钱也拿了出来。到重庆后，两人翻遍衣袋，买了一张到南京的船票。途中，幸好得到船上工友的同情，在他们的掩护下，两人交替使用一张船票蒙混过关，顺浩荡长江东下。船到南京后，两人已是囊空如洗，只好离船登岸。为谋生计，也为了躲过敌特的魔爪，只好暂时寻觅个栖身之所。经同乡介绍，施介进入国民党中央炮兵第五团当准尉司书。如此安排，虽事与愿违，但实出无奈，他只好暂且寄人篱下了。这时，在给老友的信中，他表明了此时此刻的心迹："此次出省，并非为逃命，而是为寻求人类普遍光明。"他还鼓励失学的同学："勿气馁，勿丧志，当鼓足勇气，继续奋斗！"

好不容易熬过了一个寒冬，迎来了 1935 年的春天，施介趁部队进行整顿、来去自由之机，迫不及待地离开了国民党军队。这时，李松荫的身份暴露了，他惨遭迫害得了精神分裂症，施介脱离樊篱后，立刻前往照顾。经过一年多的治疗，仍不见好转。施介同友人商量后，决定送他回老家治疗。这年秋天，云南南部的阿迷（今开远市）县立中学增设简易师范班，派人到昆明招聘教师。经人介绍，施介前往执教。

长夜燃起革命火

施介到校后，一改该校的陈腐学风，大力提倡教书先教心，育才先育人。他在生活上同学生打成一片，主动接近学生，每天比学生起得还早，跟学生一起上早操，参加学生组织的爬山、赛跑、打球、郊游等文娱活动。学生们评价他："上课时是老师，下课时是朋友，没有半点威严架子，见了他也不害怕。"因此很愿意接近他。讲课时，他表达明确，形象生动，浅显易懂。同学们说听他讲课就像小时听奶奶讲故事，又精彩又好记。他还鼓励那些成绩较差的学生刻苦学习，大胆提问，不要怕羞，启发他们的学习兴趣。

施介不但是科学文化知识的传播者，也是引导学生走上革命道路的领路人。他抓住青年学生思想敏锐、奋发向上、善于接受新事物的特点，注重对他们进行思想启蒙。他的学生回忆说："施介老师经常对我们讲，人生最高理想是如何为人民大众谋幸福。理想是指路明灯，一个人缺乏美好的理想，就不会有正确的努力方向。没有方向，等于没有灵魂，生活就毫无意义，不过是徒具躯壳的行尸走肉而已。一个人，当追求的目标越高时他的才力发展也就越快，对社会的贡献才会显著。"这些谆谆教诲，开启了学生们的心扉，使他们从狭隘的人生境地中走出来，懂得了读书的目的和人生的意义。

他还抓住一些社会现象，循序诱导。一次，他和几个学生在郊外散步，路遇乞丐，有两个学生给了几个钱表示同情。施介趁机开导学生："给几文钱，不是根本办法。你们要知道乞丐不是天生的，他们为什么讨饭？这是不好的社会制度造成的。如何才能把他们从饥寒交迫的苦难中解救出来呢？只有彻底推翻旧的剥削制度，建立一个没有压迫、剥削的新社

会。到那时，他们才会不再讨饭，不再受苦。"在施介的教导下，学生们的觉悟逐步提高了，他们不再满足于埋头读书，开始关心时事政治。施介便不失时机地在几名进步同学中间秘密宣传马克思主义，讲解革命道理，启发他们的阶级觉悟，向他们介绍苏联十月革命、苏区红军的斗争、中国工农红军长征胜利到达陕北等，还让他们传阅《共产党宣言》等文献著作及其他进步书刊。在执教的三年中，施介引导和影响了一批有志青年。他们中有的抛弃了现成的工作或舒适的环境，甘于吃苦，舍生忘死奔赴硝烟弥漫的沙场，在抗日战争、解放战争和抗美援朝的艰苦战斗中，接受了血与火的洗礼；有的血洒疆场，为中国人民的革命事业贡献了年轻的生命，用生命和鲜血谱写了壮丽的人生之歌。

"西安事变"发生的消息秘密传到开远，施介向学生个别进行讲解，然后通过他们到街上和农村进行宣传，使中国共产党为实现国共合作的抗日主张在边城广为传播，振奋了南疆人民的抗日信心。1937年"七七"事变后，举国上下一片抗日呼声，开远中学率先投入抗日救亡运动，成为滇南地区的一面旗帜。为响应南京"首都各界抗敌后援会"和中共云南地下党组织领导的"云南省学生抗敌后援会"，在施介的倡导下，开远中学成立了"开远中学学生抗敌后援会"，几个进步学生担任了领导人员。他们积极开展宣传活动，募集财物支援前方抗敌将士。施介亲自起草了"告开远父老书"，由师生抄写广为张贴散发，阐述民族大义，呼吁各界给予支援。他们还走上街头开展宣传活动，男生穿军训制服，女生着白衣黑裙，每人手执三角形小红旗，高举"开远中学学生抗敌后援会"的横幅红布标语，踏着整齐的步伐，沿途挥旗、喊口号、唱歌、撒传单，使抗日的呼声传遍了大街小巷。他们还深入附近的村镇进行宣传。每到一地，或演讲或唱歌或演话剧，吸引了很多观众，使抗日救亡运动在各界人民群众中迅速扩展开来，在社会上产生了巨大的反响，赢得了城乡各阶层民众的同情和支持。大家有的捐钱捐物，有的出人出力，形成了群众性的抗日救亡运动。他们的行动还影响带动了邻县，这些县也先后成立了"学生抗敌后援会"，并派人到开远县立中学联系，索要"告开远父老书"做参考，同时约定一致行动，相互声援。随着抗日救亡运动的开展，施介还把课堂当作向学生进行爱国主义教育的阵地，他选编了一些能结合抗战形势的教材，向学生们推荐有积极意义的课外读物，讲述历史上抗击外侮的民族英雄的斗争故事，激发学生们的爱国热情。施介还创办了《心声》校刊，并亲自担任主编。他设计的刊头图案，是一片东北角被蚕食的套色秋海棠叶，当中一颗红心，"心声"二字嵌在心上，新颖别致，寓意深刻。《心声》成为宣传爱国主义和进步思想的阵地，深受爱国进步师生的欢迎。后来，开远的各学校相继成立了抗日救亡团体，把滇南的抗日救亡运动推向了高潮。

1937年11月1日，滇越铁路员工为反对法国资本家裁员减薪的剥削行为，掀起了滇段全线大罢工，施介等人领导了开远铁路员工的罢工斗争。施介发动商贾罢市，学生罢课，向社会呼吁，支援工人的正义斗争。在各方面的支持下，法国资本家不得不废除了裁员减薪的命令，罢工斗争赢得了胜利。

随着进步师生抗日救亡运动的高涨和铁路员工罢工斗争的胜利，施介看到开远地区革命力量已有一定基础，心里盘算着未来斗争的道路，很可能上山打游击，便和几个人商量，决定先去延安学习军事。经过多次密谈和动员，1938年2月初，施介等一批热血青年踏上了奔赴延安的征程。一个多月以后，施介一行4人终于到达延安。当巍巍宝塔山映入眼帘，滚滚延河水从身边流过时，他们情不自禁地流出了热泪，兴奋地跳了起来。

延河滋润添斗志

两三天以后，他们被分配先入抗日军政大学学习。学校实行供给制，每人每月一元钱津贴费，一律平等。伙食很简单，每天两餐小米饭或粥，有时是窝窝头，副食一般是自己种的蔬菜。上课时，没有固定的教室和课桌，笔和纸都要自己想办法解决。尽管条件艰苦，但"抗大人"精神饱满，斗志昂扬。抗大的学习是讲实效的，一个课题、一篇讲稿，往往学了又讲，讲了又学，反复讨论，而且理论联系实际。抗大的政治课请著名学者来讲，使施介他们第一次较系统地接触到马克思列宁主义，拓宽了思想认识，提高了思想境界，找到了与工农群众相结合的正确方向。军事课主要是介绍抗日游击战争和一般军事常识，讲课的都是经过长征的有经验的干部，他们不搞纸上谈兵，而是采用启发式和研究式方法，结合实战进行演习，始终把教学与抗战、理论与实践结合起来，使学员很快掌握了军事本领。最令施介不能忘怀的是有一次亲耳聆听毛主席做报告。毛主席对抗日战争形势的分析——必须打持久战的科学理论，精辟严密，使人听后心明眼亮。毛主席的报告对敌人的辛辣讽刺入木三分，对一些问题的比喻形象生动、风趣幽默，给施介留下了深刻印象，使他受益匪浅。

1938年6月，施介到抗大不久，遇到了云南老乡朱家璧。朱曾任滇军靖卫团二连连长、云南讲武堂第五军官分校军事大队区队长。朱在滇军任职期间，追求进步，向往革命，抗战爆发后，奔赴延安。共同的理想追求，使二人经常在一起谈心。1939年初，朱家璧、施介等人经研究后，由施介执笔，写了一份《我们对于将来回云南及滇军中工作意见的报告》送给中组部。党中央接纳了这个意见，考虑到施介在云南名声太大，应给予保护，而朱已有很好的社会基础，遂决定朱家璧回云南工作。1940年10

月，朱家璧回了云南。

1939 年初，施介结束了抗大的学习生活，被调到中央组织部总务处当处长，继而被选送入延安马列学院深造。经过一年多的学习，施介较全面系统地学习了马列主义毛泽东思想，攻读了逻辑学、政治经济学、哲学、中国革命运动史、苏共党史等课程，比较全面地提高了理论水平。1940 年，施介调任陕北公学教育处副处长。他兢兢业业地钻研教学方法，努力提高教学质量，把学到的理论知识运用于培养革命干部的工作上。1941 年，他调任延安大学党总支书记，担当起全校 1000 多名师生政治思想工作的重任。整风运动开始以后，他负责该校的整风工作。在工作中，他牢牢把握党中央一贯倡导的理论联系实际、密切联系群众、批评与自我批评三大作风和自力更生艰苦奋斗的精神，并结合实际，力求使之具体化。他注重端正学风，通过深入批判主观主义、宗派主义和"党八股"，使全校师生特别是党员干部大大转变了工作作风和思想作风，进一步掌握了马列主义普遍原理，树立了革命人生观和无产阶级世界观。与此同时，他的革命意志更坚定了，他已由一个爱国主义者成长为坚强的共产主义战士。国民党反动派为了扼杀陕甘宁边区的革命种子，对其进行了残酷的经济封锁，切断了边区的供给和贸易渠道，使边区处于极端困难的时期。施介积极响应"自己动手，丰衣足食"的号召，组织领导了延安大学全校师生的大生产运动，他带头参加劳动，和师生一起开荒、种菜、养猪、纺纱、织毛衣，靠双手改善了生活条件，解决了学习用具，保证了教学秩序的正常进行。

辽西前沿展才干

1945 年 8 月 15 日，日本帝国主义宣布无条件投降。中国人民经过浴血奋战，终于迎来了胜利的一天！就在这时，蒋介石企图独吞胜利果实，调兵遣将，欲抢占东北，控制华北，以维持其独裁统治。党中央及时派出两万名干部和十万大军挺进东北，开辟和建立东北革命根据地。施介和战友们挥手告别了革命摇篮——延安，踏上了新的征程。

经过千里行军，1945 年 10 月，施介来到东北，被派到辽西煤城阜新，担任阜新地委组织部部长。由于战祸连年，黑金之地阜新城乡满目疮痍，社会秩序混乱不堪。施介带领工作人员深入矿区，组织工人恢复生产，斗争封建把头，稳定社会秩序；深入农村，发动群众，剿匪建政，清算汉奸恶霸，组建农民武装，使矿区和农村很快发生了变化。1945 年年底，国民党反动派大举进犯解放区，不断北犯阜新。阜新地委根据党中央"让开大路，占领两厢"的指示，撤出阜新城，转移到阜北、彰武农村，发动群众拆铁轨、破道路、炸桥梁，骚扰敌人。1946 年 2 月，阜新地委撤至通辽，成立通辽中心县委，施介任中心县委组织部部长兼通辽县委书记。

通辽位于哲里木盟中心，是松辽平原重镇，科尔沁草原交通要冲。解放战争时期，这里成为东蒙地区的南部门户和前哨阵地，军事、政治地位十分显要，敌我拉锯争夺，都为扼此咽喉。为了巩固这一战略要地，西满分局指示建立哲里木盟地委，施介任地委组织部部长兼通辽县委书记。由于日军占领时期的蓄意纵容和国民党反动派的豢养扶植，通辽一带在敌人卵翼下坐大成匪的地主、王爷反动武装，五花八门，不一而足。尽管几易其主，但他们都与人民作对，纷纷拥兵自立，啸聚抢掠，肆虐地方，搞得人心惶惶，民无宁日。在这样的环境中开辟工作，是相当复杂而艰巨的。施介不畏艰难，认真执行地委"各区创立政权机构，发展党组织，组建武装"的决定，在武工队的配合下，率领干部深入边远地区，发动贫苦农牧民，组织群众武装，清匪反霸，恢复生产，建立党的组织和农牧区基层政权，使党的组织和革命武装在广大草原扎下了根。在城北的北园子、城南的任家窝堡等菜农聚居的屯子，施介发动菜农清算"菜霸""粪霸"，成立菜园农会。对个别罪大恶极的反攻倒算分子，派武工队抓起来，召开群众大会进行斗争，公审处决，为贫苦农牧民撑腰，震慑了恶霸的反动气焰。很快，群众普遍发动起来了。随之，反奸除霸、减租减息、挖缴枪支的斗争也轰轰烈烈地开展起来了，局面很快打开了。

1946年10月20日，国民党第七十一军八十七师侵占通辽。为避敌锋芒，哲里木盟党政军机关撤退到辽北县的舍伯吐，在舍伯吐、高力板一带打游击。根据辽吉省委书记陶铸"上马政府，下马军队"的指示，为适应战争形势需要，地委决定，以区为单位组建连队，将所有的连队以及各机关干部编在一起，组成了一个骑兵团——长江骑兵团，施介担任政治部主任。骑兵团与蒙汉联军一道，跃马驰骋在科尔沁草原上，在高力板、哈拉吐达、舍伯吐纵横辗转，与敌人厮杀搏斗。

1947年，国民党军队向各解放区发动全面进攻。哲里木盟地委因区域缩小，为适应敌后游击战争，2月改为工委，施介任组织部部长。4月19日，中共辽吉省委正式通知，任命赵石、施介等8人为工委委员，赵石、施介、谭刚3人为常委，施介任组织部部长。

在战斗在西辽河流域的日日夜夜里，在转战科尔沁草原的风风雨雨中，施介这位来自苍山麓、洱海滨的白族人民的好儿子，为了哲里木盟各族人民的翻身解放，奔波劳瘁，倾注心血，做出了重大贡献。

他从哲里木盟是蒙古族聚居地区的实际出发，忠实地执行党的民族政策，认真做好上层民族人士的团结、教育工作，依靠广大贫苦农牧民宣传党的政策，分化瓦解反动王爷的土匪武装，争取民族领袖人物，争取群众，收到了很好的效果。在机关和党政组织建设方面，在地方工作中，尤其是在干部使用上，他既注意重用北上出关的干部，让他们起骨干带头作用，又放手使用参加革命不久，表现好、有才干的年轻干部和民族干部，在实际工作中加以培养和锻炼；既依靠本地干部，又不排斥外来干部；既重视工农干部的主导成分，又大胆选拔使用知识分子干部，调动他们的积极性，充分发挥他们的聪明才智和作用，真正做到了"知人善任"，用其所长，抑其所短，使各方面的干部各得其所，有了用武之地，从而正确处理了各方面的关系，形成了团结一心、共同对敌的局面，充分显示了党的政治工作的威力和作用。他因此颇得干部的信赖，在群众中有很高的威信。

无论平时还是战时，施介都很注意纪律和军民关系，保持党的勤政爱民的优良传统，而且自己身体力行，用实际行动教育群众，影响群众。每次部队转移，他总要带领干部战士把驻地打扫干净，归还借用的物品，把老乡家的水缸挑满，还要利用空闲时间为群众多做些好事。草原的寒冬，冰封雪飘，寒气逼人，部队经常在冰天雪地里日夜兼程地执行任务，有时骑兵脚上的毡靴和脚冻在一起，连马都下不来，鼻子、耳朵像冰疙瘩，四肢冰凉麻木。由于敌人的欺骗宣传和裹胁驱赶，有的村屯人去屋空，部队常常吃不上饭，渴了就化雪水喝。在这种难以想象的艰苦条件下，施介经常教育干部和战士，要保持旺盛的斗志，发扬我党我军的优良传统和作风，同老百姓相濡以沫，保持鱼水关系，特别是到了少数民族地区，更要尊重当地的宗教信仰和民族习惯，主动接近人民群众，同他们交朋友，建立感情，宣传党的政策。他坚信身教重于言教，他要求战士做到的首先自己做出榜样，所以，效果很好。

施介的心里时刻想着群众，走到哪里，都把我党我军关心群众利益的传统带到哪里。1946 年 12 月 29 日，蒙汉联军击溃盘踞在舍伯吐的土匪，乘胜追击逃往三家子的残敌。敌人仓皇溃逃，把枪支弹药、大车及准备过年的酒肉都丢下了，其中有一批牛肉。施介率领部队清理战利品时，刚好是 1947 年元旦，他说服战士们，把牛肉全部分给了当地的贫苦农牧民。当时，因为兵来匪去，战祸不断，群众的牛羊大部被抢光了，生活很苦，好久都吃不上肉了。人民群众从来都没有见过这么好的军队，连上了年纪的老人都说头一回碰上这么好的事，就是做梦也想不到。他们深受感动，奔走相告，交口称赞。各家纷纷把留着准备过年的一点东西拿出来慰劳军队，军民都过了一个欢欢喜喜的新年。

施介为人忠厚老实，坦诚豁达，谦虚，有耐心，具有温文尔雅的风度、宽阔无私的胸襟、热忱开朗的品格，就像一团火一样温暖着他身边的每一个人。在下级面前，他从不摆官架子，平易近人，和蔼可亲。对待同志总是推心置腹，以诚相见，热心助人。他经常找这个谈心，找那个了解工作，帮助一些人解决实际困难。慢慢地，他和同志们结下了深厚的友谊，同志们都愿意接近他，乐意和他交心，有什么不顺心的事都喜欢和他诉说。哲里木盟政府秘书长梁一鸣从部队转到地方工作不久，对群众工作不熟悉，施介和他在一起工作时，就边工作边讨论，使他学到了很多群众工作的方法和经验。日子长了，两人成了莫逆之交，无所不谈，生活上互相关心，工作上互相配合，有力地推动了各项工作的开展。地委秘书宋树功是刚从延安大学来东北的青年学生，不知道怎样才能做好秘书工作。施介就经常同他在一起研究，耐心地指点他，并放手让他去实践，使他获益良多，工作很快上了路子。对从基层来的干部，施介更是倍加关怀，体贴入微，使他们感到亲切和温暖，上下级关系分外融洽。凡是和他相处过的干部，都很难忘记他那严以律己、宽以待人的高尚品格。他在生活上一尘不染，不抽烟，不喝酒，和大家一起开大灶伙食，从不搞特殊，一直保持艰苦朴素的作风，即使在他重病期间也不例外。组织上为了照顾他，给他调剂点鸡蛋和细粮，他都婉言谢绝，全部让给了其他伤病员。同志们看着他日渐消瘦的身体，很难过，纷纷给他提意见，但他不以为然，一笑了之。但是，对他人的困难，他却真心实意地帮助解决，而且周到细致，心细如丝。通辽县隆兴区有一位女干部，丈夫是区委书记兼区长，下乡开辟工作不在家。她久病不愈，还带着两个孩子，小的正在发高烧，生活很困难。施介知道以后，立即前往探望，把她安排在一户老乡家里。当他发现一家 3 口只有一床破被子时，马上让警卫员送去一床被子，还送去一点钱和细粮。

施介一生光明磊落，坦荡无私，具有崇高的思想境界和道德情操。在他很小时，由婶母包办，与一位他并不认识的姑娘结了婚。虽然他对包办婚姻不满，但他始终没有背弃妻子。他到延安以后，曾给旧友写过一封信，托他转告妻子：已到延安，烽火狼烟，关山阻隔，不好联系，以后不给家里写信了，望各自珍重。在以后近 10 年的日子里，他身边不乏优秀的女性，也曾有人主动向他示爱，但他不越雷池半步，始终恪守着自己亲口说给妻子的"以后我不再婚娶"的诺言，从没见异思迁。在病危弥留之际，他想到的也是革命事业，考虑的是党和人民的利益。他再三向领导表明，家中已没有什么人了，希望政府不要考虑任何抚恤救济，以减少组织的负担。

施介牢记自己是一名共产党员，时刻以共产党员的标准严格要求自己，吃苦在前，享受在后。无论是在硝烟弥漫的战场，还是在风霜雨雪的行军路上，或是在紧张繁忙的工作中，他总是身先士卒，与干部战士同甘苦，共患难。作战时，他冲锋在前；撤退时，他掩护在后；宿营时，他把热烘烘的炕头让给战士们睡，自己在地上铺层草，枕着马鞍子休息，打个盹又起来，察看战士们盖得严不严，睡得实不实；天冷时，他就找来东西塞透风的门窗缝隙，生怕战士们受寒着凉。行军途中，他常把马让给伤病员骑，宁肯自己步行吃点苦，也不让一个战士掉队，往往是互相推来让去，感动得伤病员热泪盈眶。在撤出阜新，让出通辽，到农村、牧区打游击的那些日子里，尽管他衣着单薄，经常饿着肚子，他还照样活跃在战士们中间。

由于条件艰苦，环境恶劣，加之长时间超负荷的工作和战斗，施介染上了严重的肺病，但他仍一如既往地埋头工作。病痛加剧时，他也咬牙撑着深入农牧区开展工作，表现了一个共产党员"生命不息，战斗不止"的大无畏的英雄气概。1947年初春，他带病率领部队夜袭盘踞通辽益庆和的土匪武装。塞外的早春依然是银装素裹，朔风呼号，狂沙扑面。受风沙和寒气的侵袭，他咳嗽不止。为了不让战士们的情绪受到影响，他镇静地竭力克制着，咬紧牙关支撑着，想不露一点声色，但他还是被难以忍受的咳嗽憋得脸色苍白，眼角流泪。实在忍不住了，他就把马缰绳咬在嘴里，前胸顶在马鞍上。过一会儿，这样也不灵了，他干脆翻身下马，疾步行军，以减轻病痛的折磨，硬是一口气不歇地坚持了下来。他以坚韧的毅力同病魔顽强斗争的精神，极大地鼓舞了全体指战员的斗志，人人奋勇当先，不顾风沙和严寒的肆虐，按照预定时间赶到了目的地，取得了围歼顽匪战斗的胜利。

面临国民党正规军的觊觎和顽杂土匪武装的不断滋扰挑衅，我党政军机关干部有时连续作战，有时行军奔袭，健康的人都会感到疲惫，何况久病赢弱之躯，施介多么需要好好休息一下啊！可一旦到了驻地，他又顾不上病痛，也来不及休息，就急忙找人了解情况，检查工作，布置任务，研究下一步行动计划。他习惯于把思想工作贯穿在日常生活里，从细微处发现问题，及时加以解决。有时工作起来通宵达旦，废寝忘食。他就是这样顽强地同病魔做斗争，一刻也没有离开自己的工作岗位。为科尔沁草原的解放，为西辽河流域蒙汉各族人民重见天日，他殚精竭虑，不遗余力，奉献了自己的一切。

浴血草原留英名

当哲里木盟的工作正需要施介施展才华的时候，病魔却无情地向他伸出了罪恶之手。由于劳累过度，得不到及时治疗，施介的病急剧发作了。一阵紧似一阵的咳嗽，大口大口咳血，不时发作的哮喘，折磨得他身体一天天消瘦下去，可他仍一心扑在工作上。1947 年 8 月末，他的病情进一步恶化，行动已相当困难，连马都不能骑了。这时中共辽吉省委命令他去白城子治疗。得知施介将要离开通辽的消息，地、县机关干部，部队指战员、学生、医护人员、当地群众纷纷赶来，人们里三层外三层地围着担架，望着脸色苍白、眼窝深陷、颧骨突出的施介，不禁难过地流下了眼泪。地委书记赵石将自己穿在身上的大衣送给他，施介挣扎着推辞，赵石含泪硬是盖在了他的身上。

9 月初，施介被送到了白城子。诊断结果出来了，他不仅患有严重的肺结核，还并发结核性脑膜炎。这在当时医疗设备和条件不完善的情况下，是很危险的。省委领导同志非常关心他的健康，指示医护人员一定要想方设法全力抢救。然而，由于染疾太久，且病情不断恶化，虽经中苏名医联合诊治，病情始终不见好转。9 月 18 日，他的病情急转直下，生命垂危，慢慢地陷入昏迷状态。同志们连续呼叫他，许久，他从昏迷中苏醒，吃力地睁开沉重的眼睑，对守护在身旁的省委领导断断续续地说出了最后一句话："可惜我不能回去为党工作了！"他怀着对事业、战友、亲人的无限眷念，闭上了眼睛。人们为失去这样的好干部悲痛欲绝，西辽河水伤心地流淌着，科尔沁草原呜咽不止。

施介逝世后，遗体安葬在白城的烈士墓园内。中共辽吉省委为其勒石刻碑，省委书记陶铸和省委组织部部长曾固题写了碑文："我们最好的同志为工作而停止了最后的呼吸。施介同志长眠之所。"对施介生命不息战斗不止的革命一生和忘我工作无私奉献的崇高精神，给予高度的评价和概括。施介的光辉业绩和革命精神将永远激励千千万万白城儿女，继承烈士的遗志，为建设白城、发展白城努力奋斗！

(杨学程)

阎群昌

报国救民驱日寇

阎群昌，又名阎正芳，1921 年出生于河北省安平县南寨村一个贫苦农民家庭。1928 年，他进入本村小学读书，他努力求学，刻苦用功，上进心极强。由于军阀混战，兵匪猖獗，乡野凋敝，民不聊生，一家人的生活日益艰难，阎群昌不得不辍学回家做工，以贴补家用，替父母分忧。他先到北平一家绸缎店当学徒，期满后又到饶阳县东章织布厂做工。

这期间，中国大地风雨飘摇，黑云压城。1931 年爆发了"九一八"事变，日本帝国主义丧心病狂地将魔爪伸向我国东北，很快就占领了吉林、辽宁两省，我国东北近 200 万平方公里的肥沃土地落入魔掌，3000 万同胞遭受日寇的蹂躏，从此，东北沦为日本帝国主义奴役下的殖民地。日本帝国主义不断加剧对中国的侵略战争，而这时国民党政府采取"攘外必先安内"的反动方针，集中力量向我解放区进攻，围剿共产党，置侵略者在国土上大肆烧杀抢掠于不顾，采取"不抵抗政策"。1935 年 5 月，一纸"何梅协定"使日本侵略者攫取我华北主权；10 月，又提出"对华三原则"；11 月，更进一步策动汉奸搞"华北五省自治运动"，不断蚕食我国领土，实施其建立"大东亚共荣圈"的野心。中华民族到了生死存亡的严峻关头。这时，中国共产党及时发出了"驱逐日本帝国主义出中国"的号召，并于 1936 年 12 月 9 日组织北平各大专院校学生举行了声势浩大的抗日救国示威游行，得到了全国人民的支持，各界迅速掀起了抗日救国的高潮。

这时，阎群昌在厂内结识了一位进步工人，他经常跟阎群昌谈论抗日救国的事情，满腔悲愤地揭露日本帝国主义的侵略暴行和法西斯本质，启发他的民族意识，激励他认清自己的使命。这位工人的话像春雷一般滚过阎群昌的心头，激起了他抗日救国的强烈愿望。他摩拳擦掌，义愤填膺，决心和东北人民共同战斗，把侵略者赶出去。在地下党组织的领导下，他积极参加一些抗日救亡活动，不断接受各种考验，逐渐踏上了革命征程。

1937 年卢沟桥的枪声，点燃了全国军民团结抗日的烽火，亿万同胞同仇敌忾，举国上下热血沸腾，抗日的呼声响遍大江南北、长城内外。阎群昌受党组织派遣，回到家乡开展抗日斗争。他一回到村里，就和弟弟一起，带领全村青年积极投入抗日活动，宣传抗日救国的道理。他组织了抗日武装南寨村青年抗日先锋队，自己担任队长，他的家也成了抗日堡垒户。日本鬼子疯狂地打击抗日活动，为了避免不必要的损失，阎群昌在自家住房下面挖了地道，县区干部常来这里开秘密会议，或者躲避敌人的搜捕。

阎群昌在抗日斗争中，表现出了英勇顽强的斗争精神和坚定不移的革命意志。残酷的对敌斗争使阎群昌迅速成熟起来。1939年，阎群昌加入中国共产党。1941年，他被选为南寨村村长。这年他刚满20岁。阎群昌在对敌斗争中，机智灵活，有效地打击了敌人。1942年初，日寇在冀中发动了"五一"大扫荡，实行惨绝人寰的"三光政策"。阎群昌带领民兵白天参加生产劳动，夜里出来反奸除霸，挖公路，割电线，骚扰、打击敌人。他还派人打入敌人内部，收集情报，了解敌人活动情况，以便有力地打击敌人。

1944年正月十七日，按照上级部署，阎群昌同村干部制订了巧取南寨村日军炮楼计划。他们先派联络员李大轩、张顺和混入炮楼的内线张根顺一起，趁敌人在碉堡外吃饭，枪支放在炮楼里之机，控制住敌人，放下吊桥，阎群昌率领游击队和部分群众冲进去，包围了敌人，占领了炮楼，38个日伪兵乖乖地做了俘虏，没费一枪一弹，他们就从日本人手里夺回了南寨村。同年6月19日夜，他听说区武工队要打辛营桥日军炮楼，主动赶去参加战斗。在战斗中，他被飞起的弹片打伤，40多天后才康复。

阎群昌时刻保持着高度的革命警惕性，使党组织避免了许多不必要的损失。1943年秋的一天，特务张结巴带两个人，伪装成我冀中第九军分区干部到南寨村找阎群昌，诡称要召集全区党员，安排党日活动，并向他要党员名单，妄图把当地党员一网打尽。阎群昌和区公安员高建兴虽然验证了来人的介绍信和证件，但因事关重大，还是保持了高度的警惕性，他们先把来人安排到一个僻静处住下。当晚，通过在炮楼的内线张根顺了解到3人是敌人派出的特务。阎群昌连夜召开干部会议，制订擒敌计划。第二天，他派人买来好酒好菜，款待3个特务。席间，他笑着说："对上级派来的人，我们要好好招待。"席间，他和几个干部轮番敬酒，敌人自以为得计，无所顾忌地大吃大喝起来，最后，喝得酩酊大醉。阎群昌与同志们乘机活捉了这3个特务，审讯后，在村外处决了他们。

阎群昌在任何情况下，都临危不惧，沉着冷静，处理问题干脆果断。1942年日寇"五一"大扫荡期间，一天，区里的几位领导干部到南寨村召开会议，传达上级文件，会议开到中间，有人报告说"敌人来了"，想到这些十分重要的文件如果落到敌人手里，后果非常严重，可一时又想不出什么好主意。说时迟，那时快，只见阎群昌麻利地将文件一卷，往袖里一塞，转身朝村外迎着敌人走去。敌人叫住他进行搜身，他把双手高高举起，装成顺从的样子，让日本兵来搜。他个子大，日本兵个子小，搜遍全身也未见可疑之物，就放行了。敌人走后，阎群昌又急忙赶回村子，看看同志们有没有发生什么问题。同志们对他临危不惧、化险为夷的行为赞赏不已。

1944年，由于阎群昌在对敌斗争中表现出坚定的革命意志和良好的个人素质，他被调到区里任财粮助理。这个工作似乎有些繁杂、琐碎，一天到晚忙个不停，但阎群昌无论做什么，都非常勤奋、认真，得到了领导和同志们的一致好评。

奔赴东北建政权

1945年8月15日，日本帝国主义宣布无条件投降。在举国欢庆之际，蒋介石却撕毁和平协议，迫不及待地向东北调兵遣将，急欲霸占东北，独吞胜利果实。我党对此针锋相对，发出了迅速建立广大的东北根据地的指示，派出11万大军和2万名有斗争经验的干部奔赴东北，开辟工作，解救东北人民于水火之中。9月，上级党组织从安平县抽调60名干部奔赴东北，阎群昌就在其中。几年前阎群昌把弟弟送往延安，家里自然不愿他再远行，特别是刚刚结婚一年多的妻子更舍不得让他离开家。阎群昌深情地对家人说："我是共产党员，要听党的召唤。我知道，这一去就可能回不来了，为了全中国的解放，为了保住咱穷人的天下，我宁可死在战场上。"他不顾家人的劝阻，不顾乡亲的挽留，毅然背起行装，踏上新的征程。

阎群昌随军进入东北后，开始在洮南县城关区工作，任城关区区长。洮南是一座古城，又是交通要冲，各种封建会道门、土匪、军阀势力齐集于此。日本投降后，这些人改头换面，纷纷拥兵自立，啸聚抢掠，肆虐地方，搞得洮南城内乌烟瘴气，民无宁日。阎群昌不畏艰险，日夜奔忙，贯彻上级指示精神，深入群众，宣传我党的政策。清算斗争开始以后，他带领干部和积极分子上门和地主算账，给群众分配斗争果实，开展减租减息增产增资运动，着手分配敌伪土地，打掉了地主、富农的威风，使贫苦农民扬眉吐气，对我党的主张有了较明确的认识，觉悟有了提高，积极投入斗争中去。

1946年7月，为了开辟农村工作，阎群昌被组织调到洮北县永安区任区长。适值永安区政权刚刚建立，农民群众尚未发动起来，土匪地主武装出没无常，开展工作非常困难，阎群昌上任后，首先深入各村屯访贫问苦，扎根串联。他通过唠家常、干农活与农民接近，向群众揭露为什么穷人一年忙到头却两手空空，而地主老财衣来伸手，饭来张口，过着花天酒地的生活，还骑在农民头上作威作福的根本原因，指出只有推翻这种人吃人的社会制度，穷苦人才会有好日子过。阎群昌的话句句讲在群众的心坎上，他们激动地听着、议论着，非常拥护我党的主张。阎群昌发现和重点培养了一批积极分子，使他们成为斗争的骨干。阎群昌还经常召开积极分子会议，讲解宣传党的方针政策，通过他们影响和动员贫苦农民群众起来参加土改斗争，反奸除霸，清算地主，分田分地，很快打开了工作局面。

1946 年初冬的一个黄昏，阎群昌率领一支小分队骑马直奔永安区德福屯。这个屯的大地主鲍德一听信后，慌了手脚，马上命令炮手荷枪实弹堵击村口。可还没等动手，小分队已经进了村。炮手两手拎着二八匣子大声斥责："站住，不许动！你们是什么人？为什么夜间进村？如不着实说出，别怪我的手黑！"这时，从马上跳下一个人，只见他身高足有一米八九，敞穿着一件山羊皮大衣，打着绑腿，浓眉毛，大胡子，白净的脸膛，高高的鼻梁，两只炯炯有神的大眼。他目不转睛地盯着这伙歹徒，一句话也没说，顺手从腰间的挎包里掏出一张纸来，递了过去。站在炮手身后的地主鲍老八把信接了过去，他低声读着："区长阎群昌，去你村工作。"当他念到这里，马上满脸赔笑地走上前去躬身施礼说："阎区长大驾光临，庶民有失远迎，望展腹行舟。"说完转过身对炮手疾声呵斥说："你小子真是有眼无珠，快给阎区长拉马，请到大院叙谈。"阎群昌冷冷一笑说："多谢你的好意，咱们是井水不犯河水，来日方长，后会有期。"说完他翻身上马，带领大家，朝着农会方向奔去。

阎群昌带领工作队来到德福屯后，访贫问苦，选全村最穷的皮匠刘喜山家做房东。刘喜山家只有又破又矮的两间西厢房，里屋他和老伴及几个孩子住，阎群昌就在外屋地上用门板搭个铺，和通讯员小高挤在一起。刘喜山和他的老伴几次劝他们住在里屋炕上，一家人去找宿住，他说啥也不让，并半开玩笑地说："我给你们当通信员，绝对安全！"每天早晨鸡还没叫，阎区长就起来了，他把院子扫得光光的，水缸里的水挑得满满的。

一天晚上，他来到刘瑞生家，只见全家人围在火盆旁取暖。刘瑞生口说让坐却坐在炕上不动弹，这时他发现老刘穿的是开裆裤，他老伴忙解释说："老刘想去看你们，没有裤子穿，这不他弄了几张耗子皮，用手搓了搓，给他补上，好能见人呀！"她的话没说完，刘瑞生已哭出声来。阎群昌安慰说："老刘不要难过，天下穷人都一样，正是为了吃得饱、穿得好，咱们才起来闹革命。"说完，他打发通讯员把他的一件旧军服给老刘送来。

经过几个月的扎根串联、访贫问苦，阎群昌对德福屯的阶级状况已了如指掌，于是，他开始深入发动群众，建立党的组织和红色政权——农民协会，立即掀起了斗土豪分田地的斗争。经过一个多月的砍挖斗争，以鲍德一为首的德福屯的地主富农全部被清算了。阎群昌和农会一起，按照人口多少和生活状况把果实全部分给贫苦农民。这时，知情的农民向阎群昌反映，地主分子鲍德一死不交代藏匿的金银财宝和枪支。阎群昌和农会干部研究，决定转强攻为智取。当天夜里在北山坡挖了一个黄土坑，第二天早晨，全村数百名群众都集合在一起，召开批斗鲍德一罪行大会，有十多位贫苦农民，用血泪斑斑的事实，对地主进行控诉，迫使地主鲍德一不仅说出了大量金银财宝粮食、布匹的埋藏地点，而且亲自领着赤卫队员在他家锅台底下挖出了手榴弹。

一个闷热的大伏天，阎群昌正召开干部分议，研究如何深入进行土改斗争问题。这时，放哨的赤卫队员孙福珍前来报告说，刚才来了两个陌生人，打听村里有没有八路军，还问：有个关里人，外号叫阎大个的在不在你们村里？阎群昌沉思片刻，坚定地说："大家赶快行动，跟我来。"说完他别上手枪，拎着两颗手榴弹，迈开大步，直奔北沟。这两个密探发现后边有人在追赶，连忙钻进了高粱地里，阎群昌立即带领农会干部跟踪追来。此刻，赤卫队长王廷生疾步从后面跑来，边跑边喊："阎区长，不好了！狼洞山上有一队人马，正朝东山坡跑去，可能是土匪来了，咱们赶快回去保卫村庄百姓吧。"于是，阎区长和大家赶紧返回了农会，他们立即上了炮楼，进行战斗部署。50多名干部和赤卫队员马上进入战斗岗位，严密监视着正在向德福屯迂回前进的土匪。阎群昌此刻站在炮楼的正面，用望远镜监视着土匪的行动。这伙武装土匪正向炮楼逼近，2000米、1000米、500米，眼看土匪就要进村了。这时，阎群昌对准土匪的马头，"啪、啪"两枪，只见一人从马背上栽了下来。枪声就是命令，十几只洋枪土炮同时向土匪开火，还有几十个二踢脚同时点燃，响成一片，土匪一看势头不好，掉转马头就往回跑。阎群昌又朝土匪逃跑的方向甩了两颗手榴弹，炸得山崩地裂，吓得这群土匪连头也没敢回，赶紧向德龙岗的草原深处逃去。打扫战场时发现，击毙了一个土匪和两匹战马，这伙歹徒是大地主鲍德一的八弟鲍学雅勾结来的，妄图消灭八路军，进行反攻倒算，他们的阴谋没有得逞。

宁死不移革命志

1947年9月28日下午，阎群昌在那金乡组织召开区干部会议。就在这天上午，辽北省驻洮北县土改工作队联络员兰干亭同志在德福屯得知，有一伙地主武装要偷袭那金乡王富屯。于是，他给阎群昌写了一封信，派赤卫队员赵成山和两个人送往王富屯，告知他们提高警惕，粉碎敌人的阴谋活动。这两个送信的队员行至巴海山村时，在中午打尖的饭桌上，泄露了送信的秘密，被地主的狗腿子用酒灌醉，迟误了时间，信没有按时送到，造成一场塌天大祸。

正当区干部会议开得热火朝天的时候，屋外突然响起了枪声，地主陈显和（绰号"陈三毛愣""陈大公鸭"）勾结土匪约 100 来人，将王富屯围得水泄不通。阎群昌见情况危急，迅速分析了形势，十分镇静地对大家说："现在唯一的办法是进行突围，在土匪中间杀出一条血路来。我们要拼全力冲出去。"他一面沉着地指挥大家还击，一面组织突围，从下午两点一直战斗到黄昏时分。土匪发动了一次又一次进攻，都被打退了，同志们大多借敌人退却之机冲杀出去了，最后，只剩下他和高占元两个人。这时，土匪们把大门砸坏闯进了大院。阎群昌和高占元转移到后院的一个仓房里，进行顽强的阻击。当打完最后一颗子弹时，几十名土匪把仓房团团围住，但他们不敢靠近，而是抱来一些干草堆在仓房四周。匪首陈显和扯着公鸭嗓喊道："阎群昌，我让你闹翻身，今天，我要用火把你活活烧死。"匪徒们抓住两名群众，用枪逼着他们点火烧仓。阎群昌见此情景，挺身跨出仓房，面对穷凶极恶的敌人，他叉着腰站在那里，大义凛然地说："只要你们放下武器，改邪归正，政府一定会宽大你们的。"匪徒们围上来，把阎群昌绑住。陈显和凶狠地说："你们就知道共产分大户，我先把你给分了。"阎群昌挣扎着说："我是打日本、除汉奸的，绝不损害好人的一针一线。"他还要继续讲下去，但匪徒们用黑布蒙住了他的眼睛，绑在车上往西南方向跑去。

突围的干部立即将情况告知县大队，洮北县委书记兼县大队长武蕴藻立即率领县大队出发前往追剿土匪，营救阎群昌。匪徒们眼见形势急迫，便急忙将阎群昌的双手用大铁钉分别打在车耳板上，把身体放在车后面拖。鲜血染红了车耳板，浸透了大车跑过的土地。阎群昌意识到敌人要下毒手了，便对陈显和说："要我死我不怕，你必须答应我一个条件，你们把小高放了，他新参加工作不久，刚刚订婚。要杀要砍由我一个人承担。"陈显和冷笑着不予理睬。这时，群众从四面八方赶来，挥泪为他送别。他面带微笑，视死如归，大声说："乡亲们不要难过，人死精神在，天下是人民的，胜利就在眼前。"就这样，党的好干部、人民的好儿子阎群昌同志被敌人活活用马车拖死了。随后，年轻的警卫员高文元也惨遭土匪杀害。县大队赶到时，匪徒们已经逃窜，只见到被焚烧的仓房和地上洒下的烈士的鲜血。看到这种情景，战士们个个义愤填膺，飞身跃马，沿着匪徒们逃走的方向追击。他们越过野马河，跨过九顶山，终于追上了这股

土匪，把匪徒们打得死的死、散的散，摧毁了这伙报号"陈大公鸭"的匪绺，活捉了陈显和的侄儿，夺回了阎群昌的遗体。他们回到王富屯，为烈士举行了追悼会，处决了陈显和的侄儿，告慰烈士的英灵，安定了民心。

洮北县人民政府为了纪念阎群昌烈士，决定将王富屯改称为"群昌屯"，将烈士的遗体安葬在当时洮北县人民政府的烈士墓地——瓦房的龙华山下。并树碑记载："阎群昌烈士，原籍河北省宁和县阎庄，牺牲时年仅28岁。为了建立红色东北革命根据地，他结婚28天，就随大军北上，担任洮北县14区人民政府区长。"

1973年，洮安县人民政府在这里建起了一座水库，县政府决定将这座水库命名为"群昌水库"，千秋万代，永志怀念。

（吴长安）

王昭然

　　王昭然 1916 年出生于河南省洛阳市。少年时代的王昭然，目睹国土沦丧、民不聊生的悲惨景象，十分愤慨。他看到日本兵在我国领土上横冲直撞，肆意欺凌百姓，看到自己的同胞被奴役，被折磨、残杀，心如刀割，决心拿起枪杆子到战场上拼杀，亲手消灭侵略者。

　　1939 年，王昭然参加八路军，在张爱萍同志率领的八路军苏鲁豫支队当战士，同年加入中国共产党。他在革命队伍里刻苦磨炼自己，努力学习政治、军事知识，在战场上奋勇杀敌。部队进入苏北解放区后，改编为新四军三师八旅二十二团，他被任命为团供给处粮秣员。

　　1945 年 8 月，经过 14 年艰苦抗战，日本帝国主义宣布投降，中国人民终于摆脱了殖民统治，可以挺起腰杆子建设自己的家园了。然而，国民党反动派悍然撕毁和平协议，挑起战火，企图独吞胜利果实。我党针锋相对，派出大批有斗争经验的干部挺进东北，开辟东北革命根据地，建设人民民主政权，王昭然积极响应党中央号召，随军来到东北。

　　1945 年 10 月，王昭然随军进驻乾安县，主要任务是保卫乾安，改编乾安县保安大队，发动群众，建立民主政权，开展民运工作。

　　日伪政权垮台以后，以伪乾安县县长崔作智为首的敌伪残余势力，纠合当地一些地主分子，组成了"乾安县地方维持会"，崔作智摇身一变又成了国民党政府的县官，伪县公署的官员都成为维持会的新官吏。他们受国民党的委派维持地方统治，等待国民党来接收。"乾安县地方维持会"成立后，立即组织了他们的反动地主武装——县大队。为了镇压人民，他们又将伪警察署改为公安局。这时的维持会既有武装，又掌握公安司法专政机关，乾安的党政军大权全部操纵在反动势力手中。不久，伪维持会把牌子一翻，又成了国民党党部。这伙乌合之众反动气焰嚣张至极，为了保护他们的既得利益，维护他们在政治、经济等方面的统治，他们巧立名目，聚敛钱财，扩充反动武装，与长春的国民党反动派遥相呼应。由于治安混乱，土匪杀人越货，广大人民生活在水深火热之中。

　　我军进驻乾安以后，立即收编了保安大队，解散了伪政权，逮捕惩办了头面反动人物，并于 1946 年 2 月建立了乾安县民主政权，发动群众恢复生产，重建家园。

不久，为了开辟广大的农村根据地，刚成立的乾安县委派出一批优秀干部分期分批深入农村，开展工作。这时，王昭然被派到安字区任区长，负责组建区政府，开辟安字区工作。

王昭然身材高大健壮，待人朴实和气。在开辟安字新区、建立革命政权的过程中，他深入村屯，积极宣传党的政策，组织群众同地主算剥削账，然后，把斗争果实分配给贫苦农民，发动群众，清算分田，通过减租增资、镇压罪大恶极的地主分子，震慑了敌人，把群众发动起来了，群众的心和他贴得紧紧的。根据安字区自然屯的具体情况，他确定以自然屯为单位，成立"农民建国会"（简称"农会"），同时建立了乡农会。为了保卫红色政权，他还领导建立了武装自卫队、联防队等武装组织，追剿土匪，消灭敌人。由于他爱憎分明，作战勇敢，这一带的土匪望风而逃，从而维护了当地的社会治安。

由于当时基层干部比较缺乏，加之农村工作经验不足，对群众发动得不够充分，对选用的干部审查不严，一些成分不纯的人混入了革命队伍。这些人的立场、观点并没有因加入革命而改变。形势一旦发生变化，他们就暴露出本来面目，大造反革命舆论，暗地串联，背叛革命，蓄意投奔国民党。清算斗争以后，一些不甘心失败的地主、富农，暗地里与这些人勾结，企图谋反。四父屯农会以张有权为头子，何有义、刘占春、赵井州等人为骨干，于1946年8月，首先叛变革命。经过张有权的煽动，地主黄俊、牟洪臣和杨启也加入密谋叛变的行列。他们3人把当时造字井农会和对字井农会人员情况、枪支情况等告诉了张有权。杨启还带领张有权等叛匪在安字井各家起粮，搞得人心惶惶。起粮之后，黄俊、牟洪臣、杨启又随同张有权等叛匪到造字井找到张本昌、刘长林（造字井农会武装队长）谋划叛变。因杨启与刘长林、张本昌早有串联，思想上已有准备，这次一见面便心领神会。刘长林说："不用多说了，我们都明白了，你们就说怎么办吧！"张有权说："区上对我太厉害了，这次我回来一定要缴区政府的械，我亲自带队伍去。"刘长林说："你领去不行，人家都知道你谋反了，还不得抓你，我先去探探情况，你后去。"张有权说："那也行，我随后领人就到，你放心，大点胆子干。"这是他们密谋叛变的第一次会议。不久，他们又召开了第二次密谋叛变会议，研究了对安字井区领导和区大队缴械的具体问题。密谋之后，张有权安排刘长林带领张本昌等人前去安字区缴区大队械，张有权带一伙人在外接应。密谋已定，他们准备伺机行动。

1946年9月3日，张有权、刘长林等人在张有权姐夫家密谋之后，认为当天即可行动，于是按事先计划由刘长林带领一部分人去缴区大队械。

他们来到区大队附近，探得区大队人员都在，怕人多难以下手，刘长林就带领叛匪来到区政府，王昭然区长对他们的行动并没有察觉，他问刘长林干啥来了，刘长林编造说："不是叫我们来区里开会吗？"王昭然说："没有这回事。"就这样，刘长林等人在区政府磨蹭不走。这时，在屯外接应他们的张有权等人看到寸字井农会武装队长温德发向区政府走来，他们怕露出马脚，就把他枪杀了。听到外边的枪声，刘长林想机会来了。没等王昭然问话，刘长林抢先说："南边有胡子，王区长，我们去剿匪，敢不敢去？"王昭然信以为真，当即带领他们去剿匪，当走出三里多路时，刘长林发现张有权带领众匪在前边等候，他认为时机已到，把王昭然骗下马，乘机夺下王昭然的手枪，王昭然竭力反抗，但被刘长林抱住，命令近前的张本昌开枪，一声枪响，王昭然倒地，当场牺牲。

刘长林等众匪把王昭然枪杀之后，与张有权等人汇合一起投奔国民党部队。1947 年，杀害王昭然的凶手张本昌、刘长林被人民政府逮捕，分别判处死缓和无期徒刑，得到了应有的惩处。王昭然牺牲后，乾安县人民政府将他安葬在烈士陵园。他的精神永远鼓励着乾安人民，人民将永远怀念他。

（孙洪臣，吕闯）

张 毅

冲破伦理，投身革命

张毅原名吴望英，1920年出生于上海的一个富商家庭。

张毅6岁开始上小学，在中国女子中学附属广明小学读书。她自幼聪明伶俐，热爱学习，刻苦用功，以优异的成绩念完了高小。正当她踌躇满志准备继续升入中学读书的时候，却遭到了家庭的反对。张毅的父亲满脑子封建伦理观念，对女儿提出继续读书的要求横加干涉，经常向女儿灌输"女子无才便是德"的思想。他对女儿说："你已经读完高小，认识几个字也就不错了。"由于父亲的阻止，张毅被迫停学了。经过小学几年的学习，张毅的思想开放了不少，小小年纪就立志不走父亲为她安排的路，不愿把自己关在屋里，做封建伦理道德的牺牲品。她要读书，要到社会上去，要学习掌握知识，要接受新事物。她深深感到不读书就不能自立，不读书就没有出路。因为不能实现自己上学读书的愿望，她对家庭，特别是对她的经商的父亲极为不满。

1937年"八一三"事变发生，日本帝国主义侵占了上海。张毅亲眼看见日本侵略军在中国土地上烧杀抢掠，无恶不作。她非常痛恨日本强盗。在爱国进步思想的影响下，她终于冲破封建家庭的束缚，走出家门，投入全国人民的抗日洪流中，她还先后动员自己的伯父和堂兄为前方抗日将士捐助棉衣，做一些有利于抗日的事。

这期间，张毅读了巴金的小说《家》等一些进步文艺作品，从中受到了启发和教育。为了继续上学，她和父亲据理力争，软磨硬泡。父亲没有办法，只好同意她继续读书。于是，她进入华东女中。

由于张毅思想进步，发奋读书，热情大方，乐于助人，所以她在同学中有很高的威信。上中学后，张毅经常和进步同学接触，互相推荐进步的书报杂志。如《译报周刊》《神州日报》等，经常在一起讨论国家大事和社会上一些不合理的现象。诸如"日本为什么侵略中国""红头阿三为什么打黄包车夫"等，回到家里，她再也不让保姆称她为"小姐"了。她不断探求救国救民的道理，终于接受了共产主义思想，选择了革命道路。

1939年张毅参加了我党的外围组织——上海学生协会，并担任小组长，负责抗日救亡工作。1940年1月，她加入中国共产党。由于在华东女中她的身份已暴露，1941年，党组织决定将她转入中华女中，后又转到大同附中，并担任党支部书记，做学生工作。当时，大同附中有一些学生参加了一个叫"一心歌咏班"的灰色团体，实际上这是"托派"的外围组织。为了团结更多的学生抗日，党组织决定派她设法打进去。她通过一段时间的调查了解，掌握了一些具体情况，并做了大量的工作，争取了大多数的学生，激发了他们的抗日爱国热情。这些同志后来都去了革命根据地。

1942 年，时局逐渐恶化。日本帝国主义和蒋介石相互勾结，疯狂镇压人民群众的抗日活动，迫害共产党人和革命者。为了保存力量，党组织决定让张毅撤退到苏北根据地去。1942 年 9 月，她又被派到江淮银行等处做群众工作，后又到盐阜区委做组织干事。

不惧艰险，抢挑重担

抗战胜利后，中共中央派 11 万大军挺进东北，开辟东北根据地。在一个茫茫的黑夜，有一支土改工作队迅速地越过敌人的封锁线，来到了郭尔罗斯草原。这支队伍中有一位中等身材、留着短发的女同志，她就是张毅。

来到郭前以后，组织上考虑张毅是个女同志，出生在大城市，她的爱人南阶池又是旗委副书记，便决定让她留在县里工作。张毅多次向组织提出要到基层去。她说："正因为我生在大城市，才需要到基层去锻炼；正因为我是旗委副书记的爱人，才应该带头到最艰苦、最危险的地方去。"根据她的请求，组织上把她派到情况复杂、斗争激烈的深井子区担任区委副书记。

当时反革命势力很猖獗，深井子区七棵树屯的乡长林来春被土匪武装杀害了。土匪们还煽动群众反对共产党，不许他们和共产党的工作队接触。当时张毅想：既然敌人要"顶风上"，我们也不能示弱，也要给敌人来个"下马威"。她带领张保富等几名队员，冒着危险来到七棵树屯，他们紧紧依靠贫下中农，和苦大仇深的农民交朋友，给农民讲革命道理，使他们懂得只有跟着共产党，才能推翻封建地主阶级的统治，翻身做主人。经过一段时间深入细致的工作，他们团结了四五十名基本群众，使工作队在群众中站稳了脚跟。反动土匪不甘心让一个女共产党员占上风，几次设法抓张毅，由于乡亲们的保护和张毅的沉着机智，每次都摆脱了敌人的追捕。土匪们经常在晚间出来活动，张毅就带领工作队白天紧张地工作，晚上与敌人周旋，有时一夜要走几十里的路。

为了培养骨干，张毅和区委书记阎政儒同志商量，办了一个有 40 多人参加的训练班。在训练班上，张毅亲自讲课，宣传讲解党的政策、主张，以及穷苦人翻身解放等革命道理。她讲得生动、实在，深入浅出，每句话都说到了大家的心坎上，大家越听越爱听。训练班结束后，经过训练的群

众成了各屯的骨干力量。其中有不少人加入了中国共产党。不久，各屯都建立了党小组，还成立了"农民翻身会""妇女会""儿童团"等群众组织，镇压了罪大恶极的地主恶霸，为民除了害、申了冤。

1947年春节后，我党为了适应解放战争的需要，动员青年应征入伍。张毅反复向群众宣传打败蒋家王朝、保卫胜利果实、解放全中国的伟大意义，分析全国胜利在望的大好形势，描述共产主义社会的美好远景。听了她入情入理的演讲，青年们踊跃报名，深井子区一下子有100多人参了军。群众说："张书记不会给我们亏吃，听她的话准没错。"

同年3月，我中国人民解放军开始围剿盘踞在伏龙泉一带的国民党军队，战斗十分激烈。上级决定在群众基础较好的七棵树屯设立临时兵站，张毅立即进行了动员。很快，群众有粮的献粮，有草的出草，有房子的腾房子。不到半天时间，临时兵站就建立起来了。一批批伤员从前线抬到这里，群众精心照料，保证了前线战斗的顺利进行。

张毅同志在领导深井子区的土地改革斗争中，认真执行党的方针政策。深井子区有一个姓善的富农替外屯一个大地主窝藏财物，群众知道后很气愤，要把这个富农打死，当时区委有个领导也主张按群众的要求办，张毅找到那位区委领导同志，耐心地开导他要按党的政策办。经过张毅的反复讲解，那位同志被说服了，他积极向群众宣传党的土改政策，并使那个富农把窝藏地主的全部财产交了出来。

张毅同志对党的事业忠心耿耿，心里装着党和人民的利益，很少想到自己。她调任八郎区委书记以后，不顾妊娠反应的折磨，还是和过去一样，同大家一起上上下下，摸爬滚打，有时来了紧急任务，不管白天还是黑夜，她二话不说，拔腿就走。她患有夜盲症，夜间走路很困难，土匪又出没无常，这些她全然不顾。有一次她在北上屯为了赶回区里开一个紧急会议，不顾同志们的劝阻，脱掉鞋子，挽起裤脚，冒着大雨，趟着泥水，深一脚浅一脚地走了十来里路，到了区里天已经黑了。她的那种不顾个人安危，始终不屈不挠、刚毅顽强的革命精神，影响和带动着全区每一个同志。

张毅非常关心同志，爱护同志，她从不摆官架子，不以领导自居，和同志们平等相处：区队队员孟宪德的妻子来了，张毅亲自安置房子；小邹得了伤寒病，张毅经常来到他的床前，问寒问暖，为他煎汤熬药，做可口饭菜；在区里食堂吃饭时，张毅总是忙着给大家添饭添菜；张毅到县里开会时，爱人见她怀孕就买了些好吃的让她补养身体，她就拿回来分给同志们。为了提高区里同志们的文化水平，张毅亲自制订学习计划，无论再忙再累，她都耐心地教大家学文化。不少同志在她的帮助下脱盲，能读简单的文章，能给亲人写信了。

张毅爱护同志，对同志们的缺点却从不迁就。区委有个干部叫张中学，贪污了没收地主的钱财。张毅同志及时地批评帮助他，使他认识了错误，并把贪污的一亿元钱（旧币，一万元等于一元）交公。通讯员从农会会长那里要来一块绸子布包手枪，张毅知道后，命令通讯员把绸子布送回去。

张毅很善于团结同志。深井子区工作中有一半队员是蒙古族同志，在张毅的带领下，蒙、汉队员团结一致，同心协力地工作。

张毅同志密切联系群众。她无论走到哪个屯，总是挨家挨户地走访了解情况。谁家最穷，张毅就在谁家吃住。到了群众家，就像在自己家里一样，烧火、做饭、哄孩子，什么都干。有的群众称她"长官"，给她做饭时尽力做得好一点，但她坚决不允许。她说："我是为人民服务的，不要把我当外人，你们吃啥我就吃啥。"她在三家子屯帮助群众收麦子，手被扎出了血，别人劝她不要干了，她不肯，一直干到收工。

1947年春天，战争形势已经明朗化，夺取全国胜利已成定局。张毅同志便抓住有利时机，动员群众搞好春耕生产。当时，由于缺少畜力，群众只好自己拉车送粪，拉犁耕地。张毅看到这种情况，就把自己骑的马交给群众种地用。见她这样，其他区队干部也纷纷把马献出来。

张毅同志赢得了群众的信任，群众把张毅当作知心人，有话愿意对她讲，有问题愿意找她帮助解决。

张毅对同志、对群众满腔热情，对自己却很严格。她廉洁奉公，艰苦朴素，从不花公家一分钱，不占用公家物品，从不损害群众利益。虽然没收地主的财物中有许多好被子，但她用的被子还是补了又补。通讯员多次劝她换一床新的，她却坚决不肯。有时路过瓜地，老乡们让她尝个瓜，她推让不过，总是先交钱，后吃瓜，如果老乡不肯收钱，她就不吃。

英年早逝，业绩永存

1947年11月，怀孕的她临近预产期只有一个多月了，但她的工作任务很重，身体很不好，组织上决定让她休息，她却没有休息。由于过度劳累，她终于病倒了。正当同志们盼望她的病尽快痊愈时，她却不幸因药物中毒而逝世。

张毅同志虽然没有牺牲在硝烟弥漫的战场上，没有牺牲在刽子手的刑场上，但是，她27岁的短暂的一生却闪耀着无私无畏的共产主义光芒，人民将永远怀念这位不朽的烈士。

梁士英

大型文献纪录片《先驱者之歌》中有一组扣人心弦、令人难忘的镜头：一位战士双手紧握着已拉开的导火索，把爆破筒插入敌人的火力点，但又被敌人从火力点推出来。冒着白烟的爆破筒，在即将爆炸的瞬间，又被这位战士插入敌堡，并用双手顶住……敌人的地堡摧毁了，我军前进的障碍扫平了，锦州解放了，辽沈战役胜利了。这部纪录片再现了舍身炸地堡的英雄、特等功臣梁士英烈士的光辉形象。

梁士英同志把宝贵的青春献给了中国人民的解放事业，他那英勇无畏的行动和自我牺牲的崇高精神，赢得了千百万人的敬仰。他的英雄业绩，像一座巍峨的丰碑，永远矗立在中国人民的心中。

逆境中磨炼

1922 年 11 月 13 日，吉林省扶余县三岔河镇郊的梁家窝堡屯（今扶余市新城局乡大梁家村）汉族农民梁乃栋的家中增添了一个来到世上受苦受难的小生命，这个瘦弱的、呱呱啼哭的男孩，就是梁士英。当时的中国军阀割据，外敌入侵，土匪横行，战乱不止。中国人民，特别是东北地区的农民生活非常艰辛。梁乃栋是个老实的农民，他是乡村塾师梁继业的过继儿子。在长子梁士英出生时，他上有父母，下有妻儿，正承担着全家生活的重担。梁士英有两个姐姐，后又添了一弟一妹，一家九口人拥挤在一间半破旧的土房里。除此之外，还有一垧多贫瘠的土地，每年打下的粮食，去掉租赋，所剩无几，常常出现亏空。为增加点收入，养家糊口，梁乃栋每年都得拿出大半年的时间去做工。梁士英的祖父虽已年迈，还得支撑着身子，靠着自己年轻时读过几年书的功底，当一个乡村塾师，贴补点收入。然而，在那个动乱的年代，一个塾师又能收到多少束脩呢？当然，这也比那些没有这个"辅助劳力"的人家强一些。

梁继业老先生膝下无儿，过子乃栋为他添了个孙子，虽给贫困的生活增加了难度，但在精神上也添了几分愉快。他疼爱孙子，特意给起了一个文气的乳名——梦臣。可是梦臣的启蒙教师不是爷爷，而是奶奶徐氏，他的"课本"便是奶奶记忆中那些说也说不完的故事。他三四岁时，就从奶奶的故事中朦朦胧胧地懂得了正义和邪恶，善良和凶残。他非常崇敬那些侠肝义胆的英雄。他是奶奶故事的忠实听众，时常听得入迷。有一次他听奶奶讲"五儿哭坟"时，因同情那五个孩子的遭遇，难过得眼泪汪汪，不忍再听下去。但过了一会儿，强烈的好奇心，又驱使他依偎在奶奶身边，让奶奶接着往下讲。有很多故事，他百听不厌。大人们说，这个梦臣的耳朵都磨出茧子了！刚强的性格和从奶奶的故事中学来的知识和胆魄，使梦臣从小就痛恨邪恶，爱打抱不平。本屯一户地主家的孩子从小娇生惯养，依仗家里有钱有势，在小伙伴中横行霸道。有一次，这个地主家的孩子欺负一个穷人家的孩子，正好被梦臣看见，他气不过，便扑了上去，把那个"小恶霸"摁倒在地，小伙伴们都开心极了。可是，梁先生怕这个结结实实又好打抱不平的孙子再惹祸，便让他跟自己上了私塾。梦臣上学后，便有了学名：梁士英。私塾里的课程可不再是奶奶那些动听的故事，而是些难懂的什么"人之初""天地玄黄"之类。有爷爷当先生，他只好硬着头皮天天随大家咿咿呀呀地念下去。过了一段时间，他便习惯了而且很快地喜欢上了这里的学习生活。每天上学，听爷爷讲书，和同学们一起背书；放学，又在爷爷指导下练习毛笔字。他学习很用心，干什么都不甘落后，学习成绩很好。看着他虎头虎脑的样子，爷爷总是高兴地捋着胡子笑。有时父亲也在忙碌中放下活计，看他写字，听他背书。他多么指望儿子将来能有出息啊！但是好景不长，年迈多病的爷爷终于离开了心爱的孙子，离开了他惨淡经营几十年的家，离开了那个混沌的世界。没有了爷爷，士英也失学了。刚强的小士英难过极了，他想念书，更想爷爷。

时值"九一八"事变前夕，东北大地上军阀横行，民族危亡迫在眉睫，人民生活每况愈下。刚刚失去"辅助劳力"的梁家，生活也更苦了，所以不满十岁的小士英也得帮助父母挑起养家糊口的担子。他每天天不亮就起来拣粪、拾柴；母亲和姐姐帮人干些缝补、浆洗的零活，得点施舍，贴补家用。父亲的活计更累了，他披星戴月，拼命地干。可是，在那个年代，劳累挣得的是些什么呢？除了衣食无着的苦日子，就只有日渐羸弱的身体。俗话说"福无双至，祸不单行"，士英的父亲在一次给地主扛粮上仓时，由于瘦弱和饥饿，发抖的双腿再也坚持不住了，一个跟头从梯子上摔了下来，口吐鲜血，从此落下了个"伤力"的病，重活不能干了。他失去拼命的本钱之后，就被地主辞退了。

梁家为了活命，把士英的大姐嫁给了尤家，二姐也订了婚，全家就靠过点彩礼和卖房子、卖地，勉强度日。农民没了房子、土地，还有什么出路？二姐婆家在三岔河，生活还能维持，眼看着亲家生活一天紧似一天，便资助梁家在三岔河开了个小菜床子，士英全家这才有了一点生计。

小士英13岁那年（1934年）8月，重病缠身的父亲去世了，日子没

法过，母亲就悲痛地领着孩子回到梁家窝堡奶奶那里。士英去给王树桐家放猪、放牛，母亲去给人家当帮工、做针线。实在揭不开锅时，母亲就领着两个小的儿女到外村讨饭。为了减轻生活负担，士英的二姐16岁就和鼓乐匠张德祥结了婚。张家也不宽裕，但为了接济亲戚活下去，就把岳母和内弟妹第二次接到三岔河，还送士英到三岔河车站两级小学校去读书。这样又过了两三年，士英也长大了。看着二姐家生活也很困难，他就主动地退了学，到二姐夫的鼓乐棚里学打小钹。每逢谁家有"红白"事情，他就跟着大伙吹吹打打，多少挣两个钱，贴补家用。

梁士英17岁那年，离开鼓乐棚，到东六号屯去给租地户姜生家扛活。第二年，他租了间房子，把母亲、弟弟、妹妹接了过去，想多出点力，使全家过个安生日子，可是在那个年月，穷人怎能安生呢？有一天，士英在地里干活，抓了只麻雀，便拿回家给士丰弟弟玩，不料被东屯伪警察的儿子看见，踢了士丰两脚，把麻雀抢了过去。士英回屯取水时，看见小弟站在那儿哭，他问明原因，又心疼又生气，便跑到伪警察家，从那个小子手里抢回了小麻雀，交给弟弟。警察老婆气得骂了半天。当晚，那个伪警察找上门来，不由分说，抢起皮带就是一顿毒打。士英疼得在地上翻滚，但没有哀求，也没有叫喊，只是紧咬着嘴唇。他恨这不公平的世道，但在日本侵略者和伪警察、地主老财们横行的日子里，又有什么办法？他一气之下人走家搬，又回到三岔河二姐夫家，有活时，就跟着去打小钹，没事就去卖零工。为了生活，梁母又忍痛将士英的小妹梁淑珍许给老单家做了童养媳。不久，那个作恶多端的伪警察搬走了，士英又同母亲搬回了东六号屯，继续去给老姜家扛活。

父亲还在世时，就给士英订下了婚事。梁母眼见儿子一年年大了，便找亲家商量，准备为他们完婚。都是穷人家，再大的喜庆也只能从简。经过简单的筹备，士英在东六号屯结了婚。女家姓黄，是獾子岭人，媳妇长得秀气，性格也好。婚后一家人同甘共苦，勤俭度日，有了一点生气。第二年士英妻子生了个男孩，但不久孩子就死了。士英妻子在月子里也落下了病，后来又添了肺结核病，真是"严霜单打独根草"啊！为了给媳妇治病，士英母子东奔西求，把家里凡能卖钱的东西都变卖了，但年轻的妻子还是在贫病交加中离开了人间。士英是多少年未曾哭过的硬汉子，此时却流出了眼泪。苦日子难熬，又赶上儿子夭折、妻子病故，本来已经压得翻不过身来的债务，又添了新的几笔。此后，士英便更加沉默了，多长时间也看不到他的笑脸。靠士英一个人，莫说还清债务，连温饱也难保证，老母亲一时又难以找到可以做的帮工活，只好再领着两个孩子外出讨饭。

1942 年的冬天仿佛来得特别早，雪也特别大，眼看进了腊月门家里又断了粮。老母亲拎起讨饭篮子，领着孩子，踏着没膝深的大雪出村去了。紧揪着的心，瘦弱的身板，再加上几天没沾粮食边了，怎还能禁得住滴水成冰的严寒？西北风一吹，浑身直打哆嗦，她又急又饿，只觉眼前一黑，四肢抽搐，口吐白沫，一头倒在雪窝里，要不是在两个孩子的大哭声中醒过来，就得冻死在寒天冻地的荒郊野外了。家里缺粮断炊，母亲又新添了个抽风病，弟弟妹妹的手脚都冻坏了，连讨饭的日子也过不下去了，无奈，士英又把家搬到了三岔河。在这里虽然有亲戚照顾，生活依旧没有着落，只好再去鼓乐棚，操起那副铜钹。"三九"严寒，朔风刺骨，鼓乐班在露天地里吹打，不用说多么苦了，有棉衣的还冻得打冷战，士英连一件棉衣都没有，冻病了好几回。一次街南一家办喜事，他去"上活"，同伴里的穷哥们张英看他冻得实在顶不住了，就借给他一件旧棉袄。靠这件旧棉袄，他才度过了这个风多雪多磨难多的寒冬。日伪统治下的东北，哪里不是贫困？哪里没有呻吟？好容易熬过了冬天，刚刚可以出去找点活干，抓劳工的又盯上了他。他只好东干几天，西干几天，在哪儿也不敢常待。有时偶然在街上遇见张英，他只能问句啥时候"上活"去啊，便急忙躲开。就这样在穷哥们的帮助下，他连躲带干地对付了一年多。

1944 年冬天，士英一个在江北住的大舅来信，说他们那里地多人少活也好找，生活还好安排些。士英也是"有病乱投医"，就想到江北去闯闯看。他把奶奶送到大姐尤家，就带着母亲和弟弟、妹妹投奔大舅去了。大舅家在肇州县霍龙岗子黄家窝堡屯，一下子来了 4 口人，大舅家也挤不下，就去求"东家"，一户姓刘的地主相中了士英这个棒劳力，就答应他们一家四口先住到场院屋子里。有了住处，又有了干活的地方，还躲开了抓劳工，一家人的心才稍稍安定下来。这里的冬天更冷，草原上的饿狼常常闯进屯里来。为御寒和防狼，每天晚上士英都要先抱几大捆柴火堵好窗门，在北风和饿狼的嗥叫声中，度过一个又一个寒冷、恐惧和难熬的长夜。转年麦收时，地主家要用这间场院屋子，士英一家人无处存身，就想辞了工回老家去。可是东家却不准，"你不干行，这半年的活算白干，不能给工钱！"他极力控制着自己，好言相商，要东家少给点儿。可这个地主黑了心，说什么也不干。"要工钱就得干到年底；要走，就算白干！"士英忍不住，高声和他们理论，可是那年月哪有穷人说理的地方？老母亲同儿子商量，觉得不能白干这半年，实在没住处，还是自己领着两个小孩先回去吧，便劝儿子："别和东家吵了，胳膊拧不过大腿，你就干到年底吧！我虽说岁数大了，鼻子底下还有嘴，哪能就走丢了？等你把钱拿到手，再回

三岔河找我们。"刚说完就哭了起来。士英鼻子一酸，差点掉了泪。就这样，士英送母亲、弟弟、妹妹上了路，自己又回到刘家继续干下去。梁母领着士丰、淑珍回到了三岔河，见到闺女，才知道老奶奶已经故去，母女抱头痛哭了一场。安顿下来之后，梁母还是去给人家帮工，做针线活。11岁的士丰挎着篮子上街去卖烟卷，卖好了挣两个，要赶上倒霉，被流氓哄抢了，就连本都搭进去了。淑珍回来后，一直闹病，只好让婆家接去做童养媳。就这样，梁家南一伙北一伙，东走西奔，东借西挪，苦苦地熬到了东北"光复"。

东北"光复"这年，梁士英还在江北扛长活，虽然亲人还未得到团聚，但他的心里也同受难的乡亲们一样，亮堂多了。霍龙岗子来了八路军，梁士英好奇地看着。这些兵虽然穿着灰、黄、黑的"二大棉袄"，说话南腔北调，可是纪律严明，待人和气，不但公买公卖，不扰百姓，而且帮老乡干活，这和自己以前接触过的警察，真是天地之别！有一次，士英干活时，听到部队集训在唱歌。歌中唱道："把敌人杀个干净，保障我中国人民……"这新颖的歌词吸引着梁士英，他翻来覆去地琢磨，这些兵都是什么人呢？他终于忍不住好奇心，跑到部队上去问："你们部队都干什么？"指导员见这愣小伙子问得有趣，便笑着回答："我们是人民子弟兵，是为劳苦大众翻身求解放的。""日本鬼子倒了，中国人这不就要解放了吗？""小兄弟，你这里是要解放了，全中国还有许多地方没解放，日本鬼子投降了，可是还有国民党反动派，人民还在受苦受难，我们就是让全国劳动人民都解放。"士英似懂非懂地回去了，晚上琢磨大半宿。全国有多大，没解放的地方有多少？像自己一样受苦受难的人不也都在盼着解放吗？我能当上像指导员他们那样的兵，去解放各地的穷哥们吗？第二天一早，他就跑去找指导员，见面就问："我参军行不行？"因为当时刚解放，局势挺复杂，部队也不了解士英的情况，指导员便说："你参军我们欢迎，但是得找个保人。"士英一愣，似乎明白了找"保人"的道理，他连说："好，好，我这就回去找'保人'！"可是"保人"到哪里去找呢？自己的老家不在这里啊！有了，找大舅去，他是穷苦人，又是这里的老户，准行！可没想到大舅对他说："你父亲去世早，弟弟又小，你去参军一家人生活怎么办？"大舅阻拦，这可咋办？士英想，反正我得去参军，要随部队去！一着急，就来了办法，他自己写了一张保条，晚上趁着舅舅熟睡时，悄悄把大舅刘景阳的印章卡在了保条上。第二天一早，他兴冲冲地跑到部队驻地，部队接受了梁士英的申请，1946年1月，他光荣入伍，被编在独立团里，开始了新的生活。

战斗里成长

梁士英参军后，自觉地接受了入伍教育。从队列训练到练枪，从文化课到政治学习，他样样认真去干，思想觉悟有了迅速提高。他最感兴趣的是练习打枪，白天集中精力练，晚上细心琢磨。由于他不断努力，很快就学会了对枪支的使用和装卸。为了开辟和保卫东北根据地，梁士英入伍不久就参加了剿匪和打击国民党别动队"降大杆子"的战斗。一天，独立团从肇州一直追击敌人到农安靠山屯一带，这是梁士英参加的第一次战斗。

战斗结束后，梁士英所在部队到扶余榆树沟村十二号屯进行休整。一天，指导员和梁士英到三岔河买菜、买柴，梁士英顺便到二姐家看望梁母。梁士英身着黄军装，脚穿崭新的牛皮靴鞍，心情激动地走进了家门。二姐正在灶前烧火，一时没有认出他来，仔细端详后，高兴地喊起来："这不是士英吗!"士英急忙走到母亲跟前，高兴地说："妈，我参军了，这是我们的指导员!"梁母望着站在面前的英姿飒爽的大儿子，悲喜交加，一时不知说啥是好，情不自禁地流出了眼泪。士英和指导员在二姐家一边吃饭，一边叙述着往事。说着说着，老母亲又哭起来："看见你当兵，有出息了，妈很高兴，可家里老的老、小的小……"指导员接过话茬儿，安慰说："大娘，你放心，政府会照顾的。"士英也对母亲说；"妈，我有任务在身，到家里看看就得走。指导员说得对，如今我们解放了，家中的事有党和政府。我这出去当兵打仗，走南闯北，一时半会不能成家了，等我弟弟娶妻生子，过给我一男半女的行吗? 俗话说，侄儿门前站，不算单身汉嘛!"说完，恋恋不舍地告别了母亲，和指导员走出了家门。随后，士英又到街上去看望已是土改干部的张英大哥。见面第一句话就说："大哥，这回咱们好了，等打完仗，回来我还到你这儿来。"张英要留他住下，哥俩亲近亲近，但士英有任务在身，只好告别。

1946 年春节，士英所在部队在扶余榆树沟村驻防，首长请士英全家到部队来过年，正赶上母亲犯了老毛病，就由弟弟士丰一人来到了部队。士丰赶到时，哥哥正和战友们扭秧歌，只见他身上穿着青棉袄，右手拿把扇子，左手拿条毛巾，扭得特别起劲儿，围观的战士和乡亲们不住地鼓掌。士丰受到领导和战士们的热情接待。不觉七天过去了，部队要训练打靶，士英就对弟弟说："妈妈总惦记着你，你先回去，等哪天再接你来。"士丰哭着说："哥，咱们一块回家看看吧!"士英解释说："部队有纪律，家再近也不能随便离队!"说完，哥俩依依不舍地分了手。

1946 年春，梁士英从独立团调到二纵五师十五团三营机枪连当战士。在党的教育下，他的阶级觉悟不断提高，在几次战斗中都表现得特别勇敢、顽强。同年冬天,他光荣地加入了中国共产党。他在给家写的信中说:"我要革命到底。"并嘱咐弟弟要好好参加生产,照顾好母亲。还随信寄去一张与战友合拍的全身像。在苦难中磨炼成长起来的梁士英,不但有高大的身躯,而且意志坚定,性格倔强。他平时不太爱说话,但会上发言总是那样简明有力。无论是训练还是打仗,他事事都走在别人前头。他常说:"共产党员嘛,得起模范带头作用,要不怎能配得上这个光荣称号呢!"

士英在机枪连里是个特等射手。打仗时,只要他的机枪"嗒嗒嗒"一响,准有几个敌人栽跟头,同志们都称士英为"神枪手"。1947年6月,在攻打昌图的战斗中,梁士英冒着敌人密集的炮火,用一挺机枪打垮了敌人两个排的顽抗,掩护部队顺利地打开了突破口。在这场战斗中,他荣立小功两次。

1947年冬,攻打彰武的战斗打响了,机枪连担任突破任务。敌人的第一、二次反扑被我军打下去之后,又组织了一个连的兵力,在六〇炮、轻重机枪掩护下,疯狂地朝我军扑来。阵地上浓烟滚滚,我军一时被敌人火力压住,伤亡不断增加。就在这紧要时刻,只听左侧的土包上突然响起了一阵急促的机枪声。顿时,敌人的机枪哑巴了!敌军士兵一排排倒下去,我军趁势猛冲,突破口打开了,龟缩在交通壕里的敌军士兵吓得没命地四处逃窜,我军攻克了彰武县城。评功会上谁也找不到那位打策应的战士,指导员看梁士英低着头,不讲话,又想起他的性格,便突然问:"梁士英,是不是你?"士英扑哧一下笑了。这次战斗,士英又荣立了小功两次。

1948年3月13日,我军收复四平后,为了彻底消灭盘踞在东北的敌人,部队在四平南郊开展了"诉苦活动"。梁士英在会上激动地诉说了自己在旧社会的苦难家史。在他的带动下,同志们纷纷发言,讲诉苦难的经历。一些"解放战士"也诉说了身受地主、资本家压迫剥削和"国统区"人民的苦难。通过诉苦活动,战士们统一了思想,坚定了意志,都认识到,只有打倒国民党反动派,推翻压在中国人民头上的"三座大山",人民才能幸福,大家的阶级觉悟有了普遍提高。诉苦活动后,士英被调到二排五班当战士。当时五班的正、副班长刘志琋和姚宝有点矛盾,梁士英看到这种情况,又想到自己是共产党员,有责任帮助调解,就主动同正、副班长谈心,使他们很快认识到不团结的危害,两人都主动检讨自己的缺点,在党的生活会上,做了自我批评。这以后两人紧密团结、互相配合,五班的工作搞得更好了。

1948年6月,部队在四平进行大练兵,主要是突击训练五大战术和

"四组一队"战术。连队用 5 天时间进行了政治动员。梁士英向班、排、连领导表了决心：在训练上一定虚心向同志们学习；自己懂得的绝不保留，帮助大家学习。梁士英刻苦钻研突击训练五大战术。第一关是爆破技术。他虚心学习，很快就掌握了炸药包的制作和战场使用规则。在考核时，爆破成绩达到优秀。第二关是土工作业。在酷暑三伏天，弯着腰挖土坑，是个苦活。梁士英诚恳地接受了土工作业能手杜万钧的指导，从 70 分钟挖一个立射散兵坑提高到 12 分钟就完成一个，获全连第一。第三关是投掷手榴弹。梁士英虽是个大个子，但因为不掌握要领，使了挺大劲儿，还是投不远。为了赶上去，他每天早起晚睡，勤学苦练，原来只能投掷 27 米，后来逐渐上升到 30 米、40 米，最后达到 45 米远。成为全连第三名。第四关是射击。主要是练习打地堡眼，考核成绩分甲、乙、丙三等。甲等是在 100 米间距上对宽 12 厘米、长 18 厘米的靶板射击。梁士英回回击中，每次成绩都是甲等。第五关是刺杀。经过刻苦训练，梁士英成为全连最好的刺杀能手，他还经常教大家学习自己从战友那里学来的"东洋刺"动作。训练结束后，梁士英由于成绩突出荣获小功两次。

在"四组一队"战术训练中，梁士英更是积极钻研。在军事民主方面，他敢于提出自己的见解和倡议。比如，他提出的以毛巾作为小旗帜，代替假设敌人，来加强敌情观念的做法就被广泛采用了。班里要求人人学指挥，大家选突破口、各讲各的道理，梁士英善于动脑思考，每次提出的意见都被领导重视和采纳。有次连队演习，由他指挥一个步兵排，他充分发挥自己这方面的才干，指挥得很好。在生活上，梁士英对同志非常热情。当时，班里的王佩贤生疥疮了，行动不便，经常躺在床上，很苦闷。梁士英每次训练回来，总是先到王佩贤跟前，关心地问："老王，好点了吗？你想吃点什么？"当时部队生活很苦，王佩贤不愿再给连队添麻烦，便不提什么要求。士英在平时的谈心中曾记得老王愿意吃鸡蛋面条，就到连里说明了情况并亲自把热乎乎的面条端来送给老王，感动得王佩贤落下了眼泪。类似事情很多，同志们都夸他是好党员，处处想着别人。在政治方面，梁士英更关心他人，特别是一些后进战士，他总是主动接近他们，做思想工作。"解放战士"康成明、李尝觉得我们的部队生活很艰苦，有些不习惯，好讲怪话，行军时常常掉队，梁士英就耐心帮助他们。平时帮助他们背背包，谈心时诚恳地开导他们，配合领导做思想工作，终于使康、李两位"解放战士"提高了认识，感到部队生活虽然很艰苦，但同志之间情同手足，认识到了我军和国民党军的本质区别，后来他们都成为连队中的积极分子。

梁士英勤学苦练，成绩突出，善于思考，经常向连里提出建设性意见，并能广泛团结同志，帮助同志，在同志中间很有威信，充分发挥了一个共产党员的模范带头作用。

关键时刻献身

1948年9月，中国人民解放军发动了声势浩大的辽沈战役。锦州是联结东北和华北的战略要地，攻打锦州是辽沈战役的关键，党中央和毛主席在给东北人民解放军发出的《关于辽沈战役的作战方针》的电报中指出："你们的中心注意力必须放在锦州作战方面，求得尽可能迅速地攻克该城。即使一切其他目的都未达到，只要攻克了锦州，你们就有了主动权，就是一个伟大的胜利。"蒋介石也决心力守锦州，他三飞沈阳，两临锦、葫，亲自指挥，放八个师的兵力守锦州，设置了层层防线，构筑了钢筋水泥工事，又急调北宁线"剿总"的5个师和山东的两个师，组成"东进兵团"和"西进兵团"援锦。我东北人民解放军根据党中央的战略决策，除部署继续围困长春，并分兵阻击由锦西、葫芦岛和沈阳方面救援锦州之敌外，又部署了6个纵队，1个炮兵纵队，1个坦克营围攻锦州。

梁士英所在部队奉命南下北宁线，向辽西进军，攻打锦州，进军前三天，部队首长做了动员。梁士英在全连大会上代表全排表决心：一、人人不当孬种，勇敢参加战斗；二、行军不掉队，遵守群众纪律；三、保证服从命令，听从指挥；四、加强团结互助。在动员大会上，教导员卢芳同志做了简短的动员讲话。当他讲到"东北国民党反动派从乌龟壳里出来了，我们的刀磨快了要前去砍死它"时，梁士英激动地领大家喊起了口号："打倒国民党反动派，解放蒋管区人民！"群情激愤，斗志昂扬。一天拂晓，部队从新立屯车站出发，10公里的急行军使得机枪班有几个体力弱的战士有些跟不上，梁士英扛着机枪跑前跑后地鼓动大家："同志们，不能忘记我们的决心，要坚持到最后胜利！"并帮助体弱的同志紧紧跟上。中午到达北镇休息，机枪班没有一个人掉队，没有一个人叫苦。吃完饭，梁士英又帮助大家把水壶灌满，准备继续完成行军任务。下午由北镇出发，经过一路急行军，黄昏时部队来到老爷岭山脚下。梁士英知道王佩贤的疥疮还没彻底好，怕他掉队，就帮他扛枪，并边走边鼓励他。队伍走上山顶，徒手行军的人，都觉得累，可是梁士英扛了一挺机枪、一支冲锋枪、两条米袋子，没听他说出半个累字来，同志们都称赞他是好样的。到山顶上后，梁士英放下背包和武器，又跑到半山腰接过七连伙夫的挑子，帮助挑到山顶，一直送到七连驻地。七连的首长和同志们连连向他道谢，士英只是微微一笑，转身就跑了。休息以后，部队一路夜行军来到五汗中村，已是拂晓。梁士英不肯休息，又跑到伙房，帮助炊事班的同志把高粱米小豆饭做好，又烧了锅开水，把全排战友的水壶都给灌满，将洗脚水端到战友们面前，动员大家洗完脚再睡觉。李尝同志行军过于疲劳，已经睡得很熟，又没有洗脚，士英就悄悄地给他洗了脚，又和卫生员一起将李尝脚上打的水泡给挑开，抹上了红药水。李尝同志醒来发觉后十分感动地说："我当了几年国民党兵，在那里从没碰上像士英这样的好兄弟！"

1948年10月1日，我军攻克义县。半美械装备的国民党第39军暂编第20师被歼，师长、副师长被俘，国民党的"欲保东北，必守锦州，欲守锦州，必保义县"的第一道防线被我军突破了，梁士英所在的连队到义县时，战斗已经结束。战士们看到兄弟部队打了胜仗，又高兴，又羡慕，觉得自己连队跑了好几天，没捞着仗打，心里很不是滋味，梁士英就鼓励大家说："不要着急，仗是有我们打的，咱们的任务是准备好，打锦州，等着接受战斗任务吧！"

1948年10月10日，我军围攻锦州战役的序幕即将揭开，这时，梁士英调到八连二排五班当战斗班长。这是上级对他的信任，临行时指导员张业香握着他的手说："梁士英同志，祝你在这次战斗中立功！"士英激动地回答："指导员，请放心，任务再艰巨，我也一定完成！"梁士英来到八连后，在白庙子村听了首长关于攻打锦州的战前动员。当知道攻占锦州的突破口，已选定在锦州西北门外右侧的一个小突出部分，攻击前部队的集结地是在突破口西北约两华里的团管区一带，八连就派梁士英、靳文卿、姚宅、李海清、王海山、刘永顺等同志到团部去请求尖刀任务，他们急匆匆地跑步来到团部，正巧军、师、团首长都在场，他们就把请战的决心书交给了团首长范洪同志。军、师首长问："他们是哪个连队的？"范团长回答："是八连的，打义县没有打上，憋了好几天的劲！"说着又回过头来，微笑着对他们说："你们先回去，等我们党委会研究再决定。"士英红着脸说："首长是不是不放心我们这个连队？"首长说："谁都放心！"士英又恳切地说："放心就把任务交给我们吧！我们早已准备好了，是全连同志派我们来的！任务不交给我们，我们就不回去，在团部等着，什么时候把任务交给我们，我们就什么时候回去，好向全连同志交代！"首长们看梁士英等人的态度坚决，考虑到八连的光荣历史，经过研究，立即把这个光荣的尖刀任务交给了八连。士英和战友们都乐得蹦了起来，首长嘱咐说："你们要好好向大家传达，继续做好准备。"梁士英马上说："请首长放心，我们坚决完成任务！"

连里的同志等急了，有几个跑到村外听消息，正迎着士英他们乐呵呵地跑回来。大家听梁士英和战友们一说，都高兴极了，连里及时召开会议，传达了首长的指示，对为什么要打锦州、怎样完成尖刀连的任务等进行了热烈的讨论。有的战士说："我们对先打锦州不太理解，认为锦州城里的敌人工事坚固，不好打，应先打长春，再打沈阳，最后打锦州，这样锦州的敌人不用打就跑了。"还有的"解放战士"流露出畏难情绪："锦州城的工事是用水泥钢筋筑成的，那么硬怎么能攻进去呢？"梁士英和同去请战的同志针对战友们的思想情绪，根据首长的意图开导说："我们进行解放战争，是要彻底消灭敌人，不是把敌人吓跑。要消灭敌人，就要先打要害，打蛇要打头，杀猪要捅心，锦州是联结东北和关内的咽喉，打下锦州，就堵住了国民党退入关内的路，然后再来个关门打狗、瓮中捉鳖，这样才能打大胜仗！"经过反复讨论，大家都认识到了打锦州的重大意义，也增强了信心，都纷纷表示在战斗中立功。讨论会以后，连里又调整了战斗组织，梁士英所在排由 36 人增加到 50 人，其中党员 43 人，他们用鲜血写下了保证书。在全连誓师大会上，梁士英代表全排表决心：第一，坚决服从命令，听从指挥；第二，坚决完成尖刀突击任务；第三，轻伤不下火线，重伤不叫苦；第四，遵守战场纪律；第五，搞好团结，互相支持；第六，非党积极分子请求党支部在战场上考验自己。表完决心后，他们又向一排老大哥发出了挑战。

为了更快地攻下锦州，他们利用战前仅有的五天时间进行练兵，主要是复习四组（突击组、火力组、爆破组、抢救组）一队（预备队）战术和"五大战术"。梁士英被编在爆破组，白天有敌人骚扰，不能暴露目标，他们就每天晚上在外边练习爆破动作。梁士英想出了很多办法。他和战士们一起用竹竿子当爆破筒，麻袋片包沙子做炸药包，使用木头做的手榴弹练投掷等。在练兵活动中，士英非常善于动脑筋，提出了很多问题，解决了很多难点。比如：爆破地堡用炸药效力大还是用爆破筒效力大的问题提出后，连里认为很重要，就组织大家进行实际操练，得出了爆破土木结构的地堡用炸药效力大、钢筋水泥结构的地堡用爆破筒伸到里边开花效力更大的结论。在练兵期间，梁士英不但苦练技术，而且以一个共产党员的身份积极做同志们的思想工作，鼓励刚刚病愈的王佩贤同志好好训练，争取主动，争取入党。

1948 年 10 月 13 日下午，总攻前的一切准备就绪。出发前，营教导员卢芳同志又一次做了动员："同志们，我们很久就盼望着打锦州，今天，我们的愿望就要实现了！谁英雄，谁好汉，我们到战场上比比看！"战友们以雷鸣般的掌声表示不辜负首长的期望。队伍出发了，教导员和每个战士——握手："祝你们成功。"梁士英领着大家呼起口号："请首长放心，我们坚决完成任务！"

夜幕降临的时候，梁士英同战友们带着沉重的攻击装备，悄悄地向集结地出发了。他们迎着隆隆的炮声，经过一夜 60 里崎岖不平山路的急行军，黎明前来到冒山屯附近的一个小学校，师政委给他们做了简要的战况介绍，最后部署八连要从锦州城西北墙突破进去，保证一把尖刀插入敌人心脏。梁士英代表全排向首长表示："一定完成任务。打到锦州城里去，消灭'刮民党'，解放锦州人民，保证尖刀不折，死也死在突破口里！"首长严肃而又风趣地鼓励大家说："要打仗，免不了有牺牲，但我希望你们都活着回来，我等着给你们庆功！"之后，尖刀部队又出发了。他们巧妙地通过封锁区，急促地朝锦州城奔去，不到 5 个小时，即 14 日早六点半，就到达了事先修好工事的冲击出发地东王家屯。在八连两个机枪组的掩护下，梁士英所在的尖刀排就地挖了防炮掩体。梁士英是老战士，今天显得格外精神，只见他腰间紧束着十几颗手榴弹，美式冲锋枪斜挎在左腋下，靠在交通壕的一角，手不停地挖着。掩体挖好后，他再次拾掇着自己的装束，并不时地帮助战友整理东西。排长靳文卿在交通壕里临时召开了全排党员会议，梁士英第一个举起拳头，斩钉截铁地说："排长，我再次保证，就是剩只胳臂，剩只脚，也要爬进城去，决不给尖刀排丢脸！"大家一起应声："我们决心当硬骨头！"

1948 年 10 月 14 日 8 时 10 分，战士们离开掩体，以 3 米远的距离一个接着一个向攻击地点出发了。小分队中不时传出轻而有力的口令："跟上，不要掉队，注意疏散隐蔽！"到了十营区楼下，班、排长组织各战斗小组长查看了地形。在把各小组和班的位置以及班、排长代理人都指定好后，排长说："爆破组随时准备好。"梁士英说："看实际行动吧！"

10 时整，一颗绿色信号弹冲上天空，我军开始向锦州城全面总攻。我们的大炮一齐怒吼，一排排炮弹掠过头顶，飞入敌人阵地轰鸣爆炸。在连续几十次排炮的轰击下，锦州城西北角隐没在浓浓的硝烟尘土之中。担任开路的一连和九连的同志们迅猛地用爆破筒扫清了敌人外围的铁丝网、梅花桩、地雷区等障碍。我们的炮火向纵深处轰击，等得已经十分焦急的勇士们顺着弯曲的交通壕向城垣接近。在离城 40 米处，他们被敌人发现了，敌人的所有轻重武器一齐叫响，组成了一个严密的火网。排长靳文卿带领六班战士冒着弹雨，冲在最前面，五班居中，四班在后。当六班战士冲到交通壕尽头时，排长喊了一声"同志们，冲啊"，猛虎般的勇士们，一个个飞身纵上壕沿。霎时，一排手榴弹甩上城头，我军两挺机枪架在壕沿上朝着城头猛烈地射击。六班战士一个箭步跨近城墙，又是一排手榴弹甩了上去。守敌见势不妙，慌乱弃城，向第二道工事逃命。六班战士尚福材第一个爬上梯子，把红旗插上城墙，敌人的第一道防线被毁了。八连的战士涌向突破口，反扑的敌军也向这里涌来。梁士英登上城墙，居高临下，向着反扑的敌军一连甩出几颗手榴弹，击退了敌人一个连以上兵力的疯狂反扑，我军战士迅速涌进了突破口。

敌人的第二道工事，是利用城西北的铁道突出地面的路基加工修筑的，距离城垣大约六七十米。当尖刀排全部涌进突破口时，敌人妄图夺回丢失的阵地，又组织了约一个连的兵力拼命反攻，我尖刀排的勇士不肯后退一步，子弹打光了就拼手榴弹，打退了敌人几次反扑后，也有不少伤亡，而且几经拼杀，身边的手榴弹打光了，两挺机枪也发生了故障。这时，一个排的敌人又向我军冲来。眼看敌人到了跟前，有的同志正准备肉搏，只见梁士英一跃而起，拉断手中爆破筒的导火线，猛力往敌群扔去，只听"轰隆"一声，一团烟雾过去，敌人被炸翻了十几个，余下的连滚带爬，慌忙逃命，龟缩在路基工事里，再也不敢出来。我尖刀排迅速冲到路基下面，在敌人尸体旁捡了不少子弹，准备越过路基。忽然，从路基西面铁桥洞口旁一座暗堡的枪眼里喷出两条火舌，把尖刀部队压得抬不起头来。由于这座地堡占据有利地形，突击右侧的尖刀三连也被阻在路基底下，刚突击进来的友邻部队也被这个可以三面发射火力的地堡压住了。

靳排长带领战士们硬冲了几次，都被那严密的火网压了回来，情况严重了。正在这时，大部队总攻的号角吹响了，成千上万战士的呐喊声如同山洪暴发般从后面传来，再不除掉暗堡，我军就会遭受更大的伤亡，趴在火网下的战士们一个个瞪圆眼睛，仇恨地怒视着喷着火舌的地堡，怎么办？只有爆破！在连长牟金山、副指导员刘传增、排长靳文卿的指挥下，几个爆破组成员先后上去了，可是敌人仍在疯狂扫射着。梁士英心急如焚，爬到连长跟前，坚定地说："连长，把任务交给我吧，我一定完成！""好！我们用机枪掩护你，要利用好地形，祝你成功！"梁士英脱了棉袄，把袖口朝上挽了挽，掖上两颗手榴弹，提起七尺多长的爆破筒，向前望了望，把敌堡左侧十来米的小土坎作为目标，紧贴着路基口，飞快地朝前行进。他那一滚、一跳、一伏、一跃的动作，叩打着连长、排长和战士们的心弦，希望他成功的不仅是压在火网下的全体战士，也不仅是师、团首长，还有锦州城里的人民、全东北的人民……他担负的是多么重大而又光荣的任务啊！敌人的火力更猛了，子弹在梁士英前后左右呼啸着，打得泥土四溅。他时而爬行，时而滚动，时而跳跃，时而蠕动，路基下面的战友们心里更是焦急，眼见离小土坎一米多远了，士英仍然那样小心翼翼地爬着。突然，只见他猛地一跃，眨眼间到了土坎下面，敌人的火力对他已无济于事了，他趴在土坎后面，抬起头，抽出两颗手榴弹向地堡甩去，趁着爆炸的浓烟，纵身跳上土坎，像山鹰一样飞到地堡跟前，敏捷地揭开爆破筒的底端，摸到喷着火舌的地堡枪眼旁，侧着身子，神速地把拉开导火线的爆破筒猛劲插了进去。正在他要跳开地堡时，只听"扑通"一声，爆破筒从枪眼里被推了出来，掉在地上，吱吱地冒着白烟。怎么办？只要侧身一滚，就可以避开，可是大部队已冲上来了。只见他弯下腰，敏捷地把冒着白烟瞬间就要爆炸的爆破筒抱住，又猛地推进地堡眼里，可他一松手，又被敌人推出一尺多长，而且冒着缕缕白烟……在这千钧一发的时刻，梁士英伸出两只粗壮的胳膊，左腿弯曲着抵住地堡，右腿支撑着向前倾斜的身子，像一个钢铁铸造的巨人般顶在那里。排长急切地喊："梁士英，我命令你赶快撤离！"梁士英微微转过脸来，右臂向上一扬，"不能回去……"一语未了，随着一声巨响，像山崩地裂一般卷起一团浓烟，敌人的地堡被炸得粉碎，党和人民的好儿子梁士英也同归于尽，壮烈牺牲了。士英"不能回去"的呼声，铭刻在战友们的心中，扬起的右臂，似举着的红旗，指引着部队胜利前进。尖刀连冲上来了！二纵队的战士也冲上来了！阵地上"为梁士英报仇"的喊的口号声此起彼伏，战士们个个争先，越过了路基，踏着士英用鲜血铺平的道路，勇敢地冲向敌人的心脏，冲到小平房，占领第一道民房、第二道民房……冲向锦州城的大街小巷。经过浴血奋战，到 10 月 15 日，锦州城里的国民党全军被歼，东北"剿总"副司令兼锦州指挥所主任范汉杰，边区司令官兼辽西行署主任贺奎，第六兵团司令官卢俊泉、副司令官杨宏光，第三十九军军长盛家兴以下十余万人被俘。锦州的解放，迫使长春的敌人一部分起义，其余全部投降。

锦州解放的第二天，即 10 月 16 日早晨，部队在广场上召开追悼会，全体指战员眼含热泪，沉痛悼念在这场战役中英勇牺牲的烈士。会上，团政委陈绍昆同志宣读了师党委追记梁士英烈士为特等功臣的褒奖令，给梁士英追记三次大功，并建议政府将锦州西北门改为"士英门"，以志纪念。同时，宣布了纵队指挥部向全军发出的向沈阳进军令。全体指战员在"为梁士英报仇"声中勇猛前进。沈阳解放了！营口解放了！全东北解放了！伟大的辽沈战役胜利了！

《东北日报》刊载了《攻占锦州战斗中梁士英舍身炸地堡扫清部队前进障碍》和《共产党员梁士英舍身炸地堡》的报道，及时向全国人民报道了梁士英烈士的英雄事迹。为抚恤家属，部队登报查寻，三岔河的王清云看见后，流着眼泪去见士英的二姐夫张德祥，将士英的英雄事迹说了一遍，三岔河的关主任拿着烈士通知书慰问梁母："士英死得伟大、光荣，给咱家乡争了光。"1948年11月，人民政府在三岔河街戏园子为梁士英开了追悼会，赠给士英家"功臣之家"锦旗一面。会后，梁母在政府领导陪同下，坐着大车在主要街道上同群众见面，以示对烈士的悼念，对士英母亲的尊重。从此，三岔河镇传开了怀念梁士英的五更曲"……二呀二更里，月牙往上升，三岔河街道有个梁士英，他在前方立了功。打开锦州府，炸开锦州城，打开碉堡，炸死中央兵，自告奋勇牺了牲，解放老百姓，中国留美名，你说士英光荣不光荣……"梁士英原在二姐家住的东南街被命名为"士英街"，后来东南街五队被命名为"士英队"，队部屋内的墙壁上挂着介绍梁士英烈士事迹的连环画，记述着烈士的一生。

1950年，锦州市人民在辽沈战役革命烈士纪念塔的西北角敬修了一座高大而又肃穆的纪念梁士英烈士的石塔，塔身正面铭镌着"烈士梁士英之墓"，塔身背面铭镌着烈士的英雄事迹。为建设辽沈战役纪念馆的需要，1986年8月20日，经报辽宁省人民政府批准，将梁士英烈士墓从纪念塔的西北侧移到纪念塔东侧。锦州市委、市人大、市政府、市政协、市纪检委、驻锦部队的有关领导同志和市直属机关干部、各界代表出席了迁墓仪式。每逢清明节及烈士殉难的日子——10月14日，人们都怀着崇敬的心情，从四面八方聚到这里，凭吊这位用自己生命换来锦州解放的伟大战士。

在吉林省革命博物馆党史文物资料中，在哈尔滨东北烈士纪念馆中，在锦州市辽沈战役纪念馆中，在中国人民革命军事博物馆中，都记载和展示着梁士英的英雄业绩。

爆破英雄、特等功臣梁士英，是人民的好儿子，是扶余人民的骄傲，他的名字和精神千古流芳！

（滕玉森，王昭全，王兴国）

赵树满

赵树满是通榆县边昭乡人，1928 年出生在一个贫苦的农民家中。他九岁时，他的父亲去世了，他只好靠给地主放牲口打短工过活。母亲去世后，他孑然一身。直到 1946 年开通县解放，他才熬出苦海，参加了自己的队伍——东北民主联军。入伍后，他曾先后参加过解放四平、彰武和辽沈的战役，从东北一直打到江南。1947 年四平战役时，他在火线上入了党，先后立特等功一次、大功四次、小功一次，并被授予"特等功臣"和"独胆英雄"称号，荣获"毛泽东奖章"一枚。

一

1947 年，世人瞩目的四平攻坚战开始了。四平是东北铁路的重要交通枢纽，是东北战略重地。这次大战关系着东北解放，敌人对四平战役也非常重视，配备了精锐部队把守。在外围设下了两道鹿寨、三道铁丝网、一道绊马坑和一群钢筋水泥的现代化工事。当时我军攻克这些设施的唯一方法就是爆破。战斗开始了，"报仇立功和火线入党的时候到了"，赵树满主动要求担任爆破任务。

黄昏，爆破手们在我密集火力的掩护下冲进战壕，敌人的火力也非常凶猛，从城上城下吐出的道道火舌交织成一道火墙。当我方爆破手刚刚炸开两道鹿寨时，就被敌人的强大火力压在一块低洼地里，子弹像泼水似的，手榴弹成串地爆炸，此时，爆破手赵树满已三处受伤，但他考虑的不是个人的安危，而是爆破任务的完成、战斗的胜利。他趴在暗处，观察着地形地势和敌人火力的射击点。突然，他发现侧翼敌人火力减弱，于是他咬紧牙关，忍着剧烈的伤痛，爬近了敌人的一个碉堡，随着"轰隆"的一声巨响，敌人的碉堡开了花。他拖着受伤的疲倦的身体，又跟着突击班，勇敢地参加了巷战。大战胜利后，赵树满同志荣立两次大功，并光荣地加入了中国共产党，还受到东北人民解放军第七纵队司令员邓华同志的亲切接见和高度赞扬。

二

通过革命战争的锻炼和洗礼，赵树满同志已成为小有名气的爆破手。1947 年 12 月中旬，他所在的十连奉命奔袭大孤家子。天刚黑，赵树满就领着爆破组趁敌人没有足够的防备，迅速摸到了阵地前沿，准确地投放了炸药。炸药的巨响声把半边天都照亮了，使敌人的一道鹿寨和两个地堡都成了灰烬。赵树满直起身子来高喊："同志们，冲啊！"于是，4把明晃晃的刺刀顺着正面的黑烟冲了过去。突然飞来一颗炮弹，两个战友牺牲了。接着又一颗炮弹，把地都烧着了。赵树满借着火光才看清，这里是一片开阔地，距敌人足有200米，如果从正面硬冲过去，显然是不行的。他灵机一动，拉着战友王振山由侧面插进了敌人的营房。喊了几声，见没有反响，就往屋里打了几枪，把敌人吓坏了，急忙缴械投降，这时大部队跟着打进来，一举消灭了全部敌人。

三

彰武战斗打响了，十连担任爆破城北西南岗子的任务，二排三排冲了上去，攻下了南侧的小坨子，但伤亡很大，爆破中间大坨子地堡群的任务就交给了一排。排长高喊："我们要给二排、三排伤亡的同志报仇！"赵树满高声说："排长，你放心吧，咱们坚决打好。"总攻开始了，我军仇恨的炮弹将敌人的大部分设施摧毁了，但是残剩在地堡里的敌人还在做最后的反抗。地堡里不断地喷出火舌，压制着部队上不去。目睹此情此景，赵树满急红了眼，他奋不顾身，冒着敌人的炮火冲了上去。他把爆破筒插进了一个大地堡里，糟糕，是个"臭的"，他急忙把另一个战士的爆破筒夺了过来，又第二次冲上去。轰隆一声，乌龟似的地堡被掀开了，疯狂喷射的重机枪哑巴了，敌人的防线冲开了，大部队潮水般涌了上来，敌人被全部消灭，胜利的红旗在硝烟中迎风飘扬。

四

1948年的冬季攻势就要打响了。锦州战役前，上级做总攻动员："谁缴获大炮谁立功。"这句话被赵树满牢牢记在心里，下决心一定要缴获大炮为党和人民立功。这时，赵树满已是誉满全军的爆破能手了。当外围突破后，进入旧城战斗时，他扛着三四十斤重的炸药，依然和每次战斗一样跑在最前面，顺着大街往里深入。他突然发现一个十字街口有一伙敌人守着一门大炮，立即甩出一个手榴弹，炸得敌人死的死伤的伤，顺利地缴获了一门美式战防炮。

乘胜前进，他们用炸药连续炸开5个院子，刚到第6个院子，赵树满就自己冲了进去。一排子弹从隐蔽处射了出来，他避开射击，迂回到近前，将地下室里的敌人消灭，解决了敌人的一个隐蔽部。

五

辽沈战役中的六间房战斗已经全面展开了。一天早晨，赵树满和一排的战士们刚刚端起饭碗，上级就命令他们去截击一股退逃的敌人，同志们一听有任务，饭也不吃了，扔下饭碗就投入了战斗。

一排火速地摸到了敌人居住的六间房东南大坝，看到几十个敌人正慌慌张张地挖工事呢，于是，一阵排子枪把敌人揍得像群狗似的夹着尾巴往回跑。一班战士一溜烟似的紧追不放，没容敌人还手，50 多个敌人乖乖地缴了枪。他把投降的敌人交给了跟上来的排长，接着进了第二个大院，这里的敌人还没来得及动手，他已冲进屋，吓破胆的敌人举起了双手，他缴获了一门钢炮、两挺机枪。

随后，赵树满和副班长冲向第三个院子，刚跨过横道，副班长就倒下了，赵树满的冲锋枪喷出了愤怒的火焰，打得敌人缩进屋里。他高喊："缴枪不杀，不然我可要打了。"里面的敌人光说"缴了缴了"的话，但没有动静，这时，他一箭步冲进屋里，迫使全部敌人缴械投降。

前院被敌人打得直冒烟，但战友们还没跟上来，他决定把俘虏押下去，刚到外屋，一个俘虏"哎呀"一声栽倒在锅台底下，机枪打得北墙直掉土，原来是前院的残敌还在反扑。他从俘虏嘴里了解到，西南那个院里有 1 个团，西北那个院里有 1 个排。

这时，战友们冲上来了，他又去歼灭那 1 个排的敌人。可是他跑过路北，西南院的敌人却没有打枪，他一想，先吃掉这个大堆吧！就把西北院的敌人排在后面，一个人奔西南院跑去。第一个院里有十来个惊悸的敌人，正在到处躲藏。他贴着墙根摸到第二个大院门口，发现一伙敌人躲到齐腰高的墙里，把两挺机枪脖子伸到墙外。他一使劲跳到了墙里。两个敌人正趴在地上握着两挺机枪准备开火，没想到神兵天降，刚想起身逃跑，赵树满的刺刀已经逼近，使他们动也不敢动。这时，院里的敌人蚂蚁似的乱成一团。"缴枪不杀，优待俘虏"，一声呐喊像打雷似的吓得自称"五大砥柱"之一的新六军一个团的大部分残匪乖乖地举起了双手。5 大车美式武器成了独胆英雄的胜利品。

六

赵树满同志在战斗中冲锋在前，在日常生活中也积极活跃。他在班里不但团结老兵，而且能够把新兵团结在自己的周围。新来的战士没领到津贴费，他就把自己的津贴费送给他，感动得那位战士说："我也是穷人家孩子，今后我一定好好干，准对得起你。"

在行军路上，他经常帮助同志扛枪、背背包。部队在辽阳入关的那个阶段，他脚上生疮，肿得很高，但咬着牙不掉队；南下时由南昌下火车后 4 天行军吃不下饭，让他休养，他不去，而且他的枪和背包谁也没有抢过去。

　　在纪律上，他不但自己严格遵守，还经常说服他人遵守纪律。虽然他在每次战斗中都是冲在最前头，抓的俘虏也多，但他严格执行我军对待俘虏的政策，甚至自己饿着肚子，把东西给俘虏吃，积极地做争取教育的工作。部队进天津时，老乡给他烟，他把写在手上的纪律伸给老乡看，并且经常帮助老乡打扫院子和担水，老乡感动地说："解放军真是言行一致的好军队。"

　　他出生入死，不为名，不图利，连里曾经 5 次提升他当班长。天津解放时，团里提他担任连长，都被他拒绝了。1950 年 8 月，四十四军在广州中山纪念堂召开英模大会，赵树满被授予军级特等功臣，并荣获一枚"毛泽东奖章"，会上还散发了赵树满英雄事迹的小册子。

（马国东）

张万和

在解放战争中，有许多优秀儿女冒着战火硝烟，为了中国人民的解放事业，不怕牺牲，英勇杀敌，谱写出了一曲曲英雄赞歌，特等功臣、战斗英雄张万和就是其中的一个。

庆翻身，毅然参军

张万和 1922 年 10 月出生在镇东县（1947 年与赉北县合并为镇赉县）一个贫穷的佃农家庭。在那暗无天日的旧社会，张万和一家饥寒交迫，受地主阶级的残酷剥削，生活十分艰难。年仅 11 岁，张万和就被迫去给地主放牛，16 岁时又被抓到海拉尔当劳工，受尽了折磨。抗日战争胜利后，党领导的人民军队解放了他的家乡，劳苦大众见了天日。不久，轰轰烈烈的土地改革运动在他的家乡开展起来。张万和挺起腰杆，积极参加斗地主分田地运动。土改中，他家分得两匹马、两头牛和五亩地。"穷人打天下，土地还了家"，这使张万和从心里产生了对党深厚的阶级感情。然而被推翻的地主阶级不甘心失败，还在垂死挣扎，对新生的人民政权怀着刻骨的仇恨。他们拉帮结绺，骚扰村屯，杀害村干部和土改骨干，无恶不作。张万和看到阶级敌人的罪恶活动，毅然与村上 8 名青年参加了区中队。在区中队里，张万和表现非常突出，不久被选为班长。他在剿匪中，冲锋在前，英勇顽强，为保卫家乡，捍卫红色政权，做出了贡献。这年七月，前方部队来后方扩充兵员，壮大前线主力部队。张万和毅然参军，奔赴前线。

上战场，杀敌立功

张万和参军后被分配到辽西军区保一旅三团十连小炮班当炮手。在练兵活动中，他怀着对敌人的刻骨仇恨，勤学苦练操作技术，很快被提拔为战斗组长。

1947 年冬，我军攻打彰武县城。张万和投掷小炮灵活准确，很好地配合了兄弟连队，出色地完成了攻打郑家坨子的战斗任务，之后又主动配合二营攻城。攻陷彰武县城后，张万和率领战斗小组随二营进城，在巷战中，他抓住了 5 个敌人，缴获了 5 支步枪，立了两次小功。通过彰武攻坚战，张万和非常羡慕那些跟敌人拼杀立大功的步兵战士，为此他连连向上级申请去当步兵，好多杀敌立大功。

平时，张万和处处严格要求自己，既能吃苦耐劳，又能热心帮助同志。积极靠近党组织，经常找党员谈心，使他在政治上逐渐成熟。1947年11月，他光荣加入中国共产党，1948年4月，转为中共正式党员。

1948年3月，四平大练兵开始了，张万和被调到步兵班当班长。他如愿以偿，决心不负希望。他以身作则，摸爬滚打，带领全班战士苦练过硬的杀敌本领。经过一个多月的紧张训练，张万和的"四大技术"皆为优秀：爆破相当熟练；射击三枪三中；近爆作业甲等；投弹40余米。由于他的表率作用，全班战士生龙活虎，个个成绩优良。练兵结束总评时，经团部批准，张万和荣立一次大功，获得全团练兵的最高成绩，受到物质奖励，他所在的班还获得了"功臣班"的光荣称号。

显身手，勇战顽敌

1948年10月，锦州战役开始。要攻克锦州，扫除敌人的外围工事是关键。张万和所在连的攻击目标是摧毁敌人的外围据点新地号。新地号是一个仅居住几十户人家的小屯落，敌人占据后修筑了3个月左右的工事，里面驻守着敌人1个团部与1个整营的兵力。敌人曾宣称新地号固若金汤。战前，张万和代表全班向连长请战，要求承担最艰险的战斗任务。

一颗信号弹划破天空，战斗打响了。敌人用燃烧弹打着了墙外的柴草垛，浓烟翻腾，烈焰熊熊，照红了半边天。敌人企图用大火阻挡我军的攻击。张万和率领全班机智地冲过敌人设置的火线，跃到围墙下，立刻搭起人梯，张万和第一个爬过围墙。接着，全班战士也都迅速地爬了过去。在他们将要靠近敌人时，才被哨兵发现，这时，敌人用西边、北边地堡及正面房子里的机枪阻击他们前进，密集的子弹压得他们抬不起头，无法冲击。张万和注意到只有占领前面的房子才可控制敌人，打开缺口，掩护后续部队冲上来，于是，他当机立断，命令战士们火力掩护，他抱起爆破筒，借着弥漫的硝烟冲了过去，用爆破筒把房子炸开一道缺口，全班冲进院子。敌人立刻慌了手脚，从旁边的工事跑了出来。战士薛臣手疾眼快，举枪打死1个敌人；接着张万和甩出两颗手榴弹，敌人一个班被全部消灭，缴获1门炮、10支枪，我军占领了这个院子。这时，五班的两名机枪手也跟着冲了进来，敌人为夺回丢失的阵地，猛烈向突破口射击。张万和为了扩大战果，当即组织向敌人占据的第二个院子进攻。战友杨忠全抱着机枪冲了进去，敌人见状甩出手榴弹，随着一声巨响，杨忠全倒在血泊之中。张万和为救护战友也负了伤，但他仍然沉着指挥，六班长和几名战士也冲了过来。但后续部队仍被卡住，敌人频频反扑，张万和一边叮嘱战士注意隐蔽，一边寻找敌人的薄弱点。全班战士英勇顽强，狠狠地打击敌人，又俘虏了敌人一个班。张万和叫受轻伤的战友看守俘虏和缴获的武器,他与六班长把战士们召集在一起,要大家以杨忠全为榜样,英勇作战,不怕牺牲,尽快攻下第二个院子。战士们纷纷表示,指到哪里就冲向哪里。当张万和带领全班战士往第二个院子冲的时候,大门外边的暗堡突然向他们射击,当即有6名战士伤亡。这个拦路虎必须炸掉,否则就会造成更多战友的伤亡,影响整体战斗。

爆破筒已经使完,又无炸药包,只有用手榴弹消灭暗堡里的敌人,以打通前进的道路。张万和带领两名战士从侧面迂回过去,靠近暗堡,用手榴弹指着敌人,敌人才从地堡里钻出来举手投降。

扫除了前进的障碍,第二座院子迅速被我军占领。这时,敌人集中四面八方的火力向这里射来。当时连长指导员都在激战中负了重伤,副连长率七名战士冲了上来。张万和正跟副连长汇报主要战况,突然,敌人从外边扔进几颗手榴弹,副连长与七班长又负了重伤。张万和已清楚地知道现在全连已经没有排以上的干部了,班长也只剩下自己,他毅然担负起指挥任务。他立即把党员召集在一起说:"咱们都是共产党员,入党时都宣过誓,今天虽然没有干部,但是党员要起模范作用,死也不能退,坚决完成战斗任务。"党员葛连友、丘占有等都说:"班长你指挥吧,拼死也要完成任务!"张万和坚定地说:"只要有一个人在,就要狠狠地打击敌人,立功就在这个时候!我们应首先组成爆破小组,炸掉地堡,不然我们是无法前进的。"于是,张万和迅速组织了爆破小组,第一次突破没有成功,去的两名战士一死一伤。敌人为了挡住他们的进攻,组织了一个班的兵力,向他们反扑过来。这时全连仅有17名战士。张万和叫王巨楼带两名战士到后边去,防备敌人从后面进攻,他亲自率领十几个人迎击正面的敌人,同时把两挺机枪放在两侧阻击两侧敌人。张万和还告诉战士:"天黑打不准,别浪费弹药。等他们靠近了听我的枪一响,一齐投手榴弹。"敌人喊着冲进我军阵地,张万和的枪响了,战士们把手榴弹一起扔过去,打退了敌人的反击。战斗空隙,张万和又重新调整了火力,把一挺机枪放在正面。时隔不久,敌人又纠集两个班的兵力反扑过来,经过一阵激战,敌人的进攻又被打退了。接着,敌人又组织一个排的兵力反扑过来,又被十几名战士击退。

在巩固阵地,打退敌人6次反扑后,十一连增援来了,张万和等十几个人在马连长指挥下继续与敌人展开了殊死的搏斗。张万和又一次负伤,但他仍没下火线,一直坚持到战斗胜利结束。

师里为了表彰张万和在这次战斗中的突出战绩,授予张万和"战斗英

雄"称号，记特等功一次，同时提升他为副排长。

记深情，再立新功

1949 年部队南下，张万和把立功喜报捎回家中，张万和的妻子及亲属都非常高兴。时逢新春佳节，区长率领学生及全区人民代表扭着秧歌给张万和家拜年，又赠送白布 50 尺、东北币 50 万元，还有 5 只羊及其他用品。事后，张万和妻子给丈夫写信告诉他这一切，倾诉了家乡政府和人民的关怀，鼓励他在部队勇猛杀敌，为全区人民再立新功。

张万和收到妻子的信后，心情万分激动，决心不辜负家乡人民的一片深情厚谊，继续努力。在部队南下途中，张万和不顾长途行军的疲劳，帮战友背枪，晚间替战士站岗，休息时护理病号，还耐心地帮助教育后进的战士。全排上下团结一致，到达目的地时无一减员。上级根据张万和在南下途中的表现，晋升他为排长，并记小功两次。同年，四十四军为奖励张万和在历次战斗中的突出战绩和平时工作中的突出成绩，授予张万和"特等英雄"的光荣称号。

（顾连民，刘俊峰）

骆汉书　马殿元

　　当中国大地还是一片黑暗，中国人民还在水深火热之中挣扎时，年仅15岁的骆汉书就和比自己大两岁的舅舅马殿元一起同千万进步青年一样投身革命，在家乡盐城加入新四军的行列，被编入三师八旅，在抗日救国战火中双双加入中国共产党。后随部队从江苏转战到陕北。1945年8月15日日本帝国主义投降以后，经整编，骆汉书和马殿元又同时随部队进入东北，同年被分配到赉广县帮助当地政府开展工作。

　　当时的赉广县划为5个区，其中第五区（也叫端基区）一带敌我斗争非常激烈，社会环境极为复杂，土匪频繁出没，横行乡里，烧杀掳掠，无恶不作。地主、鱼霸不顾百姓的死活，增租加息，巧取豪夺，农民、渔民贫困交加，过着"船破网破衣服破，缺吃少穿没老婆"的悲惨生活，加之疾病流行，百姓死亡无数。就在这种极端困难的情况下，赉广县委、县政府决定派富有对敌斗争和群众工作经验的骆汉书、马殿元两位同志到端基区开展工作。1946年3月，二人到达端基区，骆汉书任区委书记兼区长，马殿元任区农会主任。他们首先在端基区发动群众，建立了区政府和区农会，随后又组织了区武装队、江防队和四个乡农会，还帮助村农会建立了武装模范班。他们带领群众斗地主、分田地，很快打开了局面。

　　为了防止当时流行的霍乱蔓延，一天，骆汉书区长在区政府门前的大榆树下召开群众大会，提出了"宁在世上挨，不在土里埋"的号召，激励百姓同疾病做斗争。骆汉书、马殿元还用自己手中仅有的一点钱从县里买来药品，亲自送到病人手中，群众无不感动。

　　1946年，中共中央颁布"五四指示"，决定土地政策由减息改变为没收地主阶级的土地分配给农民。骆汉书、马殿元深入群众宣传中共中央及县委的指示精神，号召广大农民起来打土豪、分田地，翻身闹革命，使土地改革运动迅速在全区开展起来。地主阶级中的顽固分子不甘心自己的失败，与当地土匪勾结，蓄谋破坏土地改革。为了防止地主和土匪的破坏活动，骆汉书、马殿元在区内的月亮泡、洮儿河、沿江河一带设防，清剿土匪，维护治安。

　　端基区地处嫩江西岸，土匪头子"天照应"（本名耿喜路）经常窜来窜去抢掠烧杀，群众深受其害；地主顽固分子王明武、朱庆等与土匪勾

结、威胁、引诱个别农会干部，合谋煽动叛乱，妄图破坏土改，扼杀刚刚建立起的革命政权。

小湾乡、东山头乡和叉古敖乡农会的部分成员，在地主分子王明武等人的引诱拉拢下，叛变投敌。他们几经密谋策划后，决定合伙围攻端基区政府，杀害区长骆汉书和农会主任马殿元。他们暗定以鸣枪为号，公开发动叛乱。他们在密谋中首先想到了骆汉书的通讯员周宝和，因为他是本区月亮泡叉古敖村人。在周宝和的亲属中，有当土匪的，也有出身地主被镇压的。诡计多端的地主分子王明武软硬兼施，终于使意志薄弱的周宝和叛变投敌。于是，王明武让周宝和在 8 月 30 日早听到枪声后，立即走向骆汉书，谎报土匪已经到江北，请求赶快沿江布防。在阶级敌人密谋发动叛乱时，骆区长、马主任正各带一支小分队，在新兴村和根宝村开展工作。

1946 年 8 月 30 日清晨，骆汉书仍在新兴村。嫩江东岸突然响起枪声，这时通讯员周宝和从外面跑来谎称土匪已到江北，骆汉书以为敌人真的要过江，便马上派周宝和拿他的亲笔信去通知江防队及各农会，前往江边截击土匪。叛徒周宝和没按指示去办，反而将信中秘密泄露给叉古敖叛匪、农会会长崔士民、副会长盛士才等人。叛匪们认为叛变的时机已到，便与土匪头目"天照应"密谋以后，决定在沿江附近设下埋伏。当日下午 4 时，骆汉书亲自率领周怀禄等 4 人，骑马沿河往南巡查，路上遇到迎面跑来的张万发，于是派张万发到样子口面网房子探听情况，张万发却乘机逃走了。随后，骆汉书带领小战士周怀禄直奔样子口面。这时土匪首"天照应"已在这里设下两道埋伏，头一道是晾房子，埋伏匪徒 5 人；后一道是火房子，有土匪近 10 人。土匪有的藏在菜墩子底下，有的躲在房门两边。匪首"天照应"假装躺在炕上吸大烟，叛徒周宝和坐在一边。当一个站岗的土匪看到骆汉书骑马飞奔至网房子时，便立刻向匪首报告。"天照应"下令"将他放入二道埋伏"。骆汉书骑马进入网房子后，见院内正拴着周宝和的马，于是他跳下马来，叫周怀禄将自己的马也拴在周宝和的马附近，然后穿过晾房子直奔火房子。骆汉书刚刚推开火房子的门，地主张玉珍的枪已经响了。匪徒们众枪齐发，子弹击中了骆区长的颈部、胸部和手部。端基区人民的好区长骆汉书同志光荣地牺牲了。就在同一时间，骆区长的战友、年仅 17 岁的周怀禄也倒在血泊之中，献出了年轻的生命。

这天下午一时左右，区农会主任马殿元在根宝村开完斗地主的群众大会，来到杜全家休息，并打算在这里和李三、毕嘎子商量下一步工作。其实李、毕二人也被地主土匪拉拢，叛变了革命。他们得知马殿元在杜全家休息时，便起了杀害马殿元的歹意。为了防止骆汉书到来，他俩亲自到区政府探听消息，得知骆区长不在，便马上返回杜全家。这时马殿元正躺在炕上休息，见他俩进来，急忙坐起。李三、毕嘎子见马殿元坐起身挎着三八盒子枪，便没敢动手。李三假心假意地说："马主任，原来你在这里。让我们好找啊！"边说边靠近桌子，并趁马殿元不备之机，猛然将装满热水的暖瓶向马的头部击去，马殿元的头部和身上多处被烫伤。随后李、毕二犯凶狠地扑向马殿元，夺去手枪。马殿元急中生智，破窗而出。这时他左臂中了一弹，但他忍着剧痛，跑到一个姓朱的地主家里，拿起朱家的一只洋炮向外冲去。这时朱家纠集的一些土匪向马殿元开了火，马主任被迫闯进了苏家炮台。这时叛匪将炮台紧紧围住，叛匪任长贵上去把洋炮夺下来并开了一枪，然后把炮台周围堆满柴火，浇上汽油点燃。我党的好干部、群众十分爱戴的好主任马殿元在熊熊烈火中壮烈牺牲，时年26岁。

县大队得知消息，立刻奔赴端基区。经调查后，将杀害和参与杀害骆汉书、马殿元等同志的罪魁祸首及其同党大部分捕获。

1946年9月9日，县人民政府在端基区召开公审大会，把杀害马殿元的凶手就地枪决。

1951年，镇压反革命运动时，杀害骆汉书的凶手"天照应"等一帮匪徒落入法网。

为了永远纪念为人民解放事业英勇献身的骆汉书、马殿元同志，赉广县委将烈士牺牲的地方命名为汉书区和殿元村。当地政府在距端基屯约一华里的西岗北端公共墓地为骆汉书、马殿元、周怀禄3位烈士积土筑冢，永志不忘。

为了缅怀他们的革命业绩，1983年秋，县民政局重新用红砖、水泥为3位烈士立碑修墓。每逢清明时节，当地村民、学生、干部纷纷前来祭扫烈士墓，敬献花圈，默哀致敬。

（郭文军）

姚 炎

姚炎（1914—1946），原籍江苏。青年时代的姚炎，目睹国土沦丧、民族危亡的悲惨现实，异常悲愤。日本帝国主义的铁蹄肆意践踏着我东北大好河山，3000万东北同胞生活在水深火热之中，每一个中国人都面临着亡国亡家的危险。

1937年"七七"事变后全面抗战爆发，举国上下同仇敌忾。作为一个热血青年，姚炎终于盼来了驰骋疆场、征战敌寇的机会。他穿上戎装，斗志昂扬，决心为民族而战，为祖国而战。在对敌作战中，姚炎得到了锻炼，他机智勇敢，不怕牺牲，很快升任新四军某部参谋兼敌后武工队队长。

抗日战争胜利后，国民党调兵遣将，企图独霸东北。中共中央和东北局根据东北军事、政治形势的变化，审时度势，及时提出建立巩固的东北根据地的战略方针，抽调大批干部和军队开赴东北，创建巩固的东北根据地。1945年9月，姚炎受党组织派遣来到东北，后被分配到辽吉军区卫生部工作。

1946年8月，为了进一步发动群众，进行反霸清算、分田分地的运动，使土改运动全面开展，东北局发出了关于深入农村发动群众，全面开展土地改革的号召，中共辽吉省委动员大批机关干部下乡参加土改斗争和劳动锻炼，宣传党的政策，发动群众。正在辽吉军区卫生部工作的姚炎积极响应，报名参加了洮北土改工作团，被分配到洮北县富贵、新立两区发动群众，并开展土改工作。

洮北县地理位置偏僻，交通不便，历来土匪横行，活动猖獗，乃"雁过拔毛之地"。日本帝国主义投降后，土匪更是疯狂至极，拦路抢劫，乱杀无辜，严重危害着人民群众生命财产的安全。在民主政权成立后，土匪又与地主武装勾结，将矛头直接指向各级党政机关和革命干部及农民积极分子。当时，"五烈士"刚刚遇难，革命力量遭受很大损失，区政府已名存实亡，土匪、地主等反革命气焰十分嚣张，他们恐吓群众，使广大受苦受难的农民群众不敢站出来与之斗争，使刚刚开展起来的土改工作受到了挫折。

姚炎率领的工作组首先深入瓦岗窑一带开展工作。面临上述艰难的工作局面，他首先了解了这里的匪情和人员情况，决定首先铲除"姜瞎子"，断掉土匪的眼线。"姜瞎子"是著名的"土匪参谋"，经常为活动在四平山、德龙坑一带的土匪通风报信、出谋划策，指引抢掠目标，残害人民，群众对他极为痛恨。工作组经过审慎工作，掌握了他的行踪，乘其不备，将其俘获，然后，召开群众大会，控诉其罪恶，将其当场击毙。群众无不拍手称快，人心大振。群众很快发动起来了，全区掀起了反土匪窝主的斗争，使反动势力受到沉重打击，其嚣张气焰暂时被压下去了。

紧接着，姚炎着手开展下一步工作。他深入群众，了解群众的疾苦，宣传党的政策，发动群众与地主斗争，从中发现、培养积极分子，恢复和建立农会及其武装，很快扭转了被动的工作局面。

局面打开以后，姚炎着手建立区政权，以领导全区人民开展土改斗争，防匪反霸，巩固斗争成果。经中共洮北县委批准，姚炎担任庆平区副区长兼武装大队政委。

区村两级政权建立以后，土改工作很快铺开了，各区普遍开展了分地、分田、分青苗、分浮产等斗争。农会依靠积极分子进行斗争，勒令地主、富农献地、献浮财，把剥削和抢夺贫苦农民的果实还给农民。在强大的政治攻势下，一些地主、富农被迫向农会缴地、缴物。

在工作组经过艰辛工作，初步打开局面的时候，地主、土匪等反革命势力不甘心他们的灭亡，一直在寻机报复，企图把政权夺回去，重新作威作福，欺压百姓。

9月初，姚炎率工作组在英哥吐村开展工作时，穷凶极恶的土匪立刻从四面包围上来。他们猖狂叫嚣着要消杀灭工作组，夺回失去的一切。面对突如其来的敌情，姚炎沉着冷静，指挥工作组突围，自己进行掩护，使工作组无一伤亡，突出重围。

9月10日，姚炎决定率工作组重返英哥吐村坚持工作。头一天夜里，一股土匪约40多人埋伏在村里，他们通过奸细得知姚炎第二天早晨要来，并且刺探到了区大队的武装情况，马上做好了袭击工作组的准备。

下午3时许，姚炎率领工作组一进村，猝然遇敌，立刻与土匪展开了异常激烈的战斗。土匪仗着人多势众、熟悉地形，又处于暗处的有利条件，疯狂地向工作组进攻，面对数倍于我、占据有利位置的土匪，工作组奋勇还击，英勇作战。为了避免不必要的牺牲，保存革命力量，姚炎果断做出决定，工作组立即突围。他一边看着同志们上马离开，一边骑马还击敌人，掩护同志们转移。工作组全部撤走了，而姚炎为掩护同志们突围，子弹打光而被俘。

土匪用尽残酷的刑罚，妄图从姚炎口中捞到一点有价值的东西，但姚炎自始至终坚贞不屈，大义凛然，对土匪进行严厉叱责，表现了一个革命者视死如归的英雄气概。敌人看从他口中难以获取任何他们想要的情况，便残忍地杀害了姚炎同志。

当天，我洮南、洮北县武装大队闻讯后，怀着无比悲愤的心情，火速来到英哥吐村，向这股土匪发起反击，土匪伤亡惨重，狼狈逃窜。

13 日，新立区 600 多名干部群众举行隆重的追悼大会，沉痛悼念为劳苦大众英勇献身的姚炎同志。到会群众义愤填膺，慷慨激昂，一致表示坚决肃清土匪，保卫胜利果实。

1958 年，洮安县政府做出决定，把姚炎生前工作战斗过的地方命名为姚炎人民公社（姚炎乡），以纪念烈士，让子孙万代永远铭记烈士的英名和事迹。

冯洪泉

　　每逢清明佳节，人们都怀着崇敬的心情祭扫烈士陵墓，敬献花圈，缅怀为祖国解放事业而英勇献身的烈士。冯洪泉同志就是千万名为国捐躯烈士中的一位。他是祖国母亲的优秀儿子，他是前郭人民的骄傲，他是千百万青少年的楷模。冯洪泉同志安息在前郭县城西南烈士陵园的97座烈士陵墓之中。每当远方的同志、朋友、客人以及久离故土的亲人到来时，这里的父老乡亲总会提起他，人们对往事仍然记忆犹新，仿佛历历在目。

　　冯洪泉烈士家居上海，祖籍浙江镇海，1927年农历二月十六日出生，有父亲、母亲、姐姐、妹妹和弟弟等亲人。他的父亲冯阿生是个木工。

　　少年时代的冯洪泉特别喜欢读书，他看过许多进步书籍，曾立志上大学深造，报效祖国，但因家庭贫困，社会动荡，年仅14岁的冯洪泉只读到初中一年级，就被迫辍学参加劳动，在上海一家瓜子厂开始了为期3年的学徒生涯。

　　冯洪泉的青少年时代正是日本帝国主义侵略东北，大举侵犯华北，中华民族危机日益深重的年代，国民党反动派则推行"攘外必先安内"的政策，积极反共，消极抗日。在这民族危亡的时刻，中国共产党领导亿万人民奋勇抗敌，抗日烽火到处燃烧。在这样的形势下，曾经受进步思想和共产党影响熏陶的冯洪泉逐渐提高了革命觉悟。

　　1944年，17岁的冯洪泉郑重地给在苏北解放区建阳中学工作的姑妈冯智写信，他用炽热的语言表达了请求参加共产党领导的人民军队的愿望。1945年8月上旬，经冯智联系，新四军第三师敌工部派交通员朱敏同，将冯洪泉和其表弟邱宏元等7人带到苏北新四军第三师驻地参了军。不久，党组织把他送往抗日军政大学第五分校学生队学习。从此，冯洪泉同志走上了革命征程。

　　1945年8月15日，日本帝国主义宣布无条件投降，9月2日，日本政府正式在投降书上签字。中国人民在中国共产党领导下，经过浴血抗战，终于取得了胜利。但是，国民党反动派在美帝国主义支持下，挑起了内战，东北地区又成了重要战场。为了适应新形势的需要，根据党中央毛主席的指示，新四军第三师开赴东北建立巩固的根据地和人民政权。该师1945年10月由淮安出发，途经山东临沂，河北霸县（今霸州市，下同）、玉田，从冷口出关，行军两个月零十天来到阜新。到达阜新后，冯洪泉听从党的召唤，同抗大五分校的战友们携手并肩，跋山涉水，千辛万苦地跟随部队继续北上，于1946年4月来到郭前旗，不久被分配到王府工作队开展减租减息，建立农会和乡政权等工作。

冯洪泉是当时王府区工作队一个小组的负责人（职务相当于连级），他立场坚定，公而忘私，团结同志，热情帮助群众，工作出色。1946年夏，冯洪泉加入了中国共产党。

1946年，虽然郭前旗已属于解放区，但是王府区与敌占区农安县毗邻，敌人经常向解放区发动进攻，使王府区形成了敌我拉锯的局面。国民党反动派还四处勾结和网罗土匪武装，经常到王府区一带进行骚扰破坏，抢劫民财，袭击我地方革命武装，烧杀抢夺，无恶不作，斗争异常激烈，形势十分紧张。

为了发动群众、组织群众、武装群众、打击敌人，顺利进行减租减息，建立农会和乡级人民政权等工作，1946年5月初，区委决定派冯洪泉带领工作组5名队员去王府区大榆树开展工作。当时冯洪泉虽然年龄小，但工作大胆、认真，密切联系群众，工作热情高，经常夜以继日地工作，深受群众的拥护和赞扬。

1946年中秋的傍晚，正当冯洪泉带领工作组在大榆树村紧张工作的时候，群众急匆匆来报告，说全村已被反动派的土匪武装包围。得知这一突如其来的消息，冯洪泉非常镇定，他立即把战友分成两个小组，一组与众多的敌人周旋，掩护战友和群众，另一组突围，保存实力。冯洪泉带领两名战友与土匪顽强地战斗，掩护同志们安全突围。夜幕降临了，冯洪泉机智地占领了房顶上的有利地形，向敌人射击。但敌众我寡，形势越来越紧急，战友们的生命受到严重威胁。冯洪泉不顾个人安危，仍组织战友奋力抵抗，坚持战斗，表现了一个年轻共产党员临危不惧、英勇顽强的精神。战斗又持续了近两个小时，同志们都安全转移了，在冯洪泉后撤的时候，敌人又抛出了几枚手榴弹，冯洪泉不幸负了重伤。当地群众立即把冯洪泉掩护起来。这时，天已漆黑一片。残暴、狡猾的敌人怕被我军围歼，骚扰一阵后逃跑了。不久，前来营救冯洪泉和战友们的区武装队赶到，根据冯洪泉的伤势决定立即把他送到离王府区80余里的郭前旗医院抢救。途中，由于冯洪泉伤势过重，几次昏迷过去，但他顽强地坚持着。到医院后，他从昏迷中醒过来，看到战友们，看到旗委、旗政府领导和正在旗里开会的王府区武工队队长孙凯凤时，难过地说："麻痹了！"意在领导和同志们要吸取这次教训，不让革命再受损失。领导和同志们热情安慰，让他安心疗养，表示一定要设法治好他的伤。这时冯洪泉睁大眼睛看着守在身边的孙凯凤队长，用微弱的声音，断断续续地说："我的枪……"当把枪递给他时，他已说不出话来，一手伸出3个指头，然后慢慢闭上了眼睛，停止了呼吸。悲痛中，当同志慢慢地移开烈士手上握着的枪时，发现枪膛里有3颗子弹，这才明白冯洪泉的遗言：战友们，我不能和你们并肩英勇杀敌了，你们要记住这次教训，用你们的枪和我枪膛中的子弹，把敌人消灭。政权属于人民，胜利属于人民！冯洪泉为革命献出了宝贵的生命，他牺牲时，年仅19岁。旗委、旗政府为冯洪泉烈士举行了追悼大会，并号召全旗人民，特别是青少年向冯洪泉同志学习，学习他为建立人民政权而英勇献身的革命精神。王府区还在烈士生前战斗工作过的大榆树屯开了追悼会，参加追悼会的人民群众悲痛万分，泣不成声。

为了纪念以身殉职的冯洪泉烈士，1947年划分王府区建制时，旗委决定把铁路以西的一个区命名为"洪泉区"（1958年改称"洪泉人民公社"，1984年春改为"洪泉乡"）。

冯洪泉同志牺牲时，他的故乡上海仍是敌占区，人民政府尚未成立，家里一直也没得到他牺牲的消息。后来，中共郭前旗委、旗人民政府派人专程去上海，慰问了冯洪泉烈士的家属，并通过闸北区向烈士家属赠送了中共郭前旗委、旗人民政府题词"红日映丹心，碧血浴草原"和洪泉乡赠送的"名垂千古，血沃草原"两面锦旗和纪念相册。后来，烈士的姑母冯智等4人也曾来到前郭县，分别到洪泉乡、烈士陵园和烈士牺牲地进行凭吊。

党和政府已把冯洪泉烈士的遗骨安葬在前郭县城西南烈士陵里。他的名字和光辉业绩已载入为前郭人民翻身求解放而英勇牺牲的烈士史册，成为教育青少年的一份宝贵教材。

冯洪泉烈士的业绩名垂千古，永远值得人民怀念和敬仰。他虽死犹生，迄今仍在激励着人民，特别是青少年为祖国繁荣昌盛贡献青春和力量。

冯洪泉同志，请安息吧！

罗勇标

罗勇标原名杨作秀，又名罗龙善。在中国工农红军长征中，罗勇标曾任三五九旅七一九团一营一连连长、东北人民自治军吉长部队第二营营长等职。

1915年7月20日，罗勇标出生于江西省安福县洋门乡沛溪村一个杨姓贫农家中，取名作秀。生父因病早亡，扔下作秀等四儿一女，家境贫困。他在同胞兄弟中排行老三。4岁时，由于家里无力抚养，生母朱开珠含泪把他卖给彭坊乡苍前村罗华开为子，更名改姓叫罗龙善。

他在幼年时期，读私塾8年，聪明伶俐，练就了一身登高爬树的好本领，乡亲们都很喜欢他。少年时，他被推选为本乡红色苏区少年儿童团团长。他带领少年儿童担负着站岗放哨、盘查坏人、秘密为红军传递情报等重要任务。1931年，罗龙善自愿参加安福县红色警卫营当战士，改名罗勇标。1932年12月被选拔编入中国工农红军第二方面军十七师五十团当战士，参加了江西省吉安地区永新县著名的沙市战役。在这次战役中，罗勇标荣立了战功，他的名字光荣地上了师政治部表功台，他也被批准加入中国共产主义青年团。1933年，罗勇标加入中国共产党。1934年，他跟随红军长征，历经千难万险，长途跋涉，于1936年12月胜利到达陕北延安。1937年8月，部队改编为一二〇师三十五旅七十九团，罗勇标曾任该团一营一连战士、班长、排长、连长等职。参加了1942—1944年在陕北解放区开展的轰轰烈烈的南泥湾大生产运动。他吃苦在先，积极劳动，任劳任怨，为粉碎蒋介石对边区封锁和建设陕北解放区做出了一定的贡献。

1945年8月15日抗日战争胜利，我党为迅速建立巩固的东北根据地，命令三五九旅于10月初从陕北火速奔赴东北。同月，罗勇标等10余人被抽调到吉林军区任职，作为组建东北人民自治军吉长武装部队的骨干力量，他被任命为该部队第二营营长。

12月初，罗勇标率二营四连连长宗子明所属连队及司令部中的一部分干部共100多人，到长岭县三区吴大屯剿匪，随后到达长岭县城，同在长岭县城内的礼尚廉、潘秀科招收的百余人独立骑兵营和一个20多人的护城自卫队组成联防，共同驻防长岭县城。

其间，国民党先遣军招降司令张洪武、地下建军联络员刘牧非等偷偷窜到长岭，与敌伪残余势力相互勾结，且与土匪和地主武装大排队之间称兄道弟，招降纳叛，扩大势力，伺机攻打长岭县城。敌人窃取了 12 月 12 日晚间我军的秘密城防口令"团结—红军"，认为攻城时机已成熟，推选匪首"访贤"（即李化臣）为攻城总指挥，于当日将地主武装大排队、土匪绺子等 2000 余人集结于县城周围，13 日拂晓，敌人在城外以燃火为号，开始攻城。

罗勇标早已预感到敌情严重，非常注意加强城防戒备。他把原来防守 4 个城门的兵力由 1 个城门 1 个班增加为 1 个排，他还亲自指挥南门的作战防守。攻城战斗十分激烈，敌人伤亡惨重，久攻不破。这时防守东城门和北城门的两个排叛变投敌，他们敞开城门让敌人拥入。此刻，罗勇标在敌我力量悬殊的情况下，果断决定：保存实力，率部队边打边撤，由南门撤退到烧锅大院营部。撤退途中，连指导员刘石牺牲。待撤到营部后，罗勇标召开了班、排、连长会议，确定了"坚守待援"的战斗策略。

不料，激战到第四天，援军在城南拉拉街屯南甸子上受挫失利。激烈的坚守战进行了七天七夜，忠于党忠于人民的坚强战士罗勇标同志临危不惧，一次又一次地打退了敌人的进攻，揭穿了敌人所谓"调停和谈"等软硬兼施的种种阴谋诡计。至 19 日清晨，敌人从营部道东何家药铺挖地洞钻入烧锅院内，罗勇标率部队以一当十，在烧锅大院中与数倍于我的顽敌展开了激烈的枪战。战斗中，罗勇标同志不幸中弹牺牲，为解放长岭献出了宝贵的生命。

长岭县各界群众为了永远纪念罗勇标烈士的功绩，于 1954 年 10 月 1 日在县城北门外为罗勇标修建了革命烈士纪念碑。

（段希国）

吴宝珠

——记四平攻坚战中的一角

在四平攻坚战中，吴宝珠（原洮安县保民区拉先套保村人）连续完成了几次艰巨的爆破任务。当我军已进入四平市区时，敌人在纵深配备的工事与紧密集中的火力掩护下，企图进行顽固抵抗。我军向前挺进，又遭隐藏在左翼地堡的敌人的阻击，副连长派六班去爆破时没有完成任务，正在踌躇，吴宝珠与邵伯贞同志挺胸而出："我去！"几分钟后，他们便炸坏了两座地堡，抓了32个俘虏，扛着1挺崭新的美国重机枪回来了。

队伍继续向左翼挺进，敌人的4门炮都向这里集中射击，飞机也扫射得更加厉害，同志们绕过了地堡，刚向开阔地跃进，就被敌人的机枪打倒了好几个，但吴宝珠、邵伯贞等同志仍毫不犹豫地冲在最前边，刚过一个拐角，便与四五十个敌人碰了一个对面，吴宝珠眼疾手快，随手就将爆破筒扔了出去，敌人都吓得卧倒了，过了一会儿，敌人认为不会爆炸了，一齐站起来准备冲上来，哪知爆破筒恰巧爆炸，十几个敌人应声而倒，其他的也被打回去了。

敌我相隔20米远对峙着，敌人的火力更疯狂地向纵深地带射击，企图阻止我后续部队前进，吴宝珠、邵伯贞、薛德才、李祥宗4名同志被隔断在距敌最近的阵地上。这时，敌人一个连的第二次反冲锋又上来了，他们又用手榴弹将敌人打退了。一个多钟头后，后续部队只有小炮班增援上来4个人，别的再也无法运动上来了，子弹也打完了，手榴弹也剩得不多了。8个人中，只能有4个人监视敌人，其余4个人都要充当"运送员"和"供给员"。吴宝珠爬上最高处，专管投弹，邵伯贞就专门送手榴弹给他。他打得又远又准，敌人一连4次反冲锋都被打回去了，他们一共投了120多枚手榴弹，吴宝珠的指头上挂满了拉火的铜环，剩下的炸弹环，要连接起来足可以打成一条一丈长的铜链子。敌人第4次反冲锋时，吴宝珠也顾不得隐避身体，站在壕沟上面投弹，一个炮弹飞来，正巧炸在他身旁，将他震倒了，他的身上埋了一层土，但他立刻从土里爬出来，仅仅1分钟时间，又投出20多枚手榴弹，从此敌人再也不敢冲上来了。黄昏时刻，后续部队终于上来了，继续向市区挺进，吴宝珠仍然冲在队伍的最前边。

解决敌二六三团团部大红楼的那一夜，也是战斗最激烈的时刻，这时吴宝珠腿上已负了伤，一只眼睛也被刺刀挑伤了，肿得像个桃子，但他知道要爆炸红楼西边大门，觉得这个立功机会是无论如何也不能错过的，他竭力要求将这个任务交给他，连长允许了，并派李德义与他同去。他俩带着几名战士冒着敌人的猛烈射击，好不容易进行了第一次爆炸，这时李德义负伤了，他将李德义背回来，又准备第二次爆炸。当他挺进到距敌 30 米远的地方时，听到楼门口的敌人在讲话："好好注意！刚才敌人（指我军）来这儿了，估计还要来，等着来近了再打。"吴宝珠丝毫未被吓倒，他从容地向他左右的同志说："同志们，你们向楼门口打两个排枪，我去爆炸。"战友们的子弹打出去了，敌人的美国机枪也同时在楼门口吐出一串串的火球，突然红楼门口亮起一道耀眼的闪光，爆炸了，瓦木尘土足足飞出一里路，一块约有盆口大小的硬土块飞砸在吴宝珠的腰上，使他昏过去了。待清醒过来时，他已与李德义一同躺在隐避壕里，李德义告诉他："红楼已经解决了，600 多名敌人都被我们打得缴了枪，光是我们连就俘虏了 200 多人，还缴了很多美国机枪。"吴宝珠听了得意地笑了："不错，总算完成任务了！"这时别的同志与副连长也都过来对他说："这回不仅给你立大功，我们还准备讨论给你立特功呢！"

邻近我主攻部队指挥所 150 米远的地方，便是 20 米高的敌飞机库的水塔，这里已是孤立地遗留在我攻击部队后方的敌阵地了，但水塔上还有敌人的炮兵观察组，他们由一个中尉排长率领着盘踞在那里。他们居高临下，观察我军运动状况，指挥炮兵向我射击，有时还直接从后面向我攻城部队打冷枪，而且塔是钢筋水泥铸成的，爆炸 4 次都没有奏效。

正在此时，五连上来了，四大队的干部在向五连副连长交代任务，并介绍情况的时候，被吴宝珠听见了，他拍着胸口说："我去！炸好了回来给我立一大功！"还没等得到副连长的允许，他就去做准备工作了。副连长派了杜万发、刘殿源协助他。因为四大队熟悉地形，所以由四大队配合他们，并以机枪做掩护。吴宝珠、杜万发、刘殿源很快冲出去了，吴宝珠冒着手榴弹爆炸和冲锋枪射击的危险，高声向着水塔上面喊话："缴枪不缴枪？不缴枪就爆炸了，缴枪受优待！"但敌人一点儿也不理会，却对准他喊话的地方打了一梭子冲锋枪，接着又扔下了两颗手榴弹。吴宝珠可气坏了，"你真的还打吗？你听着吧！"突然，黑夜里闪过一阵霹雳般的巨响，水塔第一层就光剩下几根钢筋在支持了。"缴枪不缴枪？"吴宝珠接着又问，但敌人既没有缴枪，也没有回话，估计是被震昏了。吴宝珠乘此机会又进行了第二次爆炸，当敌人继续射击时，第二声巨响又响起来了。一阵黑烟腾起后，第二层又卸去了大半，水塔透亮了。"还打不打？"楼上仍

然没有回答，但见到窗户里伸出一只手来，拿着白毛巾在左右摇摆，敌人表示愿意缴枪了，战士卢景芳飞身钻进水塔，沿梯爬上去，不到 5 分钟，机关枪、冲锋式、子弹箱等全从 5 层楼上用绳子顺了下来，吴宝珠守在楼底下，高兴地接着胜利品，他擦了擦额角上的汗珠，咧着大嘴笑开了。不到 10 分钟，几个包着头扎着胳膊的俘虏下来的时候，吴宝珠瞪着眼睛朝着他们说："你们顽强，我比你们还顽强。"俘虏哭丧着脸，连连点头。

（选自 1947 年 7 月 23 日《东北日报》，作者程航）

王兆义

在解放战争中，我党成千上万的优秀青年为了人民的解放事业，冒着战火硝烟，前赴后继，英勇杀敌，不惜抛头颅洒热血，为祖国、为人民立下了战功，涌现出许许多多可歌可泣的英雄事迹，谱写了一曲又一曲感人肺腑的赞歌。他们用鲜血染红了战旗，用生命壮大了军威，他们的光辉业绩将永垂青史！

为了正义的事业而捐躯的烈士固然令人永志不忘，为了同样的事业还活着的英雄也理应受到我们的尊敬。"爆破英雄"王兆义就是一位活着的英雄。

1927年，王兆义出生于山东省巨野县独山乡高海村。那时的山东兵荒马乱，加之连年遭受自然灾害，民众饥寒交迫，生活在水深火热之中。受生活所迫，1943年，王兆义的父亲王青山带着妻子儿女5口人，投亲来到吉林省乾安县四父村腰父字井，不满16岁的王兆义从此开始了给地主放牛的苦难生活。

1946年1月，黄克诚领导的新四军三师八旅解放了乾安，同年2月，吉江省委二地委派干部到乾安县开展工作，并建立了县委、县民主政府，接着，各区也相继成立了农会。王兆义的父亲王青山出身贫苦，对敌斗争立场坚定，工作积极，因此当选为腰父字井农民建国会会长。他积极带头送子参军。王兆义在父亲的支持下，怀着对未来的美好憧憬，带着家乡父老的殷切期望，参加了黄克诚领导的队伍。

王兆义入伍后，处处严格要求自己，在战斗中英勇善战，冲锋在前，把生死置之度外，表现得十分出色。1946年5月，他光荣地加入了中国共产党。同年7月，王兆义在一次战斗中，为掩护战友转移，身负重伤，部队把他送回家中养伤。此后，他与这支部队失去了联系。1946年10月，伤愈后的王兆义又第二次报名参军，成为东北联军第七纵队二师四团战士。不久，他被调到师里学习爆破技术，他刻苦钻研爆破技术，进步很快。学习结束时，他以理论和实际操作"双百分"的优异成绩，在30多人的学习班里夺得第一名。

1947年6月，四平攻坚战打响了，王兆义所在的二师四团是尖刀团，其主要任务是扫清城外障碍，为大部队攻城打通道路。四平是贯通东、西、南、北满铁路的中心城市，战略位置十分重要。1946 年，我军主动撤离四平，国民党在此修筑了牢固的永久防御工事。这里地堡林立，战壕交织，城外设置的 6 层火力防御网层层交错，可谓易守难攻。蒋介石曾电示陈明仁："四平为战略要塞，如不保，则东北危矣。"陈明仁也曾扬言："四平修得好，城外有水壕，城上有碉堡，共匪打不了。"战斗开始前，营教导员林田山、副教导员黄文彬、营长张义成分别做了战前动员，王兆义代表全排战士表了决心。他们排是尖刀排，下设 3 个班：1 个尖刀班，1 个爆破班和 1 个二梯队班，王兆义在爆破班担任爆破组组长。下午两点，战斗正式打响，在我方强大火力的掩护下，战士们挖地雷、拆鹿寨、剪断敌人铁丝网，经过激烈战斗，我们的队伍已冲到敌人的战壕前。这时，敌人的火力明显加强，战壕和碉堡里的敌人一齐开火，城内的守敌也向我军阵地打炮，我军阵地成了一片火海。敌暗我明，我军伤亡惨重。经过两个昼夜的激战，我军冲过了战壕，迫近了敌人的碉堡群。但是，越是接近敌人的要害，敌人的顽抗就越是疯狂。敌人碉堡里的机枪吐着火舌不停地向我方阵地射击，火力压得战士们抬不起头。碉堡不摘掉，部队就无法前进，也会给部队带来更大的伤亡。几次派去执行爆破任务的战士都无法接近敌人碉堡，有的还不幸牺牲了。这一切被王兆义看在眼里，十分焦急，于是主动向营长请求承担爆破任务。获准后，王兆义经过充分准备，带领两名战士，拿起炸药包，在我方火力的配合下，匍匐前进。他们的肘部磨出了血泡，膝盖划出了口子，却全然不顾。经过一个多小时的爬行，他们终于来到敌人碉堡下。这时，几百双战友的眼睛都在注视着他们。只听"轰""轰"两声巨响，敌人的碉堡上了天，我们的阵地沸腾了，王兆义的爆破成功了，阵地上传颂着英雄的名字。这次爆破将敌人的外围火力打开了缺口，为我军胜利奠定了基础。经过 6 天的浴血奋战，敌人在四平外围的火力基本肃清。在战斗中，王兆义同志一人就炸毁敌人碉堡 5 座，为四平攻坚战的最后胜利立了大功。

敌人城外的最后一道防线被我军冲破后，国民党惶惶不安，加强了城防工事，企图负隅顽抗，做最后的垂死挣扎。战斗进入第七天，我军决定乘雨夜攻城。王兆义主动接受了炸敌城门的艰巨任务。晚上八点多钟，王兆义带领两名战士，每人背着 20 公斤的炸药，向敌人的城门摸去。途中，王兆义的两个战友不幸被敌人冷枪击中，一伤一亡，千斤重担落在王兆义一个人身上。他机智地躲过敌人的探照灯，用最短的时间爬到城下，并迅速靠近城门，听见碉堡里的敌人正得意扬扬地议论："今天下雨，共匪是不会来攻城的。"王兆义迅速放好炸药，就在敌人得意忘形之际，"轰"的一声巨响，敌人坐上了"土飞机"，城门被炸开了，大部队冲上去了。

四平战役胜利后，二师四团召开庆功会，授予王兆义一面锦旗，上面绣着"爆破英雄"4个大字。1947年10月，在彰武战斗中，王兆义又只身炸毁敌人碉堡3座，接着又随部队参加了新立屯、黑山县、大虎山等地的战斗。由于王兆义在历次战斗中一不怕苦，二不怕死，冲锋陷阵，勇敢顽强，每次都能胜利完成任务，能够经受得起血与火的考验，上级决定提升王兆义为副排长。年底，他被送到师部教导队学习战斗指挥，毕业后回原部队任排长。1948年10月，在解放锦州的战斗中，王兆义率领全排胜利地完成了上级交给的炸开城墙开辟通道的爆破任务。

王兆义同志为人民的解放事业立下了显赫的战功，党和人民给予他很高的荣誉：1950年8月，中南军区兼第四野战军为王兆义同志颁发了"爆破英雄"立功证书。

（衣占云）

凌 霞

在洮南市革命烈士陵园中，有一位"凌云冲九霄，歌声遏神州"的烈士，她就是洮南人民永远怀念的女作曲家——凌霞。

凌霞 1909 年出生在广东揭阳一个普通的农民家庭，她聪明伶俐，性格倔强，有着冲破世俗、奋发向上的侠女风格和巾帼不让须眉的气魄。她在村私塾读书时，学习刻苦认真，成绩经常名列榜首。她酷爱文学，思想活跃，善于思考，勇于探索。1926 年秋，她以优异的学习成绩考入汕头市国立女子中学，但后因家境贫寒被迫辍学。此时，柯柏年在汕头主办社会科学班，将她免费录取。这是她人生的一大转折，也是她追求真理的开端。1927 年，蒋介石发动"四一二"反革命政变后，汕头的政治形势十分紧张，在这种情况下，她只身一人去南澳岛，在那里创立了隆江女子小学并担任小学校长。1928 年春，她告别了南澳岛，考入上海女子青年会体育师范学校学习。上海的学习生活使她大开眼界，耳目一新。1929 年春，洪琛在广东兴办戏剧学校，凌霞又从上海返回故里，以优异的成绩考入戏剧学校。因学校未能及时开学，凌霞便又入上海女子青年会体育师范学校学习。

凌霞几经周折，几度求学，不但在文学上有了一定修养，而且音乐素质有很大提高。1930 年秋，她应聘来吉林省女子师范学校音乐班任教，因报到时间拖长，学校又另聘教员，她只好取道去乌兰浩特市一小音乐专科班任教，同年末返回广州，考入音乐学校学习，同时兼任广州女子体育学校、女子职业学校教员。她半工半读，既当老师又当学生，深受学生们的喜欢。凌霞经常向学生宣传进步思想，主张中华民族独立，摆脱帝国主义铁蹄，积极参加反帝运动。1934 年末，她因参加反帝运动，遭到追捕，被迫逃往上海。

1937 年"七七"事变爆发后，凌霞积极参加抗日救亡活动，加入上海文艺界救亡协会组织的演剧募捐队。她参加的第一队曾到苏州太湖、芜湖、安庆一带演出，热心献身于革命事业。

她热爱祖国，热爱人民，追求真理。1938 年，她历尽坎坷，不辞艰辛，来到革命圣地延安。

在党的关怀下，凌霞先后入陕北公学和抗日军政大学、延安工人学校学习，政治思想觉悟不断提高，她更加坚信马列主义毛泽东思想，坚信只有中国共产党才能救中国的真理。1939 年夏，她光荣地加入了中国共产党，从此把自己的一生交给党来安排。1939 年 7 月，党中央指示延安广大干部到敌后开展国防教育，凌霞放弃中国女大聘请，毅然与延安工人学校同志一起到河北一带开辟工作。不久，应中国共产党创办的华北联合大学校长成仿吾和吕骥的邀请，她到该校任舞蹈研究室主任，兼任戏剧系主任。在此工作期间，她加倍努力，创作了《儿童放哨歌》，荣获晋察冀文协颁发的鲁迅文学创作奖。以后又创作了《三八节歌》，在全国广泛流传，深受中国妇女的喜爱。

1946年2月，根据党中央迅速建立巩固的东北根据地的指示精神，解放区的大批干部被派往东北，凌霞随辽宁省文工团来到洮南县。她以饱满的革命热情和忘我的工作精神，去工厂，去农村，利用各种形式教唱革命歌曲，唤醒广大人民群众，鼓舞革命斗志。在她的影响下，洮南许多妇女摆脱了封建思想的束缚，走上了革命道路，积极参加土地革命，涌现出了"九淑云闹革命"的动人事迹。

1946年3月15日，凌霞完成了郭沫若的诗歌《进步赞》的谱曲工作后，在积极准备为描写东北解放后人民大众欢天喜地的心情的《天亮了》这一歌词谱曲时，因工作需要，乘大车去洮儿河北岸的农村考察，中途不幸遇车祸，以身殉职。

凌霞在洮南完成了《解放歌集》第一部的编写和校对工作，为郭沫若的《进步赞》谱了曲，创作了《从黑暗到光明》《黑暗曲》《天亮了》等作品，这些歌曲深受全国人民的喜欢，在洮南的土地改革运动中，起到了宣传群众、鼓舞群众的作用。

凌霞为了中国人民的解放事业，奋斗到生命的最后一刻，她把青春的碧血洒在洮南的大地上，党和人民都深切地怀念她。在她牺牲的第二天，辽吉军区政治文工团和洮南各界群众1000多人就在城关俱乐部礼堂举行了隆重的追悼大会，演奏了凌霞遗作《进步赞》等歌曲，以示对革命烈士的悼念。辽吉军区决定成立凌霞文艺奖金委员会，用烈士生前的稿费作为奖金，让烈士的精神永远鼓舞我们前进。

新中国成立后，曾与凌霞烈士并肩战斗的战友都无限怀念她，稚子们赋诗悼念，以祭英灵：

凌霞终遂凌云愿，爱众兼怀爱国心。暮鼓晨钟凭曲艺，遗葬硕划忆余音。

凌霞的精神鼓舞着洮南人民，她的歌曲在世代洮南人民中流传着，人民永远怀念她。每当清明节，成群结队的少先队员、共青团员、青年胸佩白花，手捧花圈，来到烈士墓地祭奠。政府曾多次拨出专款，对烈士墓进行修缮，表达了洮南人民对党的优秀儿女凌霞的永远怀念。

（曹德才）

王 超

王超（1922—1945），原名王怀奎，安徽省来安县施官乡周桥村人，少年时在家乡的私塾就读，1938年转入来安县初级中学求学。

1939年春，他回到了自己的家乡施官耿郢教书。不久，新四军开进了他的家乡，年仅17岁的王超喜出望外，奔走呼号。他毅然投身革命，又很快地加入了中国共产党，成长为一名光荣的革命战士。1940年夏，王超同志参加了抗日民主政府在彭岗铺开办的一所干部训练班学习。学习结束后，他被分配到埝塘乡当乡长。后来又被调到中所乡担任乡指导员。不久，他又被调到县委机关工作。当时，解放区对敌占区实行经济封锁政策，严禁解放区的物资流入敌占区，个别人贪图眼前利益，采用各种卑劣手段，将粮食偷偷运往敌占区高价出售。于是，常有一些地方上的熟人，因为偷运粮食被查获来找王超的父母和他说情。王超常常是严肃认真地对求情人说，把粮食送到敌占区就是资敌，资敌是狗腿子汉奸们干的坏事，叫谁来说也不行！在他的严格监督和检查下，再没有人敢把粮食拿到敌占区去卖了。

1943年，中共来六办事处成立，王超同志调到这个办事处任交通站站长。1945年春夏之交，被抽去参加来六办事处在竹镇张王村举办的整党整风学习。学习结束后，被分配到中共水口区委员会担任委员。当时水口区是个刚开辟的新区，工作困难多，环境也比较艰苦，但是，王超同志还是欣然服从了组织的分配。

1945年8月，日本帝国主义无条件投降。中共中央为了迅速完成党的"七大"提出的"争取东北"的重要任务，调集两万多名干部、11万大军挺进东北。王超同志就是这两万名干部中的一员。出发前的8月17日，他回到家乡与亲人告别。母亲依依不舍地一再追问："你这次去，什么时候能回来？"他笑着说："等我头发白了就回来了！"第二天一早，他就打起背包踏上了征程。队伍经江苏、山东、河北，10月到达沈阳。他先被分配到齐齐哈尔，后被调到白城地委，11月，被任命为安广县委书记兼安广人民自治军独立团政治委员。

当时的安广县隶属嫩江省。1945年"光复"后，国民党、地主武装和多股土匪互相勾结，一时间反革命气焰十分嚣张。1945年8月下旬，安广县国民党党部书记长陈继哲开始筹建国民党党部，并指令伪街长周治平、大地主王云鹏组织反动武装，准备接收安广。10月初，陈继哲到舍力村见到了维持会自卫团团长毛贵生，扬言："中央军快要接收安广了，接收后让毛贵生当公安大队长。"毛贵生当即接受了陈继哲的口头许诺。

这年10月，夏尚志率部队到安广接收并收编了地主武装舍力村维持会自卫团，将其改编为安广县自治军第三骑兵连（后改编为二营），任命自卫团团长毛贵生为连长、王德本为副连长。不久，毛贵生带领第三骑兵连收编了烧锅镇自卫团第三骑兵连的1个排。10月中旬，舍力村第三骑兵连被改编为安广人民自卫独立团二营。毛贵生任营长，王德本任副营长。二营所属各连、排共有指战员124人，主要任务是协同剿匪，收缴地主武装，维护社会治安，保卫红色政权。当时正是国民党从关内调集大批武装部队到东北，并四处网罗反动势力，以挑起大规模内战的时刻，安广县的土匪、劣绅、地主、富农相互勾结，加之伪安广县国民党党部暗地串联，企图颠覆我红色政权。于是，一批土匪、地主分子和日伪残渣余孽混进了二营，并窃取了部分营、连、排长职务，埋下了隐患。正在这时，陈继哲又听说舍力村的维持会自卫团被我八路军收编，恼羞成怒，发誓一定要把毛贵生重新捏在手里，他随即派周治平、曲逸君去长春向吉林省国民党部书记长东北先遣军总司令石坚汇报安广情况，请示任务，还亲自出马第二次去舍力村召见毛贵生。他向毛贵生造谣说："苏联红军在东北待不长，很快就会走。"指令毛贵生加紧扩充兵力，到时帮助他接收安广，并告诉他："我已派周治平、曲逸君去长春石坚那联系编军问题。将来我保证你当先遣军司令。"毛贵生当即向陈继哲表示："一切行动听从指挥、调遣。"

在这十分复杂而又紧急的形势下，王超坚定不移地站在党的立场上，认认真真地按照党的指示办。经过两个月的努力工作，他终于把一个原来仅有几十人的队伍发展到拥有600多人的一支人民武装——安广人民自治军独立团。

1945年11月24日，国民党东北光复军建军联络员曲逸君（被陈继哲派往长春后受先遣军总部委任）按陈继哲的旨意，来到舍力村与毛贵生密谋整编先遣军一事，还递交了建军委员周治平给毛贵生的一封信。信上告诉毛贵生："土匪已投降，正在荆家岗子集结。"毛贵生接到信后立刻给周治平回了信。信上告诉周治平："我们已决定与土匪合在一起干。"11月27日，毛贵生又接到周治平的来信。信中说："土匪有200多人，张伯然（安广县人民自治军三营副营长）等40多人已到荆家岗子集齐，准备攻打安广。"

当夜，毛贵生带队赶到荆家岗子，和等候在那里的周治平、土匪"双合"（于振铎）、"双龙"（孙长山）、"飞字"（王云鹏）以及张伯然等人开了一个临时会议，会上决定由毛贵生带队去平安村缴械我公安队。

11月28日，毛贵生带队来到平安村，张士奎以我军二营教官的身份诈开我公安队临时驻地大门。他们进院后，趁公安队洗漱之机，将27名干部、战士全部缴械。得大小枪13支，并将我军27名官兵交伪平安村维持会会长郑宪廷看管，毛贵生带队赶回荆家岗子。当日晚，周治平、李振国、毛贵生主持开会，讨论攻打安广县城计划。周治平、"双合"、张伯然等人提出11月30日打，毛贵生坚持12月1日打。他们讨论后决定，攻打时间是12月1日夜，总指挥毛贵生，口令"成功"，标记为左臂扎白毛巾，攻打信号是喇叭响声。他们兵分两路，东路由"双合"、张伯然指挥，顺东站向南奔街东攻打我军团部、公安处，西路一、二连由毛贵生指挥。

1945年12月1日深夜，毛贵生指挥的土匪和叛军300多人向安广人民自治军独立团部发起突然袭击。敌人的火力相当猛烈，子弹像雨点般飞来。王超面对强敌，沉着指挥，英勇抵抗。双方激战1个多小时后，终因寡不敌众，两个土碉堡相继被敌人占领，我军被迫突围。在激战中，王超身负重伤，但他顽强地呼喊："同志们，要战斗啊！"后因伤势过重，经抢救无效，王超同志流尽了最后一滴血，为安广人民的解放事业献出了宝贵的生命，时年仅23岁。

在这次平叛战斗中，我安广人民自治军10多名干部、战士光荣牺牲，团长刘玉堂负重伤，副县长刘希平等30多人被俘，安广人民自治军的武装力量受到极大损失，安广红色政权遭到严重破坏。后在苏联红军的配合下，这场叛乱终于平息。

后来，安广各界人民群众怀着极其悲痛的心情，将烈士的遗体掩埋在安广镇东门外的一处高坡上。1950年，安广县人民政府隆重举行王超烈士安葬仪式，将烈士遗骨安葬于新建的烈士陵园。王超烈士为国为民捐躯的英雄业绩和无私无畏的献身精神，将永远镌刻在历史丰碑上，牢记在安广各族人民的心中。

（朱成坤）

烈士名录

洮南市

姓　名	职　务	原　籍	牺牲地点	牺牲时间
徐凤武	骑兵师一团一营三连战士	突泉县	本市	1948.8
赵惠清	农会会长	辽宁省新民县	本市	1947.8
杨玉贵	县大队战士	本市	本市	1946.12
高文元	区政府警卫员	农安县	本市	1947.8
包振亚	内蒙古警备总二队（中队长）	内蒙古自治区乌兰浩特市	突泉县	1945.11
关宝山	东北七纵队二十一师战士	辽宁省开原市	本市	1948.6
孙　华	县大队战士	农安县	本市	1946.4
丁振东	公安局局长	公主岭市	本市	1946.3
朱守忠	保安一旅战士	通榆县	本市	1948
吴启发	剿匪大队营长	本市	本市	1948.10
舒祥林	独立师三连战士	本市	白城市	1945.9
裴景春	民主联军战士	河南省滑县	白城市	1947.7

白城市

姓　名	职　务	原　籍	牺牲地点	牺牲时间
刘海明	政　委		本市	1945. 12
宇野志马太	工　人	日本国	本市	1947. 9
王玉海	战　士	本市	本市	1946. 7
付成玉	区中队班长	本市	本市	1947. 7
王景林	东北三纵队八师二十二团五连战士	本市	本市	1948. 2
曹镇清	战　士	本市	大安县	1945. 12
徐振龙	战　士	本市	本市	1946. 8

通榆县

姓名	职务	籍贯	出生地点	牺牲时间
呆广吉	副区长	开通县	开通县	1947
张振邦	区小队队长	瞻榆县	瞻榆县	1948.12
孙广和	公安队战士	瞻榆县	瞻榆县	1948.3
王向儒	区主任	本县	本县	1946.8
王振海	东北野战军 七纵队二十师战士	本县	洮安县	1948.4
姜玉福	农会会长	本县	本县	1946.9
王 义	东北军独立二团 战士	本县	白城市	1947.7
刘占国	区中队战士	本县	本县	1946.5
王耀东	赴东北干部 工作团副团长	辽宁省沈阳市	瞻榆县	1946.5
张景川	区长	江苏省	开通县	1947.7
商德发	战士	本县	本县	1947.8
崔俊清	东北民主联军战士	本县	本县	1946.8
吴广禄	东北民主联军战士	本县	本县	1947.3
王福海	游击队战士	本县	本县	1946.4
任国忠	区中队战士	本县	本县	1949
刘玉春	县大队战士	本县	本县	1946.8

镇赉县

姓 名	职 务	原 籍	牺牲地点	牺牲时间
齐景全		山东省	白城市	
马钧泉	区干部	镇赉县	本县	1946.7
孙宝龙	战 士	镇赉县	本县	1946.10
佟振和	武装队长	镇赉县	本县	1947
冯作舟	武装队长	镇赉县	本县	1946.8
刘 福	战 士	大安县	前郭县	1947.6
那中山	农会会长	镇赉县	本县	1946.8
谭 忠	战 士	镇赉县	本县	1947
黄振海	东北五纵队十三师三十七团战士	镇赉县	安广县	1946
王凤山	东北七纵队十九师战士	镇赉县	长岭县	1948
毕家文	县大队战士	镇赉县	本县	1946
李子仲	农会主任	镇赉县	本县	1946.9
翟成福	战 士	黑龙江省泰来县	本县	1947.6
刘海楼	武装队长	辽宁省锦州市	本县	1947.11
刘万江	农会会长	本县	本县	1947.10
李六所	县蒙古大队战士	本县	安广县	1948.10
李德民	区 长	本县	本县	1947.7
于洪恩	骑兵团战士	农安县	本县	1948.1
吕云廉		本县	洮安县	
刘 和		扶余市	本县	
赵国昌	县大队战士	本县	本县	1947.2
齐显章	县公安队战士	本县	洮安县	1946.8

大安市①

姓 名	职 务	原 籍	牺牲地点	牺牲时间
张殿才	骑兵团一连副连长	大安县	白城市	1947
沈庆学	县大队战士	大安县	大赉县	1946.10
范宝山	战 士	大安县	本县	1946
陈 富	区中队班长	大安县	本县	1947.7
杜 海	老四师战士	大安县	本县	1948.7
陈静山	县大队战士	大安县	本县	
唐启荣	县大队中队长	大安县	本县	1947.11
周井春	县大队战士	大安县	扶余市	1946.9
周海生	区政府干部	大安县	本县	1947.12
安国彬	副村长	大安县	本县	1946.8
王殿坤	县大队战士	大安县	本县	1946.9
郭振德	区联防队战士	大安县	通榆县	1946.8
孙国全	区联防队战士	大安县	通榆县	1946.8
韩万生	县大队战士	大安县	本县	
李文生	区农会主席	大安县	本县	1948.1
滕喜生	县大队战士	大安县	本县	1946
周怀禄	区中队战士	大安县	本县	1946.9
付振国	七纵队战士	本县	洮南县	1948
樊万成	战 士	本县	白城市	1946
张 和	战 士	本县	通榆县	
刘春友	县大队队长	本县	本县	1947
李洪阳	县大队班长	本县	本县	1947.8
郑希武	区政府区队长	本县	本县	1946
付殿文	县大队排长	本县	本县	1947
张殿才	县大队战士	本县	本县	1947.7
长喜春	县纠察队班长	本县	本县	1946.9

① 1988 年 8 月 30 日，国家民政部批准大安撤县建市，称大安市。

李洪发	县大队班长	本县	本县	1948
李福祥	县大队战士	本县	本县	1947
薛守成	区中队班士	本县	本县	1946
孙喜才	七纵队二十一师战士	本县	本县	1948.1
李景春	县大队战士	本县	本县	1947.10
李凤祥	战士	本县	本县	1947
徐占林	县大队战士	本县	本县	1946.10
许 述	县大队战士	本县	本县	1946.5
范存永	区中队战士	本县	本县	1947.10
刘玉贵	县大队战士	本县	本县	1945.11
王玉林	县大队战士	本县	本县	1946
陈玉喜	七纵队战士	本县	开通县	1948.4
于 祯	县公安局指导员	本县	本县	1945.12
耿保林	战士	本县	本县	1945.10

乾安县

姓　名	职　务	原　籍	牺牲地点	牺牲时间
刘　萍	政　委		本县	
吕继文	区大队队长	江苏省灌云县	本县	1946
陈永生		江苏省	本县	1947.9
温德发	乡　长	本县	本县	1946.9
卜宪存	乡　长	本县	本县	1946
张龙廷		山东省	本县	1946
梅春贵		江苏省	本县	1946
李树祥		山东省	本县	1946
徐　明		山东省	本县	1946

长岭县

姓　名	职　务	原　籍	牺牲地点	牺牲时间
刘清海	县大队战士	本县	本县	1947.12
尚世仁	县大队战士	本县	本县	1946.11
周金玉	县大队战士	本县	本县	1947.5
王　明	区小队队长	本县	本县	1946.10
高万仁	县大队战士	本县	本县	1946.2
宋　合	保安十九团战士	本县	本县	1947.1
王占林	县大队战士	本县	本县	1946.11
林凤生	县大队战士	本县	本县	1949.4
高殿发	县大队班长	本县	本县	1948.9
杨万花	县大队三中队长	本县	本县	1947
连喜祥	战士	本县	洮安县	1948.11
单海忱	区小队战士	本县	本县	1946.11
张有才	区中队战士	本县	本县	1948.2
马俊国	区中队战士	本县	本县	1947
姜万令	区中队战士	本县	本县	1947.6
乔振山	区卫队战士	本县	前郭县	1946.10
齐凤相	区中队战士	本县	本县	1947.11
王凤德	区中队战士	本县	本县	1947.11
王洪珍	区中队战士	本县	本县	1947.2
冀联纯	区中队战士	本县	本县	1946.2
魏　财	保安二旅战士	本县	本县	1946.8
李国生	区中队战士	本县	本县	1948
王占海	保安二旅十九团战士	本县	本县	1946.11
陈青山	县中队班长	本县	本县	1947.11
高宝英	区中队战士	本县	本县	1947.3
战凤清	战士	本县	本县	1947.12
刘祝仁	战士	天津市宁河区	本县	1946.1

前郭县

姓　名	职　务	原　籍	牺牲地点	牺牲时间
刘士珍	旗骑兵队战士	农安县	本县	1947
邹本春	区翻身会会员	农安县	本县	1946.4
杨大喜子	区中队战士	农安县	本县	1946
王作林	农会会长	洮南县	本县	1949.1
徐　贵	旗大队战士	农安县	本县	1946.7
窦广和	屯　长	农安县	本县	1947.3
蓝长和	工作队队员	农安县	本县	1947.9
赵喜贵	区中队战士	农安县	本县	1946.2
牟占山	农会会长	农安县	本县	1946.9
赵广新	区自卫队队长		本县	
周必胜	通信员		本县	1946.12
刘泰珠	工作队队员		本县	1946.10
好陶老	战士	本县	本县	1947.1
青　龙				1947.4
朝哥陶	工作队队员	本县	本县	1947.7
黄墨英		本县	本县	1947.2
赵忠孝	骑兵二连副班长	扶余市	本县	1947
宝　剑	排　长	大安县	大安县	1947.2
朱金高	区中队排长	江苏省	本县	1946.5

扶余市①

姓 名	职 务	原 籍	牺牲地点	牺牲时间
宋云峰	城防司令部战士	本县	本县	1946.2
于 江	区 长	本县	本县	1947.2
何忠常	东北联军战士	本县	本县	1947.12
巨 财	通讯员	本县	本县	1946
陈喜山	三十九军一一七师班长	本县	本县	1946.12
季文山	民 兵	本县	本县	1946.9
张子财	保安团战士	本县	本县	1946.12
蔡德恩	保安团战士	本县	本县	1946.7
常振国	城防司令部战士	本县	本县	1945.12
雷君荣	农会会长	本县	本县	1947
赵国臣	区中队民兵	本县	本县	1947
李 生	区中队民兵	本县	本县	1947
李 勇	区中队队长	本县	镇赉县	1947
杨贵田	战士	本县	本县	1947
付文才	战士	本县	本县	1946
刘力锋		本县	本县	1947.10
王 有	战士	本县	大安县	1946.12
邢瑞林	战士	本县	本县	1948
刘喜林	战士	本县	本县	1947.7
孙连有	战士	本县	本县	1946.8
杨初春	农会民兵	本县	本县	1946
翟文江	战士	本县	本县	1949.8
张金武	战士	本县	本县	1947.3
姜守成	中队副队长	本县	本县	1946.12
张万荣	战士	本县	本县	1948

① 1987 年 11 月，扶余县撤县建市，称扶余市。

郑万贵	战士	本县	本县	1946.12
韩北俞	战士	本县	本县	1946.5
吴吉久	战士	本县	本县	1946.8
刘跃起	战士	本县	本县	1946.11
李具仁	战士	本县	本县	1947.11
马殿元	城防司令部战士	本县	前郭县	1946.6
解海山	东北民主联军战士	本县	本县	1946
刘　珍	民　工	本县	本县	1947.7

突泉县

姓　名	职　务	原　籍	牺牲地点	牺牲时间
田树发	区中队战士	本县	本县	1947.2
侯维长	东北纵队独立团战士	辽宁省海城市	洮南县	1946
朱如钢	东北民主联军战士	辽宁省	本县	1947

（烈士名录为各县市史志办公室提供）

附　录

组织沿革

一、中共白城子地工委及政、军组织

（一）党的组织

中国共产党白城子地方工作委员会

（1945.11—1946.3）

中共白城子地工委建于 1945 年 11 月中旬，归中共嫩江地区工委（1946 年 1 月改为嫩江省工委）领导，辖洮安、洮南、安广、大赉、开通、瞻榆、镇东、扶余 8 个县和郭尔罗斯前旗。从 1945 年 11 月至 1946 年 1 月中旬，先后建立了洮安、洮南、安广、大赉 4 个县委和扶余县工委（扶余县工委兼管郭前旗工作，后者于 1946 年 2 月建立旗委）。1946 年 1 月，中共辽北省委从梨树县北迁途中，改建为中共吉江省委，2 月进入洮南。白城子地区县、旗多数划归吉江行政区，白城子地工委下属组织只辖洮安、镇东两个县委。同年 3 月初，从镇东县分出一部分建立赉北县，以后又与镇东县共建 1 个县委，称镇赉县委。3 月末，由于中共吉江省委改建嫩南区党委，白城子地工委所辖县委划归嫩南区党委领导，白城子地工委随之撤销。

中共白城子地工委领导机构

书 记 张 策 （1945.11—1946.3）

副书记 任志远 （1945.11—1946.3）

委 员 张 策 任志远 夏尚志 赵 洪 张志明

中共白城子地工委工作机构

组织部

部 长 任志远（兼，1945.11—1945.12）

赵 洪 （1945.12—1946.3）

张志明 （1946.3）

中共白城子地工委所属县委

中共洮安县委（1945.12—1946.3）
书　记　石明之（1945.12—1946.3）
副书记　赵振干（1946.3）

中共洮南县委（1945.11—1946.1）
书　记　于英川（1945.11）
　　　　武蕴藻　（1945.11—1946.1）

中共安广县委（1945.12—1946.1）
书　记　王　超（1945.11—1945.12）

中共大赉县委（1945.12—1946.1）
书　记　郑　平（1945.12—1946.1）

中共开通县工委（1946.1）
书　记　唐宏光（唐楠，1946.1）

中共镇东（赉）县委（1946.2—1946.3）
书　记　王大钧（1946.2—1946.3）

中共扶余县临时工委（1945.11—1946.1）
书　记　程世清（1945.11—1946.1）

（二）政权组织

白城子专员公署

（1945.11—1946.3）

日本投降后，"满洲"省委时期党的地下工作者夏尚志就在家乡镇赉开展革命工作。1945年9月底去沈阳同东北局接上关系，被任命为北满地区第一行政督察专员公署专员，张昭被任命为副专员（未到职）。10月，夏尚志回到白城子，在苏军协助下，先后接收了洮安、洮南、安广、大赉、扶余等县和郭前旗，并在这些县旗建立了人民政权组织。1945年11月中旬，在建立白城子地委的同时，建立了白城子行政督察专员公署（以下简称"白城子专员公署"），北满第一专员公署撤销。白城子专员公署隶属嫩江省政府，下辖洮安、洮南、安广、大赉、开通等县（郭前旗和瞻榆、镇东、扶余3县于1946年2月才建立政府）政府。1946年1月下旬，随着行政区划变更，白城子专员公署只辖洮安县政府，1946年2月增辖镇东县政府。同年3月，从镇东县分出赉北县，增辖赉北县政府。1946年3月末，白城子专员公署撤销，所辖各县政府划归嫩南行政公署。

专　员　张　策（兼，1945.11—1946.3）

白城子专员公署下辖县政府
洮安县民主政府（1945.12—1946.3）
县　长　朱勤轩（1945.12—1946.3）
　　　　郑芥舟（1946.3）
副县长　郑芥舟（1945.12—1946.3）

洮南县民主政府（1945.11—1946.1）
县　长　王克明（1945.11—1945.12）
　　　　武蕴藻（兼，1945.12—1946.1）
　　　　副县长　胡秉权（1945.11—1945.12）

安广县民主政府（1945.12—1946.1）
县　长　李连馨（1945.12—1946.1）
副县长　刘希平（1945.12—1946.1）

大赉县民主政府（1945.12—1946.1）
县　长　沈家容（1945.12）
副县长　鲁也平（1945.12—1946.1）

开通县民主政府（1945.12—1946.1）
县　长　袁立忠（1945.12）
　　　　唐宏光（兼，1946.1）

镇东县民主政府（1946.2—1946.3）
县　长　袁立忠（1946.2—1946.3）

赉北县民主政府（1946.3）

县　长　赵振干（1946.3）

扶余县人民联合政府筹委会（1945.11—1946.1）

会　长　程世清（兼，1945.11—1946.1）

（三）地方军事组织

东北人民自治军白城子军分区

（1945.11—1946.3）

1945年11月中旬，在建立白城子地委、专署的同时，建立了嫩江军区第一军分区，亦称白城子军分区。隶属嫩江军区。辖洮安城防司令部、洮南县保安大队、安广县独立团、大赉县独立团、开通县大队、镇东县大队、赉北县大队。1946年2—3月只辖洮安、镇东、赉北县武装组织，3月末撤销。

司　令　员　夏尚志（1945.11—1946.3）

政治委员　夏尚志（兼，1945.11）

　　　　　张　策（兼，1945.11—1946.3）

副政治委员　任志远（兼，1945.11—1946.3）

参　谋　长　罗赞成（1945.11—1946.3）

政治部主任　赵　洪（1945.11—1946.3）

白城子军分区下辖县级军事组织

洮安县城防司令部（1946.2—1946.3）

司令员　马远培（1946.2—1946.3）

洮南县保安大队（1945.11—1946.1）

大　队　长　贺玉坤（1945.11—1946.1）

政治委员　王冠军（1945.11—1946.1）

副大队长　康建贤（1945.11—1946.1）

安广县独立团（1945.10—1946.2）

团　　长　刘玉堂（1945.10—1946.2）

政治委员　王　超（兼，1945.10—1945.12）

大赉县独立团（1945.10—1946.2）

团　　　长　石和伦（1945.12—1946.2）

政治委员　郑　平（兼，1945.10—1946.2）

开通县大队（1946.2）

大　队　长（空缺）

政治委员　李引菊（兼，1946.2）

镇东县大队（1946.2—1946.3）

大　队　长　李　斌（1946.2—1946.3）

政治委员　王大钧（兼，1946.2—1946.3）

赉北县大队（1946.3）

大　队　长　夏学堂（1946.3）

政治委员　任志远（兼，1946.3）

二、中共吉江省委及政、军组织

（一）党的组织

1.中国共产党吉江省委员会

（1946.1—1946.3）

1946年1—6月，先后在洮南、郭前旗建立两个吉江省委。

1946年1月，中共中央东北局按照中共中央关于东北工作的方针和陈云同志《对满洲工作的几点意见》，决定将嫩江省南部的洮南和松江省的"三肇"一带，以及吉林省在中长铁路以西的各县组成吉江行政区。由原辽北省委主要成员组成中共吉江省委。下属组织包括白城子地工委所属的洮南、开通、瞻榆、安广、大赉、扶余、郭前7个县（旗）委，和中共松江省工委哈西地委所属的肇源、肇州、肇东3个县委（现属黑龙江省辖区），吉林省工委所属的长春、乾安两个县委和原辽北省委的农安县委（1月下旬分出德农县委），共14个县（旗）委。中共吉江省委隶属中共西满分局，驻地洮南。

中共吉江省委领导机构
书　记　郭述申（1946.1—1946.3）
副书记　邵式平（1946.1—1946.3）
　　　　顾卓新（1946.1—1946.3）

中共吉江省委工作机构
中共吉江省委设组织部、宣传部。
组织部
部　长　顾卓新（兼，1946.1—1946.3）
宣传部
部　长　李曙森（1946.1—1946.3）

中共吉江省委所属地委
1946年1月中共吉江省委在洮南设立中共洮南地委，下设洮南、开
通、瞻榆3个县委。1946年3月，洮南地委撤销。

中共洮南地委（1946.1—1946.3）
书　记　朱理治（1946.1—1946.3）

中共吉江省委及洮南地委所属县（旗）委
中共洮南县委（1946.1—1946.3）
书　记　武蕴藻（1946.1—1946.2）
　　　　易吉光（1946.2—1946.3）

中共开通县（工）委（1946.1—1946.3）
1946年2月，县工委改为县委。
书　记　唐宏光（1946.1—1946.2）
　　　　李引菊（1946.2—1946.3）
副书记　唐宏光（1946.2）

中共瞻榆县委（1946.2—1946.3）
书　记　冯安国（1946.2—1946.3）

中共安广县委（1946.2—1946.3）

书 记 张志明（1946.2—1946.3）

中共大赉县委（1946.2—1946.3）
书 记 郑 平（1946.2）
　　　 张学文（1946.2—1946.3）
副书记 门镇中（1946.3）

中共扶余县（工）委（1946.1—1946.3）
1946 年 2 月，县工委改为县委。
书 记 程世清（1946.1—1946.2）
　　　 陈 星（1946.2—1946.3）
副书记 宋秋潭（1946.2—1946.3）

中共郭前旗委（1946.2—1946.3）
书 记 王央公（1946.2—1946.3）
副书记 南阶池（1946.2—1946.3）
　　　 赵 渊（1946.2—1946.3）

2. 中国共产党吉江省委员会（后）

（1946.3—1946.6）

为了统一嫩南地区党政军的领导，完成解放齐齐哈尔的任务，1946 年 3 月，东北局和西满分局决定，将吉江省委辖区分为两部分，在辖区的西部建立嫩南区党委，在辖区的东部郭前旗组建后吉江省委。驻地郭前旗，隶属中共西满分局，下属郭前旗、大赉、扶余、乾安、农安、德农、长春、肇东、肇州、肇源 10 个县（旗）委。1946 年 5 月底，国民党政府军队进犯到第二松花江南岸，侵占了农安、长春、德农等县。1946 年 6 月，中共中央东北局和西满分局根据战争发展的新情况决定，撤销后吉江省委，将其所辖松花江以北的"三地"划归嫩江省，扶余划归松江省，其余的 6 个县（旗）并入辽吉行政区。

中共吉江省委（后）领导机构

书 记 刘 震（1946.3—1946.6）

副书记 刘 彬（1946.3—1946.6）

委 员 喻 屏（1946.3—1946.6）

郭 峰（郭连郊，1946.3—1946.6）

宋乃德（1946.3—1946.6）

沈启贤（1946.3—1946.6）

中共吉江省委（后）工作机构

中共吉江省委（后）设组织部、宣传部。

组织部

部 长 喻 屏（1946.3—1946.6）

宣传部

部 长 刘 彬（兼，1946.3—1946.6）

中共吉江省委（后）所属县（旗）委（属吉林省辖区的有7个县旗委）

中共郭前旗委（1946.3—1946.6）

书 记 王央公（1946.3—1946.6）

副书记 南阶池（1946.3—1946.6）

赵 渊（1946.3—1946.5）

张梅溪（1946.5—1946.6）

中共大赉县委（1946.3—1946.6）

书 记 张学文（1946.3—1946.6）

副书记 门镇中（1946.3—1946.6）

中共扶余县委（1946.3—1946.6）

书 记 陈 星（1946.3—1946.6）

副书记 宋秋潭（1946.3—1946.6）

中共乾安县委（1946.3—1946.6）

书 记 唐 克（1946.3—1946.6）

副书记　张　健（1946.3—1946.6）

中共农安县委（1946.3—1946.6）
书　记　邱新野（1946.3—1946.5）
　　　　董雨航（1946.5—1946.6）
副书记　吴清明（1946.4—1946.5）
　　　　邱新野（1946.5—1946.6）

中共德农县委（1946.3—1946.4）
中共德农县委于1946年4月25日撤销。
书　记　董雨航（1946.3—1946.4）

中共长春县委（1946.3—1946.6）
书　记　王晓天（1946.3—1946.5）
　　　　韩清泉（1946.5—1946.6）
副书记　张梅溪（1946.3—1946.4）

（二）政权组织

1. 吉江行政公署

（1946.1—1946.3）

为了加强西满根据地的建设，1946年1月，中共西满分局决定在洮南、"三肇"一带建立吉江省委的同时，建立吉江行政公署。行署驻地洮南，辖14个县（旗）政府。1946年2月，行署又在洮南建立了吉江第一专员公署（洮南专署）。

吉江行政公署领导机构
主　任　栗又文（1946.1—1946.3）

吉江行政公署工作机构
吉江行政公署设秘书长、民政、财政、实业、教育等处及粮食局。

秘书长　顾绍雄（1946.1—1946.3）
民政处
处　长　张　昭（1946.1—1946.3）
财政处
处　长　韩永赞（1946.1—1946.3）

实业处
处　长　魏兆麟（未到职）
副处长　王保民（1946.1—1946.3）
教育处
处　长　孙达生（1946.1）1）
粮食局
局　长（空缺）
副局长　胡德兰（女，1946.1—1946.3）

吉江行政公署下辖专员公署
洮南专员公署（1946.2—1946.3）
专　员　魏兆麟（1946.2—1946.3）

吉江行政公署及洮南专员公署下辖县（旗）政府
行署及专署下辖 14 个县（旗）政府，其中肇州、肇源、肇东三县现属黑龙江省辖区。
洮南县民主政府（1946.1—1946.3）
县　长　武蕴藻（兼，1946.1）
　　　　魏兆麟（兼，1946.2—1946.3）
副县长　吴燕生（1946.2—1946.3）

开通县民主政府（1946.1—1946.3）
县　长　唐宏光（兼，1946.1—1946.3）

瞻榆县民主政府（1946.2—1946.3）
县　长　孙达生（1946.2—1946.3）

安广县民主政府（1946.2—1946.3）
县　长　李连馨（1946.2）
　　　　刘希平（1946.2—1946.3）
副县长　刘希平（1946.2）
　　　　姜克夫（1946.2—1946.3）

大赉县民主政府（1946.2—1946.3）
县　长　鲁也萍（代理，1946.2）
　　　　张学文（兼，1946.2—1946.3）
副县长　鲁也萍（1946.2—1946.3）

扶余县政府（1946.2—1946.3）
县　长　徐柏如（1946.2—1946.3）
副县长　苗尔询（1946.2—1946.3）

郭前旗政府（1946.2—1946.3）
主　席　乌勒吉布彦（蒙古族，1946.2—1946.3）
副主席　王央公（兼，1946.2—1946.3）

乾安县民主政府（1946.2—1946.3）
县　长　周时源（1946.3）
副县长　唐照东（1946.2—1946.3）

农安县民主政府（1946.1—1946.3）
县　长　刘式钦（1946.1—1946.3）

德农县民主政府（1946.1—1946.3）
县　长　韩清泉（1946.1—1946.3）

长春县民主政府（1946.1—1946.3）
县　长　王晓天（兼，1946.1—1946.3）

2. 吉江行政公署（后）
（1946. 3—1946. 6）

1946 年 3 月，为了尽快解放齐齐哈尔及其周围地区，中共西满分局决定从吉江行政区和嫩江省南部各划出一部分县，另建嫩南行政公署。在吉江行政区的东部区域内重新组建吉江行政公署（即后吉江行署）。后吉江行署驻地郭前旗，辖 10 个县（旗）政府，有 3 个县现属黑龙江省。1946 年 6 月，根据东北解放战争形势的变化，西满分局决定撤销后吉江行署，建立辽吉区行政公署。

吉江行政公署（后）领导机构
主　任　郭　峰（1946. 3—1946. 6）
副主任　宋乃德（1946. 3—1946. 6）

吉江行政公署（后）工作机构
吉江行政公署（后）设秘书、财政、教育（文教）、民政、公安等处。
秘书处
处　长　王　岚（1946. 6）
财政处
处　长　唐　克（1946. 3）
教育处
处　长　（未查清）
民政处
处　长　刘式钦（1946. 6）
公安处
处　长　许　西（1946. 3—1946. 6）

吉江行政公署（后）下辖县（旗）政府
郭前旗政府（1946. 3—1946. 6）
主　席　乌勒吉布彦（蒙古族，1946. 3—1946. 6）
副主席　王央公（兼，1946. 3—1946. 6）

大赉县民主政府（1946. 3—1946. 6）

县　长　张学文（兼，1946.3—1946.6）
副县长　鲁也萍（1946.3—1946.6）

扶余县民主政府（1946.3—1946.6）
县　长　徐柏如（1946.3—1946.6）
副县长　苗尔询（1946.3—1946.4）
　　　　郑　康（1946.4—1946.6）

乾安县民主政府（1946.3—1946.6）
县　长　周时源（1946.3—1946.6）
副县长　唐照东（1946.3—1946.6）
　　　　袁宝华（1946.6）

农安县民主政府（1946.3—1946.6）
县　长　刘式钦（1946.3—1946.6）

德农县民主政府（1946.3—1946.4）（1946年4月25日撤销）
县　长　韩清泉（1946.3—1946.4）

长春县民主政府（1946.3—1946.6）
县　长　王晓天（兼，1946.3—1946.6）

（三）地方军事组织

1. 东北民主联军吉江军区

（1946.1—1946.3）

1946年1月，原新四军三师八旅和辽北军区所属部队奉命北上，创建吉江根据地。同时，在洮南建立了吉江军区，隶属东北民主联军西满军区，下辖洮南军分区。

司令员　倪志亮（1946.1—1946.3）
政治委员　郭述申（1946.1—1946.3）
副司令员　朱子修（1946.1—1946.3）
副政治委员兼政治部主任　邵式平（1946.1—1946.3）

参 谋 长　白　云（1946.1—1946.3）
副参谋长　路　遐（1946.1—1946.3）

吉江军区下辖军分区
洮南军分区（1946.1—1946.3）
司　令　员　李英武（1946.1—1946.3）
政治委员　朱理治（兼，1946.1—1946.3）
副政治委员　朱纪先　（1946.2—1946.3）
参　谋　长　刘　锋（1946.1—1946.3）

吉江军区及洮南军分区下辖县大队、保安团
军区、军分区下辖当时组建的10个县大队、保安团，其中3个
县现属黑龙江省辖区。

瞻榆县大队（1946.2—1946.3）
大　队　长　刘汉文（1946.2—1946.3）
政治委员　冯安国（兼，1946.2—1946.3）

安广县大队（1946.2—1946.3）
大　队　长　张树英（1946.2—1946.3）
政治委员　张志明（兼，1946.2—1946.3）

大赉县大队（1946.2—1946.3）
大　队　长　任尚琮（1946.2—1946.3）
政治委员　张学文（兼，1946.2—1946.3）

乾安县大队（1946.3）
大　队　长　周时源（兼，1946.3）
政治委员　张　健（兼，1946.3）

农安县保安团（1946.1—1946.3）
团　　长　藏居仁（1946.1—1946.3）
政治委员　邱新野（兼，1946.3）

德农县保安团（1946.2—1946.3）
团　　长　韩清泉（兼，1946.2—1946.3）
政治委员　董雨航（兼，1946.2—1946.3）

长春县大队（1946.1—1946.3）
大 队 长　王晓天（兼，1946.1—1946.3）
政治委员　王晓天（兼，1946.1—1946.3）

2. 东北民主联军吉江军区（后）

（1946.3—1946.6）

1946 年 3 月，为了做好解放齐齐哈尔的准备工作，统一协调嫩南地区各部队，在洮南建立嫩南军区，同时在吉江行政区东部郭前旗，以新四军三师八旅、十旅为基础，建立了新的东北民主联军吉江军区（称"后吉江军区"）。1946 年 5 月，国民党政府军队进犯第二松花江南岸，西满军区决定重新划分部队防区，同年 6 月撤销吉江军区。
司 令 员　刘震（1946.3—1946.6）
政治委员　刘震（兼，1946.3—1946.6）
参 谋 长　沈启贤（1946.3—1946.6）
政治部主任（空缺）

吉江军区（后）下辖县（旗）大队
郭前旗大队（1946.4—1946.6）
大 队 长　王央公（兼，1946.4—1946.6）
政治委员　南阶池（兼，1946.4—1946.6）

大赉县大队（1946.3—1946.6）
大 队 长　任尚琮（1946.3—1946.6）
政治委员　张学文（兼，1946.3—1946.6）

乾安县大队（1946.3—1946.6）
大 队 长　周时源（兼，1946.3—1946.6）

三、中共嫩南区委及政、军组织

（一）党的组织

中国共产党嫩南区委员会

（1946.3—1946.5）

1946 年 1 月，国民党政府派员接收了在苏军管制下的嫩江省会齐齐哈尔，并由收编的汉奸、土匪、伪军警组成的"光复军"占据。中共嫩江省工委从齐齐哈尔撤到讷河县（今讷河市，下同）后，由于有敌占区相隔，不便领导嫩南的白城子地工委和各县委，1946 年 3 月，东北局、西满分局决定在嫩南建立中国共产党嫩南区委员会（简称"嫩南区党委"），以便组织嫩南各方面力量，与驻扎在嫩江省北部的嫩江省工委相配合，形成南北夹攻态势，尽快解放齐齐哈尔，将嫩江省连成一片，建立巩固的西满根据地。嫩南区党委建立后，嫩江省工委即撤销了白城子地工委，将洮安、镇东和齐齐哈尔市南的景星、泰来、杜尔伯特 5 个县（旗）委划归嫩南区党委领导。同时，西满分局决定，将吉江行政区西部的洮南（1946 年 4 月分出洮北县）、安广、开通、瞻榆 4 个县委和东蒙古工委所属的突泉县委划归嫩南区党委领导。区党委直接领导 11 个县（旗）委，为省级党组织，归中共西满分局领导。机关驻地洮南。

1946 年 4 月 24 日齐齐哈尔解放，嫩江省工委迁回齐齐哈尔，嫩南嫩北已经连成一片。1946 年 5 月中旬，中共西满分局决定，恢复嫩江省的区划，撤销嫩南区党委。泰来县、景星县和杜尔伯特旗划回嫩江省，其余 9 县划归新成立的辽吉行政区。

中共嫩南区委领导机构

书　记　郭述申（1946.3—1946.5）

副书记　顾卓新（1946.3—1946.5）

中共嫩南区委工作机构

嫩南区党委设组织部、宣传部。

组织部

部　长　谭　振（1946.3—1946.5）

宣传部

部　长　李曙森（1946.3—1946.5）

中共嫩南区委所辖县（旗）委

嫩南区党委所辖 11 个县（旗）委，其中景星县、泰来县、杜尔伯特旗现属黑龙江省辖区；突泉县现属内蒙古自治区辖区；其余 7 个县委现属吉林省辖区。

中共洮安中心县委（1946.3—1946.5）

中共洮安中心县委亦称白城子中心县委，中心县委与洮安县委为同一机构，中心县委领导人亦为县委领导人，负责协调镇东、洮安、洮南、洮北、安广 5 县的工作，1946 年 5 月撤销。

书　记　胡亦民（1946.3—1946.5）

副书记　石明之（1946.3—1946.5）

委　员　胡亦民　石明之　区梦觉（女）　王大钧

中共镇东（镇赉）县委（1946.3—1946.5）

1946 年 3 月镇东县委改称镇赉县委，负责领导镇东、赉北两县党的工作。

书　记　王大钧（1946.3—1946.5）

中共洮南县委（1946.3—1946.5）

书　记　刘亚雄（女，1946.3—1946.5）

中共洮北县委（1946.4—1946.5）

书　记　武蕴藻（1946.4—1946.5）

中共安广县委（1946.3—1946.5）

书　记　张志明（1946.3—1946.5）

中共开通县委（1946.3—1946.5）

书　记　李引菊（1946.3—1946.5）

副书记　唐宏光（1946.3—1946.5）

中共瞻榆县委（1946.3—1946.5）

书　记　冯安国（1946.3—1946.5）

（二）政权组织

嫩南行政公署

（1946.3—1946.5）

1946 年 3 月，中共西满分局在组建嫩南区党委的同时，在洮南建立嫩南行政公署，下辖 12 个县（旗）政府。1946 年 4 月 24 日齐齐哈尔市获得解放，5 月 15 日嫩南行政公署并入嫩江省政府。

嫩南行政公署领导机构
行署初建时，只设主任，1946 年 4 月增设行政委员
主　任　顾卓新（兼，1946.3—1946.5）
委　员　顾卓新　倪志亮　赵北克　张　昭　夏尚志　郭恩波
　　　　胡秉权　罗　峰　杨希祥　胡德兰（女）　许　云（女）

嫩南行政公署工作机构
嫩南行政公署设秘书长、民政处、财政处、教育处、实业处、公安处、粮食总局、税务总局、东北银行吉江分行。
秘书长　赵北克（1946.3—1946.5）
民政处
处　长　张　昭（1946.3—1946.5）
财政处
处　长　韩永赞（1946.3—1946.5）
副处长　朱劭天（1946.3—19465）
教育处
处　长　郭恩波（1946.3—1946.5）
实业处
处　长　赵飞克（1946.3—1946.5）
公安处
处　长　杨希祥（1946.3—1946.5）
粮食总局
局　长　韩永赞（兼，1946.3—1946.5）
副局长　胡德兰（女，1946、3—1946.5）
税务总局
局　长　王石清（1946、3—1946.5）

东北银行吉江分行

行　长　曹根全（1946.3—1946.5）

嫩南行政公署下辖县政府（现属吉林省辖区的有 8 个县政府）

洮安县民主政府（1946.3—1946.5）

县　长　郑芥舟（1946.3—1946.5）

镇东县民主政府（1946.3—1946.5）

县　长　袁立中（1946.3—1946.5）

赉北县政府（1946.3—1946.5）

县　长　赵振干（1946.3—1946.5）

洮南县民主政府（1946.3—1946.5）

县　长　魏兆麟（1946.3—1946.5）

副县长　吴燕生（1946.3—1946.4）

洮北县政府（1946.4—1946.5）

县　长　武蕴藻（兼，1946.4—1946.5）

副县长　于希田（1946.4—1946.5）

安广县民主政府（1946.3—1946.5）

县　长　刘希平（1946.3—1946.5）

副县长　姜克夫（1946.3—1946.5）

开通县民主政府（1946.3—1946.5）

县　长　唐宏光（兼，1946.3—1946.5）

瞻榆县民主政府（1946.3—1946.5）

县　长　孙达生（1946.3—1946.5）

（三）地方军事组织

东北民主联军嫩南军区

（1946.3—1946.5）

1946 年 3 月，在建立嫩南区党委的同时，西满军区决定建立嫩南军区，由原吉江军区司令员倪志亮、政治委员郭述申分别担任司令员、政治

委员，隶属东北民主联军西满军区。下辖的 11 个（洮南县未建）县级军事组织中，7 个现属吉林省辖区。

1946 年 4 月 24 日齐齐哈尔解放，西满军区于 5 月中旬决定，嫩南军区与嫩江军区合并。

司令员　倪志亮（1946.3—1946.5）

政治委员　郭述申（兼，1946.3—1946.5）

副司令员　朱子修（1946.3—1946.5）

副政治委员兼政治部主任　邵式平（1946.3—1946.5）

参谋长　白　云（1946.3—1946.5）

嫩南军区下辖县级军事组织

在嫩南军区下辖组织中，现属吉林省辖区的有 5 个县大队、1 个城防司令部、1 个骑兵团。

洮安县城防司令部（1946.3—1946.5）

司 令 员　马远培（1946.3—1946.5）

副司令员　高　云（1946.4—1946.5）

镇东县大队（1946.3—1946.5）

大 队 长　李　斌（1946.3—1946.5）

政治委员　王大钧（兼，1946.3—1946.5）

赉北县大队（1946.3—1946.5）

大队长　夏学堂（1946.3—1946.5）

政治委员　任志远（1946.3—1946.5）

洮北县骑兵团（1946.4—1946.5）

团　　长　郭永德（1946.4—1946.5）

政治委员　郭永德（兼，1946.4—1946.5）

副 团 长　张希彦（1946.4—1946.5）

安广县大队（1946.3—1946.5）（1946.3—1946.5）

大 队 长　张树英（1946.3—1946.5）

政治委员　张志明（兼，1946.3—1946.5）

副大队长　陆山江（1946.3—1946.5）

开通县大队（1946.3—1946.5）

大　队　长　（空缺）

政治委员　李引菊（兼，1946.3—1946.5）

瞻榆县大队（1946.3—1946.5）

大　队　长　刘汉文（1946.3—1946.5）

政治委员　冯安国（兼，1946.3—1946.5）

副政治委员　娄绍明（1946.3—1946.5）

四、中共辽吉（北）省委、嫩江省委白城子省分委及政、军组织

（一）党的组织

1. 中国共产党辽吉省委员会

（1946.6—1948.7）

　　1945 年 11 月，国民党政府军队开始向东北解放区进犯。中共中央东北局遵照中共中央指示，并应苏军要求，于 1945 年 11 月 26 日将党政军机关从沈阳撤出，中共辽宁省工委也分为两部分，一部分由白坚率领向东撤至本溪，组建中共辽宁省分委；一部分由陶铸率领向西撤至法库，于 1945 年 12 月初组建中共辽西省委，省委机关驻法库（现属辽宁省辖区），隶属东北局，12 月上旬以后改由西满分局领导。1946 年 2 月，国民党政府军队自新民、彰武逼近法库，辽西省委撤至郑家屯。此时下属 3 个地委，22 个县（旗、市）委。1946 年 2 月至 4 月间，国民党政府军队侵占了沈阳以北法库、铁岭、开原、昌图等县。同年 5 月 19 日，国民党政府军队侵占四平，又向郑家屯进犯，中共辽西省委沿平（四平）齐（齐齐哈尔）铁路北撤，5 月底到达洮南。由于辽西地区大部分丧失，中共中央东北局 1946 年 6 月 1 日决定撤销中共辽西省委，将辽西行政区所辖 22 个县（旗）与嫩南行政区、吉江行政区的部分县（旗）划为辽吉行政区，由辽西省委领导人组建中共辽吉省委。辽吉省委隶属东北局西满分局。1947 年 9 月，西满分局撤销后，隶属中共中央东北局。辽吉省委机关驻地先在洮南，1946 年 9 月移驻白城子，1948 年 2 月又迁驻郑家屯。

　　中共辽吉省委下辖 5 个地委、36 个县（旗）委。其中一地委（康平）、五地委（哲里木盟）、阜新地委、路西分委、突泉中心县委及康平、法库、昌图、昌北、新民、阜新、彰武、黑山、北镇、通辽、开鲁、突

泉、鲁北（扎鲁特旗）等县和东科前旗、东科中旗、东科后旗、库伦旗、奈曼旗现均不属吉林省辖区。其余二地委（长岭）、三地委（郭前旗）、四地委（洮南）及其所属县、旗属于吉林省现辖区。1946 年 8 月，国民党政府军队沿长（春）白（城）铁路北犯，威胁郭前旗，三地委从郭前旗迁入乾安县。1946 年 9 月辽吉省委决定，将二、三地委合并，称二地委。以后随着解放区的扩大，新收复区地县级党的组织也相继恢复或重建。1948 年 1 月，在白城子设立省委后方工作委员会。1948 年 2 月，辽吉省委机关迁驻郑家屯。1948 年 7 月，辽吉省委改为辽北省委，白城子周围 10 个县（旗）划归嫩江省委领导，其余 26 个县（市、旗）划归辽北省委领导。

中共辽吉省委领导机构

书　　记　陶　铸（1946.6—1948.7）
常务委员　邓　华（1946.6—1947.8）
　　　　　朱其文（1946.6—1947.12）
　　　　　曾　固（1946.6—1948.7）
　　　　　郭　峰（1947.3—1948.7）
　　　　　聂鹤亭（1947.8—1948.7）
　　　　　喻　屏（1947.9—1948.7）
　　　　　黄欧东（1947.12—1948.7）
委　　员　郭　峰（1946.6—1948.7）
　　　　　喻　屏（1946.6—1948.7）
　　　　　萧桂昌（1946.6—1948.7）
　　　　　刘　彬（1946.6—1946.8）
　　　　　傅雨田（1946.6—1948.7）
　　　　　张维桢（张维祯，1946.7—1947.2）
　　　　　杨易辰（1947.2—1948.7）
　　　　　刘　放（1947.7—1948.7）
　　　　　曾　志（女，1947.9—1948.7）

中共辽吉省委工作机构

中共辽吉省委成立初期设秘书长、秘书处、组织部、宣传部、民运部、社会部、省委机关报《胜利报》社。1946 年 10 月成立省委党校，1947 年 4 月 11 日成立省委办公室，5 月 22 日成立省委党报委员会，6 月中旬成立省委城工部，12 月 18 日成立省委妇女工作委员会。

秘书长　萧桂昌（1946.6—1947.2）

　　　　　曾　固（兼，1947.2—1947.4）

　　　　　郭　峰（1947.4—1948.7）

副秘书长　张维桢（1946.6—1946.9）

　　　　　王　放（1948.3—1948.7）

秘书处

处　长　赵　岚（1946.6—1948.2）

　　　　王　放（兼，1948.3—1948.7）

办公室

主　任　郭　峰（兼，1947.4—1948.7）

副主任　褚凤岐（1947.12—1948.7）

组织部

部　长　曾　固（1946.6—1948.7）

宣传部

部　长　陶　铸（兼，1946.6—1947.7）

刘　放（1947.7—1948.7）

民运部

部　长　张维桢（兼，1946.6—1946.8）

　　　　傅雨田（1946.9—194610）

　　　　郭　峰（1947.1—1947.9）

　　　　喻　屏（1947.9—1948.7）

社会部

部　长　萧桂昌（兼，1946.6—1947.3）

　　　　黄欧东（兼，1947.12—1948.7）

副部长　曹光清（1947.10—1948.1）

　　　　程　萍（1946.8—1948.7）

　　　　林若冰（1948.1—）

城工部

部　长　曾　固（兼，1947.6—1947.7）

　　　　郭　峰（兼，1947.7—1948.7）

副部长　王　放（1947.6—1948.3）

财经委员会

主　任　陶　铸（兼，1947.3—）

副主任　朱其文（兼，1947.3—1947.11）

党报委员会

书　记　郭　峰（兼，1947.5—1948.7）

副书记　许立群（1947.5—1948.7）

妇女工作委员会

书　记　安建平（女，1947.12—1948.1）

　　　　喻　屏（兼，1948.2—1948.7）

副书记　安建平（女，1948.2—1948.7）

《胜利报》社

社　长　许立群（1946.6—1948.7）

副社长　兰干亭（1946.11—1948.7）

总编辑　兰干亭（1946.6—1946.11）

省委党校

校　长　陶　铸（兼，1946.10—1948.7）

副校长　傅雨田（1946.10—1948.7）

　　　　喻　屏（兼，1946.10—1947.8）

中共辽吉省委派出机构

（1）中共辽吉省委前方工委（1947.9—1948.1）

1947年5月，解放战争转入战略反攻以后，辽吉前线战事繁忙，为了加强对前方工作的领导，及时处理前方事务，辽吉省委于1947年9月在郑家屯成立了前方工作委员会。1948年1月，由于辽吉辖区大部解放，省委准备迁往郑家屯，前委撤销。

书　记　郭　峰（兼，1947.9—1948.1）

（2）中共辽吉省委后方工委（1948.1—1948.7）

中共辽吉省委决定迁驻郑家屯时，为了加强对后方各县（旗）委的领导，于1948年1月在白城子成立后方工作委员会，领导洮南等11个县（旗）委工作。1948年7月6日，在辽吉省委改称辽北省委时后方工作委员会撤销，将其所领导的县（旗）委（突泉县除外）划归嫩江省委领导。

书　记　喻　屏（兼，1948.1—1948.7）

副书记　傅雨田（兼，1948.1—1948.7）

　　　　刘　放（兼，1948.1—1948.7）

中共辽吉省委所属党组、党委

中共辽北省政府党组（1947.2—1948.7）

书　记　朱其文（1947.2—1947.12）

　　　　黄欧东（1947.12—1948.7）

中共辽吉军区委员会（1948.1—1948.7）

建立辽吉省委时仍设军政委员会，1948年1月设军区党委。

书　记　陶　铸（兼，1948.1—1948.7）

中共辽吉省委所属地委

中共辽吉省委成立时设立5个地委、36个县（旗、市）委，后随着战争形势的变化，于1946年9月，二地委（长岭）、三地委（郭前旗）合并，1947年1月，一地委（康平）、五地委（哲里木盟）合并。1947年2月，建立哲里木盟分委（4月改工委），9月，改为哲里木盟地委。1947年8月，撤销四地委（洮南），1947年9月，恢复五地委（阜新）。到1948年7月辽吉省委改为辽北省委时，下辖4个地委、36个县（旗、市）委。辽吉省委的二、三、四地委现在吉林省辖区内。

（1）中共辽吉二地委（长岭）（1946.6—1948.7）

中共辽吉二地委由辽西二地委改称，下属昌北（现属辽宁省）、长岭、双山、辽源、怀德县委。1946年6月，除长岭县外，其他县沦为敌占区。地委、专署决定撤销梨树、双山、辽源县建制，成立长辽县委。1946年8月，国民党政府军队继续进犯，驻郭前旗的三地委撤至乾安。9月，二地委也从长岭撤至乾安。省委决定将三地委与二地委合并，称辽吉二地委，驻地乾安县城。增辖长农、赉广、乾安县和郭前旗。11月长岭被敌占领，12月，省委决定撤销怀德、长辽县委，建立双长辽县委，1947年1月改为双长辽边工委，3月收复长岭，4月地委迁回，5月撤销双长辽边工委，成立双辽（双山、辽源合并）、怀德县委，将赉广县分成大赉、安广两县，7月成立梨树县委。1947年下半年二地委下辖长岭、怀德、梨树、昌北、双辽、长农（长春、农安合并）、乾安、大赉、安广县委和郭前旗委（后3县1旗1947年9月改为省直属），10月增设公主岭工委。1948年3月收复四平，增设四平市工委。1948年7月，辽吉二地委改称辽北二地委。

中共辽吉二地委（长岭）领导机构

地委建立时只设书记、副书记，1947年3月25日辽吉省委批准，建立常委会。

书　　记　杨易辰（1946.6—1948.7）

　　　　　郭　峰（1946.9—1947.1 主持工作）

副书记　刘瑞森（1946.6—1946.7）

　　　　　马　骥（兼，1946.6—1947.5）

　　　　　萧桂昌（1947.3—1948.7）

常务委员　杨易辰（1947.3—1948.7）

　　　　　马　骥（1947.3—1947.5）

　　　　　萧桂昌（1947.3—1948.7）

　　　　　赵雨农（1947.3—1947.10）

　　　　　李　都（1947.3—1948.7）

　　　　　贾其敏（1947.3—1947.4）

　　　　　章云龙（1947.3—1948.7）

委　　员　郭　峰　杨易辰　刘瑞森　马　骥　萧桂昌　章云龙

　　　　　邓忠仁　贾其敏　赵雨农　李　都　罗　杰　江腾蛟

　　　　　张学文　邱新野　岳　胜　吴甄铎　朱维仁　张培华

1946年6月至1947年2月期间有3名候补委员。

候补委员　岳　胜　吴甄铎　章云龙

中共辽吉二地委（长岭）工作机构

秘书室

秘书长　宋任远（1946.6）

　　　　朱国平（1946.6—1947.5）

　　　　赵　奇（1947.5—1948.7）

组织部

部　长　赵雨农（1946.6—1947.10）

　　　　李　都（1947.10—1948.7）

宣传部

部　长　李　都（1946.6—1947.10）

　　　　朱维仁（朱军，1947.10—1948.7）

副部长　包济声（1946.6—1946.7）

社会部
部　长　萧桂昌（兼，1947.3—1948.7）
民运部
部　长　张培华（1946.6—）

（2）中共辽吉三地委（郭前旗）（1946.6—1946.9）

1946年6月建立辽吉省委后，即在郭前旗组建中共辽吉三地委，下属乾安、大赉、安广、长农县委（长农县原为长春、农安两县，辖区被敌占领后，撤至郭前旗，三地委决定组成长农中心县委，后改长农临时工委，9月合并为长农县，成立县委）、郭前旗委。辽吉三地委于同年9月与二地委合并。

中共辽吉三地委（郭前旗）领导机构
书　记　刘　彬（1946.6—1946.8）
　　　　郭　峰（1946.8—1946.9）
副书记　郭　峰（1946.6—1946.8）
委　员　刘　彬　郭　峰　左　叶（未到职）　罗有荣
　　　　姚仲康　罗　杰

中共辽吉三地委（郭前旗）工作机构
组织部
部　长（空缺）

宣传部
部　长　刘　彬（兼，1946.6—1946.8）

（3）中共辽吉四地委（洮南）（1946.6—1947.8）

辽吉四地委于1946年6月成立，下属洮南、洮北、洮安、镇赉（1947年4—8月为镇东、赉北两县委）、开通、瞻榆、洮广（洮广县委1947年1月撤销）县委。为了精简后方机构，1947年8月地委撤销，所属各县委由辽吉省委直属。

中共辽吉四地委（洮南）领导机构
1947年3月20日，经辽吉省委批准，建立常委会。
书　记　喻　屏（1946.6—1947.8）

常务委员　喻　屏（1947.3—1947.8）
　　　　　高体乾（1947.3—1947.5）
　　　　　沈亚纲（1947.3—1947.5）
　　　　　安建平（女，1947.3—1947.8）
　　　　　张静超（1947.5—1947.8）
委　　员　喻　屏　魏兆麟　钟明锋　高体乾　安建平　张静超
　　　　　沈亚纲　夏尚志　曾敬凡　贾其敏　章云龙（未到职）
　　　　　李长如　王大钧　胡亦民　任志远

中共辽吉四地委（洮南）工作机构
秘书室
秘书长　安建平（女，1947.3—1947.8）
组织部
部　长　安建平（女，1946.6—1947.3）
　　　　沈亚纲（1947.3—1947.5）
　　　　王大钧（1947.5—1947.8）
宣传部
部　长　沈亚纲（1946.6—1947.3）
民运部
部　长　张静超（1947.5—1947.8）

中共辽吉省委及各地委所属县（旗、市）委
　　中共辽吉省委所属 36 个县（旗、市）委，在初期均由各地委所属。
1947 年 8 月，辽吉四地委撤销，其所属县委由辽吉省委直属，同年 9 月，
将原二地委所属的乾安、大赉、安广县委和郭前旗委，改由辽吉省委直
属，其余仍由各地委所属。

　　中共长岭县委（1946.6—1946.12）（1947.3—1948.7）
　　1946 年 12 月大部地区被国民党政府军队占领，县委撤销，1947 年 3
月收复后重建长岭县委，隶属辽吉二地委。
　　书　记　严达人（1946.6—1946.7）
　　　　　　吴甄铎（1946.7—1946.12）（1947.3—1947.6）
　　　　　　廖　克（1947.7—1948.7）

副书记　谭　伯（1946.6—1946.11）
　　　　王季平（1947.4—1948.7）

中共乾安县委（1946.6—1948.7）

中共乾安县委于 1946 年 6 月划归中共辽吉三地委，1946 年 9 月因辽吉三地委与二地委合并，隶属二地委，1947 年 9 月改由辽吉省委直属。

书　记　张　健（1946.6—1947.3）
　　　　袁宝华（1947.3—1948.2）
　　　　李华封（1948.2—1948.7）
副书记　袁宝华（1946.6—1947.3）
　　　　王　枫（1947.3—1948.4）
　　　　高　成（1948.4—1948.7）

中共赉广县委（1946.8—1947.5）

中共赉广县委是 1946 年 8 月由大赉、安广两个县委合并而成的。1946 年 9 月，因辽吉三地委同辽吉二地委合并而隶属二地委。1947 年 5 月又分为大赉、安广两县委。

书　记　张学文（1946.8—1947.4）
　　　　张志明（代理，1947.4—1947.5）
副书记　张志明（1946.8—1947.4）
　　　　董雨航（1947.2—1947.5）

中共大赉县委（1946.6—1946.8）（1947.5—1948.7）

中共大赉县委于 1946 年 8 月同安广县委合并，建立赉广县委，1947 年 5 月恢复大赉县委，归辽吉二地委所属，同年 9 月改由辽吉省委直属。

书　记　张学文（1946.6—1946.8）
　　　　董雨航（1947.5—1947.11）
　　　　张梅溪（1947.11—1948.7）
副书记　门镇中（1946.6—1946.8）
　　　　吴清明（1947.5—1947.8）
　　　　张梅溪（1947.5—1947.10）

中共安广县委（1946.6—1946.8）（1947.5—1948.7）

中共安广县委于 1946 年 8 月同大赉县委合并，组成赉广县委。1947

年5月恢复安广县委，归辽吉二地委所属，同年9月改由辽吉省委直属。

    书　记　张志明（1946.6—1946.8）（1947.5—1948.7）

          徐　根（1948.7）

    副书记　徐　根（1948.2—1948.6）

    中共郭前旗委（1946.6—1948.7）

    中共郭前旗委于1946年6月划归中共辽吉三地委所属，同年9月划归辽吉二地委领导，1947年9月改由辽吉省委直属。

    书　记　王央公（1946.6—1947.3）

          南阶池（1947.3—1948.7）

    副书记　南阶池（1946.6—1947.3）

          张梅溪（1946.6—1946.12）

          赵　渊（1947.1—1948.7）

    中共洮南县委（1946.6—1948.7）

    书　记　何　戈（1946.6—1947.8）

          张静超（1947.8—1948.7）

    副书记　石明之（1946.12—1948.7）

    中共洮安县委（1946.6—1948.7）

    书　记　胡亦民（1946.6—1947.8）

          赵振干（代理，1947.8—1948.3）

          袁宝华（1948.3—1948.7）

    中共洮北县委（1946.6—1948.7）

    书　记　武蕴藻（1946.6—1947.1）

          门晋儒（1947.2—1947.5）

          胡亦民（兼，1947.6—1947.8）

          孙子源（1947.9—1948.7）

    副书记　孙子源（1947.6—1947.9）

    中共镇赉县委（1946.6—1947.4）（1947.8—1948.7）

    1946年6月，中共镇赉县委仍承担镇东、赉北两县党的工作。1947年4月分为镇东、赉北两个县委，1947年8月镇东县与赉北县合并，再次建立镇赉县委。

    书　记　王大钧（1946.6—1947.4）（1947.8—1947.10）

安铁志（1947.10—1948.7）

副书记　唐宏光（1946.6—1947.4）

安铁志（1947.5—1947.10）

中共镇东县委（1947.4—1947.8）

书　记　唐宏光（1947.4—1947.8）

副书记　安铁志（1947.5-1947.8）

中共赉北县委（1947.4—1947.8）

书　记　王大钧（1947.4—1947.8）

中共开通县委（1946.6—1948.7）

书　记　李引菊（1946.6—1946.7）

周　健（1946.7—1948.7）

副书记　徐　坚（1946.6—1947.2）

张长庚（1947.2—1948.7）

郑经十（1947.2—1947.10）

黎晓初（1947.10—1948.7）

中共瞻榆县委（1946.6—1948.7）

书　记　冯安国（1946.6—1946.7）

任志远（1946.7—1947.10）

李介夫（1947.10—1948.7）

中共洮广县委（1946.12—1947.1）

1946 年 11 月，划赉广、洮安、洮南县一部分地区组成洮广县，12 月
又将镇东县一部分地区划归该县，成立县委，隶属辽吉四地委，1947 年 1
月撤销。

书　记　张长庚（1946.12—1947.1）

2. 中共嫩江省委白城子省分委

（1948.7—1948.11）

1948 年 7 月，辽吉省委改为辽北省委，将原辽吉省委后方工作委员会
及其所属的 10 县（旗）划归嫩江省。不久，后方工委改为嫩江省委白城

子省分委，继续领导 10 县（旗）工作，下属洮安、洮南、洮北、镇赉、开通、瞻榆、大赉、安广、乾安、郭前 10 县（旗）委（洮北县于 9 月撤销）。1948 年 11 月，嫩江省委决定，撤销白城子省分委，设立两个中心县委，12 月撤销中心县委，各县、旗委由中共嫩江省委直接领导。

白城子省分委领导机构
书　记　喻　屏（1948.7—1948.11）
委　员　喻　屏　王大钧　袁宝华　赵　岚　安铁志
　　　　李华封　王　文

白城子省分委工作机构
组织部
部　长　王大钧（1948.7—1948.11）
宣传部
部　长　袁宝华（1948.10—1948.11）
民运部
部　长　安铁志（1948.10—1948.11）

中共嫩江省委及白城子省分委所属县（旗）委
中共洮安县委（1948.7—1949.9）
1948 年 11—12 月为洮安中心县委，领导人兼县委书记。
书　记　袁宝华（1948：7—1948.10）
　　　　安铁志（1948.10—1949.4）

中共洮安中心县委（1948.11—1948.12）
书　记　孙子源（1949.4—1949.9）
副书记　赵　岚（1948.7—1948.10）
　　　　孙子源（1948.9—1949.4）（1948.11—1948.12，中心县委）
　　　　谢　励（女，1949.5—1949.9）
中心县委委员　安铁志　孙子源　郑文普　王玉璞　张梅溪　徐　根

中共洮南县委（1948.7—1949.9）
1948 年 11—12 月为中心县委，领导人兼县委书记。
书　记　金少英（1948.11—1949.2）

中共洮南中心县委（1948.11—1948.12）

代理书记　高辑五（1949.3—1949.9）

副　书　记　石明之（1948.7—1949.2）

　　　　　　陈晓光（1949.9）

中心县委委员　金少英　石明之　高辑五　刘望远　张长庚

中共洮北县委（1948.7—1948.9）

1948年9月撤销。

书　记　孙子源（1948.7—1948.9）

中共镇赉县委（1948.7—1949.9）

书　记　安铁志（1948.7—1948.10）

　　　　王玉璞（1948.10—1949.9）

副书记　彭协忠（1948.10–1949.2）

　　　　崔薪传（1949.4—1949.9）

中共开通县委（1948.7—1949.9）

书　记　周　健（1948.7—1948.9）

　　　　张长庚（1948.9—1949.3）

　　　　王书田（1949.3—1949.9）

副书记　张长庚（1948.7—1948.9）

　　　　黎晓初（1948.7—1949.1）

　　　　彭　一（1949.1—1949.9）

中共瞻榆县委（1948.7—1949.9）

书　记　李介夫（1948.7—1948.10）

　　　　刘望远（1948.10—1948.12）

副书记　董　励（1948.12—1949.9）

中共大赉县委（1948.7—1949.9）

书　记　张梅溪（1948.7—1948.12）

任尚琮（1948.12—1949.9）
副书记　任尚琮（1948.11—1948.12）

中共安广县委（1948.7—1949.9）
书　记　徐　根（1948.7—1949.9）
副书记　骆　助（1949.1—1949.5）

中共乾安县委（1948.7—1949.5）
1949 年 5 月划归吉林省。
书　记　高　成（1948.7—1949.5）

中共郭前旗委（1948.7—1949.5）
1949 年 5 月划归吉林省。
书　记　南阶池（1948.7—1949.5）
副书记　赵　渊（1948.7—1949.2）

（二）政权组织

1. 辽吉行政公署
（1946.6—1947.1）

1946 年 6 月 1 日，辽西行政公署改为辽吉行政公署。8 月以后隶属东北各省（市）行政联合办事处行政委员会（1946 年 10 月 16 日改称东北行政委员会），下辖 5 个专署、36 个县（市、旗）政府。1947 年 1 月，辽吉行政公署改为辽北省政府（省委仍称辽吉省委），驻地与辽吉省委相同。

辽吉行政公署领导机构
主　任　朱其文（1946.6—1947.1）
副主任　于文清（1946.6—1947.1）

辽吉行政公署工作机构
辽吉行政公署设秘书长、秘书处、民政处、财政处、实业处、教育处、公安处、粮食被服局、税务总局、禁烟总局和东北银行辽吉区分行。
秘书长　王思华（1946.6—1947.1）

秘书处

处　长　余　渭（1946.6—1947.1）

民政处

处　长　黎　明（1946.6—1947.1）

财政处

处长（空缺）

副处长　林　洁（1946.6—1947.1）

实业处

处　长　张维桢（1946.9—1947.1）

副处长　吕　雷（1946.6—1947.1）

教育处

处　长　徐公振（1946.6—1947.1）

公安处

处　长　萧桂昌（兼，1946.6—1947.1）

副处长　程　萍（1946.8—1947.1）

粮食被服局

局　长　孙茂先（1946.11—1947.1）

副局长　刘　晓（女，1946.11—1947.1）

税务总局

局　长　田自修（1946.6—1946.8）

　　　　陈应中（1946.8—1947.1）

副局长　陈应中（1946.6—1946.8）

禁烟总局

局　长　田自修（1946.8—1947.1）

副局长　刘忠汉（1946.8—1947.1）

东北银行辽吉区分行

经　理　任元志（1946.7—1947.1）

副经理　崔　平（1946.7—1947.1）

2. 辽北省政府

（1947. 2—1949. 5）

东北行政委员会于 1946 年 12 月 13 日决定，取消辽吉行政公署，恢复辽北省政府，1947 年 2 月 1 日，辽北省政府正式成立，隶属东北行政委员会，下辖组织与辽吉行政公署相同。1948 年 2 月 25 日由白城子迁驻双辽县城郑家屯，辖区、驻地与辽北省委相同，同年 11 月 7 日迁驻四平市。辽北省政府于 1949 年 5 月 15 日由于行政区划变更而撤销。

辽北省政府领导机构

辽北省政府于 1947 年 2 月设行政委员会。成员有政府主席、副主席、秘书长及部分厅长和专署负责人。1948 年 10 月，东北行政委员会重新任命了辽北省行政委员会委员。

主　席　阎宝航（1947. 2—1949. 5）

副主席　朱其文（1947. 2—1947. 12）

　　　　黄欧东（1947. 12—1948. 12）

　　　　杨易辰（1948. 12—1949. 5）

委　员　阎宝航　朱其文　黄欧东　杨易辰　王思华

　　　　乌力图（蒙古族）徐公振　魏兆麟　宋广常

　　　　于文清　夏尚志　贾其敏　林　洁　林　涛　程　萍

辽北省政府工作机构

辽北省政府设秘书长、秘书处、调研室、民政厅、财政厅、教育厅、实业厅、建设厅、公安处（1949 年 3 月改为公安厅）、卫生局、粮食被服局、贸易管理总局。1947 年 3 月成立交通局、税务总局，1948 年 2 月成立荣军管理委员会，7 月成立邮电管理局。1948 年 9 月以后，为了适应形势发展的需要，重新调整了省政府内设机构，将建设厅改为工商厅，另外陆续增设了法院、农业厅、电业局、水利工程局等机构。

秘书长　王思华（1947. 2—1948. 3）

　　　　宋广常（1948. 6—1949. 5）

秘书处

主　任　余　渭（1947. 2—1947. 8）

处　长　余　渭（1947.8—1948.10）

　　　　鲍廷干（1948.10—1948.12）

　　　　郝正平（1948.12—1949.5）

调研室

主　任　杨坚白（1949.3—1949.5）

副主任　杨坚白（1948.10—1949.3）

民政厅

厅　长　王思华（兼，1947.2—1947.8）

　　　　贾其敏（1947.8—1949.5）

第一副厅长　黎　明（1947.3—1949.4）（1948 年 10 月升任为第一副厅长）

第二副厅长　徐鹤京（1948.10—1949.5）

副厅长　张学文（未到职）

财政厅

厅　长　朱其文（兼，1947.2—1947.12）

　　　　林　洁（1947.12—1949.5）

副厅长　林　洁（1947.2—1947.12）

　　　　李更新（1947.8—1949.1）

　　　　刘式钦（未到职）

教育厅

厅　长　徐公振（1947.2—1947.8）

　　　　林　涛（林汉达，1947.8—1949.5）

第一副厅长　塞　克（1948.10—1949.5）

第二副厅长　许立群（1948.10—1948.12）

副厅长　塞　克（1948.7—1948.10）

　　　　巩绍英（1948.12—1949.5）

实业厅

厅　长　魏兆麟（1947.2—1947.11）

副厅长　陈应中（1947.10—1947.11）

建设厅

厅　长　魏兆麟（1947.11—1948.9）

副厅长　陈应中（1947.11—1948.9）314

　　　　汪心一（1948.7—1948.9）

工商厅

厅　长　魏兆麟（1948.9—1948.10）

　　　　汪心一（1948.10—1949.4）

　　　　贾其敏（1949.4—1949.5）

副厅长　陈应中（1948.9—1948.10）

　　　　汪心一（1948.9—1948.10）

　　　　张　春（周凤翥，1948.10—1949.5）

　　　　余　渭（1948.12—1949.5）

农业厅

厅　长　夏尚志（兼，1948.12—1949.5）

副厅长　陈应中（1948.10—1949.5）

　　　　孙良才（1949.3—1949.5）

公安处、公安厅（1949年3月2日改为公安厅）

处　长　萧桂昌（兼，1947.2—1947.3）

　　　　曹光清（1947.10—1948.1）

　　　　程　萍（1948.7—1949.1）

　　　　阮　途（1949.1—1949.5，改厅以后为副厅长）

副处长　程　萍（1947.2—1948.7）

　　　　阮　途（1948.7—1948.12）

第二副处长　林若冰（1948.1—1949.2）

卫生局（1949年1月改为卫生处）

局　长　苏皓亮（1947.2—1949.5）

粮食被服局（1947年10月分为粮食局、被服局）

局　长　孙茂先（1947.2—1947.10）

副局长　刘　晓（女，1947.2—1947.10）

粮食局

局　长　李更新（兼，1947.10—1949.1）

第二局长　孙茂先（1947.10—1948.12）

副局长　刘　晓（女，1947.10—1949.5）

　　　　孙茂先（1948.12—1949.5）

　　　　向　洪（1948.4—1948.9）

　　　　刘宗侯（1948.6—1949.4）

被服局

局　长　孙茂先（1947.10—1948.10）

副局长　姬羽翘（1948. 10—1948. 12）

贸易管理局

局　长　张　春（1947. 12—1948）

副局长　岳　武（1947. 12—1948. 4）

　　　　谢庸夫（1948. 4—1948. 10）

交通局

局　长　刘忠义（1947. 3—1947. 4）

　　　　刘渭东（1947. 4—1947. 10）

副局长　许健生（1947. 3—1948. 9）

　　　　罗彬儒（1947. 3—1948. 9）

税务总局

局　长　陈应中（1947. 3—1947. 10）

　　　　刘元清（代理，1947. 10—1948. 10）（1948. 10—1949. 5）

副局长　刘元清（1947. 3—1947. 10）

水利工程局

局　长　刘宗义（1948. 9—1949. 5）

邮电管理局

局　长　张静毅（1947. 11—1948. 4）

　　　　赵步云（代理，1948. 4—1948. 7）（1948. 7—1948. 11）

第一副局长　岳　林（1948. 7—1949. 5）

第二副局长　萧以行（1948. 2—1948. 12）

副局长　赵步云（1947. 10—1948. 4）

　　　　温其芳（1948. 10—1948. 12）

电业局

局　长　陈应中（兼，1947. 11—1948. 10）

　　　　沈信祥（1948. 10—1949. 5）

副局长　沈信祥（1947. 11—1948. 10）

　　　　寿汉卿（1948. 10—1949. 5）

荣军管理委员会

主　任　于文清（兼，1948. 2—1949. 1）

副主任　王振乾（兼，1948. 2—1948. 11）

工矿局

局　长　余　渭（1948. 10—1948. 12）

专卖局

局　长　刘元青（兼，1949.2—1949.5）

副局长　高建东（1949.3—1949.5）

公路局

局　长　郝　克（1949.3—1949.5）

高等人民法院

院　长　黎　明（兼，1948.10—1949.1）

　　　　于文清（1949.1—1949.5）

副院长　鲍廷干（1948.12—1949.5）

东北银行辽北省银行、东北银行辽北分行

1947年2月改称辽北省银行，1947年8月改称东北银行辽北分行。

经　理　任元志（1947.2—1949.5）

副经理　崔　平（1947.2—1948.8）

辽北省政府派出机构

辽北省政府于1947年10月至1948年11月，先后在驻地外设立过三个办事处。

（1）辽北省政府前方办事处（1947.10—1948.2）

1947年10月，辽北省政府为了加强对前方行政工作的领导，在郑家屯建立了前方办事处，代表省政府处理前方事宜。1948年2月由于省政府迁驻郑家屯，前方办事处撤销。

主　任　魏兆麟（1947.10—1948.2）

副主任　李更新（兼，1947.10—1948.2）

（2）辽北省政府后方办事处（1948.2—1948.7）

在辽北省政府机关迁驻郑家屯以后，为了加强对后方各县（旗）政府的领导，1948年2月，在白城子成立了辽北省政府后方办事处。1948年7月，由于后方办事处所辖各县（旗）划归嫩江省，后方办事处撤销。

主　任　王思华（兼，1948.2—1948.4）

　　　　贾其敏（兼，1948.4—1948.7）

（3）辽北省政府四平办事处（1948.5—1948.11）

1948年3月13日四平解放，辽北省政府为便于领导工作，于5月成立了四平办事处。同年11月，辽北省政府迁驻四平，四平办事处撤销。

　　主　任　贾其敏（兼，1948.5—1948.11）

　　副主任　鲍廷干（1948.5—1948.11）

　　辽吉行政公署、辽北省政府下辖专署

　　辽吉行政公署、辽北省政府下辖的专署驻地、辖区与辽吉省委、辽北省委下辖的地委相同，其中有四个现属于吉林省辖区。

　　（1）辽吉（辽北）二专员公署（长岭）（1946.6—1948.10）

　　1946 年 6 月成立辽吉二专员公署，1947 年 2 月改称辽北省二专员公署。驻地长岭（一度迁至乾安），辖长岭、怀德、梨树、双辽、长农、乾安、大赉、安广县政府，郭前旗政府，四平市政府，公主岭办事处。1948年 10 月撤销，其所辖县、（旗、市）政府（办事处）由辽北省政府直辖。

　　专　员　刘瑞森（兼，1946.6—1946.7）

　　　　　　贾其敏（1946.9—1947.4）

　　　　　　章云龙（1947.4—1948.10）

　　副专员　章云龙（1946.6—1947.4）

　　　　　　张学文（1947.3—1948.10）

　　辽吉行署、辽北省政府及各专署下辖市、县政府

　　辽吉行署和 1948 年 7 月前（辽吉省委时期）的辽北省政府辖 36 个县、市、旗，1948 年 7 月后（辽北省委时期）的辽北省政府辖 33 个县、市、旗。两个时期省政府所辖的县、市、旗，现属吉林省辖区的有 26 个。

　　双长辽边办事处（1946.6—1949.9）

　　1946 年 6 月，由双山、辽源两县合并组建双辽县民主政府。与此同时，因战争形势要求，在长岭县西部及辽源北部建立长辽边办事处，1946年 11 月撤销。双辽县政府与办事处合并，在双辽北部地区建立双（山）长（岭）辽（源）边办事处，1947 年 5 月撤销，恢复双辽县建制，重建双辽县政府。1949 年 5 月划归辽西省。

　　双长辽边办事处

　　主　任　陈凤池（兼，1946.11—1947.5）

　　副主任　齐　冲（1946.11—1947.1）

　　长岭县民主政府（1946.6—1949.5）

　　1946 年 12 月至 1947 年 3 月，长岭县党政组织改成长怀武工队，县长

改任武工队大队长。

　　县　　长　廖　克（1946.6—1946.12）（1947.3—1948.6）
　　　　　　　王　奋（1948.10—1949.3）
　　副县长　张　儒（1947.3—1949.5）
　　　　　　　齐　冲（1946.6—1946.11）
　　　　　　　王　奋（1947.10—1948.9）

　　乾安县民主政府（1946.6—1948.7）
　　乾安县民主政府于1948年7月划归嫩江省政府，由驻白城子办事处代管。

　　县　　长　周时源（1946.6）
　　　　　　　王晓天（1946.6—1947.3）
　　　　　　　高　成（1947.3—1948.7）
　　副县长　袁宝华（兼，1946.6—1947.3）
　　　　　　　高　成（1946.10—1947.3）
　　　　　　　王　奋（1947.8—1947.10）

　　大赉县民主政府（1946.6—1946.8）（1947.5—1948.7）
　　大赉县民主政府于1946年8月同安广县民主政府合并，组成赉广县民主政府。1947年5月分开，1948年7月划归嫩江省政府，由白城子办事处代管。

　　县　　长　张学文（兼，1946.6—1946.8）
　　　　　　　王丕良（1947.5—1948.1）
　　　　　　　韩季约（1948.1—1948.7）
　　副县长　鲁也平（1946.6—1946.8）
　　　　　　　韩季约（1947.5—1948.1）

　　安广县民主政府（1946.6—1946.8）（1947.5—1948.7）
　　安广县民主政府于1946年8月同大赉县民主政府合并，组成赉广县民主政府。1947年5月分开，1948年7月划归嫩江省政府，由白城子办事处代管。

　　县　　长　刘希平（1946.6—1946.8）
　　　　　　　张志明（兼，1947.5—1948.7）
　　副县长　姜克夫（1946.6—1946.8）

王　岚（1947.5—1948.7）

赉广县政府（1946.8—1947.5）
县　长　张学文（兼，1946.8—1947.4）
　　　　王　岚（代理，1947.4—1947.5）
副县长　姜克夫（1946.6—1946.11）
　　　　鲁也平（1946.8—1947.5）
　　　　王　岚（1946.11—1947.4）

郭前旗政府（1946.6—1948.7）
郭前旗政府于1948年7月划归嫩江省政府，由驻白城子办事处代管。
主　席　乌勒吉布彦（蒙古族，1946.6—1947.10）
旗　长　黎　浚（代理，1947.10—1948.7）
副主席　王央公（兼，1946.6—1947.3）
副旗长　郝正平（1947.3—1947.4）
　　　　南阶池（兼，1947.4—1947.7）
　　　　黎晓初（1947.7—1947.10）
　　　　黎　浚（1947.6—1947.10）

洮南县民主政府
于1948年7月划归嫩江省政府，由驻白城子办事处代管。
县　长　高辑五（1946.6—1948.7）
副县长　张锡銮（1947.8—1948.7）
　　　　李　敬（1948.7）
洮北县民主政府（1946.6—1948.7）
洮北县民主政府于1948年7月划归嫩江省政府，由驻白城子办事处代管。
县　长　武蕴藻（兼，1946.6—1947.1）（1947.2—1947.7）
　　　　门镇中（代理，1947.8—1948.3）
　　　　戴朝良（代理，1948.3—1948.5）（1948.5—1948.7）
副县长　于希田（1946.6—1946.8）
　　　　门镇中（1947.3—1947.8）
　　　　戴朝良（1948.2—1948.3）

洮安县民主政府（1946.6—1948.7）

洮安县民主政府于 1948 年 7 月划归嫩江省政府，由驻白城子办事处代管。

县　长　郑芥舟（1946.6—1948.3）
　　　　赵　岚（兼，1948.3—1948.7）
副县长　赵振干（1946.11—1947.8）
　　　　彭　一（1947.8—1948.7）

镇东县民主政府（1946.6—1947.8）

镇东县民主政府于 1947 年 8 月同赉北县民主政府合并，组成镇赉县民主政府。

县　长　袁立忠（1946.6—1947.8）

赉北县民主政府（1946.6—1947.8）

赉北县民主政府于 1947 年 8 月同镇东县民主政府合并，组成镇赉县民主政府。

县　长　赵振干（1946.6—1946.11）
　　　　刘渭东（1946.11—1947.4）
　　　　鲍廷干（1947.4—1947.8）

镇赉县民主政府（1947.8—1948.7）

镇赉县民主政府于 1948 年 7 月划归嫩江省政府，由驻白城子办事处代管。

县　长　鲍廷干（1947.8—1947.11）
　　　　谢庸夫（1947.11—1948.3）
　　　　崔薪传（1948.3—1948.7）
副县长　崔薪传（1947.9—1948.3）

开通县民主政府（1946.6—1948.7）

开通县民主政府于 1948 年 7 月划归嫩江省政府，由驻白城子办事处代管。

县　长　唐宏光（兼，1946.6）
　　　　徐　坚（兼，1946.6—1947.2）
　　　　郑经十（兼，1947.2—1947.10）
　　　　黎晓初（兼，1947.10—1948.7）

瞻榆县民主政府（1946，6—1948.7）

瞻榆县民主政府于 1948 年 7 月划归嫩江省政府，由驻白城子办事处代管。

县　长　孙达生（1946.6—1946.7）

　　　　冯安国（1946.7—1947.11）

　　　　石　轩（1947.11—1948.7）

洮广县民主政府（1946.12—1947.1）

洮广县民主政府于 1946 年 12 月成立，1947 年 1 月撤销。

县　长　郑经十（1946.12—1947.1）

副县长　戴朝良（1946.12—1947.1）

3. 嫩江省政府驻白城子办事处

（1948.7—1948.11）

1948 年 7 月以后，辽北省政府将后方办事处代管的 10 个县（旗）政府划归嫩江省。不久，嫩江省政府建立驻白城子办事处，代管这 10 个县（旗）政府。11 月办事处撤销，由省直辖，1949 年 5 月将其中的郭前旗、乾安县政府划归吉林省政府。

主　任　王　文（1948.7—1948.11）

副主任　赵　岚（1948.7—1948.10）

白城子办事处及嫩江省政府下辖的县（旗）政府

洮南县政府（1948.7—1949.9）

县　长　高辑五（1948.7—1949.5）

　　　　苏　桓（1949.5—1949.9）

副县长　李　敬（1948.7—1949.9）

洮北县民主政府（1948.7—1948.9）

1948 年 9 月并入洮安县民主政府。

县　长　戴朝良（1948.7—1948.9）

洮安县民主政府（1948.7—1949.9）
县　长　赵　岚（兼，1948.7—1948.10）
　　　　郑文普（1948.10—1949.9）
副县长　彭　一（1948.7—1949.1）
　　　　戴朝良（1948.9—1949.4）

镇赉县民主政府（1948.7—1949.9）
县　长　崔薪传（1948.7—1949.6）
　　　　苑　凭（1949.6—1949.9）

开通县民主政府（1948.7—1949.9）
县　长　黎晓初（兼，1948.7—1949.1）
　　　　彭　一（兼，1949.1—1949.9）

瞻榆县民主政府（1948.7—1949.9）
县　长　石　轩（1948.7—1949.9）

大赉县民主政府（1948.7—1949.9）
县　长　韩季约（1948.7—1949.9）

安广县民主政府（1948.7—1949.9）
县　长　王　岚（1948.7—1949.2）
　　　　葛云龙（1949.2—1949.9）
副县长　刘永春（1949.2—1949.9）
乾安县民主政府（1948.7—1949.5）
乾安县民主政府1949年5月划归吉林省。
县　长　高　成（1948.7—1948.11）
　　　　王江三（1948.11—1949.5）

郭前旗政府（1948.7—1949.5）
郭前旗政府1949年5月划归吉林省。
旗　长　黎　浚（代理，1948.7—1948.11）（1948.11—1949.5）

4. 辽北省参议会

（1947.2—1949.2）

1947年2月建立了辽北省参议会筹委会，同年4月正式建立了辽北省参议会。1949年2月撤销。

辽北省参议会筹委会（1947.2—1947.4）

主　任　于文清（1947.2—1947.4）

辽北省参议会（1947.4—1949.2）

参议长　于文清（1947.4—1949.2）

（三）地方军事组织

1. 东北民主联军、东北人民解放军辽吉军区

（1946.6—1948.7）

1946年6月1日，根据中共中央东北局和东北民主联军总部决定，辽西军区改为辽吉军区，隶属西满军区。1948年1月，东北民主联军改为东北人民解放军，1月5日辽吉军区政治部发出通知，决定军区、军分区、县大队三级均成立党委会。

1948年7月6日，东北军区决定将辽吉军区改为辽北省军区。

司　令　员　邓　华（1946.6—1947.8）

　　　　　　聂鹤亭（1947.8—1948.7）

政　治　委　员　陶　铸（兼，1946.6—1948.7）

副　司　令　员　高　鹏（1946.6—1948.7）

副政治委员　郭　峰（兼，1948.6—1948.7）

　　　　　　彭嘉庆（1948.5—1948.7）

参　谋　长　高　鹏（兼，1946.6—1947.2）

　　　　　　蔡斯烈（1947.6—1948.7）

副　参　谋　长　蔡斯烈（1947.1—1947.6）

　　　　　　夏尚志（1947.8—1948.7）

　　　　　　赵东寰（1946.6—1946.12）

政治部主任　袁升平（1946.6—1947.4）

政治部副主任　王振乾（1947.7—1948.7）

辽吉军区下辖军分区

辽吉军区先后下辖7个军分区，成立、撤销时间及驻地、辖区与当地的地委大致相同。现属吉林省辖区的有3个军分区。

(1) 辽吉二军分区（长岭）（1946.6—1948.7）
司　令　员　马　骥（满族，1946.6—1947.5）
　　　　　　邓忠仁（1947.5—1948.1）
　　　　　　罗　杰（1948.1—1948.7）
政　治　委　员　郭　峰（兼，1946.9—1947.1）
　　　　　　杨易辰（兼，1946.6—1948.7）
副　司　令　员　邓忠仁（1946.6—1947.5）
　　　　　　罗　杰（1946.9—1948.1）
副　政　治　委　员　贾其敏（1946.6—1946.）
　　　　　　罗友荣（1946.9—1946.12）
　　　　　　姚仲康（1946.9—1946.12）
参　谋　长　石世良（1946.6—1946.10）
　　　　　　罗　杰（兼，1946.10—1946.12）
　　　　　　黄忠诚（1946.12—1947.1）
　　　　　　王玉峰（1947.2—1948.1）
政　治　部　主　任　江腾蛟（1946.6—1948.1）
政　治　部　副　主　任　赖伟雄（1948.2—1948.9）

(2) 辽吉三军分区（郭前旗）（1946.6—1946.9）
司　令　员　左　叶（未到职）
　　　　　　郭　峰（兼，1946.6—1946.9）
政　治　委　员　刘　彬（兼，1946.6—1946.8）
　　　　　　郭　峰（兼，1946.8—1946.9）
副　司　令　员　罗友荣（1946.6—1946.9）
副　政　治　委　员　姚仲康（1946.6—1946.9）

(3) 辽吉四军分区（洮南）（1946.6—1947.8）
司　令　员　钟明锋（1946.6—1947.1）
　　　　　　高体乾（1947.1—1947.5）
政　治　委　员　喻　屏（兼，1946.6—1947.8）

副 司 令 员　夏尚志（1946.6—1947.8）

副政治委员　曾敬凡（曾敬烦，1947.1—1947.5）

参 谋 长　杨 骥（1946.6—1947.1）

　　　　　　杨国志（1947.1—1947.8）

政治部主任　李长如（1946.6—1947.2）

辽吉军区及各军分区下辖县级军事组织

辽吉军区下辖 36 个县级军事组织，开始分别由各军分区领导。1947
年 8 月辽吉四军分区（洮南）撤销后，其所辖县大队由辽吉军区直辖，同
年 9 月，将原二军分区所辖的乾安、大赉、安广县大队和郭前旗大队改为
辽吉军区直辖。

长岭县大队（1946.6—1946.12）（1947.3—1948.7）

长岭县大队于 1946 年 12 月同怀德县大队合并，称长怀武工队。1947
年 3 月恢复长岭县大队。

大 队 长　廖 克（1946.6—1946.12）（兼，1947.3—1948.7）

政 治 委 员　严达人（兼，1946.6—1946.7）

　　　　　　　吴甄铎（兼，1946.7—1946.12）（1947.3—1947.6）

　　　　　　　廖 克（兼，1947.7—1948.7）

副 大 队 长　冯志高（1947.3—1948.7）

副政治委员　谭 伯（兼，1946.6—1946.11）

怀德县武工队、县大队（1946.5—1946.12）（1947.6—1948.7）

怀德县武工队于 1946 年 5 月建立，6 月归辽吉二军分区所辖。1946 年
12 月与长岭县大队合并，称长怀武工队，1947 年 6 月改建怀德县大队。

大 队 长　崔先锋（1946.5—1946.9）

　　　　　　董南勋（兼，1947.6—1948.7）

政 治 委 员　林沛然（兼，1947.6—1948.5）

副 大 队 长　李立军（1946.5—1946.11）

　　　　　　　许大贵（1946.5—1946.11）

　　　　　　　程 彪（1947.6—1948.7）

副政治委员　蓝国栋（1947.6—1948.7）

长怀武工队（1946.12—1947.3）

1946 年 12 月组建，1947 年 3 月撤销。

大 队 长　廖　克（1946.12—1947.3）
政治委员　吴甄铎（兼，1946.12—1947.3）
副大队长　董南勋（1947.2）
　　　　　　吴丕恩（1947.1—1947.3）

乾安县农工大队（1946.6—1947.8）
大 队 长　周时源（兼，1946.6—1946.9）
　　　　　　张士荣（1946.9—1947.1）
政 治 委 员　张　健（兼，1946.6—1947.3）
　　　　　　袁宝华（兼，1947.3—1947.8）
副 大 队 长　罗念保（1947.1—）
副政治委员　陈辉明（1947.7—1947.8）

大赉县大队、保安队（1946.6—1946.8）（1947.5—1947.11）
大赉县大队于1946年8月同安广县大队合并，组成赉广县大队。1947
年5月分开，同年11月撤销。
大 队 长　任尚琼（1946.6—1946.8）
政 治 委 员　张学文（兼，1946.6—1946.8）
　　　　　　董雨航（兼，1947.5—1947.11）
副 大 队 长　罗念保（1946.6—1946.8）
　　　　　　张××（1947.5—1947.11）
副政治委员　任尚琼（1947.5）

安广县大队、保安队（1946.6—1946.8）（1947.5—1947.9）
安广县大队于1946年8月同大赉县大队合并，组成赉广县大队。1947
年5月分开，成立安广县保安队，同年9月撤销。
大 队 长　张树英（1946.6—1946.8）
队　　　长　张士荣（1947.5—1947.9）
政 治 委 员　张志明（兼，1946.6—1946.8）（1947.5—1947.9）
副 大 队 长　陆山江（1946.6—1946.8）

赉广县大队（1946.8—1947.5）
大 队 长　张树英（1946.8—1947.1）

张士荣（1947.1—1947.5）

政治委员　张学文（兼，1946.8—1947.4）

副大队长　罗念保（1946.8—1947.1）

刘朝佐（1947.1—1947.5）

副政治委员　任尚琮（1946.8—1947.5）

洮南县大队（1946.6—1948.7）

大　队　长　高辑五（兼，1946.6—1947.7）

政治委员　何　戈（兼，1946.6—1947.8）

副大队长　杨德敬（1946.6—1947.4）

冯海庭（1947.3—1948.7）

洮北县骑兵团（1946.6—1946.10，1946年10月改为县大队）

团　　　长　郭永德（1946.6—1946.7）

陈绍光（1946.7—1946.10）

政治委员　郭永德（兼，1946.6—1946.10）

副团长　张希彦（1946.6—1946.10）

洮北县大队（1946.10—1947.12）

大　队　长　武蕴藻（兼，1946.10—1946.11）

姚海青（1946.11—1947.12）

政治委员　姚海青（兼，1946.11—1947.12）

副大队长　谢占生（1947.1—1947.10）

洮安县大队（1946.9—1948.1，1947年4月后，一度改称县人民自卫队总队）

大　队　长　郑芥舟（1946.9—1948.1）

政治委员　胡亦民（兼，1946.9—1947.7）

赵振干（兼，1947.8—1948.1）

副大队长　谢朝前（1946.9—1948.1）

副政治委员　蒋永明（1946.9—1948.1）

镇东县大队（1946.6—1947.8，1947年4月后，一度改称县人民自卫队总队）

大 队 长 李 斌（1946.6—1947.8）
政治委员 王大钧（兼，1946.6—1946.7）
　　　　　唐宏光（兼，1946.7—1947.8）

赉北县大队（1946.6—1947.8，1947年4月后，一度改称县人民自卫队总队）
大 队 长 夏学堂（1946.6—1947.8）
政治委员 任志远（1946.6—1946.7）
　　　　　王大钧（兼，1946.7—1947.8）

镇赉县公安大队（1947.8—1948.7）
镇赉县公安大队是由镇东县大队与赉北县大队合并而成的，1948年7月划归嫩江省军区。
大 队 长 王殿铨（1947.8—1948.6）
　　　　　丁兆臣（1948.6—1948.7）
政治委员 王大钧（兼，1947.8—1947.10）
　　　　　安铁志（兼，1947.10—1948.7）

开通县大队（1946.6—1946.7）（1946.9—1947.4）
开通县大队建立过两次，第一次于1946年2月建立，7月撤销；第二次于1946年9月重建，1947年4月撤销。
大 队 长 高书发（1946.11—1947.4）
　　　　　邱成德（1947.4）
政治委员 李引菊（兼，1946.6）
　　　　　周 健（兼，1946.9—1947.4）
瞻榆县保安大队（1946.6—1947.12，1947年4月后，一度改称县人民自卫队总队）
大 队 长 张福金（1946.6—1947.12）
政 治 委 员 冯安国（兼，1946.6—1946.7）
　　　　　任志远（兼，1946.7—1947.10）
　　　　　李介夫（兼，1947.10—1947.12）
副政治委员 王冠军（1946.6—1947.12）

郭前旗大队（1946.6—1948.6）
大 队 长 王央公（兼，1946.6—1947.3）

政治委员　南阶池（兼，1946.6—1948.6）
副大队长　李仁甫（1946.6—1948.6）

辽吉军区撤销后划归嫩江军区的县级军事组织

1948年7月划归嫩江军区的县级军事组织，现属吉林省辖区的只有洮南县大队和镇赉县公安大队。

洮南县大队（1948.7—1949.5）
大　队　长　王殿铨（1949.2—1949.5）
副大队长　冯海庭（1948.7-1949.1）

镇赉县公安大队（1948.7—1949.4）
大　队　长　丁兆臣（1948.7—1949.2）
　　　　　　李振福（1949.2—1949.4）
政治委员　安铁志（兼，1948.7—1948.10）
　　　　　　王玉璞（兼，1948.10—1949.4）

2. 东北人民解放军辽北省军区

（1948.7—1949.4）

1948年7月，辽吉军区改为辽北省军区，隶属东北军区，1949年4月中旬，因东北行政区划变更而撤销。

司　令　员　聂鹤亭（1948.7—1948.11）
　　　　　　彭嘉庆（1948.11—1949.4）
政　治　委　员　陶　铸（兼，1948.7—1948.11）
　　　　　　郭　峰（兼，1948.11—1949.4）
第一副司令员　赵　杰（1948.7—1949.4）
第二副司令员　高　鹏（1948.7—1949.4）
副政治委员　郭　峰（兼，1948.7—1948.11）
　　　　　　彭嘉庆（1948.7—1948.11）
参　谋　长　蔡斯烈（1948.7—1948.8）
　　　　　　黄思沛（1948.9—1949.4）
政治部主任　彭嘉庆（兼，1948.7—1948.11）
　　　　　　邱先通（1948.12—1949.4）

副 参 谋 长　夏尚志（1948.7—1949.4）
政治部副主任　邱先通（1948.7—1948.12）
　　　　　　　王振乾（1948.7—1948.11）
　　　　　　　李耀之（1948.12—1949.4）

（柴廉洁整理）

大 事 记

（1945.8—1949.9）

—1945 年—

8 月

8 日　苏联政府正式对日宣战。

13 日　苏联后贝加尔方面军经阿尔山、五岔沟进驻白城子、洮南。

15 日　日本天皇宣布无条件投降。

17 日　太行区八路军总部派遣的地下党员刘健民在郭前旗帮助蒙古族进步青年成立郭前旗大同会，选举陶特格琪为会长，高万宝扎布为宣传科长，拉西道尔吉为总务科长。

同日　东北青年救亡总会领导的地下工作者杨文翔以扶余县治安维持会保卫组长的身份做掩护，控制农村武装自卫团，维护社会秩序，以迎接我党我军接收扶余。

同日　苏联红军进驻长岭，9 月 7 日撤出。

下旬　苏联红军进驻扶余，9 月中旬撤出。

本月　苏联红军进驻郭前旗，第二年 4 月撤出。

9 月

6 日　冀热辽军区部队约 4000 人进驻沈阳。

10 月

中旬　由冀热辽行署任命的北满地区第一行政督察专员公署专员夏尚志率领一个连的部队及 50 余名干部自沈阳抵达白城子，在苏军协助下，解散了敌伪势力组成的洮安县治安维持会、国民党洮安县党部及其反动武装。

23 日　夏尚志派连长王贵武率 30 余名战士进驻洮南。

29 日　东北人民自治军吉长部队司令员刘健民率部 500 余人进驻长岭。

下旬　夏尚志率部队由白城子进驻大赉县城，随后成立大赉县独立团，郑平任政委。

月末　夏尚志率部队从大赉出发，在苏军帮助下攻克安广县城，俘虏

日伪残余分子组织的保安大队300余人，随后成立安广县独立团，刘玉堂任团长，王超任政委。

11 月

月初　夏尚志率部从大赉出发进驻郭前镇，在苏军帮助下解除了郭前和扶余的反动武装，缴枪700余支。还接收苏军缴获的日本马枪3500余支、三八野炮20余门、山炮20余门、轻重机枪和弹药一批。

5日　夏尚志派驻洮南的部队通令解散国民党洮南县党部，逮捕了该党部执行委员李树藩等。

9日　中共中央东北局派刘锡五、于毅夫等15名干部到达齐齐哈尔，成立嫩江地区工作委员会（1946年1月1日改称"嫩江省工委"），书记刘锡五。

10日　东北人民自治军吉长部队司令员刘健民率部队进驻乾安。

14日，成立嫩江省政府，省主席于毅夫。

上旬　郭前旗大同会在夏尚志帮助下组建郭前旗蒙古人民革命军。开始100余人，1946年初发展到300余人。

20日　中共中央致电东北局，指出，"应迅速在东满、北满、西满建立巩固的基础"，"应在洮南、赤峰建立后方，作长久打算"。

中旬　刘锡五、于毅夫到达白城子，宣布组建嫩江省白城子地委、专署、军分区。任志远为地委副书记兼军分区副政委，主持地委工作，夏尚志为军分区司令员。专区辖洮安、洮南、镇东、开通、瞻榆、大赉、安广、扶余、郭前等9县（旗）。

25日　嫩江第三支队副政委胡秉权率部接收突泉县。27日召开各界爱国人士代表大会（临时参议会），成立突泉县民主政府，选举赵兴九为县长。

下旬　中共嫩江地区工委派程世清带部队进驻扶余，解散治安维持会，成立扶余县工委，并设立城防司令部。

下旬　白城子军分区正式成立嫩江第一纵队，下设3个支队：第一支队辖3个团，分别驻扶余、大赉、郭前镇，程世清任支队长兼政委；第二支队辖3个团，分别驻白城子、镇东、安广，刘玉堂任支队长兼政委；第三支队辖3个团，分别驻洮南、开通、瞻榆，朱继先任支队长，于英川任政委。纵队另有直属部队1个团。

下旬　中共嫩江地区工委派张策到白城子，任白城子地委书记、专署专员、军分区政委。

本月　白城子地委传达嫩江地区工委决定：建立中共洮南县委，于英川任书记。于负伤后武蕴藻继任县委书记。18日召开临时参议会，成立洮南县民主政府，选举王克明为县长，胡秉权为副县长。

本月　白城子军分区嫩江第一纵队驻洮南部队收编伪满军警人员，组建洮南县保安大队。

12　月

5日　驻守乾安县的吉长部队三营九连被叛变的县保安大队（我收编的部队）缴械，县城失守。

同日　由白城子军分区嫩江第一纵队派部队收编的突泉县公安大队叛乱，逮捕了胡秉权，杀害进步人士李兴孝，并引进"光复军"占领突泉县城。

6日　嫩江第一纵队第三支队支队长朱继先率100余名战士护送袁立忠去开通开辟工作，7日成立开通县民主政府，袁立忠任县长。

13日　驻长岭县城的吉长部队奋力抵抗国民党先遣军司令张洪武纠集的土匪、地主武装2000余人的围攻，激战中罗勇标营长及20余名战士牺牲，县城失守。

14日　中共洮南县委领导县城军民奋力抵抗，并击退"光复军"600余人对县城的袭击。

15日　吉长部队政委傅根深率部队增援长岭县城守军，在与城外阻击的土匪及地主武装的战斗中牺牲。

同日　中共中央东北局发出《关于当前形势与准备作战的指示》。其中要求："西满部队力争控制辽源、洮南，以便控制西满之广大地区。"

18日　东蒙自治军在阿思根、双宝的指挥下，联合科右中旗民团，解放突泉县城，驱散守敌"光复军"和叛军公安大队，救出胡秉权。随后由突泉县和科右中旗成立旗县联防司令部，双宝任司令员。

中旬　嫩江第一纵队第三支队支队长朱继先率100余名战士由开通返回洮南途中，于初家屯被埋伏的土匪包围。经过1天激战突围，有八名战士牺牲。

21日　中共洮南县委再次领导县城军民抵抗"光复军"2000余人的围攻。激战4昼夜，于24日夜间撤离洮南，转移至白城子。

同日　中共中央给东北局发出指示，指出："请你们注意东北长期永久根据地之建立。即在通化、延吉、宁安、东宁、密山、穆棱、佳木斯、嫩江、黑河、开鲁等地区，必须派必要的老部队和干部去开辟工作，建立后方。"

同日　安广县党政军干部战士英勇抵抗叛军县独立团（主要成分为收

编的伪军警）的袭击，刚到职的县委书记兼独立团政委王超牺牲，独立团团长刘玉堂负重伤，副县长刘希平被俘。安广县城被叛军占据。

23 日　大赉县党政军干部战士英勇抵抗叛军的袭击，战至晚七时撤出县城，牺牲 29 人，失去机枪 4 挺、小炮 3 门、长短枪 100 余支、手榴弹 8 箱。10 余名党政干部转移到扶余县城。

28 日　中共中央发出《关于建立巩固的东北根据地的指示》，指出：这种根据地是"距国民党占领中心较远的城市和广大乡村"。

31 日　驻白城子的地、县党政军干部、战士英勇抵抗"光复军"头目王奎武纠集的镇东、安广、洮南等 7 县"光复军"约万人对白城子的围攻。激战 3 天，于 1946 年 1 月 3 日保护白城子地委、专署、军分区机关撤至五家户。突围中，骑兵独立团政委刘海明牺牲。

下旬　开通县县长袁立忠撤离开通，转移至白城子。开通县城被"光复军"占领。

本月　中共洮安县委、县民主政府成立。石明之任县委书记，朱勤轩任县长。

本月　中共大赉县委、县民主政府成立。郑平任县委书记兼独立团政委，沈家容（留用的伪教育股长）任县长。

本月　中共安广县委、县民主政府成立。王超任县委书记兼独立团政委，李连馨（留用的伪县长）任县长。

—1946 年—

1 月

月初　白城子军分区在五家户召开紧急会议，决定借助苏军支援对"光复军"主动出击，收复各县。

月初　东北民主联军某部收复被"光复军"占据的乾安县城。

4 日　驻白城子苏军将攻占白城子的 7 县"光复军"驱逐出城，并将其头目逮捕。

5 日　中共白城子地委、专署和军分区机关从五家户迁回白城子。

同日　白城子军分区司令员夏尚志率部队击溃盘踞镇东的"光复军"，解放镇东县城。7 日，该县城又被"光复军"占据。

9 日　白城子军分区司令员夏尚志率部队围攻镇东县城，匪首王奎武率匪队弃城逃跑，"维持会"财务部长杨遇春负隅顽抗被击毙，镇东县城又获解放。随后夏尚志率部撤回白城子，镇东县城再次被"光复军"占据。

22 日　新四军三师八旅二十二团进驻开通，派唐楠（唐宏光）接收伪政权，成立开通县工委和县民主政府，唐楠任工委书记兼县长。

29 日　新四军三师八旅二十二团在东蒙自治军、白城子军分区部队配合下，收复洮南县城，守敌"光复军"溃逃。

下旬　中共辽北省委、省政府、辽北军区分别从老四平、榆树台迁往洮南，途中改建为吉江省委、吉江行政公署、吉江军区，管辖洮南、大赉、安广、开通、瞻榆、乾安、郭前、扶余、农安、德农、长春、肇源、肇州、肇东等 14 县（旗）。郭述申任省委书记兼军区政委，邵式平、顾卓新任副书记，栗又文任行署主任，倪志亮任军区司令员。

下旬　中共吉江省委迁往洮南途中，于郑家屯（后迁到洮南）组建中共洮南地委和军分区，管辖洮南、开通、瞻榆 3 县。朱理治任地委书记兼军分区政委，李英武任军分区司令员。

2 月

1 日　夏尚志率白城子军分区部队配合新四军三师八旅二十二团收复镇东县城。守敌"光复军"老巢被捣毁，匪首王奎武被击毙。

月初　东北民主联军吉黑纵队在司令员曹里怀、副政委郭峰率领下进驻郭前旗。

5 日　新四军三师八旅二十四团收复安广县城，守敌"光复军"弃城溃逃。

同日　新四军三师八旅二十二团由镇东县城出发进军安广县。途经套保区西艾力屯时，遭地主武装突然阻击。经激烈战斗，攻破敌据守的白家大院，将敌全歼。我军战士牺牲 32 名。

8 日　洮南军分区司令部、洮南卫戍司令部、洮南县政府发布联字第 1 号布告，指出，"光复军"洗劫洮南罪恶滔天，为匪首李树藩、修广翰等鼓动，勒令潜藏在城内的匪徒到县公安局认罪登记，交出武器、赃物，悔过自新。

9 日　新四军三师八旅二十三团进驻瞻榆县，随后成立瞻榆县委和县民主政府，县委书记冯安国，县长孙达生。

上旬　中共吉江省委、吉江行署、吉江军区、洮南地委、洮南军分区机关到达洮南。

上旬　中共镇东县委和县民主政府成立，王大钧任县委书记，袁立忠任县长。

14 日　中共吉江省委派张建等 5 人接收乾安县，成立乾安县委和县民主政府，张建任县委书记，唐昭东任代县长。

15日 辽西军区派两个团的兵力围剿盘踞长岭县城的2000余名土匪、地主武装,经过两个小时的激战,毙敌50余人,俘敌160余人,缴获各种枪支20多支,马200多匹,第二次解放长岭县城。随后,中共长岭县委和县民主政府正式成立,严达人任县委书记,廖克任县长。

中旬 东北民主联军吉黑纵队一团400余人收复大赉县城,守城叛匪溃逃,大赉县委、县政府恢复工作。吉江省委派张学文任县委书记兼县长。

中旬 在白城子成立西满铁路局白城子整修委员会。组织工人、技术人员修补铁路,修理车辆。1周内,就使白城子到阿尔山、白城子到长春两条铁路部分路段通车。

下旬 成立中共开通县委,书记李引菊(李潜)。同时成立县武装大队。

本月 吉江第一行政区督察专员公署(洮南专署)在洮南成立,魏兆麟任专员。

本月 吉江行署在洮南成立民主学院,以培训根据地新干部为宗旨。行署主任栗又文兼任院长,徐公振任副院长。

本月 中共扶余县委成立,县委书记陈星,副书记宋秋潭。同时成立扶余县政府,徐柏如任县长,苗尔询任副县长。

本月 中共郭前旗委和旗民主政府成立,王央公任旗委书记兼副旗长,乌勒吉布彦任旗长(当时称主席)。

本月 大赉县民主政府吸收地方知名人士成立县参议会。

本月 经吉黑纵队司令员曹里怀、副政委郭峰决定并帮助,将郭前旗治安队(伪军警为骨干)与大同会组建的蒙古人民革命军合并,组成蒙古骑兵团,约900人。原治安队队长陈达利为团长,派党的干部黎晓初为政委,大同会宣传科科长高万宝扎布为副政委。

本月 大赉县建立县武装大队,任尚琮任队长。

本月 安广县建立武装大队,队长张树英。

本月 中共扶余县委根据吉江省委的部署,开展了反奸除霸斗争,逮捕并处决了伪县长杨桂滋、恶霸杜国华和特务汉奸冯国玺。

本月 洮南发生鼠疫。各机关、部队停止办公,与当地居民共同防病灭疫。

本月 辽西行政公署在太平川建立防疫所。

3 月

4日 大赉县政府、县公安局、县大队联合发出第1号布告,动员人民清算日伪资财，提出：凡敌伪资产（包括日伪时期的仓库、公司、粮栈及存放的现金、成品、原料等）和日伪侵占的农田，无论大宗小笔，一律彻底清算，将算出的金钱实物一部交公，一部救济贫民；农田分给无地和少地的农民。

月初　驻白城子党政军机关发动居民开展扑灭鼠疫的斗争。

上旬　洮南县政府和驻军组织群众扑灭鼠疫，设隔离病区，实行戒严、清扫环境等，防止疫病流行。

15日　华北联合大学舞蹈研究室主任凌霞为谱写歌曲，在洮南下乡体验生活时因车祸殉职。

19日　长岭县政府召开教育座谈会，邀请中小学教员商讨恢复学校，研究教育方针、经费、教员待遇等问题。副县长齐冲在会上阐述了新民主主义教育方针。

中旬　驻洮南的吉江省委、吉江行政公署、吉江军区改称嫩南区党委、嫩南行政公署、嫩南军区，辖区为原吉江区的洮南、安广、开通、瞻榆，嫩江省的洮安、镇东、赉北、泰来、景星、杜尔伯特，东蒙的突泉等11县（旗）和4月组建的洮北县。郭述申任嫩南区党委书记兼嫩南军区政委，顾卓新任嫩南区党委副书记兼嫩南行署主任，倪志亮任嫩南军区司令员，邵式平任嫩南军区副政委。

中旬　在郭前镇成立新的吉江省委、吉江行政公署、吉江军区，辖区为原吉江区的扶余、郭前、大赉、乾安、农安、德农、长春、肇源、肇州、肇东10县（旗）。刘震任省委书记兼军区司令员、政委，刘彬任省委副书记，郭峰任行署主任，宋乃德任副主任。

中旬　开通县人民翻身总会领导城关区人民开展反奸反霸斗争，清算了伪满皮业组合头子、杨家皮铺经理杨景林。

中旬　乾安县建立县武装大队，队长由县长周时源兼任。

25日　长岭县召开千人公审大会，枪决土匪"天帮""四海"绺子的匪首。

同日　开通县召开百余人参加的县临时参议会，选举唐宏光为县长。

26日　中共吉江省委发出《关于目前工作方针和群众运动的指示》，提出，"当前工作以放手发动和组织群众团结在党的周围为首要任务"，"以组织群众的诉苦复仇清算斗争为运动的主流，其中心内容包括反贪污、反恶霸、反窝主、反伪满警察特务及伪满时代恶劣的行政人员等敌伪残余势力"。

同日　中共吉江省委发出《关于剿匪防匪和武装建设的指示》，提出了党政军民全力剿匪的任务，并在剿匪运动中，达到发动人民武装自卫和群众斗争的目的。

29 日　洮南县两万人举行反对内战呼吁和平大会，谴责国民党反动派挑起内战。大会致电全国，要求立即在全国包括东北实现和平民主。

30 日　嫩南区党委和嫩南行署在洮南召开临时参议会，正式选举嫩南行署领导人。

下旬　吉江行署决定，由大赉县洮儿河以北 6 村组建赉北县，成立赉北县民主政府，赵振干任县长；同时成立赉北县大队，夏学堂任队长，任志远任政委。

本月　中共洮南地委、专署、军分区撤销。

本月　吉江行署在扶余创办建设学院，行署主任郭峰兼任院长。至 6 月结束，共培养干部 300 多人。

本月　洮南县政府建立洮南修械所，承担驻洮南地方部队的枪械修理任务。

本月　中共镇东县委改称镇赉县委，负责领导镇东、赉北两县工作。县委机关仍驻镇东。

本月　郭前旗委、旗政府组成 4 个工作队深入各区，领导开展反奸清算斗争。

本月　大赉县城建立大赉兵站。

春季　洮安县委委员分头到农村兼任区委书记，领导开展反奸清算、减租增资、分配敌伪土地的斗争，白庙子区和镇西区首先组织群众分了大汉奸张海鹏（伪满皇帝侍从武官长）在白城子的财产。

4 月

月初　白城子至郑家屯铁路恢复通车，并可从郑家屯转车达四平。每月从白城子至郑家屯、从郑家屯至四平开出客货混合列车 4 次。

月初　赉北县县长赵振干带领武装工作队到嘎什根区开辟工作，宣传群众，组织区、村农会。

月初　长岭县成立敌伪资财清算委员会，领导群众向敌伪残余进行清算斗争，开展减租减息工作。同时，在长岭镇成立 4 个工农会，清算了伪满间长陈荣武等。

月初　乾安县开始反奸清算运动。首先清算了伪满配给组合等 27 家敌伪残余，获得斗争果实如下：粮食 1600 石，豆油 6000 斤，酒 2000 斤，盐 26113 斤，大盒火柴 3624 盒，花旗布 49 匹，现金 27.7 万元。在城镇反奸清算斗争开展起来之后，县委于中旬又派出第一批工作队分赴各区，开展农村反奸清算斗争。

月初　开通县破获以"东北民主联军十四大队"为掩护的程克明窜通土匪倒卖军火案,并将其同伙逮捕惩办。

9日　中共大赉县委领导人根据吉江省委指示,分头深入各区,领导开展反奸清算斗争。从22日开始,将日伪"开拓团"所占之开拓地分给无地少地农民,并在全县铺开反奸清算和分开拓地运动。

12日　突泉县重新组建县人民政府,董荆玉任县长。

13日　长岭县举行临时参议会,讨论如何建设新长岭。会上,谭伯当选为议长,廖克仍当选县长。

16日　嫩南行政公署发出通令,在瓦房组建洮北县。划洮南县之庆平、庆远、永平、永安、万宝、宝利、瓦房等10村归洮北县。同时成立洮北县委和县民主政府,武蕴藻任县委书记兼县长。

19日　郭前旗召开清算伪警察科长高士英等敌伪分子大会,到会群众达5000余人。

20日　嫩南区党委书记郭述申、洮南县县长魏兆麟率土改工作队到洮南县五、六区搞土改试点。

中旬　开通县在火车站站前广场召开公判大会,将伪县长及国民党党部书记等7名罪犯判处死刑。

23日　吉江行署发布命令,任命徐柏如为县长,郑康为副县长。

24日　嫩南军区及其武装部队同嫩江军区部队一起解放齐齐哈尔市,歼灭土匪武装3000余人。

同日　中共安广县委指示各区委筹备组建区自卫队(为县大队的分队),要求由区长或副区长兼任分队长。

26日　安广县政府向各区政府发布训令,为保证军队、政府的供给,决定征收公粮、公草、公柴。规定每垧地征收公粮130斤、公草10斤、公柴40斤。

27日　长岭县举行万人促进全国和平大会,要求停止内战。大会还致电军调部沈阳执行小组,提出和平要求,并列队游行示威。

28日　嫩南行署、嫩南军区发出联合布告,要求所有土匪在1个月内将枪支马匹交给政府,悔过自新,不咎既往。民间枪支应在1个月内到政府登记,留做防匪自卫。如隐匿不报,一经查出要予惩处。

下旬　中共突泉县委成立,对外称"群众工作委员会",县委书记路宵寒。

下旬　中共郭前旗委领导全县农村分开拓地,到5月份基本分完。

本月　扶余县保安团成立，团长陈阳春，政委徐宾。6月，县政府警卫连、县公安队和部分区武装亦编入保安团，兵力达1000余人。1947年3月，被编入东北民主联军独立第五师。

本月　郭前旗成立县武装大队，由王央公、南阶池分别兼任队长和政委。

本月　苏军撤离白城子回国。

本月　中共洮南县委选调15名干部组成工作队，深入四、五、六区分配敌伪土地，到5月中旬，共分地2.7万余垧。

本月　镇东县开始分配敌伪开拓地。

本月　洮安县保民、德顺、大兴3个区形成分开拓地高潮，3个区共分开拓地1.7万余垧。

本月　郭前旗在城区先后建立铁路工会、铁工工会、木工工会、油酒工会、缝纫工会，率领工人开展清算斗争，

本月　洮南县政府批准处决"光复军"头目靳云鹏（匪号"小白龙"）。

本月　开通县处决5名民愤极大的伪满警察。

本月　镇东、赉北两县相继建立区委和区政府。镇东县有城关、套保、英华、东屏、黑鱼泡5个区；赉北县有坦途、五棵树、嘎什根、哈吐气、莫莫格、大屯6个区。

本月　中共大赉县委、县政府召开抗日战争时期在本地工作过的王一川同志追悼会，并将王的革命事迹绘成连环画，组织全县人民学习。

5 月

1日　乾安县成立总工会，下设木工、泥瓦、铁匠、皮匠、缝纫、油、酒、饭馆、理发、挑水、菜园子等11个工会和小贩会、贫民会，共有会员1049名。

3日　白城子到长春铁路恢复通车。

4日　中共中央发出《关于清算减租及土地问题的指示》（即"五四指示"），决定党在抗战时期实行的减租减息政策改为没收地主土地分配给农民的政策。

6日　乾安县大队配合区队在城东林字井击退土匪及叛匪1000余人的进攻。

15日　嫩南区党委、行署、军区撤销，所辖区域划归嫩江省。

23日　中共辽西二地委、二专署和二军分区机关从双山镇经新安镇转移到长岭县城。

30日　东北民主联军某部将包围瞻榆县委、县政府的土匪全部缴械。

　　下旬　中共大赉县委在四区搞减租减息试点后，按"二五减租、四六分粮（地主得四）、倒退一年租粮"的原则和办法，在全县铺开减租减息运动。

　　下旬　中共辽西省委、辽西行署、辽西军区及省委机关报《胜利报》社由郑家屯迁抵洮南。31 日，《胜利报》在洮南出版发行。

　　下旬　驻扶余主力部队奉命北移，扶余县委、县政府转移到大洼一带，后移驻长春岭。1947 年 5 月迁回扶余县城。

　　本月　赉北县开始分配敌伪开拓地。

　　本月　《胜利报》载文推广镇东县分地经验。该县已分配开拓地 3.4 万垧。

　　本月　乾安县处决伪满劳工大队副大队长王伯熙和伪乾安街长张万坤。

　　本月　长岭县召开群众大会，欢送 1000 余名青年参军。

　　本月　洮南县政府向城区贫民会会员、军人家属发放贷款 10 万元，作为纺织资本，推动城区的纺织运动。

　　本月　吉江省委书记刘震、副书记刘彬写信给大赉县委书记张学文，要求该县筹款 50 万元交省支前。接信后，县委、县政府采取收贷、典卖敌伪资财等办法，按时完成交款支前任务。

6 月

　　1 日　根据西满分局决定，撤销驻郭前旗的吉江省委、行署、军区，将其所辖乾安、大赉、郭前、农安、长春县（旗）及嫩江省所辖镇东、赉北、洮安、洮南、洮北、开通、瞻榆、安广、突泉等县与辽西行政区合并，组成辽吉行政区。将辽西省委、行署、军区改为辽吉省委、行署、军区。陶铸任省委书记兼军区政委，朱其文任行署主任，于文清任副主任，邓华任军区司令员。

　　同日　中共辽西二地委、专署、军分区在长岭分别改称辽吉二地委、专署、军分区。杨易辰任地委书记兼军分区政委，刘瑞森任地委副书记兼专署专员，马骥任地委副书记兼军分区司令员。

　　同日　中共辽吉三地委、专署、军分区在郭前旗成立，辖农安、长春、乾安、大赉、安广、郭前等 6 县（旗）。刘彬任地委书记兼军分区政委，郭峰任地委副书记、专署专员、军分区司令员。

　　同日　中共辽吉四地委、专署、军分区在洮南成立，辖洮南、洮北、洮安、镇东、赉北、开通、瞻榆等 7 县，喻屏任地委书记兼军分区政委，魏兆麟任专署专员，钟明锋任军分区司令员。

2日　中共乾安县委领导县大队和干部群众抗击2000多名土匪对县城的围攻。县委发出"军民一致，坚决抗击土匪，誓死保卫县城"的号召，组织军民坚持了4天4夜。辽吉三军分区派部队赶到乾安，土匪溃逃。

同日　洮南县成立各业工人联合建国总工会。

月初　辽吉省委书记陶铸给四专署专员魏兆麟和副专员李更新写信，要求调20辆大车运送向高力板转移的保一旅的军用物资。

月初　郭前旗召开公判大会，判处勾结国民党特务、预谋叛变的原蒙古骑兵团团长陈达利及其同伙死刑，当即处决。随后将蒙古骑兵团编为辽吉三军分区部队。

7日　辽吉二地委书记杨易辰在干部会上做报告提出，发动群众的第一个内容就是分地，再是树立群众观点，走群众路线，引导群众把私仇变为公愤，搞群众武装。要求干部加强阶级意识，新老干部团结，到实践中去锻炼、学习。

8日　中共辽吉二地委组织32人的工作团到长岭县糜子场进行土改试点，在清算斗争的基础上，深入发动群众，开展土改运动及扩兵工作。

上旬　东北民主联军某部指战员21人乘坐的汽车在郭前旗刘家围子遭到原蒙古骑兵团叛逃人员与土匪的袭击，21人全部牺牲。

15日　大赉县各界人民同驻军共4000余人，联合举行盛大的拥军爱民大会，提出开展军爱民、民拥军活动。

18日　洮安县第一次农民代表大会召开，选举成立县农会。

下旬　洮南县根据省委指示，贯彻中央"五四指示"精神，在反奸清算、减租减息的基础上，开始分地、分青苗和组建农会。

本月　大赉县完成扩军任务600名。

本月　洮南县建立县武装大队，县长高辑五兼任大队长，县委书记何戈兼任政委。

7 月

1日　辽吉省委书记陶铸在《胜利报》发表《纪念"七一""七七"克服新的民族危机》的文章，号召党员干部战士放弃反动派会自动放下屠刀的幻想，增强意识，团结群众，准备迎接艰苦的斗争。

同日　辽吉军区司令员邓华在《胜利报》题词："背着包袱拿起枪，下乡去埋头苦干，与农民同生死，肃清一切反动势力，为建立辽吉民主根据地而奋斗！"

2日　赉北县嘎什根区政府及其所在村农会遭恶霸地主勾结的50余名土匪袭击，在战斗中，区委书记、区长牺牲。

4 日　洮南县各界举行纪念"七一""七七"座谈会。辽吉行署副主任于文清、四专署专员魏兆麟及县长高辑五出席。

7 日　中共中央东北局作出《关于形势和任务的决议》。提出"创造根据地是我们工作的第一位",号召共产党员走出城市,换上农民衣服,下乡发动群众土改。

13 日　白城子举行各界群众大会,发起反内战签名运动,当即有 1000 余名群众签名。

14 日　由国、共、美三方代表组成的军调部长春分部第三十六执行小组到达白城子。万余群众到执行小组住处请愿,反对国民党反动派挑起内战,要求和平。

18 日　洮安县出动 200 辆大车欢送 520 余名青年参军。

22 日　中共辽吉省委发出《关于分地进一步发动群众的指示》。要求各地、县委"切实研究中央关于解决土地问题的指示"(即"五四指示"),在全体党员干部中进行很好的阶级教育,彻底纠正一切右的思想,全力以赴进行分地,通过分地把群众发动起来。

25 日　辽吉省委发出《关于建党问题的指示》,要求半年内大量发展党员,使党员人数从少到多。同时把已有的党员组织在支部内,加强教育和巩固,并提出有计划、有意识地培养本地干部,对关内来的干部也要进行思想整顿。

26 日　开通县鸿兴区干部战士英勇抵抗"打三省"等 300 余名土匪袭击,在县大队的支援下将土匪击溃,区长牺牲。

28 日　中共中央东北局西满分局书记、西满军区政委李富春在辽吉省委召开的县级以上领导干部会议上,传达东北局关于土改工作的决定。会议确定,全省抽调 3000 名干部深入农村,发动群众,开展土地改革运动。

31 日　辽吉三地委书记刘彬在干部会上的报告中指出,今后两个月要开展以争地斗争为中心的农村群众运动及武装建设,并提出了具体要求。

下旬　辽吉区教联总会在洮南成立。

本月　中共开通县委书记周健带土改工作团到三区后四井子屯,在调查研究的基础上,宣传党的土改政策,召开诉苦会,培养积极分子,建立屯农会。

本月　乾安县各区、乡政权和武装已普遍建立,月底掀起了全县规模的清算分地运动,8 月初开始分庄稼。

本月　郭前旗公安局逮捕国民党驻长春特务机构派遣到扶余、郭前一带活动的特务分子"一枝花"。

本月　突泉县破获加拿大籍反动神父鲍惠民勾结反动分子破坏、阴谋暴动案，将鲍驱逐出境。

本月　辽吉文协编辑的文艺刊物《草原》第二期在洮南出版。

8 月

1日　辽吉军区司令员邓华在《胜利报》发表《纪念"八一"以百倍信心建立辽吉根据地》的文章。

2日　辽吉行署、辽吉军区卫生部、辽吉四专署联合召开紧急会议，决定成立洮南防疫委员会。

3日　洮北县永安区土改试点屯王富屯遭地主勾结的土匪袭击，区长牺牲。

月初　中共开通县委书记周健率县武工队将三区前四井子村地主武装保安队40余人缴械，缴获武器40余件、子弹2000余发。

月初　镇东、赉北两县同时开展"砍大树、拔大旗"的清算运动。镇东县集中清算了张明山等3家恶霸地主；赉北县集中清算了刘钦、王明远、肖惠风等3家大地主。

10日　洮南防疫委员会决定，从即日起城内外隔离1周。

上旬　辽吉行署拨款20万元，用于洮南防疫灭疫。

上旬　中共瞻榆县委召开干部会议，传达贯彻中共中央"五四指示"精神，县委书记任志远做了关于开展土地改革运动的动员报告。辽吉四地委书记喻屏参加了会议。

上旬　中共辽吉三地委、三专署决定，大赉、安广两县合为赉广县，组建赉广县委和县政府，张学文任县委书记兼县长。

12日　中共辽吉三地委书记刘彬、副书记、专员郭峰给乾安县委写信，指出，群众运动需要发动、发动、再发动，让群众的觉悟提高、提高、再提高。这就是放手，这就是彻底翻身，这就是党的群众路线和阶级路线。

14日　中共赉广县委发出《关于党的建设的指示》，要求各区要更大胆地放手吸收工人、雇农、贫农、贫民及我军士兵入党。半年内党员数量要达到人口的1%，军队内要达到30%以上。

16日　中共瞻榆县委派出工作队下乡，进行土改工作试点。到9月末，在31个村（屯）建立了农会、妇女会、民兵自卫队，实行了土改。

同日　中共赉广县委发出《关于建立农工自卫队的指示》，决定对原大赉、安广两县的县大队进行审查、整训，建立赉广县农工自卫队总队。并要求区成立大队，村成立中队。

17日　辽吉军区卫生学校在洮南建立。

19日　军调部第三十六执行小组到郭前旗七家子视察。通过视察,揭穿了国民党代表污蔑我军在七家子一带进攻国民党军的谎言。

同日　安广县政府向各区发出训令,令各区向乡民收缴废铜废铁送县,供给军工生产。

23日　洮南城关区贫民会领导贫民斗争汉奸许越衡。此后,在城关区铺开了斗争汉奸活动。

27日　城关二区将军阀吴俊升的140余间房屋分给贫民。

30日　赉广县辛广店区山弯乡部分村农会成员在地主引诱下叛变投敌,杀害了区委书记及区农会主任。

月末　中共开通县委召开土改工作团和区干部会议,总结两个月来的土改工作。辽吉四地委书记喻屏参加了会议。

本月　中共辽吉三地委、专署、军分区机关由前郭镇迁至乾安县城。

本月　驻赉北县我军某部在五久屯与报号为"十八省""双江""大家好"等绺子的200余名匪徒发生遭遇战。20分钟将匪击溃,并乘胜追击30华里,生擒"十八省""三点"绺子匪首,毙伤匪徒40余名,缴获步枪4支、子弹300余发、马27匹。

本月　突泉县派到永安镇的土改工作团遭到400余名土匪的包围,我军某部当即赶来解救,击溃土匪。

本月　根据辽吉二地委《巩固党的组织,大力发展党员》的指示,长岭县在糜子场发展党员83名。

本月　突泉县土改工作队在杜尔基区十一户乡开展土改中开办党训班,发展8名翻身农民入党。

9 月

18日　乾安县召开农工代表大会,进行自卫战争动员,制定了战时公约。

同日　洮安县召开农工代表大会,选举成立了县农工总会。

19日　辽吉省委从机关用畜中精减牲畜8头,交给洮南县政府,支援农民秋收。

20日　中共长岭县委和县政府开始积极领导群众扑灭霍乱病。疫病在全县流行达35天,死亡许多人。

中旬　长岭县1000余名青年农民参军。

21日　辽吉三军分区领导人给赉广县委写信,要求"以战斗精神抓紧整理队伍",并要"宣传群众,准备战争"。

23 日　洮南县各界集会，宣布成立县自卫战争后援委员会，选县长高辑五为主任委员，下设总务、勤务、慰问宣传 3 个部。各区成立支会。

25 日　中共辽吉省委、行署、军区机关由洮南迁驻白城子。

27 日　赉广县政府发出通令，为解决剿匪将士冬衣，要求各区政府向有地 50 垧以上者募捐。到 10 月上旬，全县共收到捐款 280 万元。

28 日　洮南 3000 名学生举行游行示威，声讨国民党特务用砒霜暗害齐齐哈尔师范学校学生的罪行。

同日　辽吉四军分区所属部队在赉北县全歼报号为"中央好"的匪徒 30 余名，毙报号为"救中国"的匪绺头目以下 3 名，俘报号为"五点"的匪绺头目以下 11 名，缴战马 32 匹、枪弹若干。

下旬　中共辽吉省委决定，辽吉三地委、三专署和三军分区分别并入辽吉二地委、二专署和二军分区。11 月，辽吉二地委、二专署和二军分区转移到乾安县赞字井后，落实了省委关于合并的决定。

本月　洮南县土改斗争普遍开展，农村 5 个区已有 5.8 万余名贫苦农民分得 5 万余垧土地，平均每人分 1 垧 1 亩多地。

本月　经辽吉四专署批准，洮南县政府处决马晓波等 5 名土匪头目。

本月　洮安县成立县武装大队，县长郑芥舟兼大队长，县委书记胡亦民兼政委。

秋季　洮安、洮北、瞻榆 3 县试种棉花获得较好收成。

10　月

2 日　中共洮安县委召开农工代表大会，推广平安区五棵树村斗争大会经验，部署进一步开展清算斗争。此前，县委曾在五棵树村领导召开 1400 余人参加的斗争大会，斗争汉奸、恶霸大地主伊凤鸣，清算出马、骡 50 多匹，牛 60 多头，羊 100 多只，土地 320 多垧。

月初　中共瞻榆县委召开土改工作队和区干部会议，总结土改试点经验，部署深入发动群众，全面开展土地改革工作，并强调要依靠贫农，团结中农，照顾富农，分化地主，重点斗争大汉奸和恶霸地主。

5 日　赉广县海坨、苗沼两区联防队在四棵树村击退土匪 40 余人。

同日　辽吉省委在洮南创办党校，定名为"辽吉工农干部学校"，为省委及四地委合办。省委书记陶铸任校长，四地委书记喻屏任副校长。

7 日　辽吉三军分区部队收复哈拉海、伏龙泉、三盛玉。

13 日　赉广县农工自卫队发出训令，规定联络旗帜、哨音、匪情信号等，以便统一指挥，联防剿匪。

14 日　辽吉区各界在白城子成立"美军撤出中国"运动筹委会，行署副主任于文清当选主任委员。筹委会决定从 18 日起先在洮安县举行运动周。

18 日　白城子各界群众举行盛大游行示威，呼吁"美军撤出中国"。

25 日　瞻榆县太化区在勿兰花召开农民代表大会，成立了 6 个农会，共有 700 余名会员，其中有党的积极分子 30 余名。共将 1.24 万垧土地和 1000 余石粮食分给贫苦农民。同时，组建了农民自卫队。

28 日　辽吉区防疫委员会委员兼秘书长李润诗在鼠疫防治工作中以身殉职。

本月　东北民主联军第二十六陆军医院进驻赉广县大赉镇。

11 月

7 日　辽吉省委机关报《胜利报》社由洮南迁至白城子。

同日　中共赉广县委召开区委书记、区长会议，检查各区组织群众斗争、分胜利果实、剿匪除奸、建立群众武装、扩军、发展党员等工作情况，总结工作经验。

12 日　赉广县政府向各区发布训令，加紧催收秋征公粮、公草、公柴。很快，全县共征收了公粮 137 万斤、公柴 46 万斤、公草 56 万斤。

14 日　西满铁路管理局副局长郭维成在白城子火车站主持召开有 500 余人参加的铁路职工大会，动员铁路职工开展劳动竞赛。

15 日　洮安县派出第一批由 800 人组成的担架队，由王桂带领出发支前，12 月 20 日完成任务返回。

中旬　洮安县永安区五棵树村建立民生纺织厂，生产布匹，解决军需民用。

中旬　赉广县苗沼区自卫队击溃由开通窜至安广的土匪"金山""金海""杀穷人"等股匪 200 余人。

21 日　辽吉行署发出指示信，确定：辽吉二专区所属赉广县的西南角划归四专区，与洮安县、洮南县路东两个区合组成洮广县。张长庚任县委书记，郑经十任县长。该县于 1947 年 1 月撤销。

22 日　辽吉兵站总部指示各县兵站爱护伤员，关心民工。

25 日　中共洮南县委作出《关于参军运动的决议》，号召全县青壮年踊跃参军。

29 日　中共长岭县委和县政府及部分区干部转移至郭前旗东三家子一带。

30 日　长岭县城被国民党第七十一军八十八师二〇三团占据。

本月　洮安县共出动担架队员 2000 余人支援自卫战争。

本月 在白城子和辽吉卫生技术厂试制成功防治鼠疫疫苗，每周产量达6万人份。

12 月

1日 辽吉二地委向各县、区委发出指示，要求继续发动群众参战，并在前方做好参战群众的组织、领导与巩固工作。

同日 中共长岭县委在郭前旗东三家子成立武工队，随后与怀德县撤出的70余名干部联合成立长怀武工队，队长廖克，政委吴甄铎。以东三家子为根据地，深入敌后开展游击战争。

同日 辽吉二军分区部队对驻扎在长岭县大八号的敌八十八师二〇三团的1个加强营发起进攻。主攻失利，93名战士牺牲。

同日 辽吉军区文工团在白城子公演六场话剧《白毛女》。

3日 辽吉区人民自卫战争后援会在白城子成立，办公地点设在洮安县政府院内。

6日 辽吉行署实业处发出关于《如何开展辽吉区的纺织运动》的指示，指出，日伪的统治，"光复军"的抢掠，使农村人民"没有衣被"。我们要把这一地区建成巩固的根据地，"发动群众纺织，解决穿衣困难"应为我们目前迫切的中心任务之一。

同日 赉北县嘎什根区委书记率工作队员到全家围子屯动员支前，被地主勾结土匪杀害。

9日 郭前旗召开模范担架队员授奖大会，副旗长王央公到会致辞。

上旬 开通县农村有130人参军，并征到支前粮2000石。

11日 中共辽吉二地委书记郭峰写信给赉广县委书记张学文，决定从赉广县调粮食30万斤、款50万元，支援郭前旗驻军。

同日 洮安县政府在戏院举行群众大会，欢送300名青年参军。

13日 东北行政委员会决定，驻白城子的辽吉行署改为辽北省政府，阎宝航为主席，朱其文为副主席。此决定于1947年2月得到落实。

14日 洮北县4日起又有300名农民参军。

18日 赉广县大队和辽吉二军分区蒙古骑兵团联合围剿大赉城北辛广店的"天照应""占北""两点""七点"等股匪七八十人。

中旬 开通、瞻榆、洮南3县于瞻榆县老窝堡成立联防剿匪大队。

21日 赉广县各界举行追悼大会，悼念协助赉广县县大队剿匪牺牲的辽吉二军分区蒙古骑兵团副排长宝剑。

24日 中共辽吉省委、行署召开爱民动员大会。会后组织调查组到白城子街道调查，促使侵犯群众利益的军政人员向群众道歉及赔偿损失。

同日　中共洮安县委、县政府召开 200 余名各界代表参加的爱民座谈会，听取对民主政府的意见。

25 日　中共赉广县委发出《关于坚持敌后游击战争的指示》，部署县武装配合主力部队反击国民党军的进攻和开展敌后游击战争，并要求做长期斗争的准备。

下旬　长怀武工队本月 20 日由郭前旗境转移至乾安县王字井整顿后，返回长岭县境，与辽吉二军分区部队配合开展游击战争。

本月　镇东县政府颁发《优待军人家属条例》。

—1947 年—

1 月

1 日　中共辽吉省委书记陶铸在《胜利报》题词："坚持辽吉就是站住现有阵地与恢复撤出地区，全辽吉党应尽为此而战斗！"

10 日《胜利报》报道，辽吉四军分区部队 3 个月来共剿匪作战 20 余次，毙伤俘土匪 1300 余人，缴获马 110 余匹。

14 日　辽吉四军分区司令部发布命令，决定在全专区范围内统一剿匪作战。

18 日　东北民主联军某部于长岭县城西新立窑歼灭国民党军第八十七师二〇六团 1 个连。毙伤敌 50 余人，俘敌 150 余人，缴炮 4 门。

中旬　洮南、洮安两县政府决定，春节开展慰问军属活动。

21 日　辽北省政府主席阎宝航抵达白城子，各机关代表数百人到火车站欢迎。

同日　郭前旗举行盛大群众集会，欢迎和慰问驰骋白城子、开通、赉广三角地带剿匪数月归来的辽吉二军分区蒙古骑兵团指战员。

24 日　中共洮安县委召开武工队会议，历时 9 天。会议中心内容是发动深入土改，"煮夹生饭"，四地委书记喻屏到会。会议提出要做到"四到三挖"。"四到"是地到手，粮到口，人到房，马到圈；"三挖"是挖封建根，挖匪根，挖特务根。会后，全县掀起"煮夹生饭"、深入土改的热潮。

28 日　镇东、赉北两县武装大队联合击溃顽匪夏长友部，残匪逃出县境。该两县月内共联合围剿散匪七八次，歼匪 67 人，缴枪 14 支、马 75 匹、牛 20 头、大车 15 辆。

30 日　赉广县政府负责人率各界代表、文工团，带慰问品到医院慰问伤员。

本月　白城子驻军机关对军队群众纪律普遍进行了一次大检查，对违反群众纪律事件进行了认真处理。

2 月

1 日　辽北省政府颁发省政府成立布告，宣布根据东北行政委员会决定，辽吉区改为辽北省，辽吉区行政公署改为辽北省政府，阎宝航为省政府主席，朱其文为副主席。

同日　辽北四专署在白城子召开县长会议，讨论生产、节约、财经问题。

2 日　辽北省政府在白城子举行成立典礼，省主席阎宝航发表就职演讲，阐述施政方针。

3 日　洮南县各界召开慰问前方将士筹备会。会议决定动员各机关团体写慰问信和募捐慰问品，并推选代表组成前方慰问队。会后，3 天收到慰问现款 71.2 万余元、慰问信 500 余封，慰问品价值 20 余万元。

同日　赉广县舍力区政府受理报号"久胜""福胜""六合"等的 24 名匪徒投诚，收缴长枪 7 支、手枪 1 支、马 8 匹、子弹 130 余发。

16 日　辽北四专署召开的县长联席会议闭幕。省政府主席阎宝航、省政府财政厅副厅长林洁到会，阎主席在会上号召各县要"发展生产，节衣缩食，艰苦奋斗，支援前线"。

中旬　中共辽吉四地委召开扩大会议，地委书记喻屏做了《今后三个月任务、方针与具体要求》的报告。该报告分析了土改运动"夹生"占多数，还有一部分"生荒"的形势，提出了再大胆放手发动群众，摧毁封建堡垒的方针和任务。

25 日　赉广县成立春耕运动委员会，并决定发放春耕贷款 173 万元，犁、铧 2300 张。

下旬　镇东、赉北两县分别召开县区干部和部分农会干部大会，传达辽吉省委关于改造"夹生"地区，切实解决土地问题的指示，部署更广泛地发动群众、深入土改、改造"夹生"的工作。

本月　乾安县 700 余人参军，超额完成扩军任务的 21%。

3 月

2 日　白城子遭国民党军 1 架飞机轰炸，投弹 3 枚。

3 日　《西满日报》报道，辽北省教育事业迅速发展，入学小学人数激增。白城子去年不足 2000 人，今年增至 4000 余人；洮南县一年级新生达 500 多人；开通县去年上学人数不足 500 人，现在增至 3000 人，为去年之 6 倍。另外，农村民办学校学生人数亦大量增加。

8 日　中共辽吉省委做出《关于加强县区武装建设的决定》，指出，辽吉的县区武装都应充实。规定：二分区乾安、郭前、赉广，四分区洮南、洮北、洮安，每县（旗）充实 3 个固定的中队，每中队 80 人；开通、瞻榆、镇东、赉北，每县充实两个固定的中队，每中队 90 人。

同日　洮安县各界妇女 400 余人集会，庆祝三八国际劳动妇女节。省政府主席阎宝航、副主席朱其文、县长郑芥舟到会，阎宝航、郑芥舟讲了话。

9 日　辽北省各界在白城子举行万人祝捷大会，庆祝爱国自卫战争的胜利。晚上进行了灯火游行。

10 日　赉广县在安广镇举行祝捷和生产宣传活动，持续 9 天。其间还召开了诉苦大会。

同日　中共辽吉四地委发出《关于消灭"夹生"与开展农村大生产运动相互结合的指示》，指出，应当抓住群众的心理，细致研究群众的思想动态，去年真分得地的人已经得到实际利益，正在准备春耕，这就激发了过去不敢要地的农民的"土地要求"。应抓住这个心理，将消灭"夹生"与开展大生产运动结合起来。

上旬　开通县城遭国民党军 2 架飞机轰炸，居民 4 人死亡，10 人受伤。

17 日　《西满日报》报道，郭前旗在此次参军运动中共报名参军 1500 余人，经 3 次审查，挑选出 1265 名战士入伍。

19 日　辽吉二军分区部队和长怀武工队收复长岭县城，随后辽吉二地委、二专署、二军分区和长岭县党政军机关迁回长岭。

23 日　《东北日报》报道：扶余县出动担架队员等战勤民工 1 万余人，全力支援前线（"三下江南"战斗），出动担架数量超过原计划的 7.5 倍。

24 日　《西满日报》报道，扶余县旬内参军 1300 余人。

同日　洮安县派出慰问团，赴前线慰问指战员。

本月　中共辽吉四地委制订生产节约计划，拟自 4 月份起除粮食、被服外，其他费用自给。

4 月

1 日　辽北省白城子地方法院成立。张士侠（女）任院长，解应中任副院长。该院兼理辽北省第四专区民刑二审案件。在成立大会上，省政府主席阎宝航讲了话。

6 日　中共赉广县委发出《致各区委的指示信》，要求从生产运动中发动群众，扩大区队，肃清土匪，保卫春耕。

7 日　中共辽吉省委发出通知：二军分区所辖乾安、郭前、赉广和四军分区所辖洮南、洮北、洮安、镇东、赉北、开通、瞻榆及突泉等 11 县（旗）的区队，限 20 日前全部集中到县（旗），补充主力。各县大队除郭前、开通、瞻榆各留 140 人的 1 个中队、其余 8 县各留 100 人的 1 个中队外，余额全数编给主力。上述县（旗）大队改名为人民自卫队总队。

同日　中共镇赉县委分为镇东、赉北两个县委。唐宏光任镇东县委书记，王大钧任赉北县委书记。

8 日　中共洮安县委、县政府把机关节约下来的 65 匹马赠给军属和贫苦农民，用于农业生产。

9 日　辽北省政府主席阎宝航、辽北省第二届参议会筹委会主任于文清去洮安县三合区、宝山区等地视察春耕。

11 日　中共辽吉省委决定建立联系县制度，确定二地委的乾安、赉广，四地委的洮安、洮北、镇东、瞻榆等 6 县为省委联系县。

19 日　中共辽吉四地委发出《关于春耕的补充指示》，要求机关、部队组织干部下乡，帮助农民解决春耕中的困难。组织插犋换工，要求照顾中农利益，以调动其生产积极性。要尽量扩大播种面积。

28 日　辽北省政府主席阎宝航到洮安县参加植树劳动。

本月　洮安县政府在农村换发地照。

5 月

1 日　白城子工人、市民举行庆祝五一劳动节大会。郭峰代表辽吉省委向到会群众致贺词。

同日　辽吉省委发出《关于放手发展力量的指示》，要求各地"放手发展力量，放手征兵，挂锄后秋收前再搞两次大的参军运动"。

4 日　赉广县安广镇召开有 2600 余人参加的群众大会，纪念五四青年节。同时，欢送 150 名青年参军、40 余名学生参加支前和 20 余人的随军宣传队出发。

同日　洮安县 3000 余名学生集会，纪念五四青年节。省主席阎宝航、县长郑芥舟到会并讲话。

月初　辽北省政府副主席朱其文在乾安县洁字井村民大会上讲话，号召大家一条心，把"夹生饭煮成熟饭"，继续斗争，拔掉坏根，好好生产种地，帮助前方打仗。

月初　中共开通县委推广第二区翻身窝堡屯的做法，农民换工插犋，促进农业生产。

19 日　中共辽吉省委、辽北省政府决定，撤销赉广县建制，恢复大赉、安广两县，组建两县党政机构。大赉县由董雨航任县委书记，王丕良任县长；安广县由张志明任县委书记兼县长。

25日　中共辽吉省委发出《关于目前形势下干部问题的决定》，指出，为适应辽吉新收复区不断扩大、急需干部的形势，决定放手抽调与适当调剂干部，大胆提拔新干部，并培训提高其质量。

26日　郭前旗及扶余县遭蒋军5架飞机轰炸、扫射，长达两小时之久。

本月　西满铁路局白城子办事处召开各界代表座谈会，共同商讨改进铁路工作方法。

6 月

1日　辽北省各界在白城子举行祝捷大会，庆祝东北民主联军夏季攻势的胜利，到会群众万余人。省政府主席阎宝航在会上讲话，号召巩固后方，支援前线。晚上举行了盛大的灯火游行。

6日　中共辽吉省委召开腹心地区县委、区委书记联席会议，部署夏锄及夏锄中深入土改工作。

同日　中共大赉县委做出"六六"决议，对土改、扩兵、发展党员、建立农村党支部等问题做了指示，并要求整顿和建立农会。

同日　安广县欢送支援夏季攻势的第二批战勤民工，共有60副担架队出发。

上旬　开通火车站遭国民党军2架飞机轰炸，敌机空袭了支援夏季攻势的军火列车。

15日　白城子发出开往开通的一列客车，省政府主席阎宝航亲自登车祝贺。

同日　大赉县城区成立拥军优属筹备委员会，由各界代表选举出县长、区长和军属、拥军模范以及商会、工会、工人代表7人为筹委会委员。

同日　辽北省组成各界前线慰问团，由省主席阎宝航亲率从白城子出发。

16日　中共洮安县委、县政府召开劳模招待会，50余名劳模到会。

18日　安广县支援夏季攻势的第三批战勤民工，共60副担架队冒雨出发。

中旬　辽北省政府召开第二次专员、县（旗）长联席会议，研究、部署支前等工作。省政府副主席朱其文在会上要求，一切要为了战争的胜利，要把好兵、好马、好粮送到前线，干部要当运输队长、担架队长。

21日　洮安县政府给前线发出30节火车皮的支前物资，有粮食20余万斤、干菜6万余斤、马匹170匹以及大量饲料等。

23日 白城子车站附近被敌机投弹两枚,车站站长率工务段、车务段职工立即抢填弹坑。

28日 中共辽吉省委发出《省委党校招收学生的通知》,指出,为适应形势发展对干部的需要,达到年底每个区(工作较好的区)不留1个老干部,或只留1个老干部(工作较弱或开辟较迟的区)要求,大量培养与提高新干部成为辽吉省重大任务之一,因此决定恢复省委党校,以培养区级干部为主,兼培养个别县级干部。

29日 中共安广县委指示各区开展立功活动,提出"为人民服务,做人民功臣""彻底消灭'夹生'"等口号。要求各区成立评功委员会,各村成立记功或记分小组。

31日 郭前旗有1200名翻身农民报名参军,编成10个新兵连,随时准备开赴前线。

月末 中共长岭县委遵照"依靠雇贫农,团结中农,孤立地主"的政策,在新收复区发动群众建立农会,开展反倒算、复仇分地运动。

7 月

1日 中共辽吉省委在白城子召开全体党员、干部大会,纪念中国共产党诞生26周年。

4日 辽北省白城子地方法院判处国民党特务组织"洮白地方执行班"首犯5人死刑,并于8月10—15日举办特务罪行展览。

7日 辽北省防疫委员会与辽吉军区卫生技术厂联合组成防疫队,由白城子出发赴开鲁防治鼠疫。

同日 洮安县各界举行纪念"七一""七七"大会,省主席阎宝航到会并讲了话。

同日 大赉县城区沿江渔民350户集会,决定成立江防队,沿江巡逻,以保护渔民利益。

8日 洮南县翻身农民400余人参军。

10日 辽北省政府于白城子民众剧场举行晚会,欢迎辽吉军区司令员邓华自前线胜利归来。

上旬 中共镇东县委和赉北县委同时召开县、区干部大会,分别部署发动全面的土改斗争,实现"四到三挖",彻底打垮地主阶级,消灭"夹生"等工作。

12日 辽北省第一届教育工作者大会在白城子召开,省政府主席阎宝航、教育厅厅长徐公振到会并讲了话。

同日 中共大赉县委派出工作队,到汉书区帮助解决土改中的"夹生"问题。

18 日　洮安县各界群众热烈欢送 520 名青年应征参军。

20 日　中共大赉县委发出《关于联合斗争追缴浮物草案》，要求进一步发动群众，把土改运动引向深入。县委从各区抽调部分干部和知识分子，举办训练班，然后组成"砍挖"工作队，分赴各区开展"砍挖"斗争。

中旬　赉北县莫莫格区召开有千余蒙古族民众参加的"砍挖"大会，斗争和处决了蒙古族恶霸巴达胡。

中旬　镇东、赉北两县分别召开有几千人参加的"砍挖"大会，各处决了 3 名恶霸地主。

28 日　安广县成立生产经济委员会，统一领导生产，掌握财经，实行统筹统支。

29 日　洮安县成立防疫委员会，下设防疫队。县长郑芥舟任防疫委员会主任。

本月　赉北县莫莫格区蒙民武装大队（骑兵）编入辽吉二军分区蒙古骑兵团。

本月　辽北省政府颁布紧急防疫命令，指出，洮北、安广、乾安等地发现霍乱及鼠疫病人，已死亡数十人。要求凡未成立防疫委员会的县（旗）应火速成立，紧急防疫。

8 月

1 日　中共辽吉省委扩大会议（7 月 26 日召开）闭幕。会上通过的《关于腹心地区群众工作问题决议》中指出，腹心地区目前大多数村屯土改仍然"夹生"，地主阶级在政治上经济上以及社会地位上的优势"仍保持着"，"群众彻底翻身要求没有满足，优势仍未建立或不巩固"，要求"继续大胆放手发动群众，高度满足贫雇农的要求"，彻底消灭地主阶级的优势。口号仍然是"斗地挖财宝，夺权闹翻身"。

同日　洮安县各界群众 4000 余人集会，庆祝八一建军节。

月初　辽北四专署发出指示，要求把年满 17—50 岁的青壮年和车马编成组，平时进行合作生产，战时为战勤服务。

5 日　《西满日报》报道：二专区安广、大赉、乾安、郭前 4 县（旗），上月共有 5000 余人参军。其中郭前旗参军 1400 人，乾安县参军 1600 人。四专区的洮安县参军 790 余人，赉北县参军 780 余人，洮南、洮北、镇东、瞻榆、开通等 5 县共参军 3300 余人。

9 日　辽北省政府决定，镇东、赉北两县合并为镇赉县。遂建立镇赉县委、县政府，王大钧任县委书记，鲍廷干任县长。

10日　中共洮安县委颁布《关于开展防疫保命、扑灭百斯笃具体办法》，部署防疫灭疫工作。

15日　白城子举行万人集会，庆祝东北"光复"两周年。辽吉军区在会上为31位人民功臣庆功发奖。

同日　在白城子修建的辽北省爱国保田自卫战争牺牲烈士纪念塔竣工揭幕，辽吉军区司令员邓华在揭幕式上讲话，各界代表敬献花圈。

同日　大赉县城8000余名群众集会，公审处决汉奸张朋弟和张逆。

20日　乾安县政府发出紧急通知，要求全县开展"防疫保命"运动，尽快扑灭鼠疫。

21日　中共中央东北局妇委书记蔡畅到白城子视察妇女工作。

24日　辽北省各界在白城子民众剧场举行欢迎会，热烈欢迎蔡畅，蔡畅在会上发表讲话。她说，此次来白城子，是为了庆祝辽北省老百姓翻身，慰问领导老百姓翻身的工作同志。

25日　中共洮安县委召开妇女代表大会，200余名各界妇女代表出席。蔡畅在大会上讲话，号召妇女积极参加生产和斗争，争取彻底翻身。

本月　中共洮南县委举办了由800多名农会干部参加的土改积极分子培训会，深入学习"五四指示"精神，部署下一步土改任务。口号是"砍大树，夺政权，打垮封建地主统治；土地到手，分粮到口，人到房，牲口到圈"。

本月　中共辽吉四地委、专署、军分区撤销，所辖洮南、洮安、洮北、镇赉、开通、瞻榆6县划为省直属县。

9 月

1日　根据辽北省政府决定，二专署所属之大赉、安广、乾安3县和郭前旗划为省直属县（旗）。

月初　中共开通县委、县政府召开翻身功臣大会，到会450余人。会议除表彰之外，主要是讨论和领会土改政策问题。

月初　辽吉军区颁发嘉奖令，嘉奖在群众运动中整军固本的范例二军分区蒙古骑兵团。号召部队向其学习，加强群众工作，深入阶级教育，清洗伪装敌人，贯彻"固本立功"方针。

9日　中共辽吉二地委发出《关于大力组织秋收分粮深入开展分田运动的指示》。

13日　中共郭前旗委成立妇女工作委员会。

15日　西满军区卫生部防疫大队一行140人抵达白城子，他们将分赴各地防治鼠疫。

18 日　辽北省各界在白城子集会，纪念"九一八"事变 16 周年，追悼两年来为建立辽吉根据地与"九一八"事变以来牺牲的革命烈士。省委书记陶铸、省政府主席阎宝航到会讲话，号召军民发奋努力，消灭国民党反动派。

21 日　辽北省政府、辽北省防疫委员会发出第 1 号令，要求省直属县（旗）每天下午向省报告疫情 1 次。

同日　大赉县副县长韩季约带领担架队去辽西地区支援秋季攻势，在彰武、阜新、新民等战役中，不仅完成了运送伤病员的任务，而且直接参加对敌作战。11 月 14 日，东北民主联军某部政治部特函辽吉省，对韩季约予以表彰和奖励。

26 日　中共辽吉省委召开腹心地区 11 县县委书记联席会议，研究如何贯彻 8 月 1 日省委扩大会议发布的《关于腹心地区群众工作问题决议》。要求真正做到"大胆放手发动群众"，组织力量对地主阶级进行"第三次攻势"，达到 3 个月内"彻底消灭地主阶级"，建立巩固的根据地的目标。

本月　长岭县开展土改运动联合斗争，以挂钩、诉苦、查阶级方法，雇贫农联合抓地主，挖底户，分浮财，分土地，全县计发动群众 10 万人。各区开办了四五百人的训练班。县、区干部交权接受审查，洗刷敌伪残余和地主 41 人。

本月　洮安县农村土改运动开始进入"第三次强攻"阶段，亦称"9 月风暴"，直至 12 月。

秋季　镇赉县担架队在收复辽北省南部失地战勤中，荣立团体功，获东北民主联军第七纵队司令部颁发的"战勤先锋"奖旗。

10 月

9 日　辽吉军区独一旅后勤部设在突泉县的弹药库被敌特引爆，炸毁库房 21 间，手榴弹 2 万余枚，以及大量弹药及其他军用物资。

17 日　洮安县政府决定，从政府机关、公安队和小学教员中清洗历史反革命分子、地主分子、国民党党员及不可靠分子 53 人，并上报辽北省公安厅备案。

中旬　中共开通县委、县政府派出工作队，深入 1 个区及 9 个村，开展土改第三次攻势试点。

25 日　洮安县有 272 名青年应征入伍。

26 日　中共辽吉省委发出通知，令各县将骑兵班扩大为骑兵排。

29 日　瞻榆县召开土改积极分子会议，决定集中力量重点突破，开展土改"砍挖"运动。

本月　洮南县各村开始选举村政权。

11 月

3 日　洮安县大兴区举行 7 村联合斗争大会，1500 余名群众参加，斗争 50 多名地主。会上设立了人民法庭，判处两名恶霸地主死刑，其余地主分别判处 5—7 年徒刑。

10 日　中共辽吉省委向腹心地区各县发出"重要通知"，指出，为争取腹心地区各省直属县明年春耕前完成"平分土地"任务，须立即抓紧时间在群众斗争中"彻底平分土地"，要求"将原来分了的及这次斗出之地主富农的土地打乱平分"。

上旬　中共镇赉县委召开县、区、村三级干部会议，讨论贯彻《中国土地法大纲》，提出彻底消灭封建制度，平分土地的要求，并决定开展清查斗争，即"查阶级、查化形、查漏网、查来历"。

上旬　镇赉县召开万人群众大会，公审王学贵、素文贵等伪警恶棍。

20 日　中共安广县委召开区委书记联席会议，布置土改运动第三次攻势后的工作，讨论今后依靠雇贫农展开全面发动的问题。

本月　长岭县为使政权机关真正成为给贫雇农翻身撑腰的机关，县、区政府将有关干部交给贫雇农训练班由贫雇农审查。

12 月

7 日　瞻榆县各机关在审干中清洗有问题干部 17 名，交群众处理。

18 日　中共辽吉省委历时 20 天的地委与直属县委书记联席会议闭幕，省委书记陶铸做了《新形势新任务下的群众运动》的总结报告。提出"彻底实现平分土地，坚决贯彻贫雇农路线"的口号，要求"把贫雇农路线真正贯彻到平分土地的每一工作环节中去"，进行"以县为单位的全面大发动"。

中旬　中共镇赉县委召开干部会议，贯彻辽吉省委土地会议关于"彻底放手，交权审干"的精神，提出了"反对包工队，贫雇农说了算"的口号。

26 日　中共安广县委发出《发动群众平分土地的补充参考办法》的指示。

下旬　开通县各区先后举办贫雇农训练班，学习和讨论平分土地、划正阶级等政策，并普遍成立了人民法庭。

下旬　长岭县普遍开始丈量土地，酝酿平分工作。

本月　洮南县召开第二次劳模大会，号召开展大生产运动，支援解放战争，保卫土改胜利果实。

本月　镇赉县莫莫格区队拦截和追击从坦途区越狱暴乱的土匪。匪徒
窜出县境后，被安广县武装大队歼灭。在这次事件中，坦途区政府秘书被
杀害，区中队 21 支枪被抢走；莫莫格区农会干部刘亚楼在拦截作战中
牺牲。

—1948 年—

1　月

4 日　大赉县苗家围子区贫雇农代表大会结束。会后，全区又一次掀
起了普遍扫光地主和平分富农的高潮。

月初　中共开通县委召开土地工作会议，县区干部 50 余人参加。会上
传达了全国土地会议精神，深入学习了《中国土地法大纲》，讨论解决土
改中的"右倾情绪和'左'倾偏向"，决定坚持"贫雇农路线"，继续开
展深入斗争。

同日　中共辽吉省委发出了《关于省级机关及省直属县整编的决定》，
要求，整编应力求精简，减少层次，提倡 1 个人做几个人的事。

上旬　中共辽吉省委后方工作委员会在白城子成立（1948 年 2 月发出
成立通知），管辖洮南、洮北、洮安、镇赉、开通、瞻榆、大赉、安广、
乾安、突泉、郭前等 11 个省属县（旗）。喻屏任后工委书记，傅雨田、刘
放任副书记。

13 日　中共辽吉省委后工委向所属县（旗）委发出通知，强调群众斗
争应"以光为主"，召开贫雇农代表大会应先讲政策查阶级，再进行交权
审干。

中旬　中共开通县委召开区委书记联席会议，检查半个月来的土改工
作，讨论在全县实现贫雇农"动手光，掌起权，参加平"的问题，搞光地
主富农，搞好平分土地工作。

20 日　洮安县派往辽北省前线地区的 648 名担架队员出发。

21 日　中共安广县委部署各区开始建政试点。

25 日　安广县苗沼区人民法院第一次在郑家窝堡开庭，有 3000 余名
群众参加，公审地主暴乱案，将刘锡武等要犯判处死刑。

26 日　中共辽吉省委后工委发出指示信，要求所属各县（旗）在土改
中迅速掀起消灭地主、平分富农的大浪潮。反对"老一套"的做法，提倡
学习外地"扫堂子""帮翻队""扫荡队"的经验。

本月　开通县农村开展"扫堂子"运动。

本月　洮安县农村冲破区、村界限，开展联合大"扫荡"。

2 月

月初　洮南县派出 50 余名代表参加辽北省组织的慰问团，携带 5000 多斤猪肉和上千封慰问信，前往四平前线慰问将士。

上旬　开通县结合丈地分地征收公粮，完成征收任务 1 万石。

15 日　中共辽吉省委给地委、县委并城区委发出《对目前城市工作方针的指示》，强调对城市工商业的政策不是"没收打倒"，而是"保护发展"，须使工商业者心中有底，敢于放手扩大经营。

同日　中共辽吉省委、辽北省政府、辽吉军区机关由白城子迁往郑家屯。在白城子成立省政府后方办事处，省政府秘书长王思华兼主任。

19 日　中共辽吉省委后工委书记喻屏在后工委所属县（旗）委书记联席会议上做关于《突击分地，准备春耕》的总结报告。

20 日　辽北省荣誉军人代表大会在白城子召开，到会代表 150 余名。省委书记、军区政委陶铸在会上讲话，号召荣军保持光荣，前方当英雄，后方做模范。

3 月

2 日　中共扶余县委发出《关于平分土地运动的基本估计与今后任务的指示》。总的估计是"封建与半封建的土地剥削制度已彻底摧毁"，平分土地 138758 垧，提出今后的"中心任务是开展全民的大生产运动"。

3 日　辽北省政府在白城子举办防疫训练班，培训各地防疫人员。

月初　镇赉县按照省委指示，开始纠正"打击面过宽"的问题。

上旬　开通县召开翻身农民大会，到会 320 余人。会议中心是讨论 1948 年生产目标、措施，开展大生产运动，提出用最大的努力，搞好副业，度过春荒，争取农业大丰收。

11 日　中共辽吉省委后工委发出关于春耕生产的通知，要求各县组织群众克服困难，确定地权，保障人权、财权，打消顾虑，迅速全力转入春耕。

12 日　中共辽吉省委后工委发出给省委的汇报信。信中说，后工委所属各县（旗）过去在土改中出现了"带有原则性的错误"，主要表现为"打击面过宽""伤敌过重""侵犯了中农甚至贫农的利益""杀人过多"等。表示要认真贯彻中央指示和东北局的新方针，搞好反"左"，同时防右。

同日　中共洮安县委召开区干部扩大会议，部署全力掀起大生产运动高潮。

15 日　白城子各界举行万人集会，热烈庆祝四平、吉林解放。

16 日　洮安县召开第一届荣军代表大会，到会荣军代表 50 余人。

25 日　瞻榆县召开农民代表大会，明确交底不再分地，解除顾虑，提倡劳动致富，奖励劳动模范，掀起生产竞赛。全县计划扩大耕地面积 6 万余晌。

本月　中共开通县委根据省委关于"打击面不能超过户数的 10%、人口的 15%，坚决补偿中农，给一般地主富农同样一份土地"的要求，对土改中出现的过"左"问题进行纠偏补偿。结果，打击面大大缩小，户数由原来的 16% 下降到 5.8%；人口数由原来的 24.1% 下降到 12.7%。

本月　大赉、安广、长岭、郭前等县（旗）的土改运动胜利结束，共分地：大赉县 121935 晌；安广县 53496 晌；长岭县 121935 晌；郭前旗 107458 晌。4 县（旗）及时转入大生产运动。

春季　长岭县农村每区选 1 村搞变工互助试点。

春季　突泉、扶余县土改运动胜利结束，共分地：突泉县 32629 晌，扶余县 318758 晌。两县及时转入大生产运动。

4 月

7 日　洮安县政府向全县发放农业贷款 200 万元，水利贷款 300 万元。

同日　洮安县 2500 余名儿童集会，庆祝"四四"中国儿童节。

8 日　中共镇赉县委、县政府联合做出关于各区编制的决定。规定 7 个大区的编制各为 28 名；4 个小区的编制各为 22 名。

11 日　洮安县召开第三届农民代表大会，讨论通过了《全民大生产的决议》。省委后工委书记喻屏到会并讲了话，号召农民"扫除顾虑，勤劳发家"。

18 日　开通县召开劳模大会，奖励劳动英雄 6 名、劳动模范 159 名。

26 日　中共洮安县委在三合区召开乡村文教工作会议，动员农村知识分子解除思想顾虑，积极开展工作，并确定农村教育要与生产劳动相结合。

本月　洮安、开通、瞻榆县土改运动胜利结束，共分地：洮安县 68573 晌；开通县 80210 晌；瞻榆县 29457 晌。3 县及时转入大生产运动。

本月　乾安县召开县委妇委扩大会议，动员妇女参加生产工作。

本月　洮安县在白城子开始修建仁兴体育场，以纪念在四平保卫战中牺牲的辽吉独立一师师长马仁兴。至 6 月建成使用。

本月　中共郭前旗委遵照东北局关于"东北地区建党采取审慎的、公开的、积极的发展方针"，开始在大老爷府区高家围子村和达里巴村进行公开建党试点工作。试点成果在秋季得到嫩江省委肯定，公开建党工作全面铺开。

本月　中共辽吉省委和洮安县委开始联合在洮安县镇西区胜利村进行公开建党试点工作，至8月结束。

本月　中共镇赉县委在嘎什根区二力把村开始整党和公开建党试点工作。5月2日召开群众大会进行审查老党员、积极分子入党报名工作。5月4日宣布接收10名新党员，14名新老党员组成公开党支部。

5 月

1日　白城子铁路局召开"五一"庆功大会。会上，58名铁路员工获劳动模范称号，113名员工获功臣称号。

5日　洮安县900余名青年应征参军。

7日　中共洮安县委召开会议，总结春耕工作，部署生产大竞赛和评选劳动模范工作。

20日　中共辽吉二地委发出通知，要求各地深入检查春耕工作，发动竞赛，突击抢种，开展争当劳模的运动。

30日　中共辽吉省委后工委向各县（旗）、区委发出指示，要求突击开荒抢种及组织铲地。

本月　洮南、洮北县土改运动胜利结束，共分地：洮南县36093垧；洮北县56550垧。两县及时转入大生产运动。

本月　中共大赉县委在苗家围子区二龙山村开展公开建党试点工作。

6 月

6日　洮安县政府召开第二次农业劳动模范大会，到会劳模640名。省委后工委书记喻屏、县委书记袁宝华在会上讲话。喻屏在讲话中要求农民要继续消除怕再分再斗的顾虑，把地侍弄好。会上给3名特等劳动模范各奖励一匹耕马。

15日　白城子铁路机务段自3月20日起已安全行车30万公里，被齐齐哈尔铁路局评功委员会记集体大功一次，并授"人民铁路的柱石"锦旗一面。

本月　镇赉县土改运动胜利结束，召开了全县干部评功大会，及时转入大生产运动。

本月　洮安、洮北、安广等县发现斑疹伤寒病人。辽北省防疫委员会发出通知，要求各地紧急防治，避免蔓延。

7 月

1日　洮南县教联与城关区联合组织街头文艺宣传队，演唱革命文艺歌曲,纪念"七一"。

同日 《胜利报》报道,辽北省后方各县(旗)陆续奖励村、区、县干部,准备迎接省模范干部大会召开。

2日 中共洮安县委、洮安县政府举办纪念"七一"座谈会,征求各方面群众对党的工作的意见,工、商、医、教等各界及开明绅士代表40余人到会。

月初 洮安县政府组织大批医务人员及干部分赴各区进行鼠疫预防注射。

6日 洮南县洮儿河河堤决口淹田,县党政干部即赴灾区组织抢救。洮安县亦动员数千民工抢修境内河堤险段。

7日 洮安县举行万人晚会,纪念"七一"。辽吉省委宣传部部长刘放到会讲话。

14日 中共安广县委设立纪律检查委员会。

中旬 中共辽吉省委后工委发出指示,要求紧急抢救因雨涝、水淹、河漫、雹打、虫灾所造成的灾害地与撂荒地,使禾苗面积不再缩小。

22日 中共洮安县委发出抢险救灾、抢铲抢耥的紧急指示,号召各单位积极为受水灾农民捐款捐物。到30日,已捐款1万余元。

23日 辽北省政府发出转发"东北行政委员会7月11日决定"令:将辽北省政府后方办事处及所属的洮安、洮南、洮北、开通、瞻榆、镇赉、安广、大赉、乾安、郭前等10县(旗)划归嫩江省。

本月 瞻榆县自春耕以来,发放农贷(含实物折价)约1亿元。

本月 长岭县共出动战勤民工770人、大车5辆、担架120副,前往辽西支援辽沈战役。

8 月

6日 镇赉县统计,全县已组织5553个互助组,入组16879户,占总户数的77%。

上旬 开通县召开劳模大会,奖励380名劳模,同时布置挂锄期间开展打洋草、积肥、放秋垄等活动。

16日 《胜利报》社由白城子迁往郑家屯。

25日 郭前旗成立旗立中学,设1个班,有2名教师、25名学生。

26日 中共镇赉县委、镇赉县政府集中各区区长、工作队干部共40多人,到东屏区管家围子村进行评地发照试点工作,9月2日结束。

下旬 中共瞻榆县委在勿兰花区巨宝山村举办区干部公开建党试点训练班。

下旬 开通县在三区四井子村进行评地发照试点工作。

本月 镇赉县全县清理户口工作初步完成。

本月 根据东北局、东北军区 7 月 6 日决定，辽吉省委改为辽北省委，辽吉军区改为辽北军区，驻长岭的辽吉二地委改为辽北二地委，辽吉二军分区改为辽北二军分区。

本月 辽北二军分区属蒙古骑兵团，编入内蒙古骑兵二师。

本月 郭前旗公安局破获平凤区孔家围子村反革命分子组织的反动会道门"黄沙会"，惩处了会首刘振清。

本月 嫩江省政府拨款并派工程师赴洮儿河沿岸，支援群众修堤。

本月 乾安县土改运动胜利结束，共分地 92360 垧。全县及时转入大生产运动。

9 月

2 日 中共镇赉县委向嫩江省委报告，其中讲到支前情况：自 1947 年 3 月至 1948 年 5 月 22 日，全县共出动担架 467 副、民工 3584 名、大车 529 辆、马 2116 匹、车夫 1058 名。

20 日 中共镇赉县委召开全县建党工作会议。

26 日 中共通榆县委召开区委书记联席会议，汇报整党建党工作，部署秋后生产工作。

月末 开通县成立毛泽东青年团筹备委员会，由县委宣传部部长兼任筹委会主任。

本月 洮北县建制撤销，辖区并入洮安县。

本月 郭前旗成立旗职工总会筹备委员会。

本月 中共安广县委成立青年工作委员会。

本月 大赉县全面铺开公开建党工作。

本月 中共镇赉县委举办第一期训练班，提高党员质量。

10 月

7 日 中共嫩江省委分委会、嫩江省政府办事处在白城子成立，管辖洮安、洮南、镇赉、开通、瞻榆、大赉、安广、乾安、郭前 9 县（旗）。省分委由喻屏、王文、于光汉、王大钧、金忠、袁宝华、安铁志、赵岚组成，以喻屏、王文、金忠、王大钧、于光汉为常委，喻屏为书记，于光汉为秘书长，王大钧为组织部部长，袁宝华为宣传部部长，金忠为社会部长，王文为办事处主任。

10 日 中共嫩江省委分委会、省政府办事处发出《为评地发照给各区村干部的指示信》，强调评定要民主、公平，立即发放地照。

20日　中共安广县委召开第一次整党会议，传达嫩江省委分委关于整党的指示精神，部署本县的整党工作。

本月　乾安县土改运动胜利结束，共分地72360垧。全县及时转入大生产运动。

本月　郭前旗经公开建党，已建立党支部90个，有党员1335名。

11　月

1日　中共镇赉县委、镇赉县政府向各区发出《关于发照工作的指示信》，确定评地复查后的发照工作统一由县政府负责掌握填写，并做了具体规定。

10日　中共安广县委再次召开整党工作会议，部署整党工作。

18日　郭前旗开始在全旗发放土地执照。

中旬　驻白城子的中共嫩江省委分委和省政府办事处撤销。省委于16日发出通知，成立白城子、洮南、扶余3个中心县委。白城子中心县委负责协调洮安、镇赉、安广、大赉4县委工作，安铁志任书记；洮南中心县委负责协调洮南、开通、瞻榆3县委工作，金少英任书记；扶余中心县委负责协调扶余、肇源、乾安、郭前4县（旗）委工作，林泽生任书记。洮南中心县委于同年12月撤销，扶余中心县委于1949年1月撤销，白城子中心县委于1949年4月撤销。

24日　镇赉县公安局颁布《户口暂行管理办法》。

26日　中共扶余县委、县政府召开区干部联席会议，总结和部署副业生产工作。

下旬　安广县开展庆功优属活动，深入宣传形势，使军属政治觉悟得到提高，3000多户军属写信鼓励子弟兵"打到南京去"。

下旬　镇赉县建立了新民主主义青年团筹委会。

本月　长岭县举办第一个教师短训班，培训小学教师200余人。

本月　中共突泉县委派干部在杜尔基区保安村搞公开建党试点，成立了全县农村第一个公开的党支部。

12　月

9日　中共洮安县委青工委在第二中学进行公开建团试点，成立了第一个新民主主义青年团支部，并举行新团员入团宣誓大会。

21日　镇赉县召开全县功臣、劳模大会，到会功臣102名、劳模186名。会上选出10县级功臣，8名县级模范。

25日　中共镇赉县委派出由各区区长、机关干部30人组成的工作队，到英华区建国村进行村选试点工作。

26日　中共镇赉县委举办第三期党训班，分党训、建政、妇女、冬学等4个班，共培训学员280人。学期20天。

29日　中共开通县委召开区委书记、区委组织委员会议，总结一年来的整党建党工作。

下旬　镇赉县举办第一期冬学教员学习班。

本月　安广、乾安、郭前3县（旗）因提高农业技术、组织生产度荒方面做出成绩，获嫩江省委、省政府通令嘉奖。

—1949年—

1 月

3日　开通县举办冬学训练班，训练区文教助理、小学校长、教师、中学生，解决如何办好冬学问题。

17日　镇赉县各区的村选试点工作开始，月底结束。接着，村选建政工作在全县全面铺开，到4月上旬，全县125个街、村全部完成了村选任务。

26日　开通县举办村干部学习班，学习党的政策，解决对处理土改遗留问题的思想顾虑。

2 月

15日　中共洮安县委青工委在平安区辉煌村建立了农村第一个新民主主义青年团支部。

23日　开通县召开区委书记、区长、区委委员联席会议，总结建政工作，部署备耕生产。

本月　安广县举办妇女干部训练班，培训基层妇女干部64人。

3 月

15日　中共开通县委召开全县党代表大会，总结工作，肯定成绩，找出差距，增强干部信心，积极领导大生产竞赛运动。

28日　中共镇赉县委向嫩江省委发出报告，其中统计：全县2—3月份共发展党员231名，新建党支部10个，整顿党支部47个，消灭无党员的空白屯16个。全县25个村（屯）共建党支部102个（内有机关支部15个），已没有无党员的空白村（屯）。

本月　中共嫩江省委派出工作组到镇赉县检查备耕工作。

本月　中共镇赉县委向全县提出"普遍组织起来"的要求，并提出了牲口插犋、牲口插犋人换工、合伙种地等3种组织形式。到4月上旬，全县有70%—80%的农户走上了互助合作道路。

本月　突泉县一大批关内派来的干部随军南下，县、区党政领导工作陆续换由本地新干部承担。

4 月

3 日　中共开通县委召开区委书记、区长会议，检查备耕工作，讨论"组织起来"中出现的问题。

同日　中共镇赉县委召开区、村党代表联席会议，到会代表 375 人，集中讨论形势与任务问题。

7 日　中共开通县委召开区干部联席会议，研究建政、建党工作，讨论劳模运动与生产互助组问题。

29 日　大赉县召开第一届民主妇女联合会代表大会。

本月　镇赉县公安大队被编入东北人民解放军南下部队。

5 月

1 日　郭前旗成立职工总会。

7 日　洮安县召开第一届青年代表大会，成立县民主青年联合会。

15 日　因嫩江省并入黑龙江省及辽北省撤销，原属嫩江省的洮安、洮南、开通、瞻榆、镇赉、安广、大赉 7 县划归黑龙江省；原属嫩江省的扶余、乾安、郭前 3 县（旗）及原属辽北省的长岭县划归吉林省。

15 日　中共镇赉县委向各区发出文件，部署开展"打击反动会道门"的斗争。

23 日　洮安、洮南、开通、瞻榆、镇赉、安广、大赉、扶余、乾安、郭前 10 县（旗）抽调的南下干部，随原嫩江省从各县抽调的南下干部大队离开齐齐哈尔，6 月 16 日到达南昌。

6 月

1 日　开通县召开夏锄铲耥动员大会，到会 150 余人。

本月　开通县直机关及城区机关组织 10 余人带粮下乡，助民铲耥。

本月　各县（旗）政府普遍改称县（旗）人民政府。

7 月

6 日　镇赉县反动党团登记工作基本结束，全县共登记反动党团成员 65 名。其中，有国民党党员 34 名（内有分支部书记 3 名）、"三青团"团员 3 名、中青党党员 1 名、谍报人员 5 名、军统人员 1 名、策反组成员 2 名、建军人员 7 名、国民党军官 12 名。

本月　洮安县发放贷粮 11.1 万余斤，解决农民缺粮的困难。

本月　长岭县开展"取缔反动会道门"运动。全县共组织 639 人到 82 个村屯进行宣传教育，共逮捕反动会道门头子 9 人，有 4313 人声明退道，占道徒总数的 94%。

本月　洮儿河流域各县积极抢修河堤险段，预备船只，在汛期到来前做好防汛准备工作。

8 月

14 日　中共开通县委召开党代表大会，到会代表 405 名。会上传达了中共中央七届二中全会精神。县委在会上提出了"城乡兼顾，农业为主，搞好合作社，整顿手工业"的工作方针。

17 日　郭前旗政府开始办理房产执照。

本月　中国新民主主义青年团长岭县委员会建立。

本月　长岭县召开公审大会，将罪大恶极的"常生道"道首孙富（号称"小西天"）判处死刑。

本月　郭前旗成立旗青年工作委员会。

9 月

2 日　洮安县三合区农民出身的区委书记张振铎赴北平（9 月 27 日改称北京）参加中国人民政治协商会议第一次全体会议。

4 日　洮安县城区及铁路青年 700 余人在铁路员工俱乐部集会，庆祝世界青年大会召开。

10 日　开通县召开毛泽东青年团第一届代表大会。会上，该团改名为中国新民主主义青年团，并选举产生了中国新民主主义青年团开通县委员会。

21 日　洮安县城区召开各界人民代表会议，到会代表 79 人，列席代表 24 人。会上传达了东北人民代表会议决议，讨论了公私营企业的生产和节约等问题。

下旬　开通县城机关、学校举行各种活动，热烈庆祝中国人民政治协商会议第一届全体会议召开。

本月　中国新民主主义青年团洮南县委员会成立。

本月　长岭县第一批中国新民主主义青年团在东六号举行入团仪式。

本月　前郭镇成立土产公司、粮食公司。扶余镇成立百货公司。

（张琦，柴廉洁）

后 记

为深入贯彻习近平总书记关于党史工作的重要论述和视察吉林重要讲话重要指示精神，推动新时代吉林党史工作高质量发展，2023 年 3 月吉林省委党史研究室谋划实施"六项工程"，推进"五大丛书"计划，2024 年将《洮南根据地》纳入"吉林省党史资料丛书"。

《洮南根据地》是经过吉林省党史工作者三十余年不懈努力，凝聚老领导老同志以及历史亲历者心血的一部著作。20 世纪 80 年代，吉林省委党史研究室和白城地区史志工作委员会（今白城市委党史研究室）对洮南根据地史料开展征集研究，经过三年多时间，于 1990 年编辑成册，并印刷了内部版，主编刘国梁，副主编汪田、张琦，编辑柴廉洁、张弘，白城、洮南、大安、扶余、镇赉、通榆、乾安、长岭、前郭、突泉等市县党史部门的同志参加了具体征编工作。时任中共中央顾问委员会委员、辽宁省委书记郭峰给予具体指导，对书稿的指导思想、组织沿革、综述和大事记等提供了宝贵意见。时任中共吉林省顾问委员会委员、吉林省委党史研究室主任江涛，时任白城地委委员、地委秘书长遇炳臣审阅定稿。当年在吉江省委、辽吉省委、嫩江省白城子地委、辽吉三地委、辽吉四地委，以及所属各县委工作过的一些老同志给予很多支持。这个内部版印刷之后的三十多年中，吉林党史工作者又通过进一步的党史资料征集和研究，对原书稿中存在疏漏、错讹之处进行了充实和改正。此次《洮南根据地》正式出版，对已发现的问题做了一并修订。

《洮南根据地》正式出版工作是吉林省委党史研究室和白城市委党史研究室共同组织开展的。时任吉林省委党史研究室副主任王宜田在审读的同时，负责出版的组织联络协调，做了大量工作。白城市委党史研究室原副主任、研究员柴廉洁对原综述进行了修改，补充了新发现的文献资料，增加了英烈人物传略，重新梳理了组织沿革，修改了大事记。东北师范大学对本书的出版给予极大支持，东北师范大学出版社做了大量的编辑、校对、送审工作。在此，对大家的支持和付出表示衷心感谢。

党史研究的一切成果都源于党的百年奋斗。2018 年 10 月，吉林省委党史研究室、东北师范大学、东北野战军后代联谊总会共同决定合作出版"东北解放战争史料丛书"，《洮南根据地》也是这一丛书中的第一部。谨以本书向为东北解放英勇牺牲的先烈致以深切缅怀和崇高敬意。

由于时间仓促，编辑人员水平有限，错漏之处在所难免，敬请广大读者批评指正。

编　者

2024 年 5 月